上海圖書館藏翁同龢未刊手稿

上海圖書館藏歷代手稿精品選刊

策劃　黄顯功
主編　周德明　黄顯功
整理　王　宏

上册

上海科學技術文獻出版社

前言

今年是晚清名臣翁同龢（1830-1904）誕辰一百八十周年。值海内外文化界以多種形式紀念這位影響中國近代史至鉅的重要政治家、書法家和藏書家之際，又逢上海圖書館入藏「翁氏藏書」十周年。為紀念先賢，並向學術界提供研究翁同龢的原始資料，本館特編輯出版《上海圖書館藏翁同龢未刊手稿》，集中刊佈四百餘件珍貴的翁同龢手稿墨蹟。

十年前，上海圖書館與翁同龢玄孫翁萬戈先生在北京協商轉讓翁氏六世守藏的古籍善本，經多次溝通達成協議，在上海市人民政府的關心、支持下，專項出資四百五十萬美元，使漂泊在美國的「翁氏藏書」終於葉落歸根、回歸祖國。二〇〇〇年四月二十八日，由上海市文物管理委員會、上海圖書館、中國嘉德國際拍賣有限公司共同在上海圖書館隆重舉行了「常熟翁氏藏書轉讓入藏儀式」，共計八十種五百四十二冊珍籍正式入藏上海圖書館，成為舉世矚目的文化大事。本批圖書共有宋刻本十一種（其中宋福建刻本《邵子觀物内外篇》後附有《漁樵問對》一卷，也可謂十二種）、元刻本四種、明刻本十二種、清刻本二十六種、名家抄本及稿本二十七種，其中宋刻本《集韻》、《邵子觀物内外篇》、《長短經》、《重雕足本鑒誡録》、《會昌一品制集》、《丁卯集》、《施顧注蘇詩》、《嵩山居士集》等均為海内外孤本。這批珍稀古籍善本的回歸，不僅充實了上海圖書館古籍善本的典藏，而且成爲中國當代藏書史上的標誌性事件，國内學術界對其高度關注，並極大地促進了「翁氏藏書」與翁同龢研究。上海圖書館及其麾下的上海科學技術文獻出版社先後出版了《常熟翁氏藏書圖録》、《長短經》、《重雕足本鑒誡録》等，為學術界提供了一批珍貴的研究資料。

上海圖書館歷史文獻中心在為專業讀者提供「翁氏藏書」研究服務的同時，也積極開展館藏翁同龢相關文獻的整理揭示工作，從大量的館藏尺牘、名人檔案等文獻中，搜剔爬梳，發掘出一批罕見的翁同龢手稿墨蹟原始資料，計有詩、文、尺牘、語錄、雜件等幾類，除極少量文字曾被徵引之外，絕大部分未曾面世。特別是三百餘件尺牘幾乎無一被收入《翁同龢集》中，其文獻的史料價值彌足珍貴，足可補史之闕、糾史之偏，實為晚清史與翁同龢研究的又一重要史料來源。本書分為「尺牘輯萃」、「詩文輯佚」、「語錄輯要」和「雜件輯存」四部分，按原件彩印出版，以存文獻原貌。

本書所公開的翁同龢手稿墨蹟，也為我們展示了翁同龢不同時期的書法藝術成就，是研究這位晚清書法家的第一手重要資料，其藝術價值不言而喻。

上海圖書館

二〇一〇年四月二十八日

詩文辑佚

語錄辑要

雜件輯存

尺牘輯萃

上海圖書館藏翁同龢未刊手稿

致 張光藻

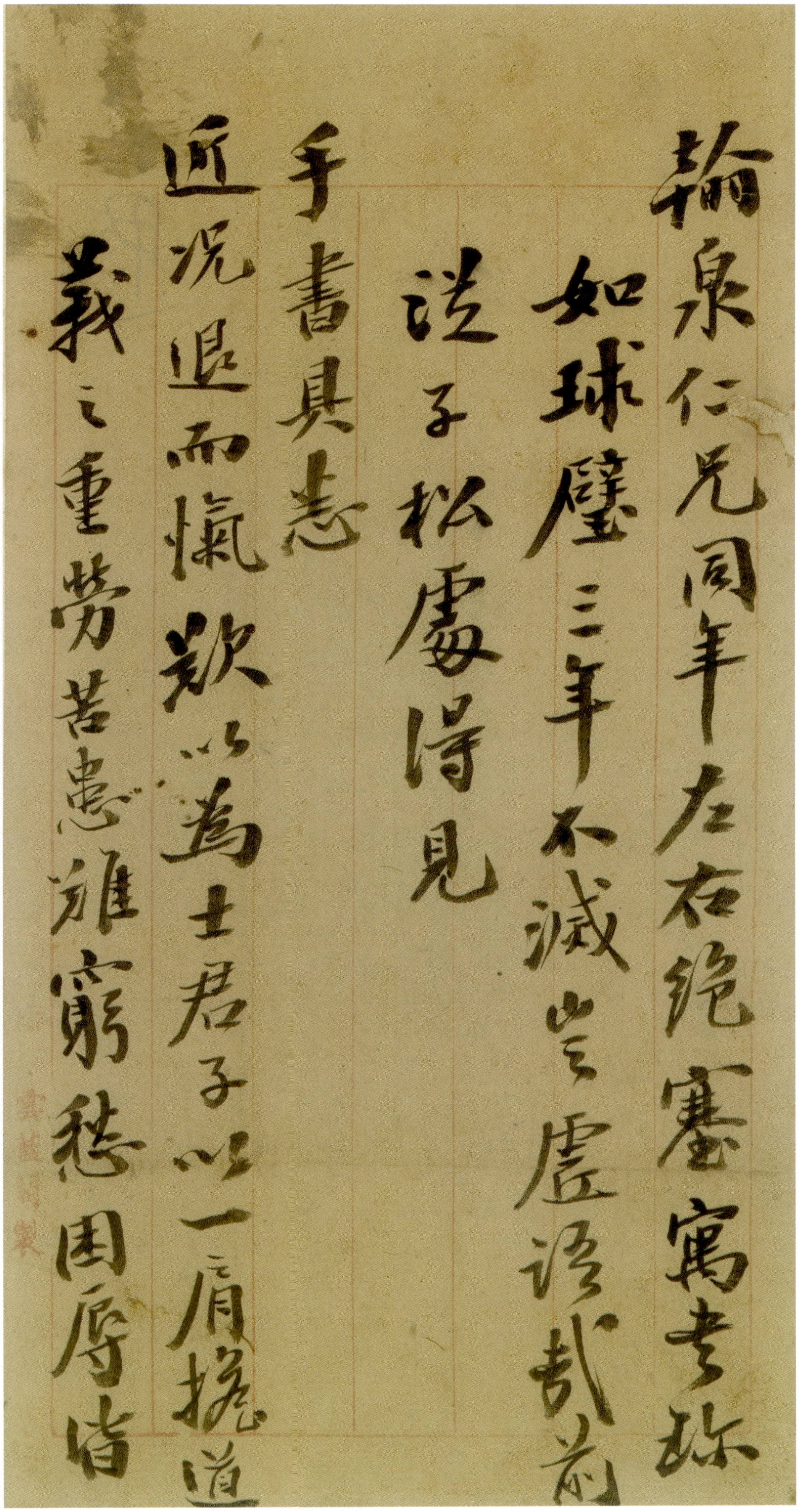

翰泉仁兄同年左右：絶塞寓書，珠
如球璧，三年不滅，豈虛語哉！前
從子松處得見
手書，具悉
近況，退而慨歎，以爲士君子以一肩擔道
義之重，勞苦患難窮愁困辱皆

張光藻（1815—1891），字翰泉，安徽廣德人。翁同龢同年，咸豐進士，官至知府。

致　張光藻

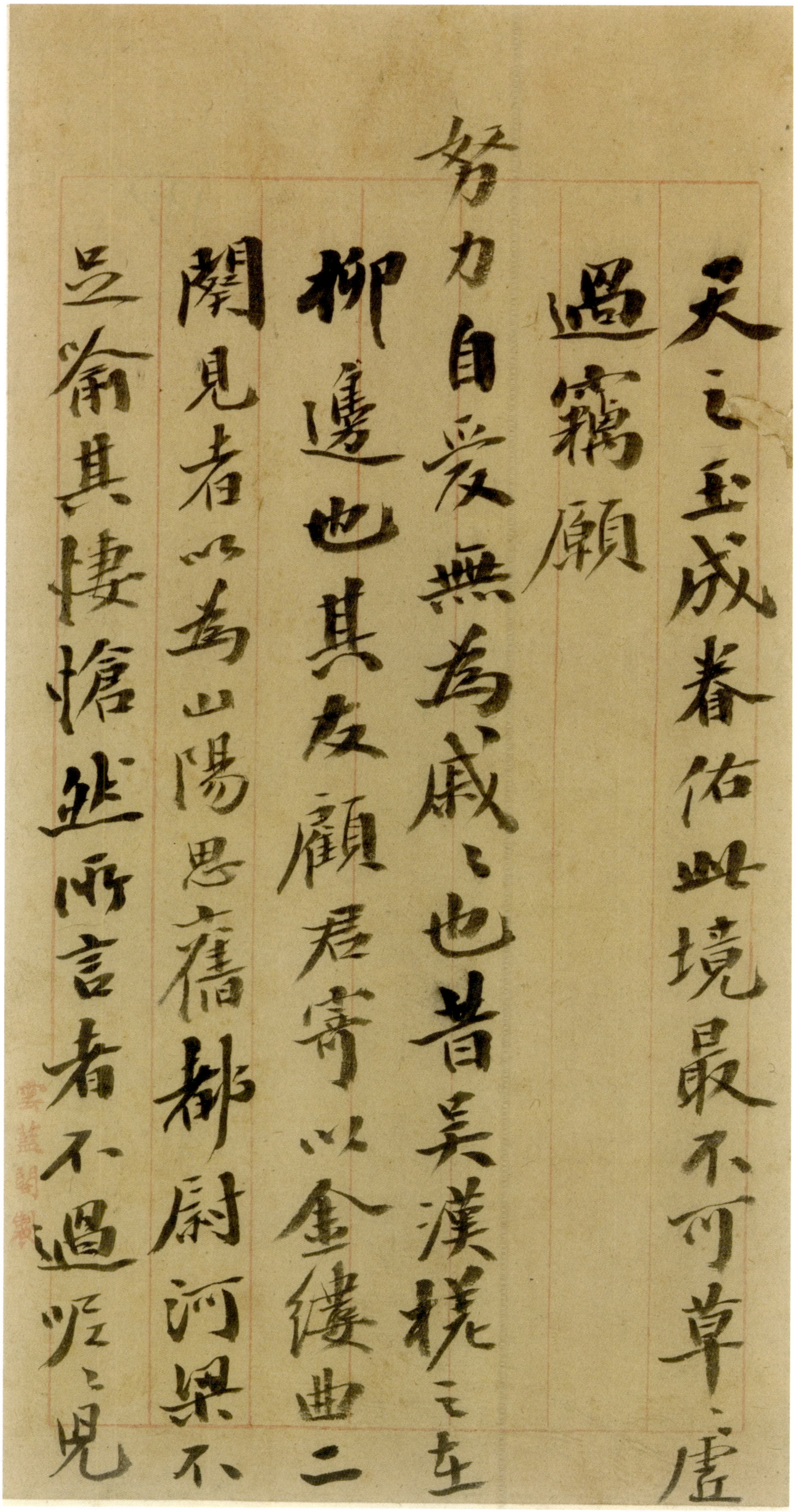

天之玉成眷佑此境最不可草草虛
過竊願
努力自愛無為戚戚也昔吴漢槎之在
柳邊也其友顧君寄以金縷曲二
闋見者以為山陽思舊都尉河梁不
足喻其悽愴然所言者不過尒尒兒

致　張光藻

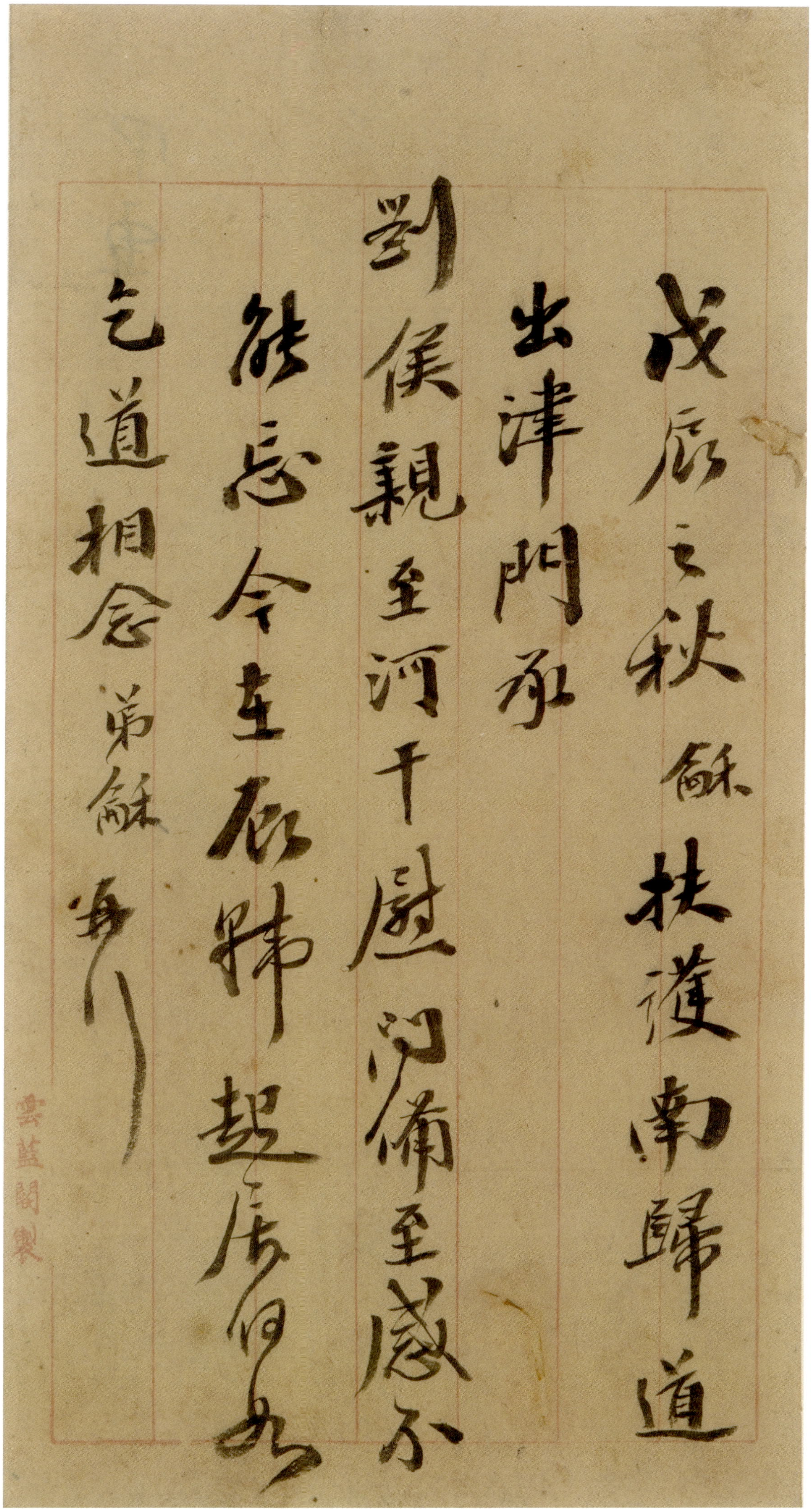
戊辰之秋鉌扶護南歸道
出津門承
劉侯親至河干慰問備至感不
能忘今春辰歸起居何如
乞道相念弟鉌頓首

雲藍閣製

致　閻敬銘　之一

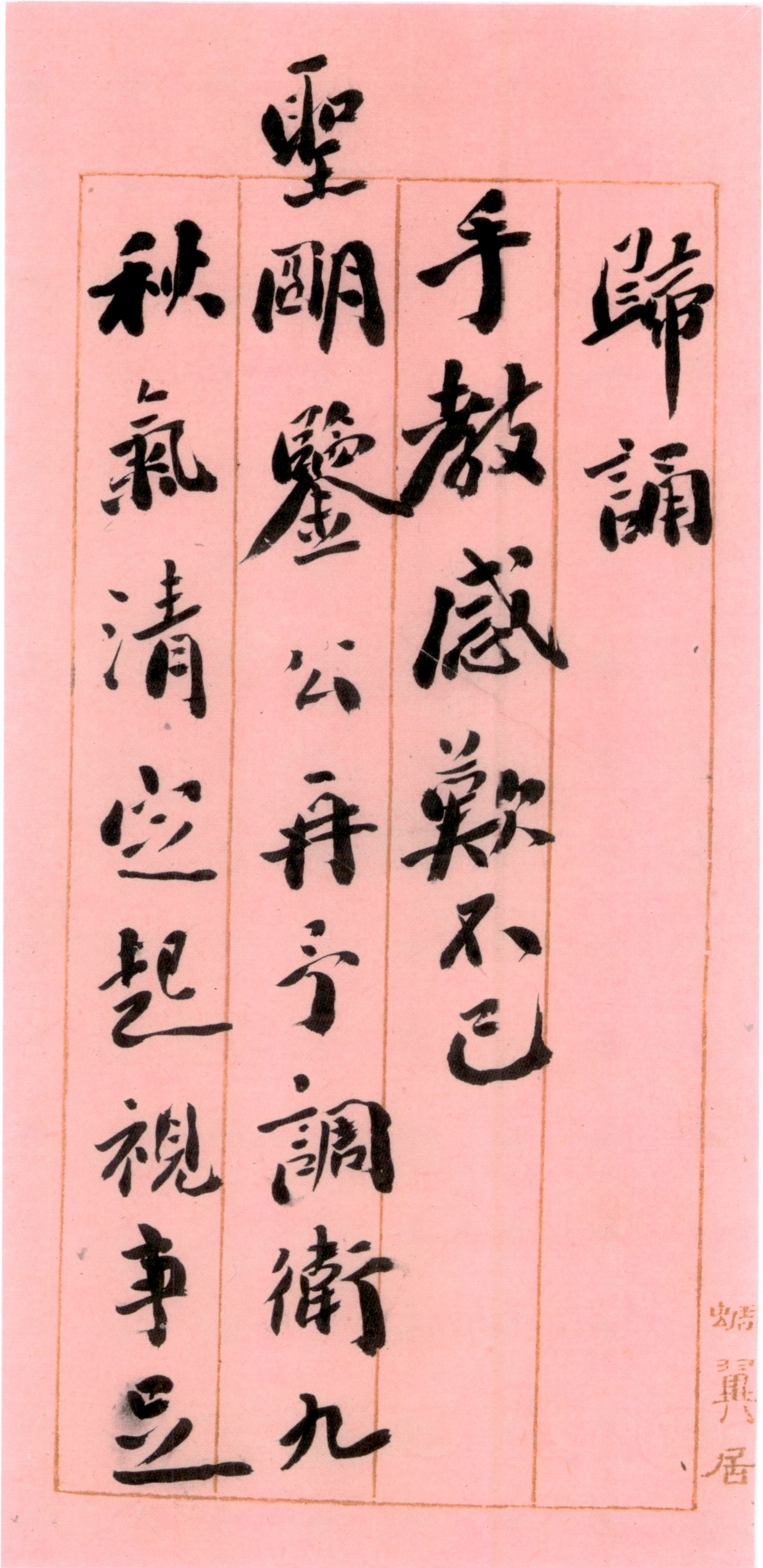
歸誦
手教感歎不已
聖明鑒公再予調衛九
秋氣清空起視事已

閻敬銘（1817—1892），字丹初，號約盦，陝西朝邑人。道光進士，官至軍機大臣。

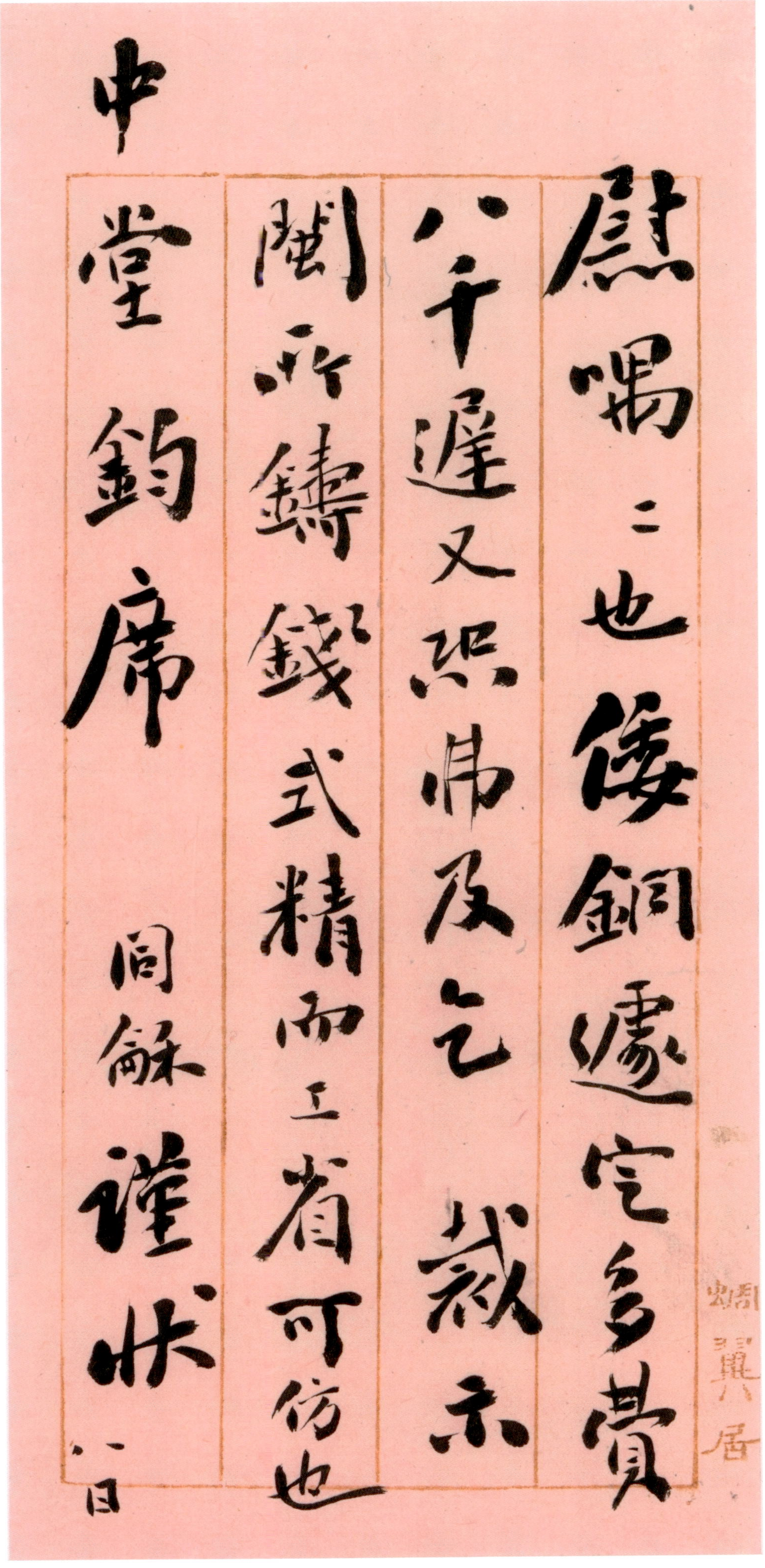

慰喁喁也後銅遽它多貴
八千遲又恐弗及乞 裁示
閣所鑄錢式精而工省可仿也
中堂鈞席 同龢謹狀 八日

致閻敬銘之二

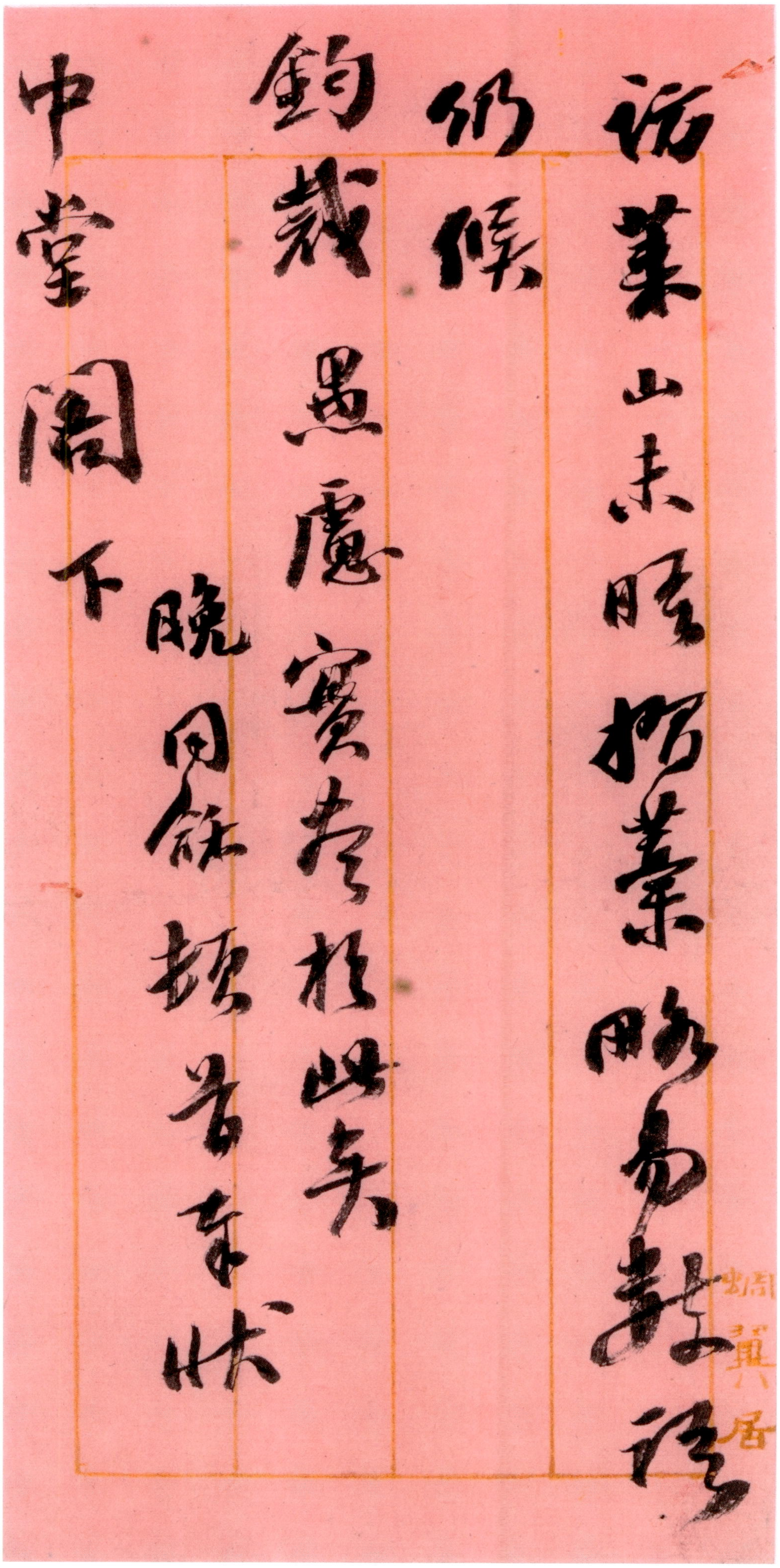
蒞葉山未晤擬葉略易數語
仍候
鈞裁 愚處實存擬此矣
晚同龢頓首奉狀
中堂閣下

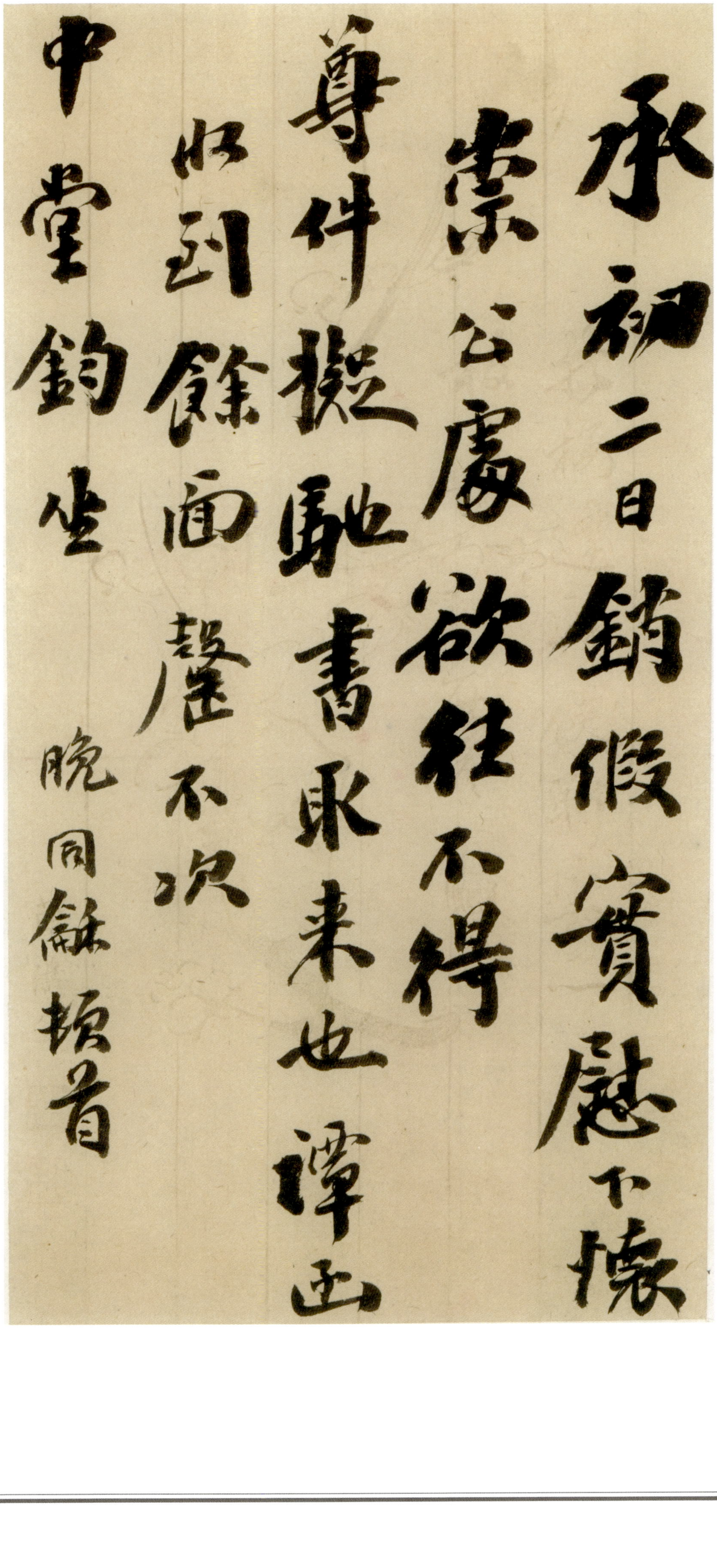

承初二日銷假賓慰下懷
崇公處欲往不得
尊件擬馳書取來也譚函
收到餘面罄不次
晚同龢頓首
中堂鈞坐

致閻敬銘 之四

尊候想日頤健。伏惟
興時調衛。晚廿日發熱，昨日到
署無事。覆海軍文尚未見。韓
文等四冊鈔單奉繳。薛研
一本便中檢付。謹上
中堂鈞席
晚生同龢叩頭 初八日

致 閻敬銘 之五

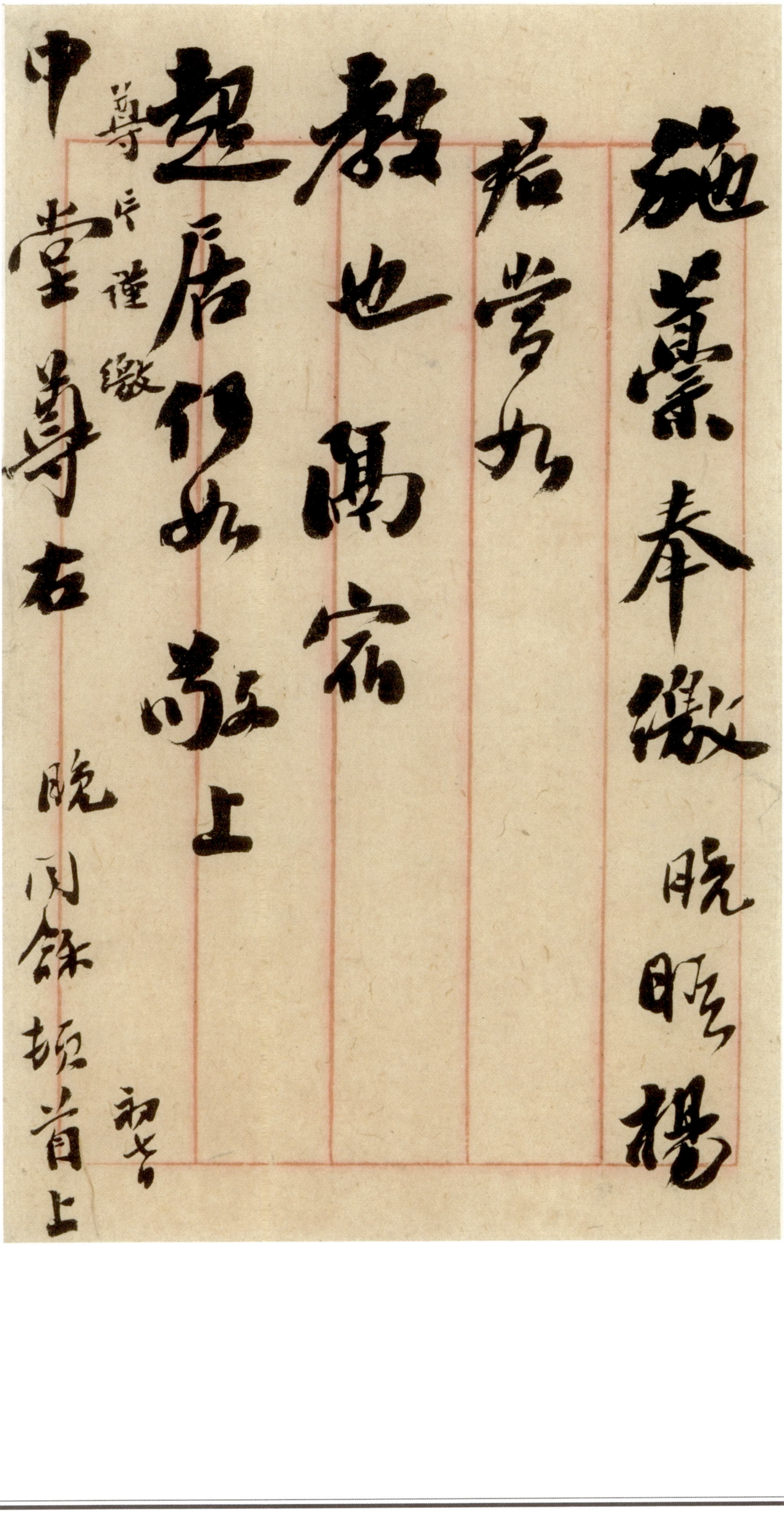

致閻敬銘之六

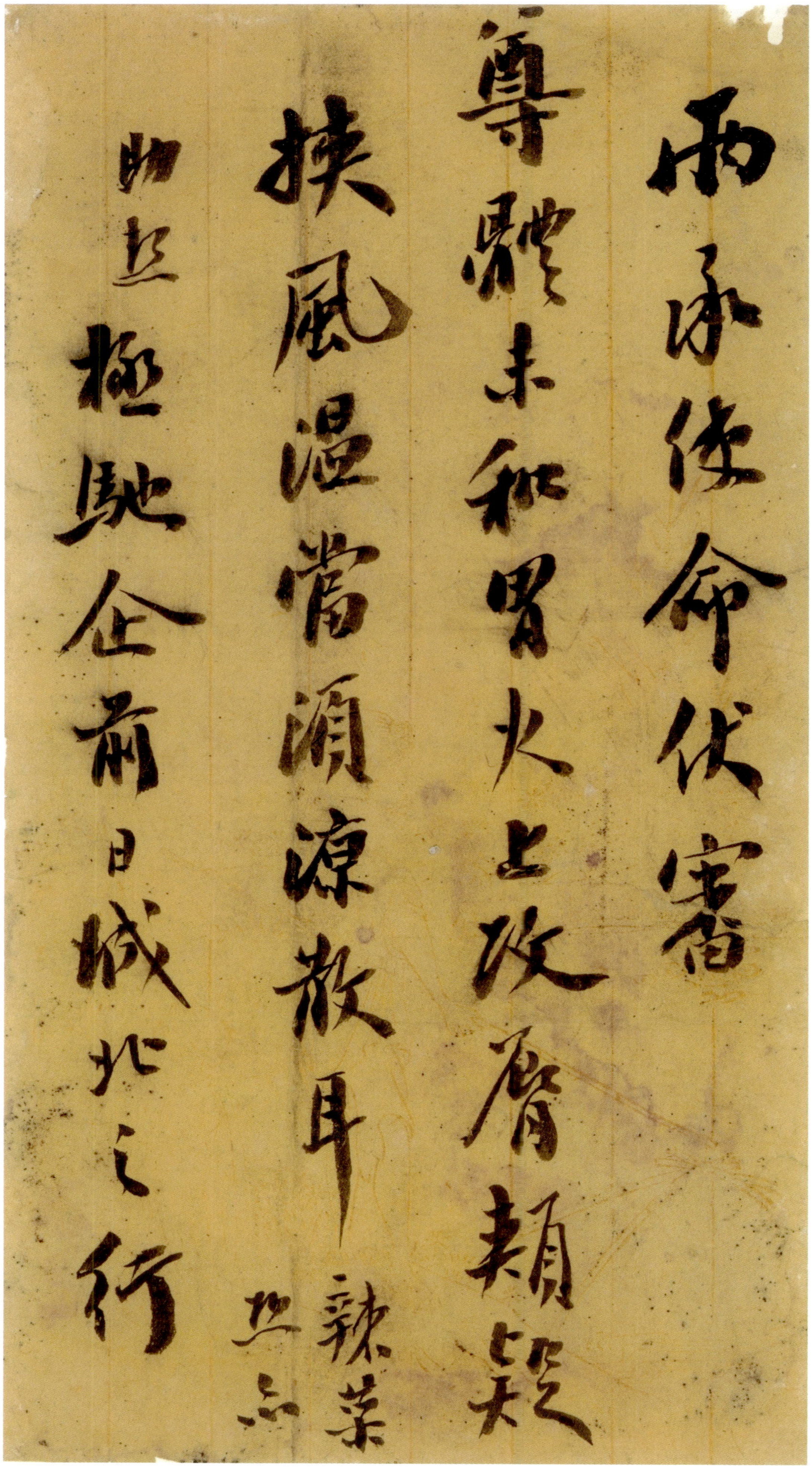
兩承使命伏審
尊體未和胃火上攻脣頰疑
扶風溫當須涼散耳 辣菜 [illegible]
助坦 極馳企前日城北之行

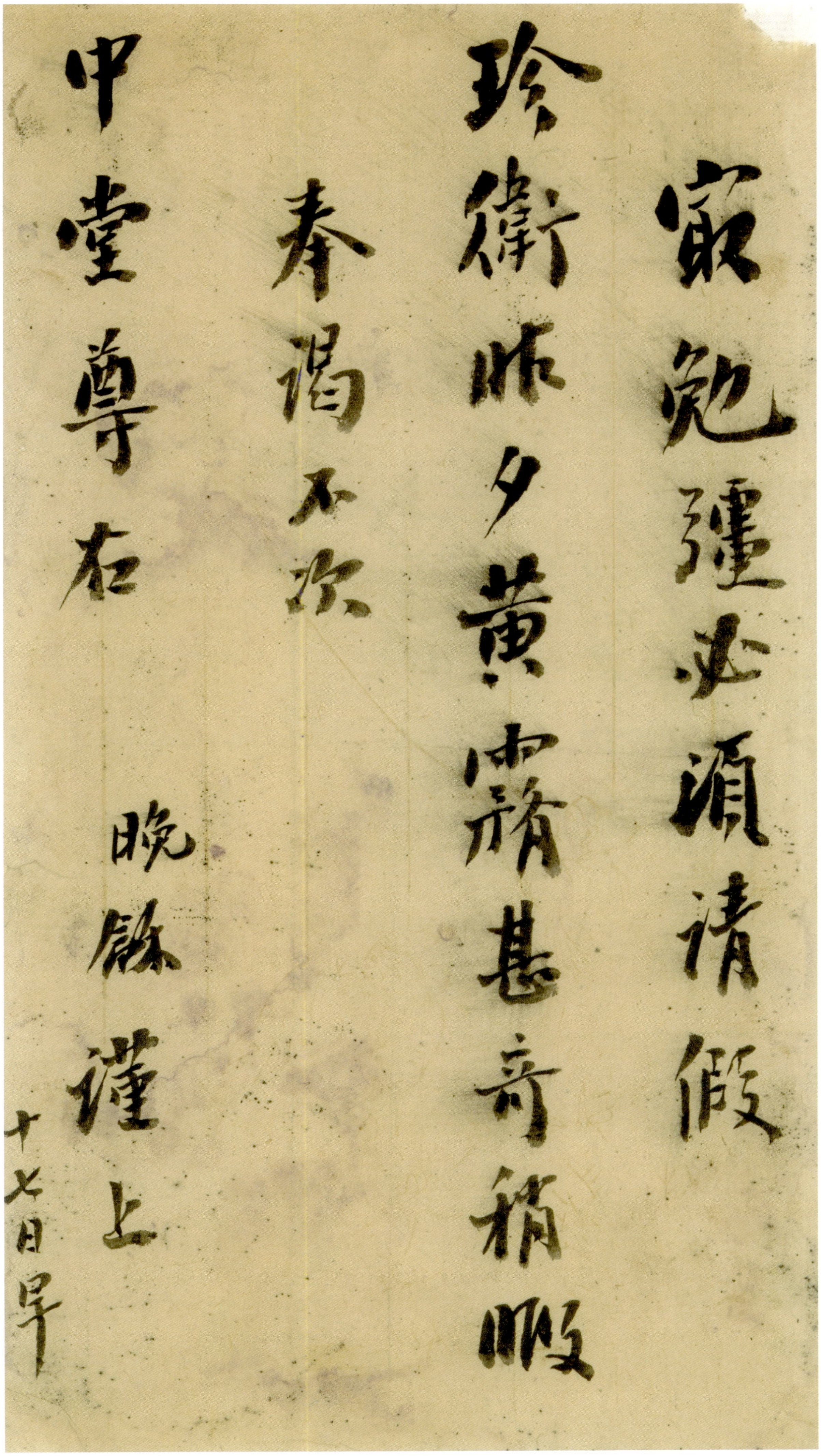
寂勉彊必須請假
珍衛昨夕黃霧甚奇稍暇
奉謁不次
中堂尊右
晚銘謹上
十七日早

致吴鴻綸之一

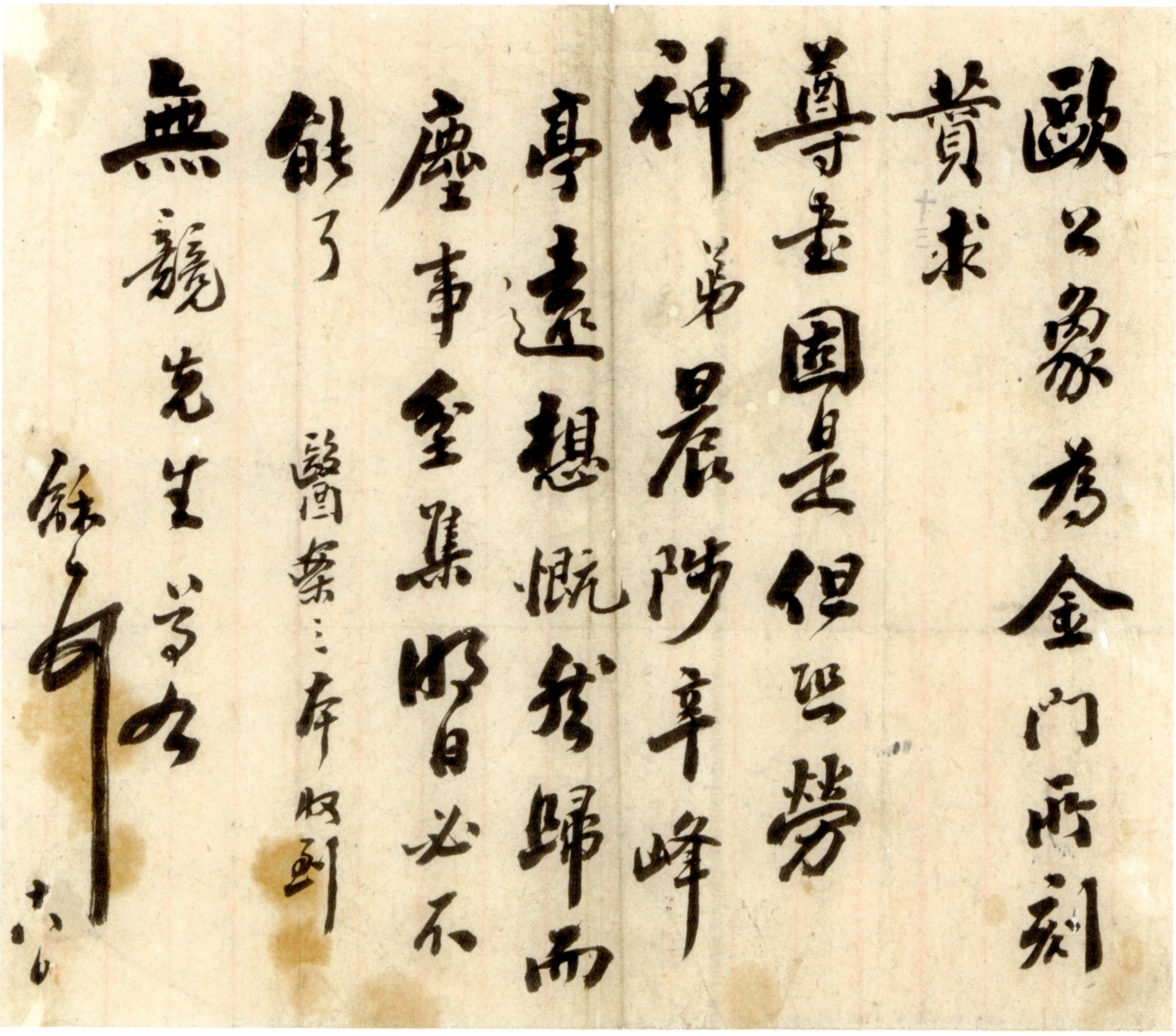
歐公象爲金門所刻
貲求
尊書圖是但望勞
神　弟晨陟辛峰
亭遠想慨然歸而
歷事全集明日必不
能了　醫案三本收到
無競先生　以爲如何
龢頓首　十六

吴鴻綸（1817—1903），字儒卿、知稼，號無競，江蘇常熟人。諸生，曾任安徽縣學訓導。翁同龢少年友好，翁心存弟子。

致 吳鴻綸 之二

別來便欲馳問，而以連夕不寐，
意甚憒憒。
惠詩猶遲當和，歉歉。此復
無競覺先生
松禪頓首

致 吴鴻綸 之三

儒卿吾兄閣下久未通問
近狀何如樂道安貧俯
仰自足之博大真人哉同龢
今年氣體差勝往年
矣暑趁之尚能支拄涼

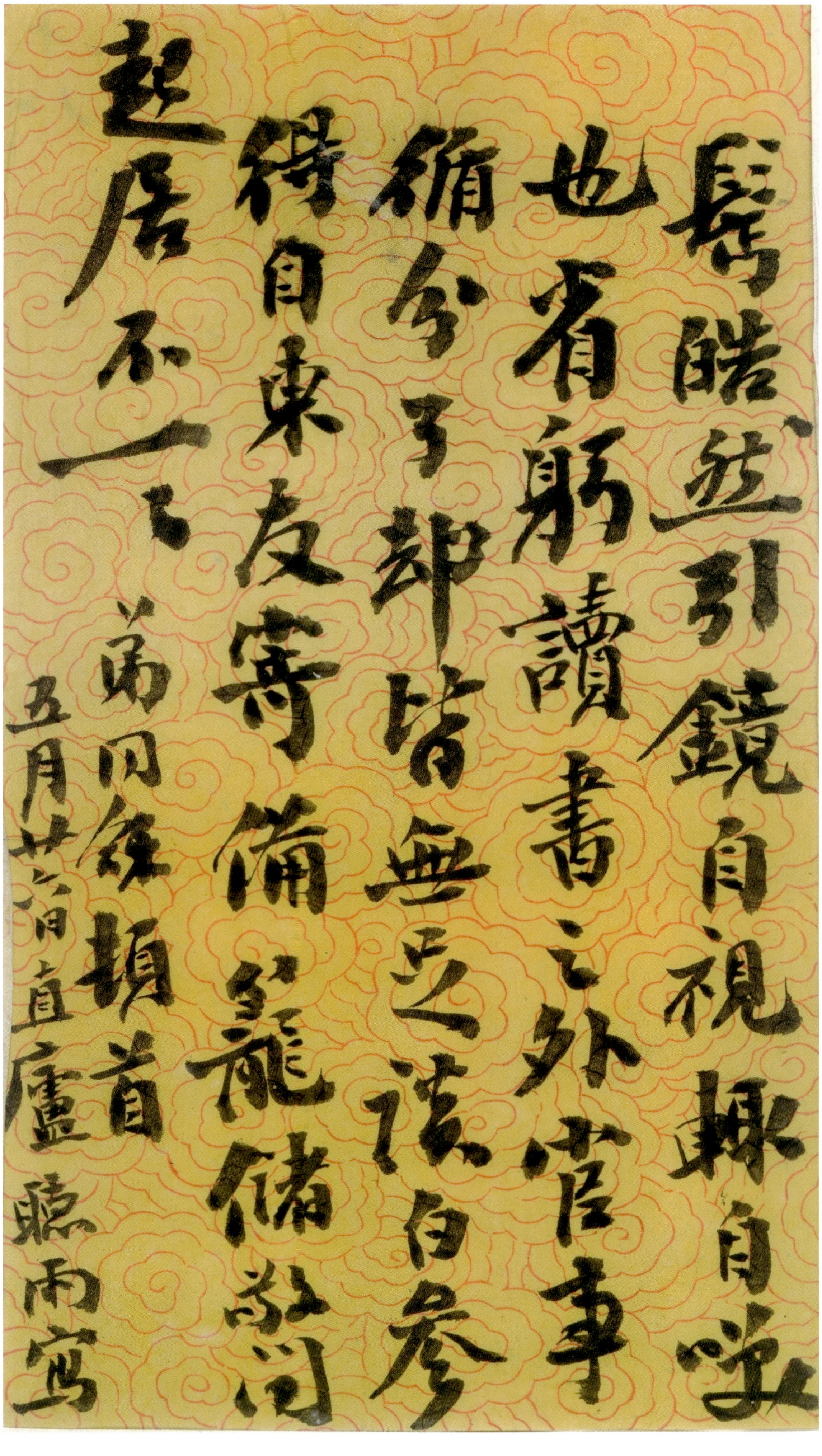
髯皓然，引鏡自視，輒自嘆也。看竹讀書之外，萬事循分守拙，皆無足談，自參得自東友寄備龍儲數問起居。不一一。
弟同龢頓首
五月廿六日直廬聽雨寫

致 吴鴻綸 之四

蓮風竹雨終日倚枕
秋光已經滿眼矣惟
瘧鬼仍刻日來擾
不能攜杖至崇門外也
承問再復
無競先生左右 九 龢頓 十二

致　吳鴻綸　之五

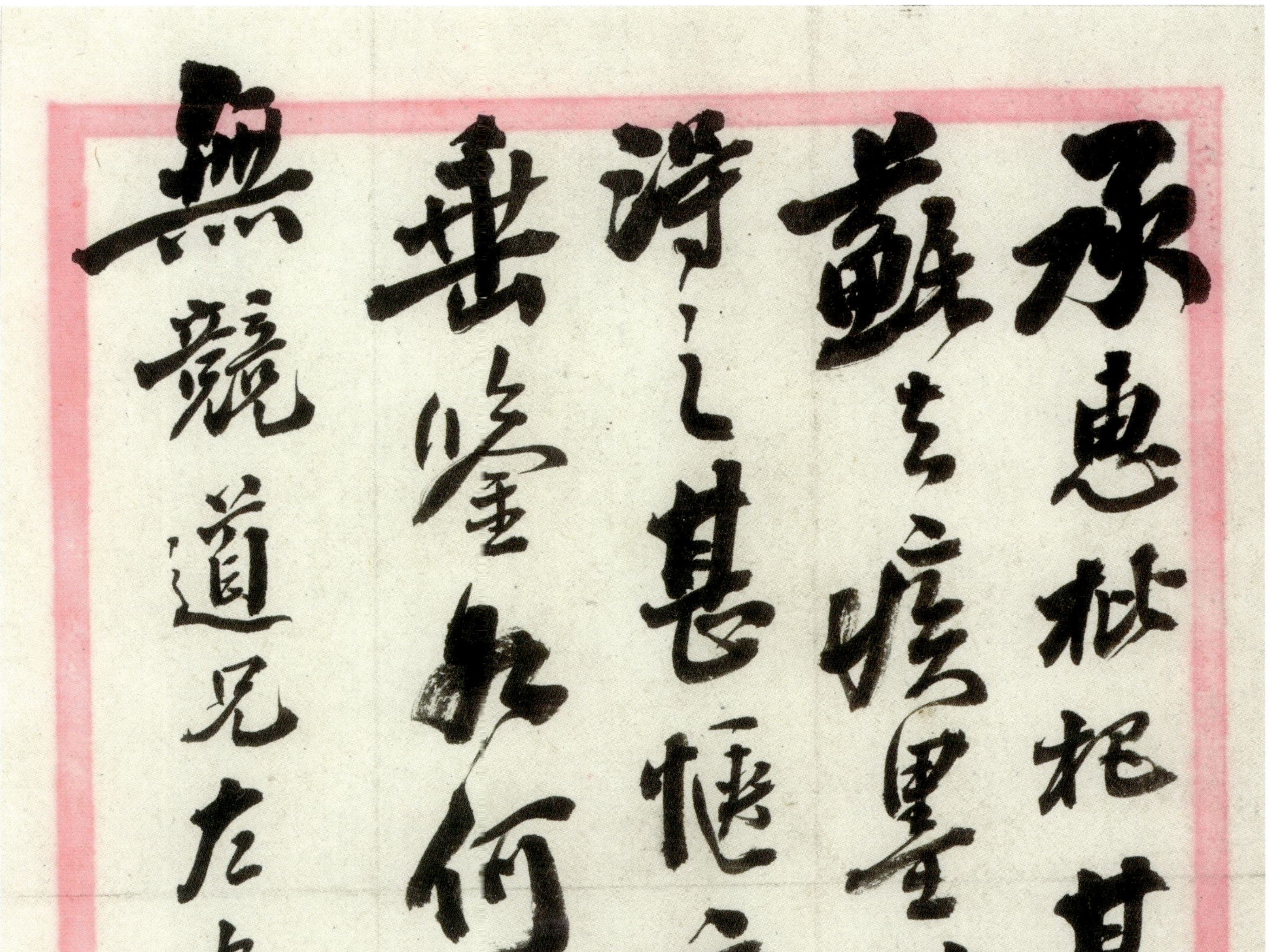
承惠枇杷甘美可口，謝謝。
蘇台墨蹟，姚升為我
游說甚慊，意在索星社
無鑒如何
無競道兄左右　弟同龢頓首

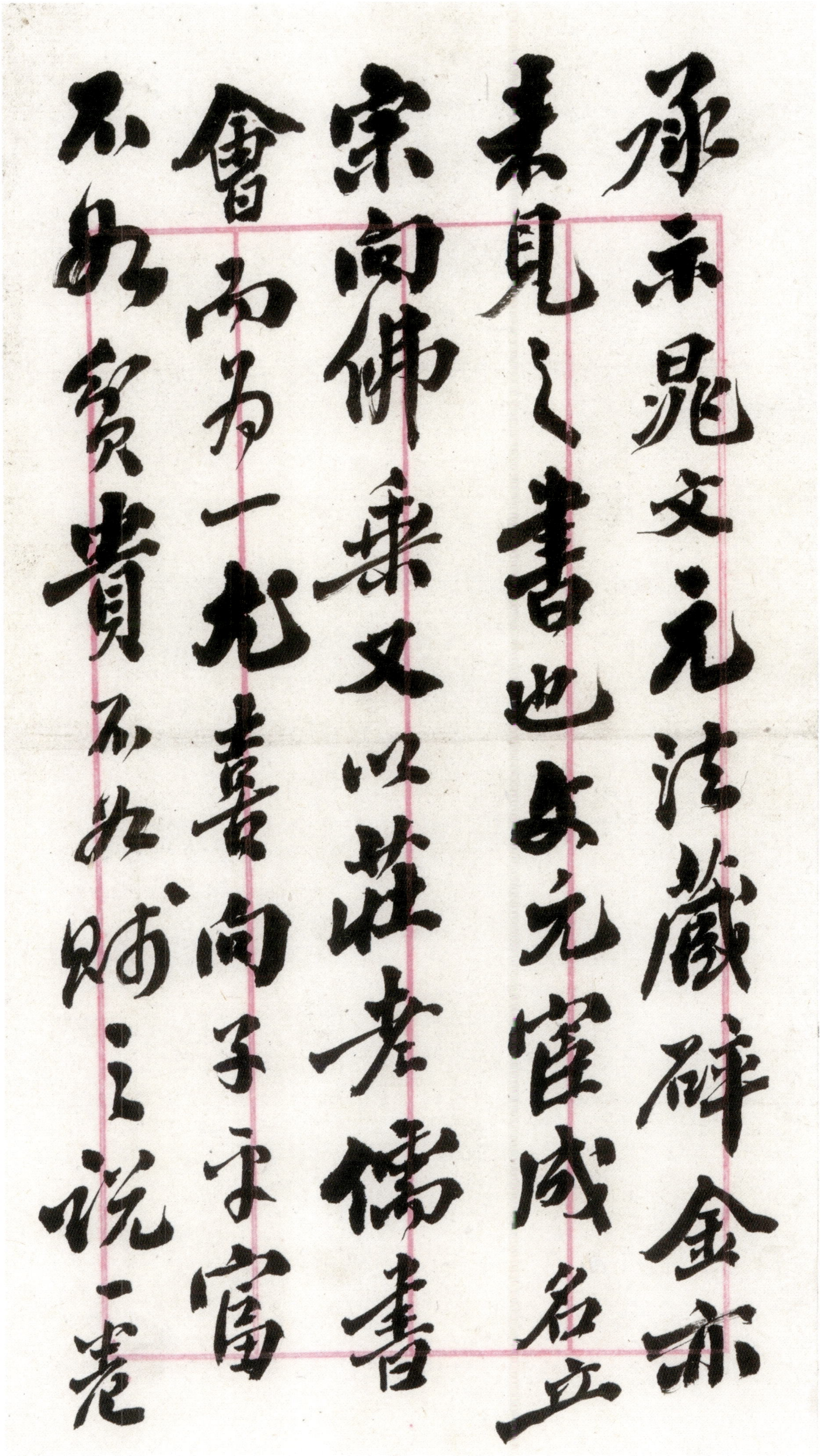
承示鼎文元注藏碑金亦
未見之書也女元宦成名立
宗向佛乘又以莊老儒書
會而爲一尤喜向子平富
不如貧貴不如賤之説一卷

致 吳鴻綸 之六

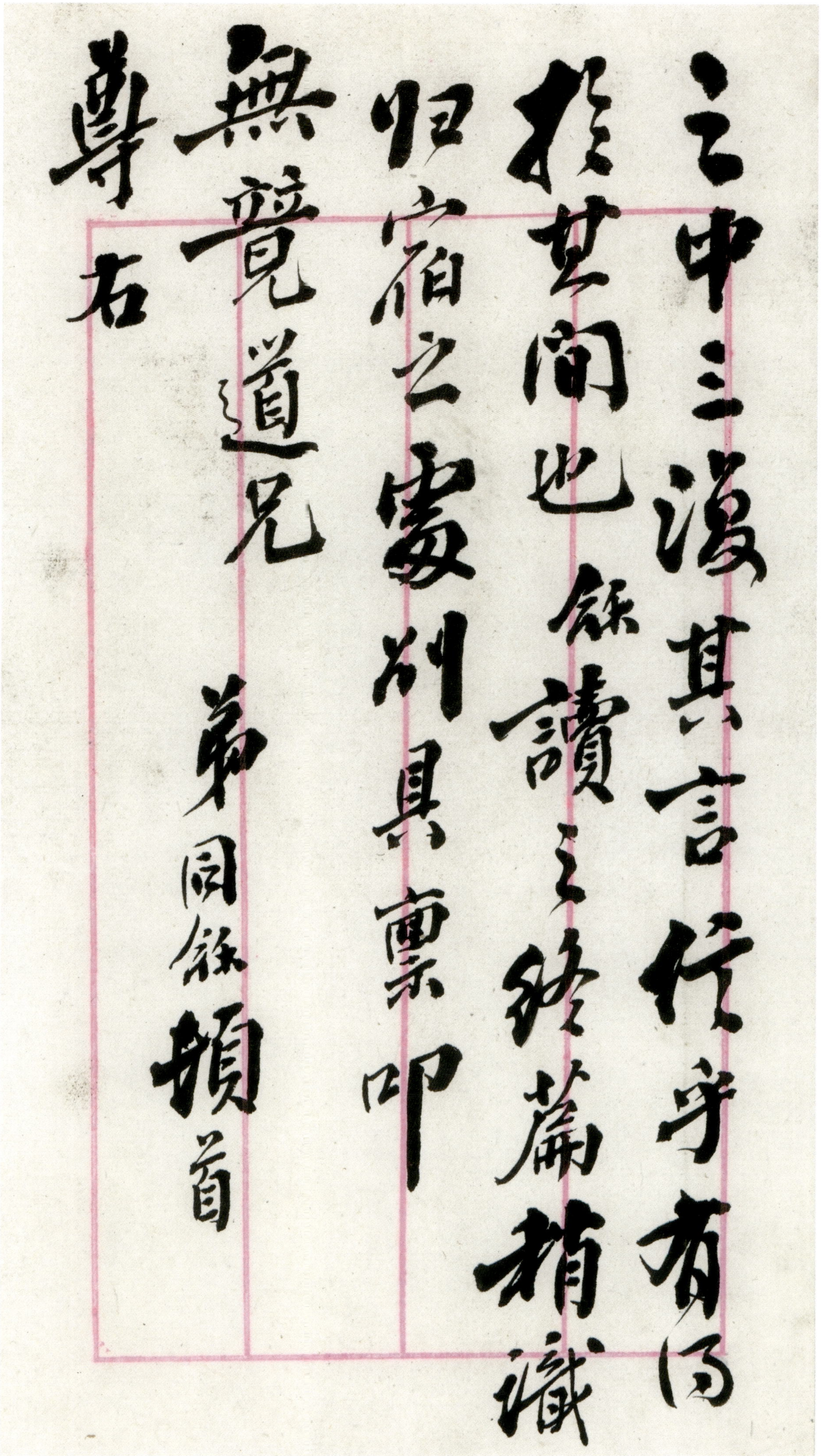
之中三復其言信乎有關
於世間也龢讀之終篇精識
歸宿之處別具真稟叩
無競道兄
尊右
弟同龢頓首

致　吴鴻綸　之七

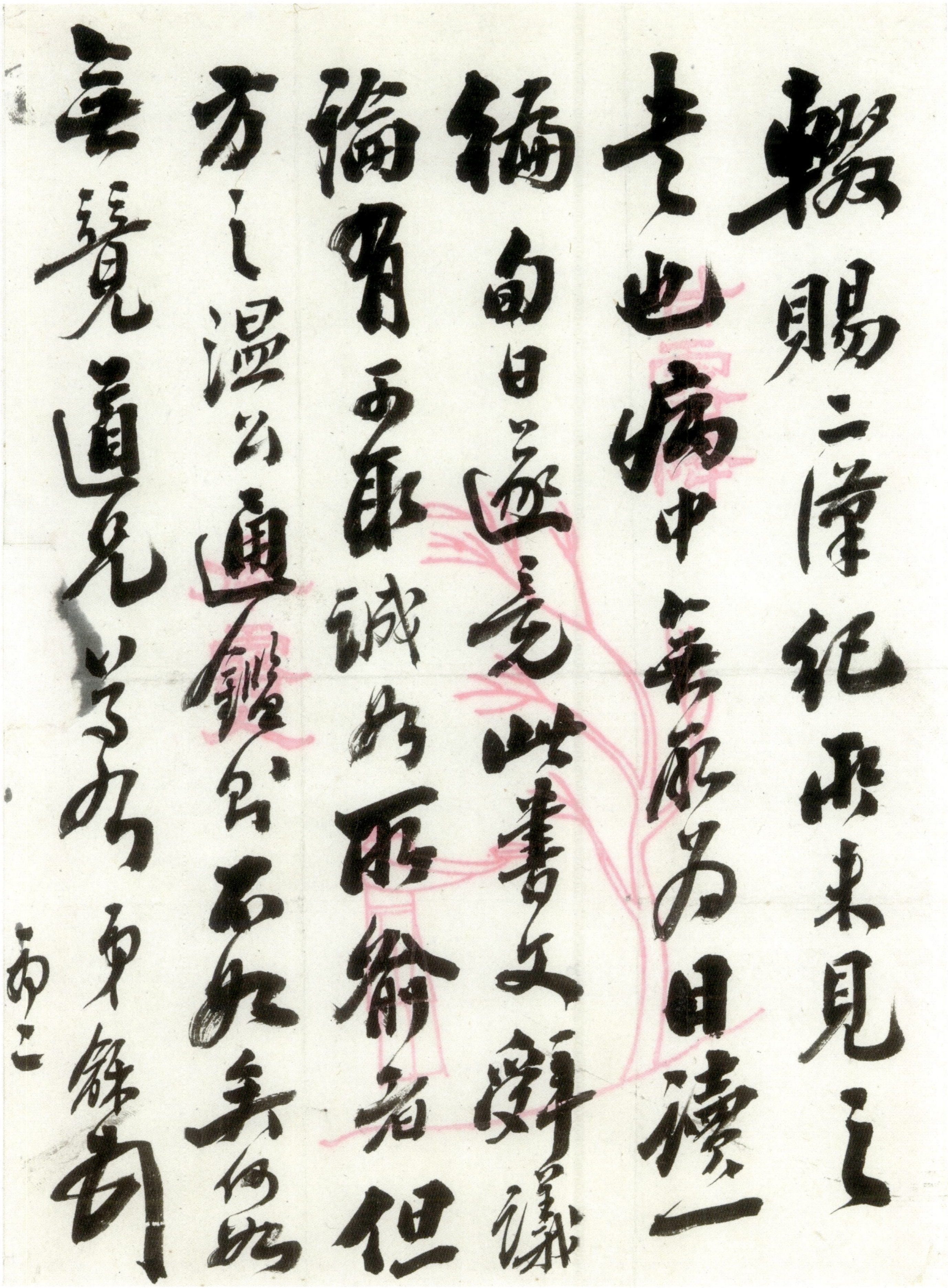

致童華

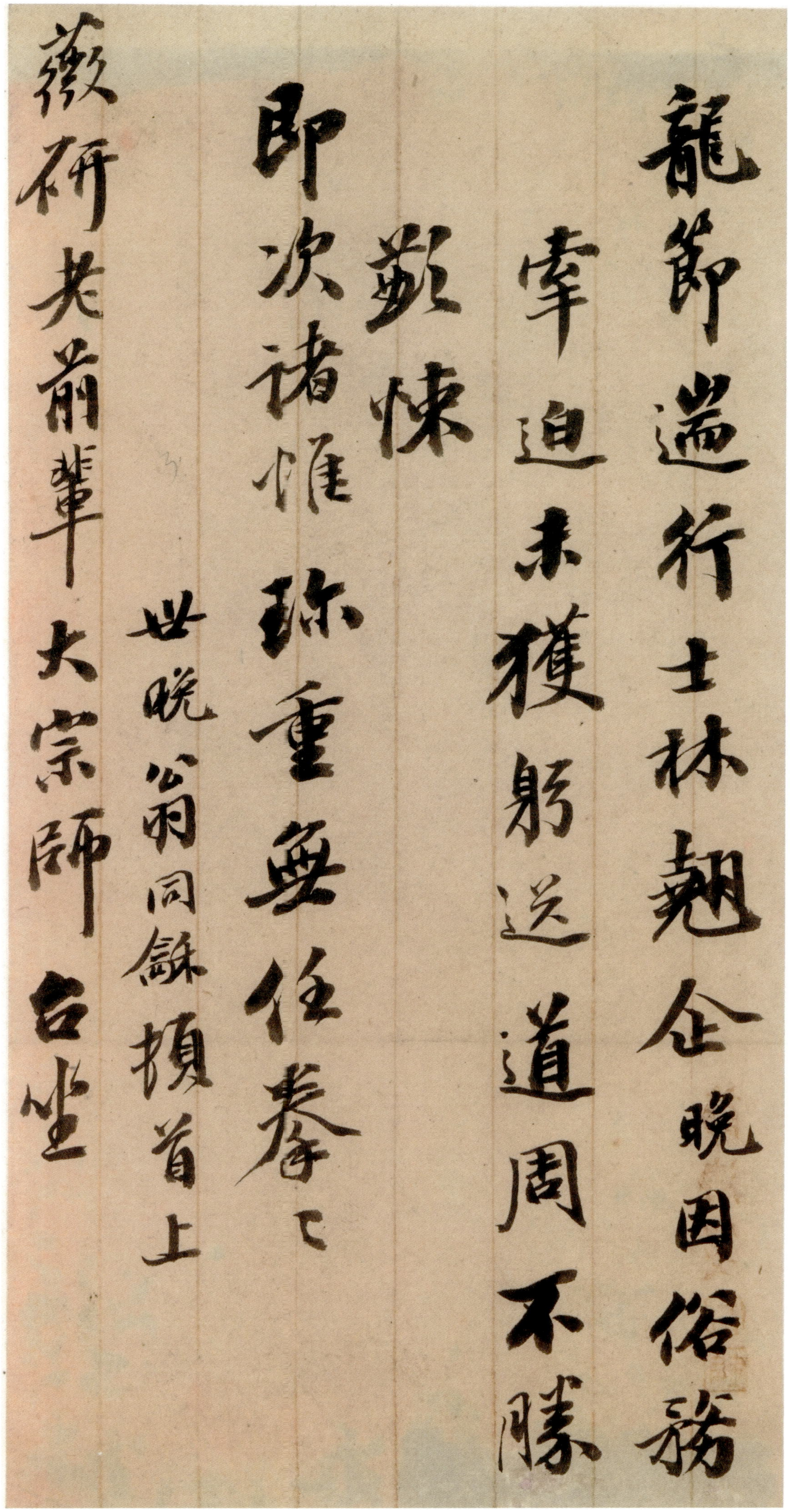
龍節遄行，士林翹企。晚因俗務
牽迫，未獲躬送道周，不勝
歉悚。
即次諸惟珍重，無任拳拳。
世晚翁同龢頓首上
薇研老前輩大宗師台坐

童華（1818—1889），字惟充，號薇研，浙江鄞縣人。道光進士。官至禮部侍郎。

致彭祖賢 之一

彭祖賢（1819—1885），字商者，號芍亭，一作芍庭，江蘇長洲人。彭蘊章之子。以蔭生授户部主事。官至湖北巡撫。

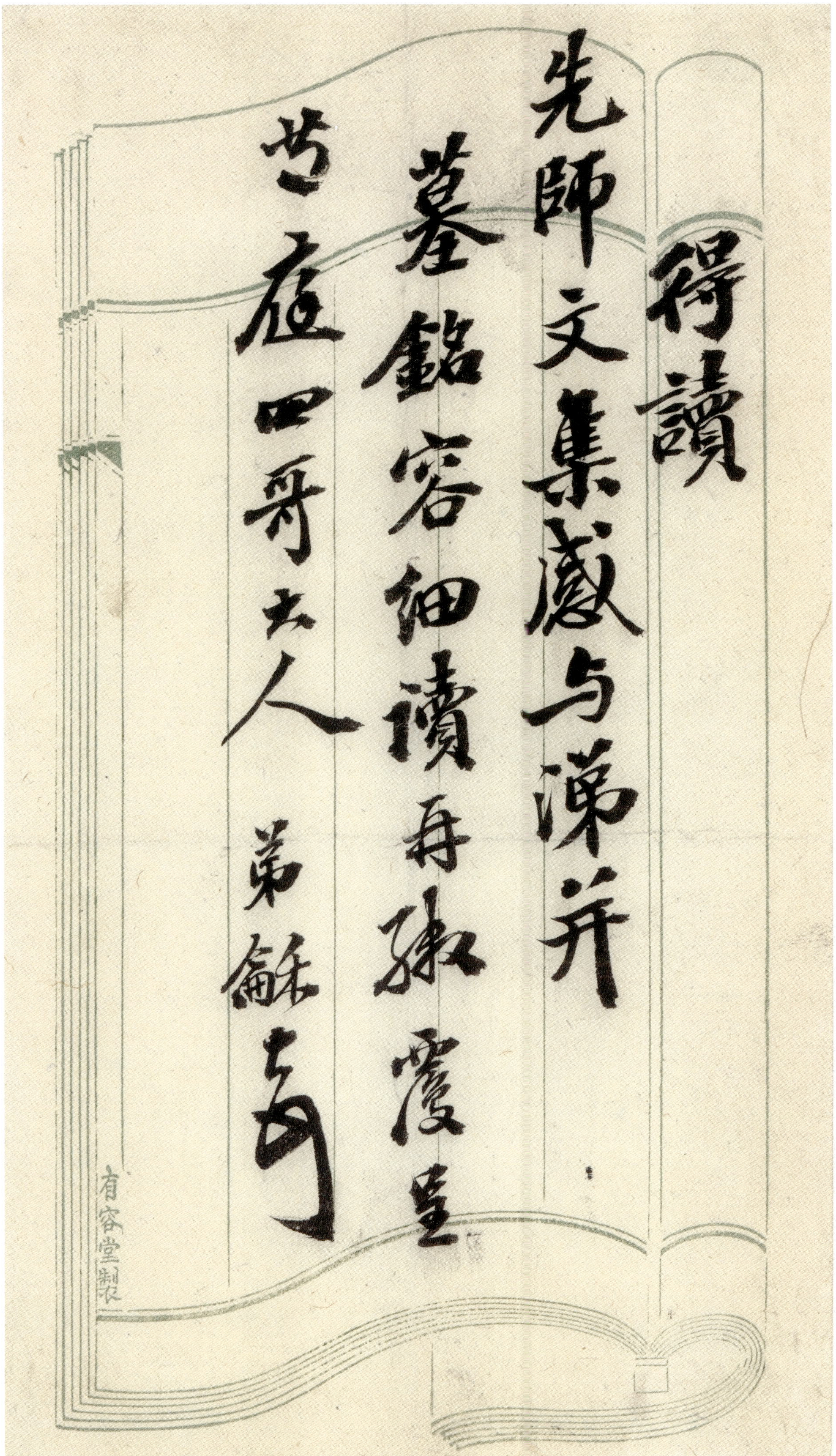

致 彭祖賢 之二

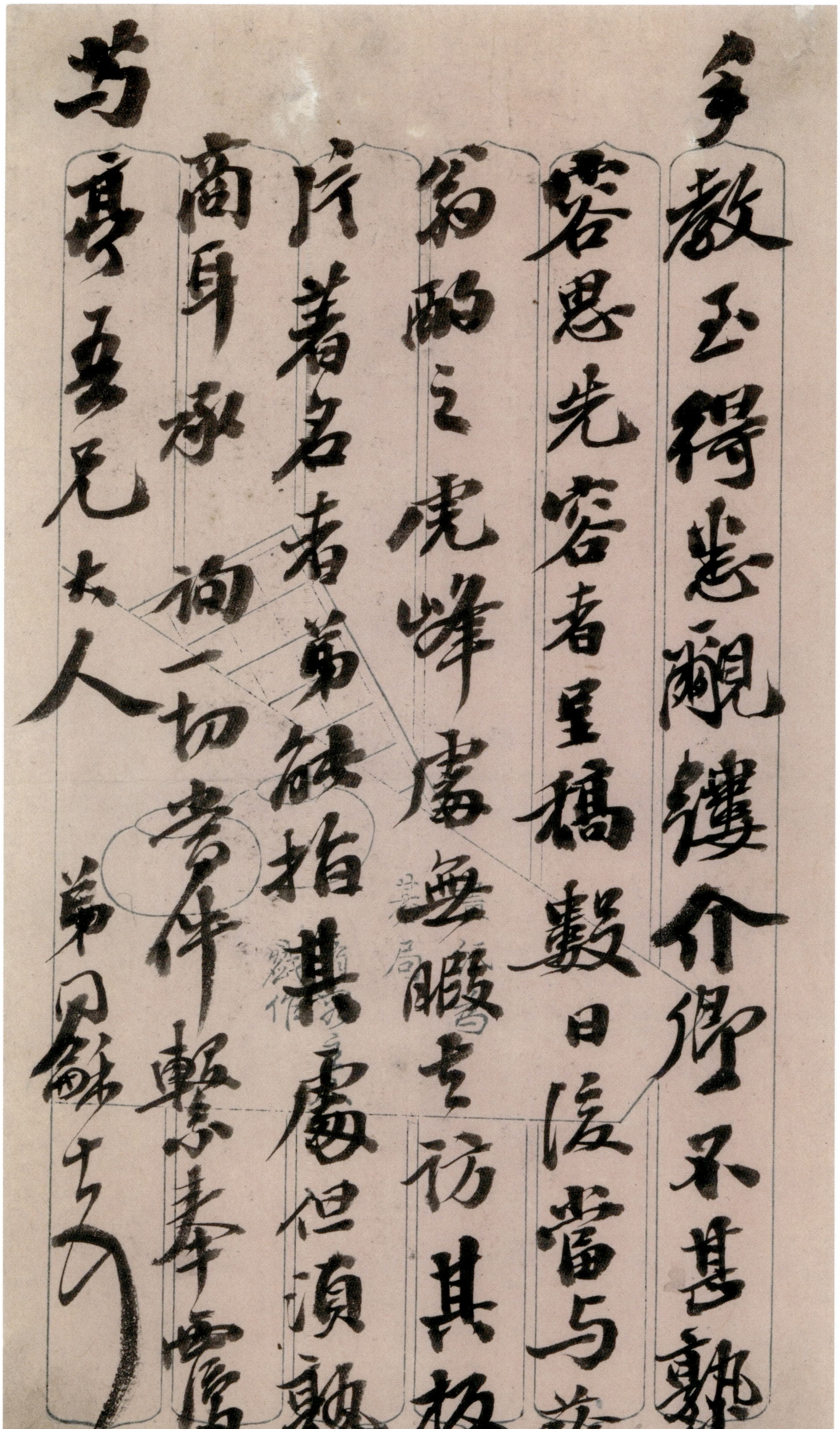

致　彭祖賢　之三

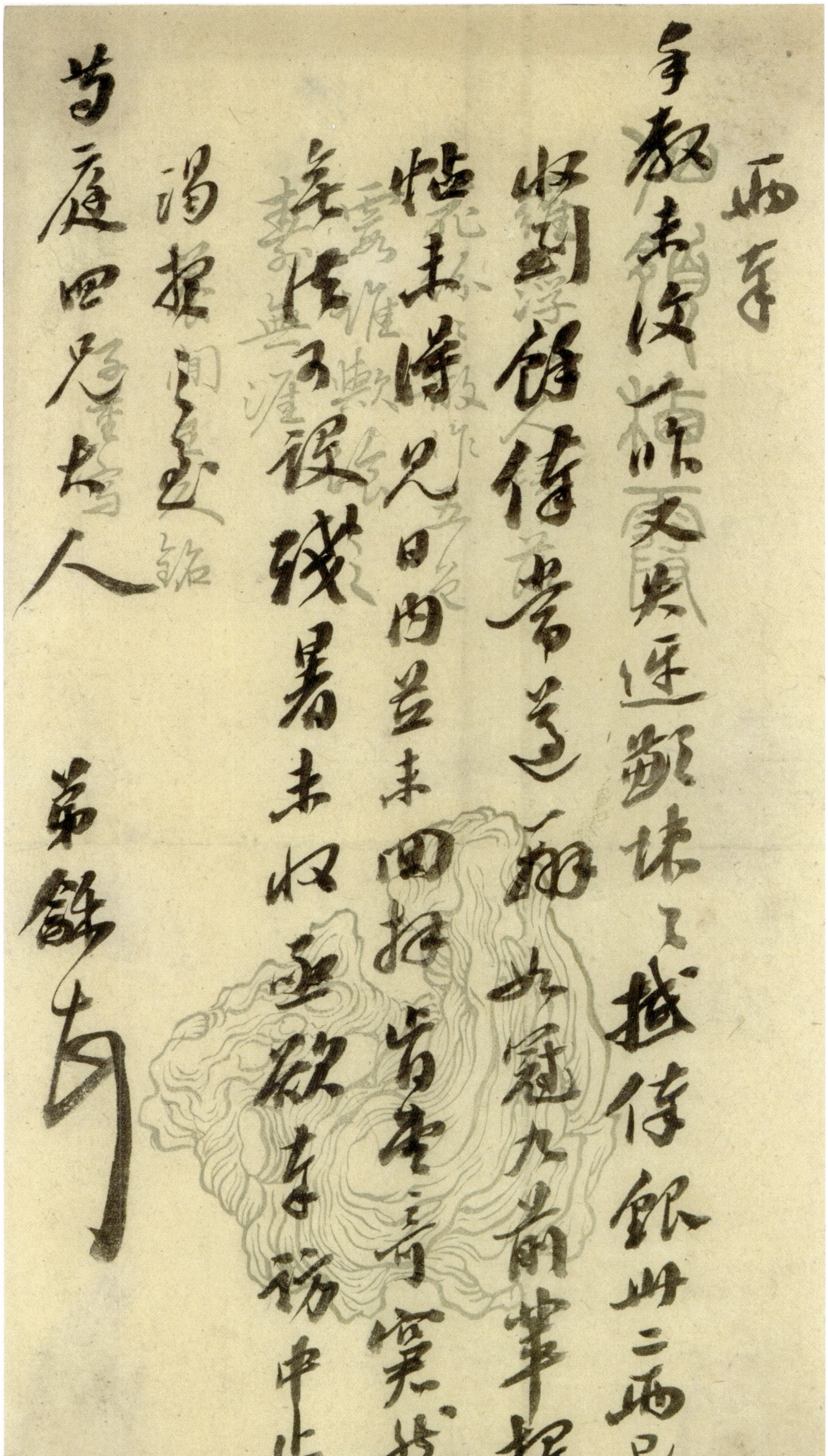

致彭祖賢之四

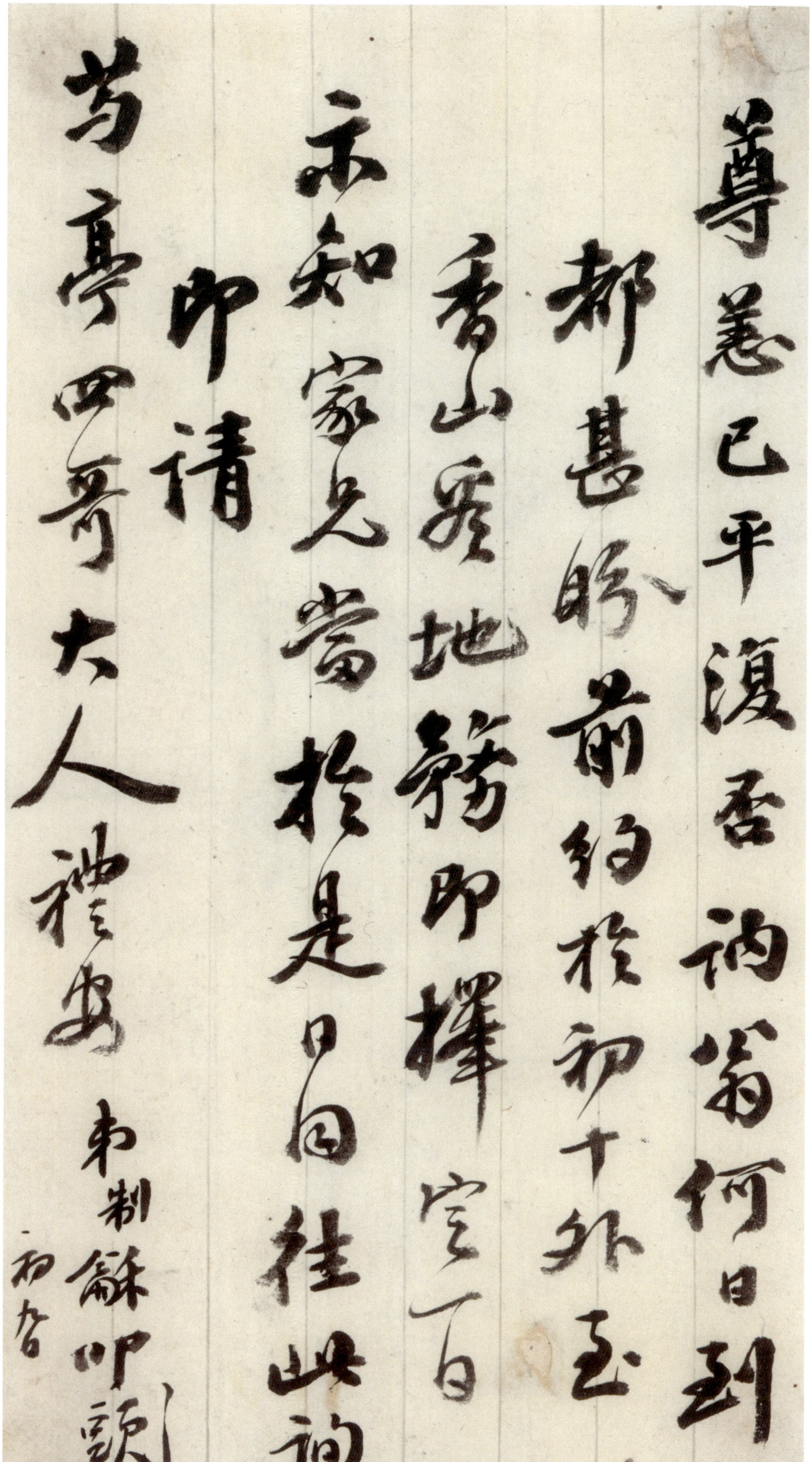

尊恙已平復否？詢翁何日到
郡？甚盼。前約於初十外至
香山寺地，務即擇定一日
示知，家兄當於是日回往此詢。
即請
芳亭四哥大人
禮安
弟制蘇叩頭
初各

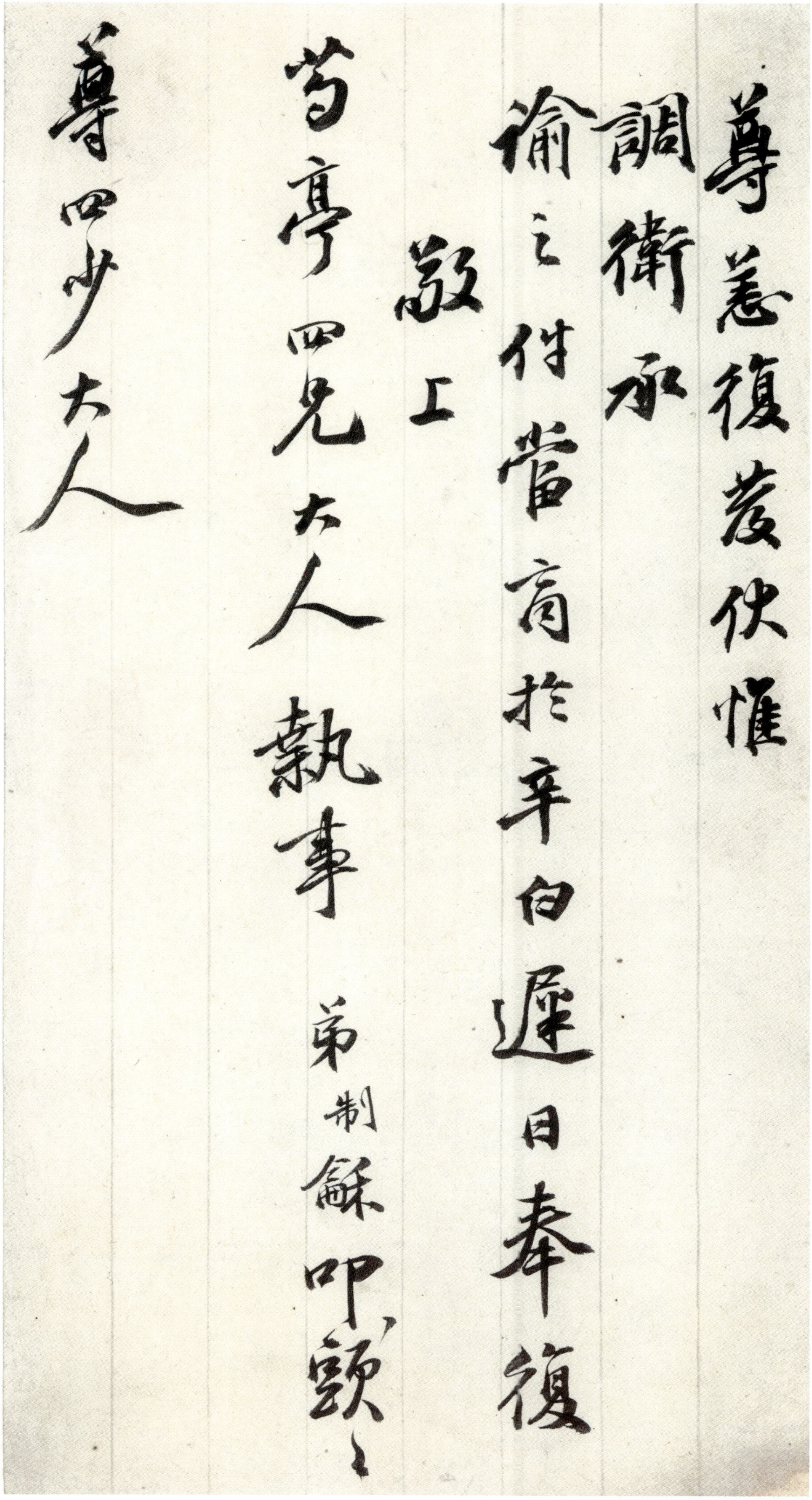
尊恙復發伏惟
調衛承
諭之件當商於辛白遲日奉復
敬上
芍亭四兄大人執事　弟制龢叩頭〻
尊四少大人

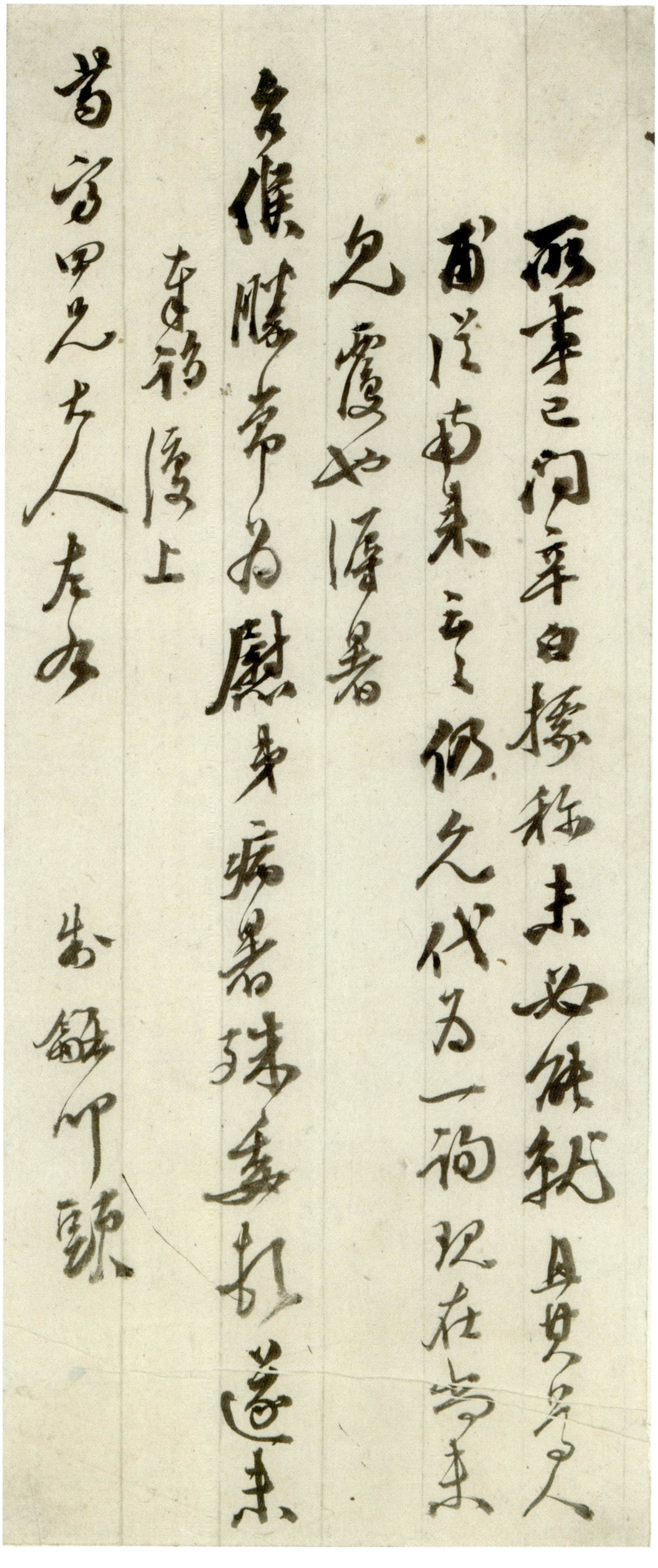
孫事已閱，平白擾移，未必能就，且其為人甫從南來，[illegible]似欠代為一詢，現在尚未允覆也。溽暑
文候勝常為慰，身病暑，[illegible]兼辦選未
柬稍復上
菊田兄大人左右
尚鎔叩頭

久不晤
教，徒有想望。伏惟
樂善不倦，實力實心，欽佩無已。
蒭啓書就，再琢。西事無津涯，
如何乚。敬復
茼亭吾兄大人　弟龢頓首

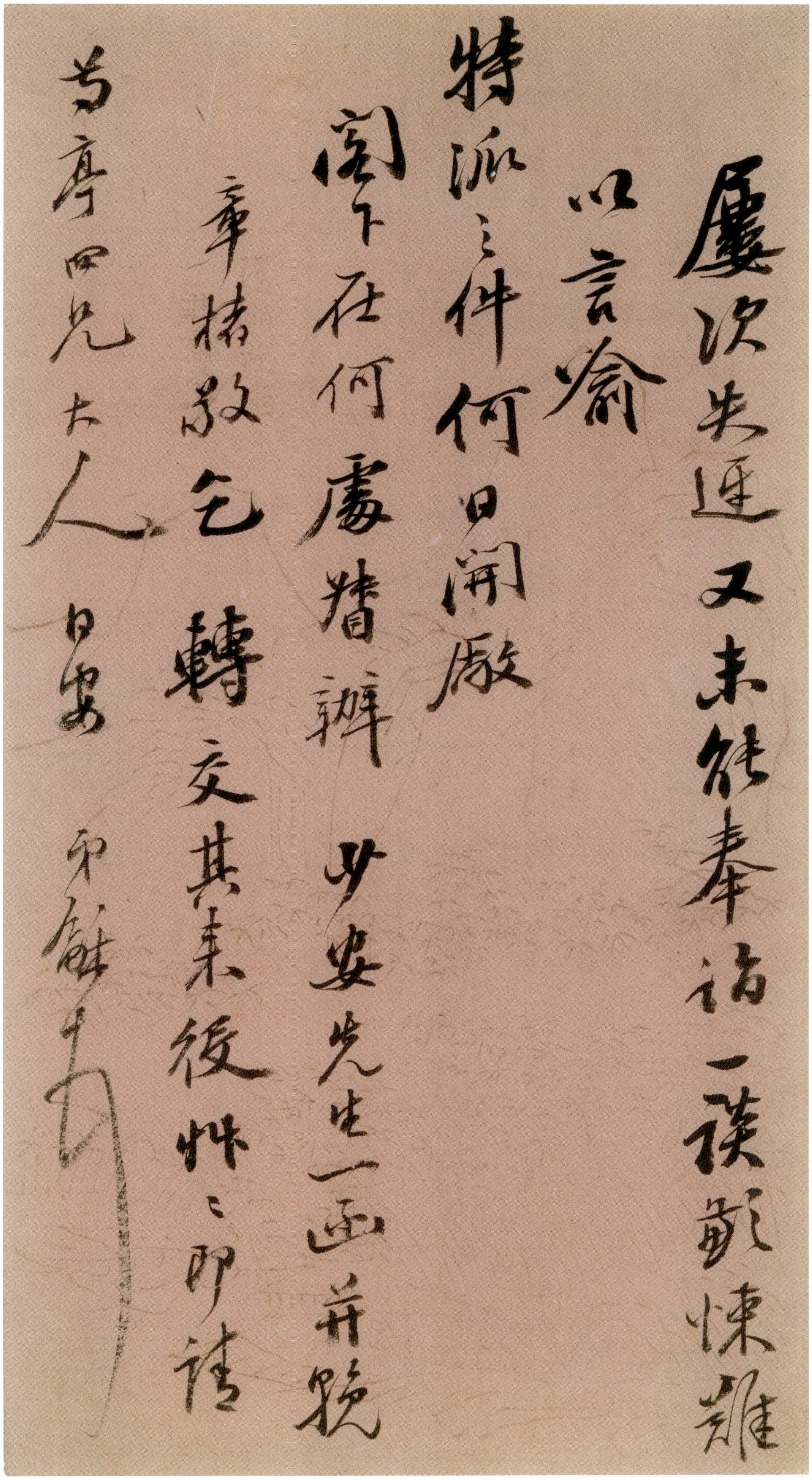

屢次失迓，又未能奉詣一談，歉悚難
以言喻。
特派之件，何日開廠？
閣下在何處措辦？少安先生一函並號
章精致乞轉交，其來役帖之，即請
芍亭四兄大人日安。
弟[illegible]

致 彭祖賢 之一一

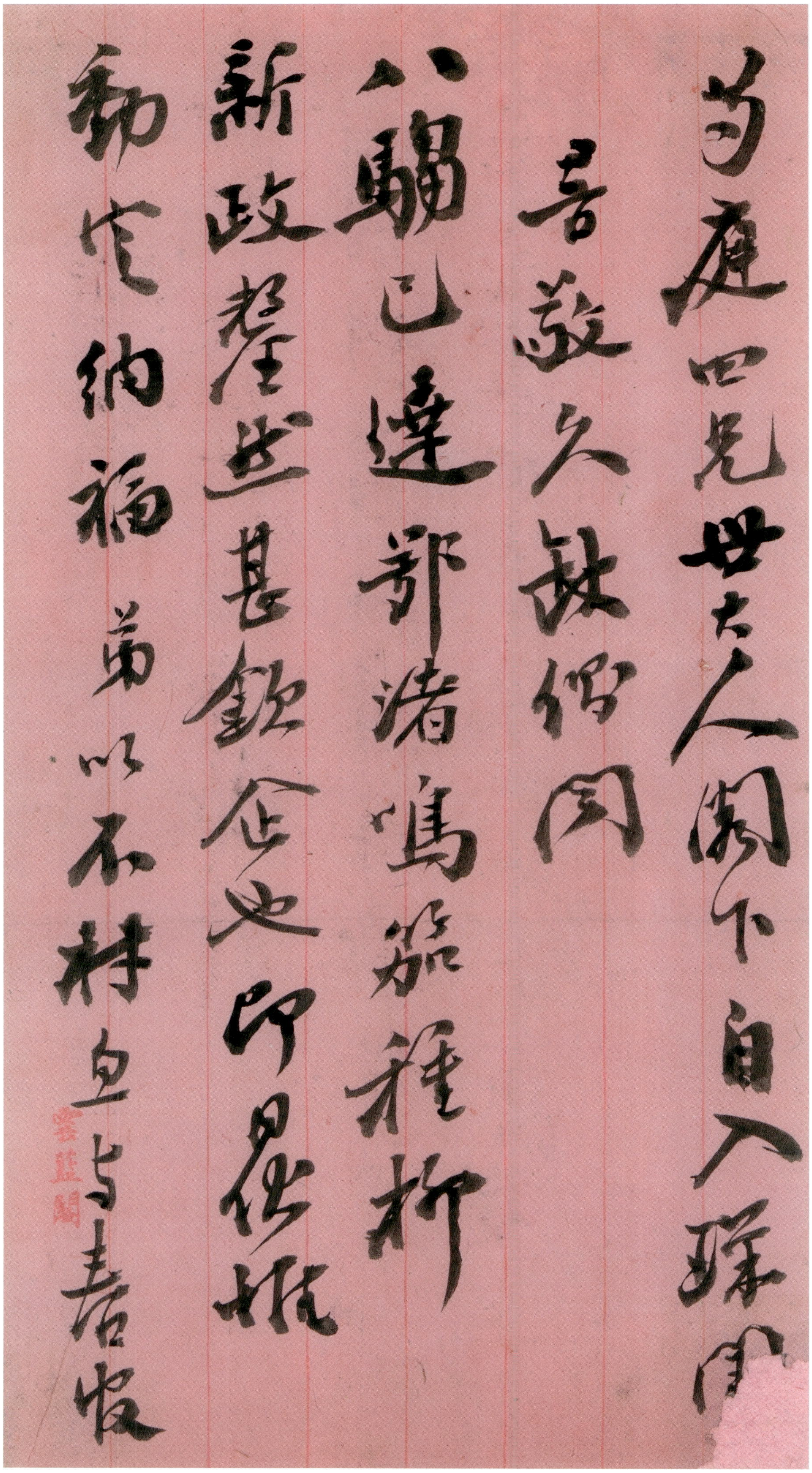
芍庭四兄世大人閣下自入臘月
音敬久缺修問
八騶已達鄂渚鳴笳雜柝
新政聲迭甚欽企也即履祉
勅定納福弟以不材自乞春假

致彭祖賢 之二一

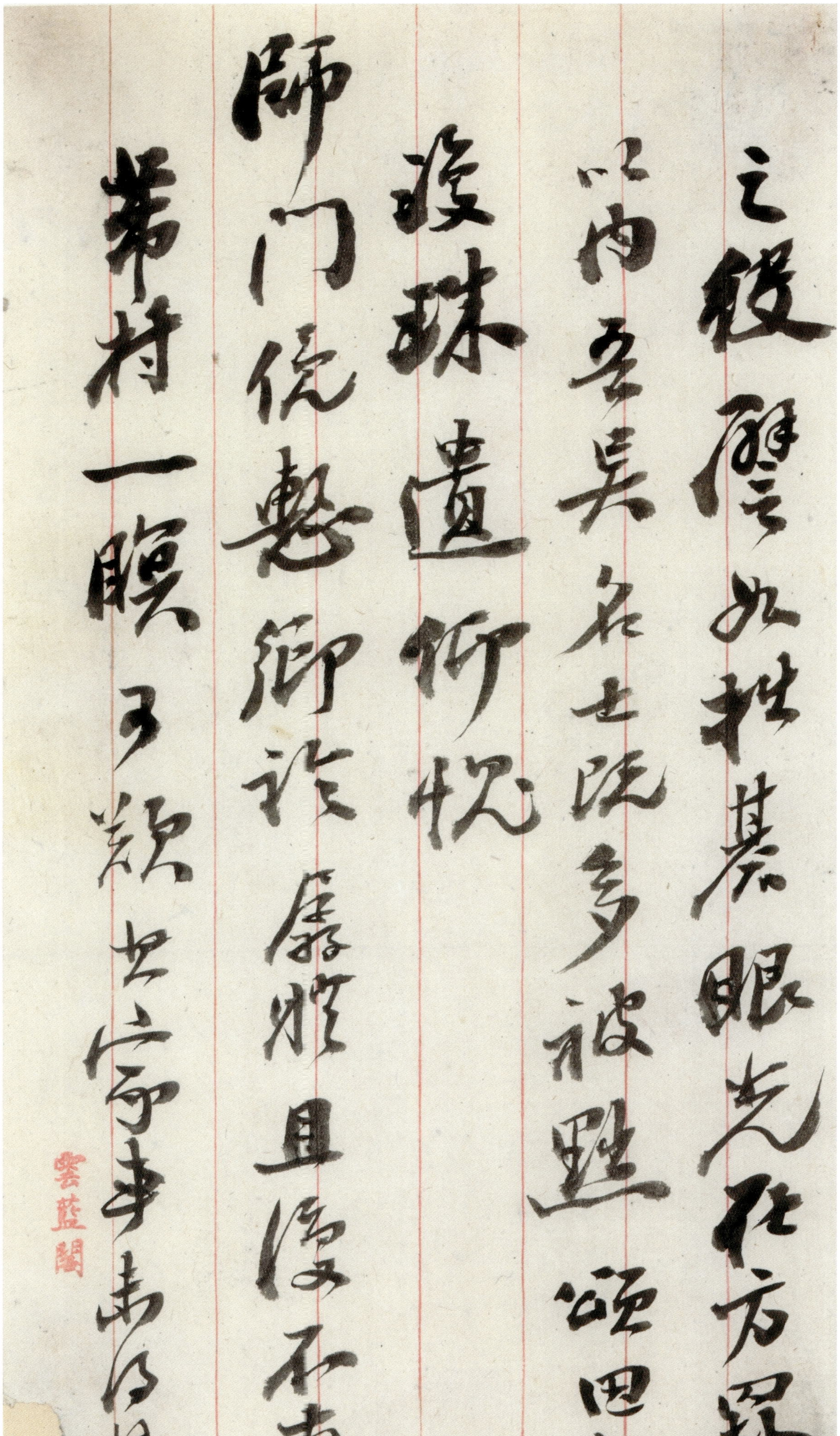

致 彭祖賢 之二

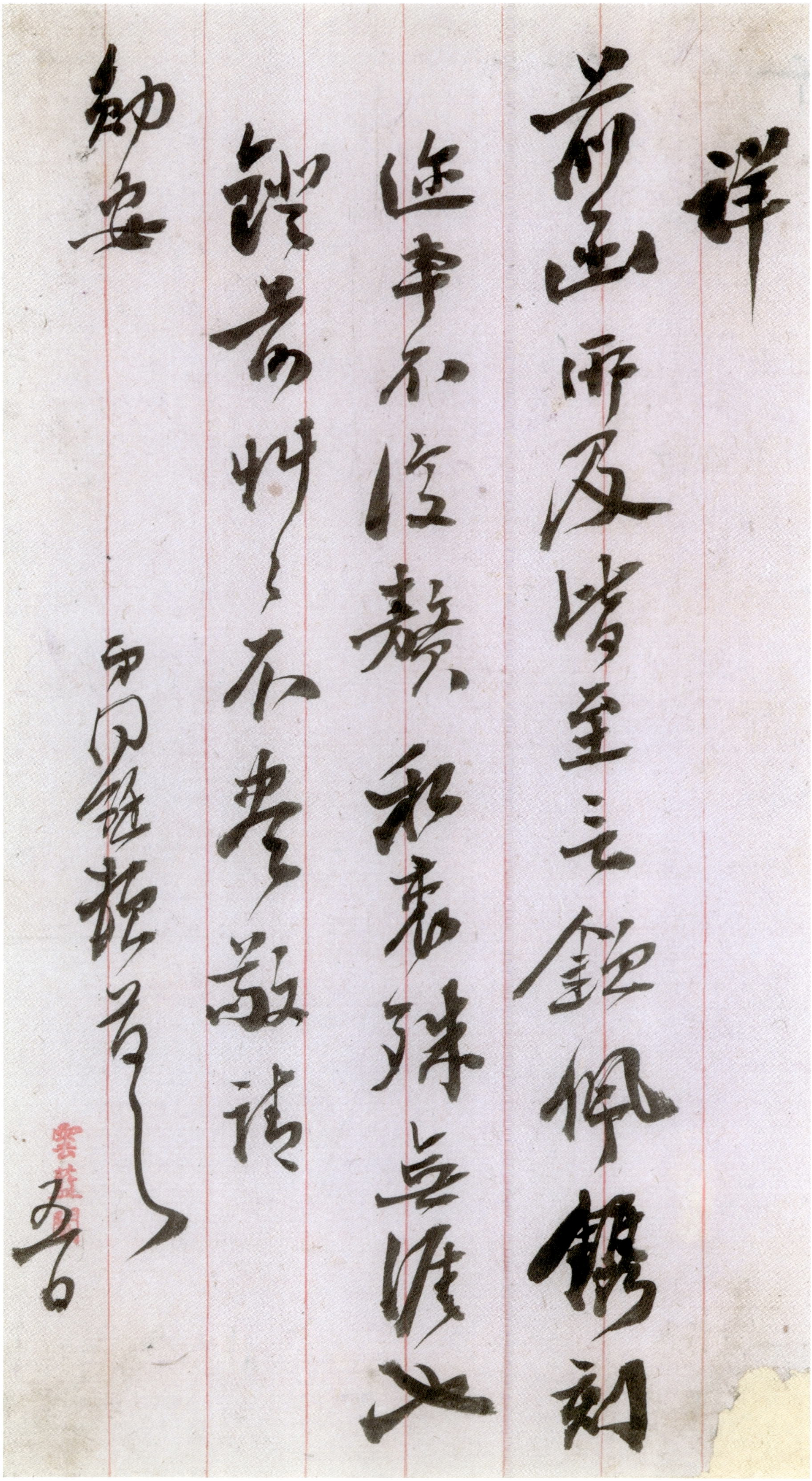

致 彭祖賢 之一一

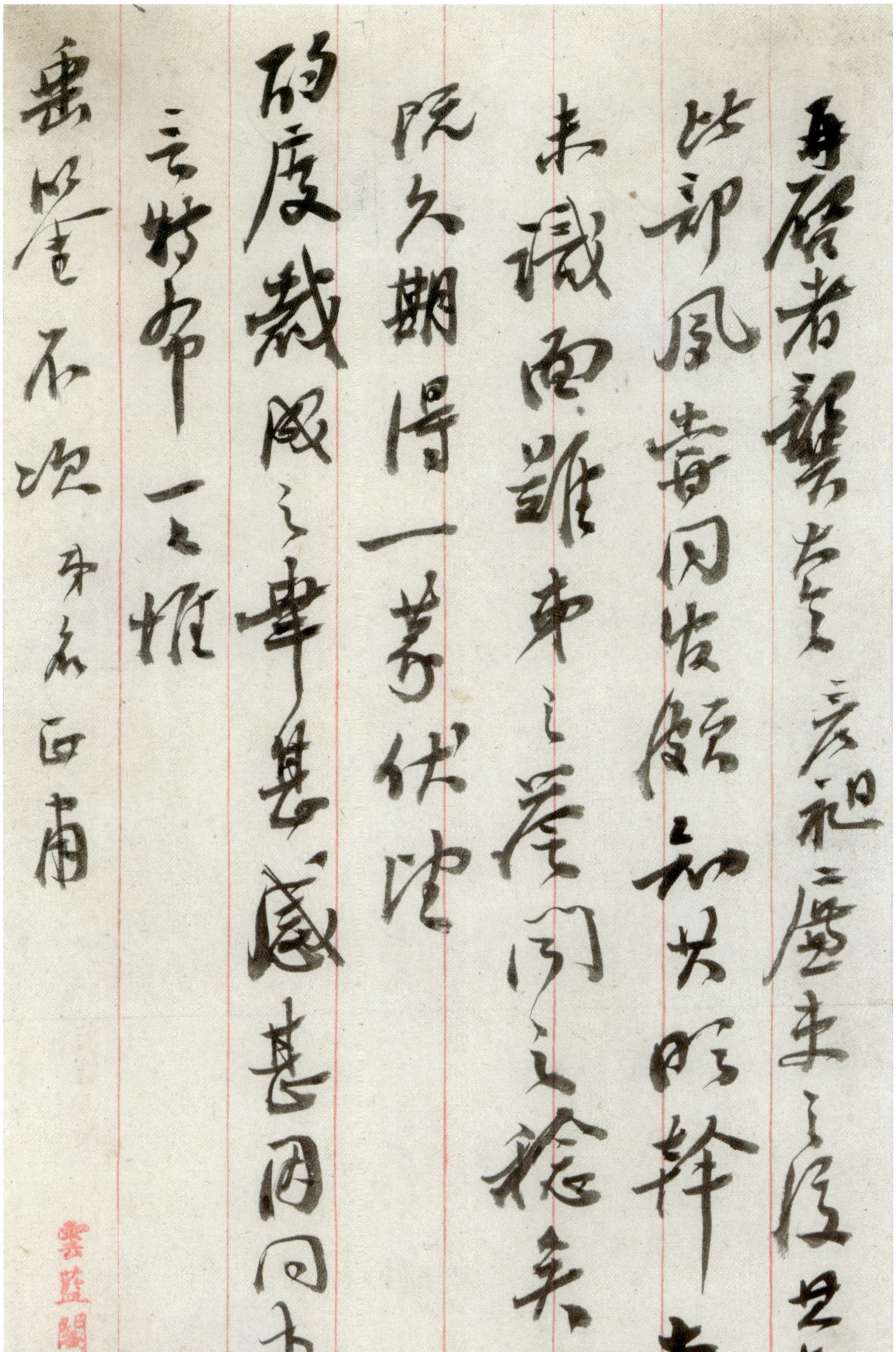

致彭祖賢之二二

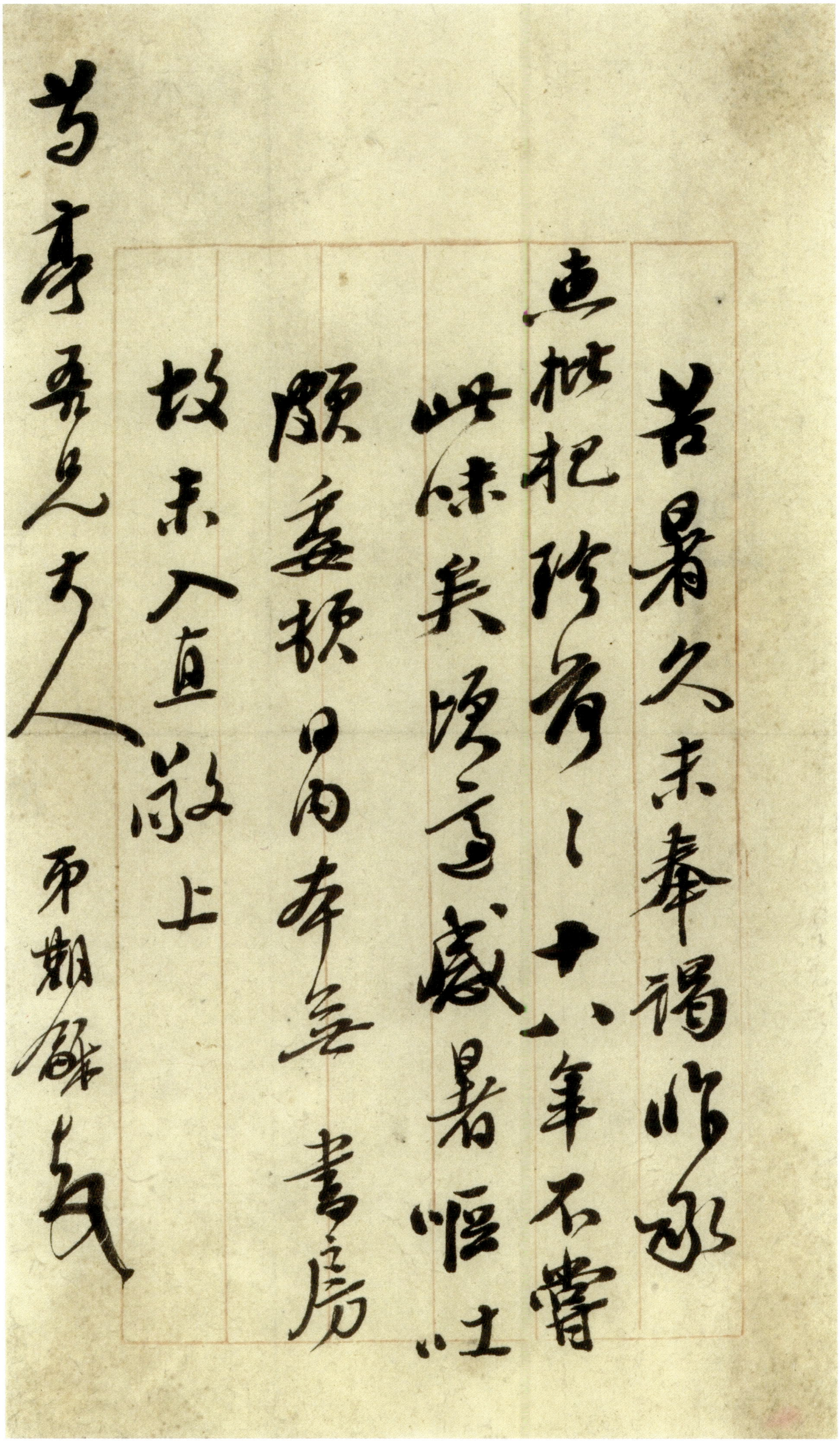
苦暑久未奉謁，昨承
惠枇杷，珍荷之至。十八年不嘗
此味矣。頃交處暑，惺灶
願無損。日間本無 書房
故未入直。敬上
芍亭吾兄大人
弟同龢頓首

致彭祖賢 之一三

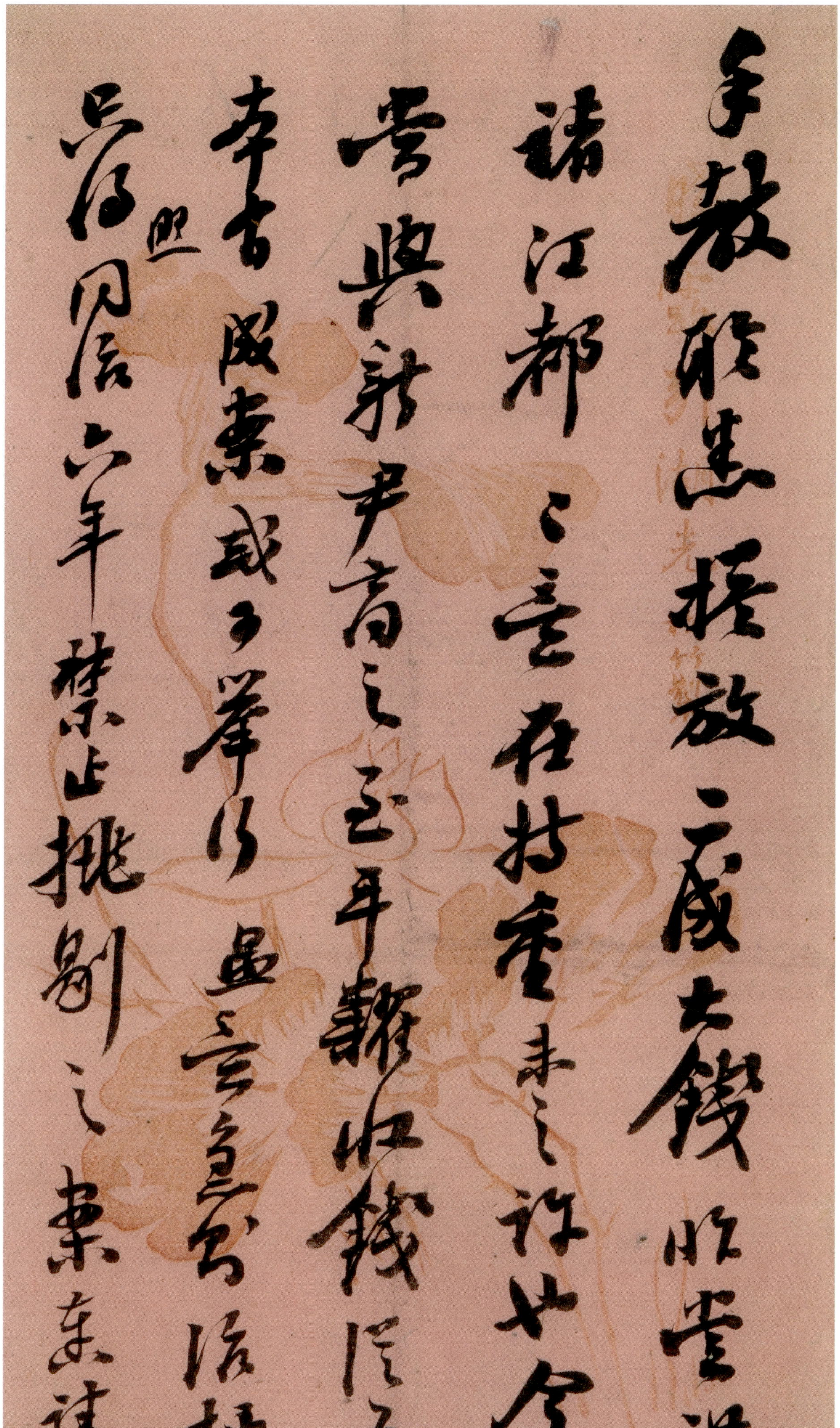

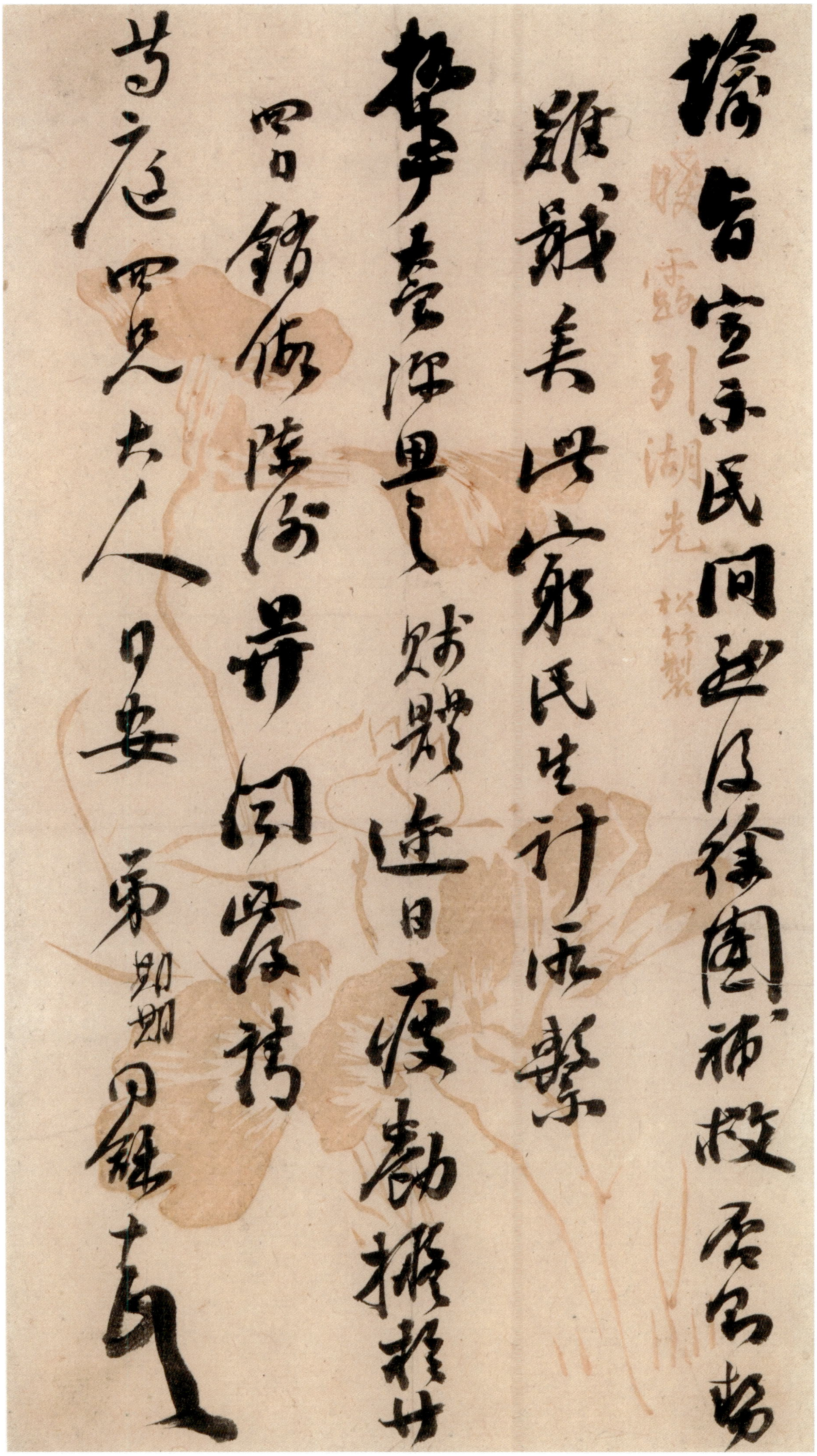

致彭祖賢之一三

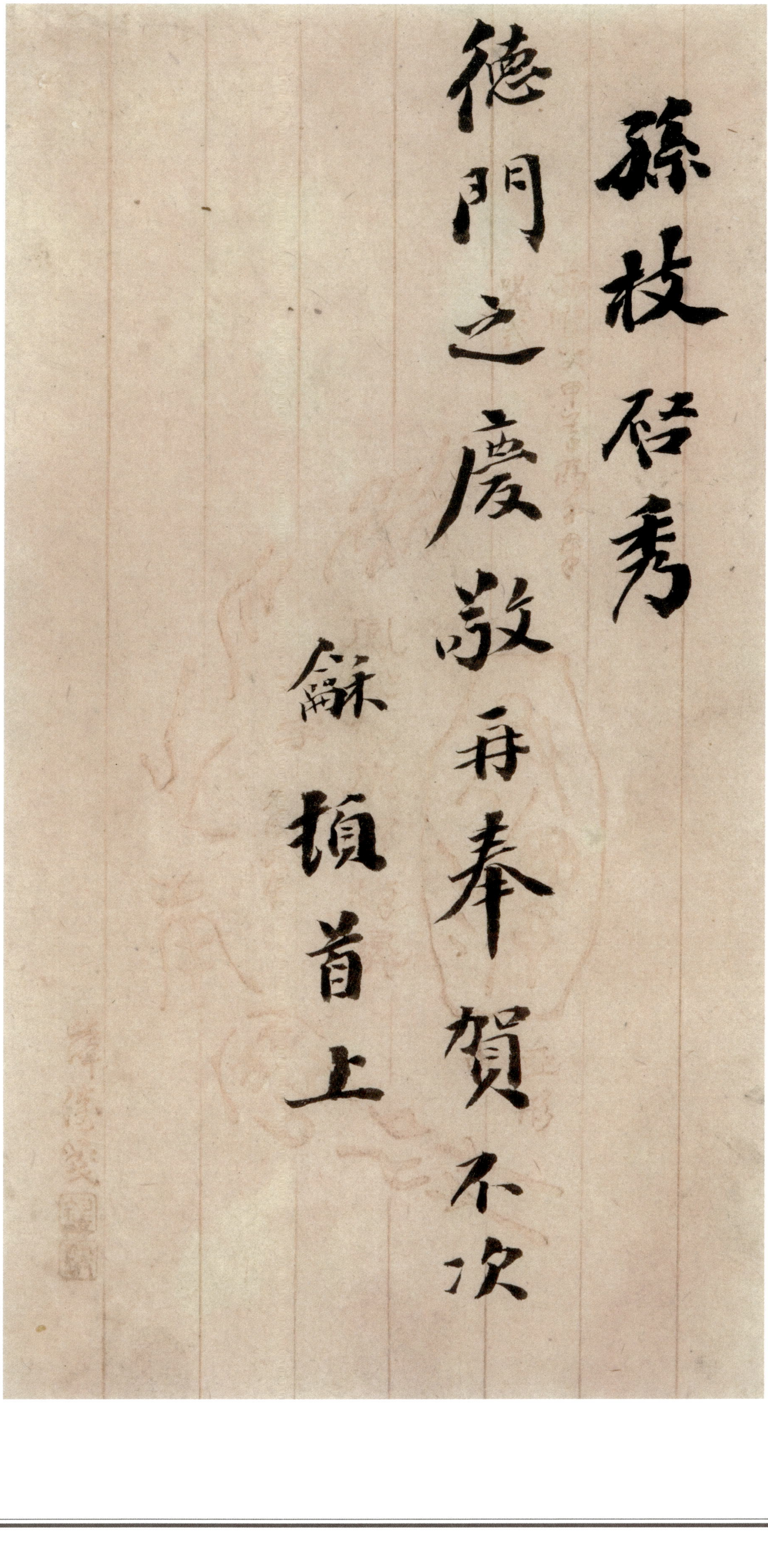
孫枝碩秀
德門之慶敬再奉賀不次
龢頓首上

致應寶時之一

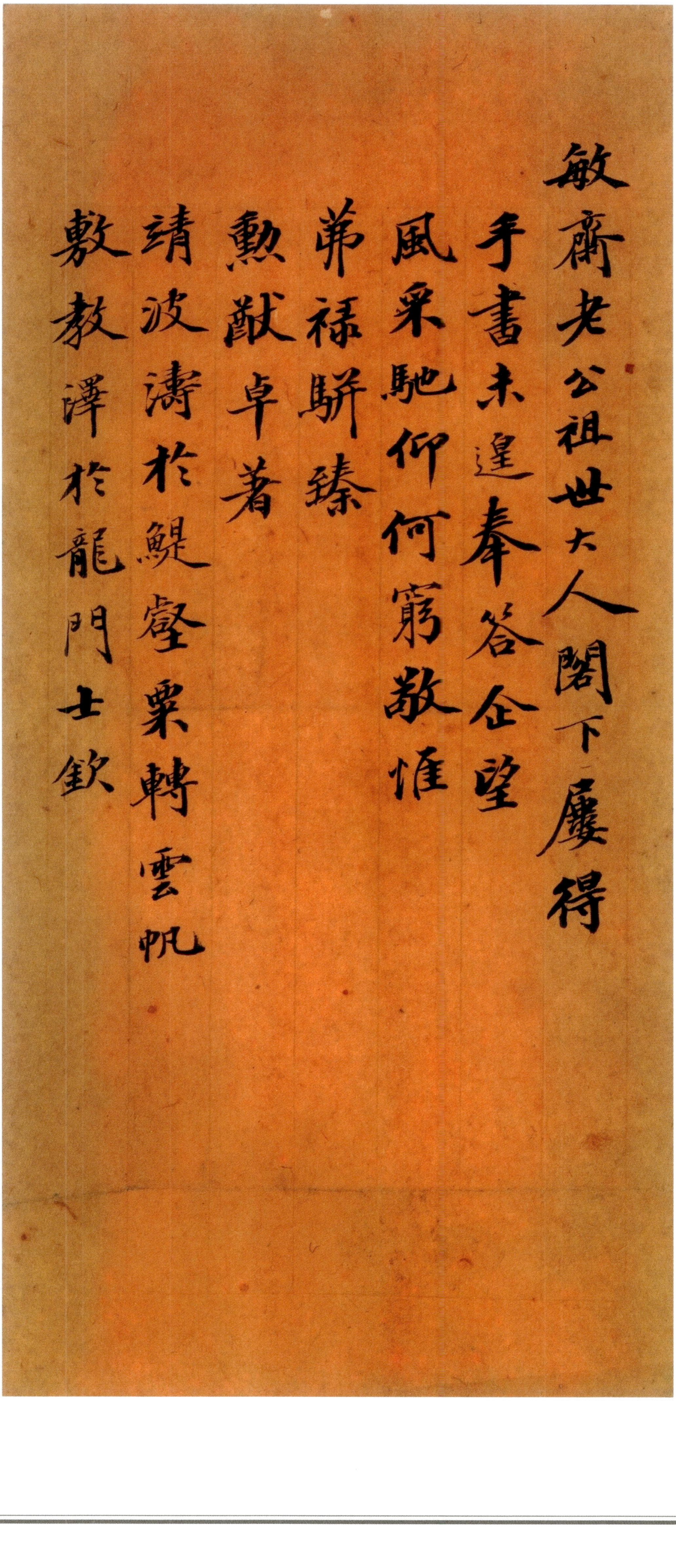
敏齋老公祖世大人閣下：屢得
手書，未遑奉答，企望
風采，馳仰何窮。敬惟
茀祿駢臻，
勳猷卓著，
靖波濤於鯷壑，粟轉雲帆，
敷教澤於龍門，士欽

應寶時（1821—1890），字敏齋，浙江永康人。舉人。官至江蘇按察使，署布政使。

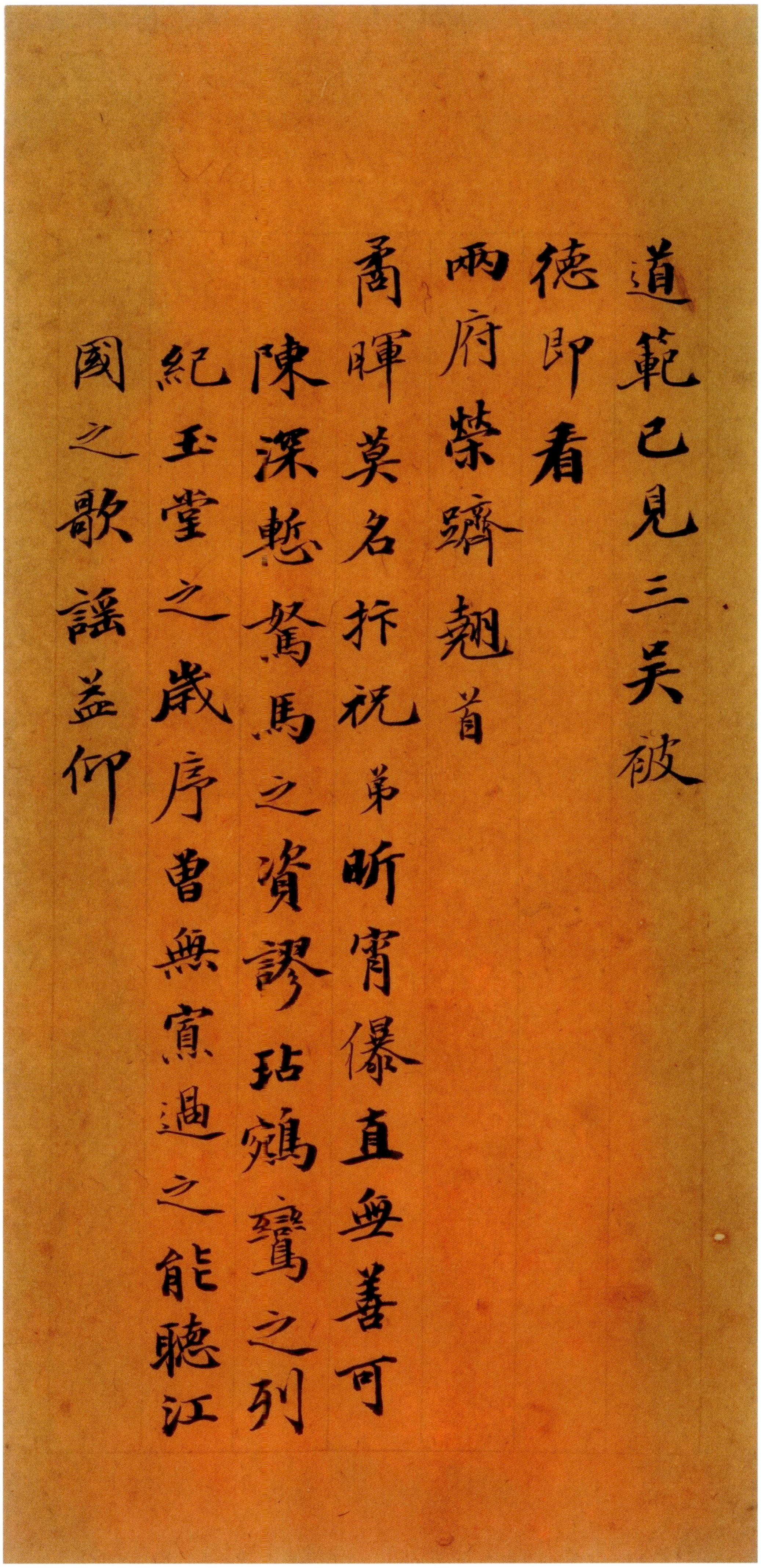
道範已見三吳祓
德即看
兩府縈躋翹首
喬暉莫名抃祝弟昕宵儤直無善可
陳深憖駑馬之資謬玷鵷鷺之列
紀玉堂之歲序曾無寡過之能聽江
國之歌謠益仰

致應寶時之一

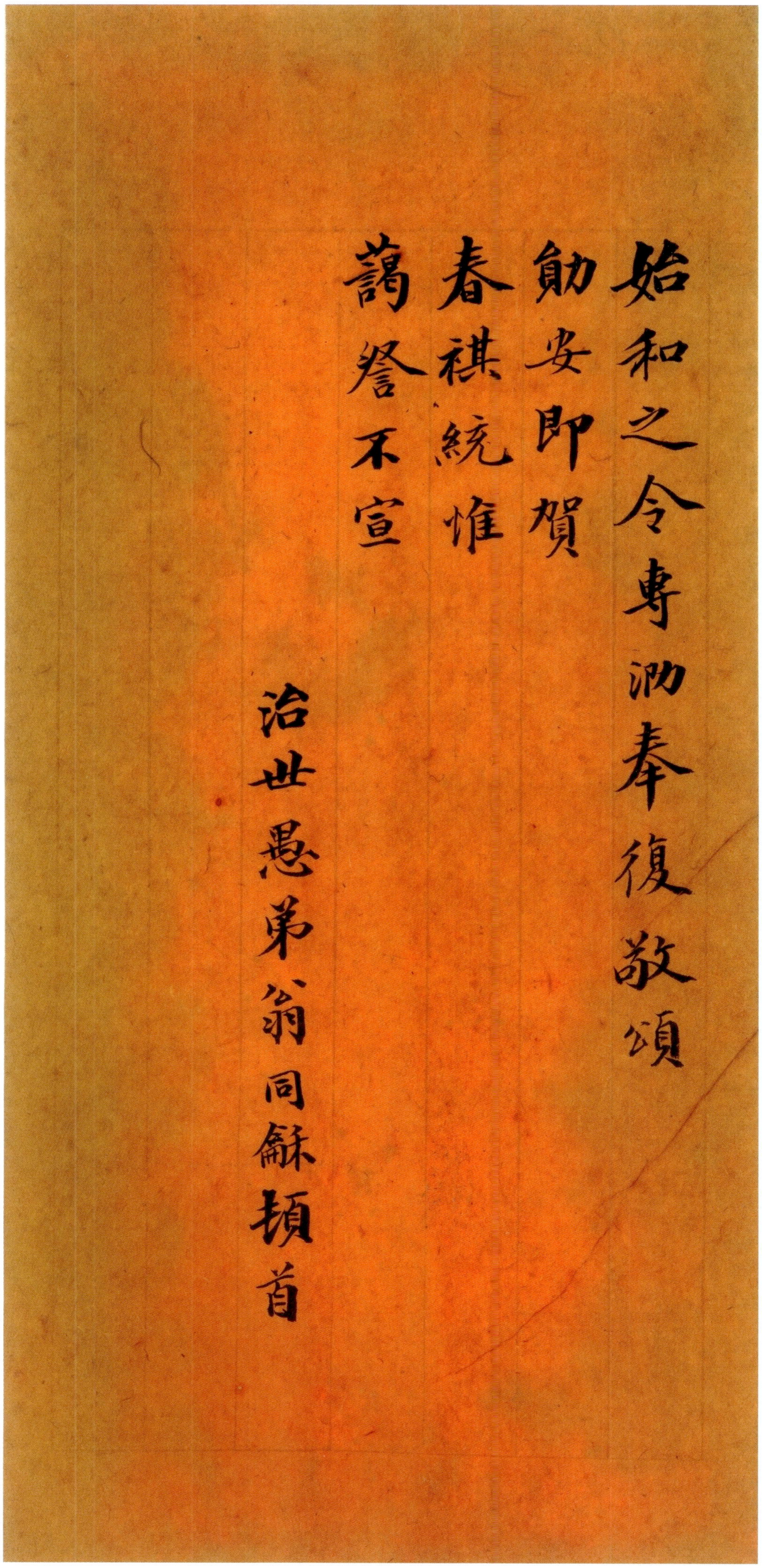
始和之令專泐奉復敬頌
勛安即賀
春祺統惟
藹詧不宣

治世愚弟翁同龢頓首

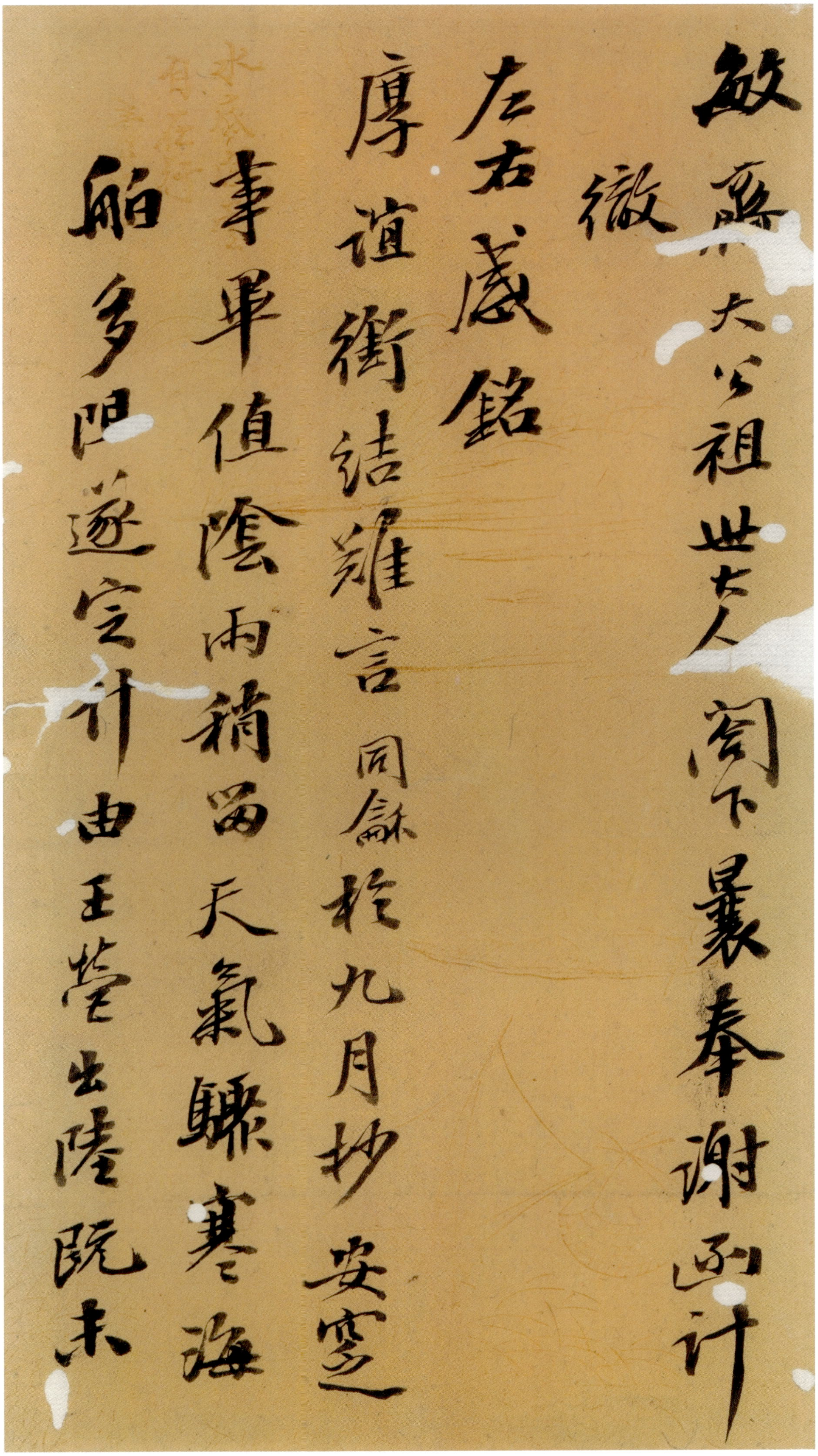
敬齋大公祖世大人閣下曩奉謝函計
徹
左右感銘
厚誼銜結難言同鄉於九月抄安窆
事畢值陰雨稽留天氣驟寒海
船多阻遂定計由王營出陸既未

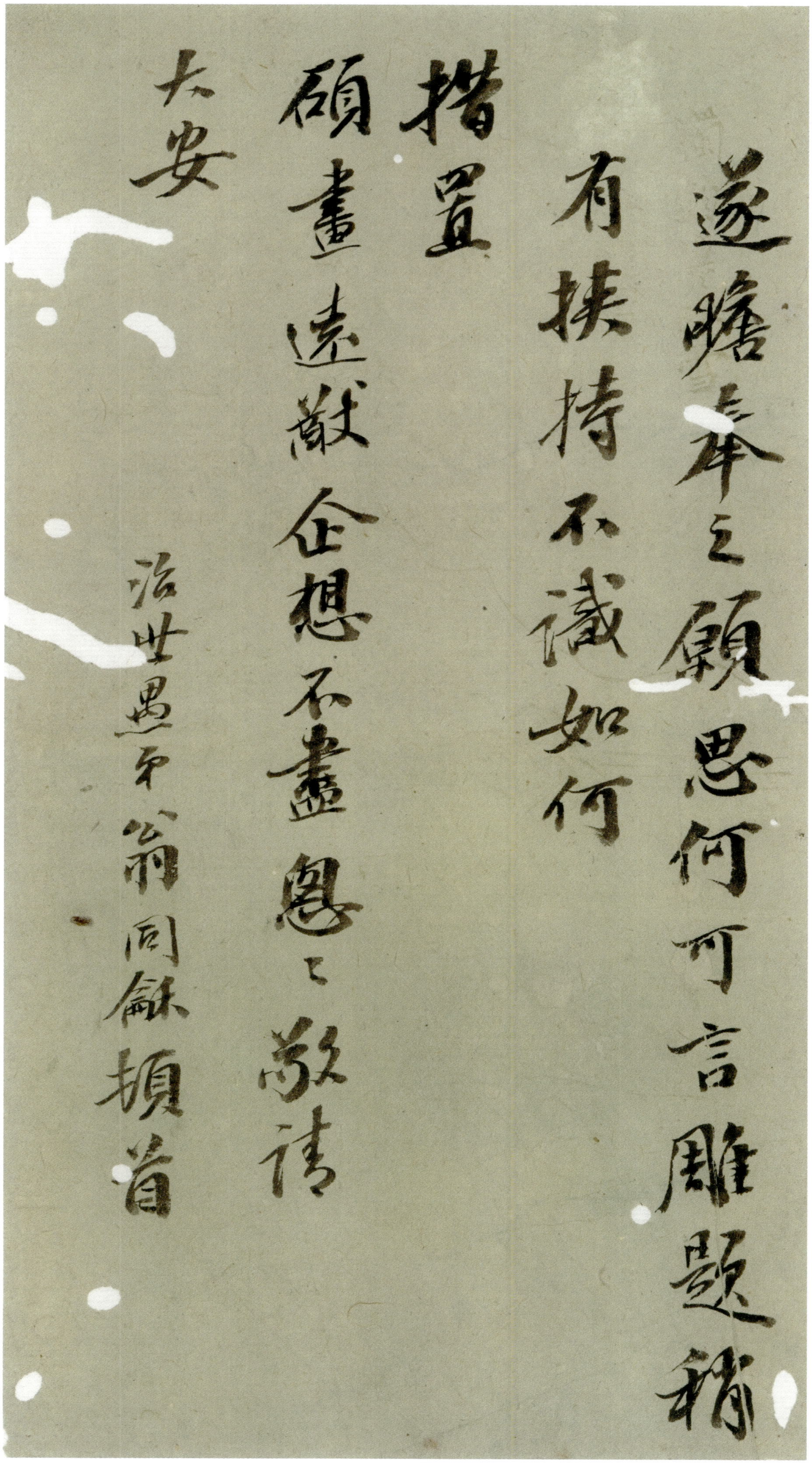

遂瞻奉〻顏思何可言雕題稍
有扶持不識如何
措置
碩畫遠猷企想不盡恩〻敬請
大安
治世愚弟翁同龢頓首

致俞樾

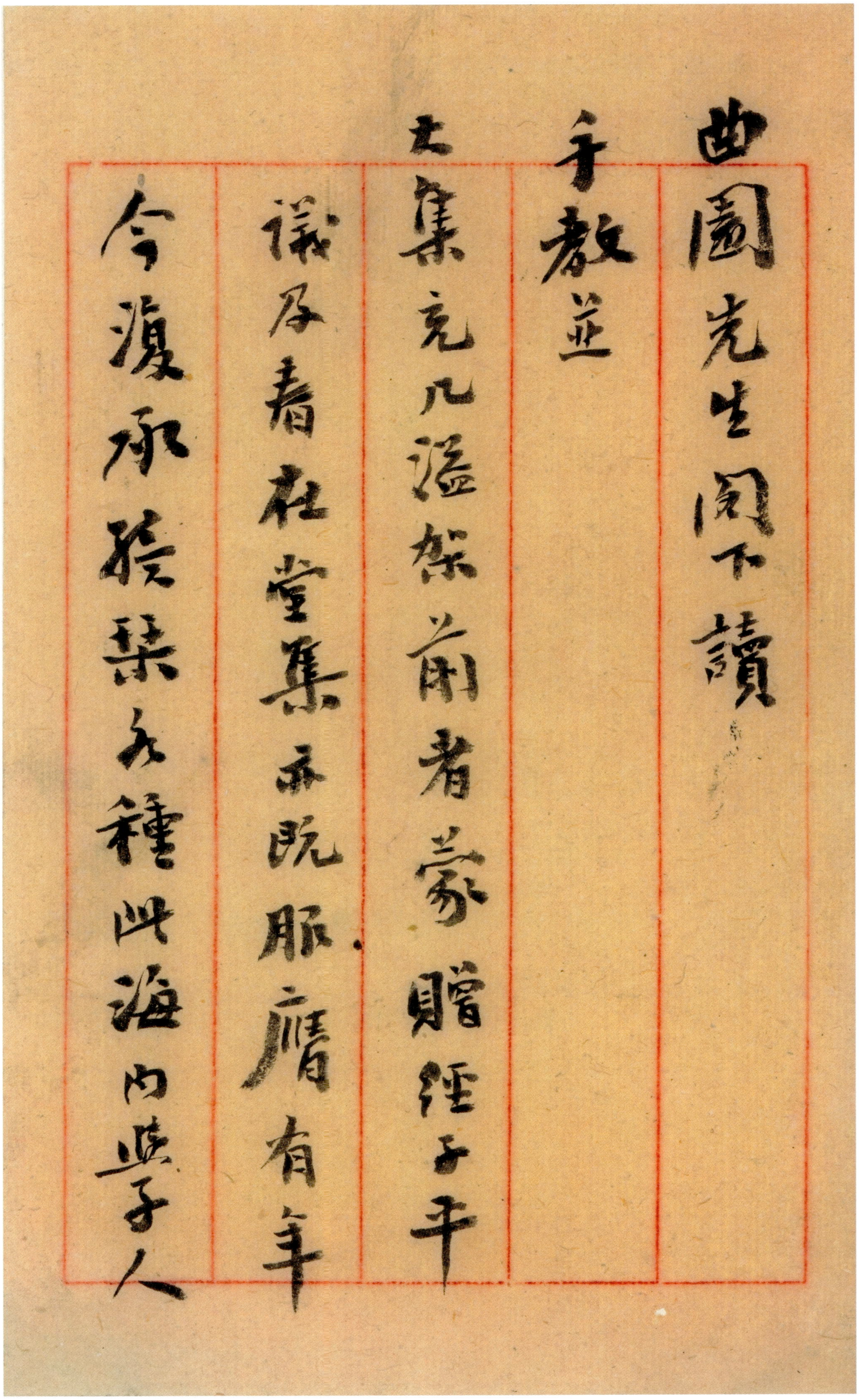
曲園先生閣下讀
手教並
大集充几盈架前者蒙贈經子平
議及春在堂集承既賡有年
今復承[illegible][illegible]五種此海內學子人

俞樾（1821—1907），字蔭甫，號曲園，浙江德清人。道光進士，官至河南學政。

所欲家置一編而未得者而緐之舍陋竟一旦得之欣幸當何如耶基唐伏處頗思卒業而人事牽迫未一展卷容已托門僕攜歸尋繹也

函丈咫尺無緣趨侍徒深景仰龢詞
館後進積謂宜有別然海內皆稱
曲園先生即龢亦不敢自外忽促束裝
敬候
道履不次　翁同龢頓首謹上
九月二日

致　張樹聲

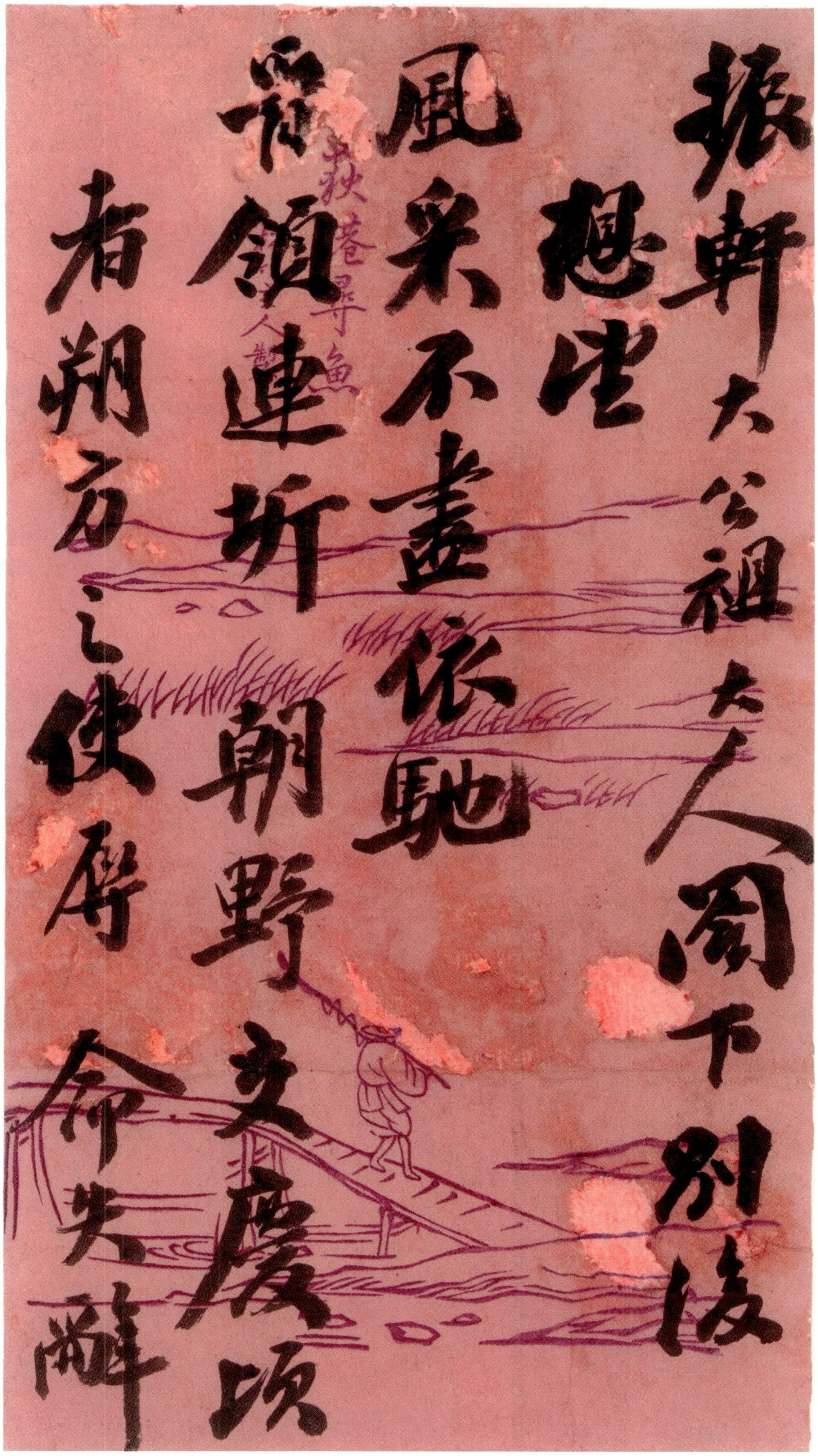
振軒太公祖大人閣下：別後
想望
風采，不盡依馳。
寵領連圻，朝野交慶。頃
有朔方之使，辱命失辭

張樹聲（1824—1884），字振軒，安徽合肥人。廩生。官至總督。

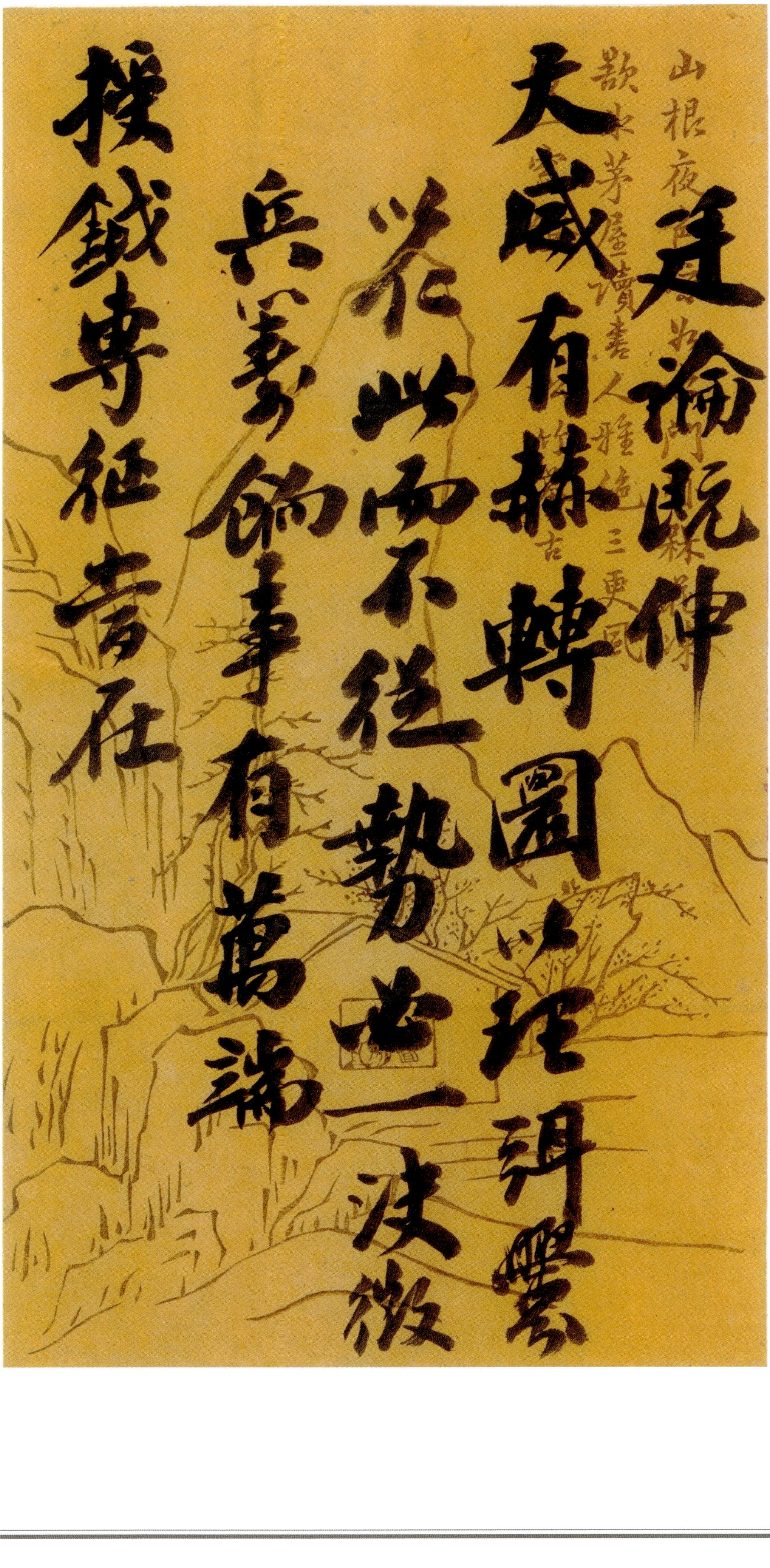

廷諭既伸
天威有赫轉圜以挽弭釁
於此而不從勢必一決徵
兵募餉事有萬端
援餉專征責在

致 張樹聲

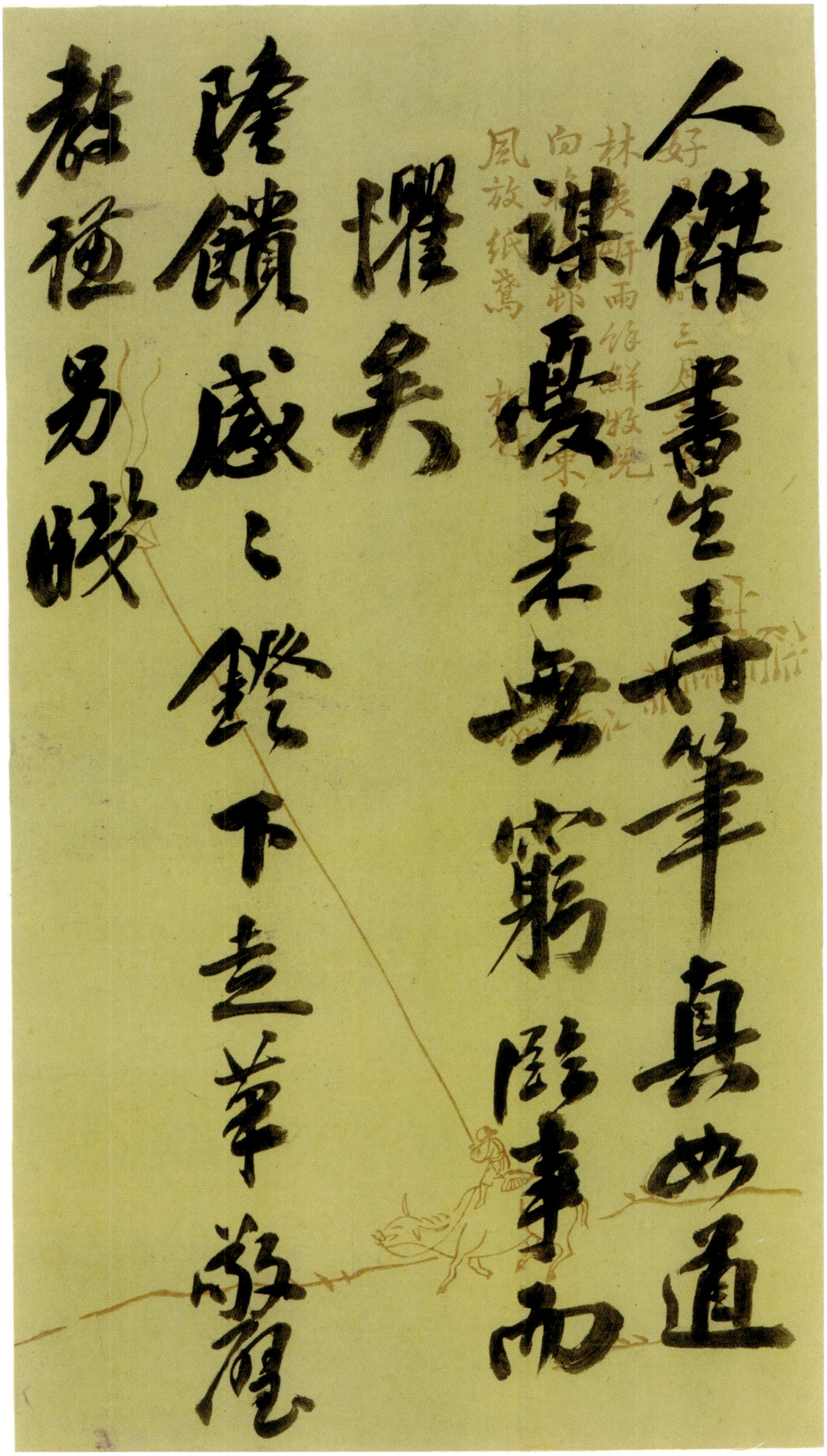
人傑書生弄筆真如通
謀慮來無窮勝事而
擢矣
隆饋感感鐙下走筆敬覆

致　張樹聲

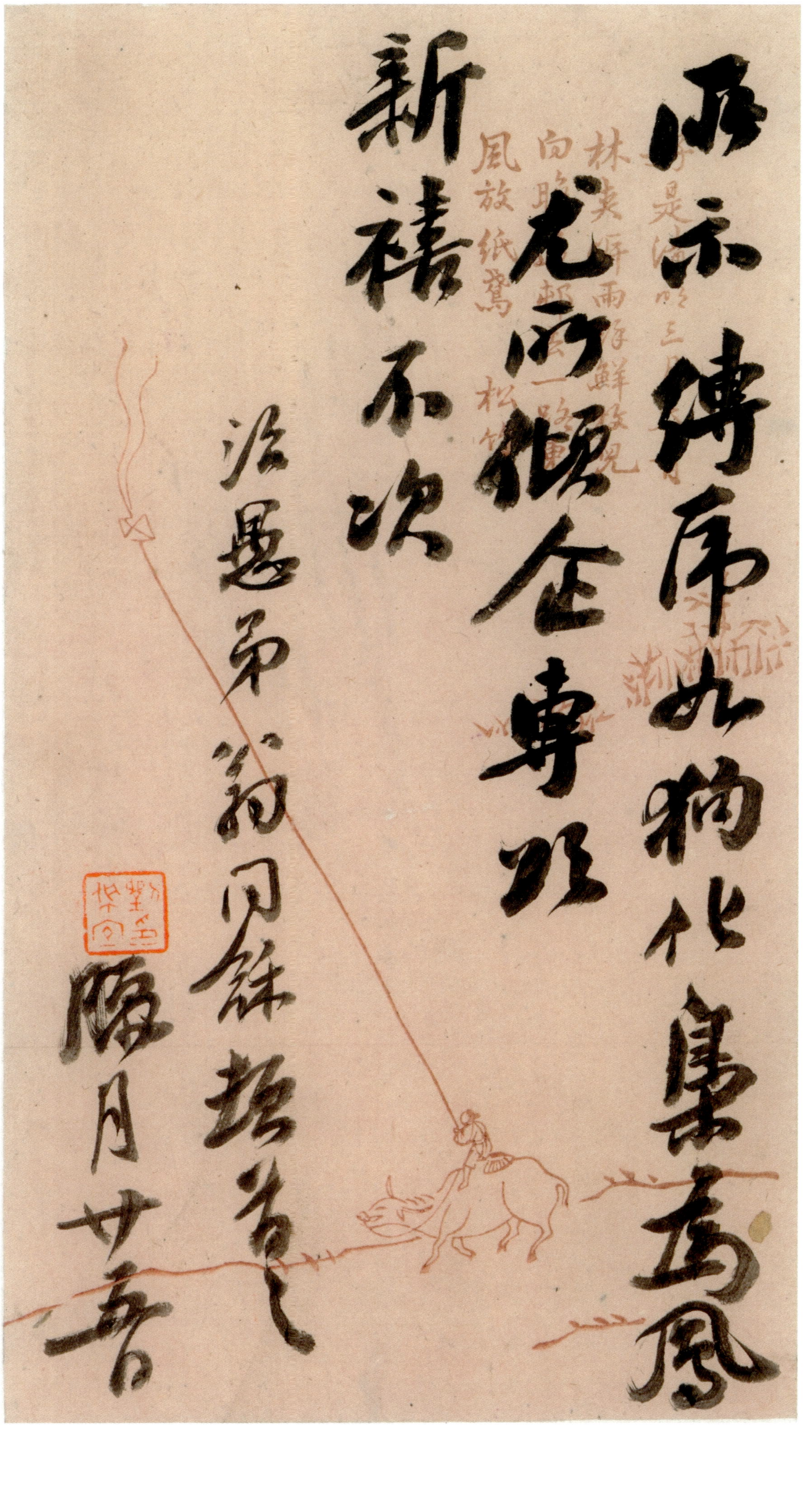

致 祁世長 之一

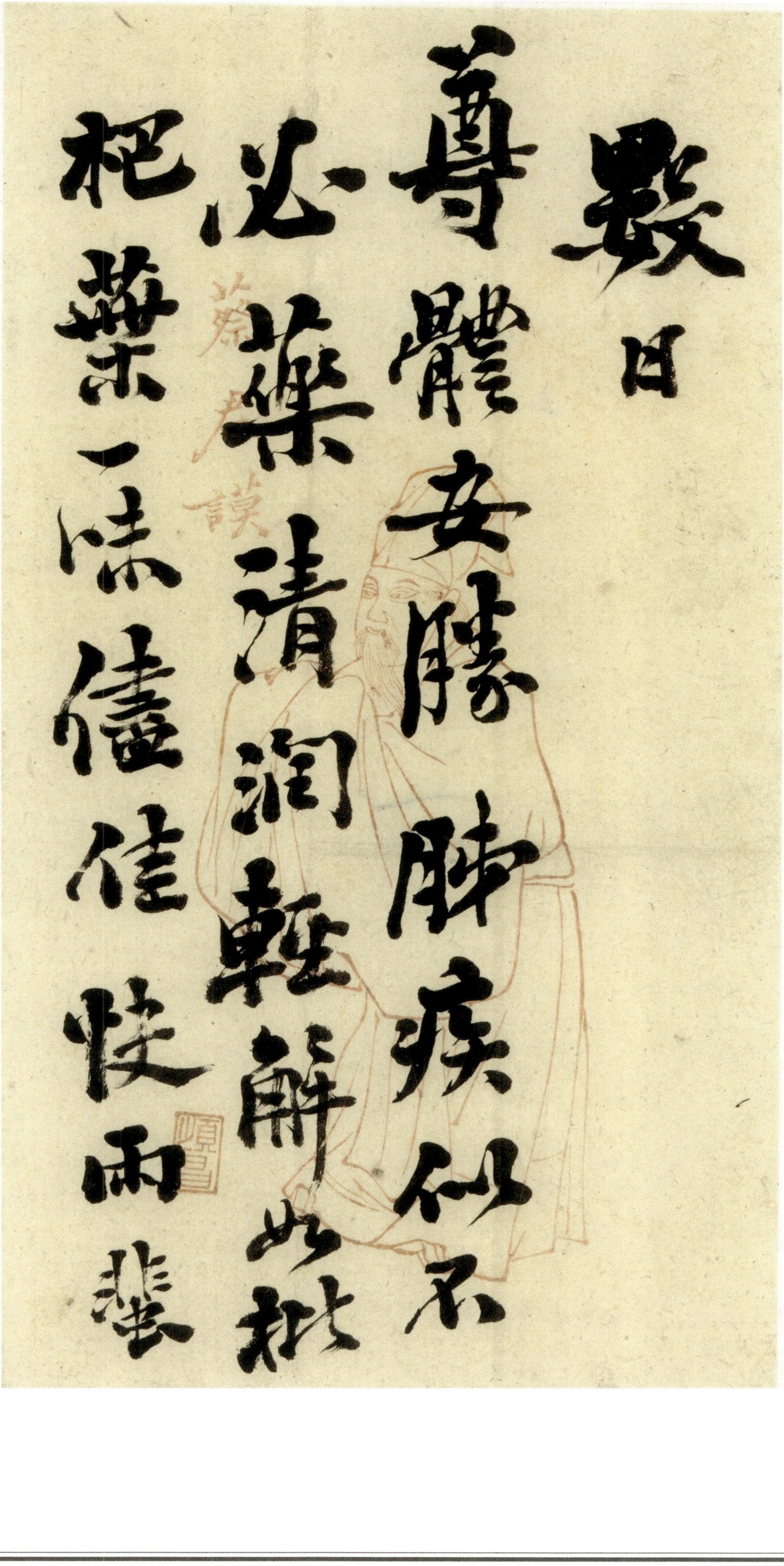
數日
尊體安勝，脉疾似不
必藥，清潤輕解如枇
杷葉一味儘佳。快雨[illegible]

祁世長（1825—1890），字子禾，號敏齋，山西壽陽人。祁嶲藻子。咸豐進士，官至工部尚書。

致祁世長之一

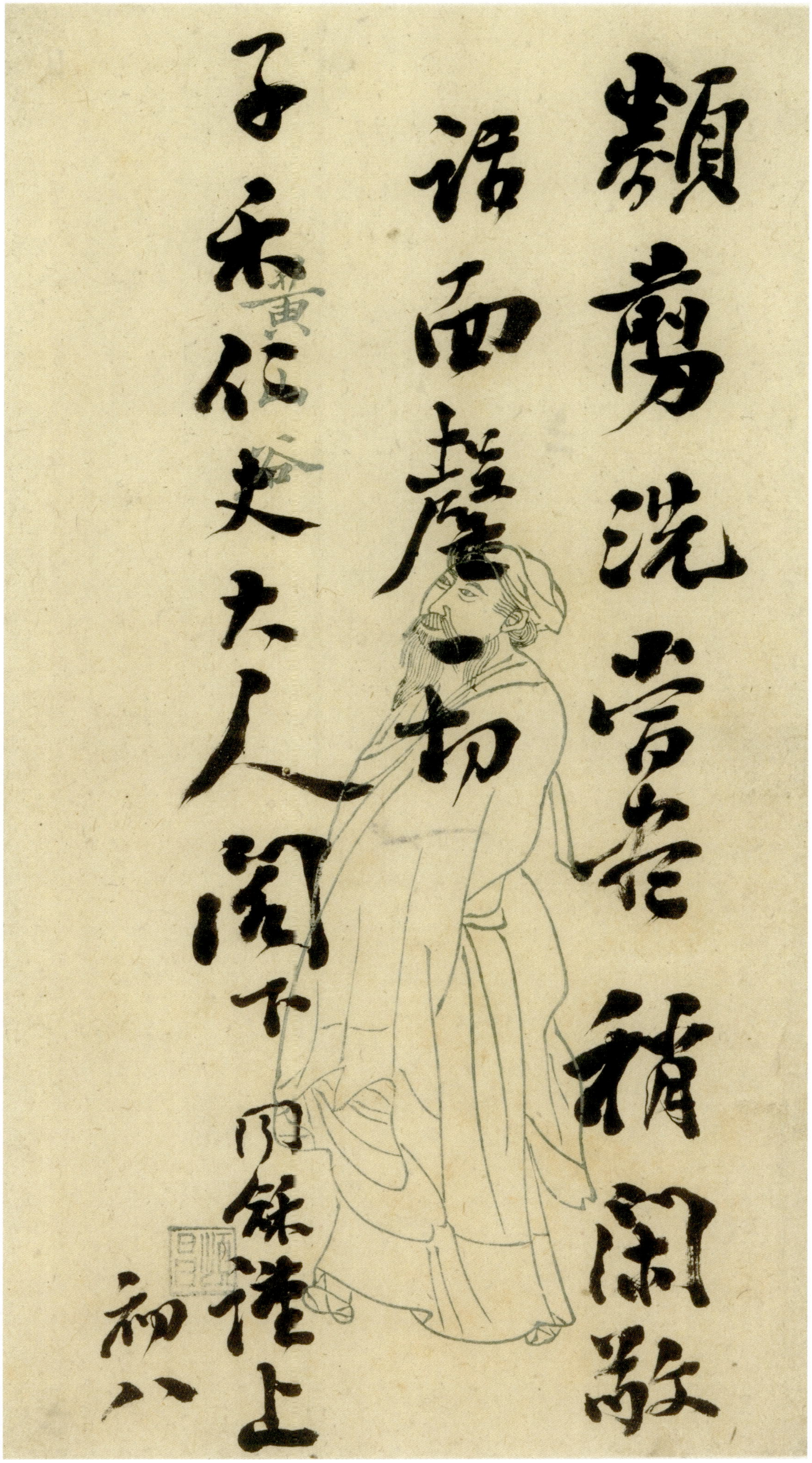

致 祁世長 之二

尊體平復，未生脈散當有效也。泥塗未克奉詣，毅晤高陽知近狀。
手禾
世丈大人
同龢謹上
廿四

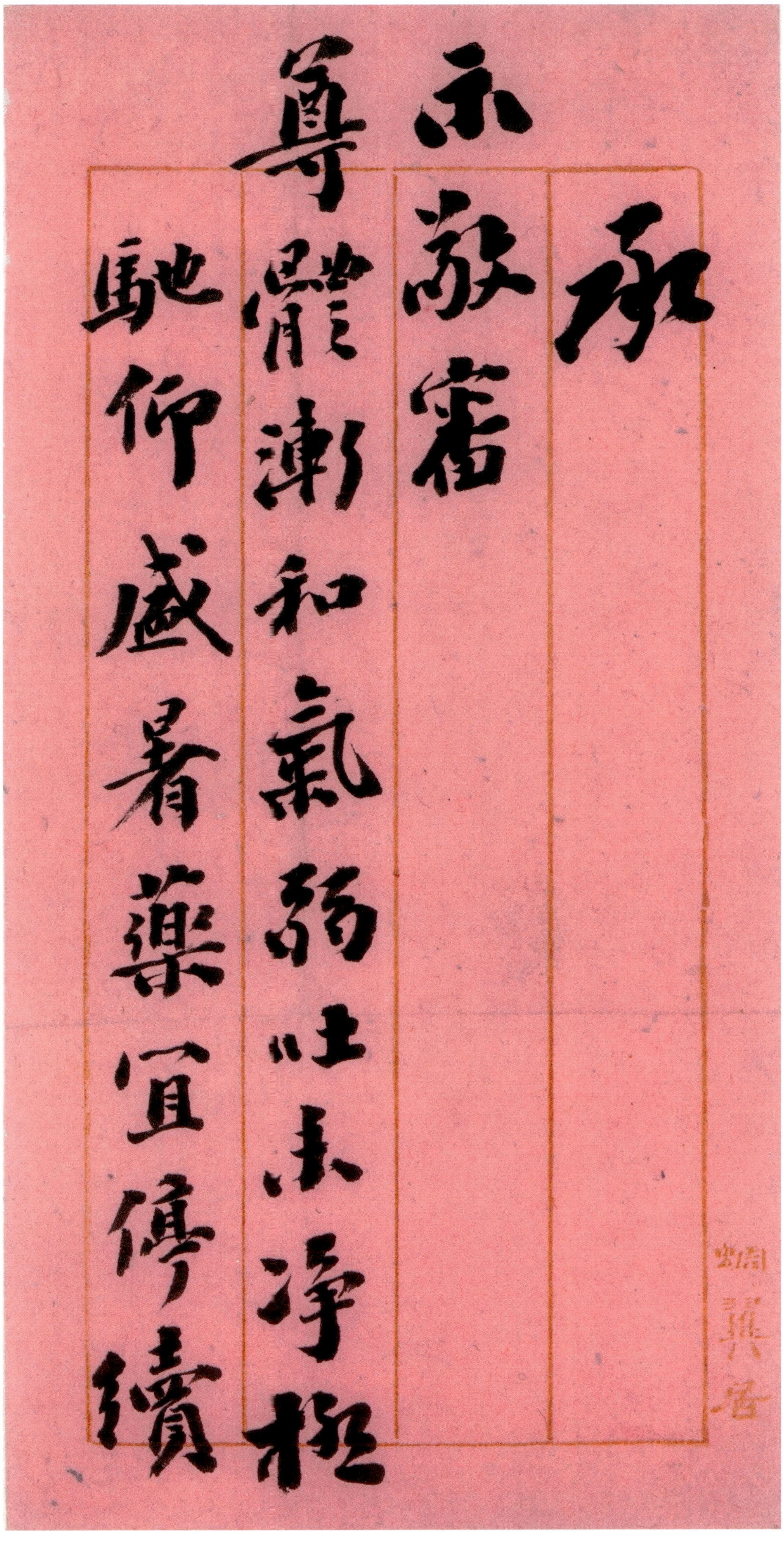

承
示敬審
尊體漸和氣弱吐未淨極
馳仰盛暑藥宜停續

致祁世長之三

假極是補暇，伏謁不次。

震上

子禾世姻大人閣下

姻同龢頓

蝸寄居

致陳彝

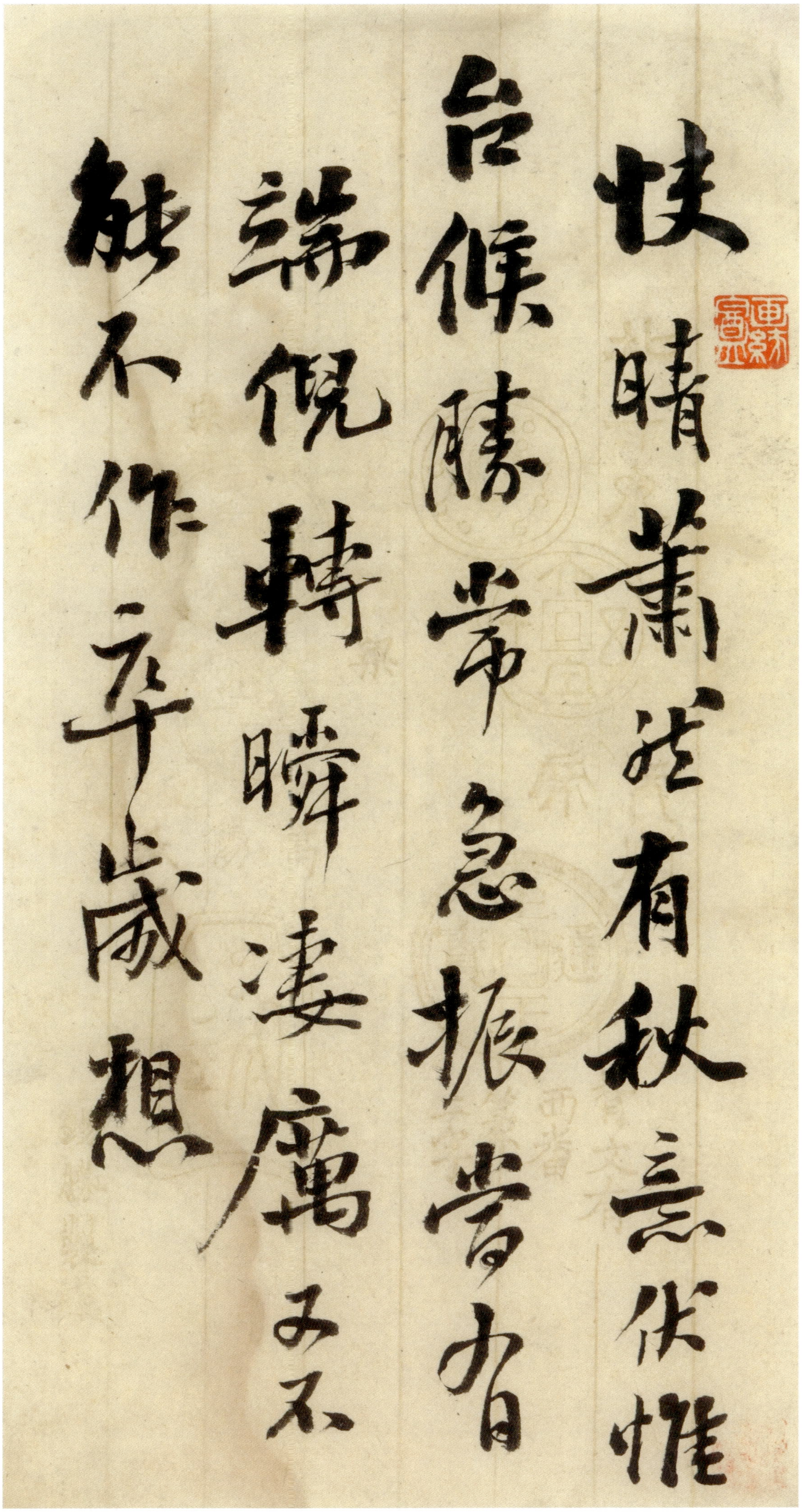

陳彝（1826—1900），字聽軒，號六舟，江蘇儀徵人。同治狀元，官至安徽巡撫。

致陳彝

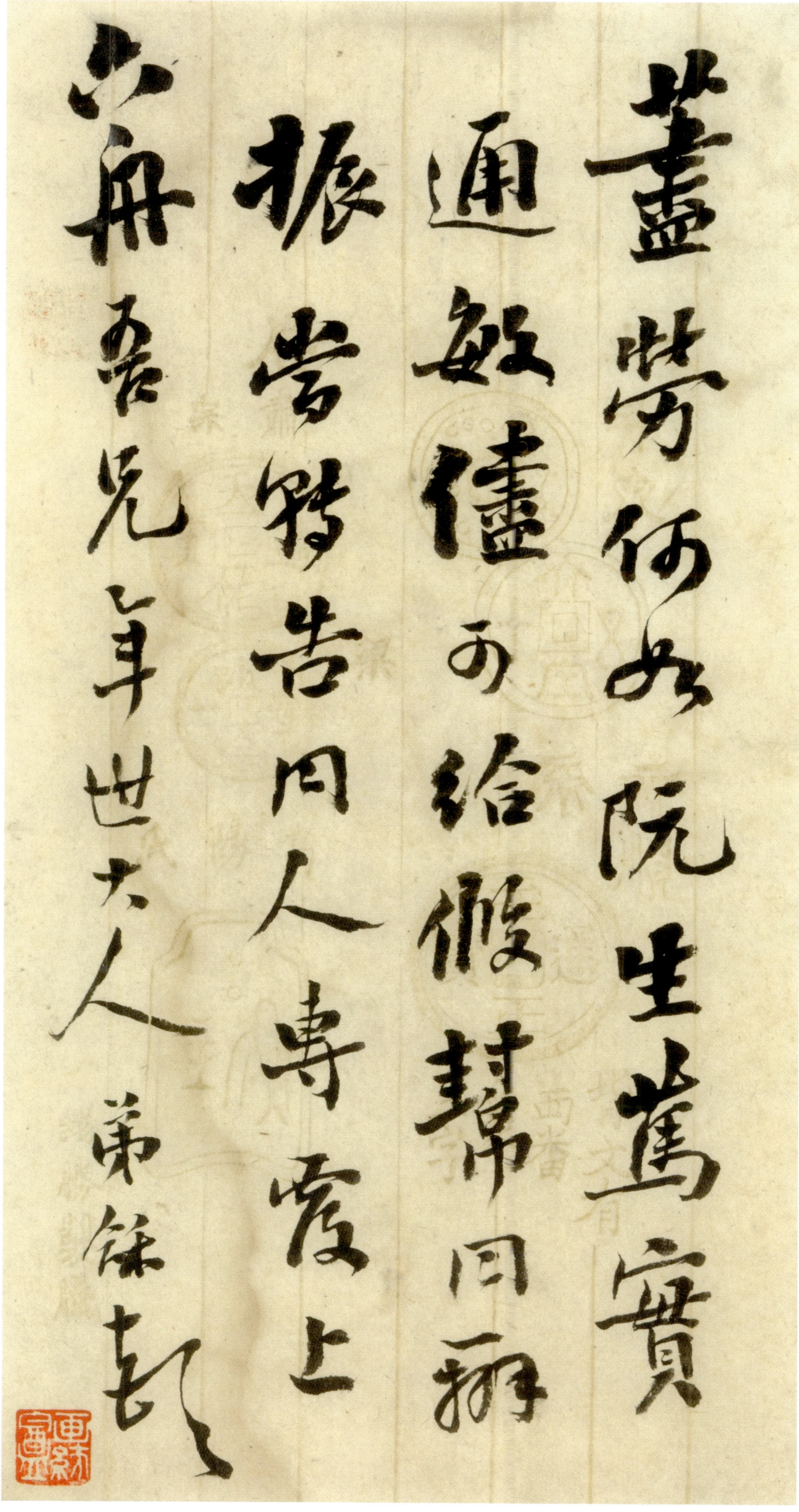

蓋勞何如阮生篤實
通敏儘可給假幫同辦
振當轉告同人專覆上
六舟吾兄年世大人　弟龢頓

致徐用儀

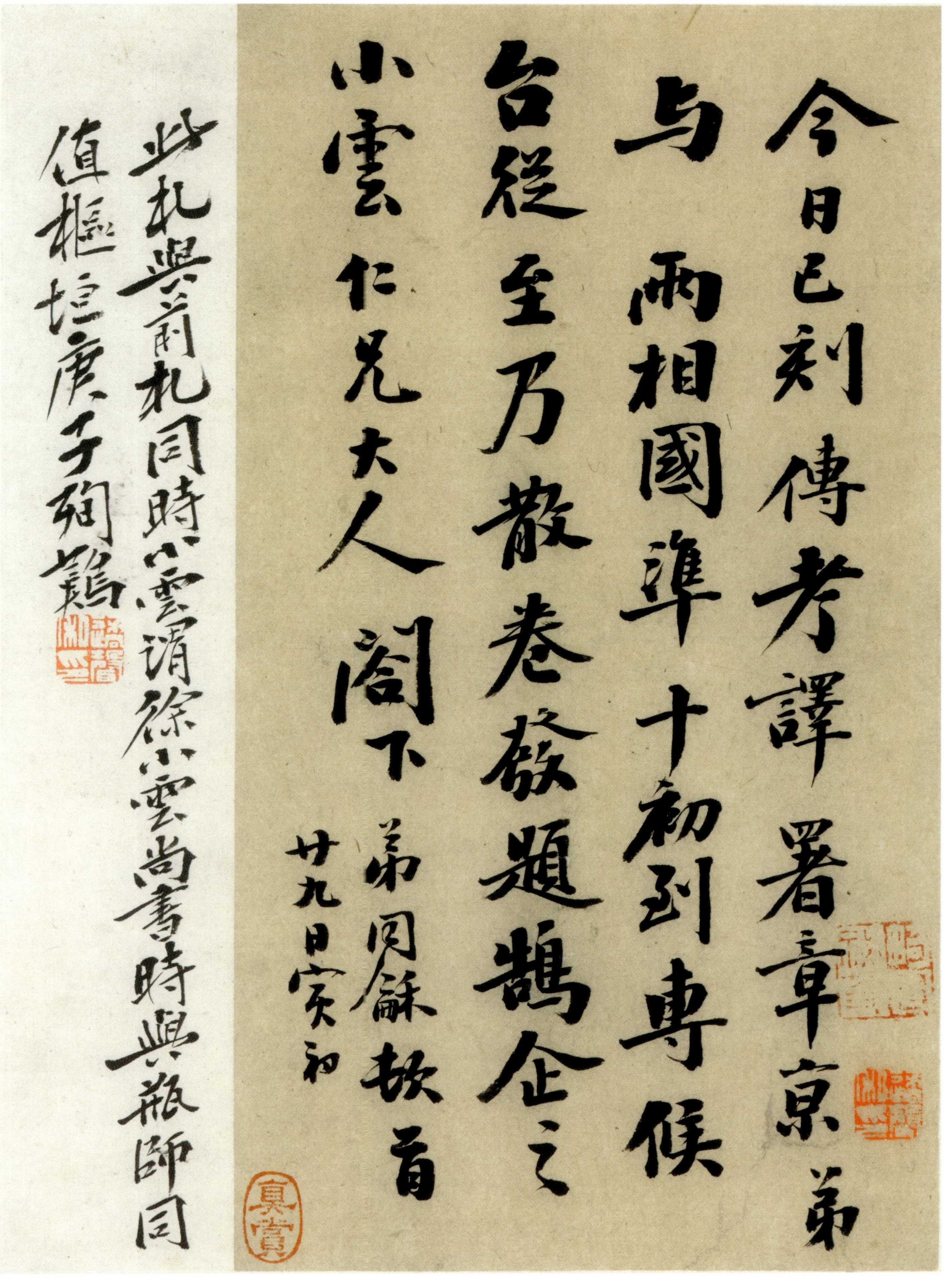

今日已刻傳考譯署章京，弟與兩相國準十初到專候台從，至乃散卷發題，鵰企之。

小雲仁兄大人閣下

弟同龢頓首

廿九日寅初

此札與前札同時，小雲謂徐小雲尚書，時與瓶師同值樞垣。庚子翔鶴。

徐用儀（1826—1900），字吉甫，別字筱雲或小雲，室名水竹居，浙江海鹽人。咸豐舉人，官至軍機大臣。

致　孫家鼐

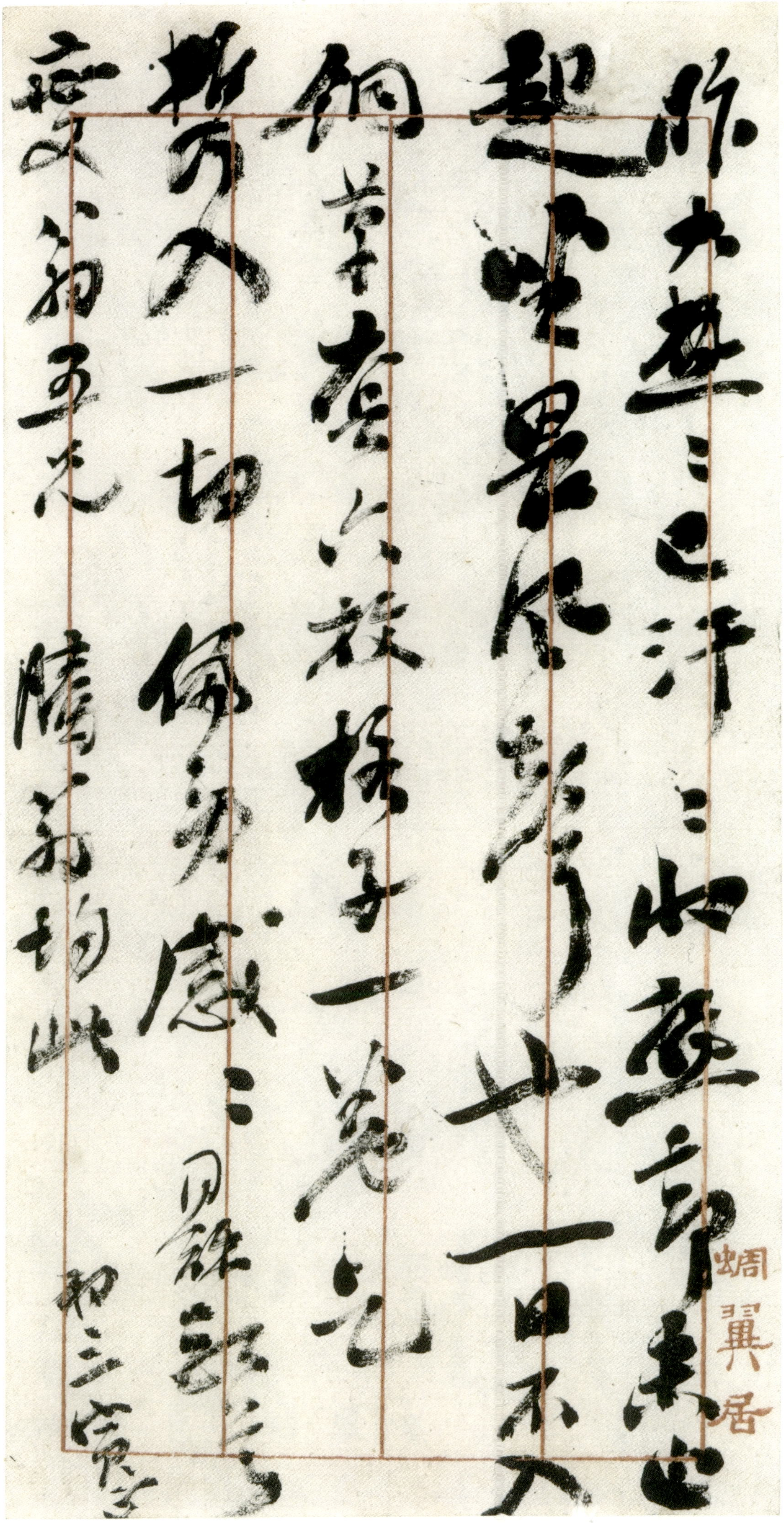

孫家鼐（1827—1909），字燮臣，號蟄生，安徽壽州人。咸豐狀元，官至大學士。

致　趙宗建　之三

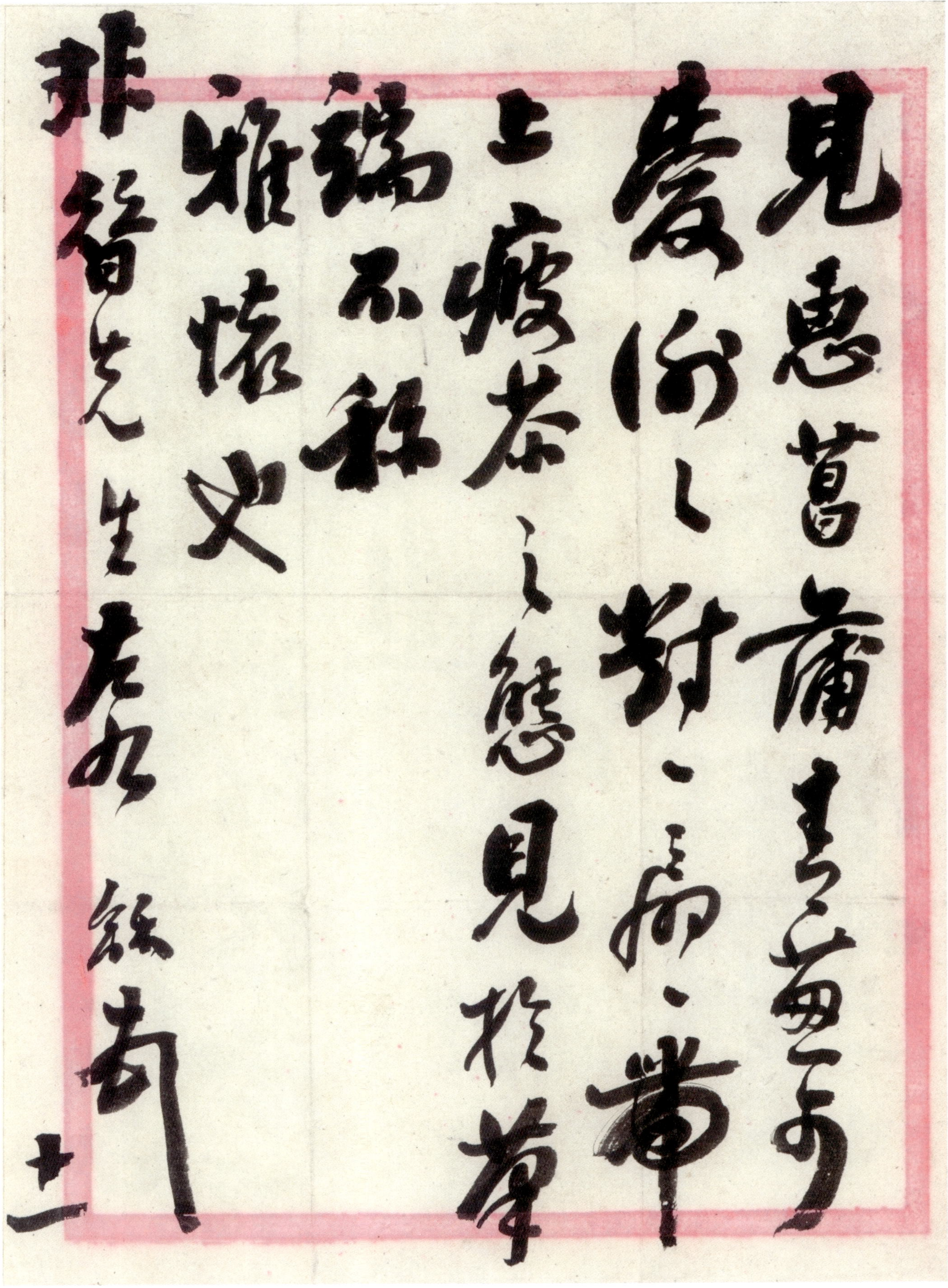

致　趙宗建　之四

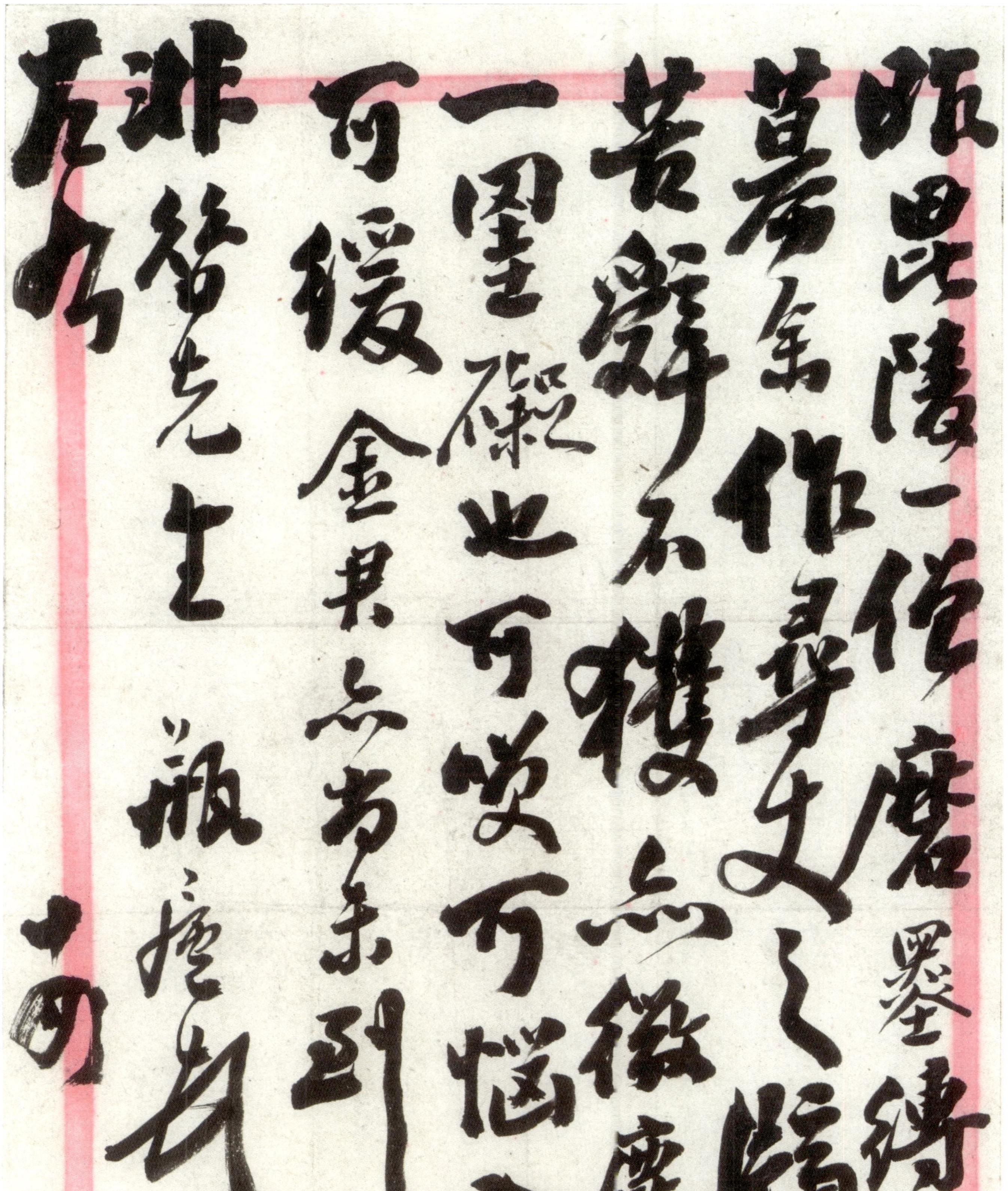

毘陵一位磨墨傳帚
暮余作尋丈之腸
若辭不獲亦微塵中
一墨纍也可嘆可惱入山
可緩金果無為來到
非昔先生　瓶庵
左右　十四

致 趙宗建 之五

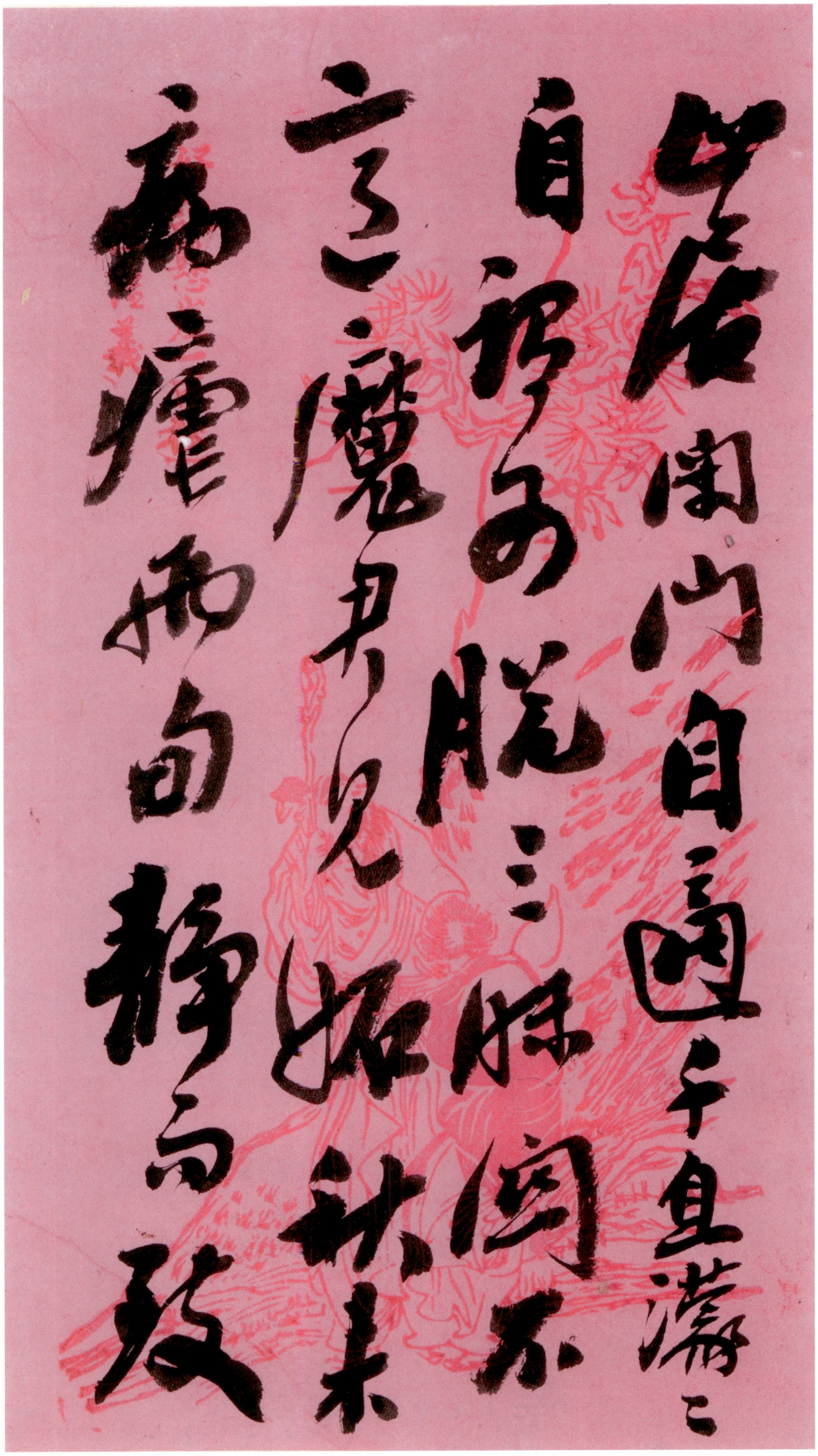

致 趙宗建 之五

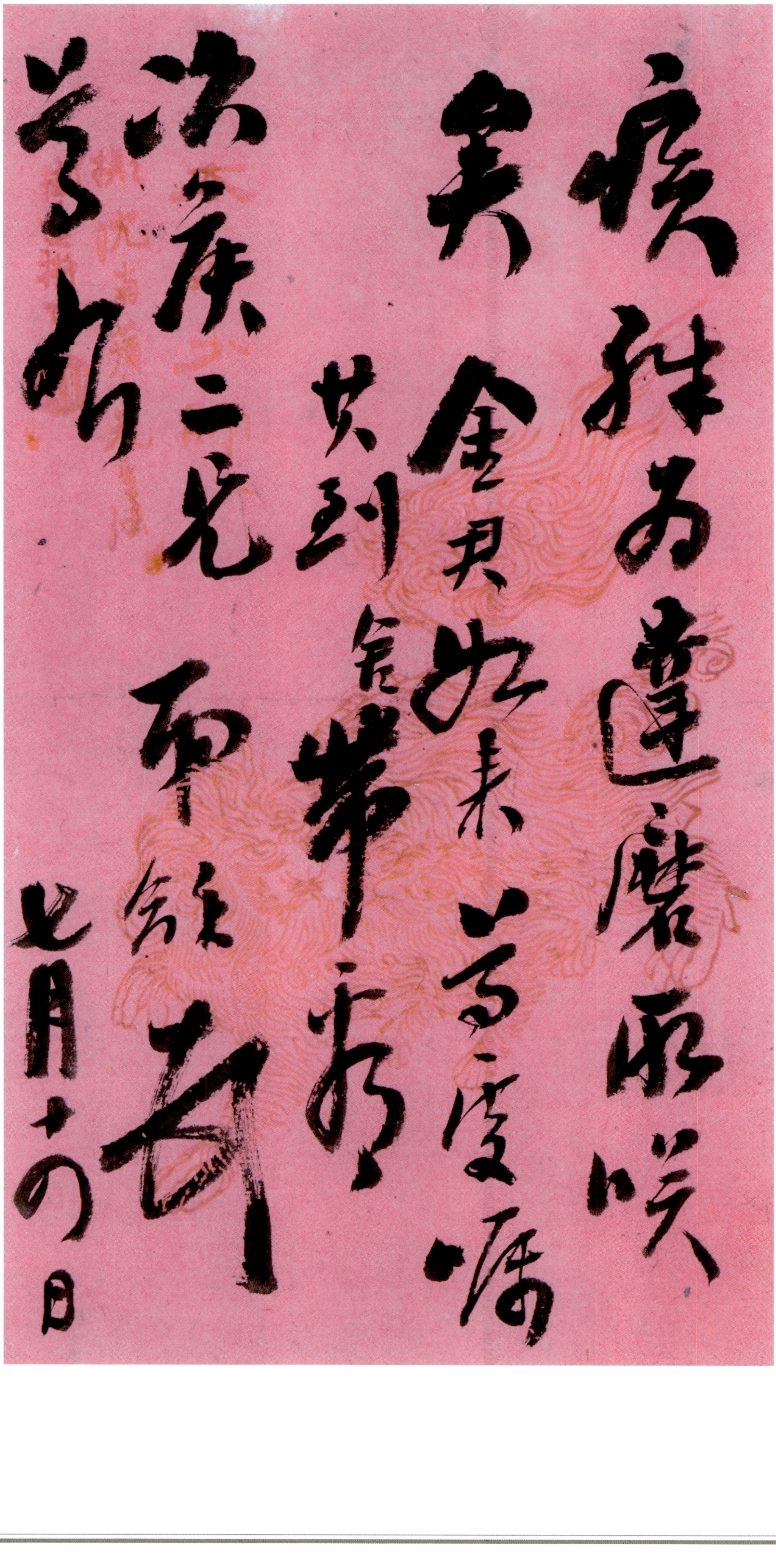

致潘祖蔭之一

潘祖蔭（1830—1890），字東鏞，號伯寅，又號鄭盦，江蘇吴縣人。咸豐進士，官至刑部尚書、軍機大臣。

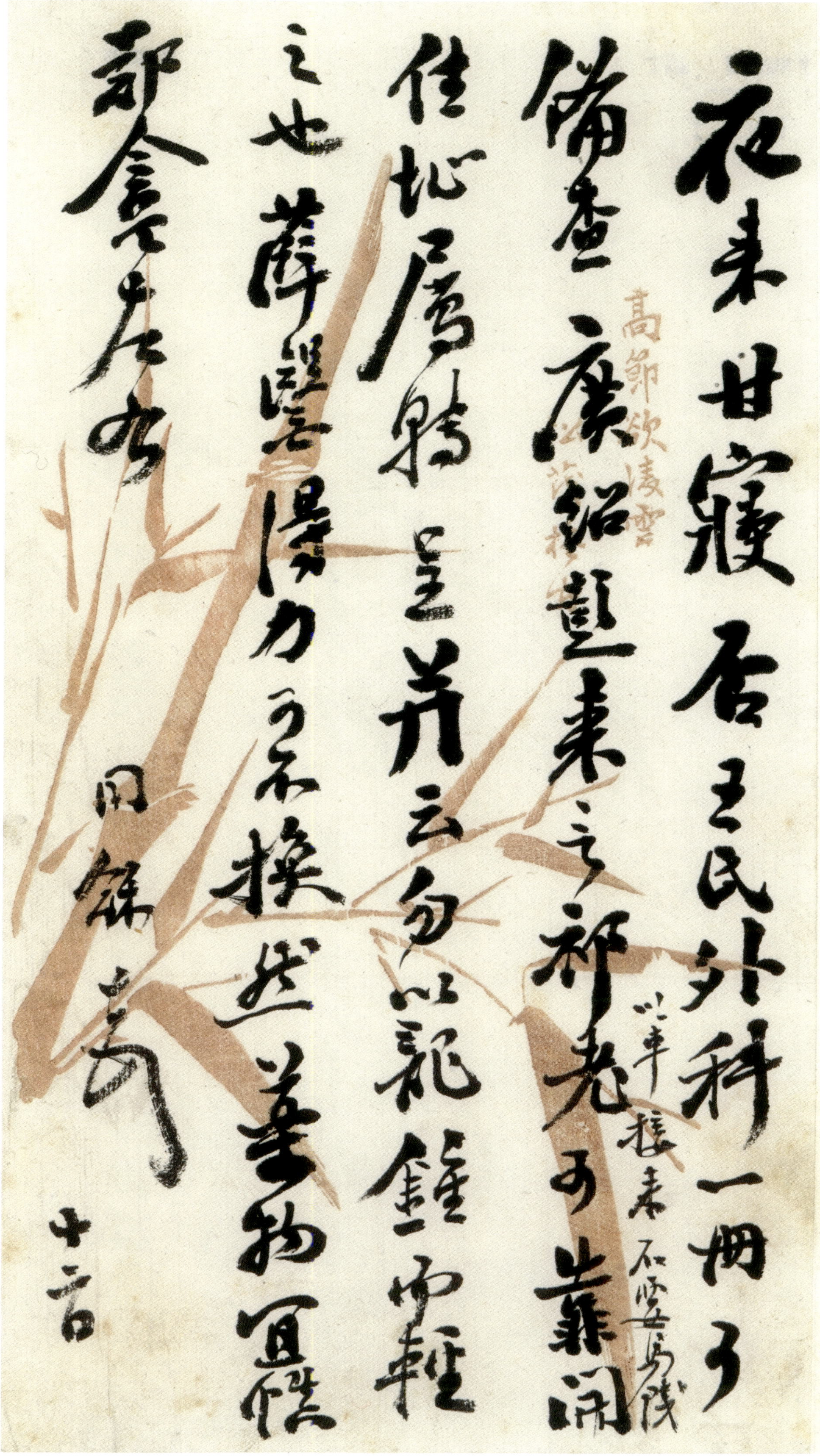

致潘祖蔭之二

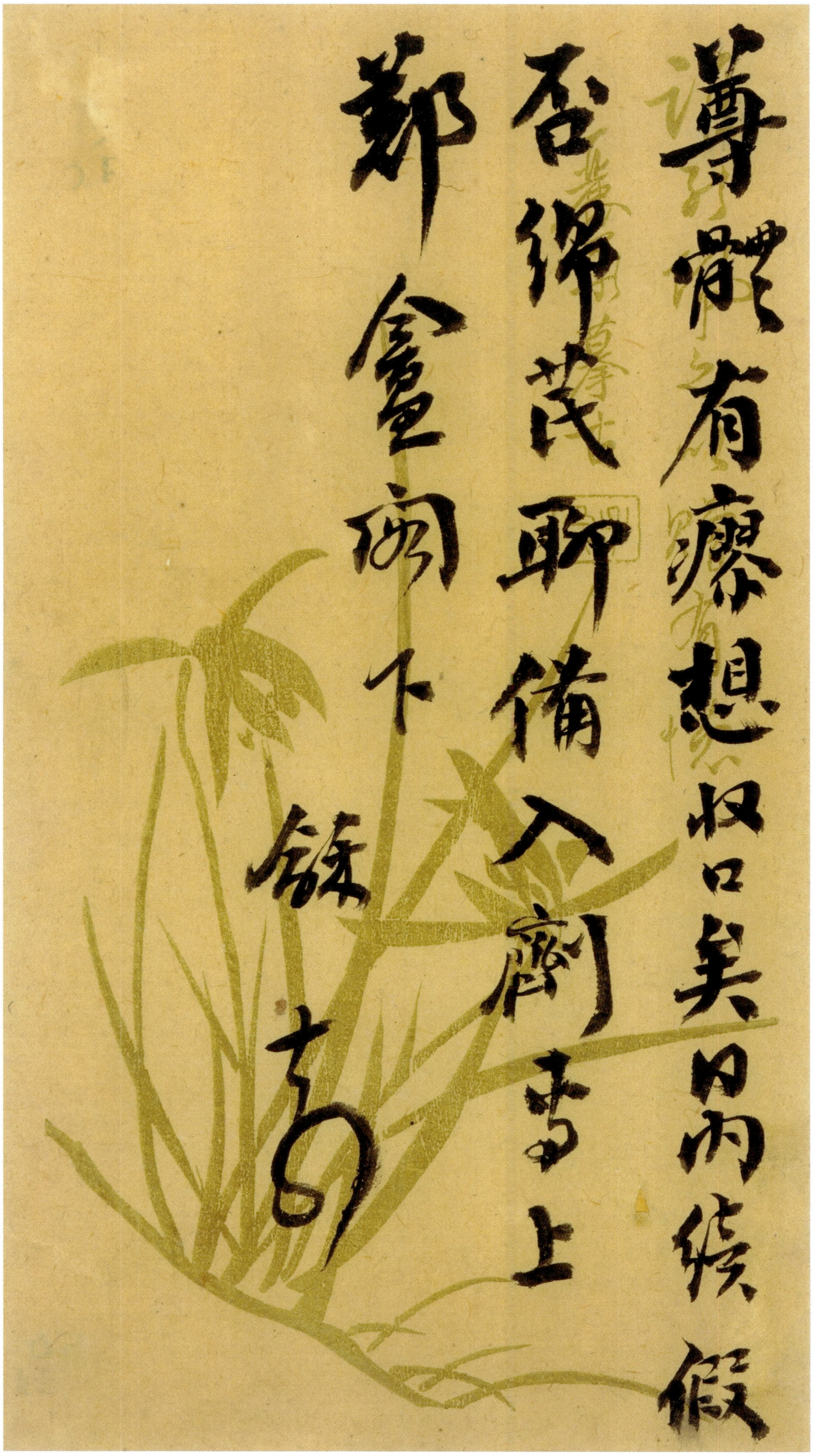
尊體有瘳想以日矣日內俟假
否綿芪聊備入劑當上
鄭盦閣下 龢 頓首

致 馮焌光 之一

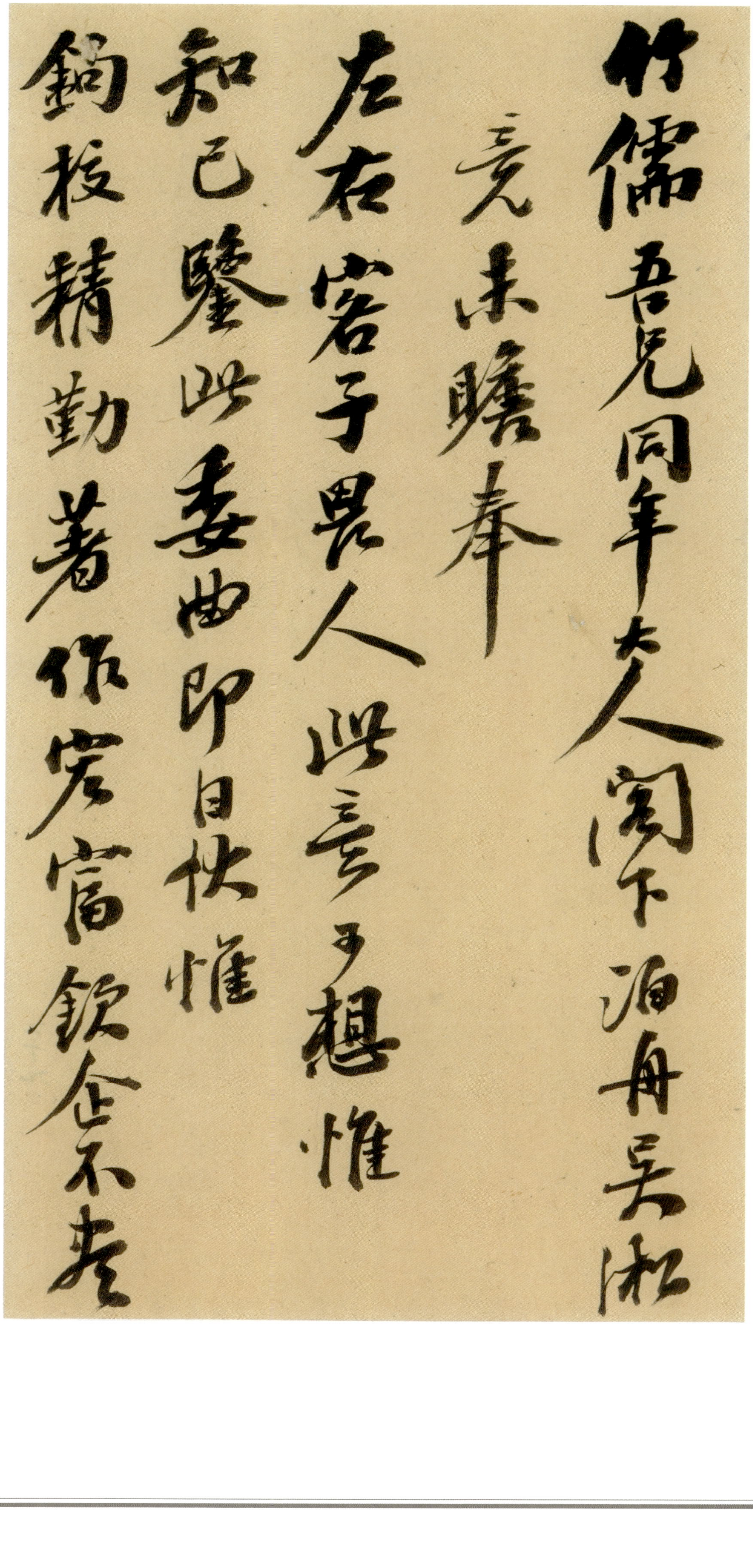

馮焌光（1830—1878），字竹儒，廣東南海人。翁同龢同年。曾任江南制造局會辦、上海道臺。

致 馮焌光 之一

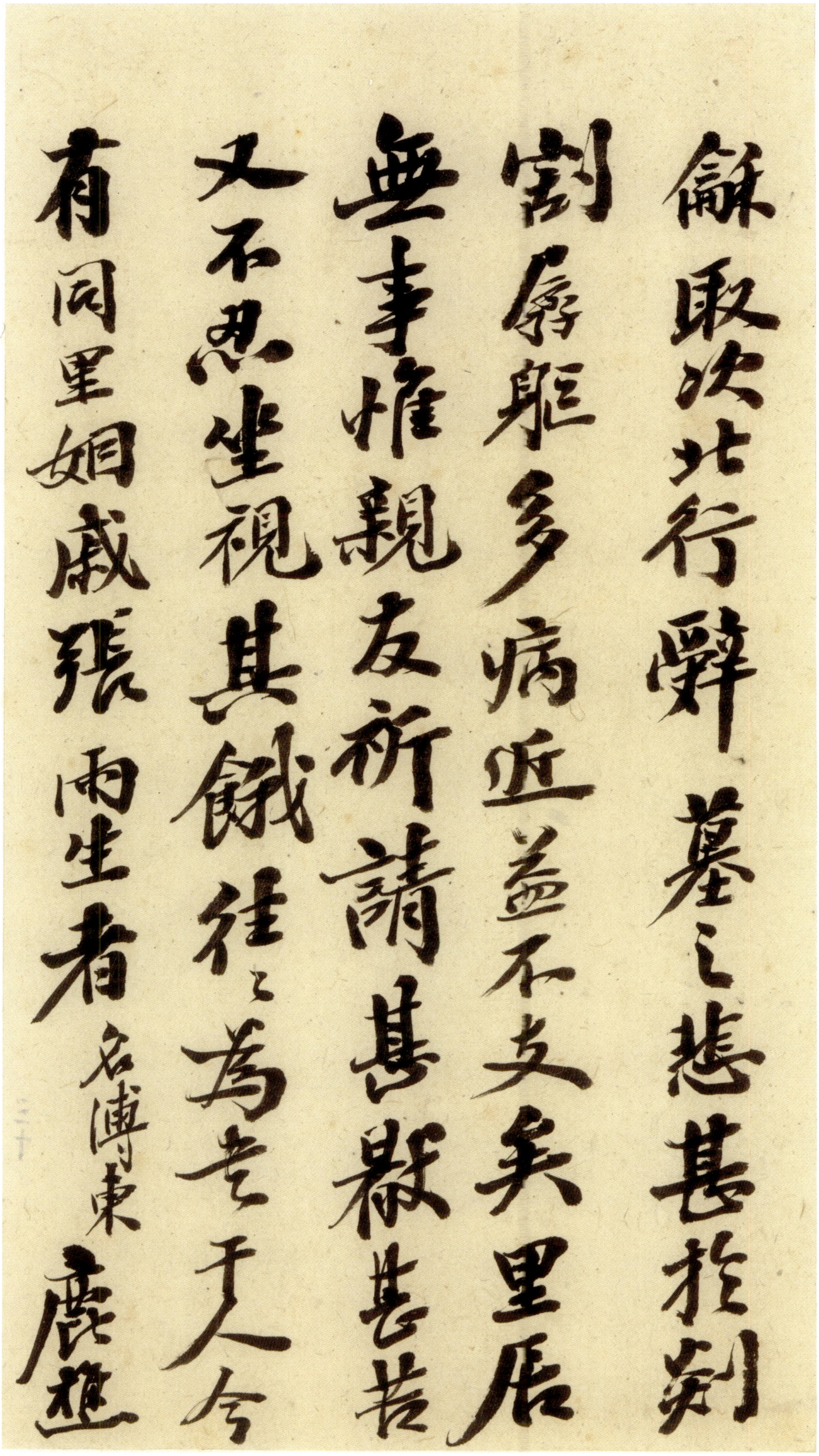
龢取次北行辭墓之悲甚於剝
割屠軀多病近益不支矣里居
無事惟親友所請甚嚴甚苦
又不忍坐視其餓往往為告于人今
有同里姻戚張雨生者名溥東廣進

觀察之孫好學能畫無少年子弟
之過氣局坦蕩餘以三世舊交
憐其貧困欲在上海為謀一席
敬告
閣下能權宜位置之否其人惟望

致馮焌光之一

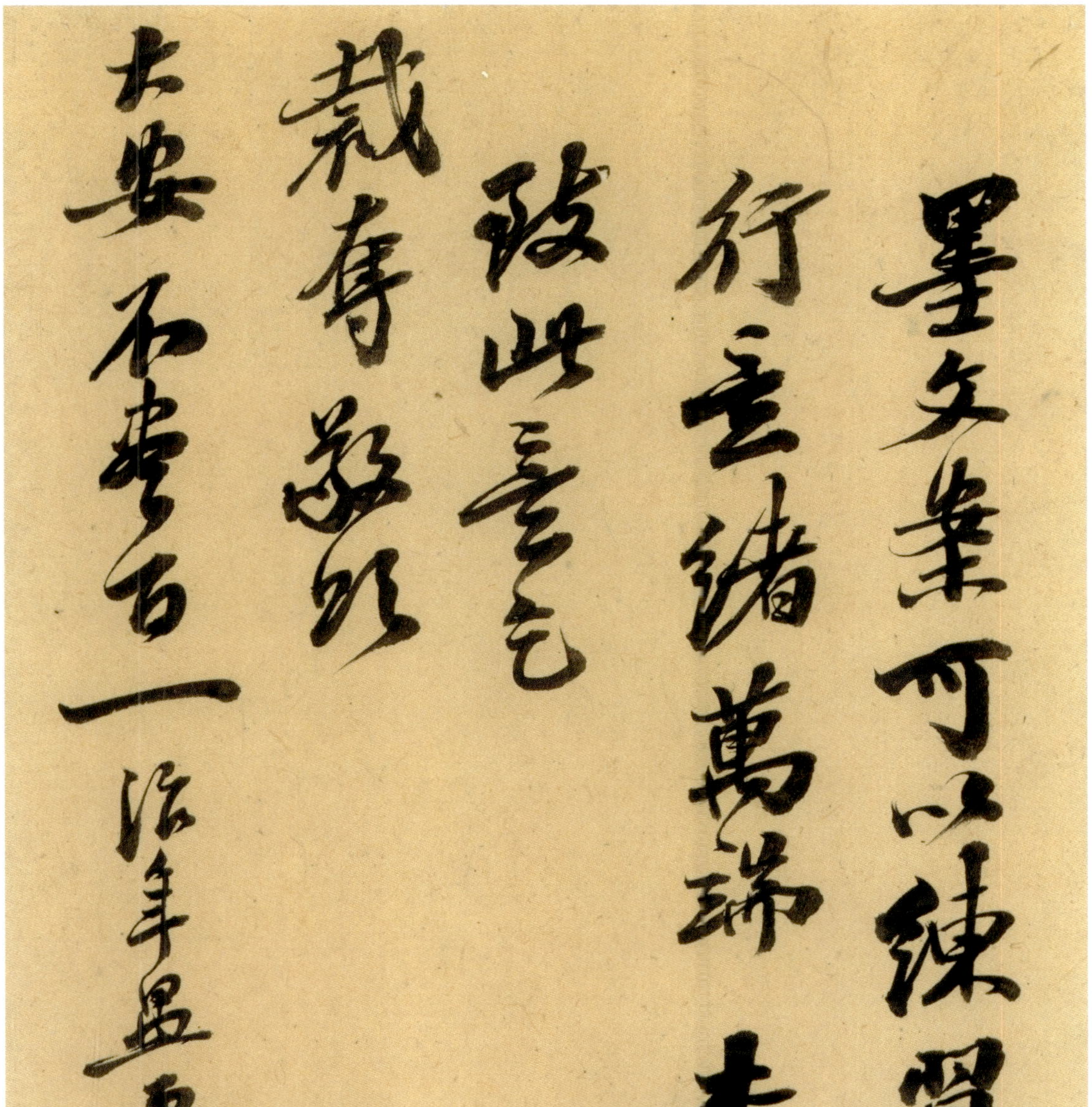

墨文集可以練習，他未敢知也。迫
行[illegible]緒萬端，杏生觀察歸時
致此意也。
裁奪，敬頌
大安。不盡百一。治年愚弟翁同龢頓首
四月五日燈下

致　馮焌光　之一

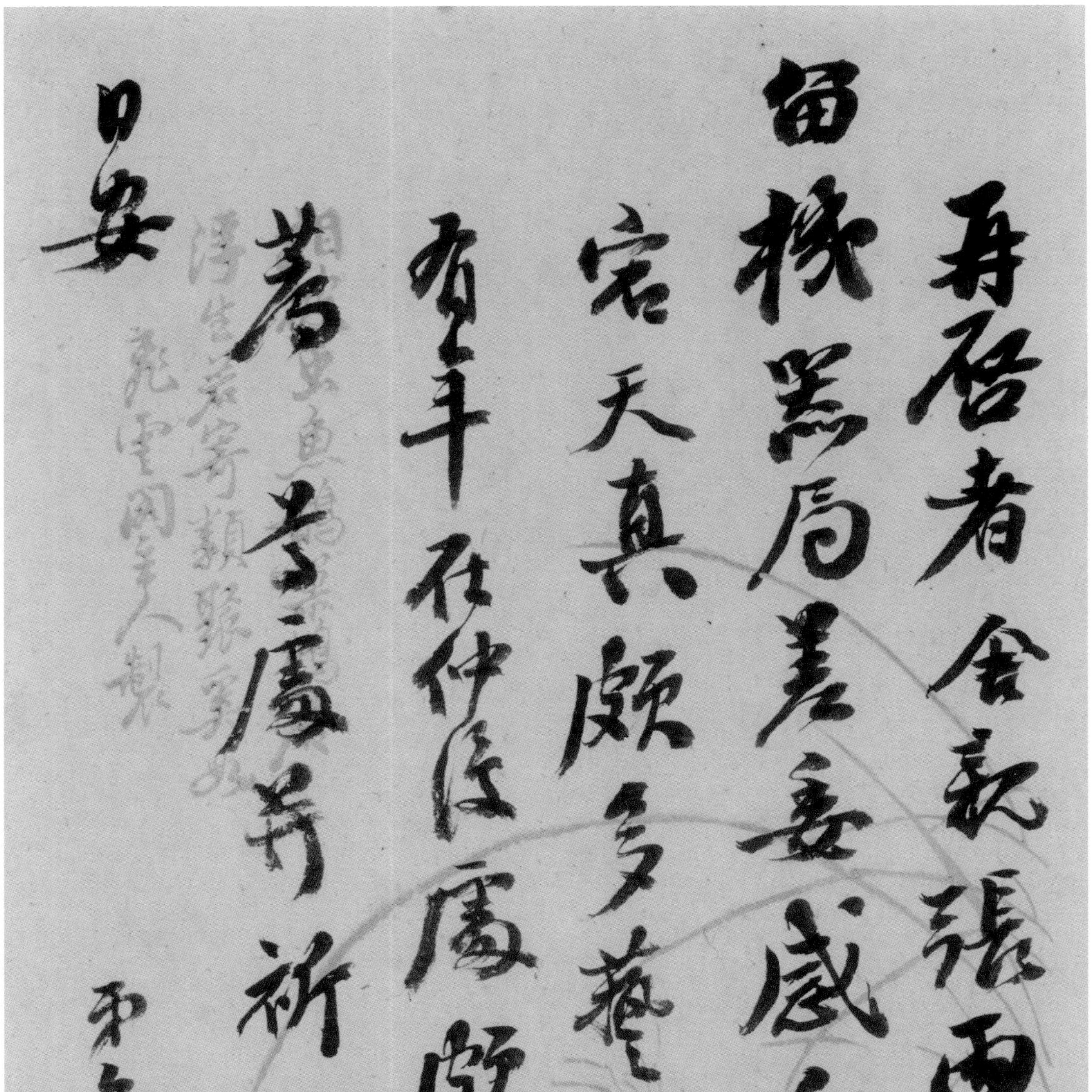
再啓者：舍親張雨生承
留椽署局，甚爲感激，甚深。此事毫
宕天真，頗多藝事，借人題目相隨
有年，在仲從處頗得力。知仲從已轉
薦尊處，并祈留用爲感。再請
日安。　弟名正肅

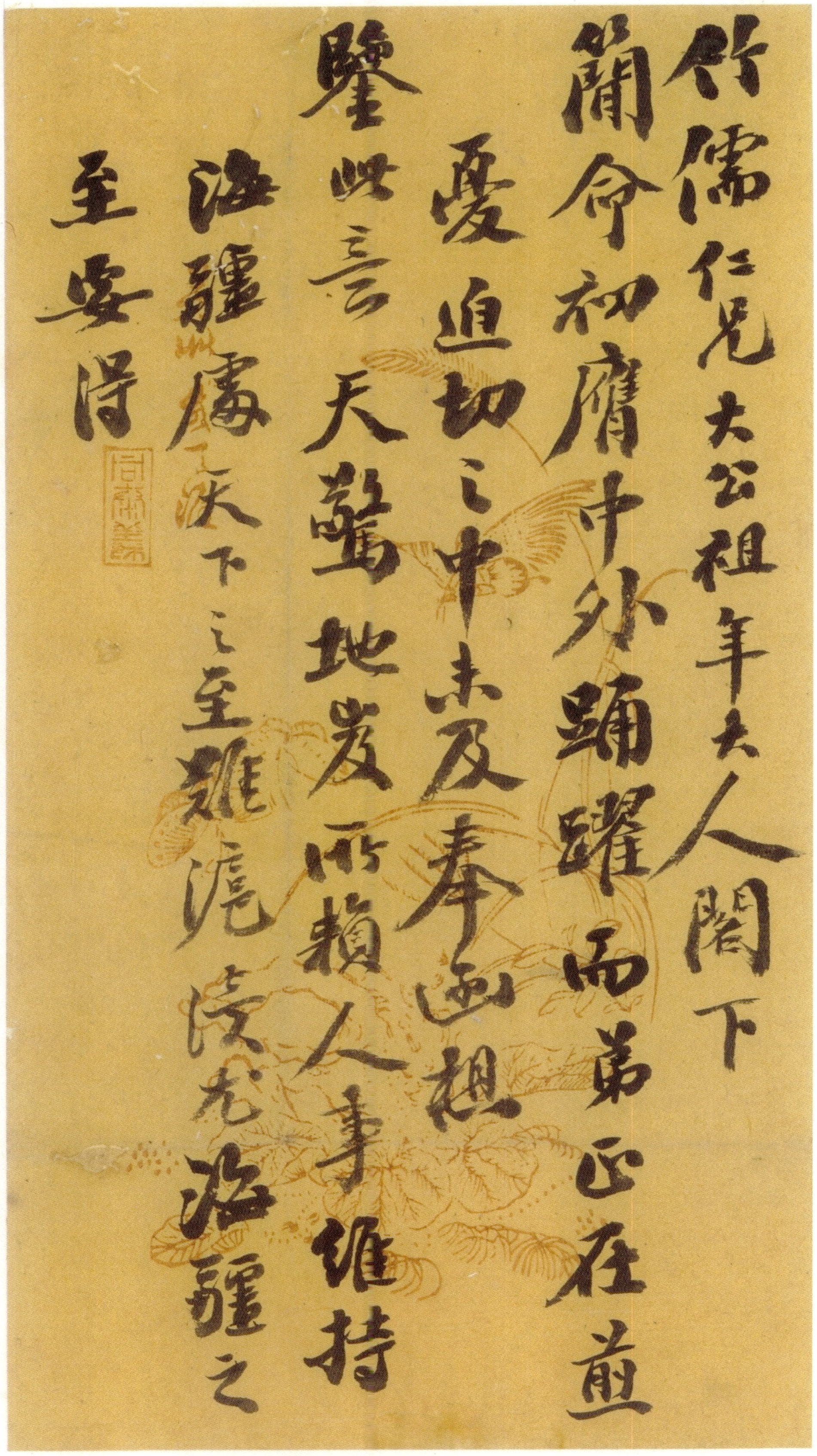

竹儒仁兄大公祖年大人閣下
蘭命初膺中外踴躍而弟正在煎
憂迫切之中未及奉函相
鑒此言 天驚地岌所賴人事維持
海疆處 天下之至難況復尤海疆之
至要得

十二

此信當作於光緒元年時值 穆宗大喪常熟與醇賢親王奉命相度陵地故有遵化易州之行因憶余宣統二年直班西陵寄宿野寺見壁間常熟題詩殆偏與醇邸唱和者居

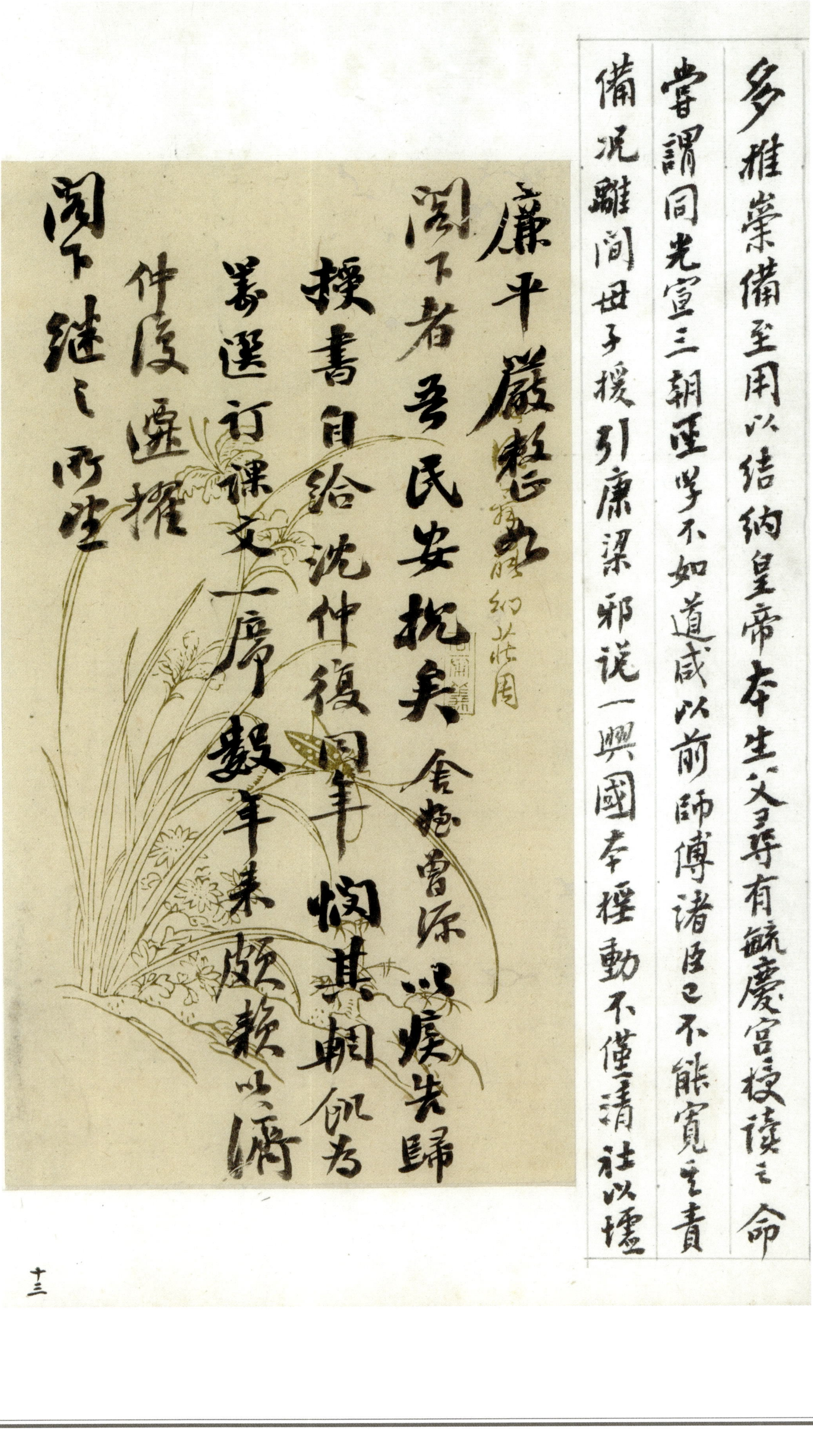
多推崇備至用以结納皇帝本生父寻有毓慶宮授讀之命
嘗謂同光宣三朝臣學不如道咸以前師傅諸臣已不能寬其責
備況雖間毋子援引康梁邪說一興國本搖動不僅清社以墟
康平巖整亡
閣下者吾民安枕矣 金匏曾添以疾告歸
援書自給沈仲復同年憫其困飢為
籌選訂課文一序數年來頗賴以濟
仲復遜擢
閣下繼之所望
十三

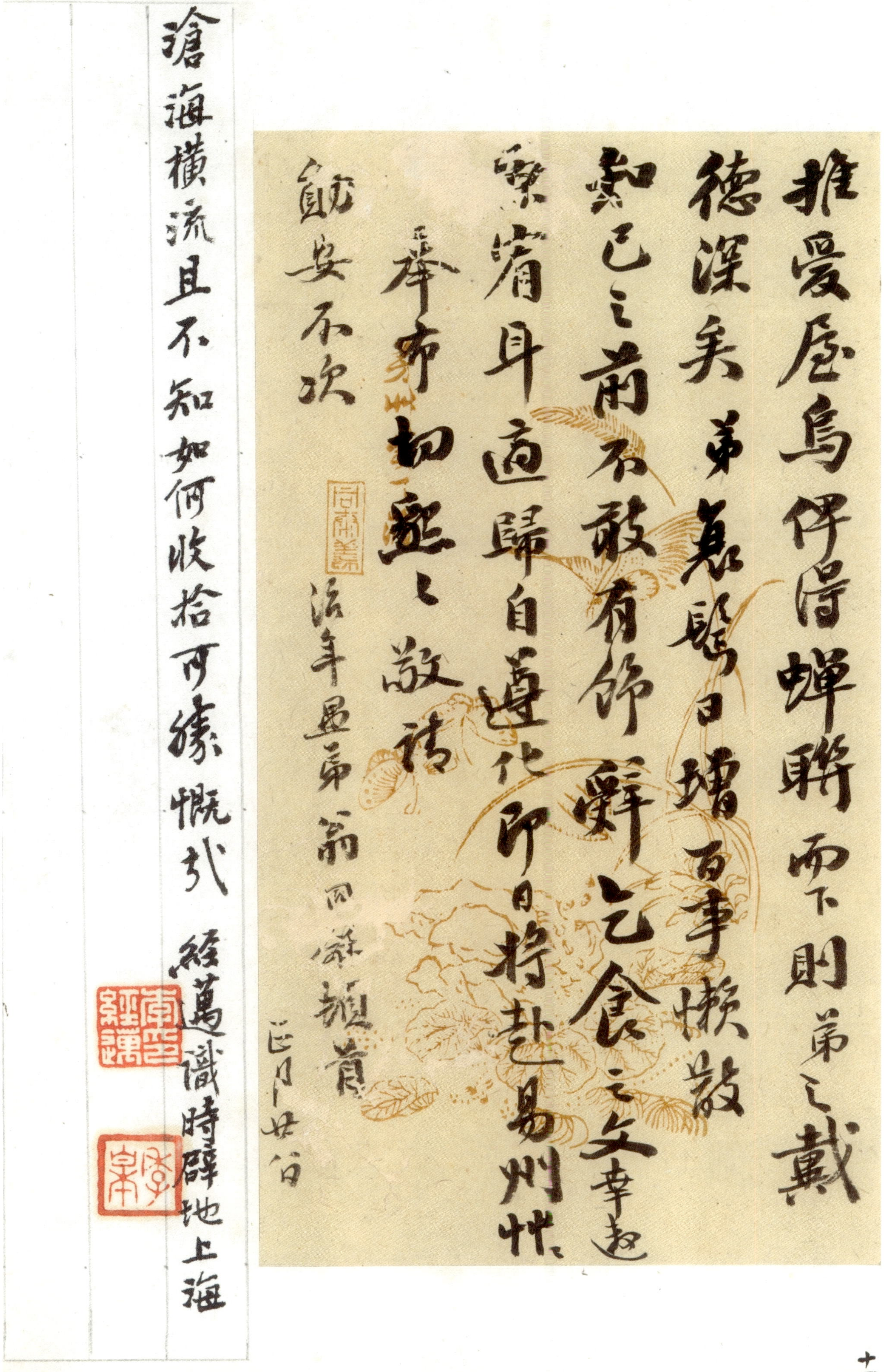
推愛屋烏俾得蟬聯，而下則弟之戴
德深矣。弟鬢髮日增，百事懶散，
知己之前不敢有飾辭，乞食之文，幸勿
繫肯耳。適歸自通化，即日將赴易州，卅
奉布，切懇，敬請
鈞安，不次。
治年愚弟翁同龢頓首
正月廿日
滄海橫流且不知如何收拾，可據慨哉
綬萬識時辟地上海

十四

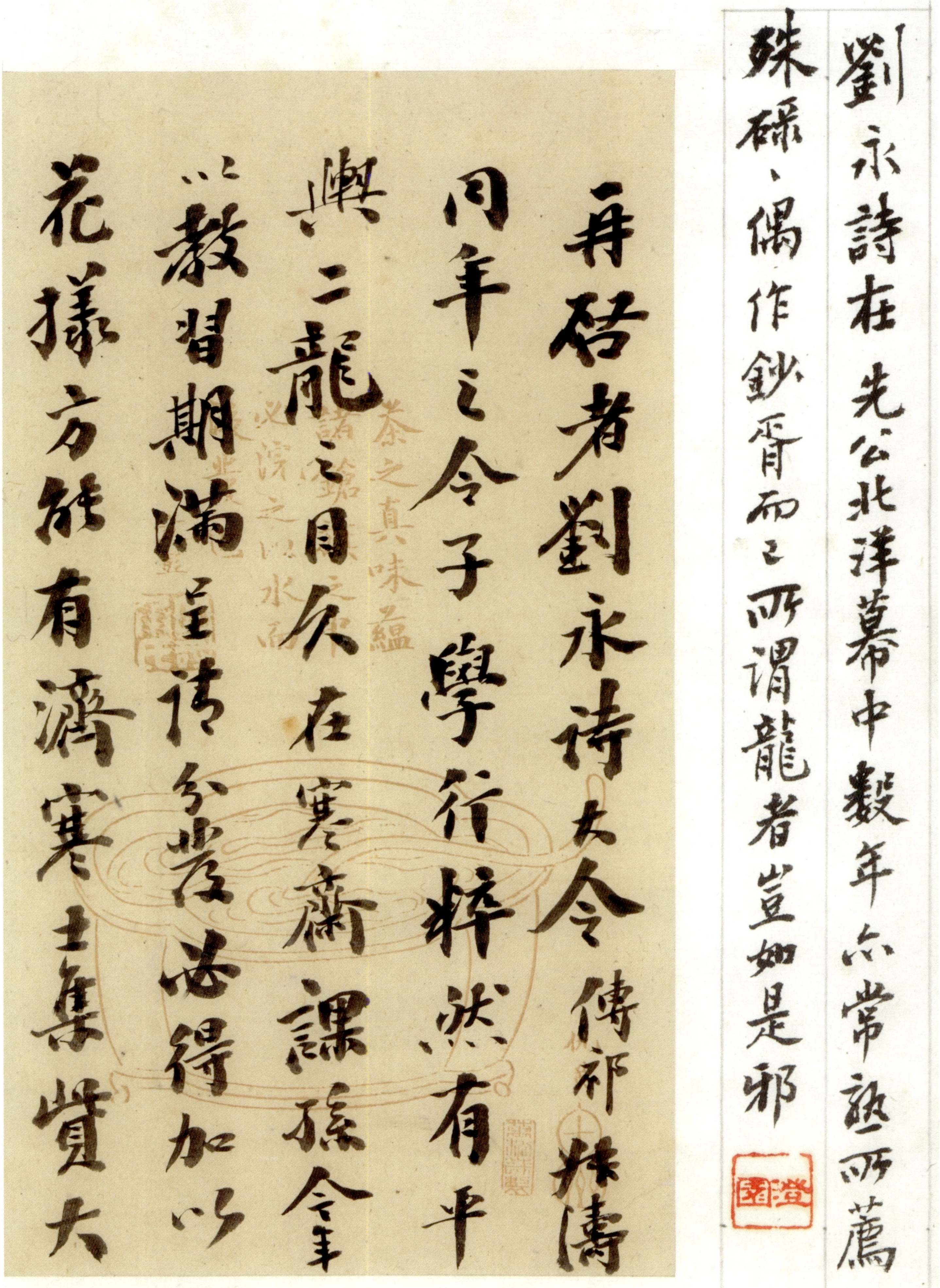

劉永詩在先公北洋幕中數年，亦常爲所薦，殊碌碌，偶作鈔胥而已，所謂龍者，豈如是耶

澄園

再啓者：劉永詩大令，傅祁、林濤同年之令子，學行粹然，有平輿二龍之目，久在寒齋課孫，今年以教習期滿，呈請分省，尚得加以花様，方能有濟。寒士集貲大

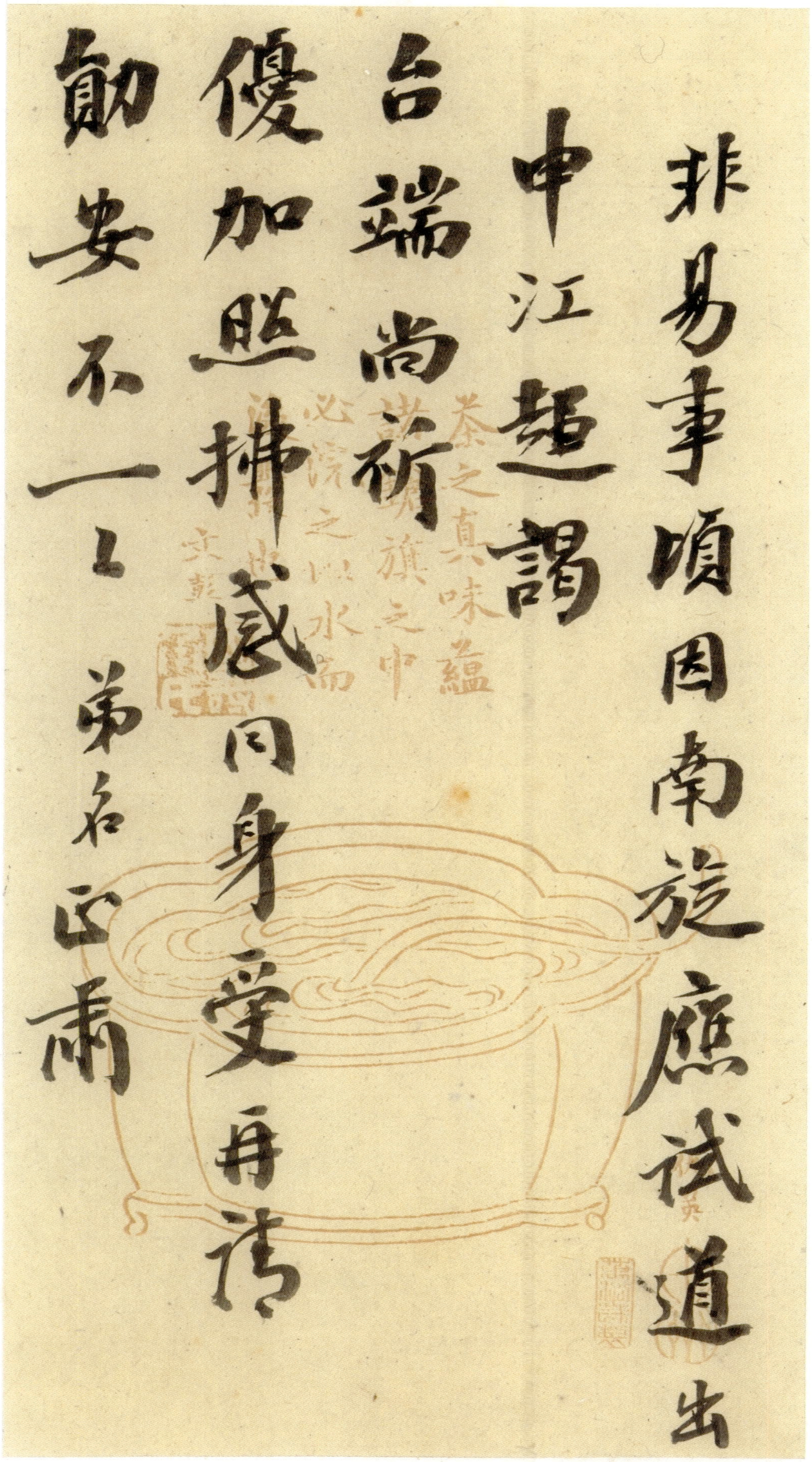

非易事頃因南旋廡試道出
中江趨謁
台端尚祈
優加照拂感同身受再請
勛安不一一 弟名正肅

致 趙烈文

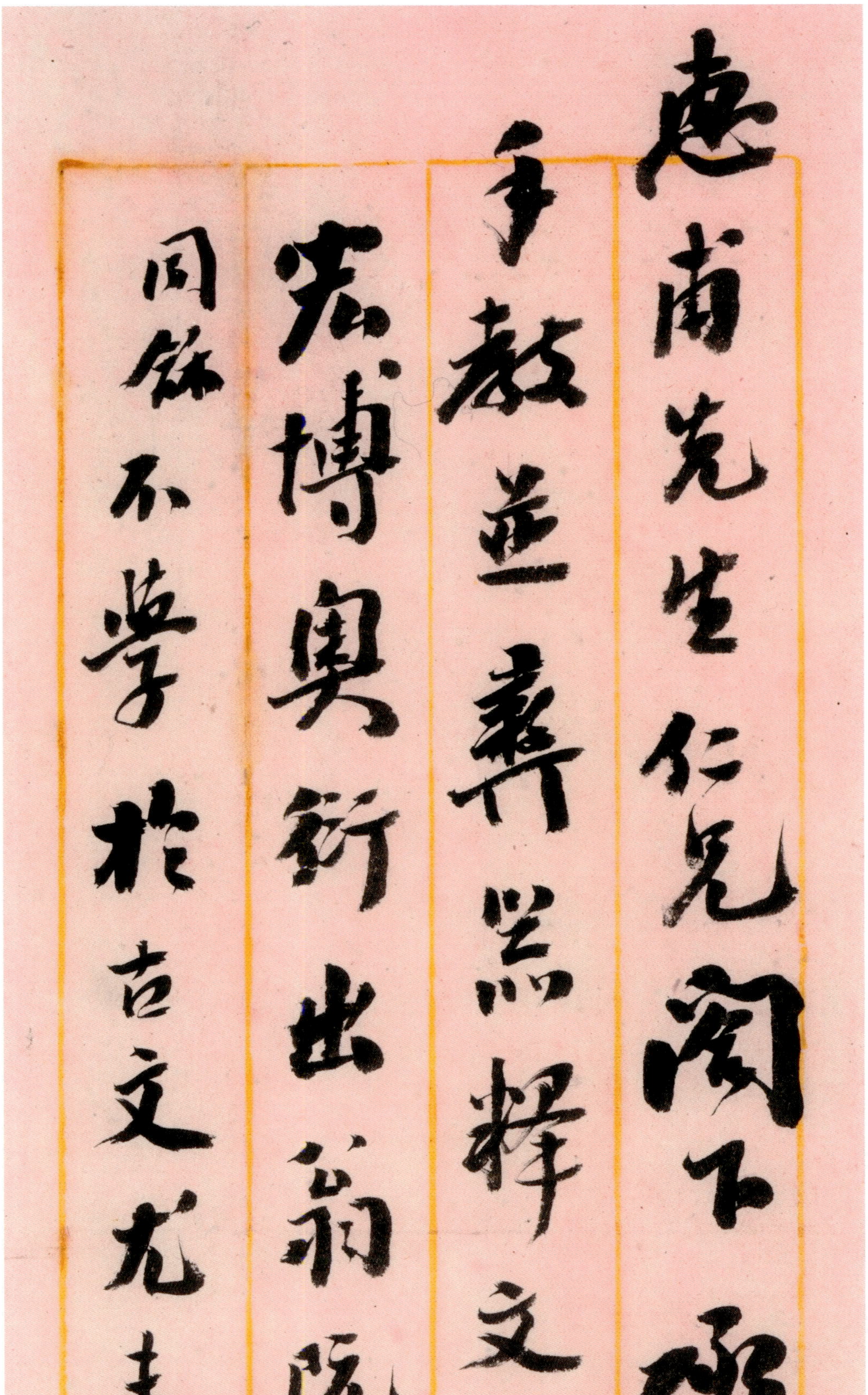
惠甫先生仁兄閣下：承
手教並彝器釋文各種，
宏博奧衍，出翁阮之右。
同龢不學，於古文尤未研究

趙烈文（1832—1893），字惠甫，號能静居士，室名天放樓，江蘇陽湖人。曾入曾國藩幕，官至易州知州。

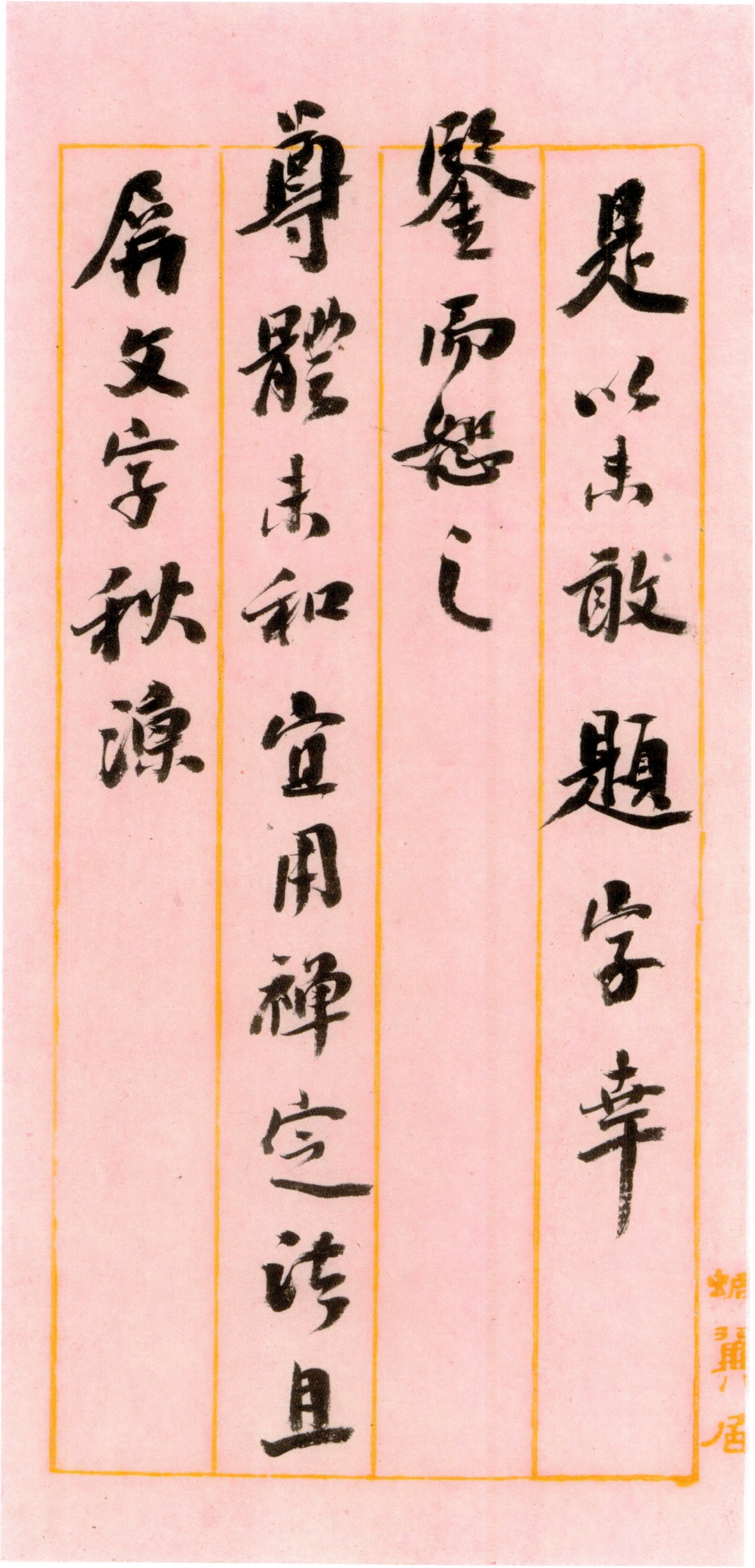

是以未敢題字幸
鑒而恕之
尊體未和宜用禪定法且
屏文字秋涼

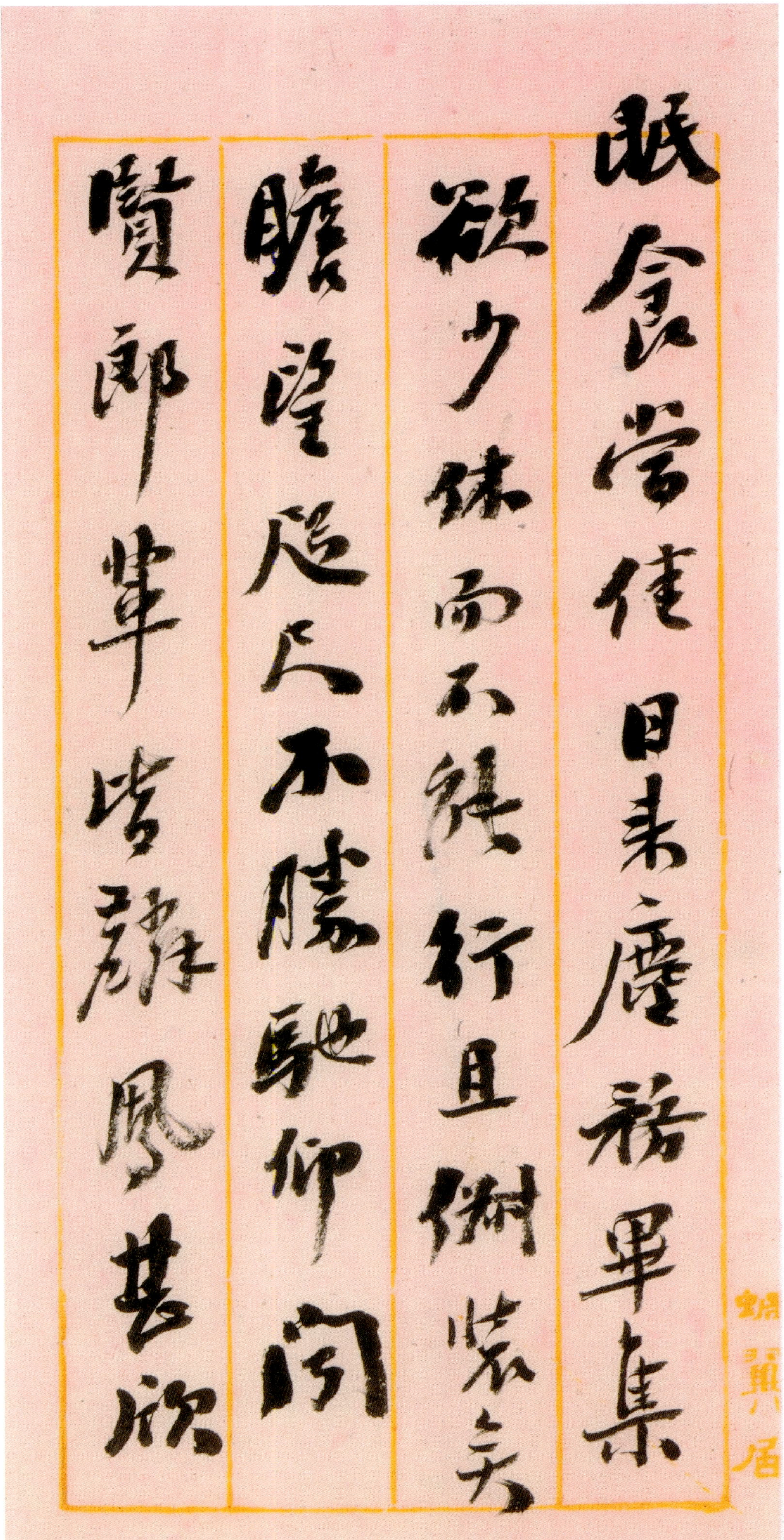
眠食嘗佳日來應酬畢集
欲少休而不能行且倒[illegible]矣
瞻望咫尺不勝馳仰閣
賢郎輩皆歸夙甚欣

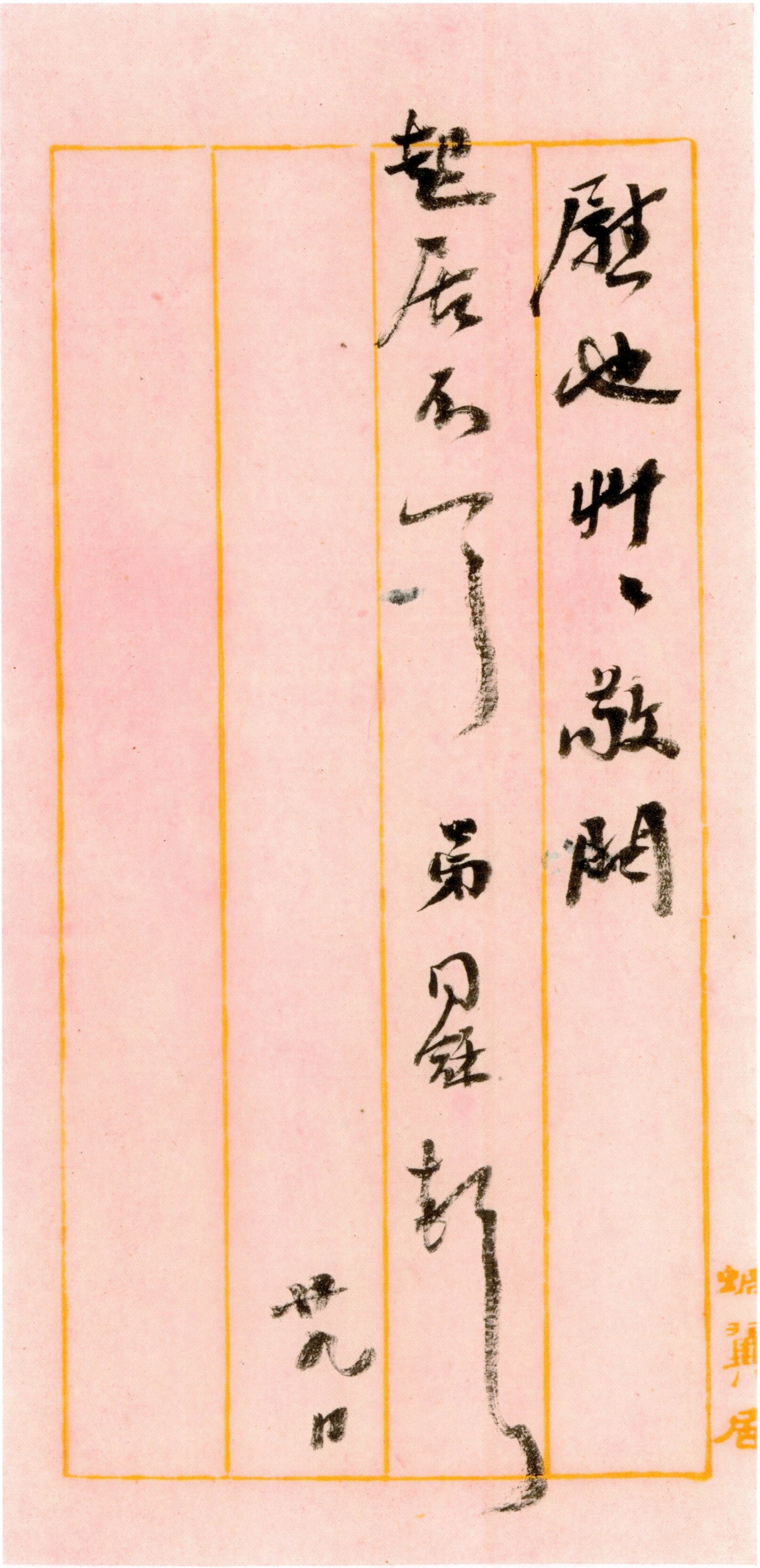

尉也州丶敬問
起居不一 弟同龢頓首
廿九日

致　宗源瀚　之一

宗源瀚（1834—1897），字湘文，室名頤情館，江蘇南京人。官至浙江温處兵備道。有《頤情館集》。

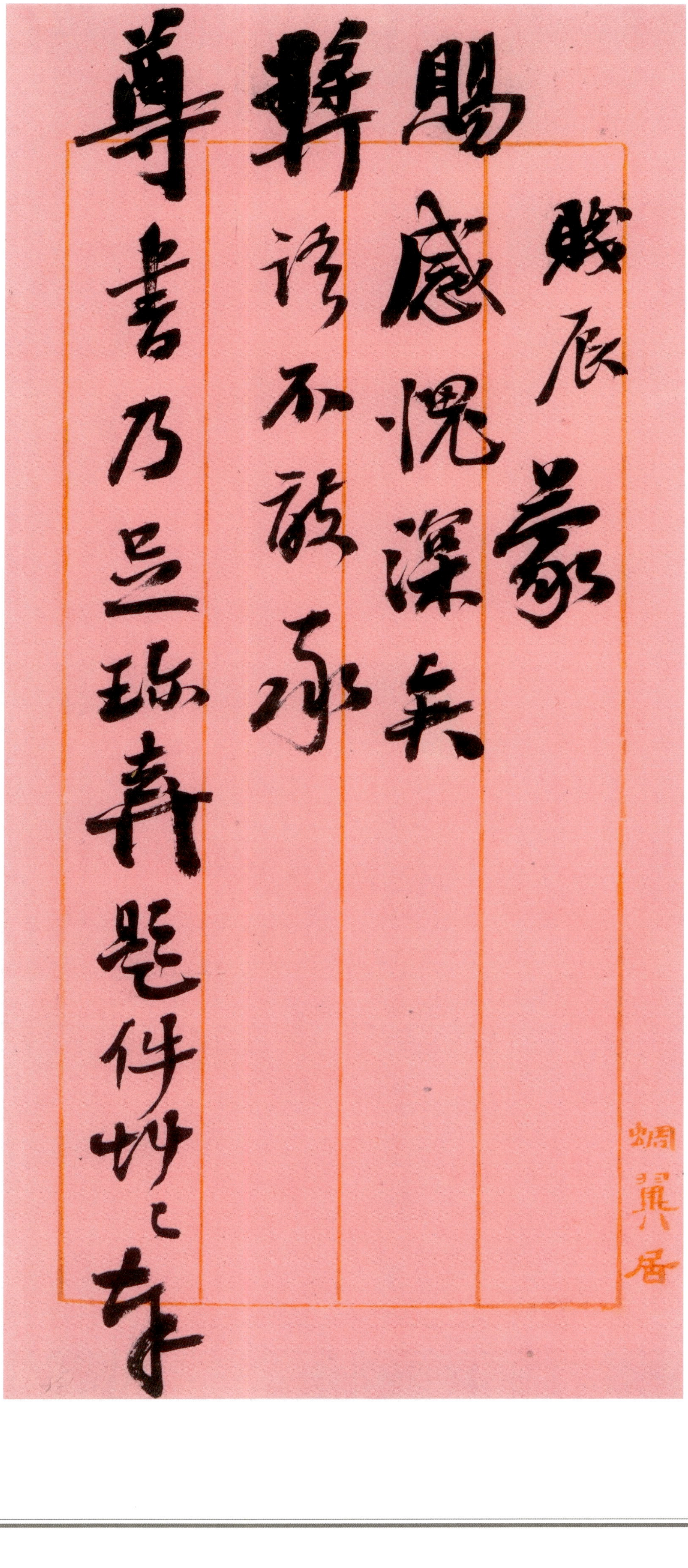

致 宗源瀚 之一

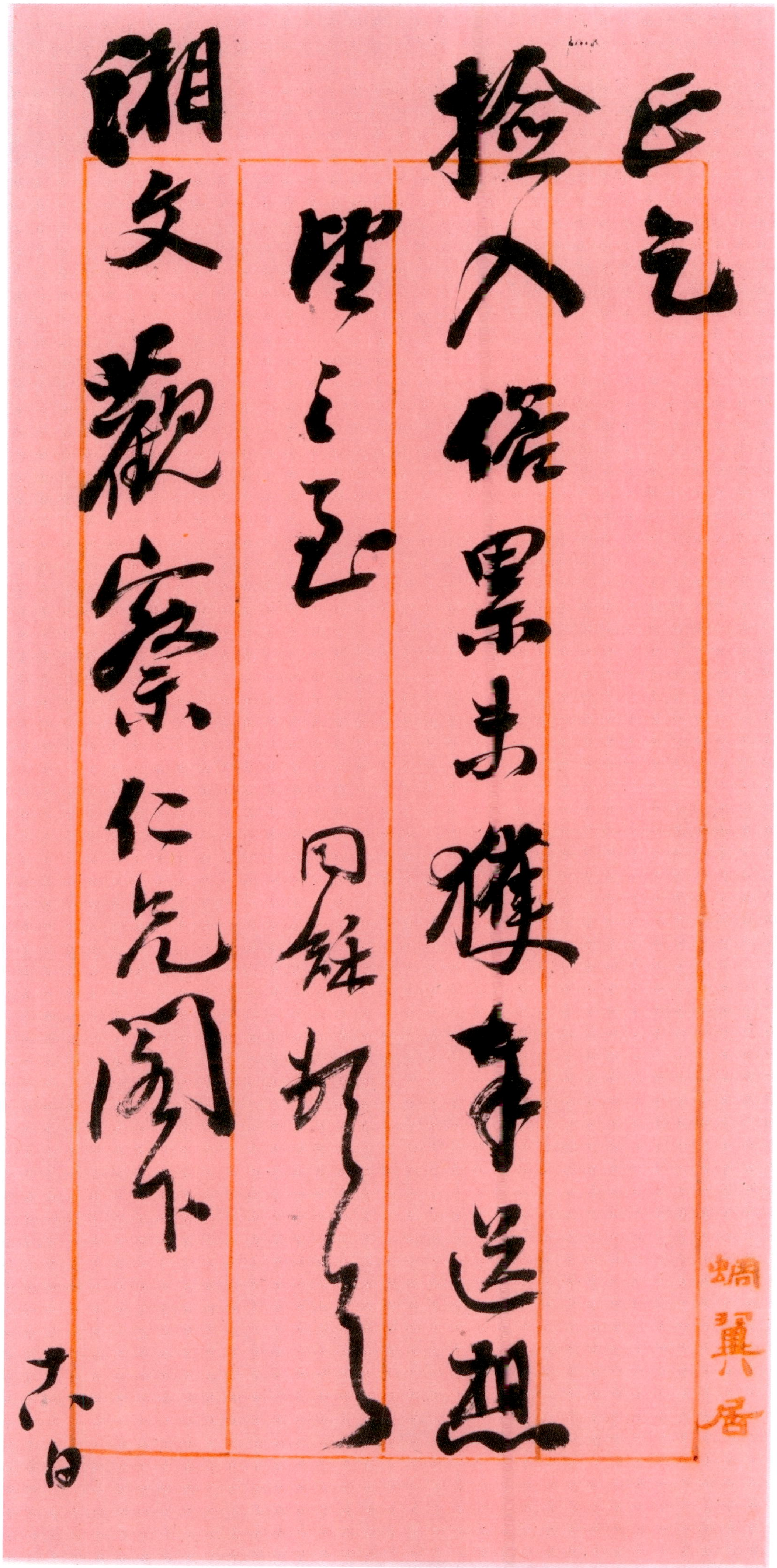

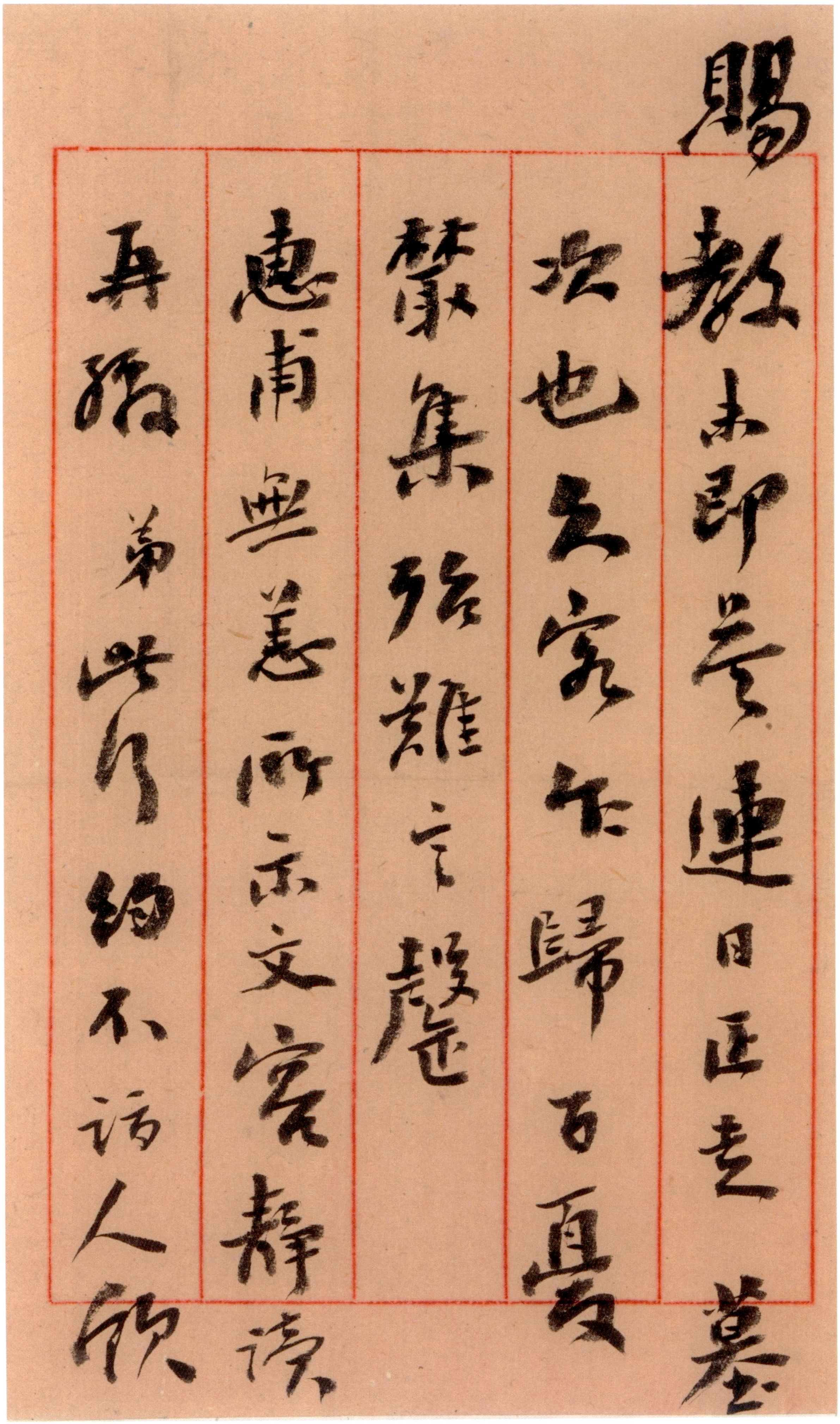

致宗源瀚之二

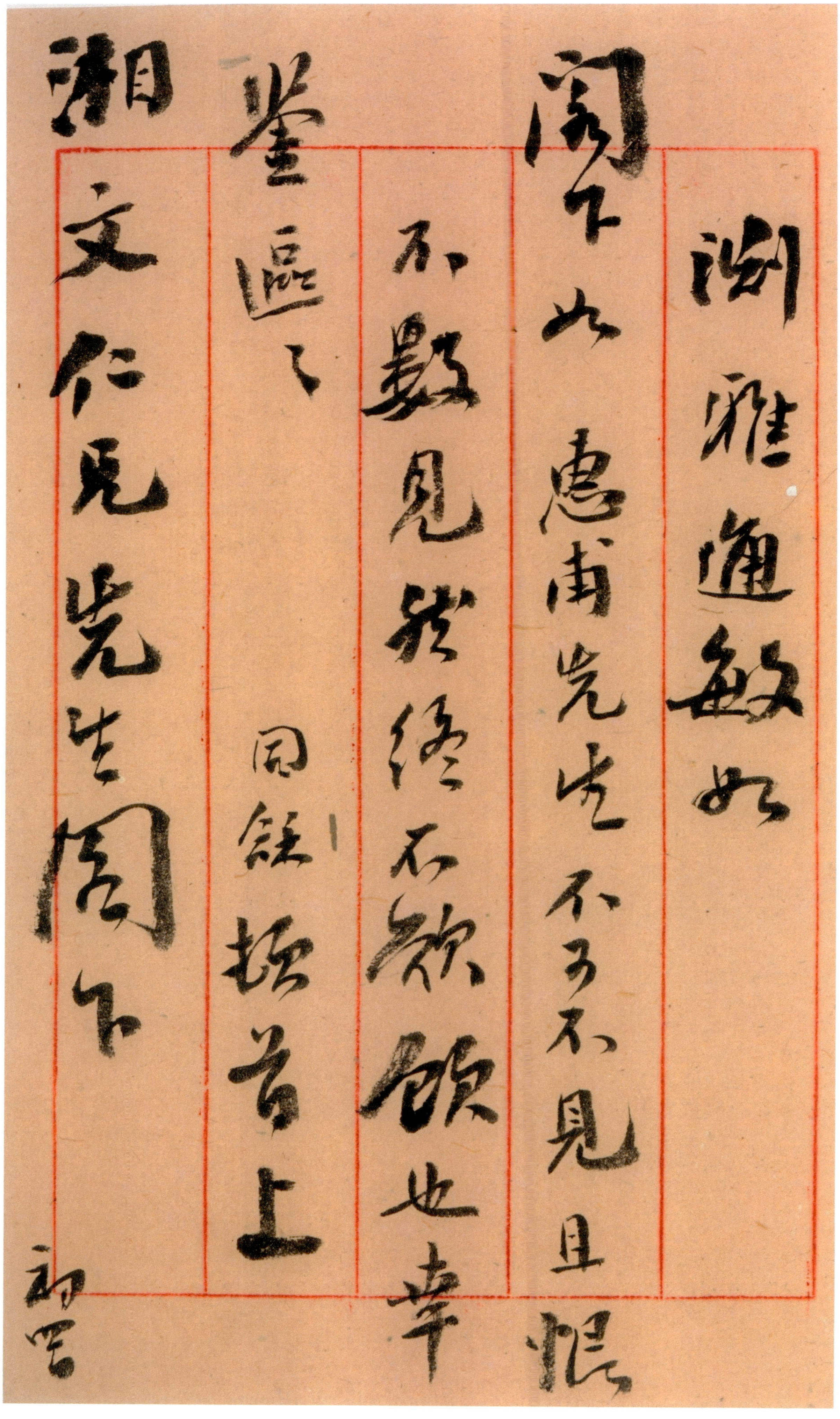
淵雅通敏如
閣下也惠甫先生不可不見且恨
不數見然終不欲頻也幸
鑒諒之　同龢頓首上
湘文仁兄先生閣下
初四

致 惲祖翼 之一

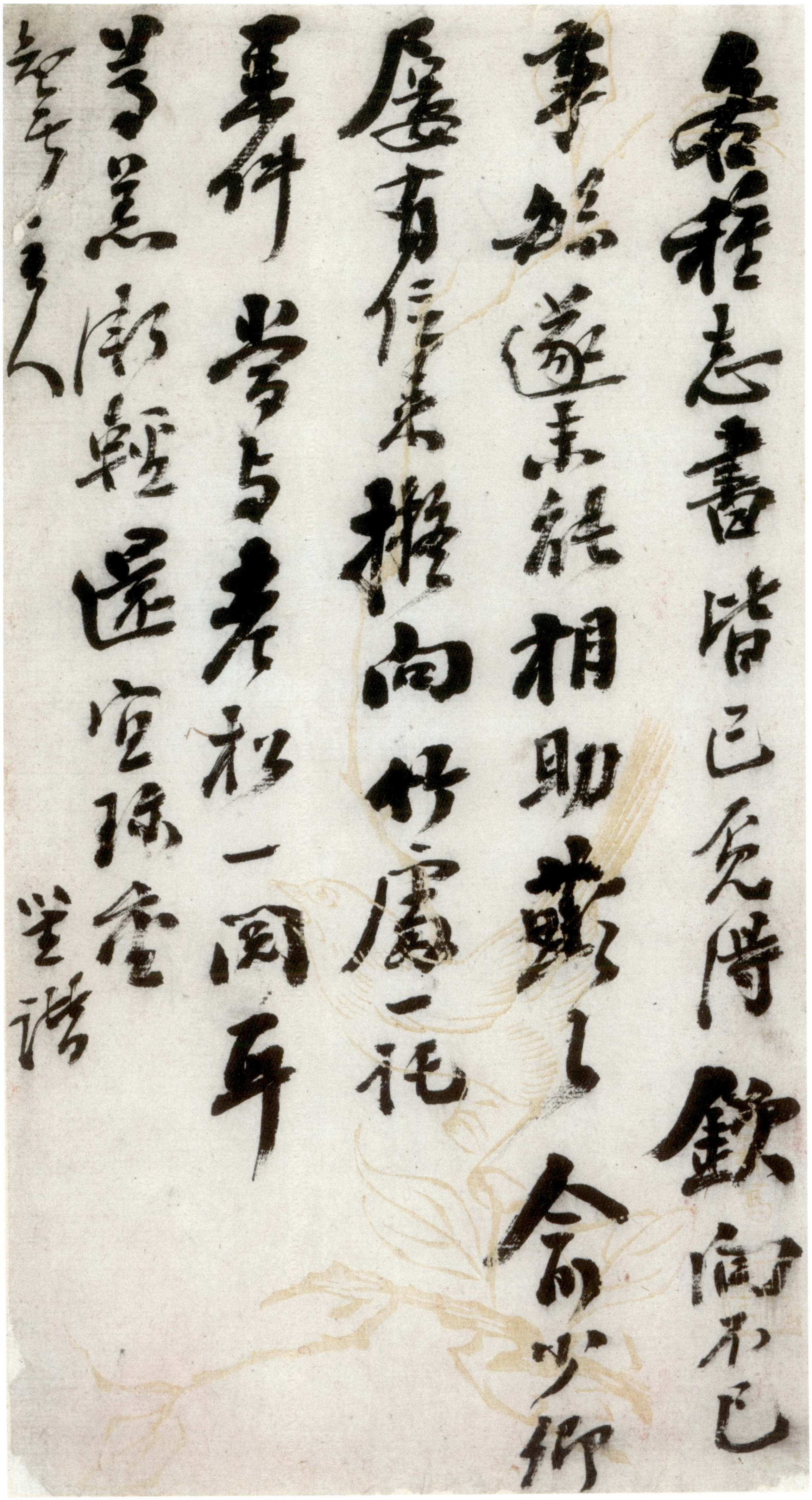

惲祖翼（1836—1900），一作祖詒，字叔謀，號崧耘，別號知無，江蘇陽湖人。同治舉人，官至浙江巡撫。

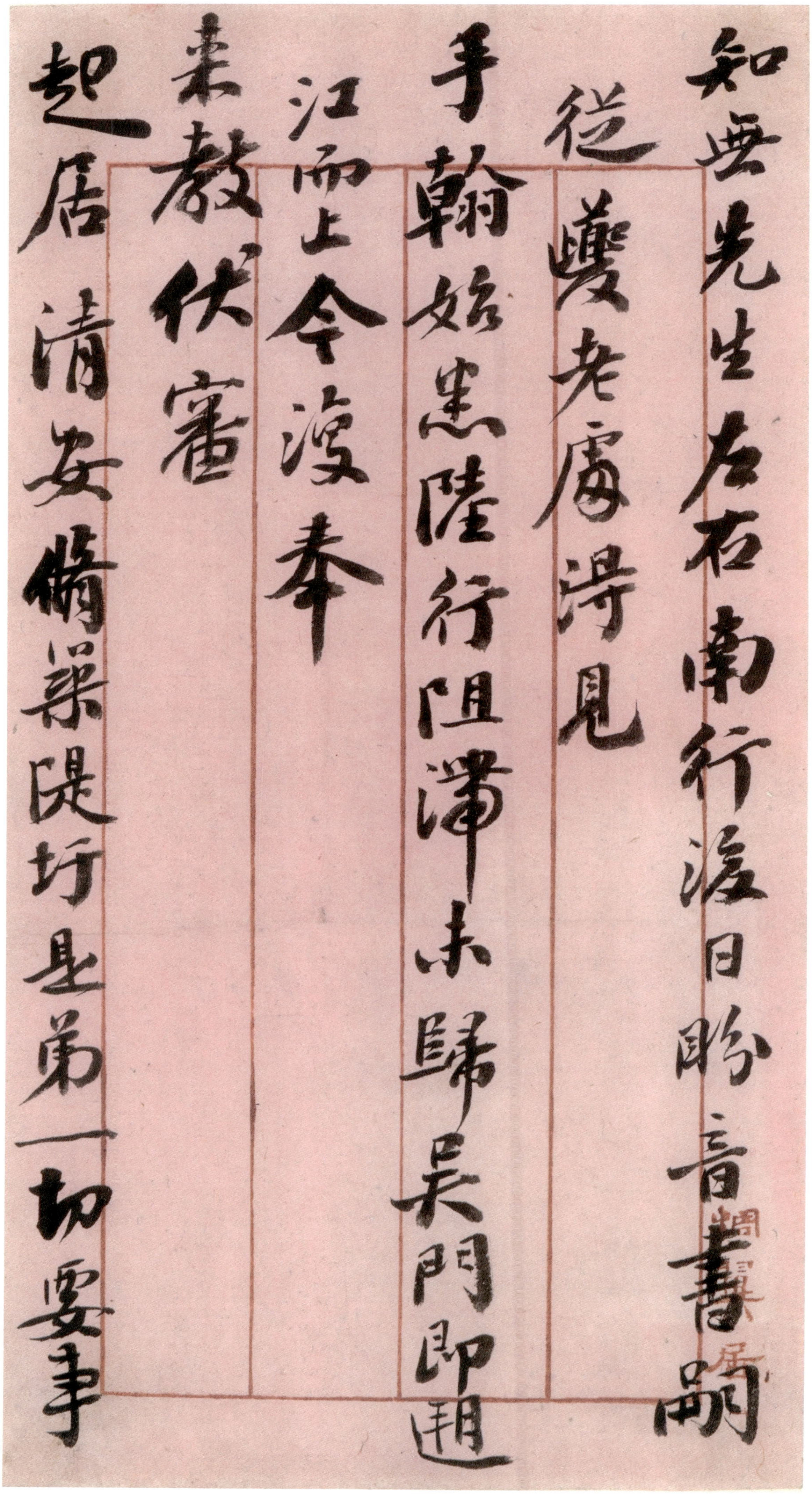

知無先生左右：南行後日盼音書，嗣
從遵老處得見
手翰，始悉陸行阻滯，未歸吳門，即趨
江而上，今復奉
來教，伏審
起居清安。儲渠隄圩是第一切要事

致 惲祖翼 之二

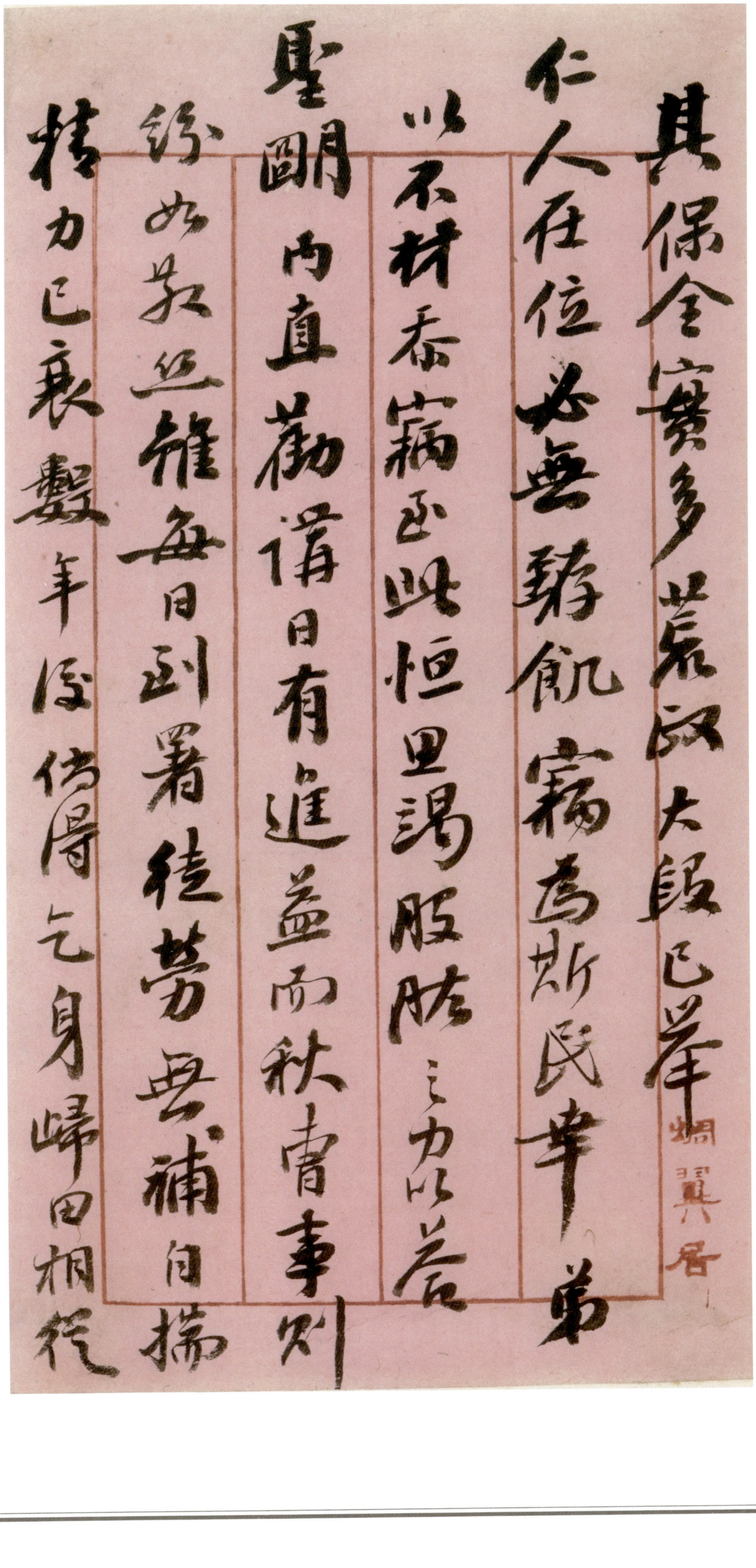
其保全實多，叢殘大敗已萃
於人在位，必無豬飢竊為斯民幸弟
以不材忝竊至此，恒思竭股肱之力以答
聖明，內直勤儉，日有進益，而秋冬事則
縣如叔近，雖每日到署，徒勞無補，自揣
精力已衰，數年後倘得乞身歸田，相從

致惲祖翼之二

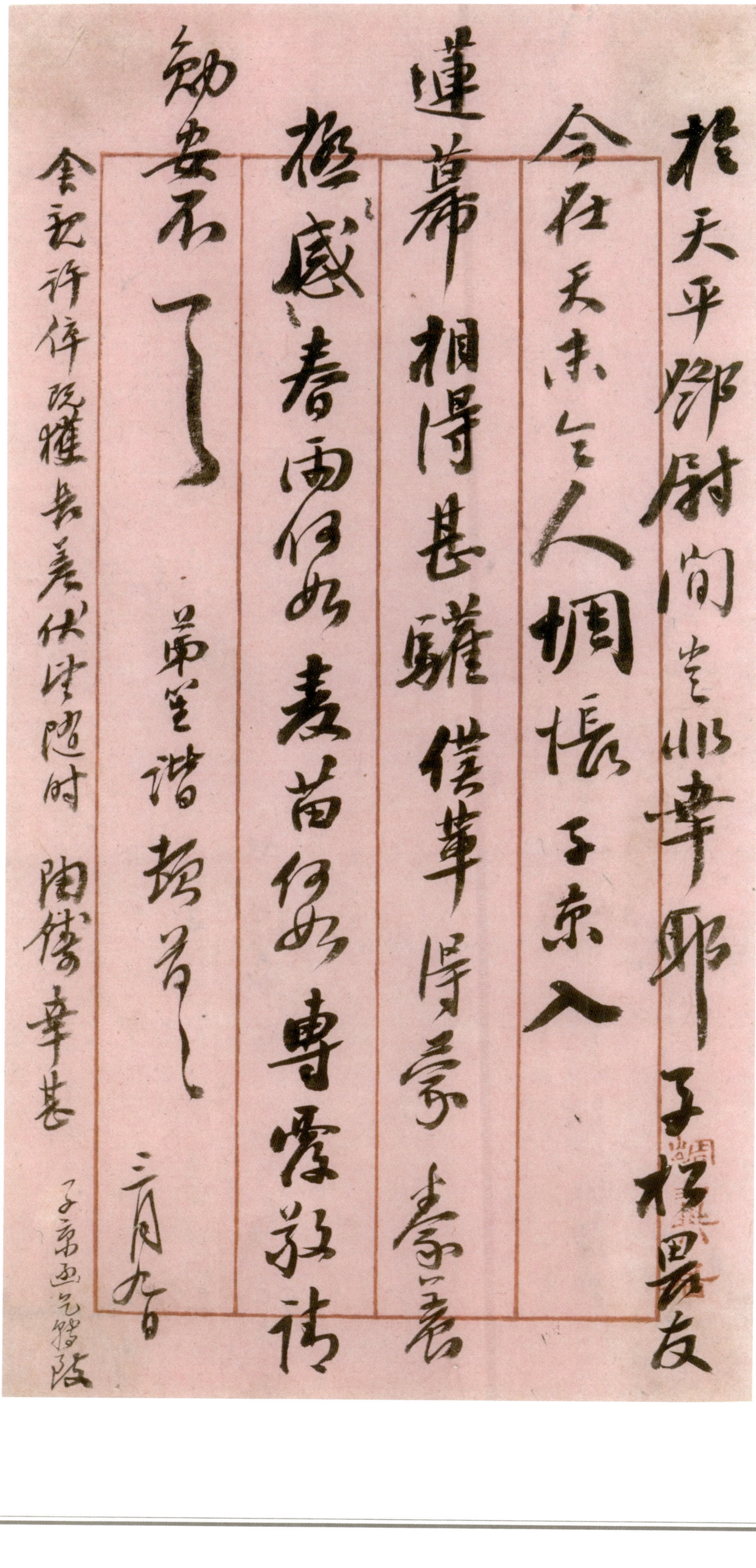

於天平鄧尉間，豈非幸耶。子松吾友今在天末，令人惆悵。子東入蓮幕相得甚驩，借箸得參，奉書極感。春雨何如？麥苗何如？專覆，敬請勛安，不一。

弟翼謹頓首 三月九日

舍親許侍郎隨時陶傭章甚

致 惲祖翼 之三

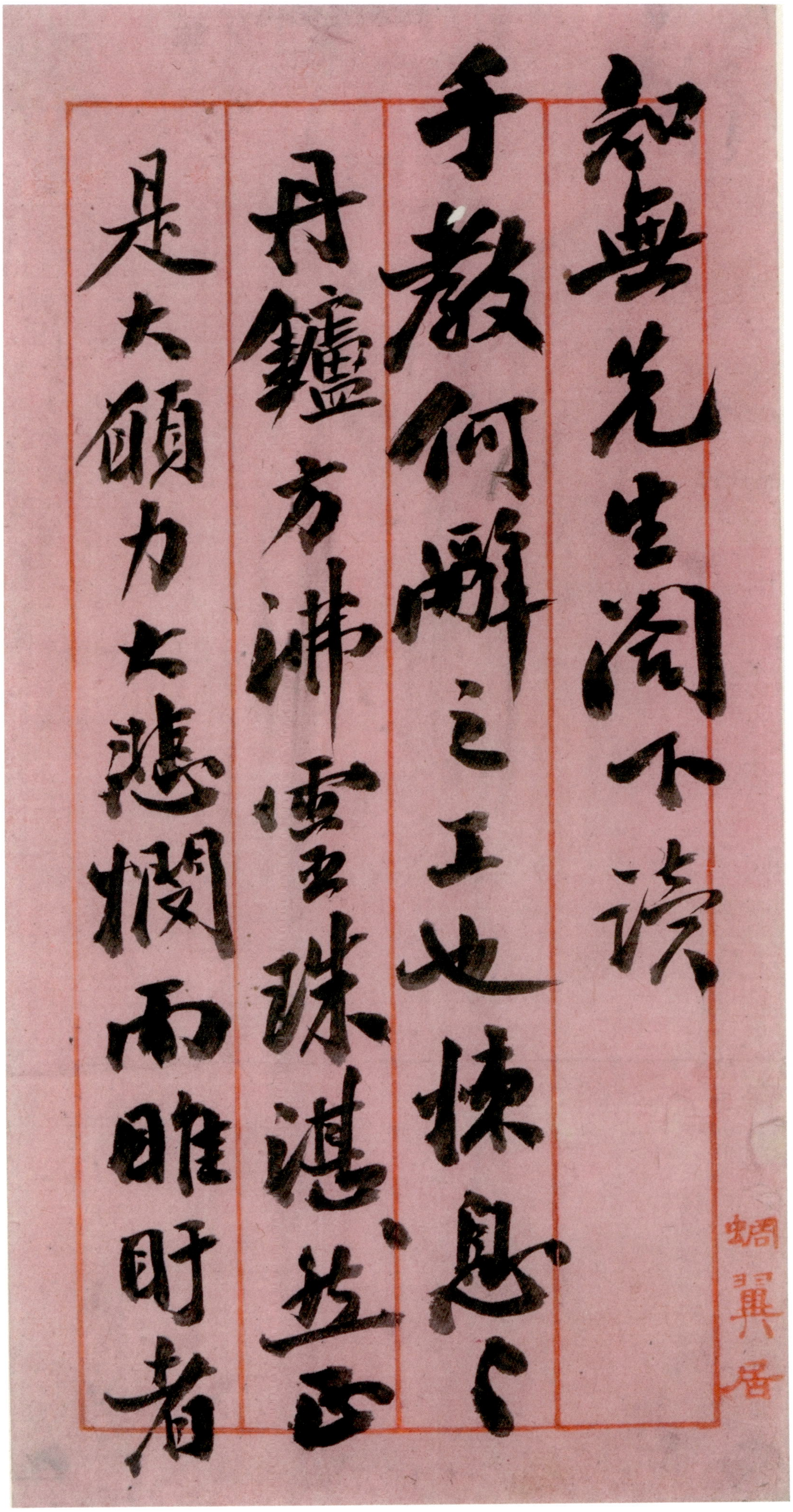

知無先生閣下：讀
手教，何辭之工也。悚息悚息。
丹鑪方沸，雪珠湛，拉正
是大願力、大悲憫而睢盱者

致惲祖翼之三

方不已也寒山閣於何處
是歇菴曰得歇便歇非寒
山鳥棲如是捷捷耶 叁詩
初入山來正是枇杷擁紫溪

蝸翼居

致惲祖翼 之三

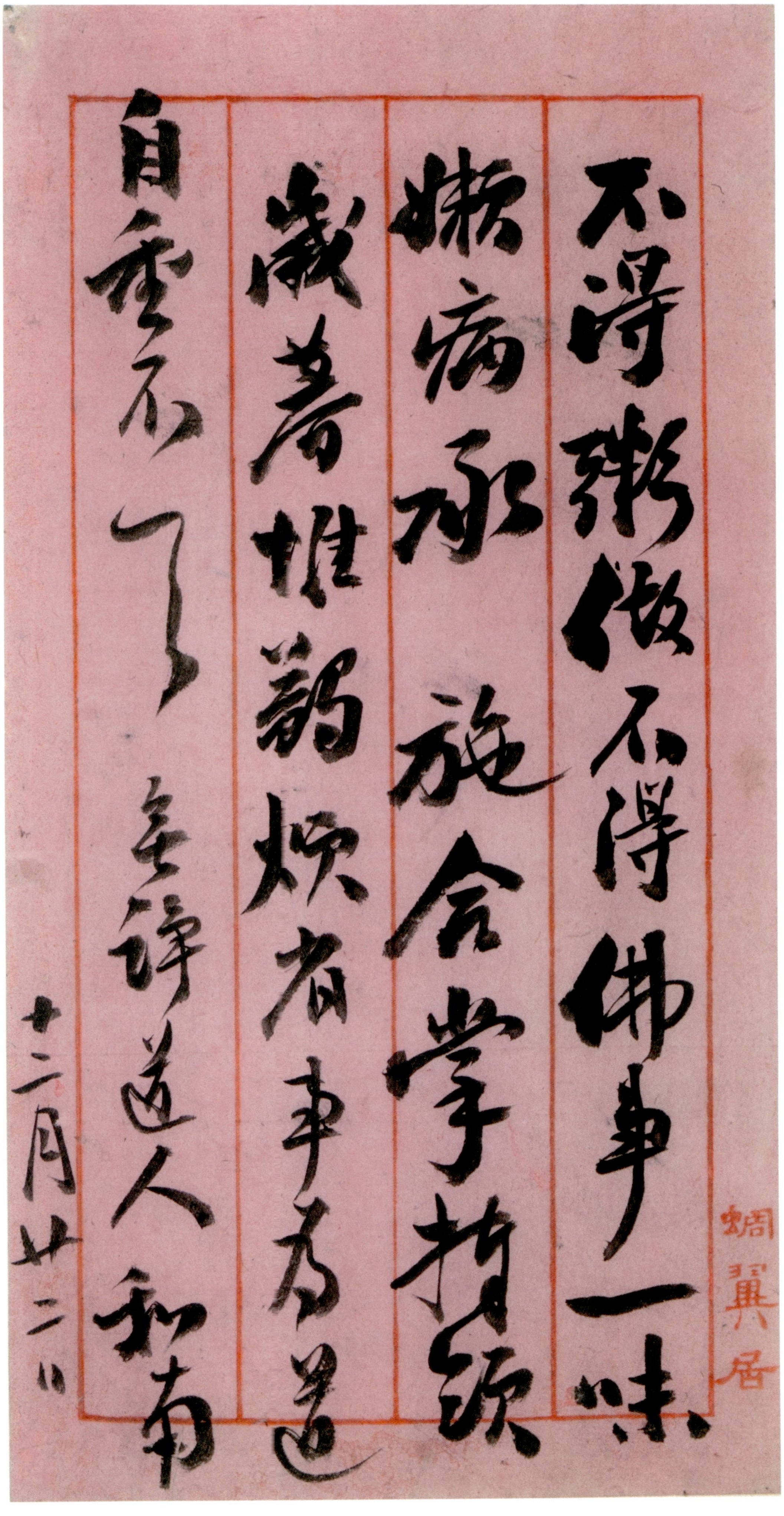

致惲祖翼之四

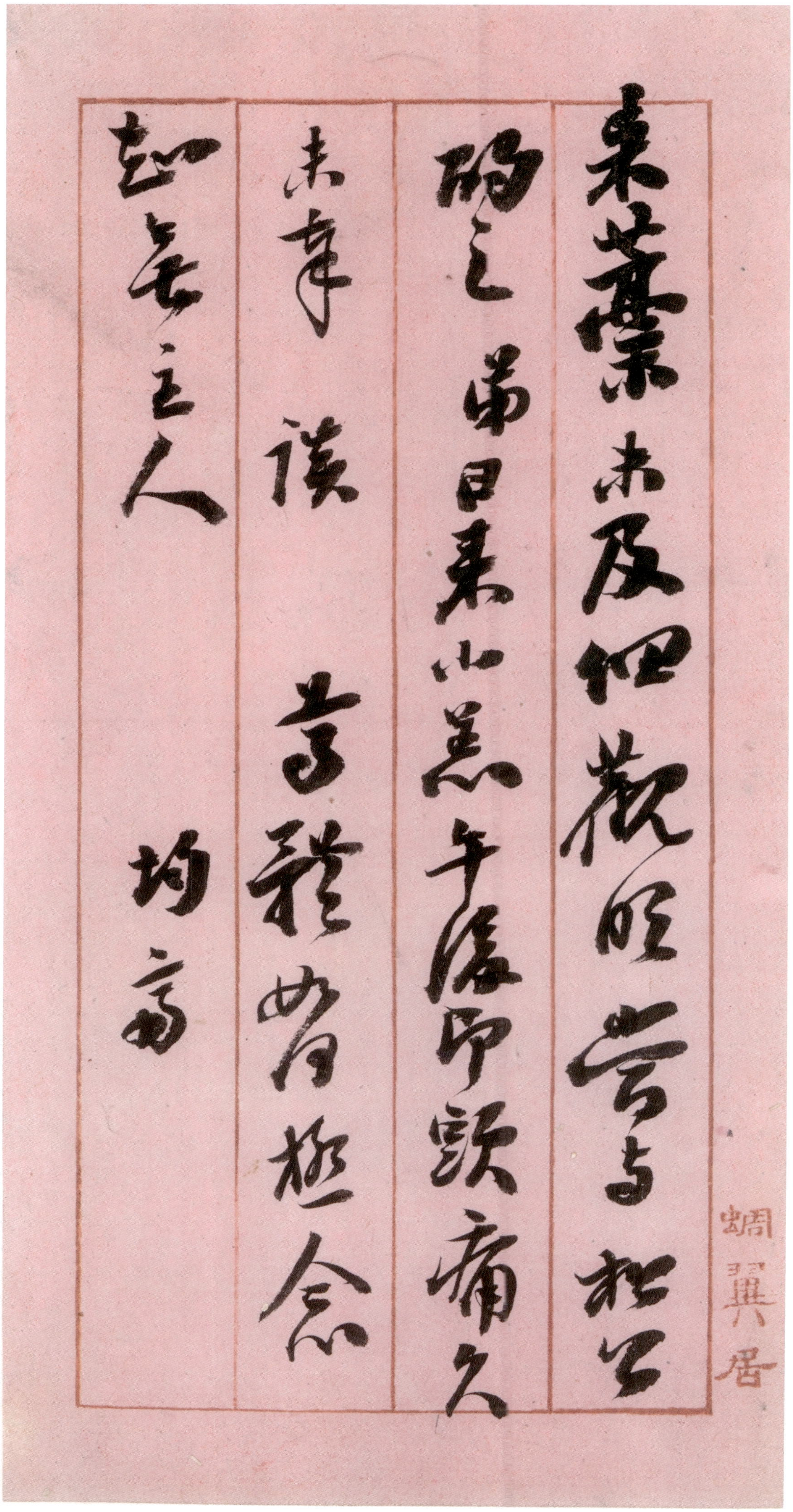

致 惲祖翼 之五

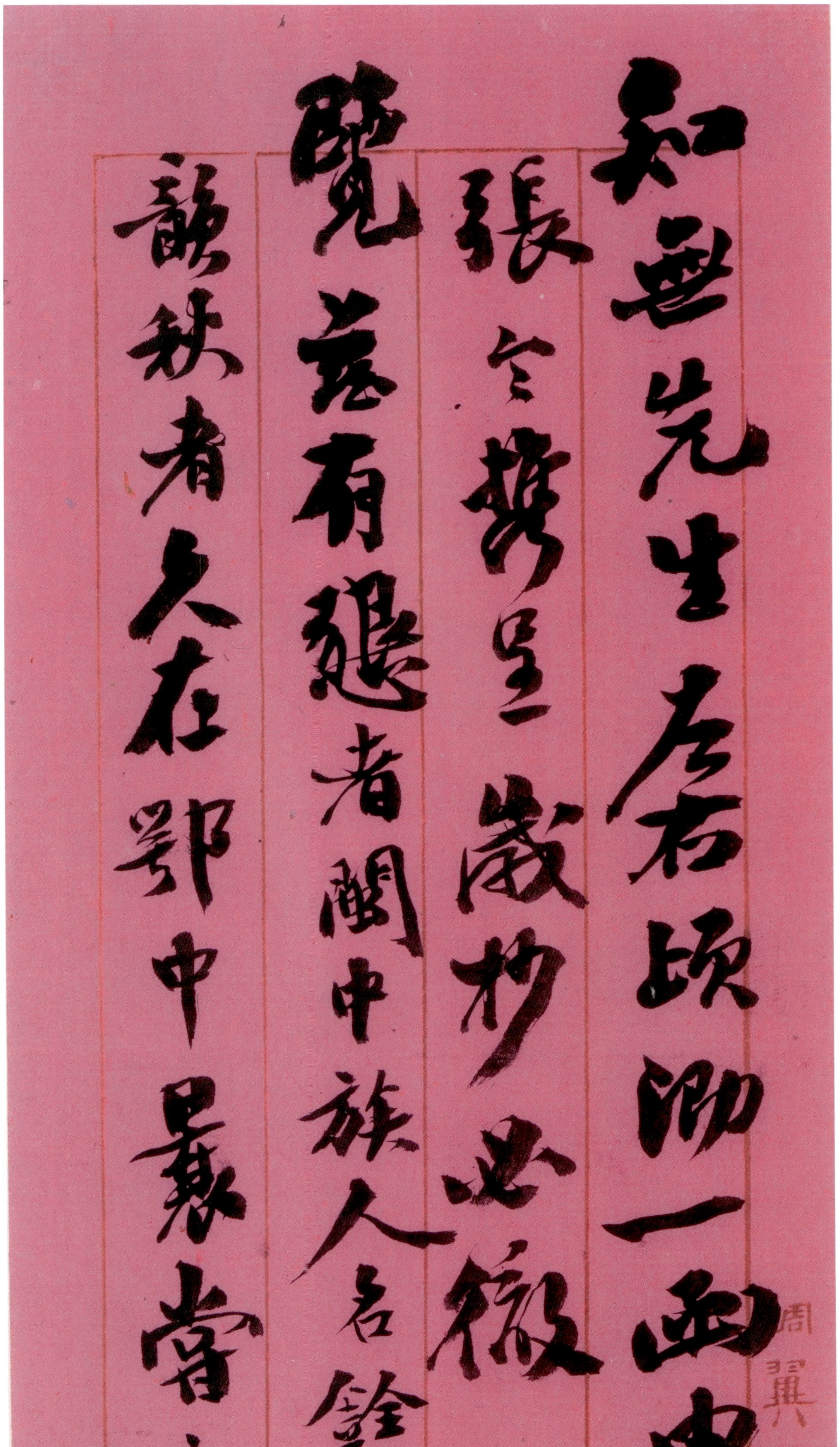
知無先生左右頃泐一函由
張令轉呈嵗杪必徹
覽茲有懇者閩中旗人名銓字
韻秋者久在鄂中曩嘗充

致惲祖翼之五

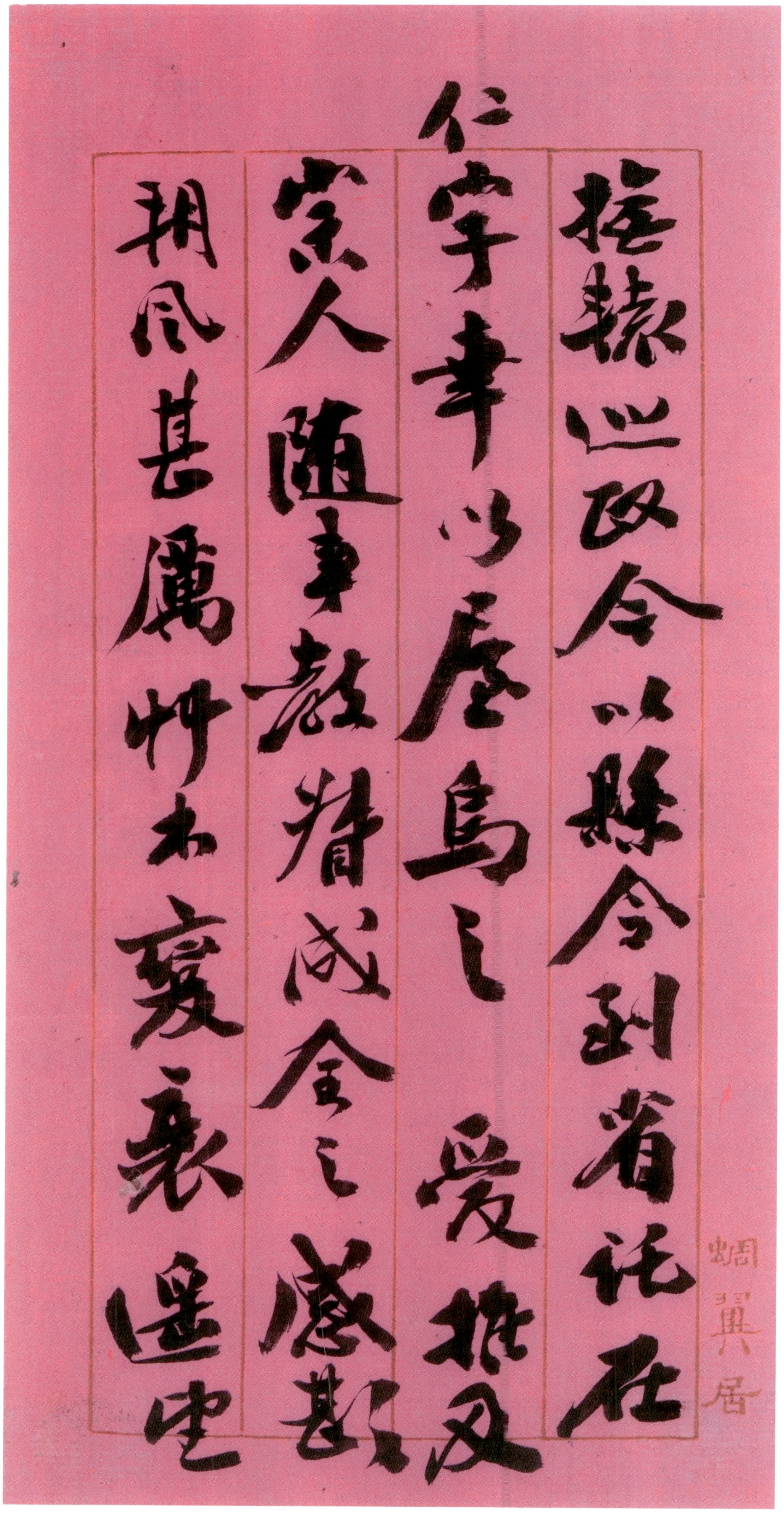
接撫以政令以縣令到省託在
仁宇年以居島之愛挑及
宗人隨事教精成全之感歎
稍風甚厲草木變衰遙想

致惲祖翼 之六

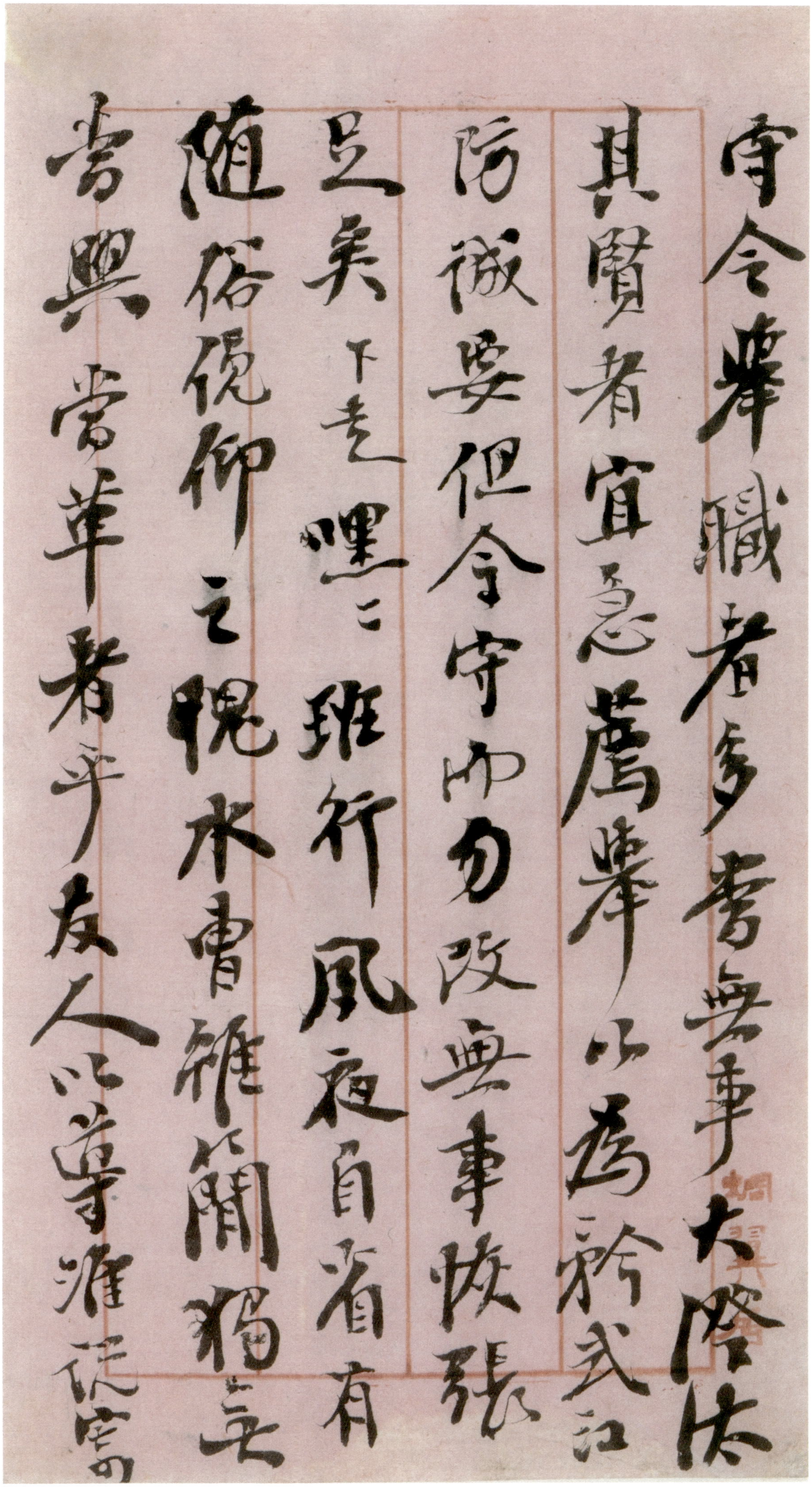
守令牟職者多書無事大將法
其賢者宜急薦舉以爲於式江
防微要但令守以力改無事恢張
足矣下走嘿嘿班行夙夜自省有
隨俗俛仰之愧水曹雖簡猶是
貴興當華者乎友人以導淮侯寫

致惲祖翼　之六

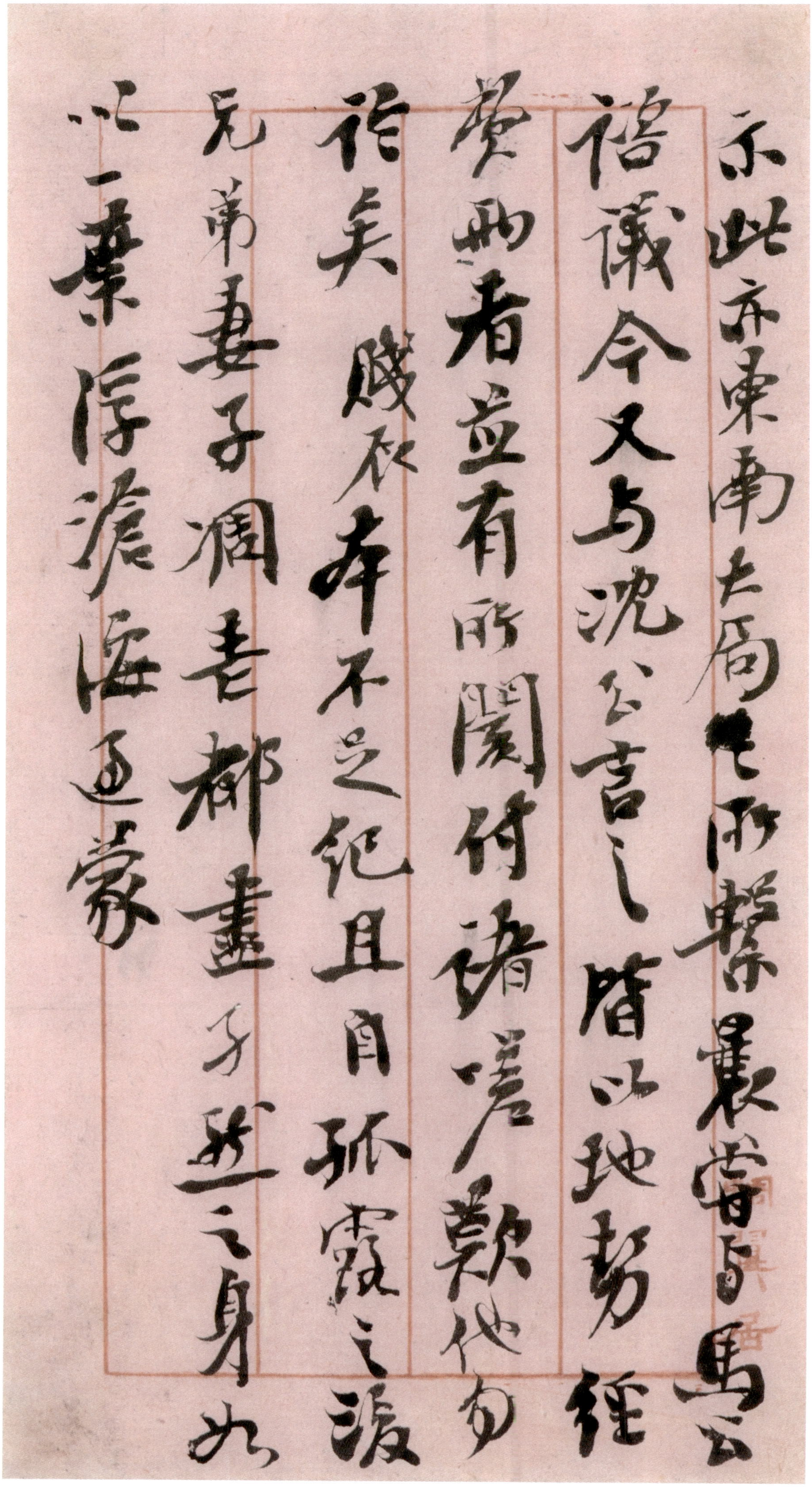
示此亦東南大局所繫最當局焉公
諮議今又與沈公言之惜以地勢經
費兩者並有所關付諸嗟歎他日
論矣　賤役本不足紀且自孤露之後
兄弟妻子凋喪都盡孑然之身如
以一葉浮滄海遇蒙

致惲祖翼 之六

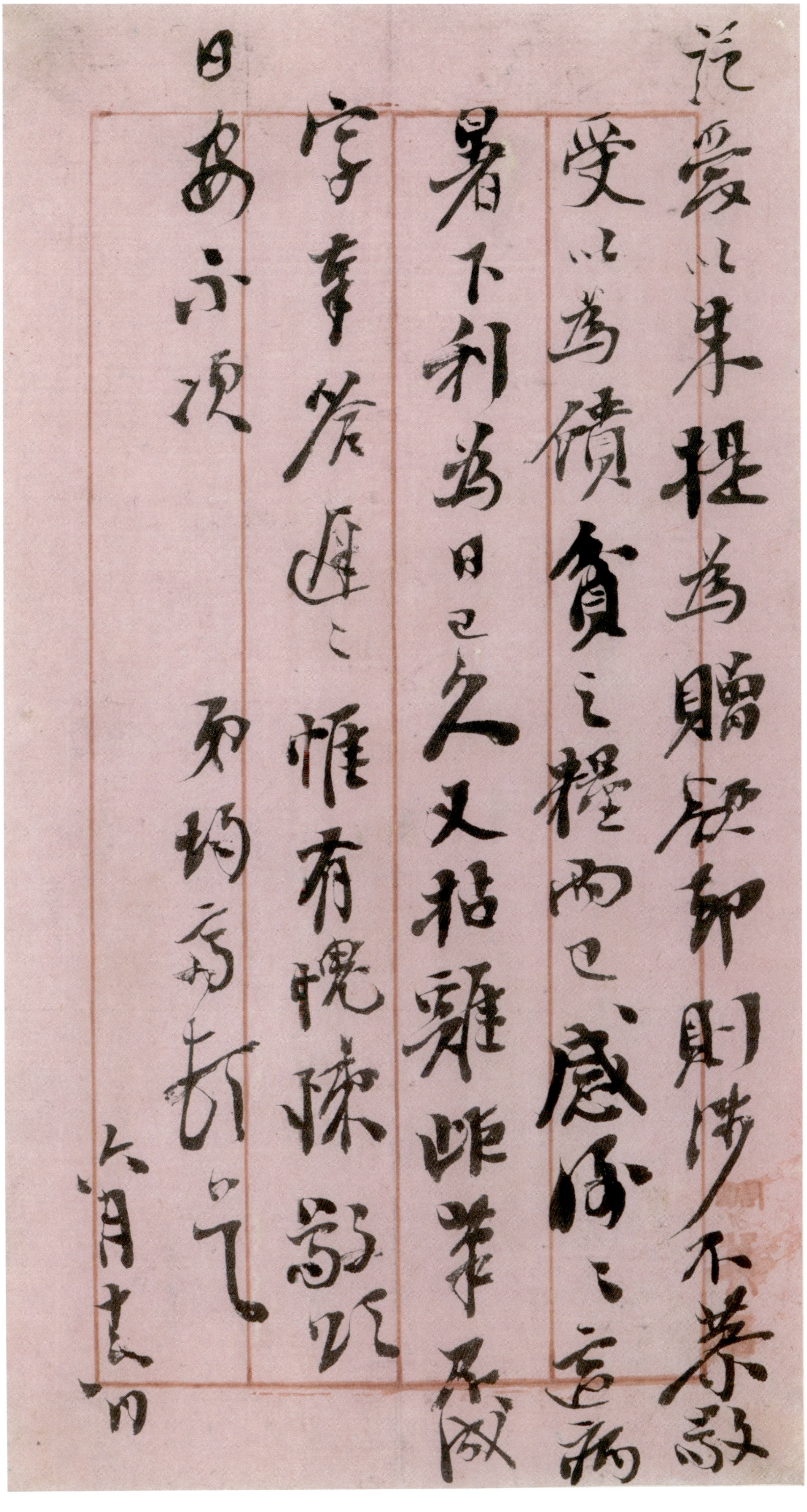
詒愛以朱程爲贈，欣[illegible]則[illegible]，不恭敬
受，以爲續貧之糧而已。感佩之意，病
暑下利爲日已久，又[illegible]難此筆承敬
字，幸恕遲遲，惟有愧悚，[illegible]叩
日安，不[illegible]。弟均[illegible]頓首
六月十[illegible]日

致惲祖翼 之七

知無先生閣下果得
[illegible]墨[illegible]未[illegible]想
[illegible]寨也桂[illegible]以南[illegible]宗以東
皆在運量中極欽佩
朝廷付
公以十八年[illegible]

致 惲祖翼 之七

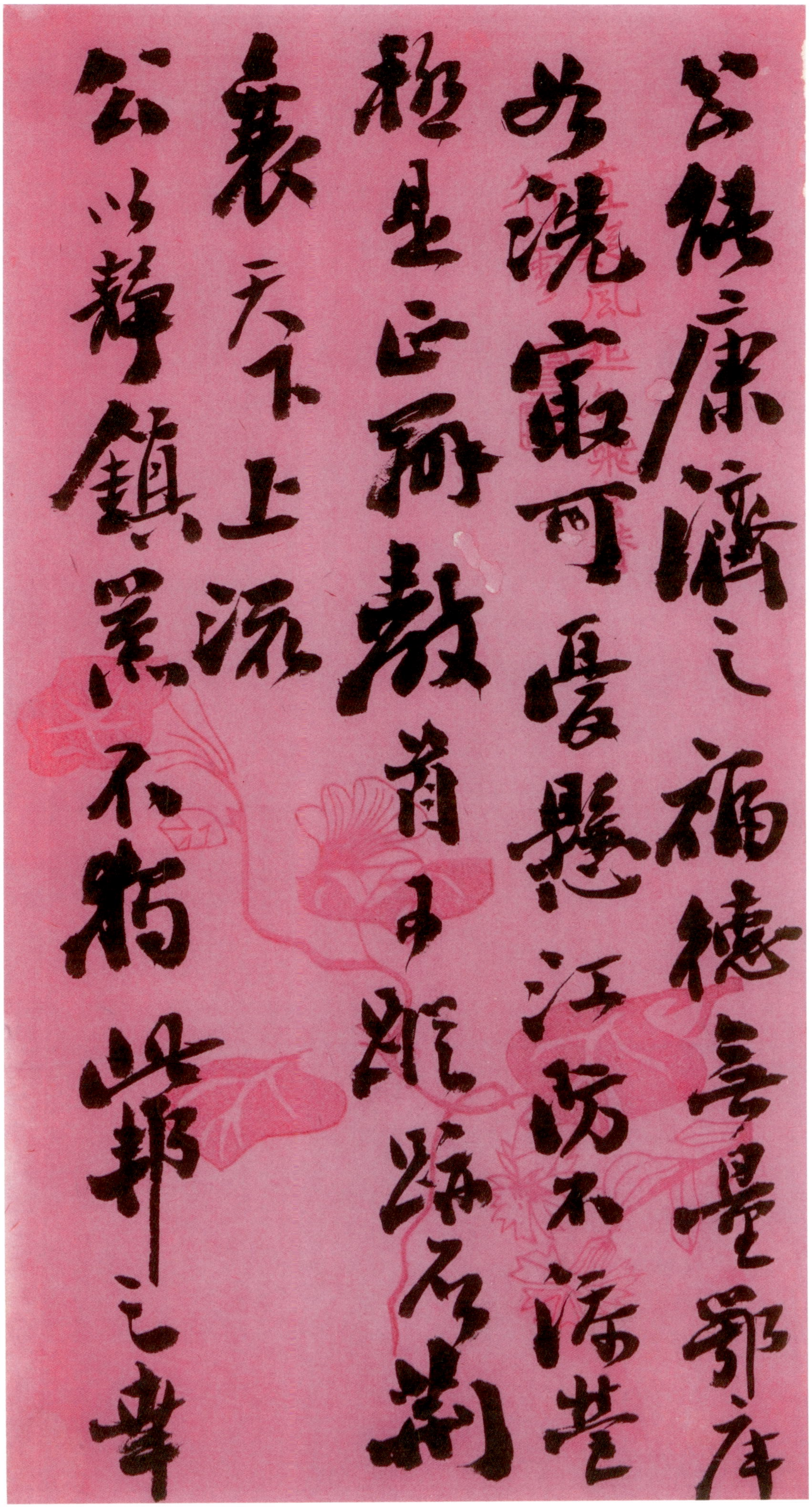

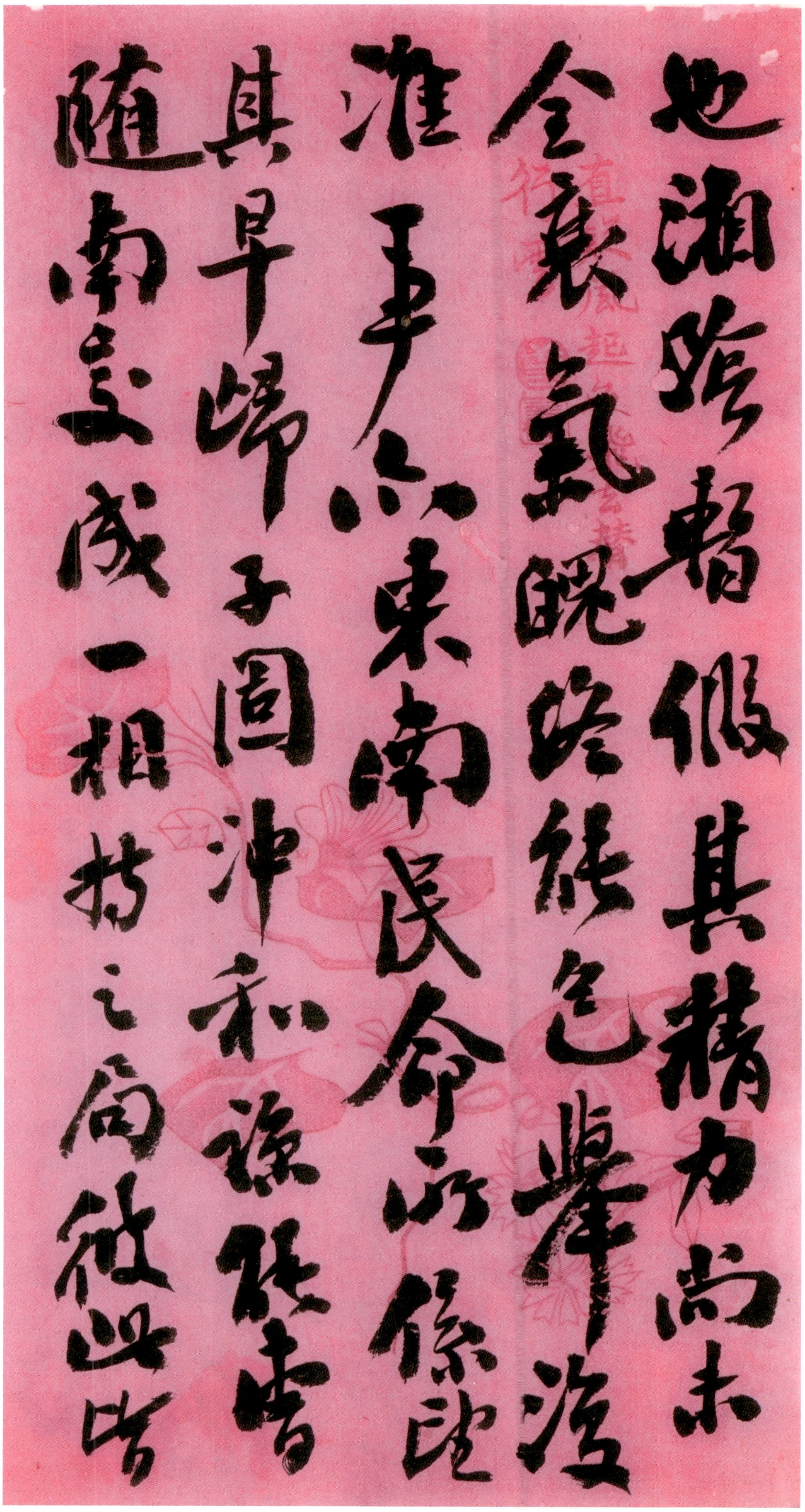

致徐郙

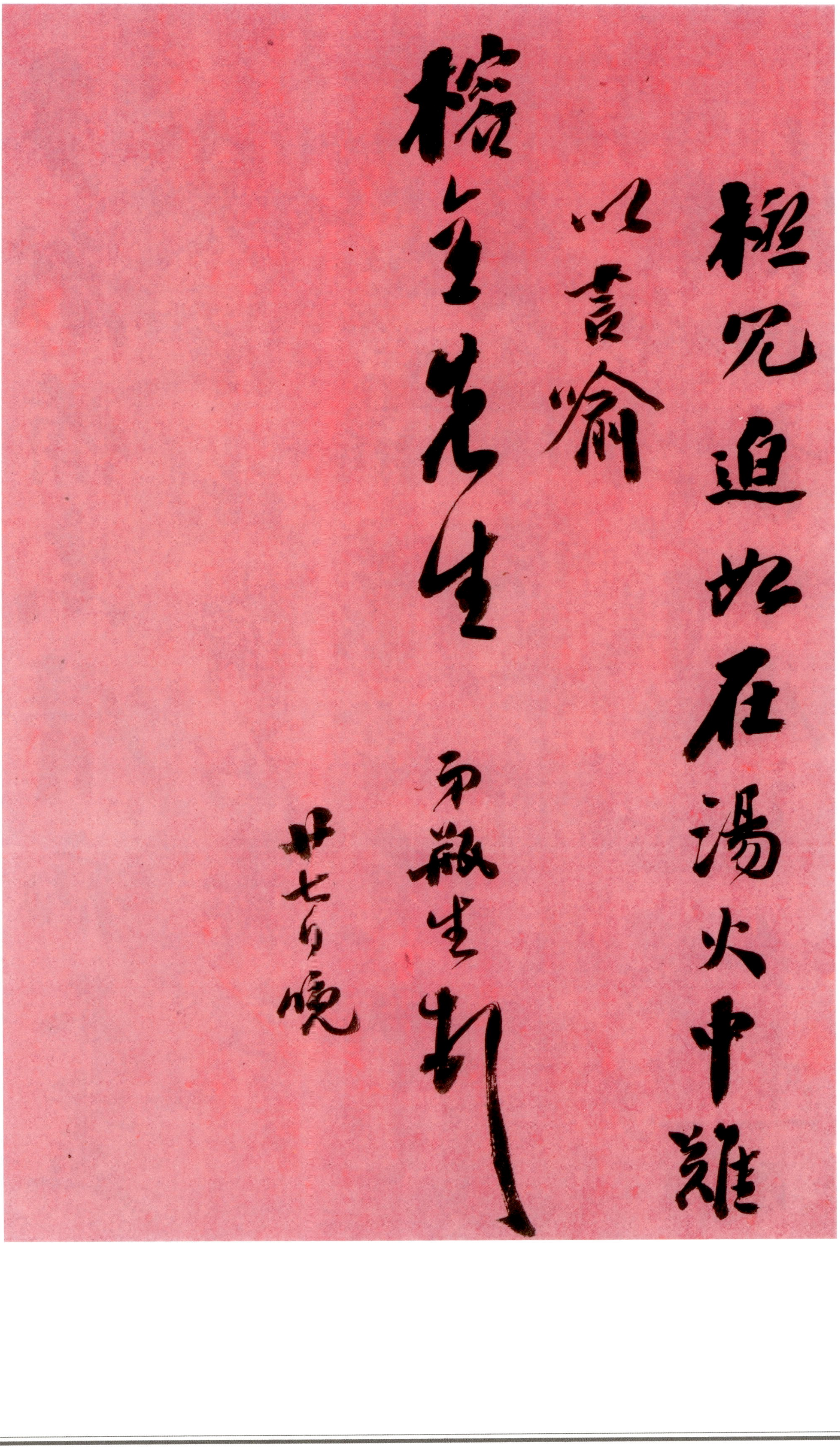
極冗迫，如在湯火中，難以言喻。

榕生先生

弟嚴生頓首

廿七日晚

致 陸潤庠 之一

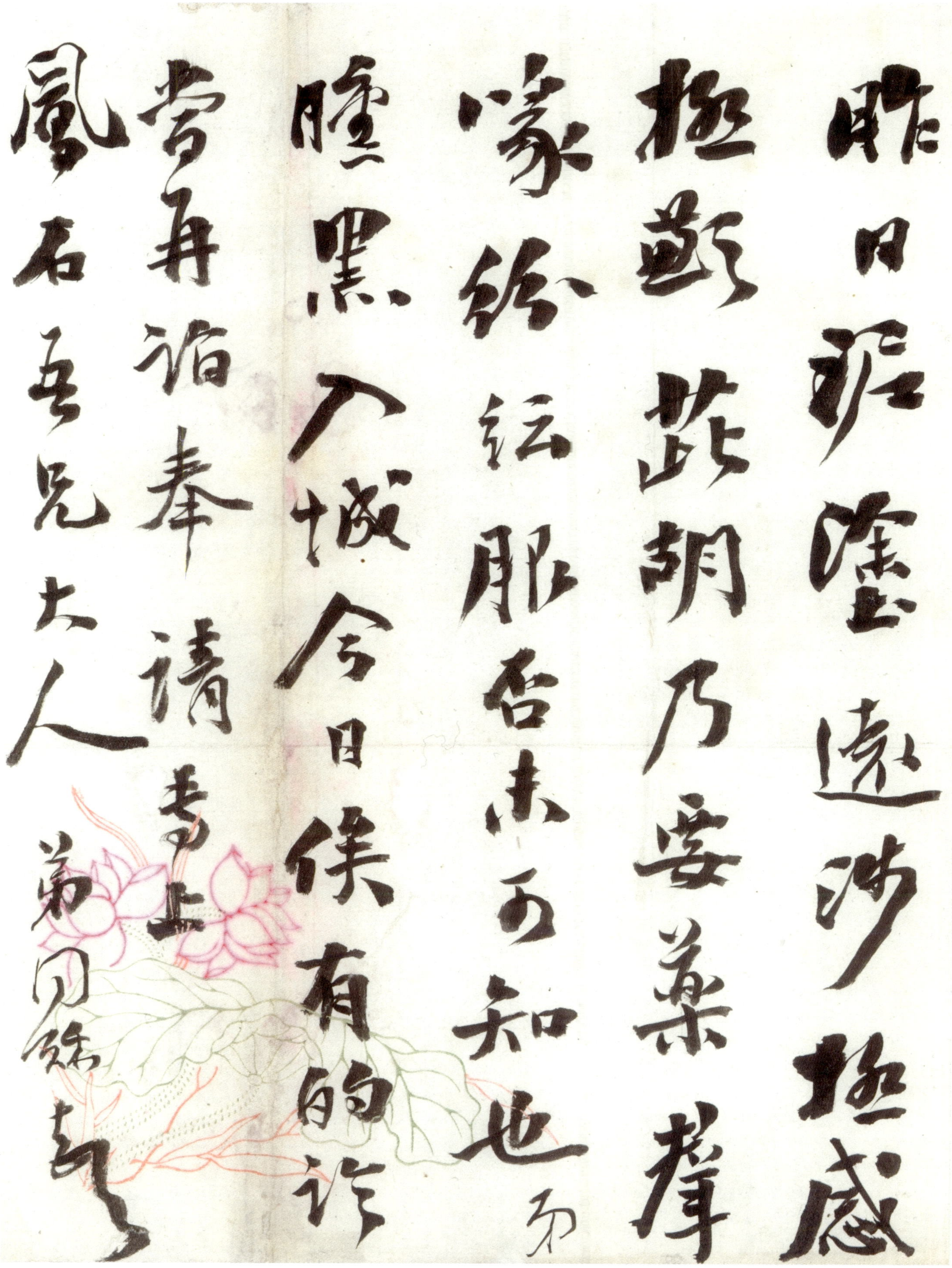

昨日琅塗遠涉，極感極歉。茲胡乃要藥摩，喙絲紜脈否，未可知也。不
臆黑入城，今日僕有酌詐，當再詣奉請安。專上
鳳石五兄大人
弟同龢頓

陸潤庠（1838—1913），字鳳石，江蘇元和人。同治狀元，官至東閣大學士。

致　陸潤庠　之二

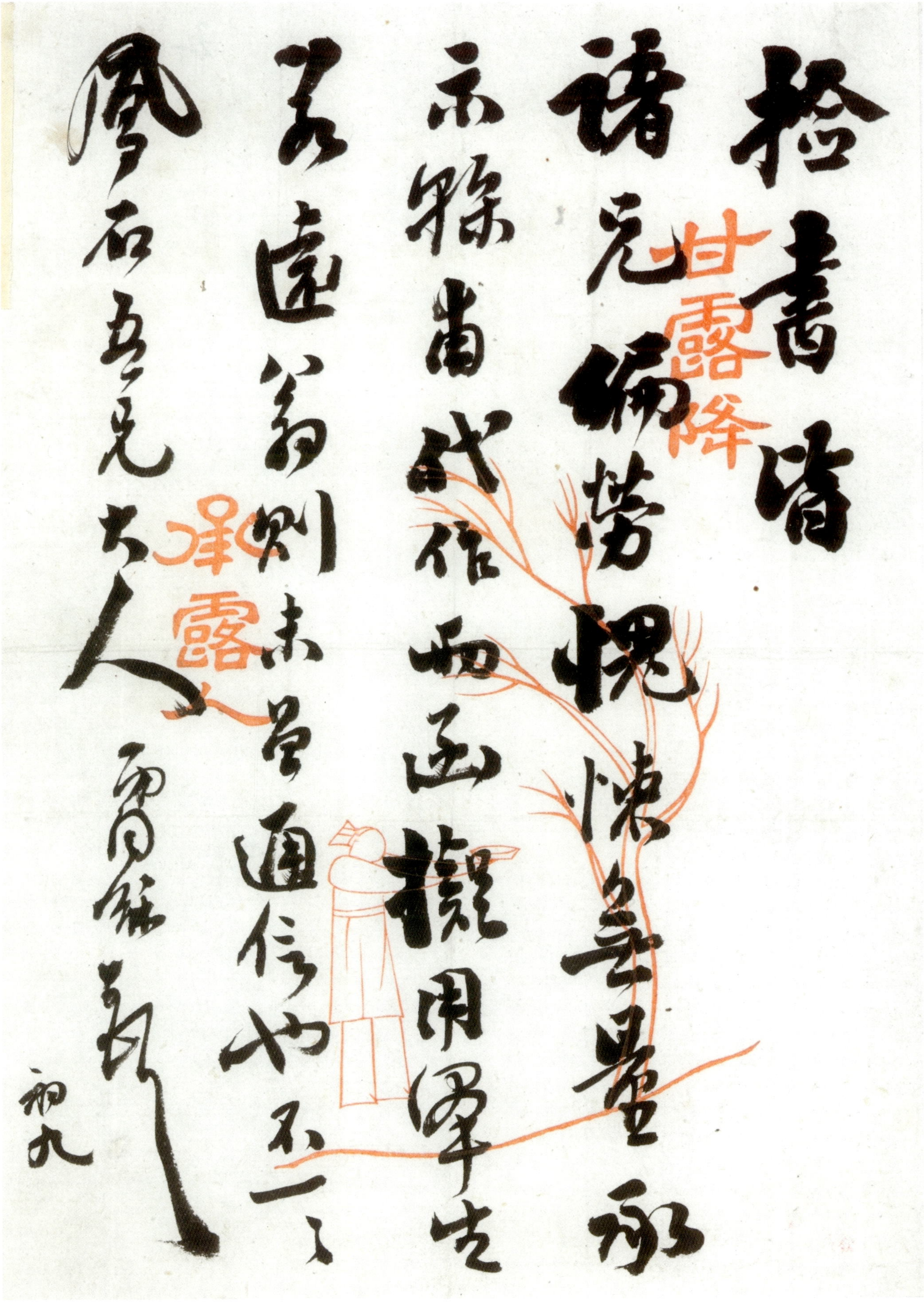

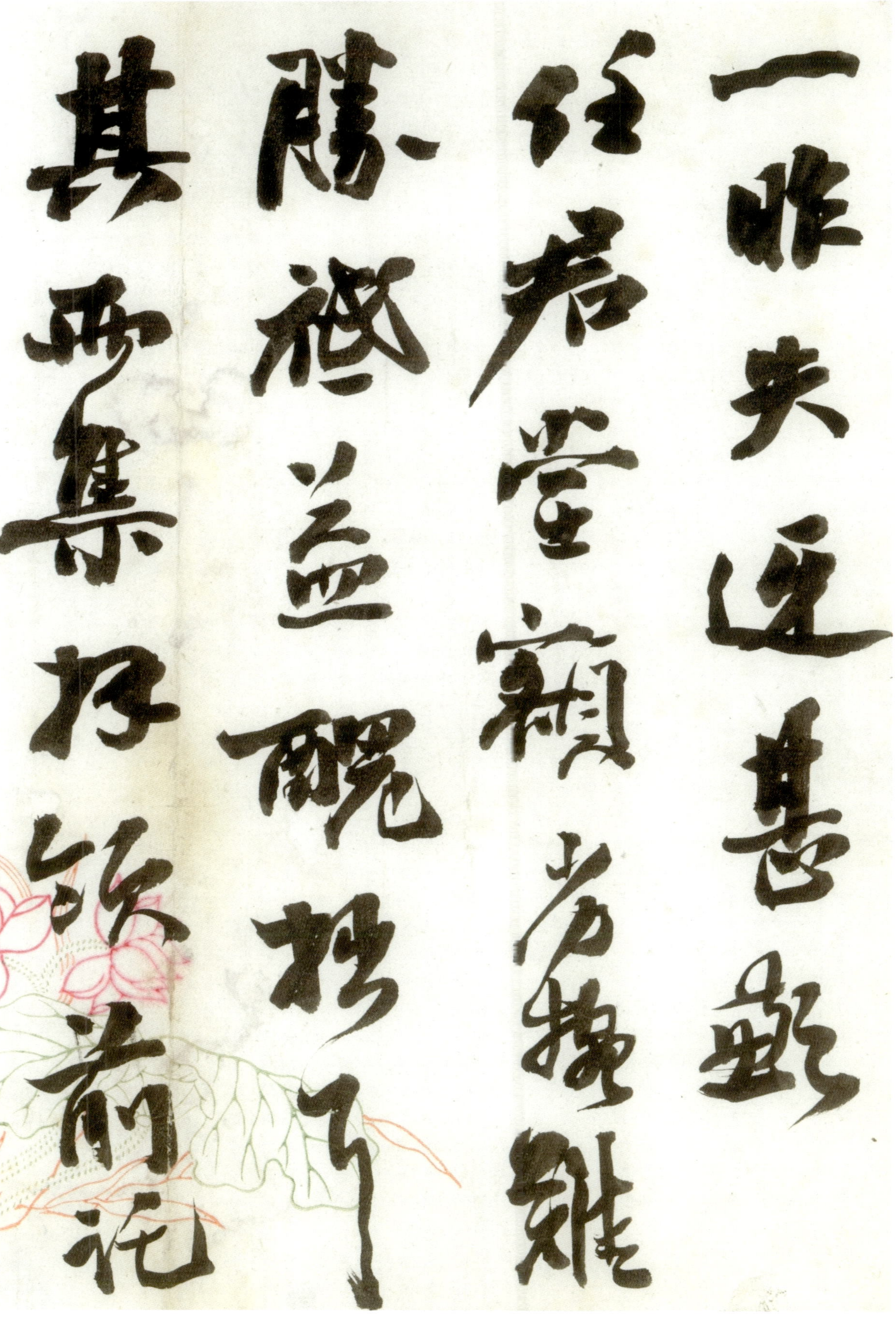
一昨失迓甚歉
任君堂窺步擾雖
勝概益醜想下
其西集好飯前託

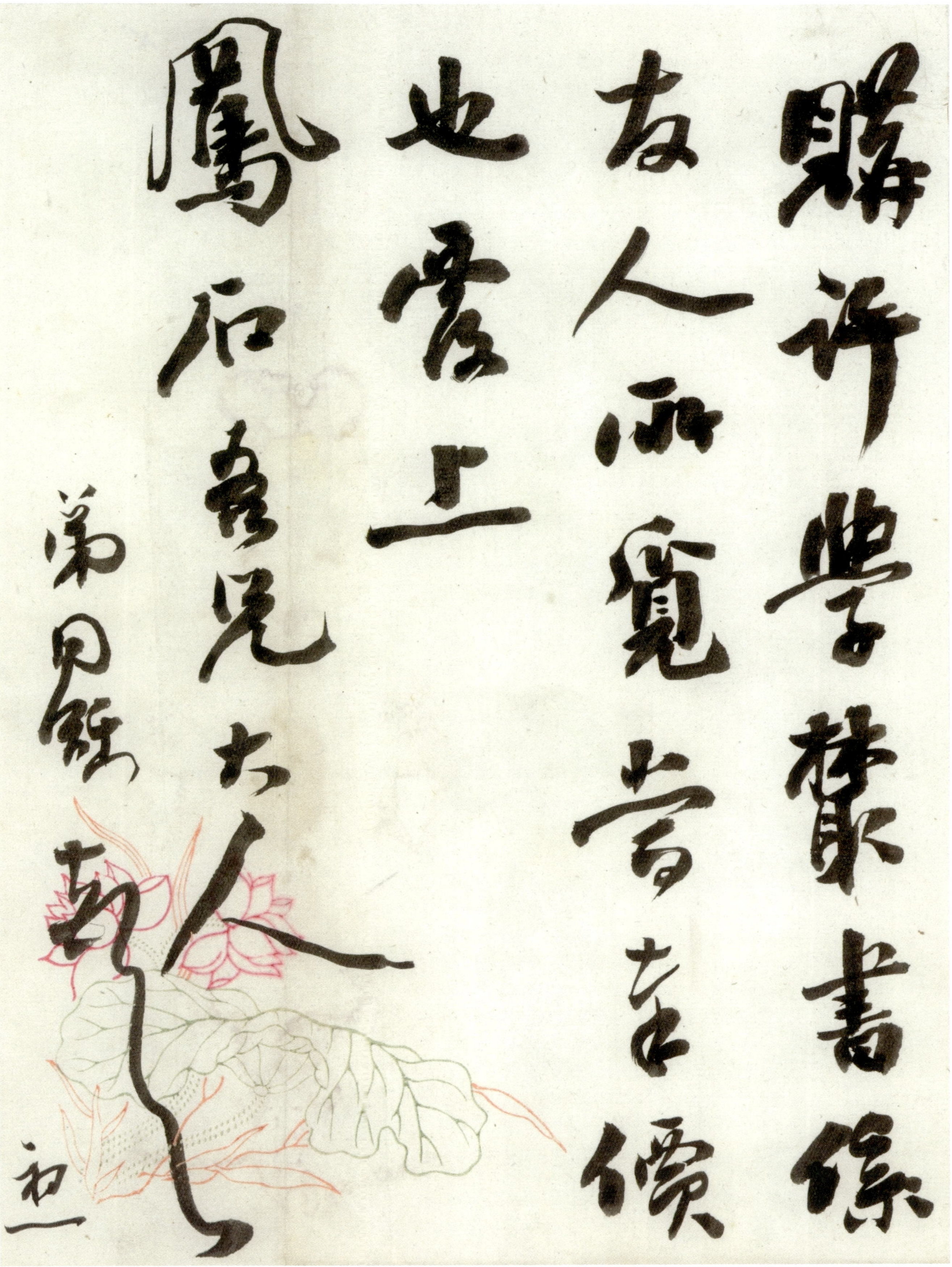
購許學叢書係
友人所覽，當奉償
也。專上
鳳石老兄大人
弟同龢頓首
初一

許學蘋書
貴友託銷，敝友託購，坡仍求
繳價，否則斷不容氣也。
鳳石五兄大人
弟龢頓首
除夕

致　陸潤庠　之五

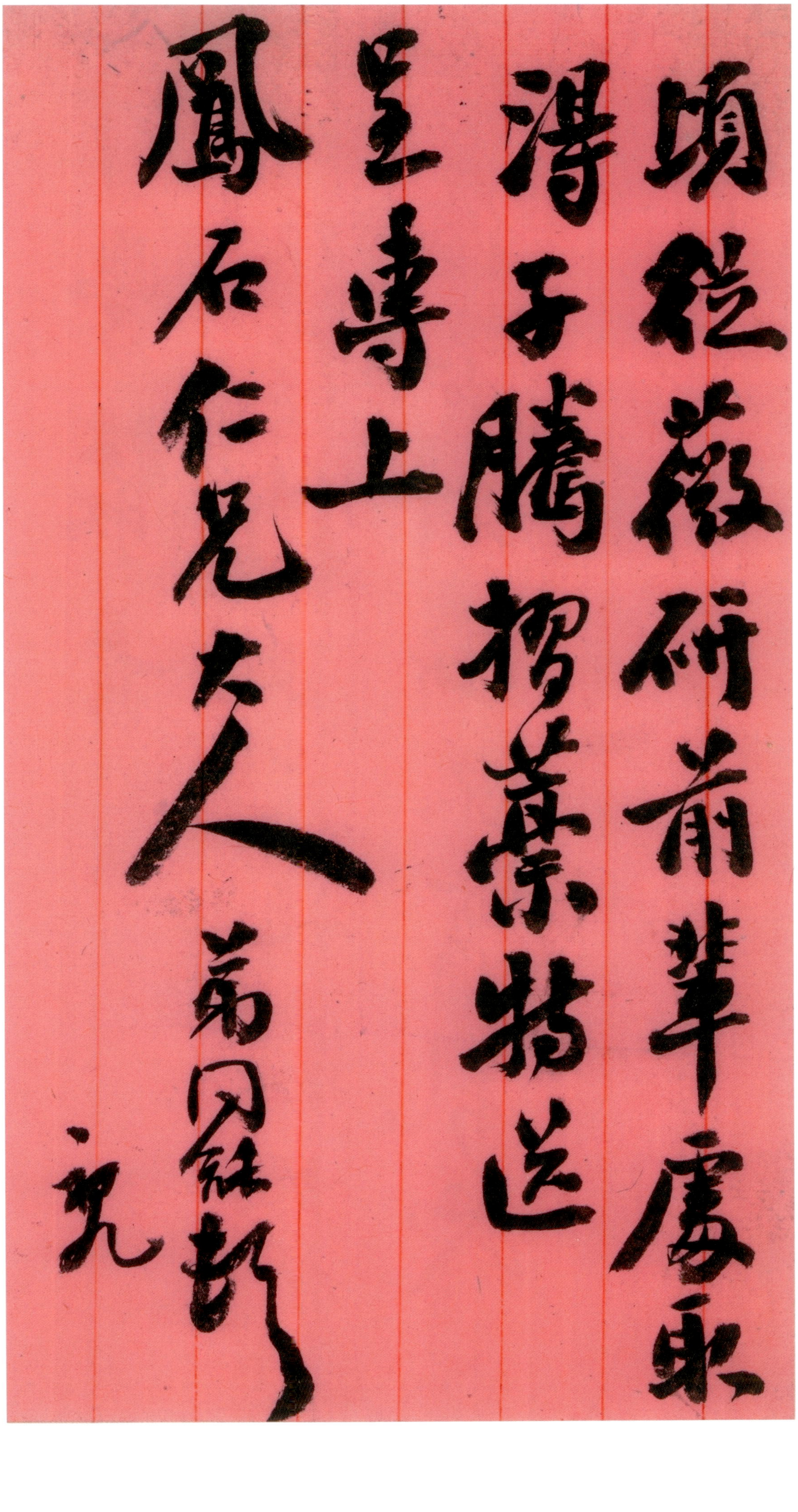

頃從薇研前輩處取
得手膳摺葉特送
呈尊上
鳳石仁兄大人
弟同龢頓首
初九

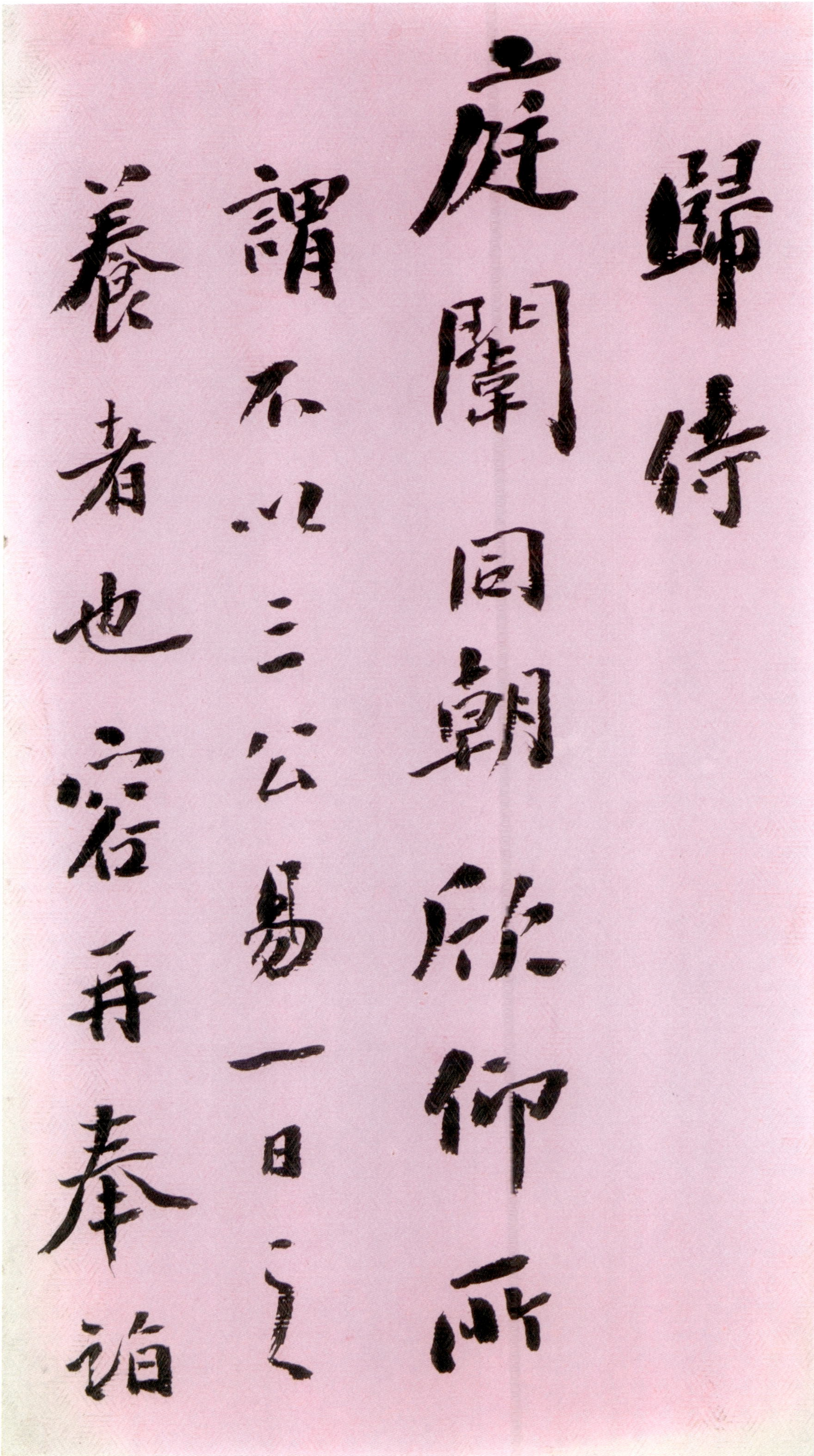
歸侍
庭闈同朝欣仰所
謂不以三公易一日之
養者也容再奉詣

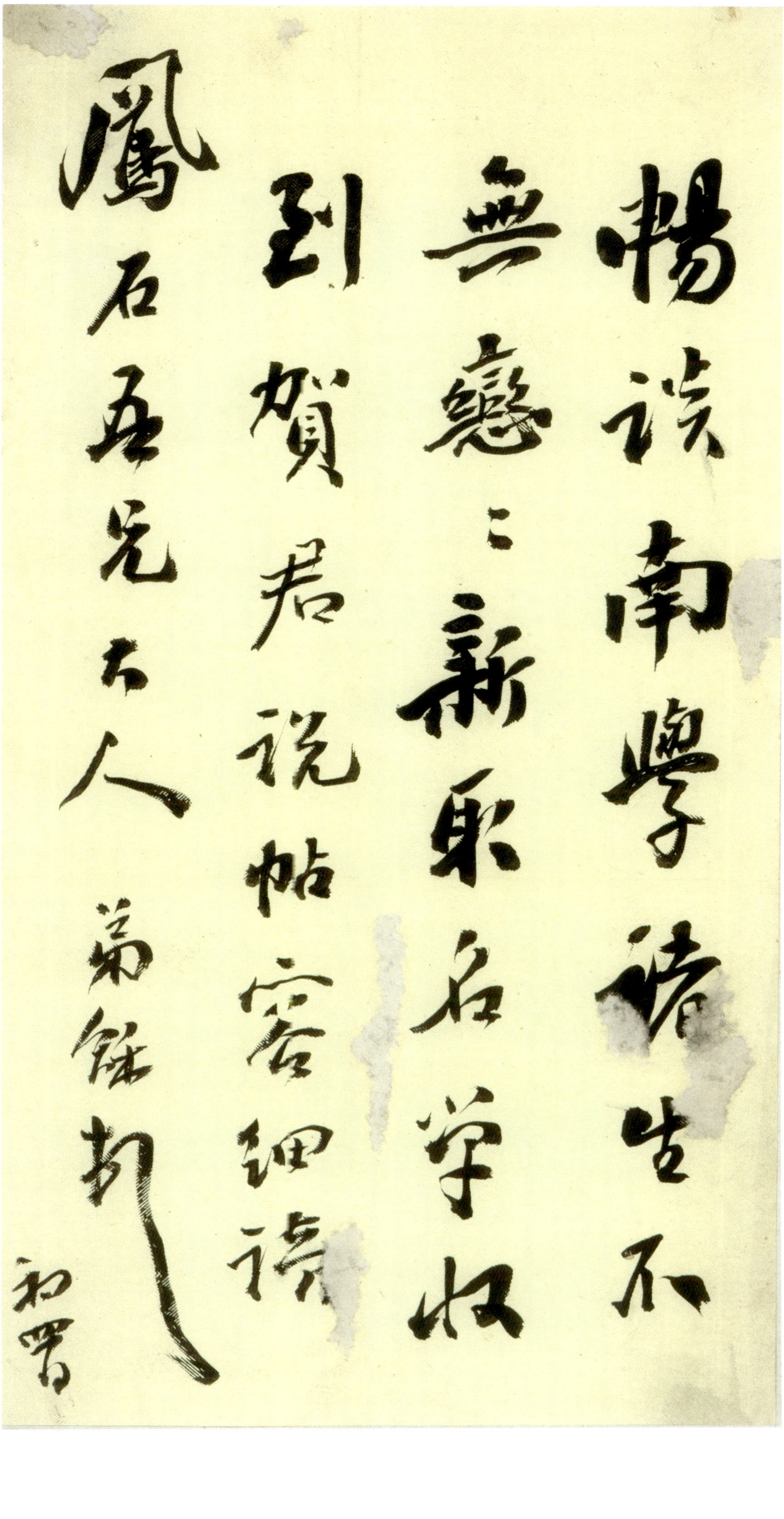

暢談南學請告不
無戀戀新聚名学收
到賀君說帖容細讀
鳳石吾兄大人
弟錕頓首
初四

致陸潤庠之七

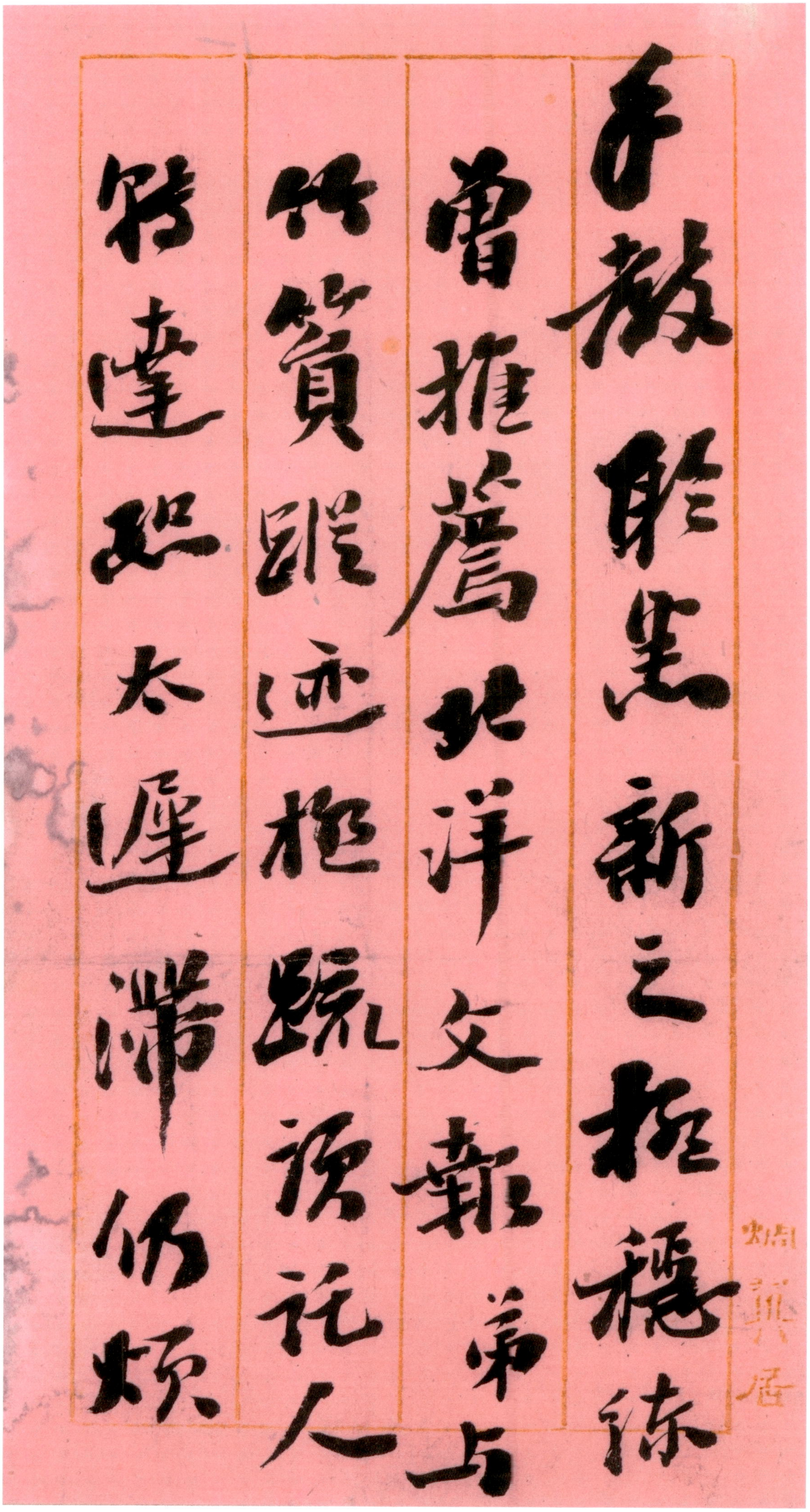

手敎敬悉新正極穩餘
曾推薦北洋文韶弟占
竹質蹤迹極蹤須託人
特達恐太遲滯仍煩

致 陸潤庠 之七

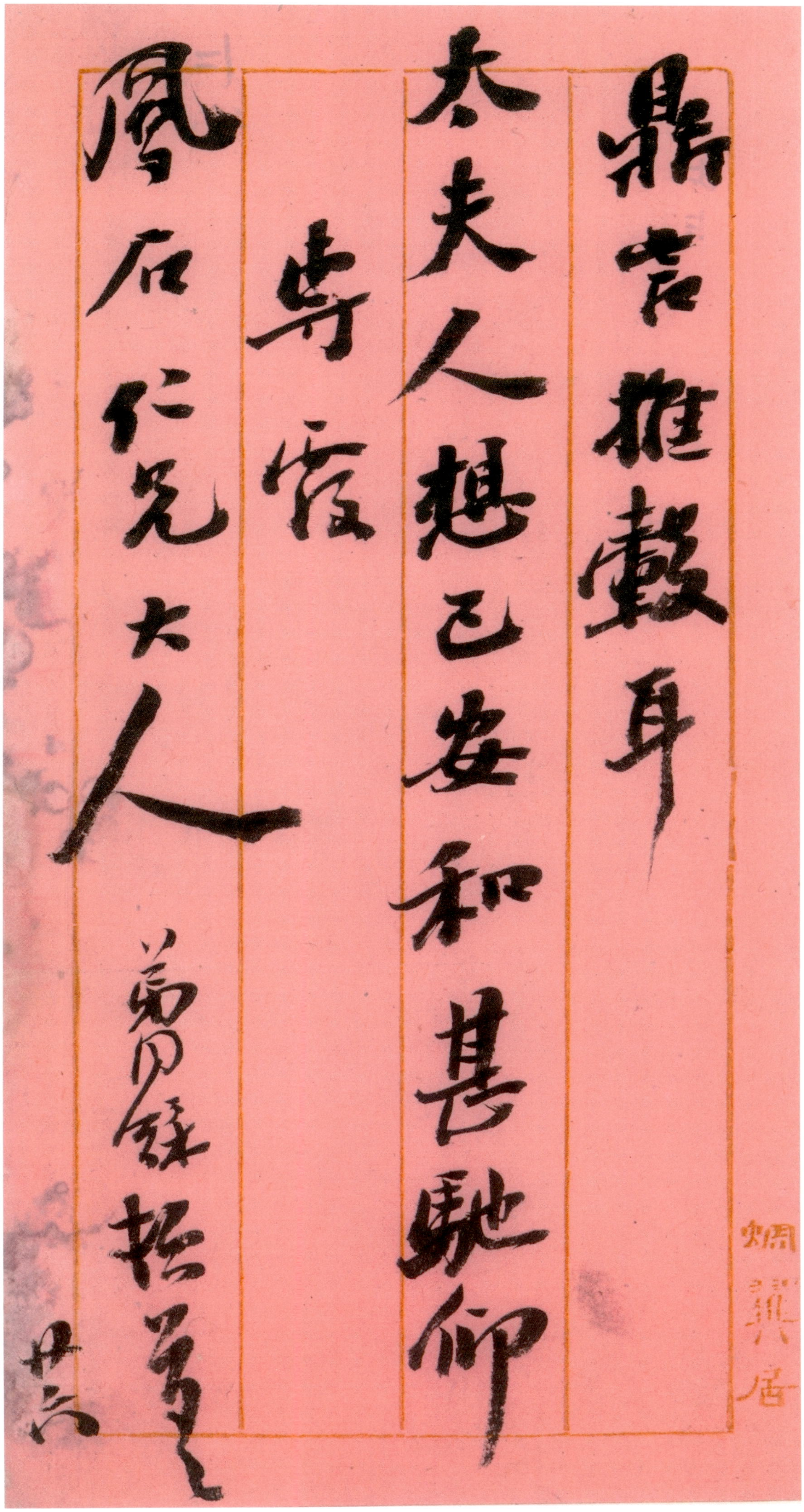

鼎吉雅數耳
太夫人想已安和甚馳仰
壽假
風石仁兄大人
弟潤庠頓首 廿六

致陸潤庠 之八

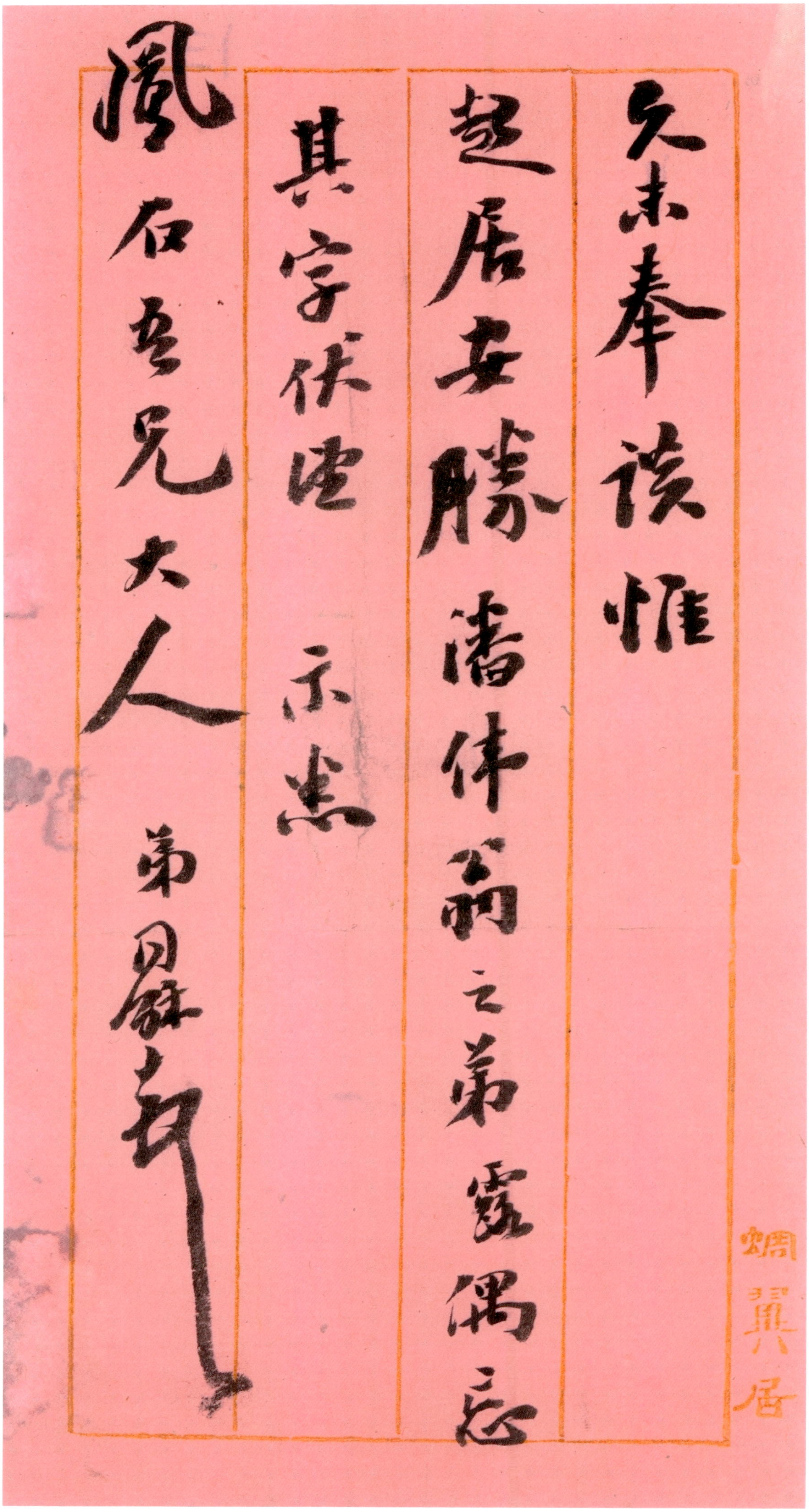

久未奉談，惟

起居安勝。潘伴蘭之弟霞偶忘

其字，伏望　示悉。

風石吾兄大人　　弟同龢頓

致　汪鳴鑾　之一

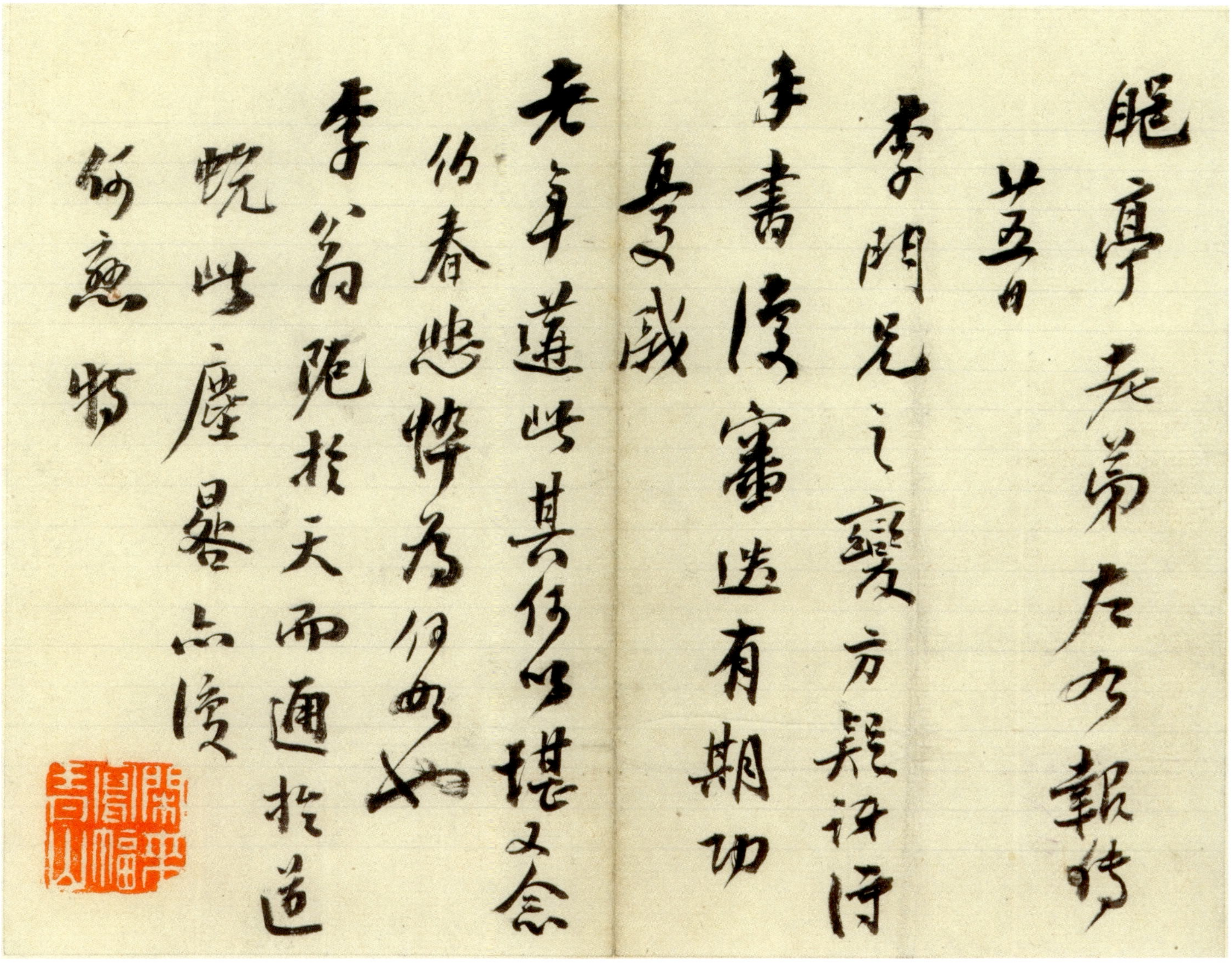
郋亭表弟左右：報侍
並日
李門兄之變，方疑訝間
手書復審，造有期功
之戚。
老年遭此，其何以堪。又念
仲春悲悴，為何如也。
李翁弛於天而通於道
皖此屢暑亦讀
何應物

汪鳴鑾（1839—1906），字柳門，號郋亭，室名萬宜樓，浙江錢塘人。同治四年進士，官至兵部侍郎。

致　汪鳴鑾　之一

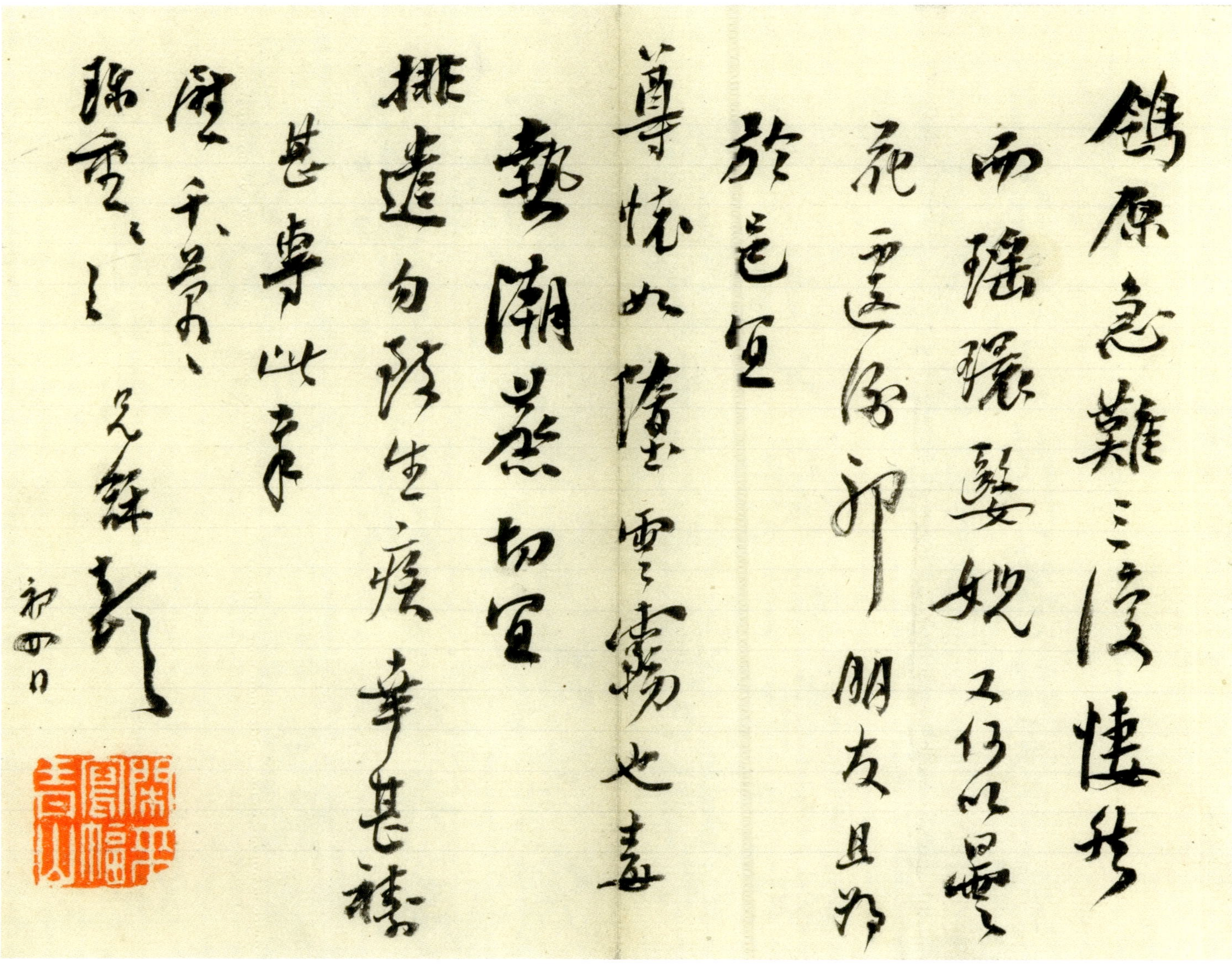

鴒原急難，三復悽然。
而搖擺嬰娩，又何以異。
花雲遂得郵，朋友且猶
於邑，宜
尊懷如隱雲霧也。毒
熱潮蒸，切宜
排遣，自珍生痛，幸甚禱
甚。專此，即
頌午安。
琢雲
兄　龢　頓首
初四日

致汪鳴鑾 之二

封樹之事未遑偃
息風潮繼以卜利
今皆愈矣城市不
欲居山中寂寞無

致　汪鳴鑾　之二

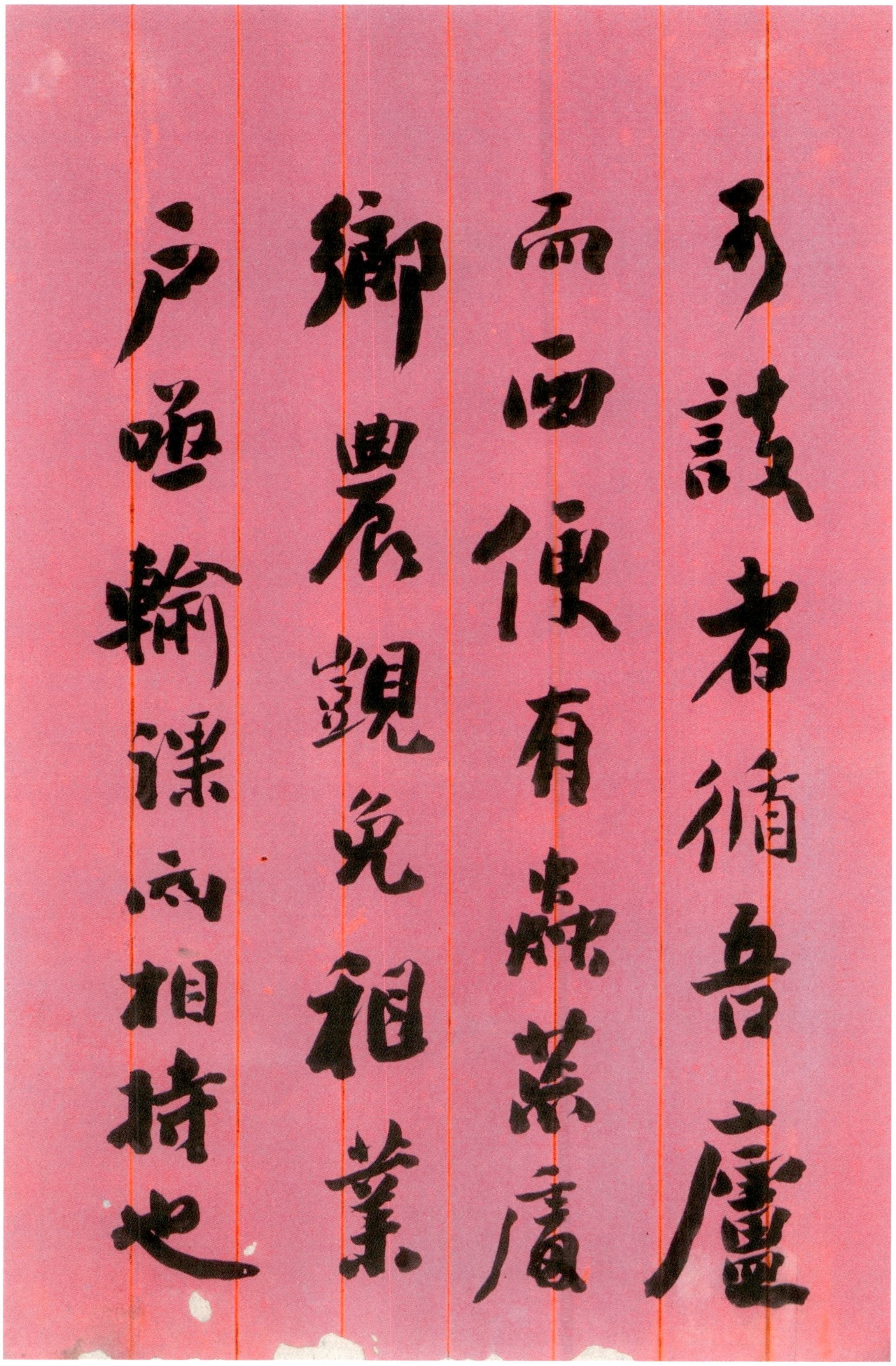
于談者循吾廬
而西便有[illegible]菜廬
鄉農覲免祖業
户咽輸課兩相持也

致　汪鳴鑾　之二

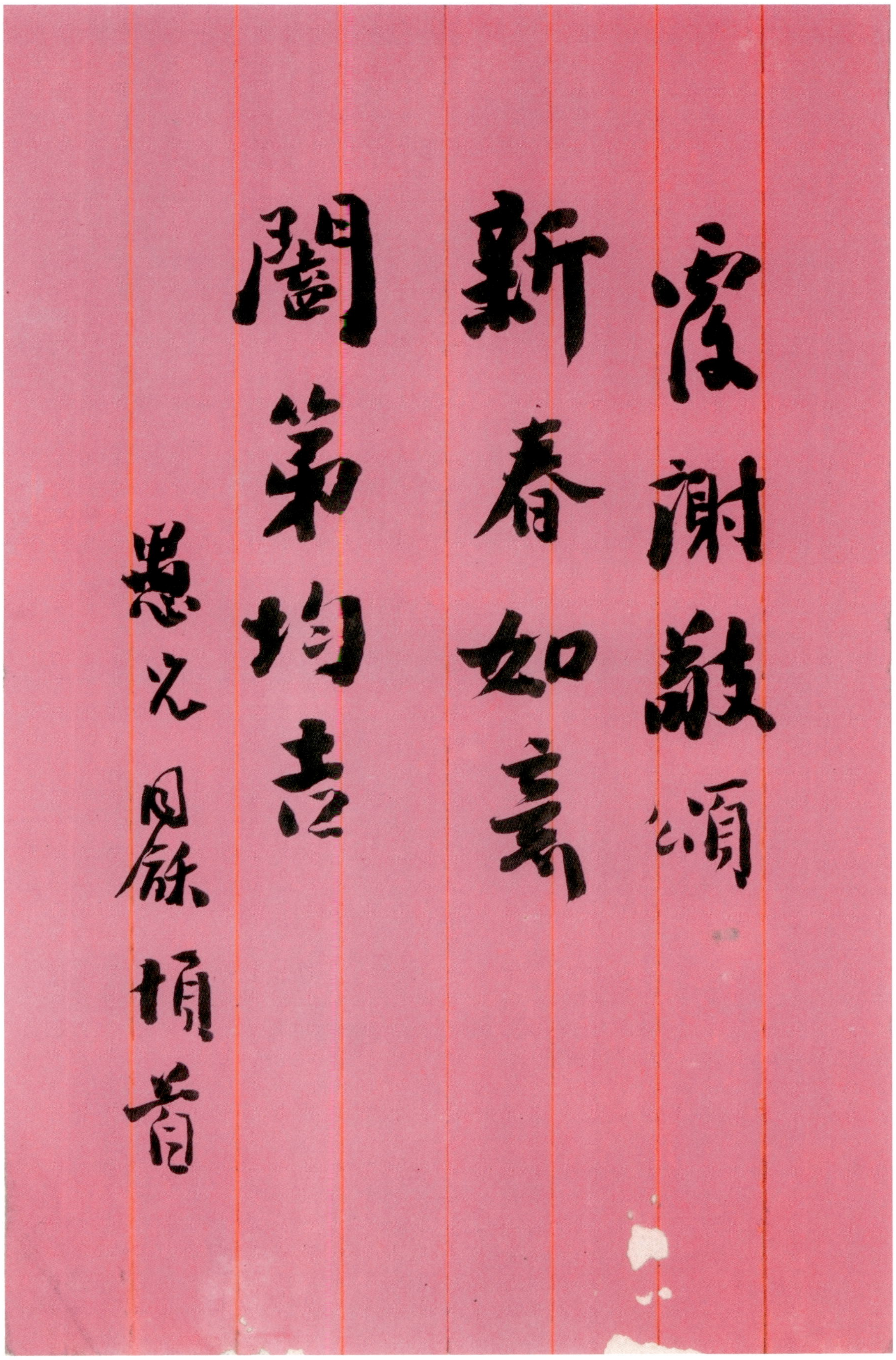
容謝敬頌
新春如意
闔第均吉
愚兄　同龢頓首

致 劉繼增

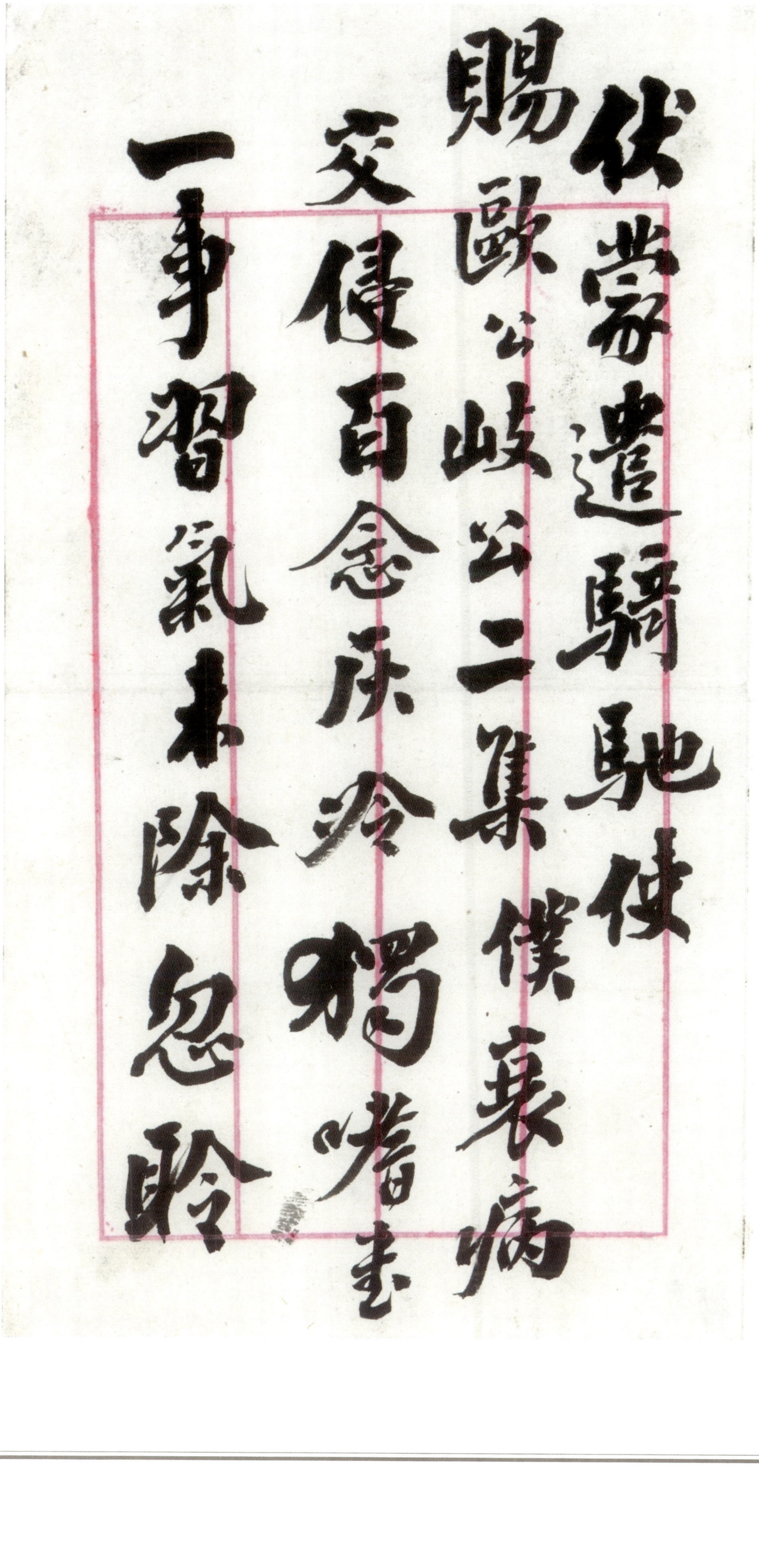
伏蒙遣騎馳使
賜歐公岐公二集僕衰病
交侵百念灰冷獨嗜書
一手習氣未除忽聆

劉繼增（1843—1905），字石香，一作石薌，號梁漁、寄漚，江蘇無錫人。諸生。工書畫。俞鍾鑾好友。

致　劉繼增

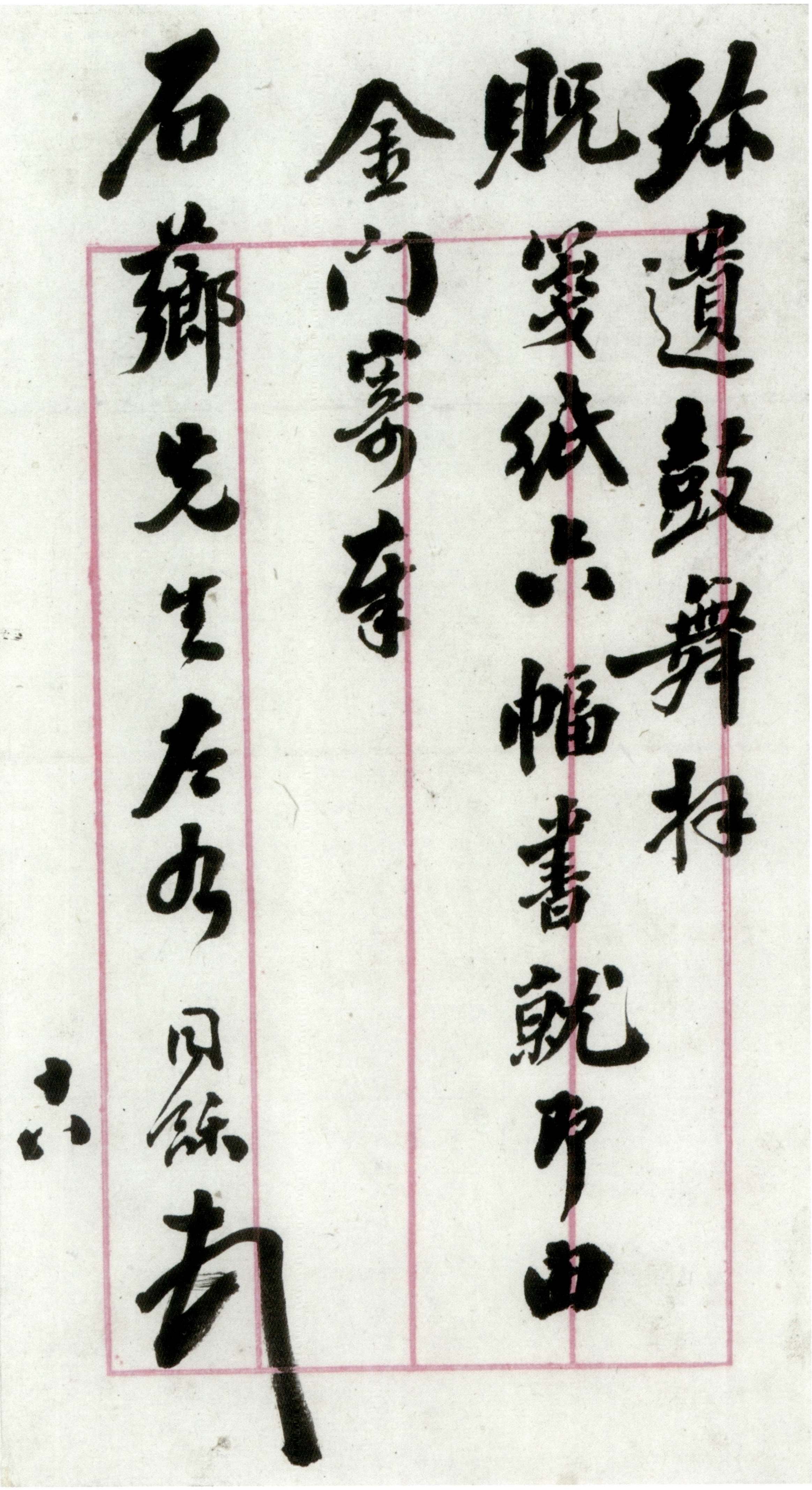
殊資鼓舞。拜
貺箋紙六幅，書就即由
金門寄奉。
石薌先生左右　同餘頓
十六

致王懿榮

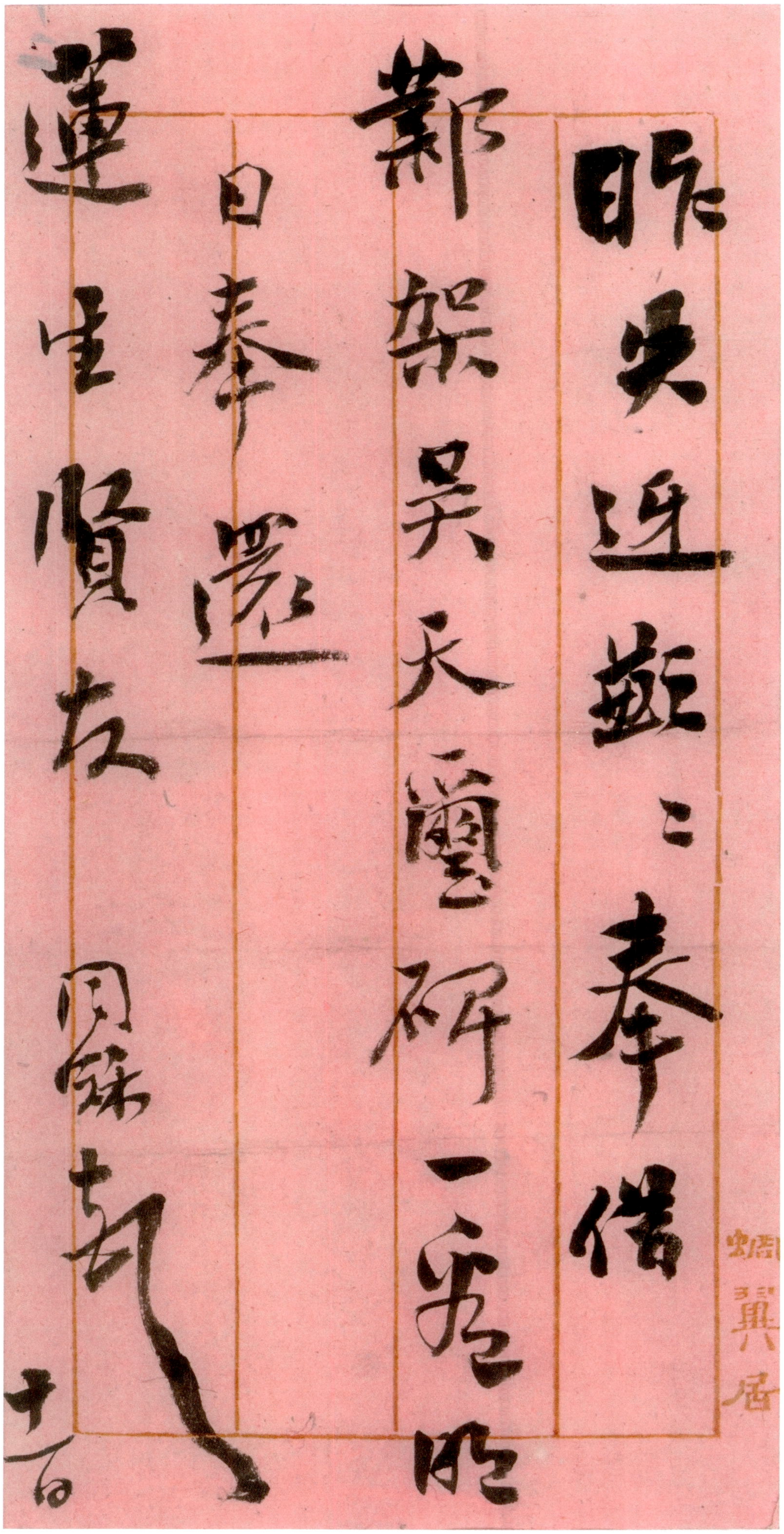
昨失迓迓，奉借鄴架吳天璽碑一冊，明日奉還。
蓮生賢友
同龢頓首
十日

王懿榮（1845—1900），字正儒，一字蓮生，號古現村人，山東福山人。光緒進士，官至國子監祭酒。

致　陳季同

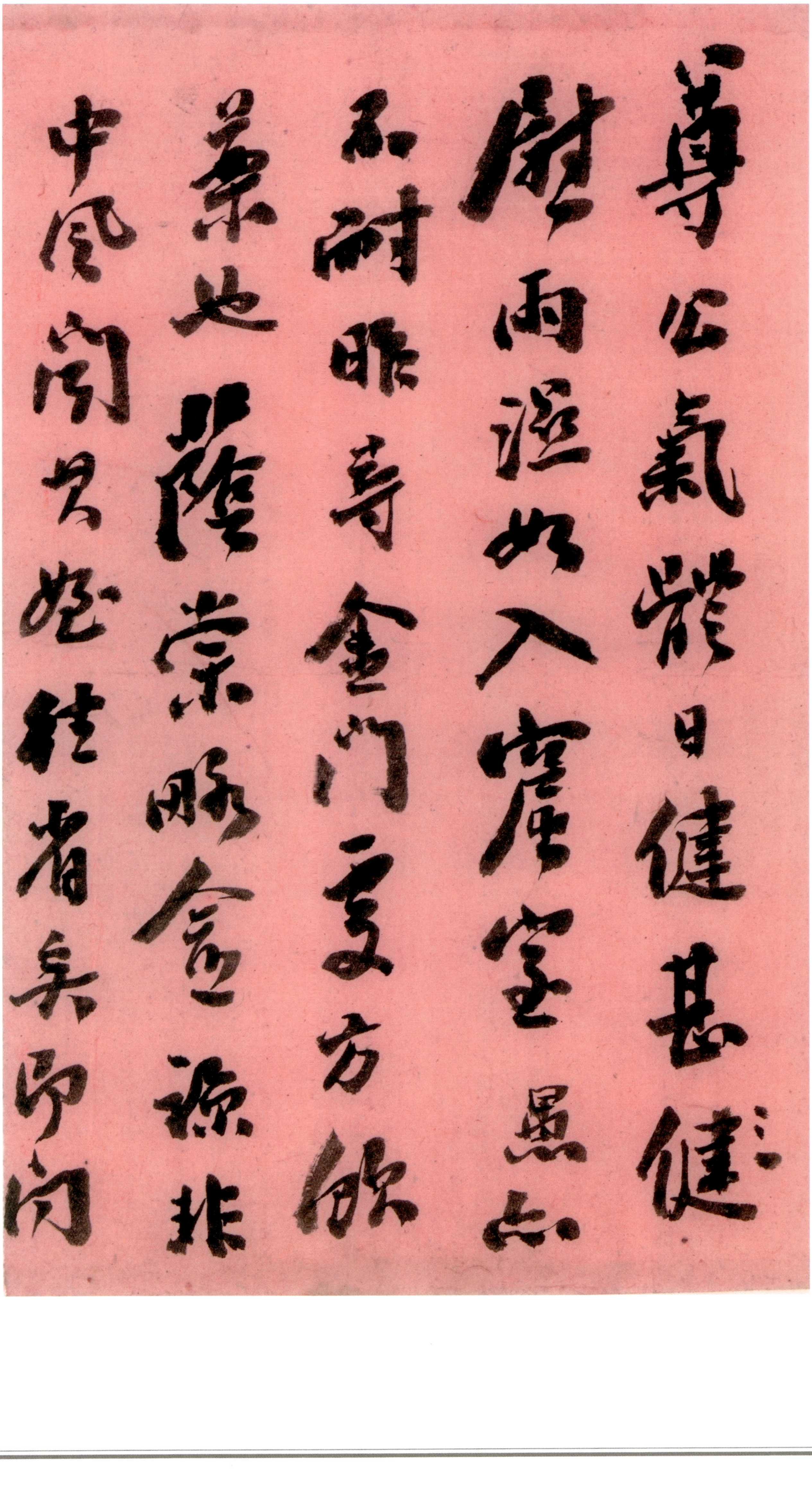

陳季同（1852—1907），字敬如，號三乘槎客，福建侯官人。留學法國，曾任駐法使館參贊。文學家。

致陳季同

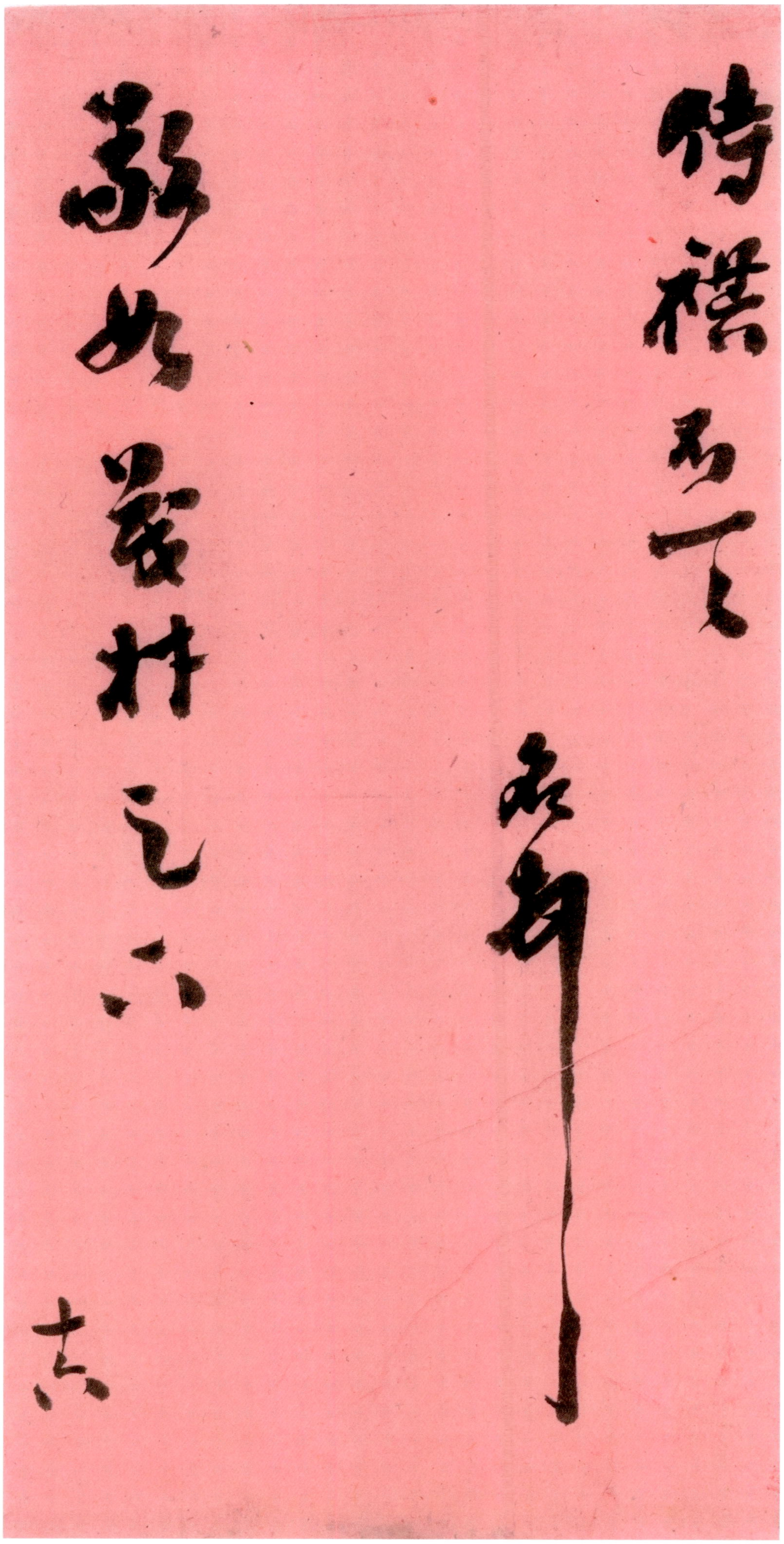

致 黄紹箕 之一

黄紹箕（1854—1908），字仲弢，浙江瑞安人。光緒進士，官至湖北提學使。黄體芳子。

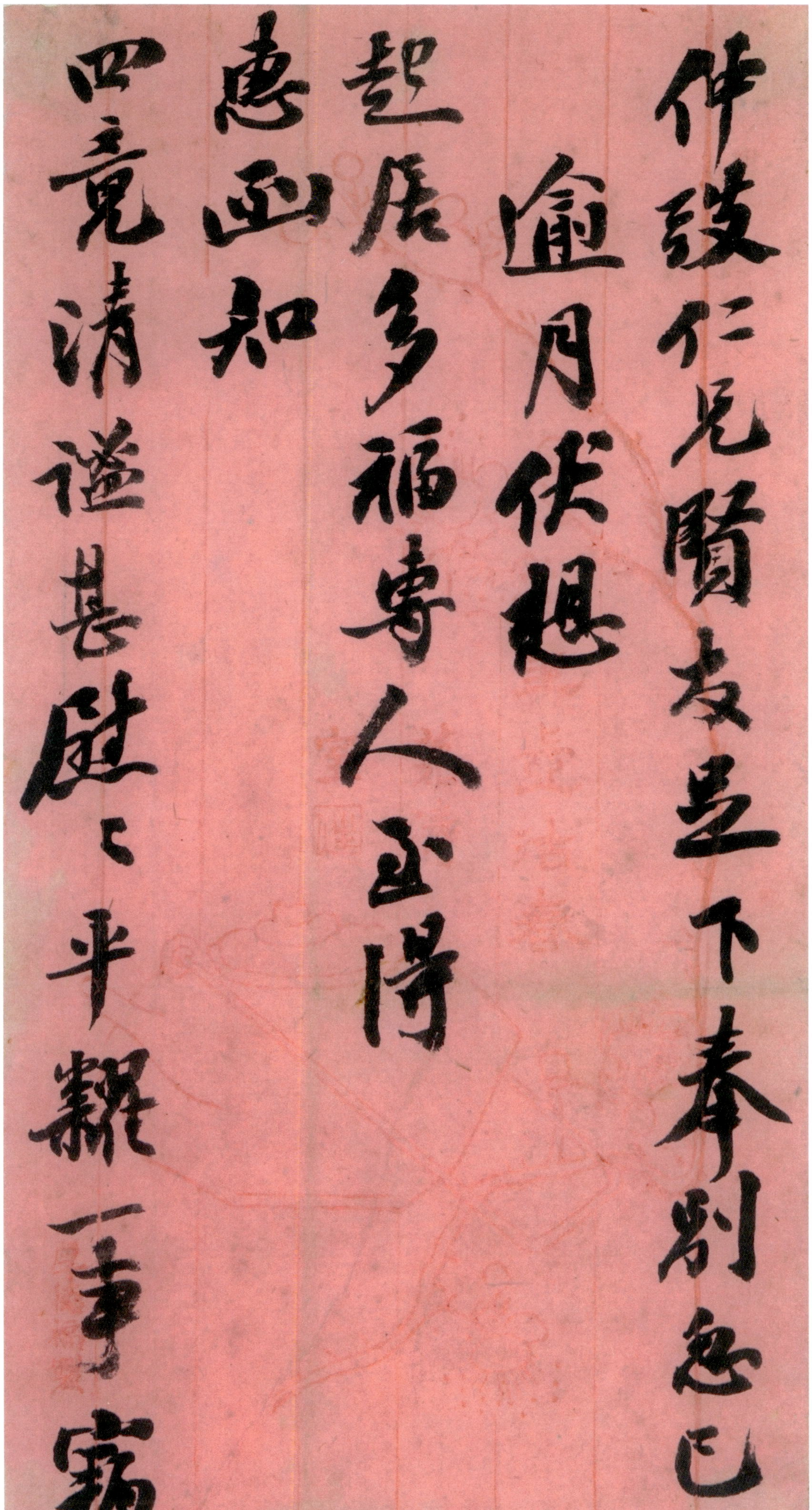

致黄紹箕 之一

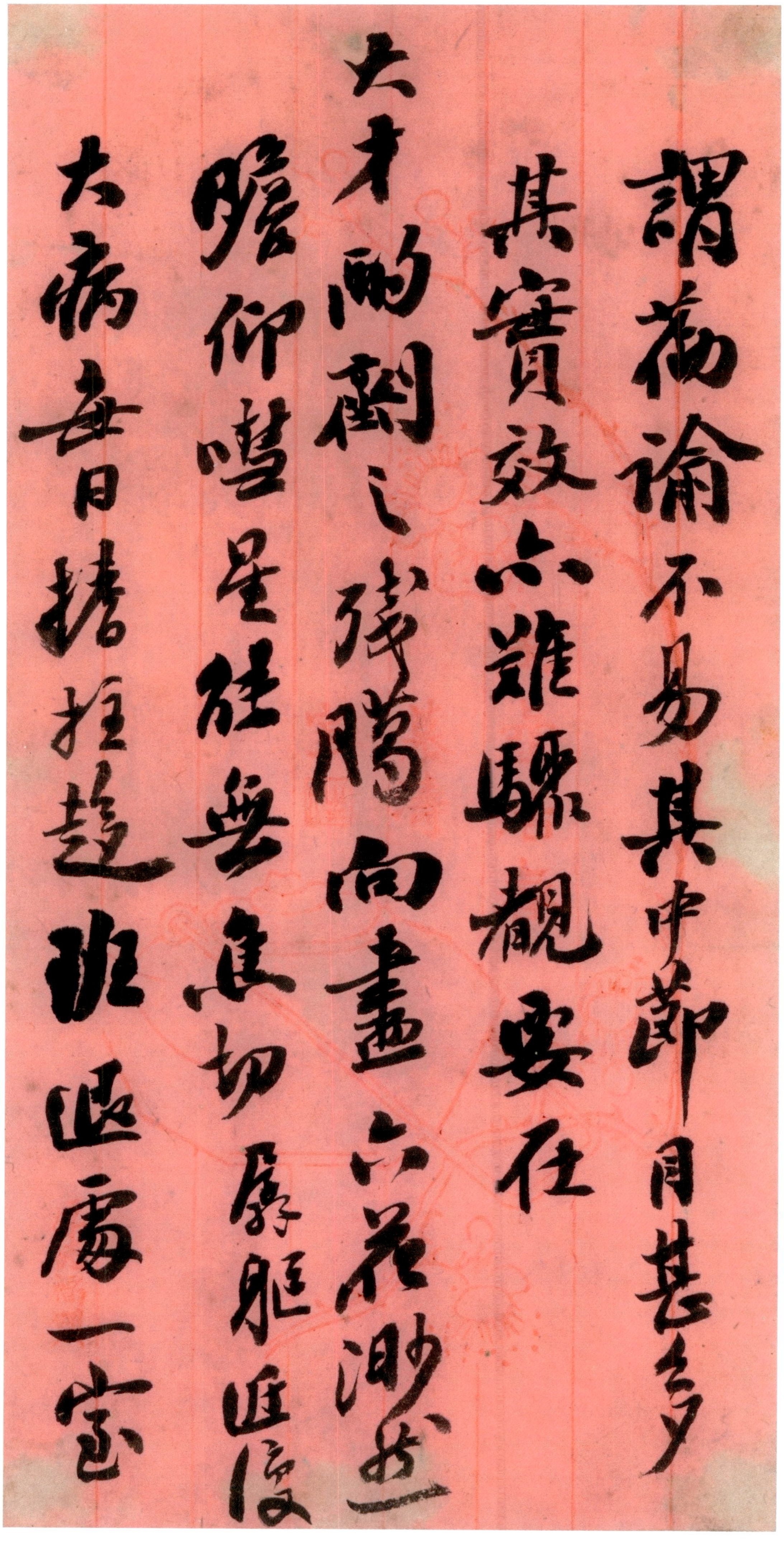

謂荷諭不易其中節目甚多

其實效亦難驟覩要在

大才酌劑之殘騰向盡亦庶渺然一

瞻仰嘗是雖無急切屬艇匪度

大病每日揩挂趨班退處一室

致黃紹箕 之二

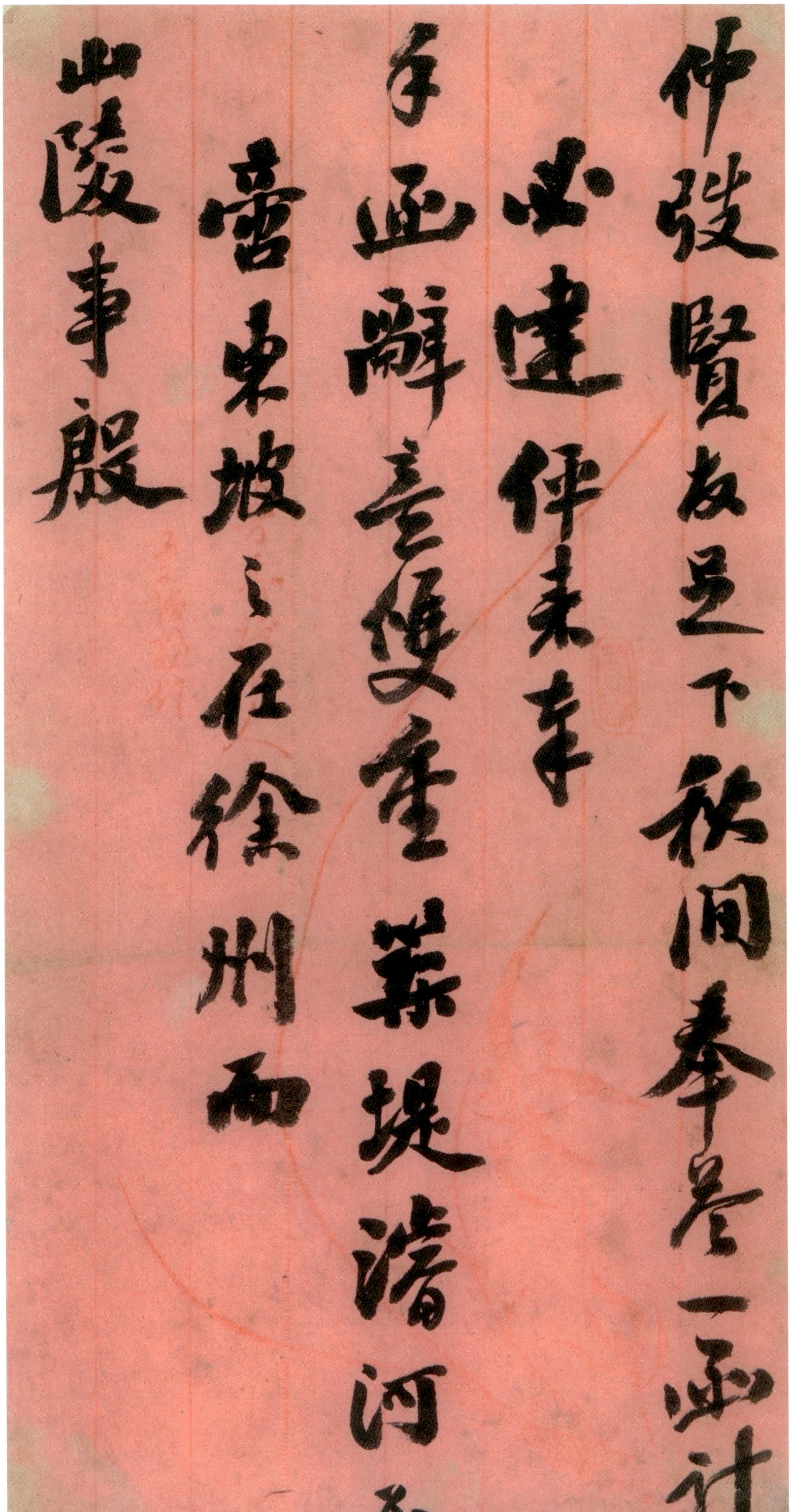

致 黃紹箕 之二

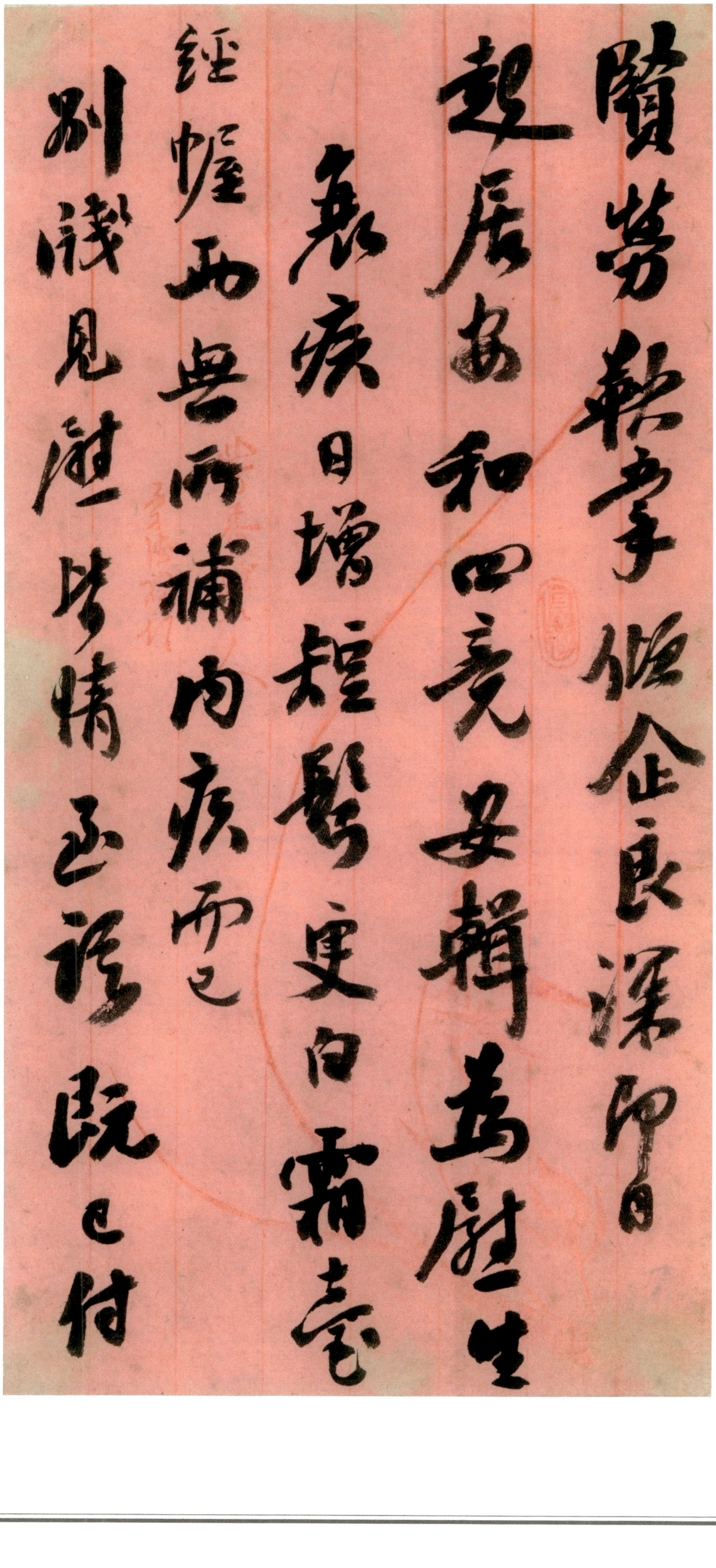
賢勞勤事 偕企良深 即日
起居安和 四覽安輯 為慰 生
衰疾日增 鬢髮更白 霜毫
經幄兩無所補 內疚而已
別幾見慰 此情正話 既已付

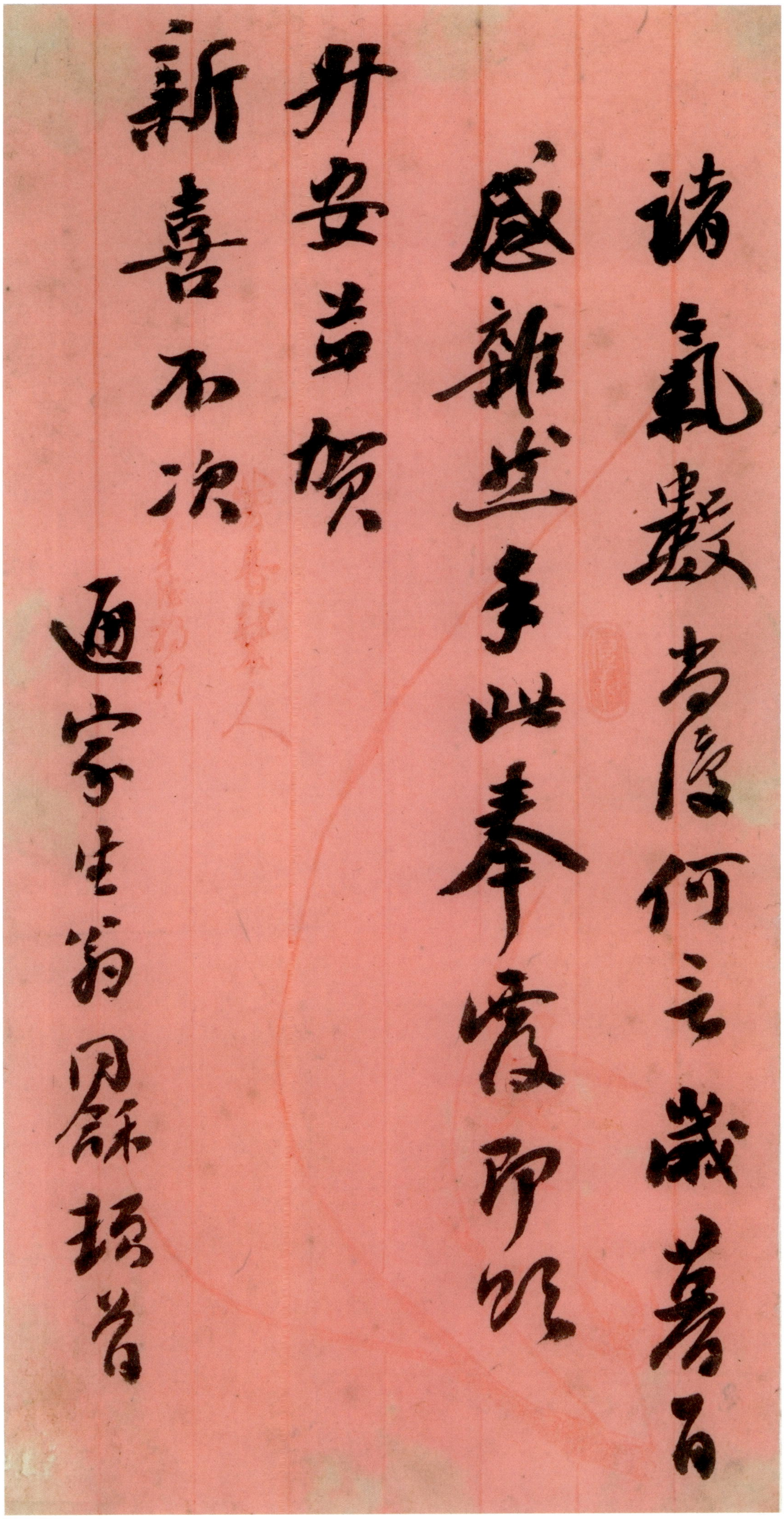
請氣嚴寒何之歲暮百
感雜並手此奉賀即頌
升安並賀
新喜不次
通家生翁同龢頓首

致　黄紹箕　之三

仲弢年兄足下：使至，辱
書詞意雙重，感歎不已。兒子南
行，承遣騎護送，今得其信，
十月廿三日抵家矣。餘以行極
遠，加以憂傷摧悴，在鄂卧病，比

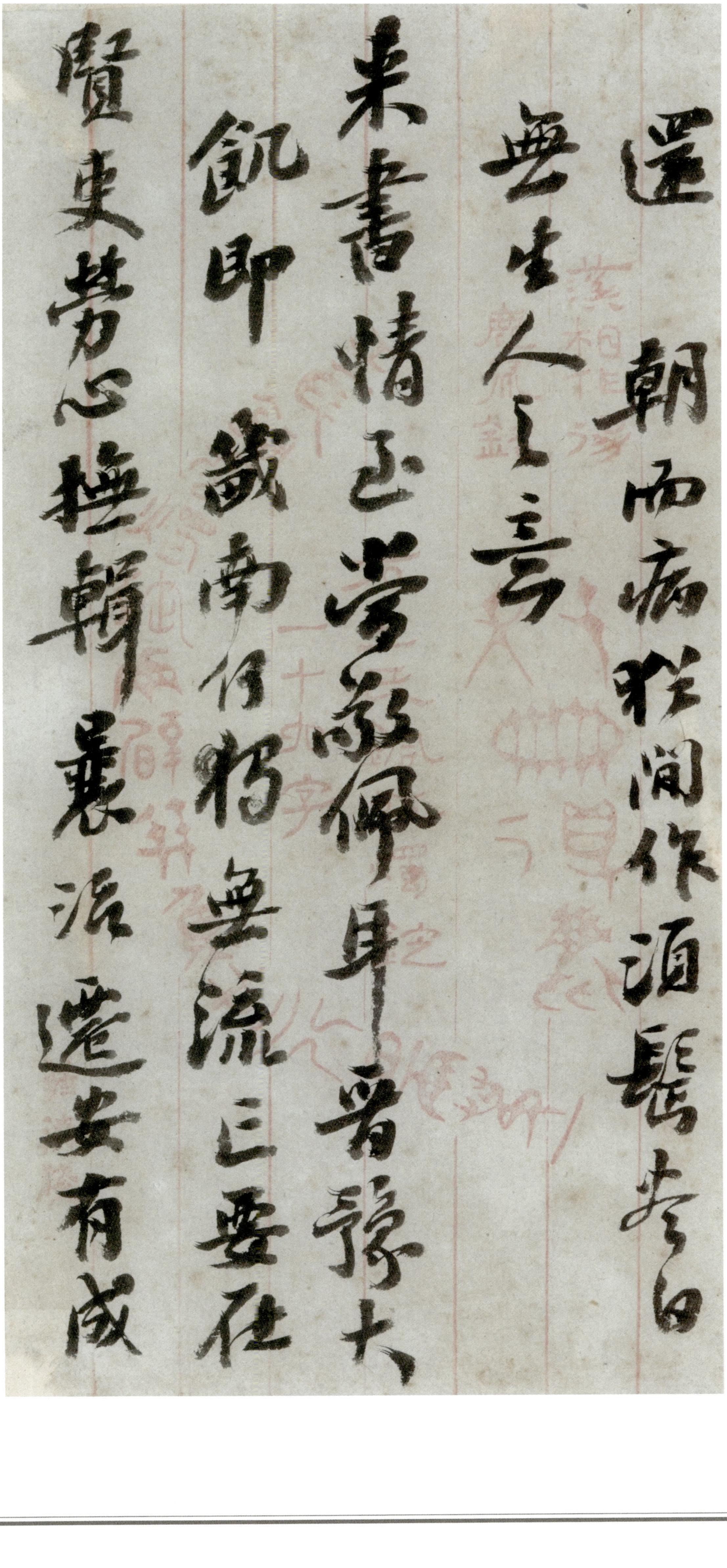
還朝而病狂間作酒醒者日
無生人之意
來書情至當家僻耳晉豫大
飢即鐵南何將無流已要往
賢吏勞心撫輯甚治遐安有成

致 黃紹箕 之三

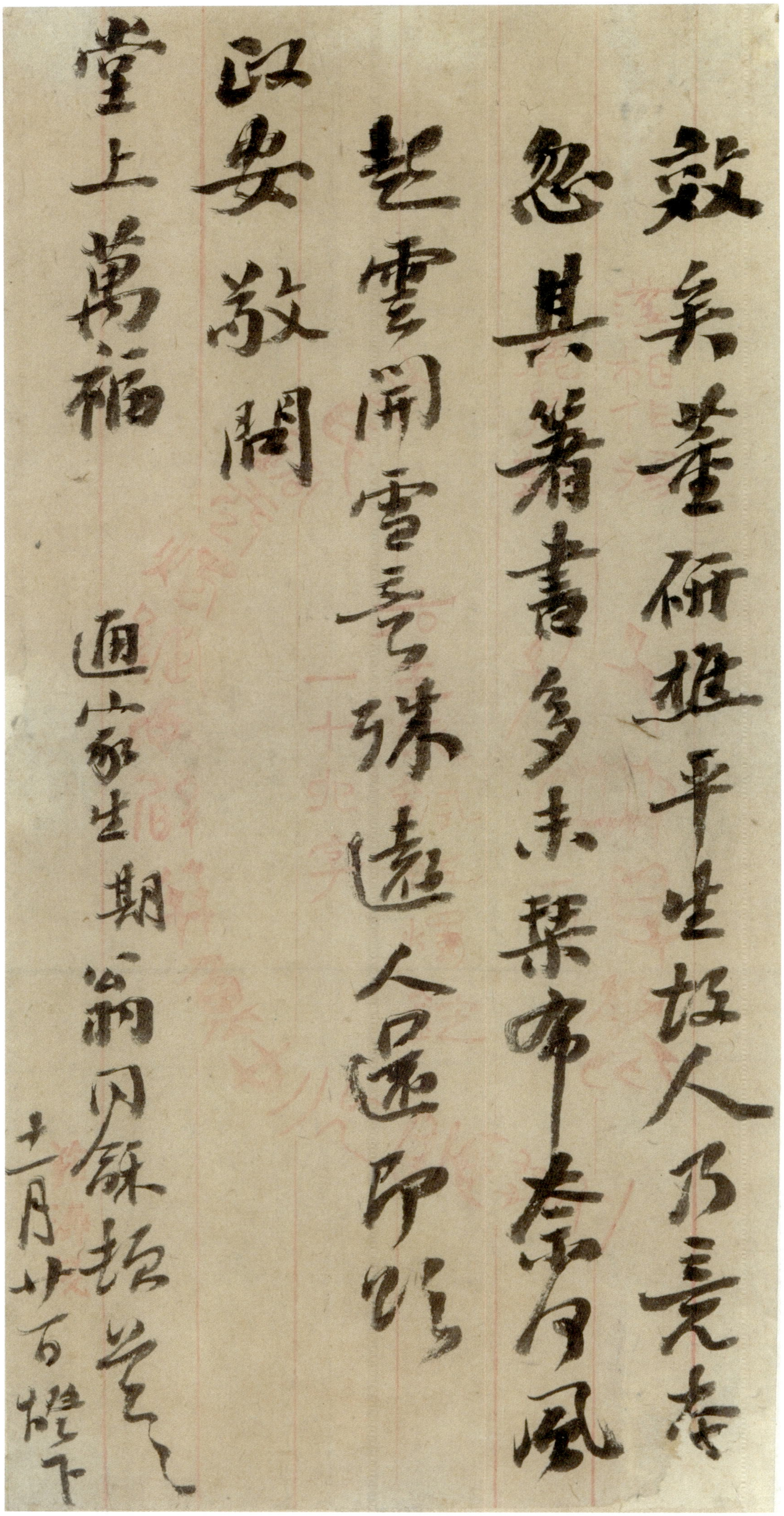
致矣華研推平生故人乃竟老
忽其著書多未梓布奈何風
起雲開雷轟磔遠人遥印哭
以安敬問
堂上萬福
通家生期翁同龢頓首
十月廿五燈下

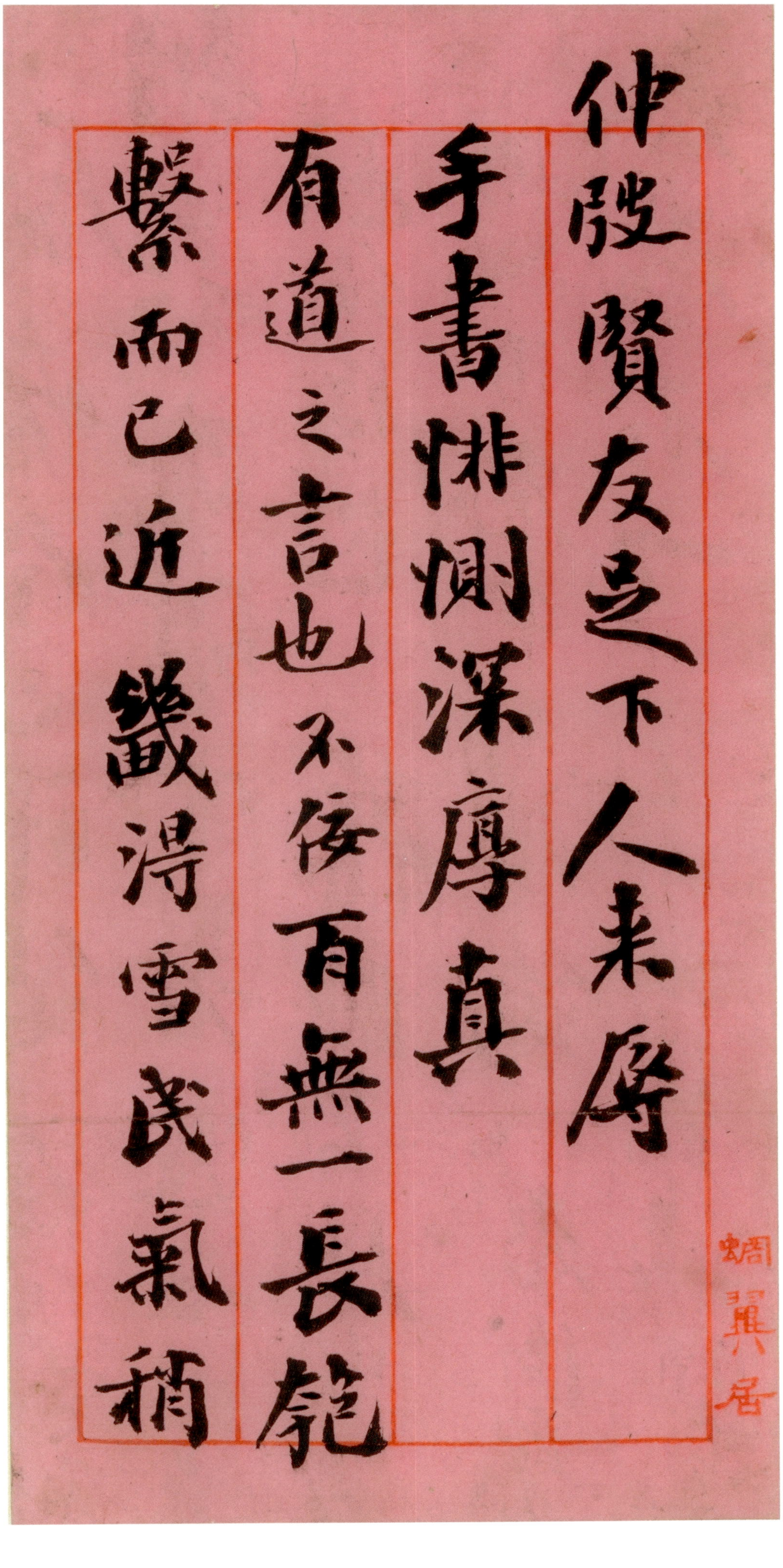
仲篪賢友足下 人来辱
手書悱惻深摯真
有道之言也 不佞百無一長 能
繫而已 近 鐵淂雪 民氣稍
蜩翼居

致 黃紹箕 之四

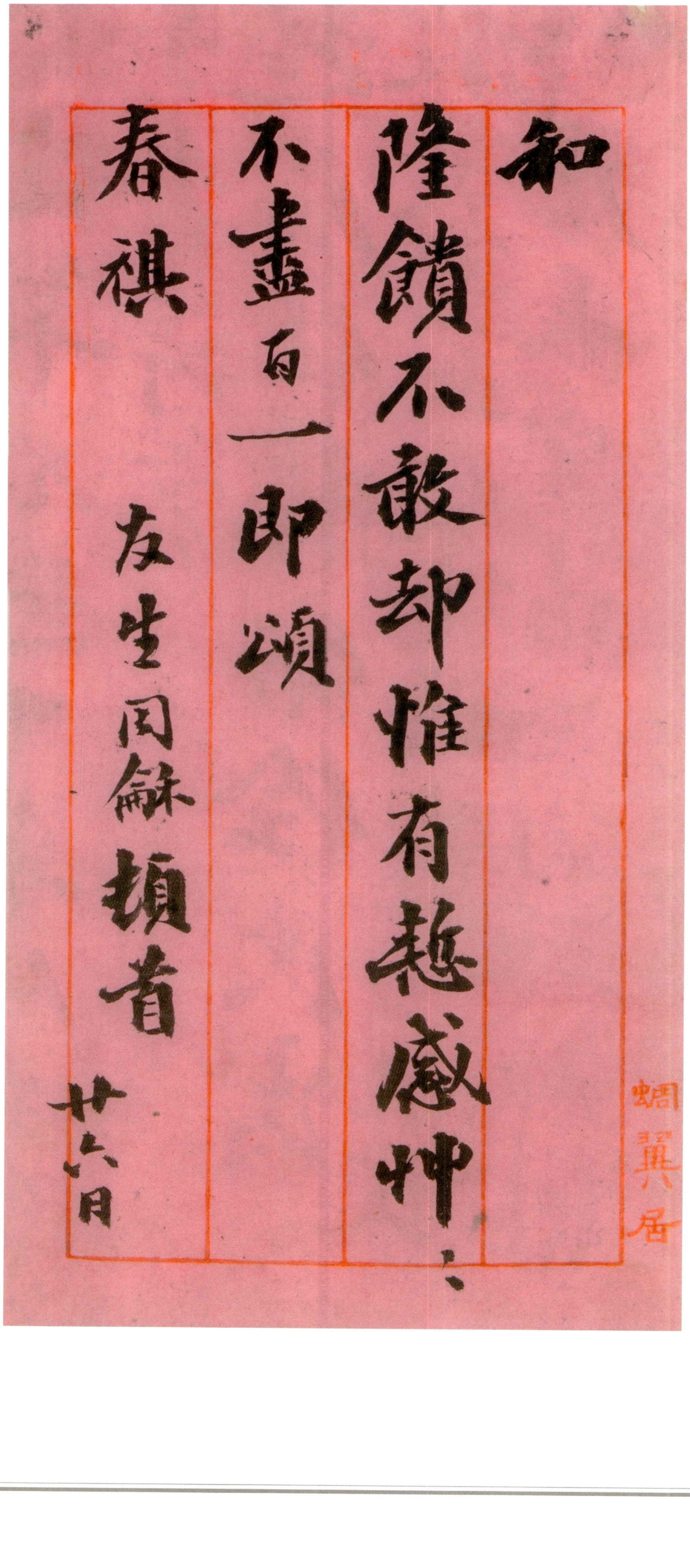
知
隆饋不敢卻，惟有慙感艸艸，
不盡百一，即頌
春祺
友生同龢頓首
廿六日

致　費念慈

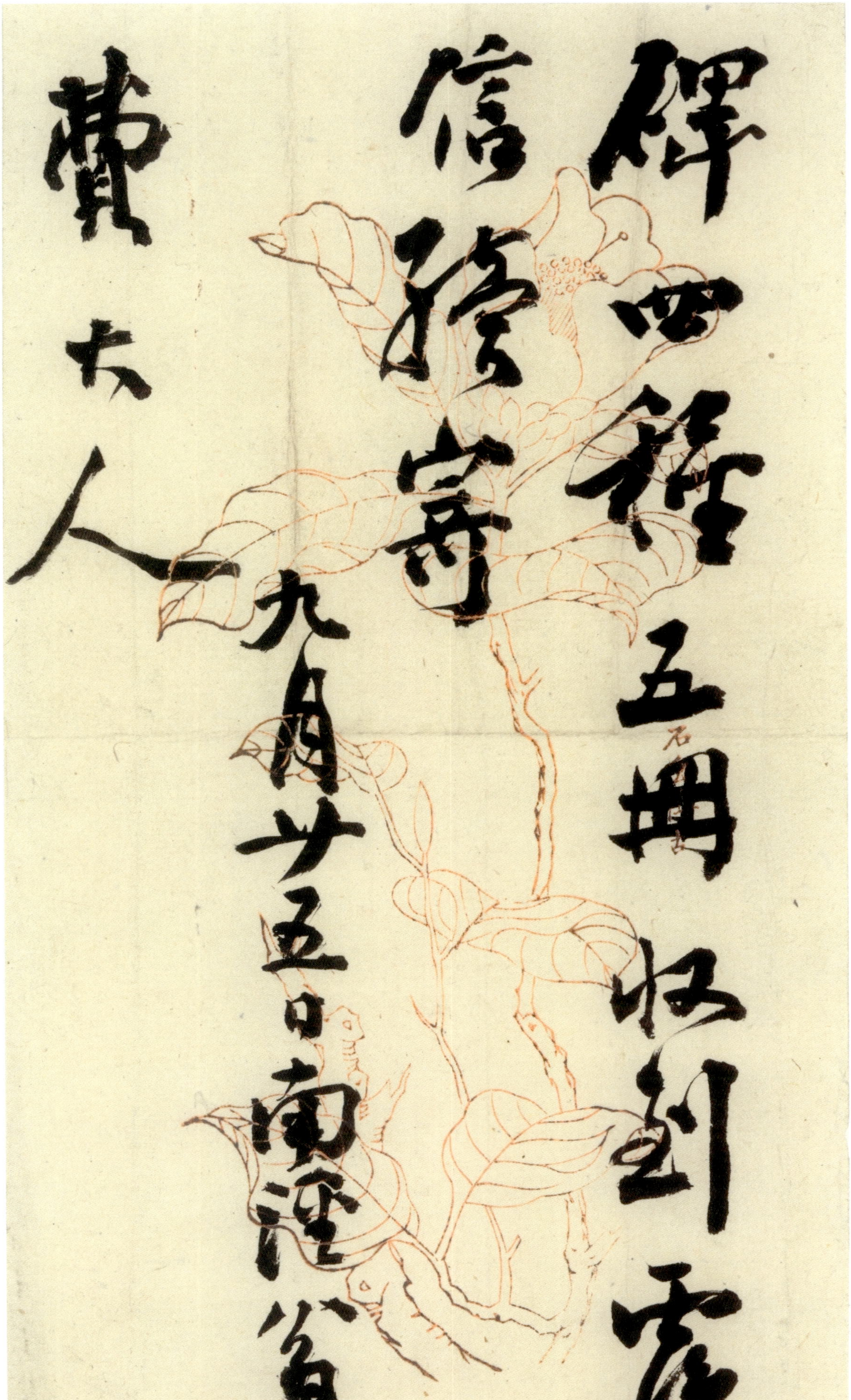

費念慈（1855—1905），字屺懷，號西蠡，江蘇武進人。光緒進士，官至編修。

致延熙之一

延熙（？—1887），字樹南，宗室，滿洲正藍旗人。咸豐進士，官至禮部尚書。

樹南吾兄大人閣下：別已半年，想望
無極。
伯母安輿就道，方將祖餞送行，比至日已
暮，未獲望見後車。所以然者，僕
人傳語舛錯，然亦足見餘處事
之粗疏矣。至今歉然，不能自解。

虛白齋仿古

即日伏審
侍奉萬福爲讀
來教書札翩翩不特
手翰斐然久已置之懷衷即幕
中琳瑀亦一時之選也驛傳
未易整頓閒解丁冒者或遲

匿而貧者兩輸賦錢果有之乎
其不得入仕籍則固著在令甲不
可易矣遂濯安恬禁軍凱撤
此輩縣散如風雨以恐尚煩
措置彼都人士念
先德之遺澤頌

虛白齋仿古

使君之神明何隱弗陳何以弗
畢五方所輳風氣日媮必精之
振厲之冀還敦龎之俗且武
備又胡可緩乎緐日侍
經帷之側仰見
聖慶淵沖仁厚悱惻讀尚書畢次及

虛白齋仿古

毛詩趯朝之跡太遠而老母
不可暫離今亦習慣不以爲
頓家母入夏頗健諸子侄不至
踰尺處仲兄在楚署權臬事
近來能刻苦玉門西亭春光不
能度隴右驛騷主帥無策究

雖江淮北及燕趙之際，在在設防，楚
師坐鎮，可憂也。京師昨始得雨，西
北一帶已告無麥。墓次安隱，蕭
老已化，春秋時日過
尊壠松楸，未嘗不下馬展拜，此後當益周
覽。審度此，弟子之職。餘感暑小恙

直得休沐三日，近事邸抄詳之，此
奉布，敬頌
侍安，不盡百一。
外致耕將軍一函，乞飭交
吉林留將軍函，并煩轉遞。
六月四日弟翁同龢頓首上記
家母命候安，道謝
子任華隨叩
問賢郎世兄近好

虛白齋仿古

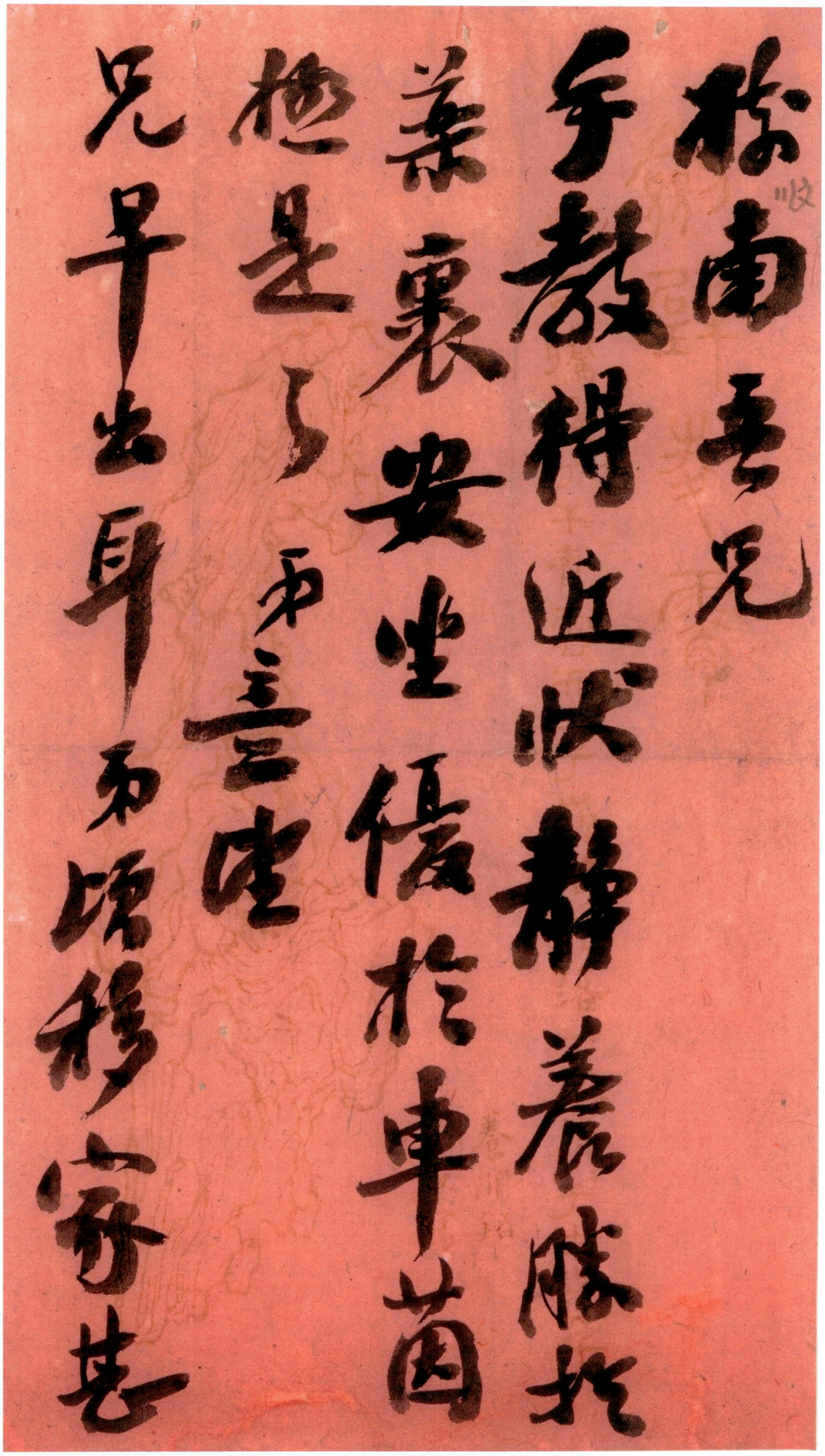

致延熙之二

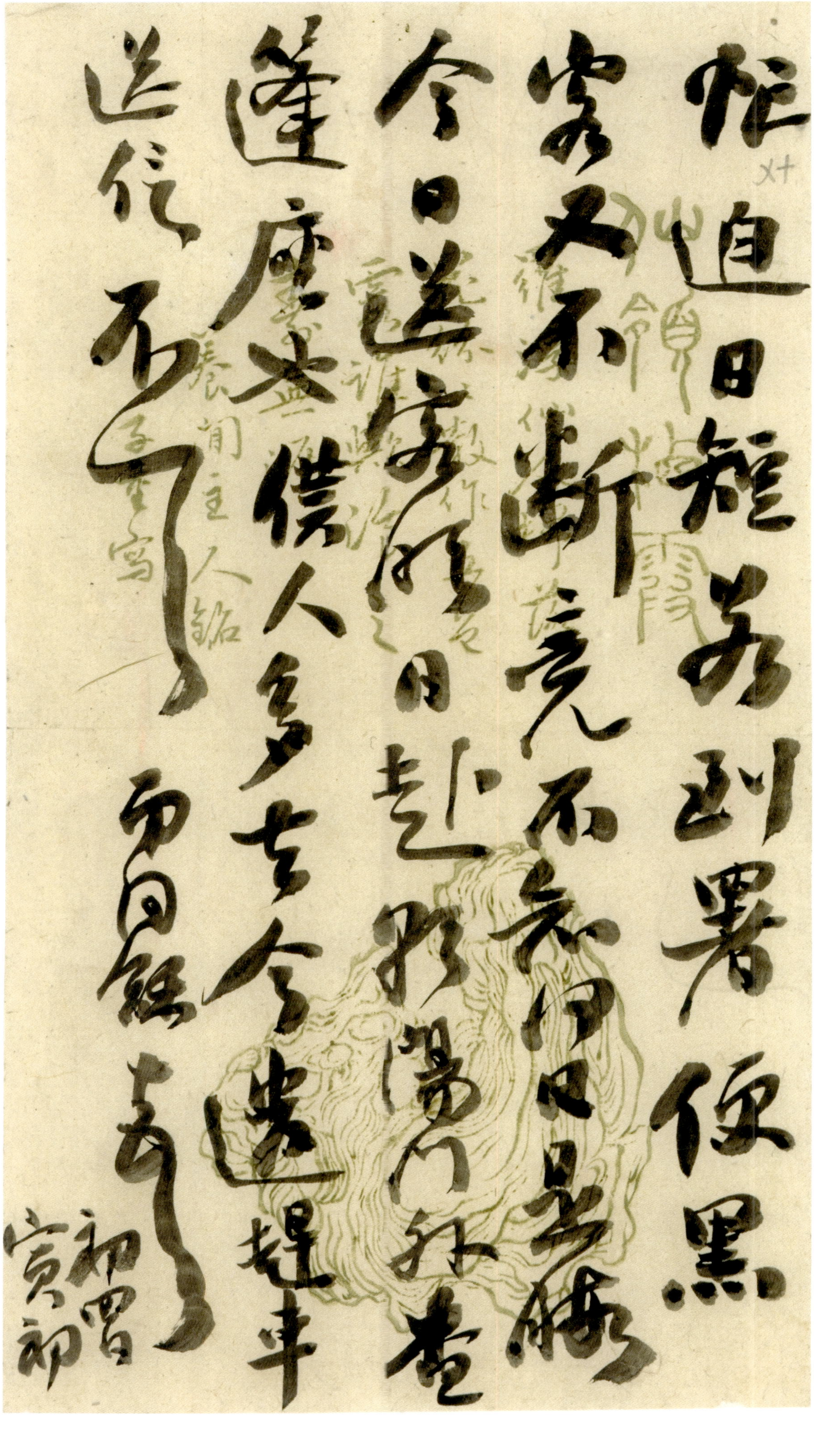

致延熙之三

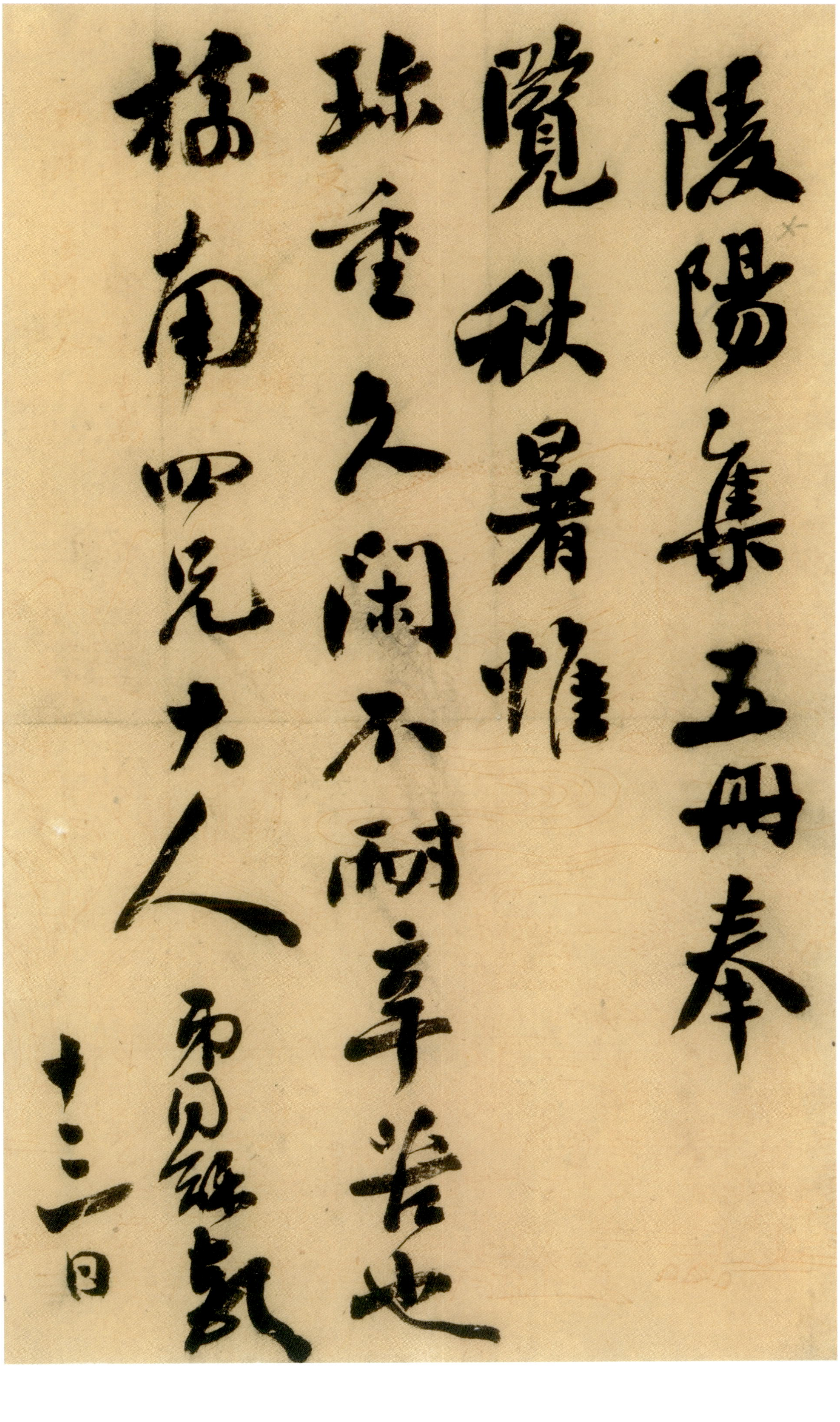

致延熙之四

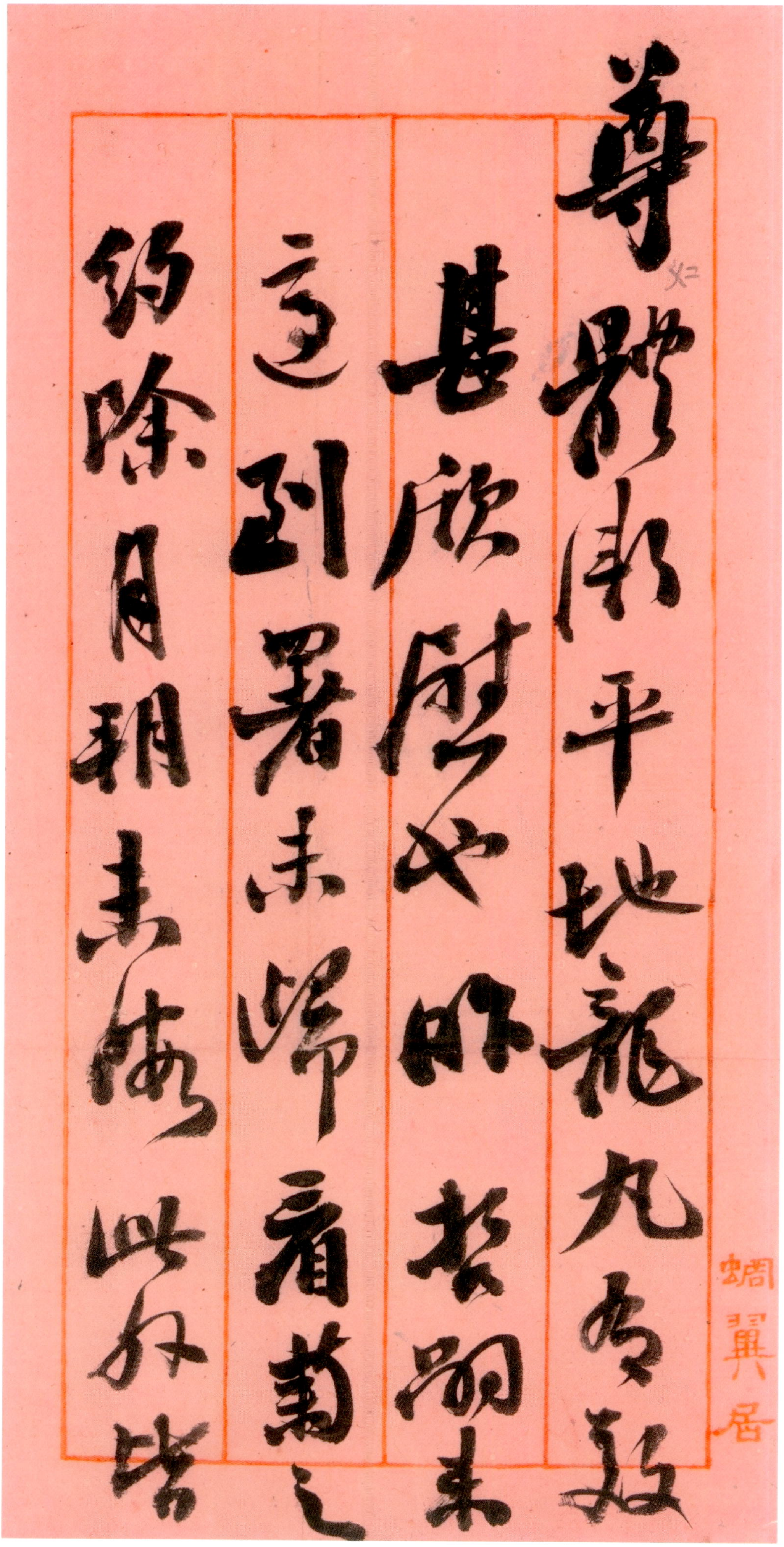
尊體康平，地龍丸可致，
甚欣慰。昨楚湖來
言，適到署未歸，看菊之
約，除月朔未隔此雅

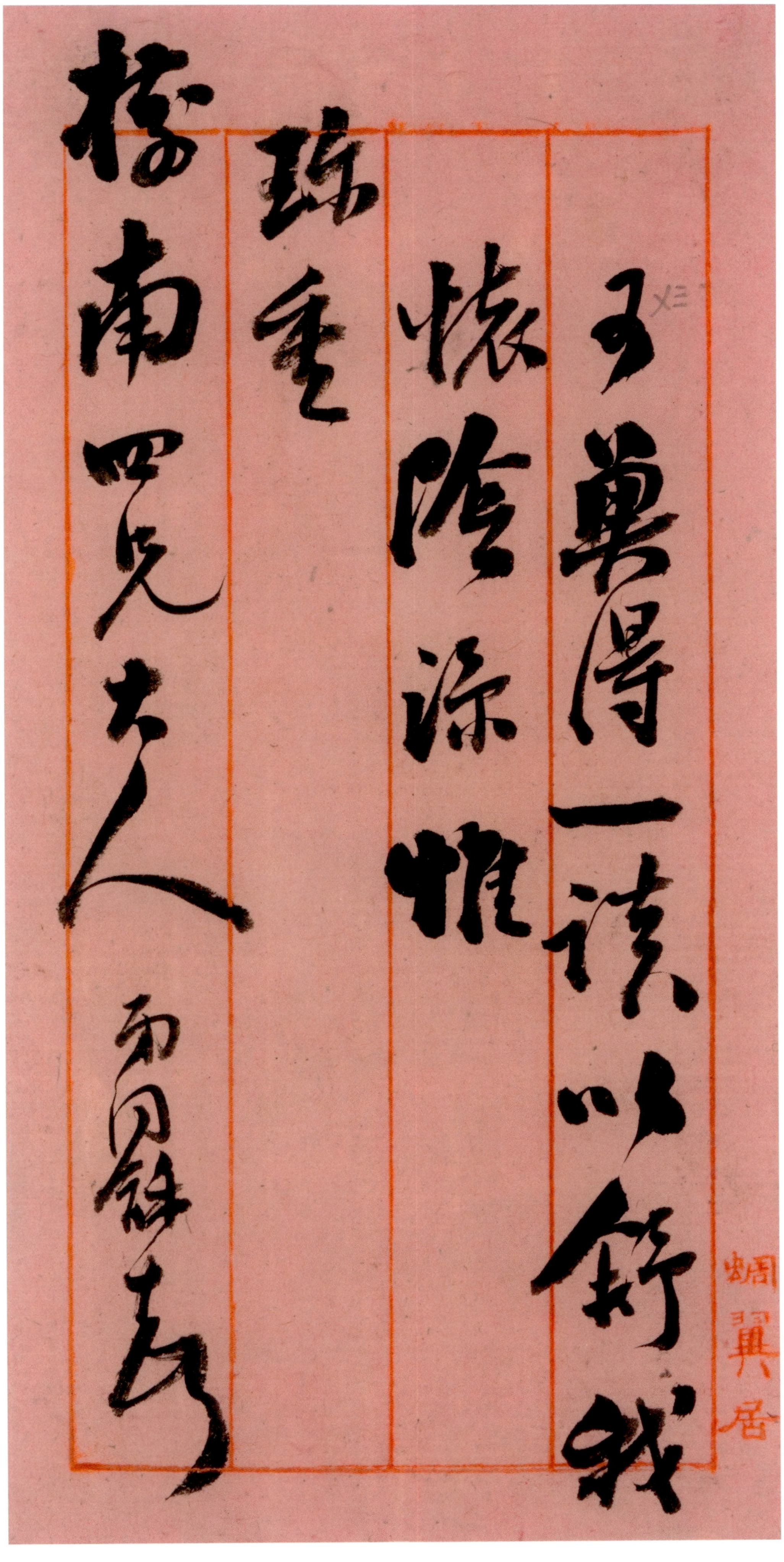
千萬得一談以舒我
懷陰添惟
珍重
櫻南四兄大人
丙月頓首

致延熙之五

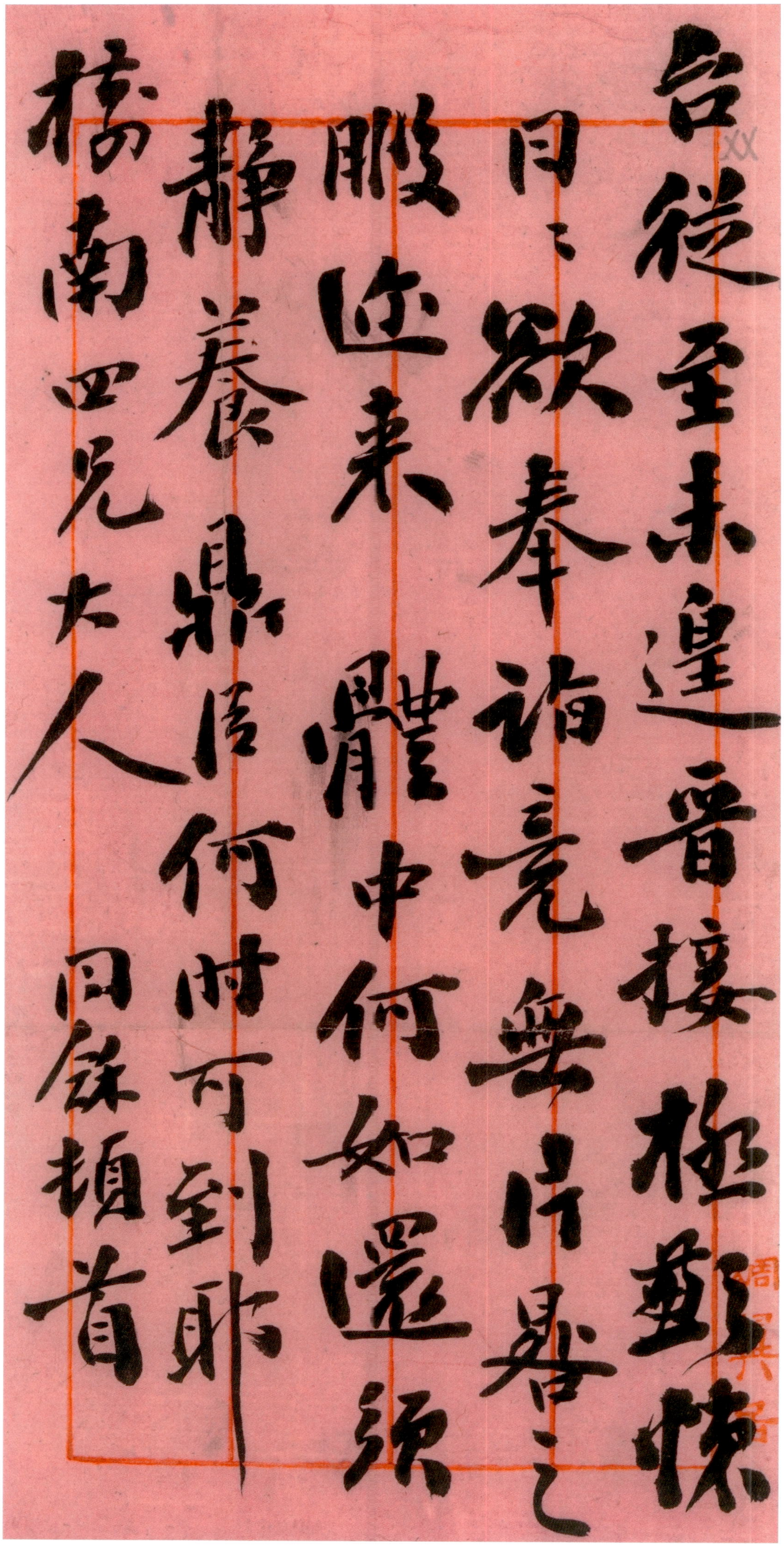

台從至未遑晉接極歉悵
目〻欲奉詣竟無片晷之
暇迩來體中何如還須
靜養鼎居何時可到耶
樵南四兄大人　同龢頓首

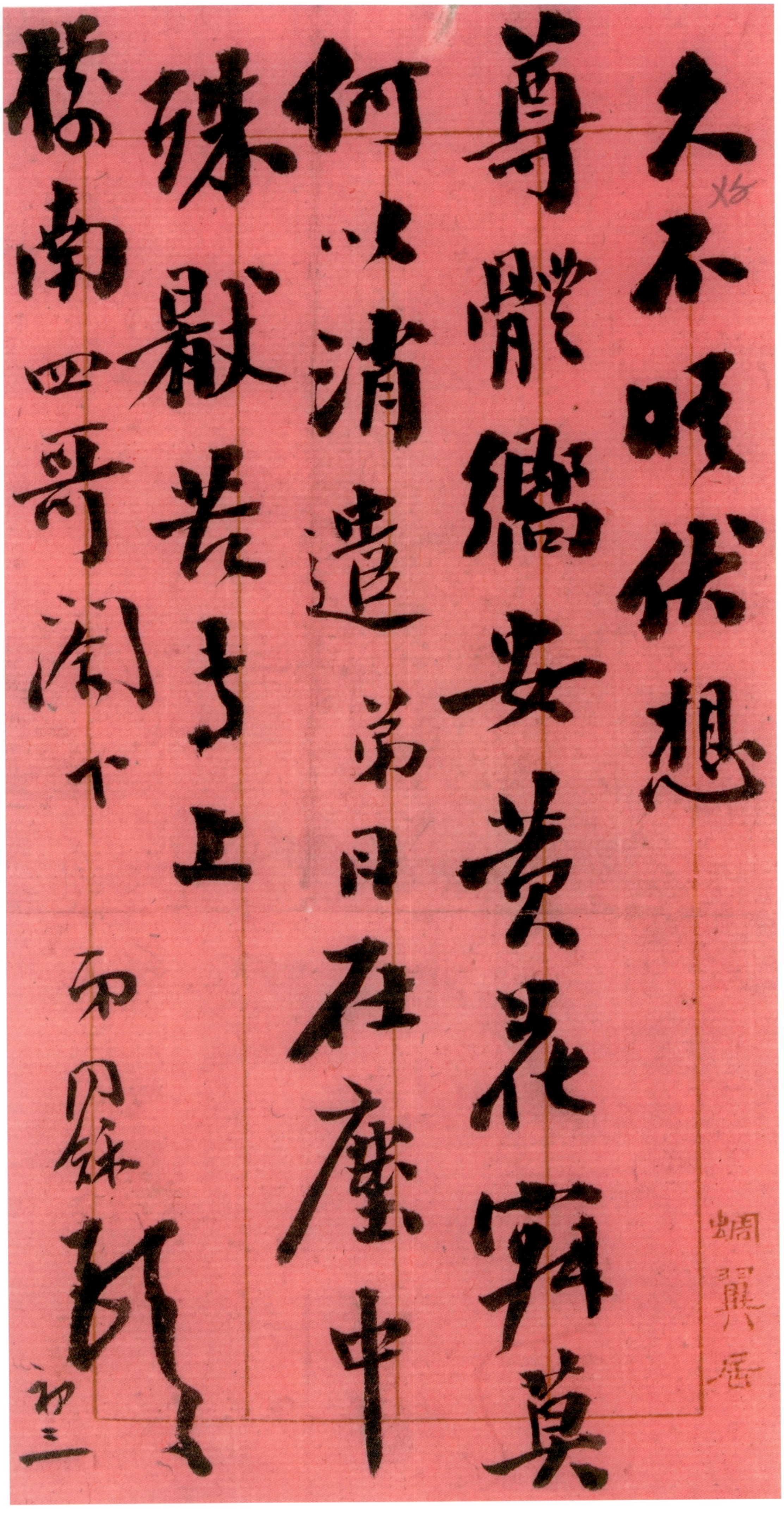
大不暇伏想
尊體嚮安黃花寒莫
何以清遣弟日在塵中
殊厭若夢上
樹南四哥閣下　弟周錫頓首
初三

致延熙之七

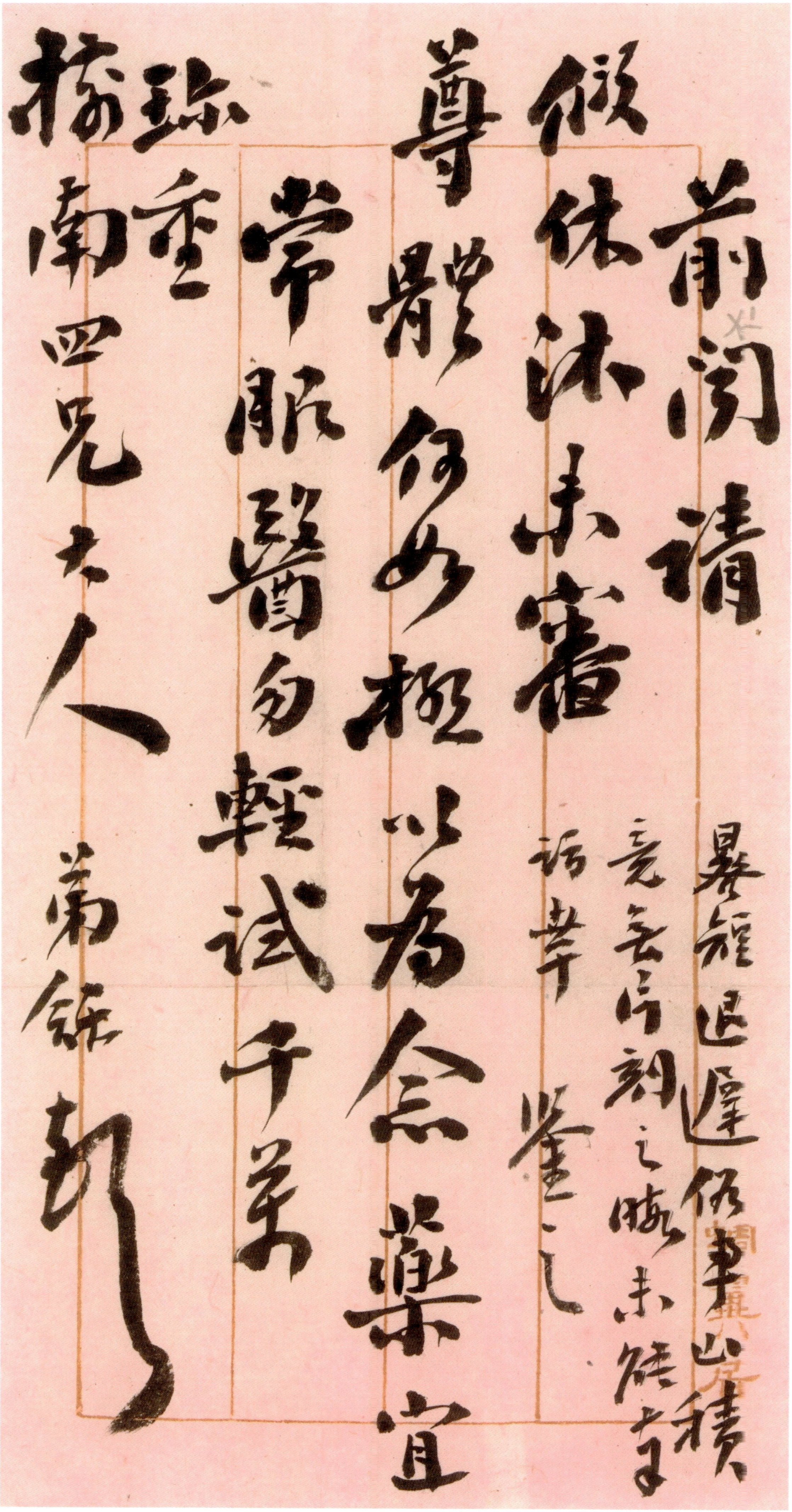

前聞請假休沐，未審尊體何如，概以為念。藥宜常服，醫勿輕試，千萬珍重。

暑旋退遲依舊積

竟無片刻之暇未能造

詣幸鑒之

椿南四兄大人

弟龢頓首

致延熙之八

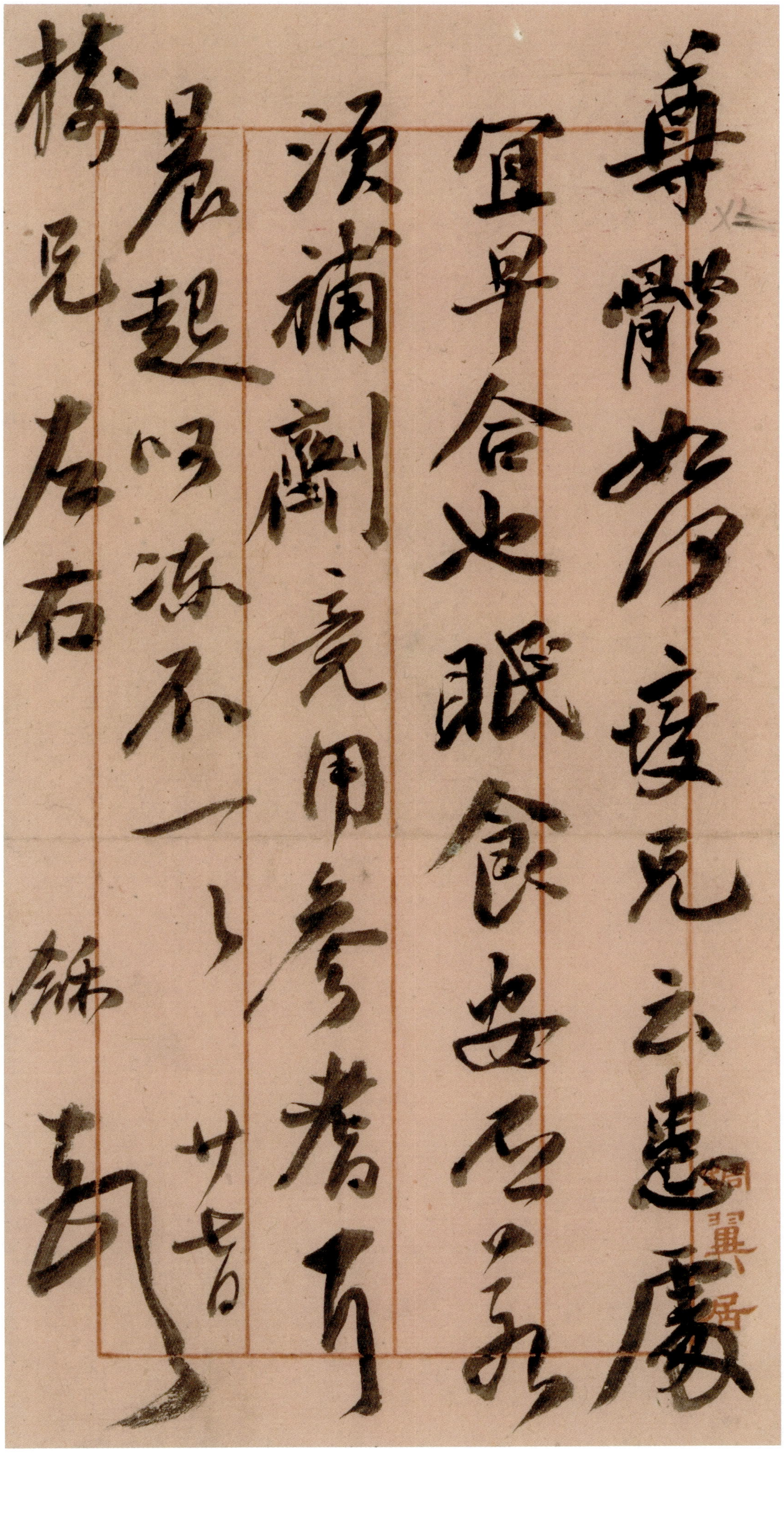
尊體如常，渡兄云患處宜早合口，眠食安否為須補劑，竟用參者有晨起吹涼不一一 廿日
橋兄左右 鉌頓

致　周原祁

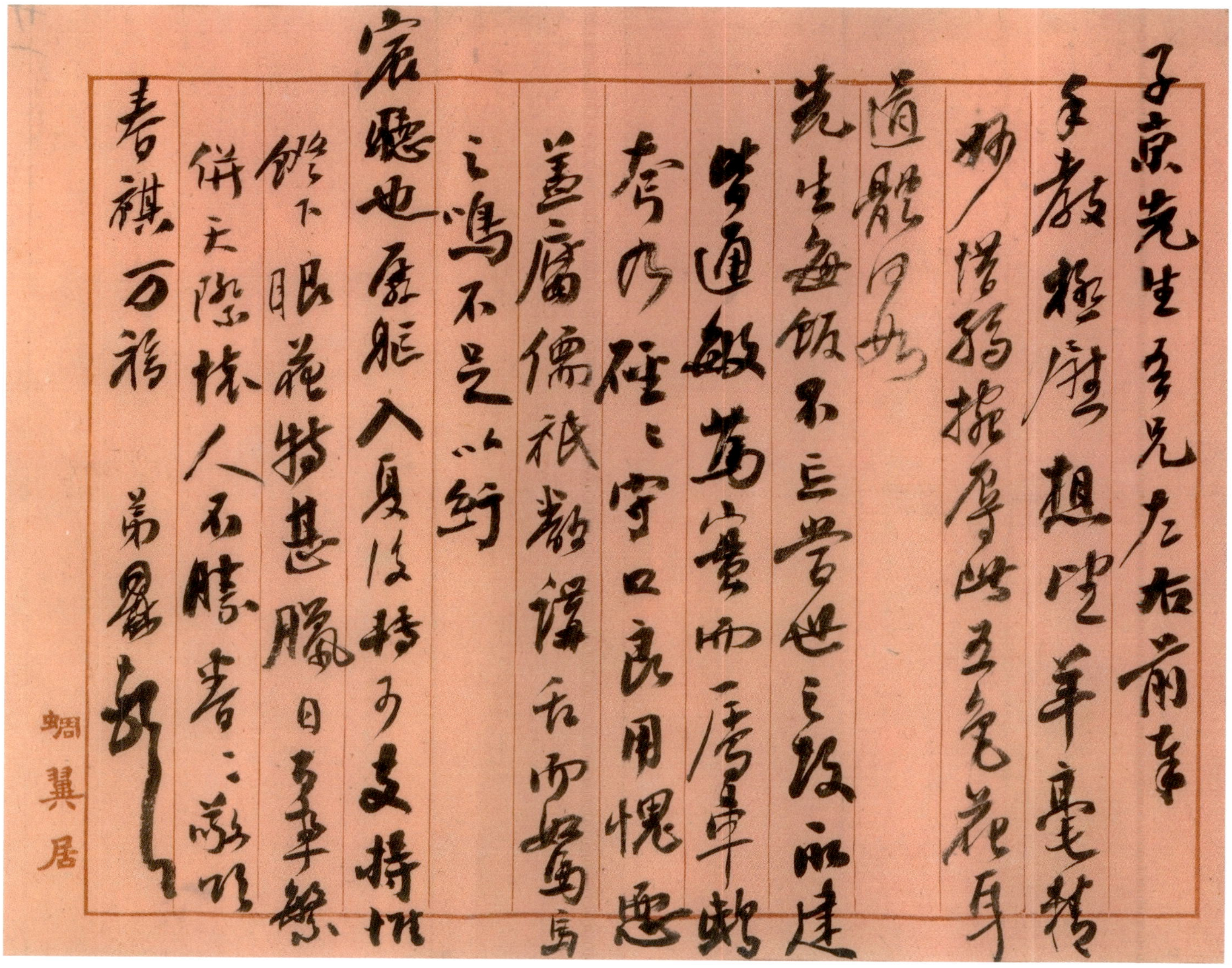

周原祁（？—1897），字子京，號維都，江蘇贛榆人。諸生。曾在翁同爵幕中辦理文案。

致 李瀚章

李瀚章（？—1899），字筱泉，安徽盧州人。拔貢。官至兩廣總督。

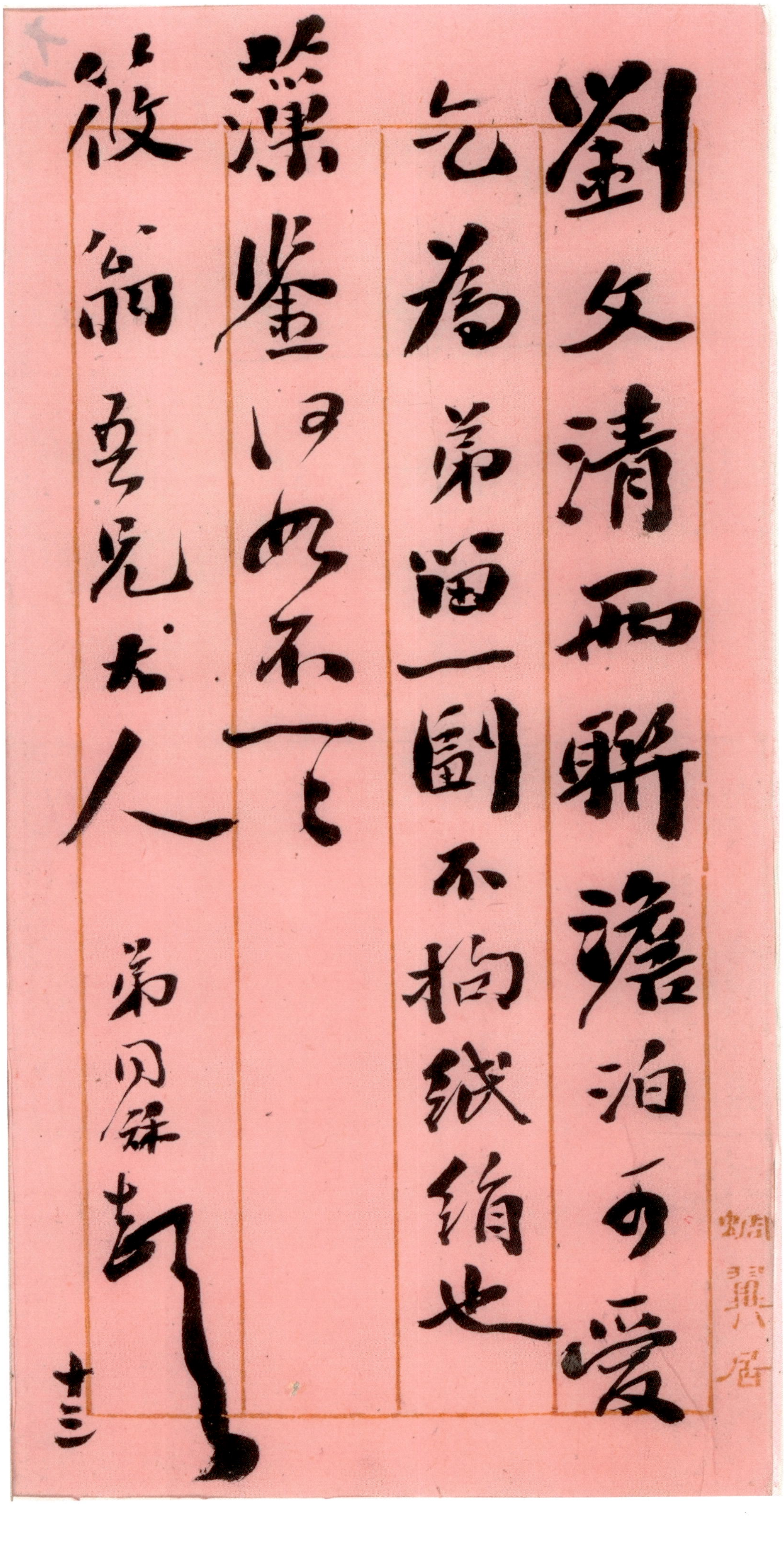
劉文清兩聯澹泊可愛
乞爲弟留一副不拘紙絹也
藻鑒何如不一一
筱翁吾兄大人
弟同孫頓
十三

致許寶騤之一

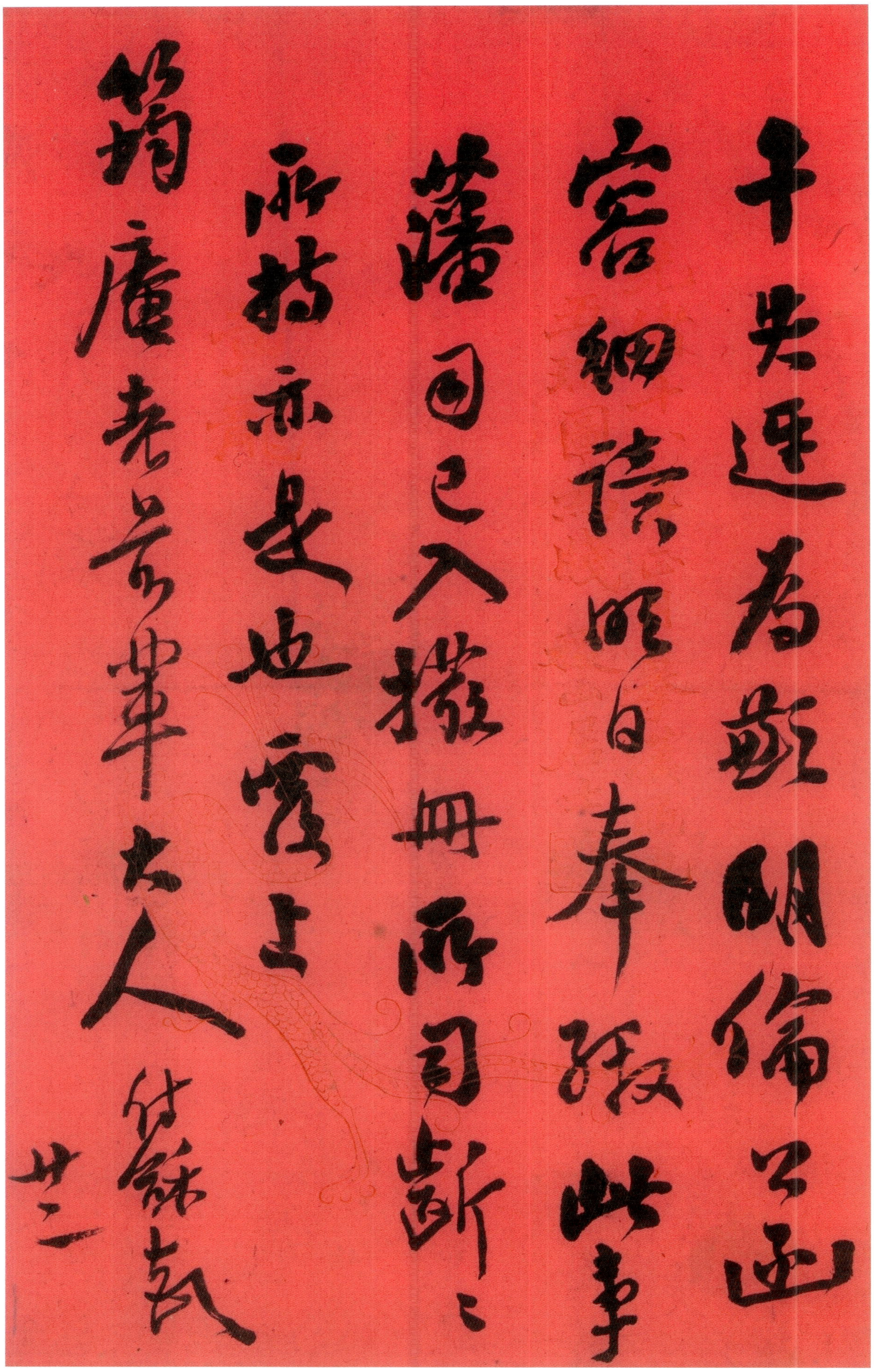
十先逕看敝明倫公函容細讀明日奉覆此事藩司已入撥冊所司斷斷所指亦是也寔上
筠庵老前輩大人
竹龢頓
廿二

許寶騤（？—1903），字筠庵，廣東番禺人。道光進士，官至禮部尚書。

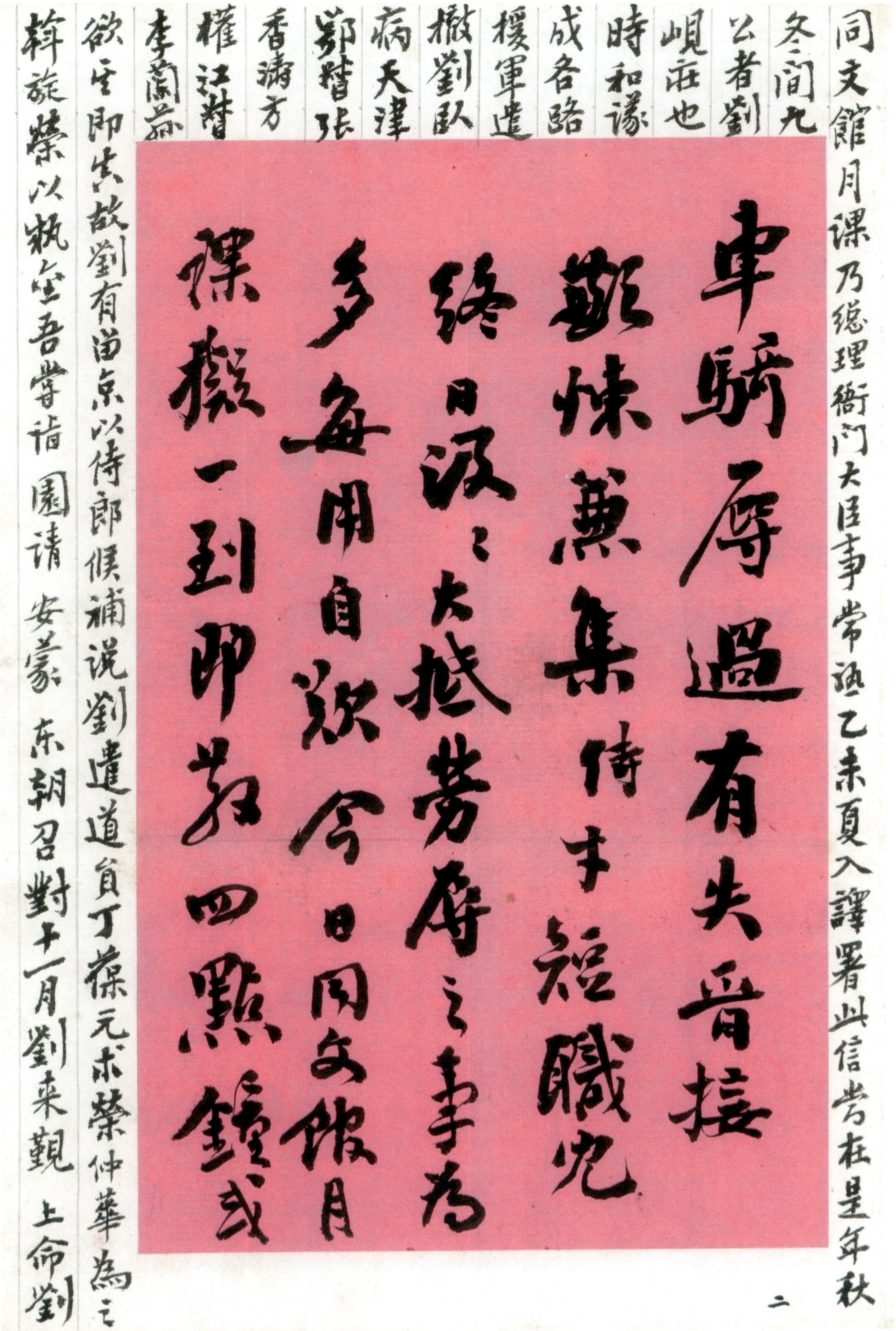
車騎屢過有失晉接
歉悚兼集侍中絕職兜
終日汲汲大抵勞屢之事爲
多每用自歉今日同文館月
課擬一到即歸四點鐘或
二

同文館月課乃總理衙門大臣事常熟乙未夏入譯署此信當在是年秋冬間九公者劉峴莊也時和議成各路援軍遣撤劉臥病天津鄂督張香濤方權江督李蘭蓀欲至即出故劉有留京以侍郎候補說劉遣道員丁葆元求榮仲華爲之斡旋榮以執金吾嘗詣園請安蒙東朝召對十一月劉來覲上命劉

可歸寓耳南信昨閱
一二深盼九月早來此
日安不一一
篛庵老前輩大人
侍名　頓首
廿九日丑正

三

張各同本任軍機大臣愕然　上曰　皇太后懿旨也此時常熟書房未撤
軍機撤直後可至毓慶宮獨對乃其一生權力最大時當許為劉作謀客
邪許与
榮亦密
也

致許寶騤 之三

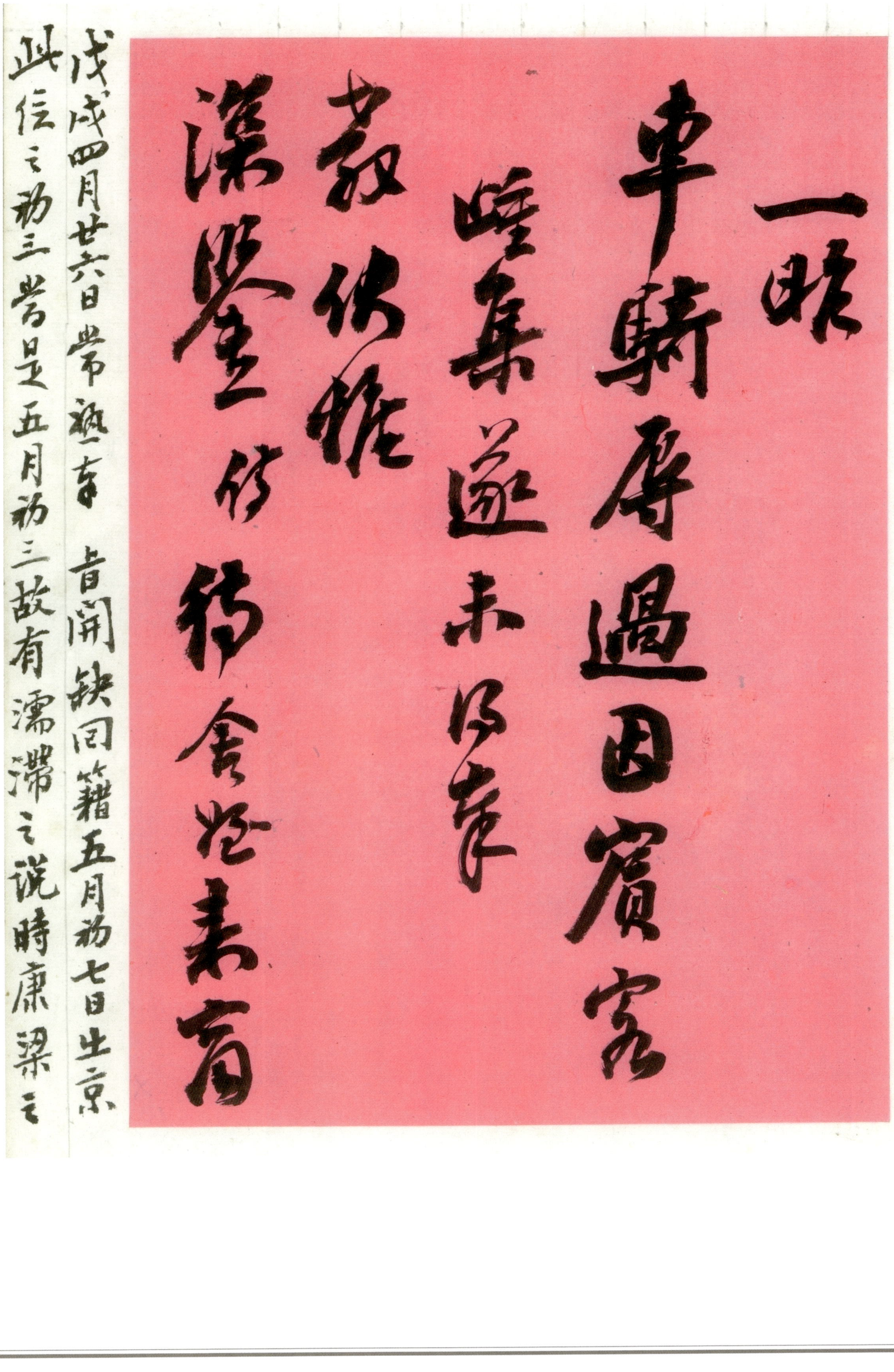

一昨車騎辱過，因賓客喧集，遂未得奉教。俟稍濡滯，仍得會晤。未有

戊戌四月廿六日常熟奉旨開缺回籍，五月初七日出京。此信之初三當是五月初三，故有濡滯之說。時康梁之

致 許寶騤 之三

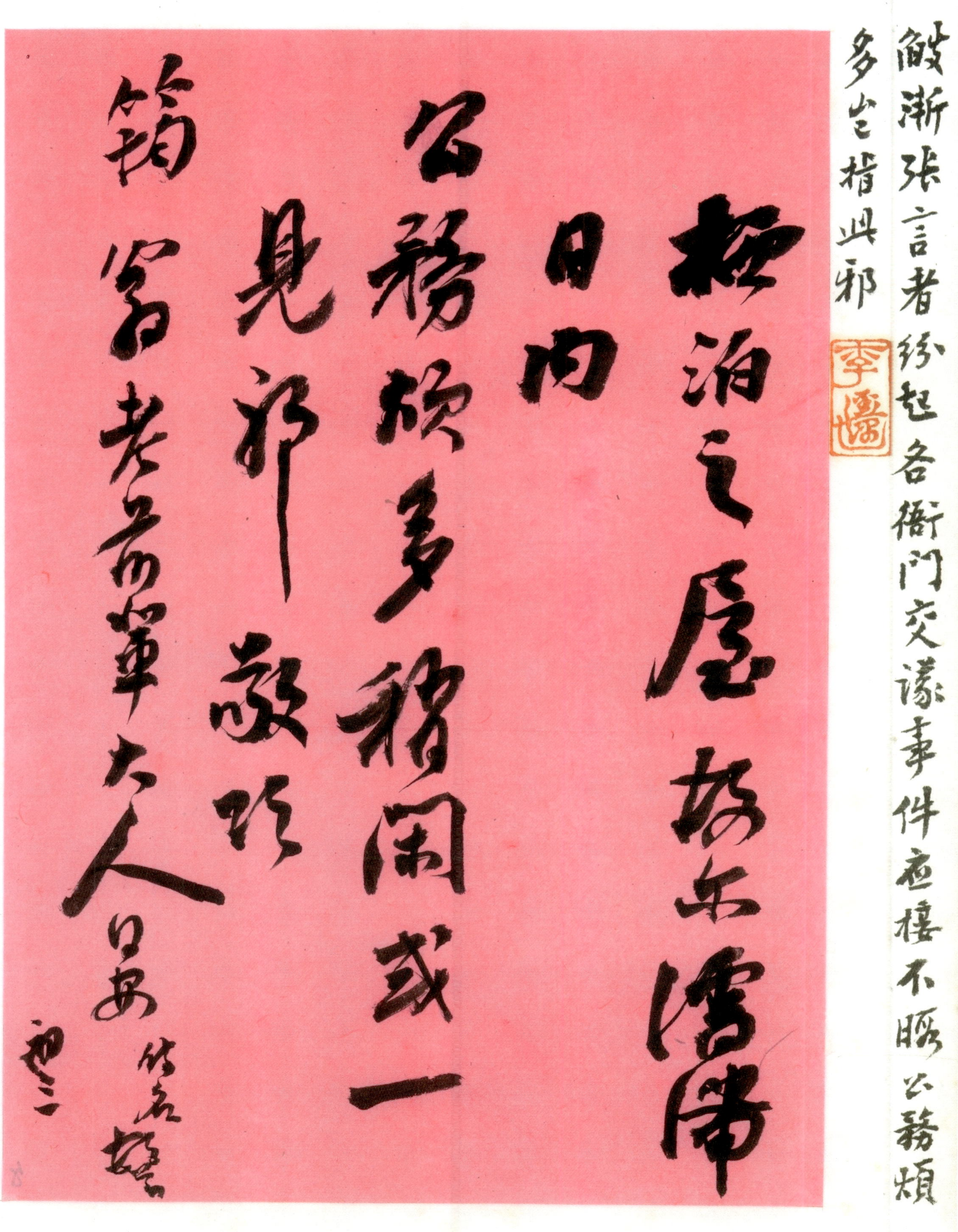
飯浙張言者紛起各衙門交議事件應接不暇公務煩
多皆指興邪

極泊之屋故尔濡滯
日内
公務頗多稍閑或一
見耶 敬頌
箬窗老前輩大人日安 侍名頓
廿二

致 沈偉田 顧思賢

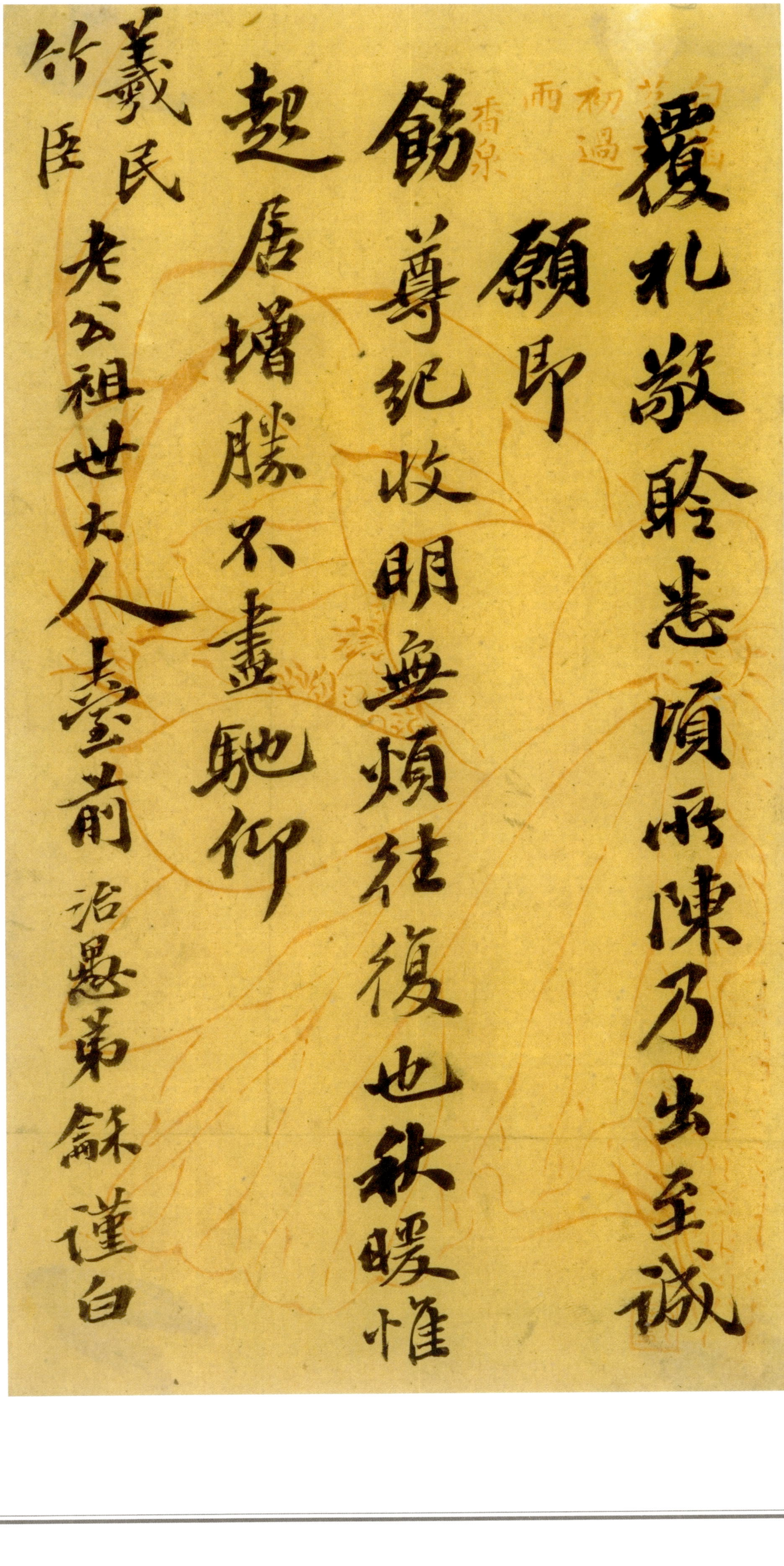
覆札敬聆悉頃所陳乃出至誠
願即
飭尊紀收明無煩往復也秋暖惟
起居增勝不盡馳仰
義民老公祖世大人大臺前 治愚弟鯀謹白
竹臣

沈偉田，字義民，浙江湖州人。道光丙午舉人，官至知縣，有惠政。后行醫。顧思賢，字竹臣，廣東人。道光舉人，翁心存門生。官至知縣。

致 張嶽年

張嶽年，字竹晨，浙江鄞縣人。咸豐舉人，官至布政使。

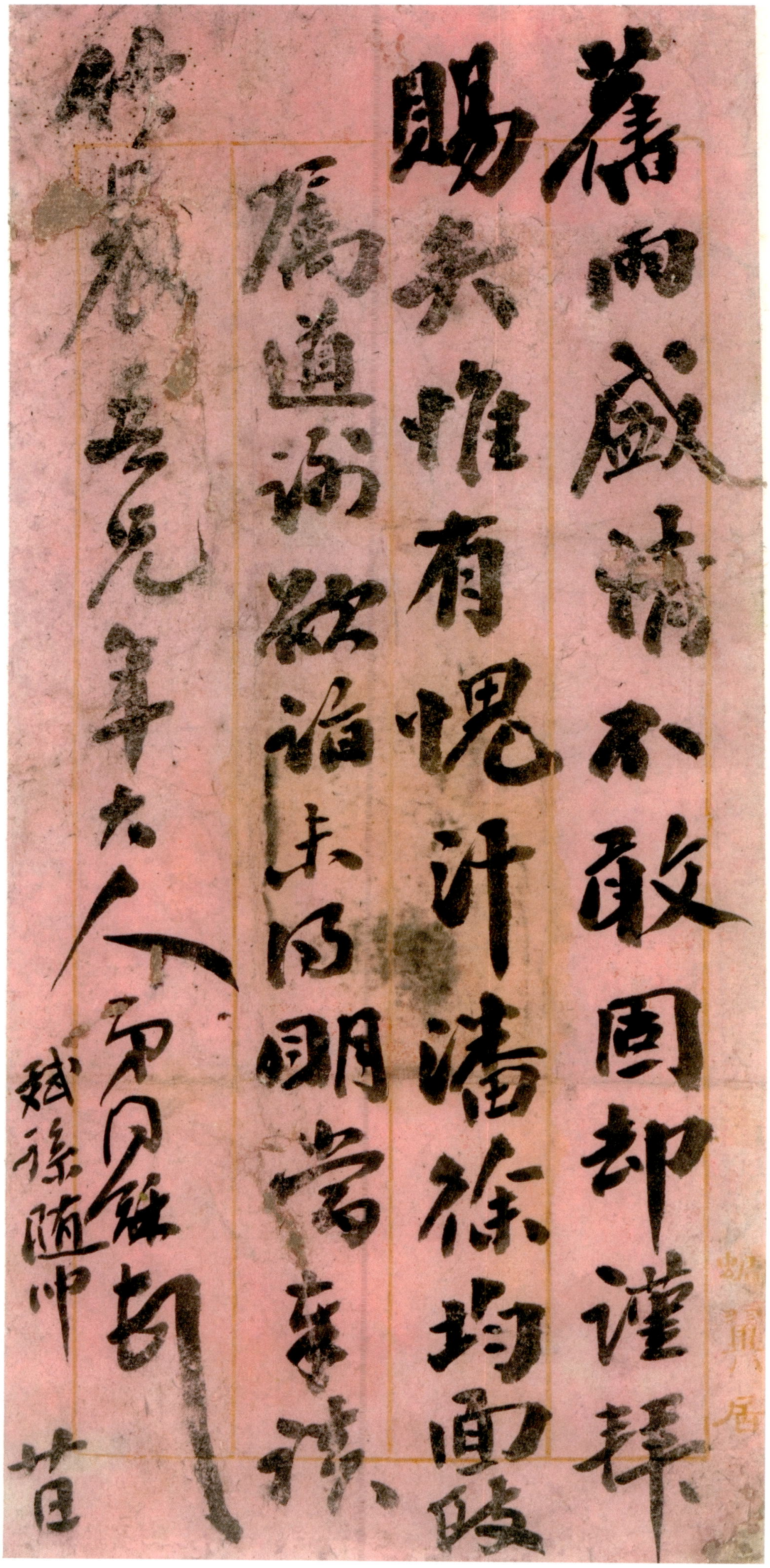

厪兩盛情，不敢固卻，謹拜
賜矣。惟有愧汗。清儀均面陳，
屬道謝忱，諸未明當奉謁。
竹晨老兄年大人 弟同龢頓首
錫孫隨叩

致 吴錫濼 之二

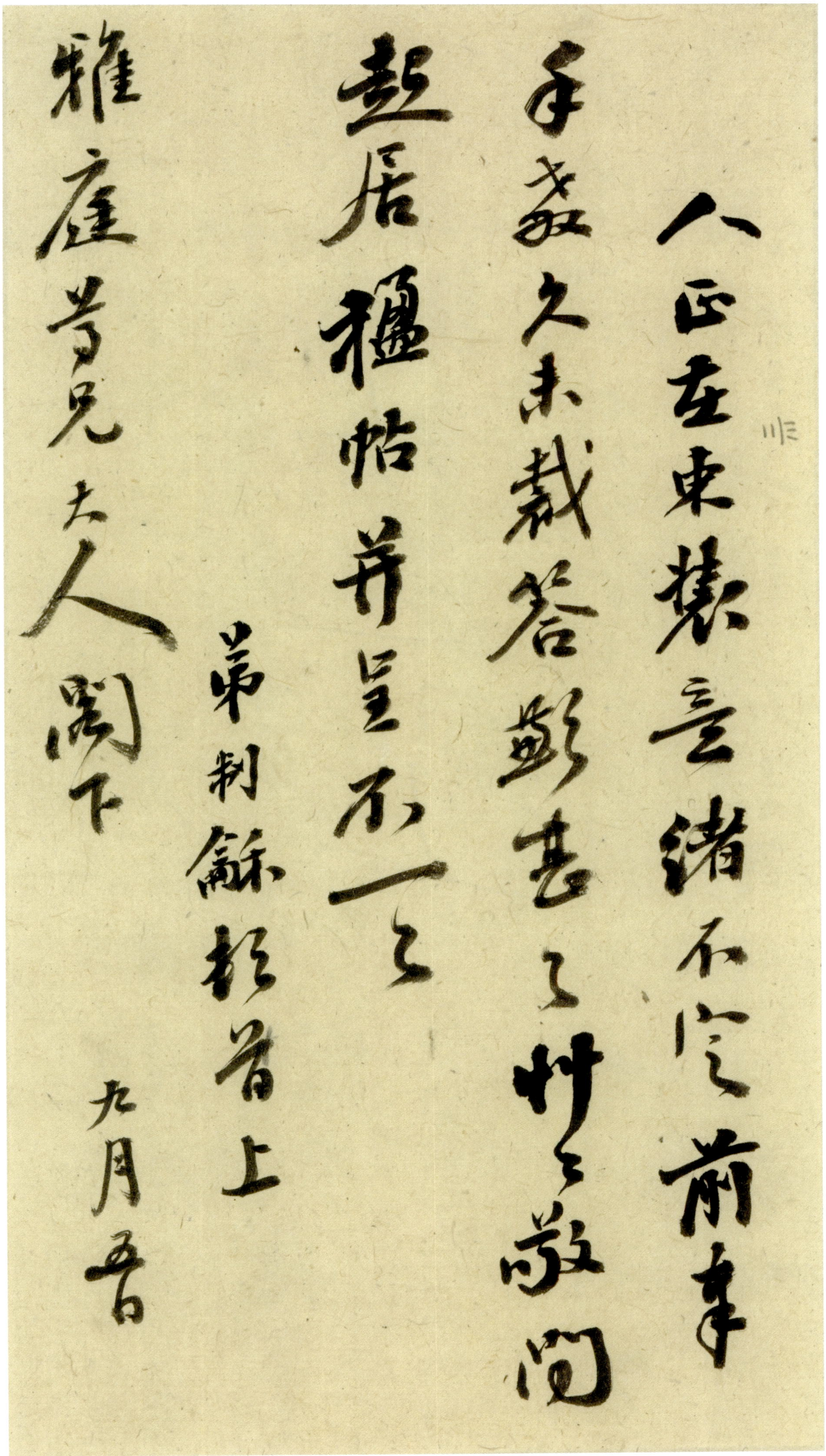

人正在東，襟言緒不宣。前奉手教，久未裁答，歉甚歉甚。附此敬問起居，福帖并呈，不一一。

弟制龢頓首上

雅庭尊兄大人閣下

九月五日

致　吴錫濴　之三

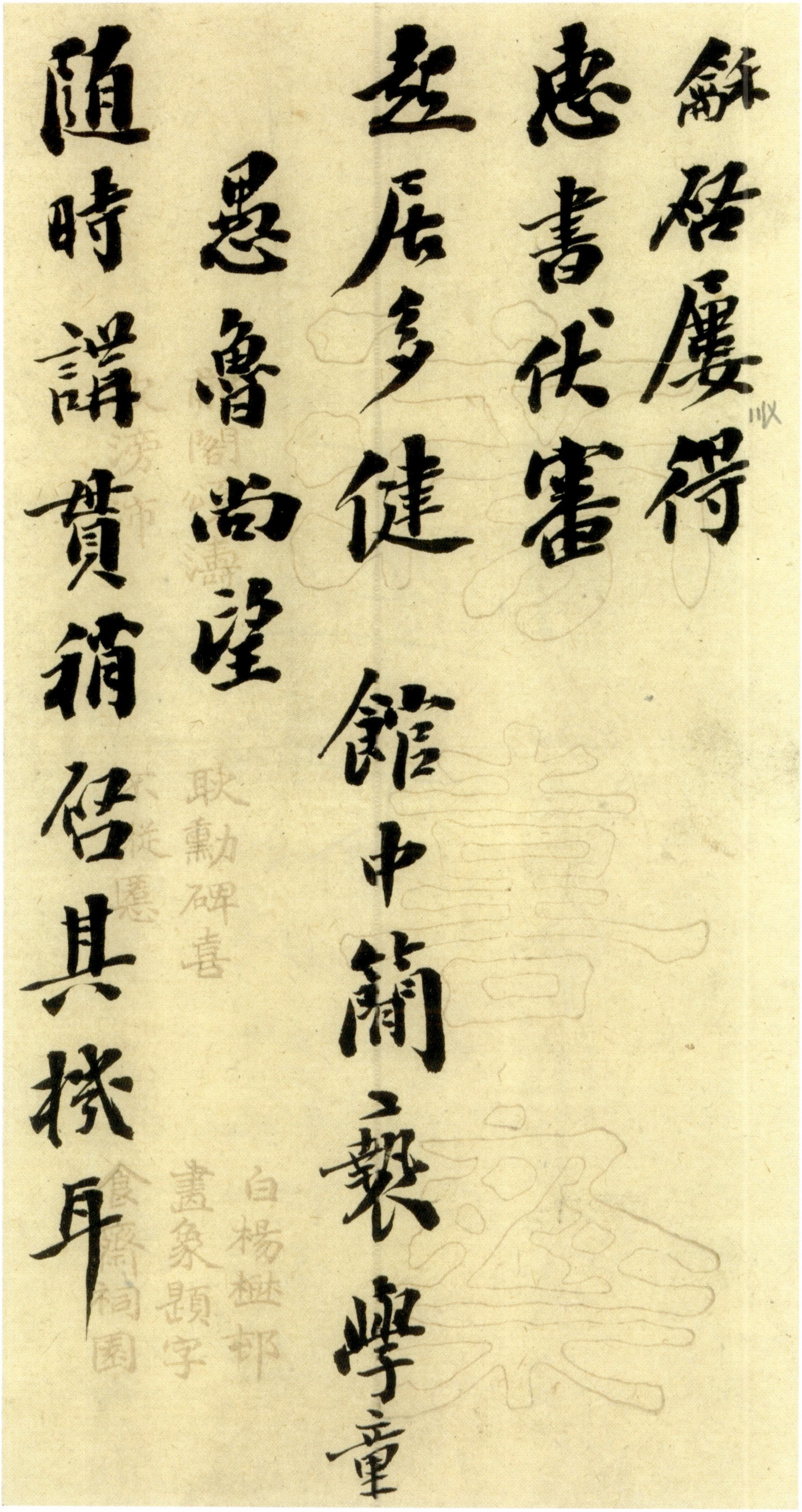

致 閻甗竹

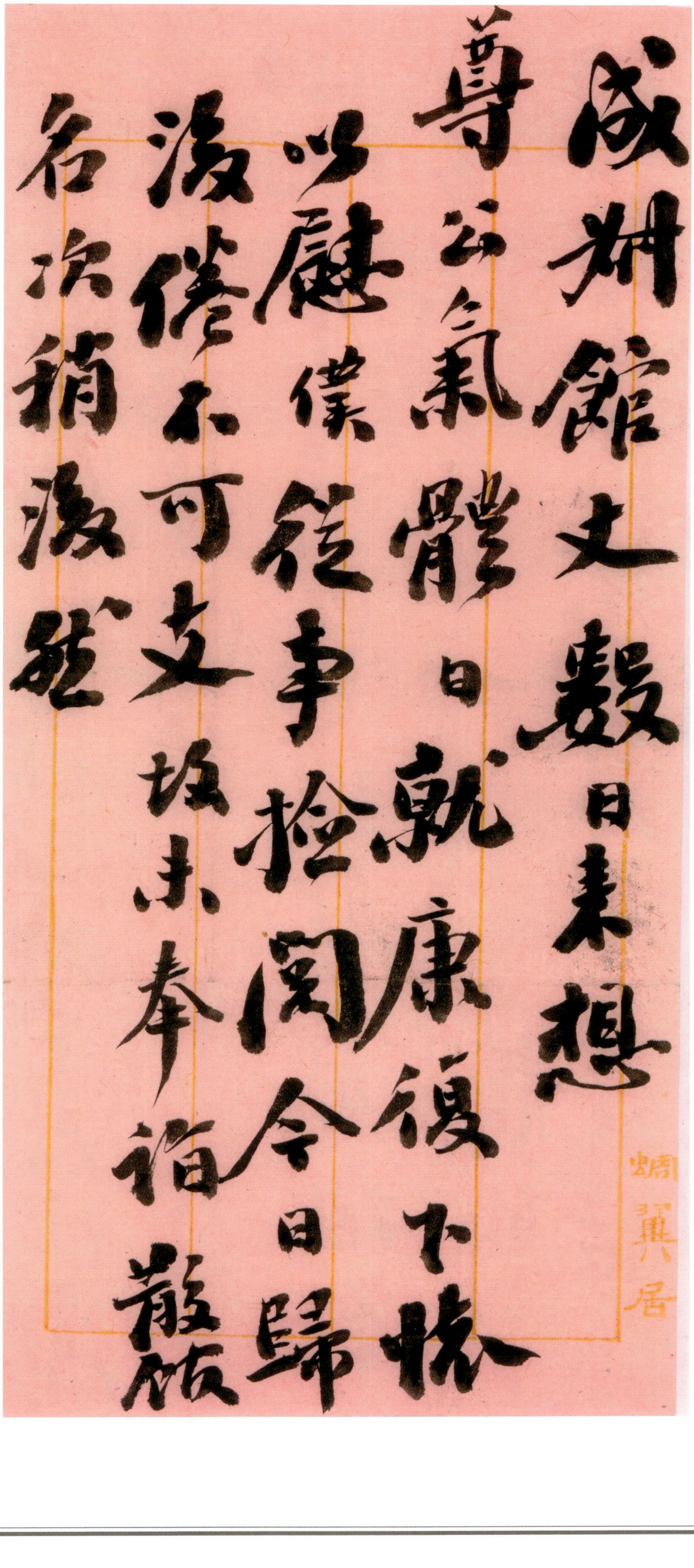
成州館丈數日來想
尊公氣體日就康復下懷
以慰僕從事校閱今日歸
後倦不可支故未奉詣敬候
名次稍後題

閻甗竹，字成叔，陝西朝邑人。閻敬銘第三子。

天眷在所必留吾輩讀書正在
此處着力也一計較便是人
欲矣手此以當面談不一
友生同龢頓首

致 徐元綬 之一

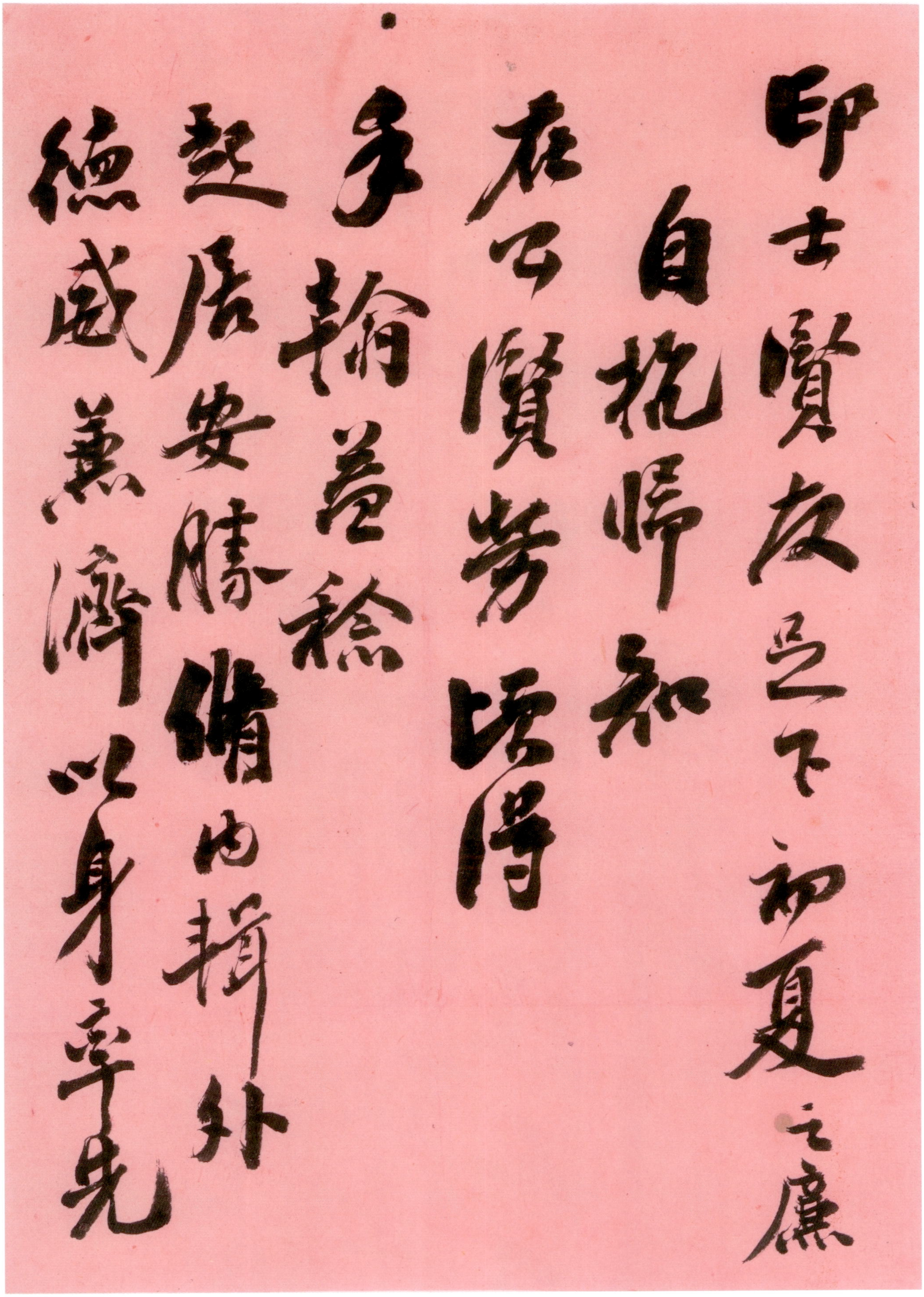

徐元綬，字印士、穎士，號印如，江蘇常州人。以優貢朝考，分發知縣，受知於翁同龢。曾任浙江平湖、石門等地知縣，後榷稅務。其書法由顏入蘇，亦擬同龢。

致徐元綬 之一

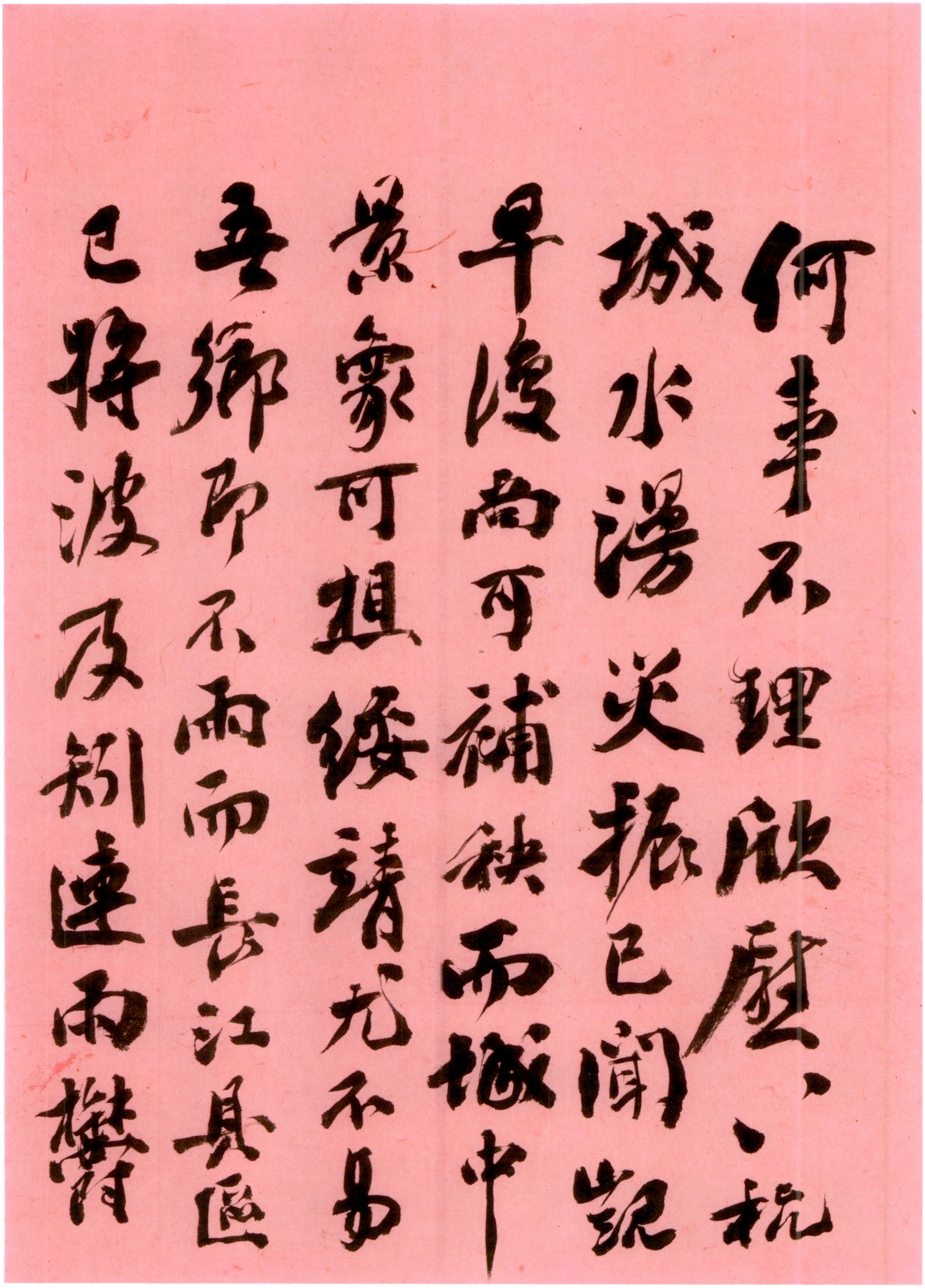
何事不理歷歷、杭
城水澇災振已聞訊
早澇尚可補缺而城中
歲象可想緩請尤不易
吾鄉即不雨而長江具區
已將波及剩連雨鬱

致 徐元綬 之一

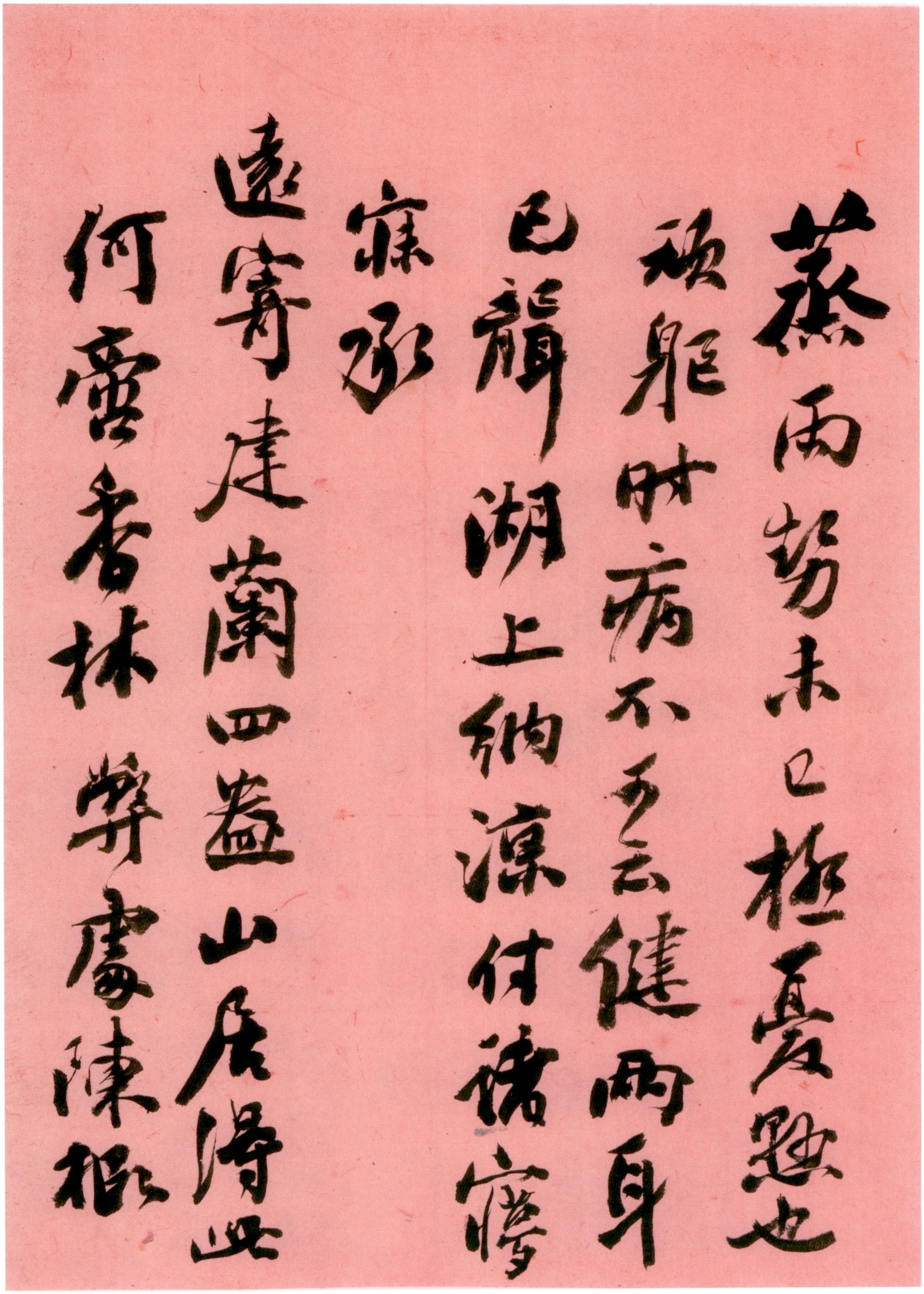
蒸雨勢未已極夏熱也
頑軀時病不可云健兩身
已韻湖上納涼付諸寥
寥寐承
遠寄建蘭四盆山居得此
何啻香林紫處陳檝

致徐元綬之一

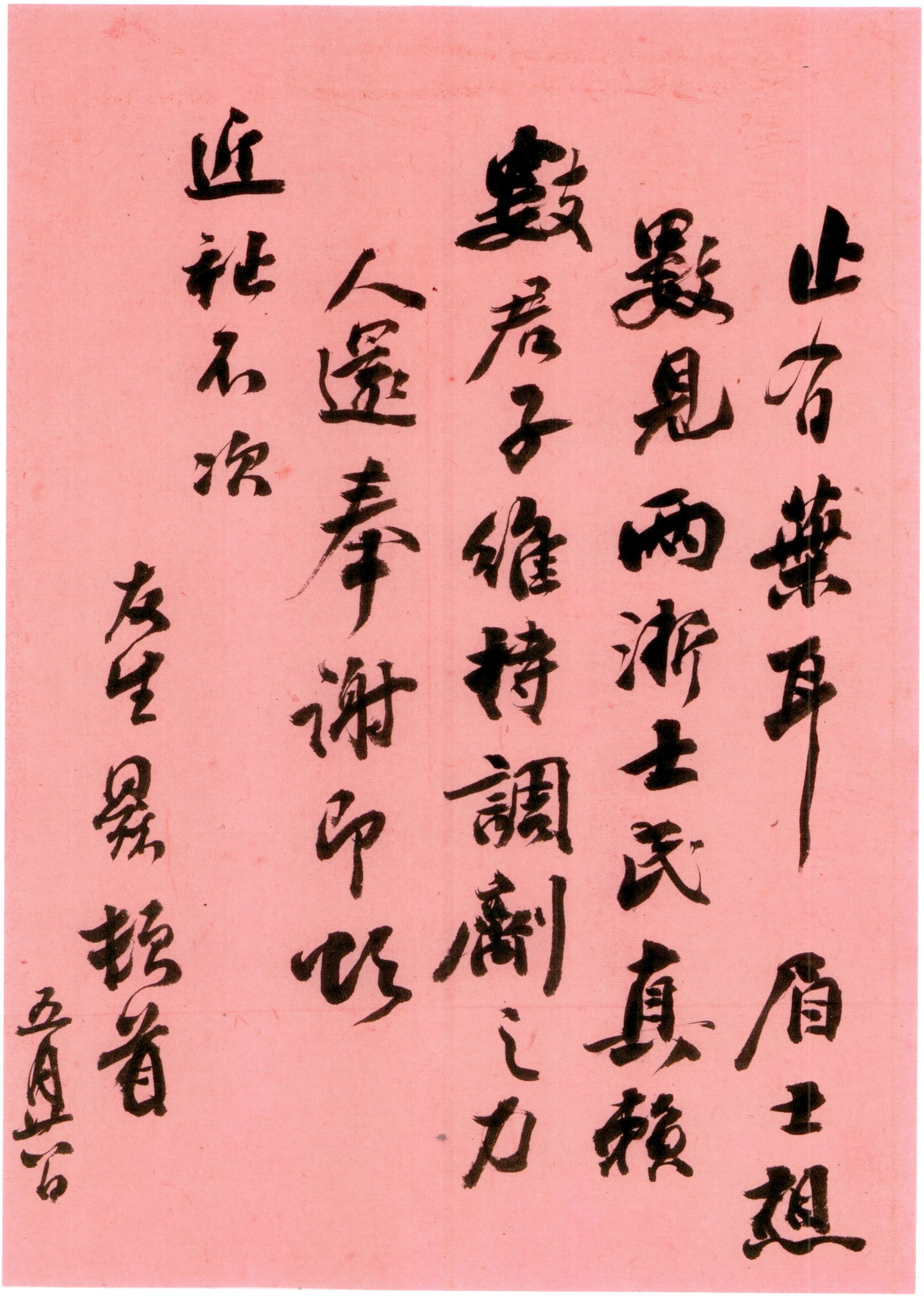

止有葉耳　眉士趨
覲見兩浙士民真賴
數君子維持調劑之力
人還奉謝即頌
近祉不次
友生㬎頓首
五月廿日

致 徐元綬 之二

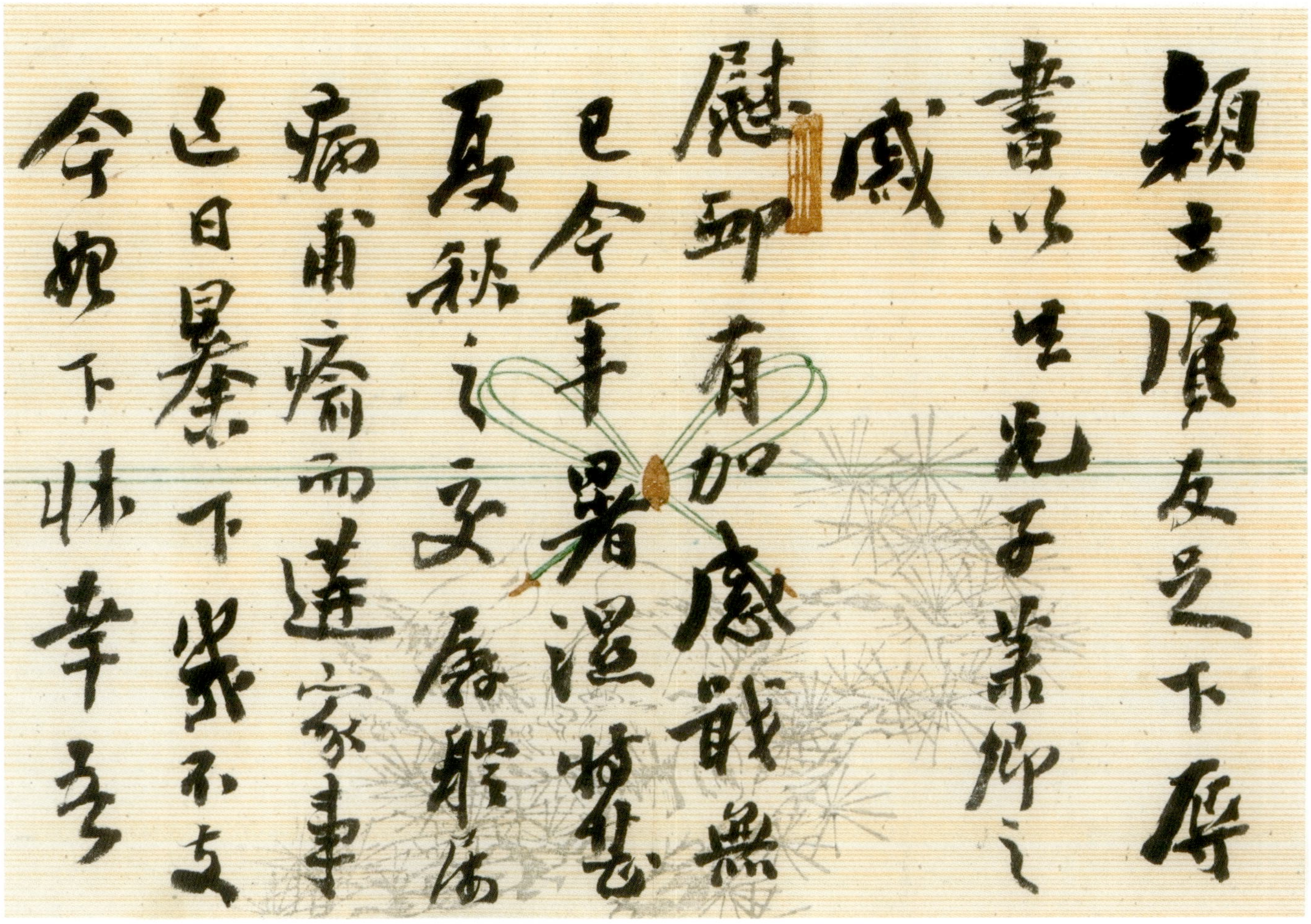
穎士賢友足下：辱
書以生先子棻卿之
感
慰，即有加感戢無
已。今年暑濕特甚，
夏秋之交屢服藥，
病甫瘉而遘家事，
近日暴下，幾不支，
今始下牀，幸矣。

致　徐元綬　之二

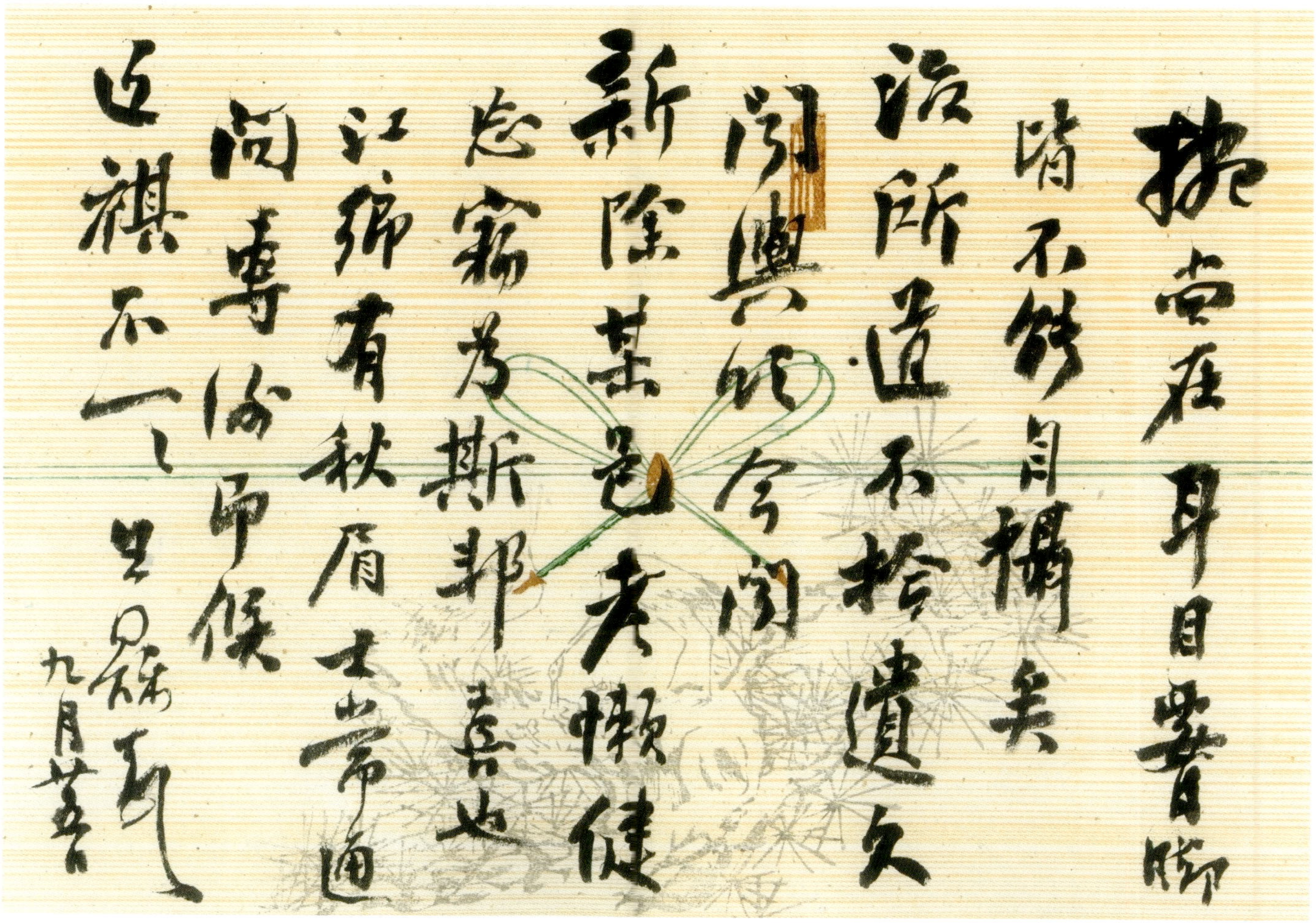
撫尚在耳目譬卿
請不能自購矣
諾所適不拾遺久
聞與彼令聞
新除某邑甚懶健
忘窮為斯邦喜也
江鄉有秋眉壽常通
問專此布候
近祺不一一　生龢頓首
九月廿五

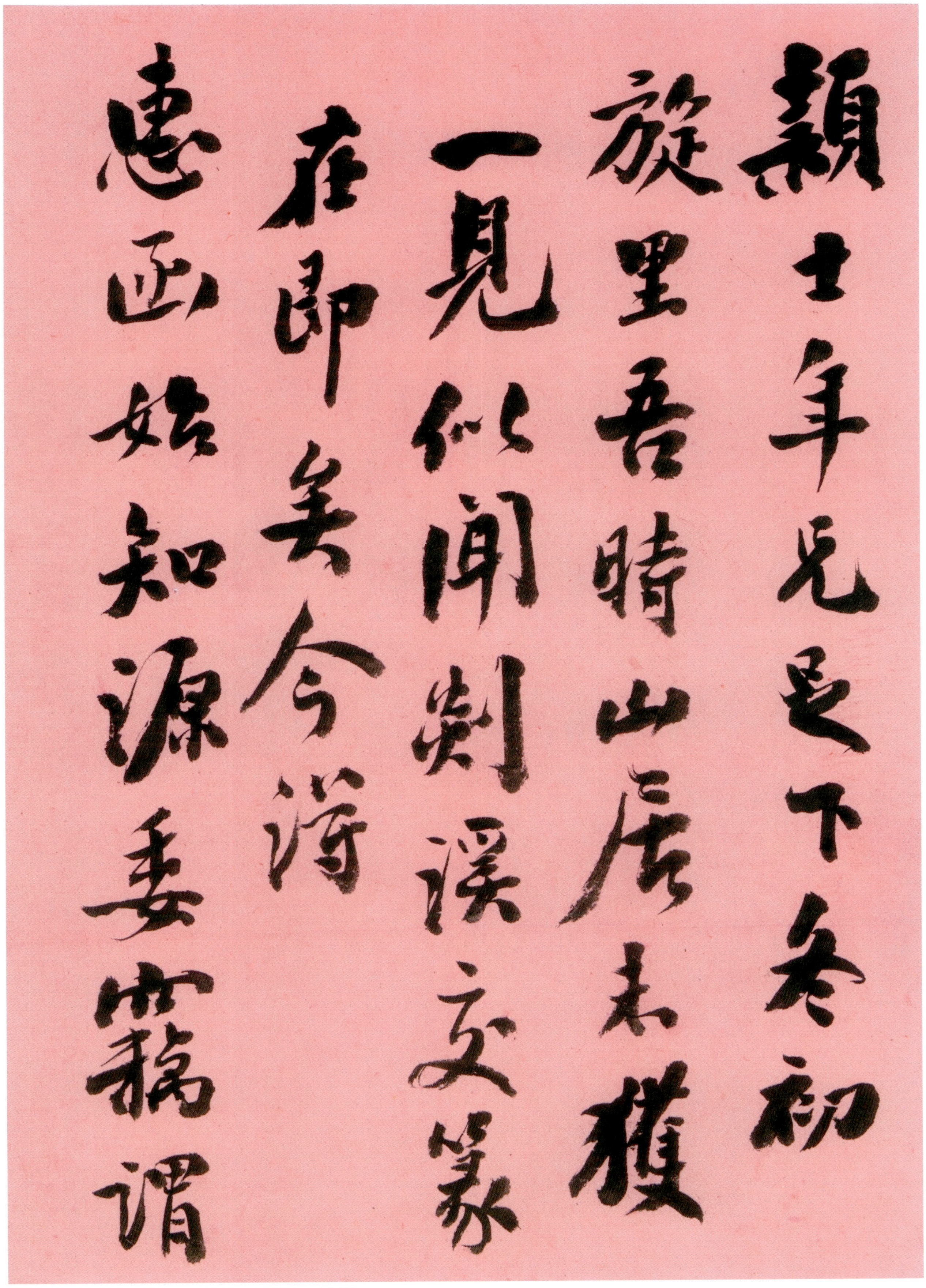
顥士年兄足下冬初
旋里吾時山居未獲
一見似聞剡溪交篆
在即矣今得
惠函始知源委竊謂

致 徐元綬 之三

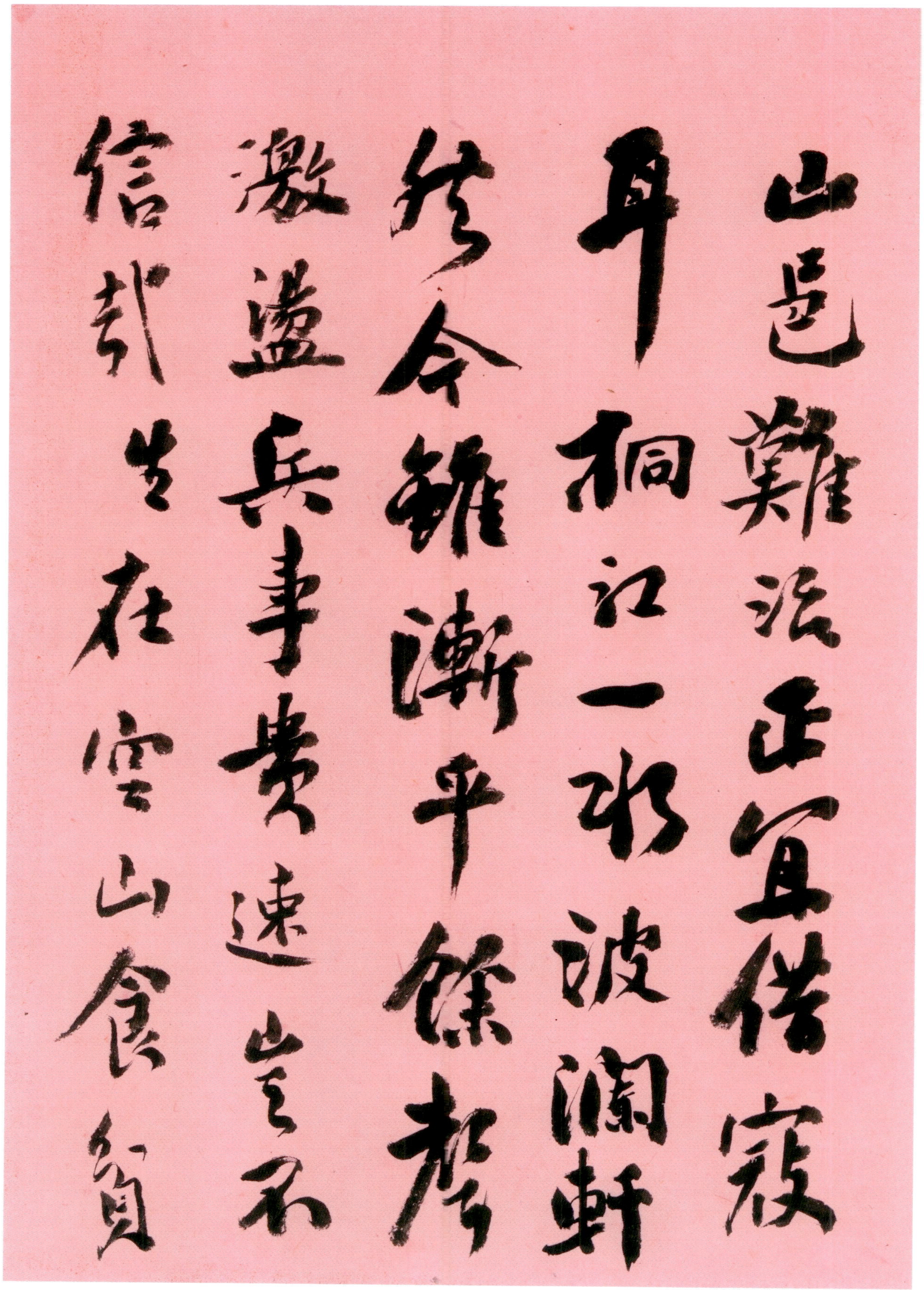
山邑難泯正宜借寂
耳桐江一水波瀾軒
然合離漸平餘者
激盪兵事貴速豈不
信哉生在雲山食貧

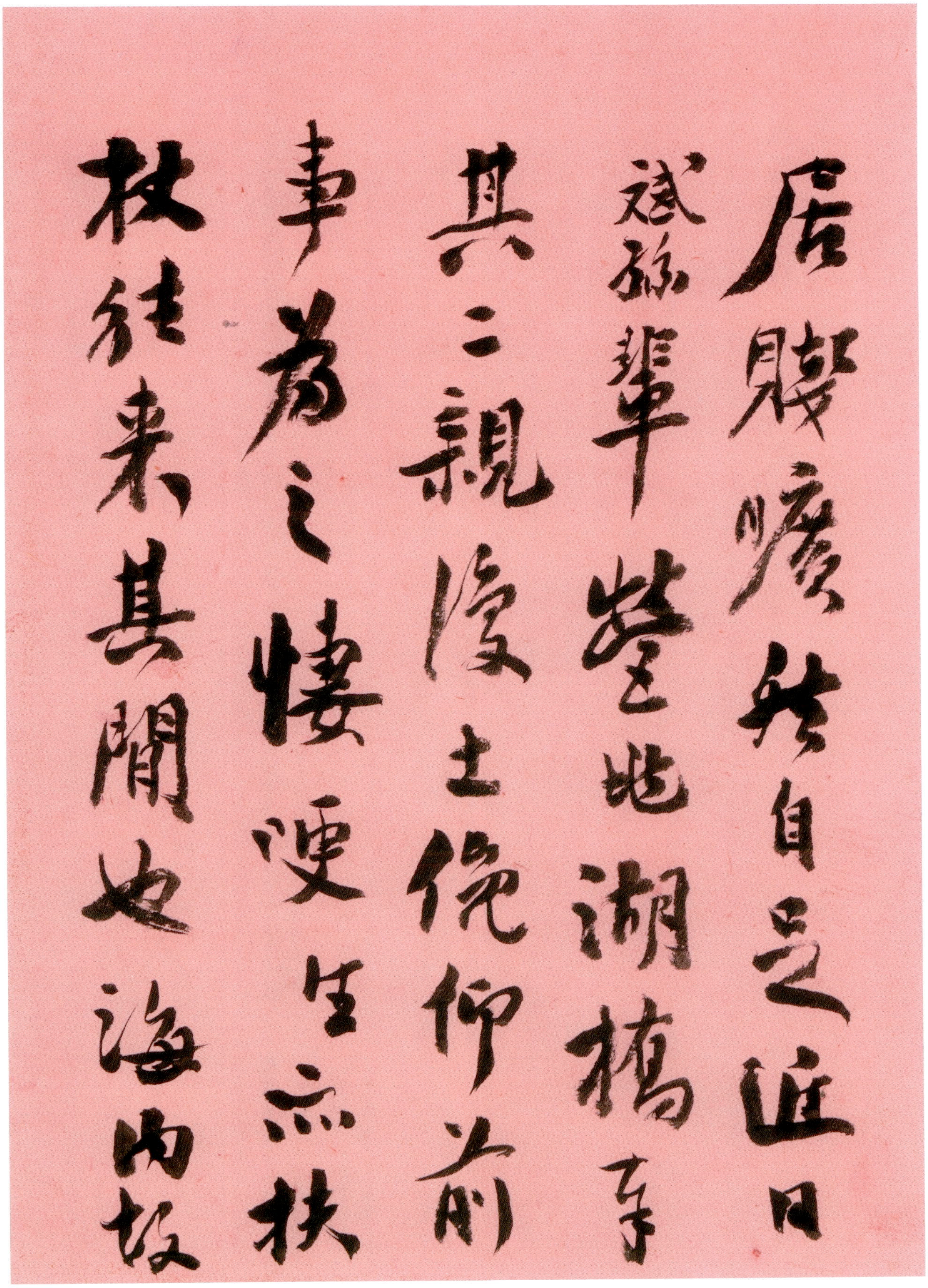
居賤曠然自足近日
斌孫輩營地湖橋亭
其二親復土俛仰前
事為之悽愴生亦扶
杖往來其間也海內故

人書開久絶今
廉泉二百之贈並之以
花豬飲萌交梨火棗
足下情至矣鄙人何
以堪耶 弊居正擬

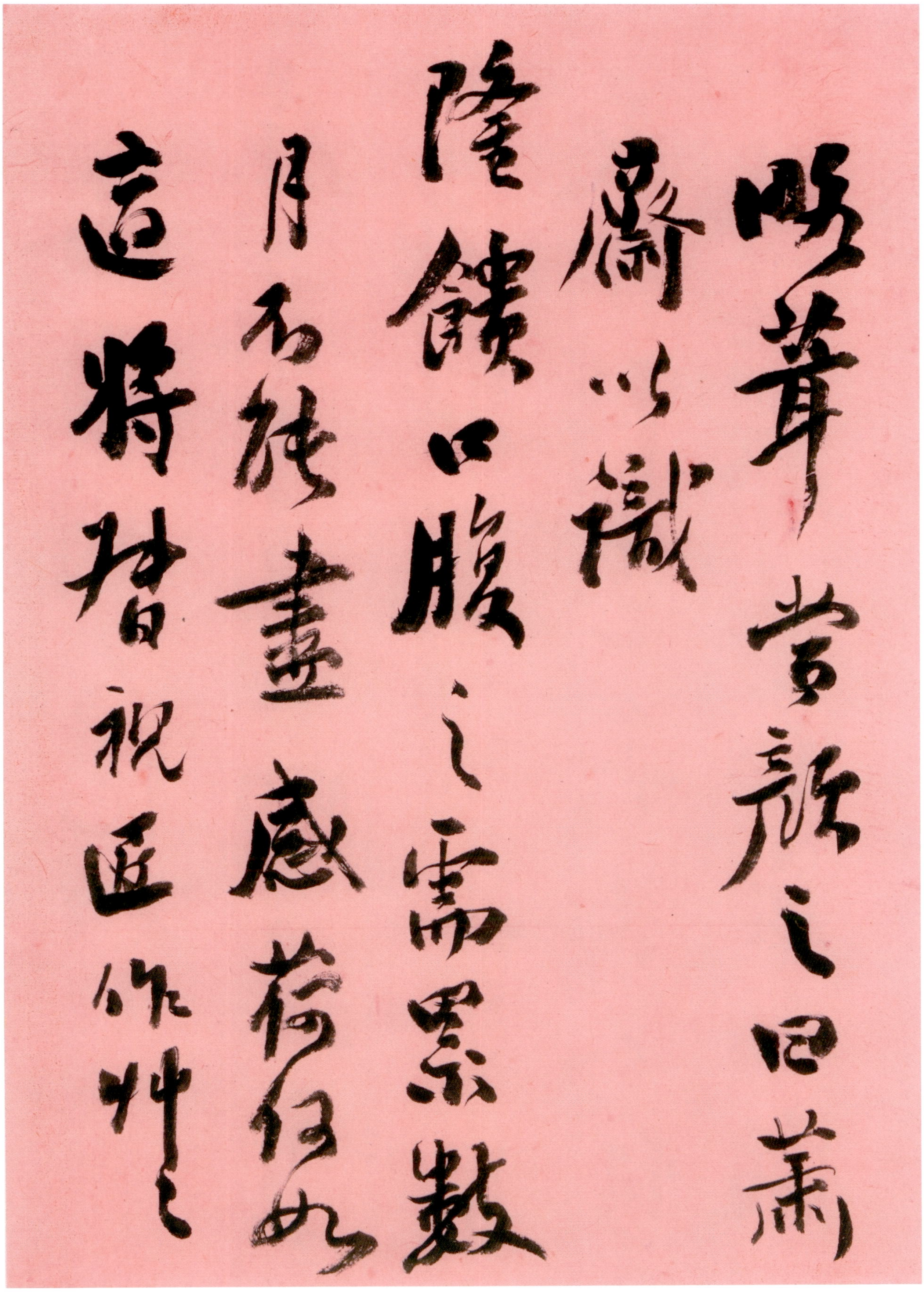

致徐元綬 之三

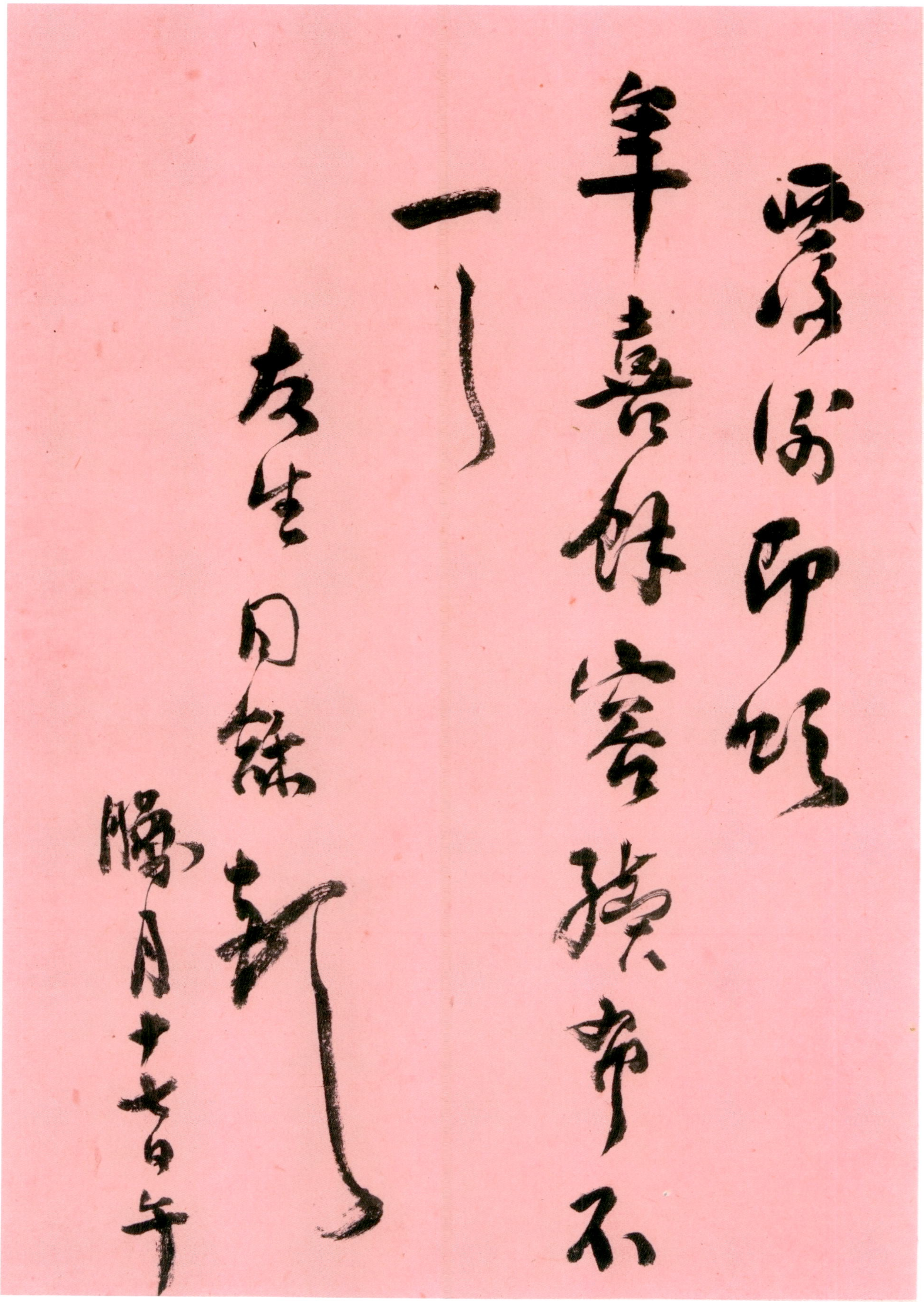

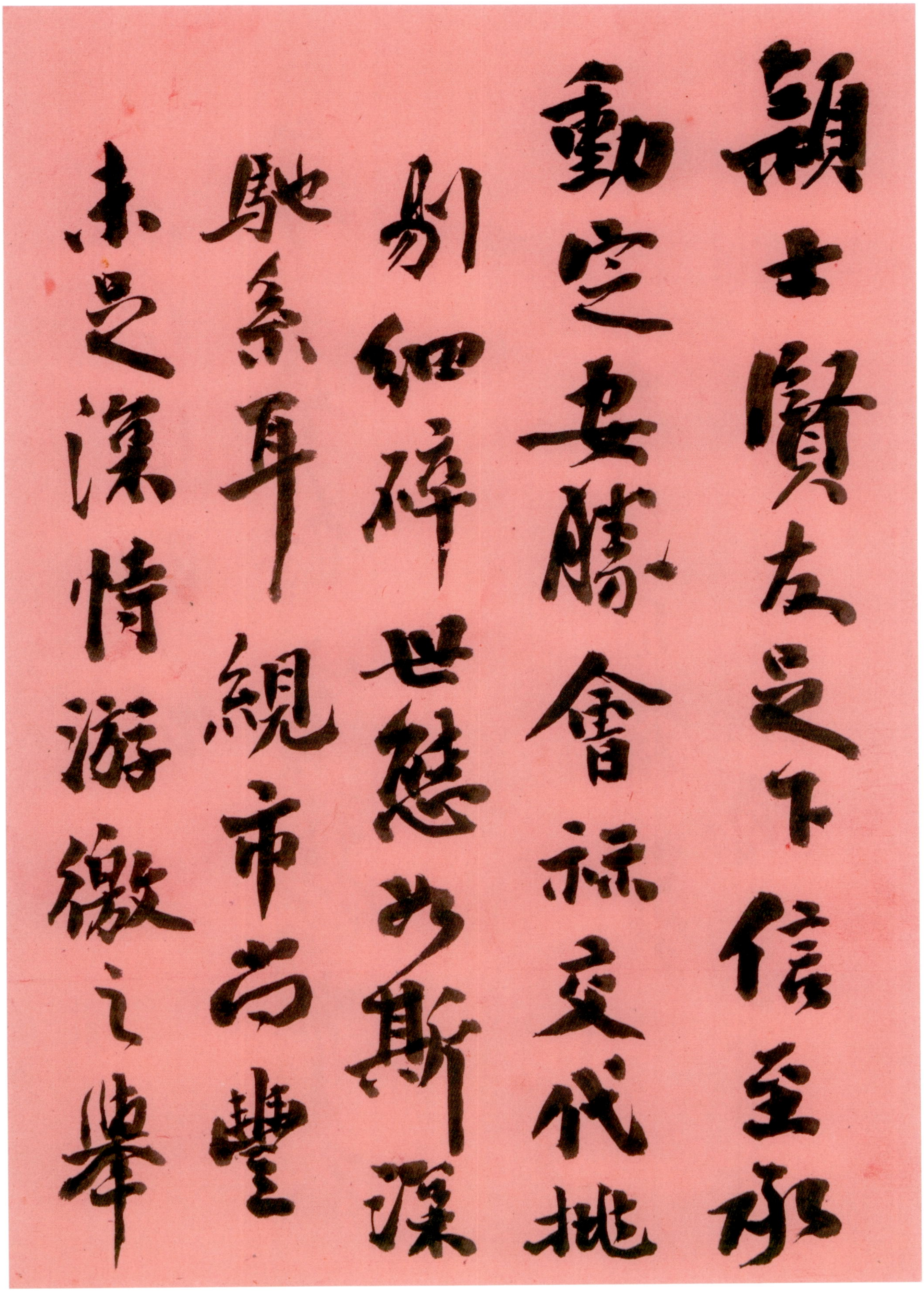

穎士賢友足下：信至，承
動定安勝，會祿交代，批
别细碎，世態如斯，深
馳系耳。規市尚豐，
未足深情游徼之舉

致徐元綬 之四

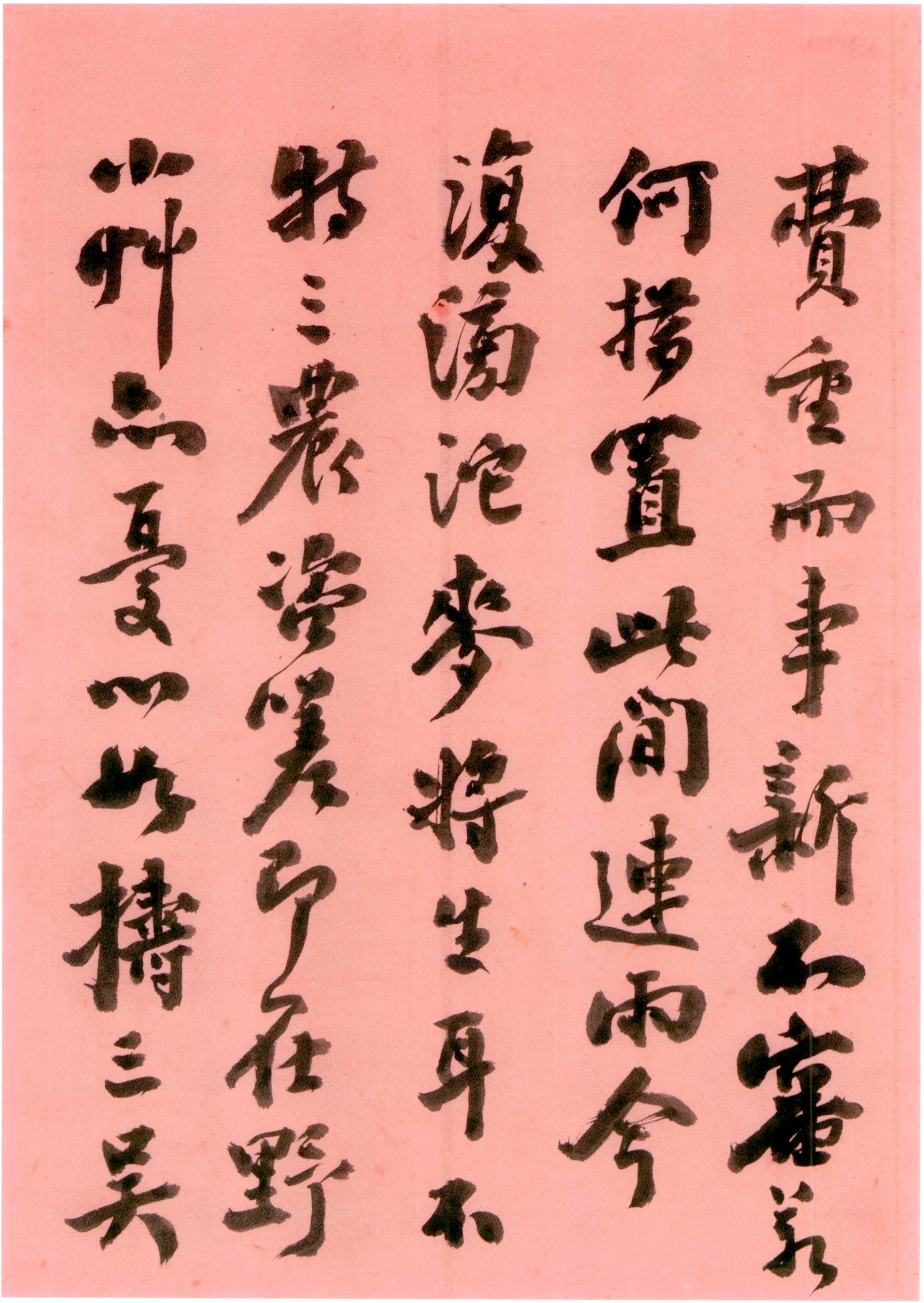
責重而事新，不啻萬難。何措置此間連雨，今復滿泥，麥將生耳。不將三農憂嘆，民即在野。此亦可憂，以此禱三吴

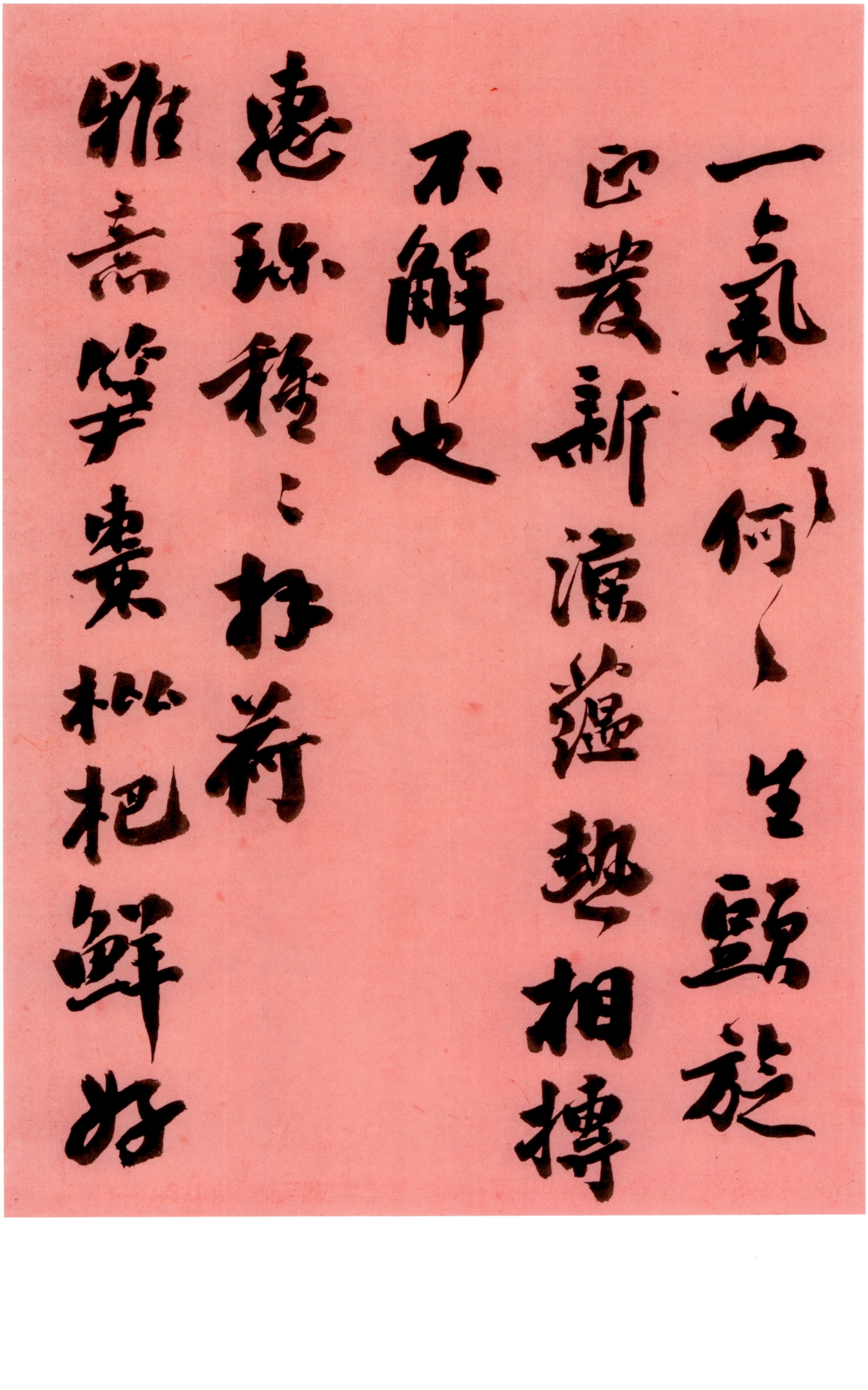
一氣如何〻生頭旋
正發新濃蘊熱相搏
不解也
遠珠積〻於荷
雅意箋囊枇杷鮮好

滋補開籠叢遥潘於
乃蒙感愧并集紬席
非所需長鋒羊毫搦捻不
能運藉使幸繳非家
氣也先中不一一即候
時祉
生餘頓首
廿日

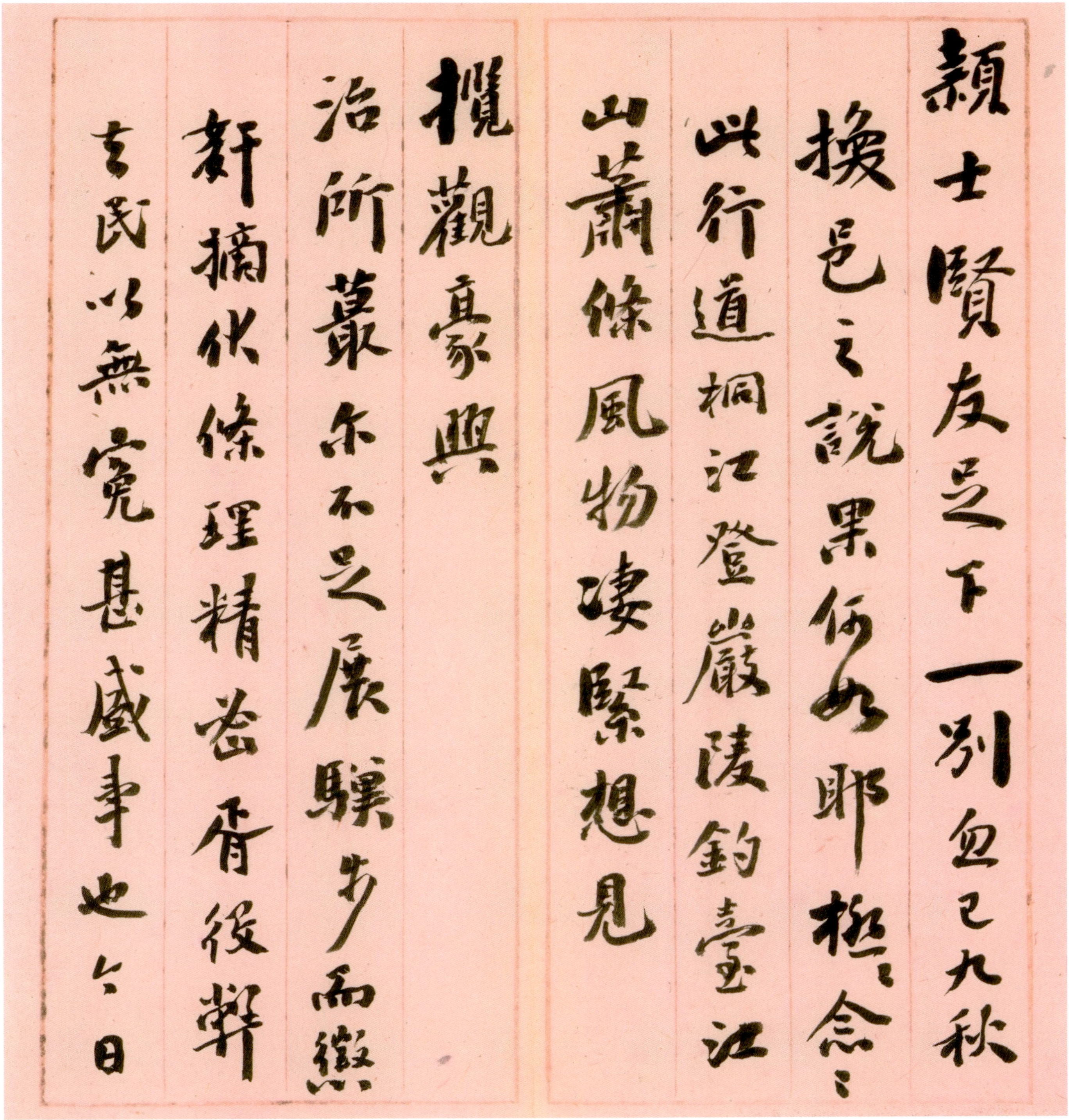
穎士賢友足下一别匆已九秋
换邑之説果何如耶極念念
此行道桐江登嚴陵釣臺江
山蕭條風物淒緊想見
攬觀豪興
治所蕞尔不足展驥步而懸
軒摘伏條理精審胥役斂
手民以無冤甚盛事也六日

致徐元綬之五

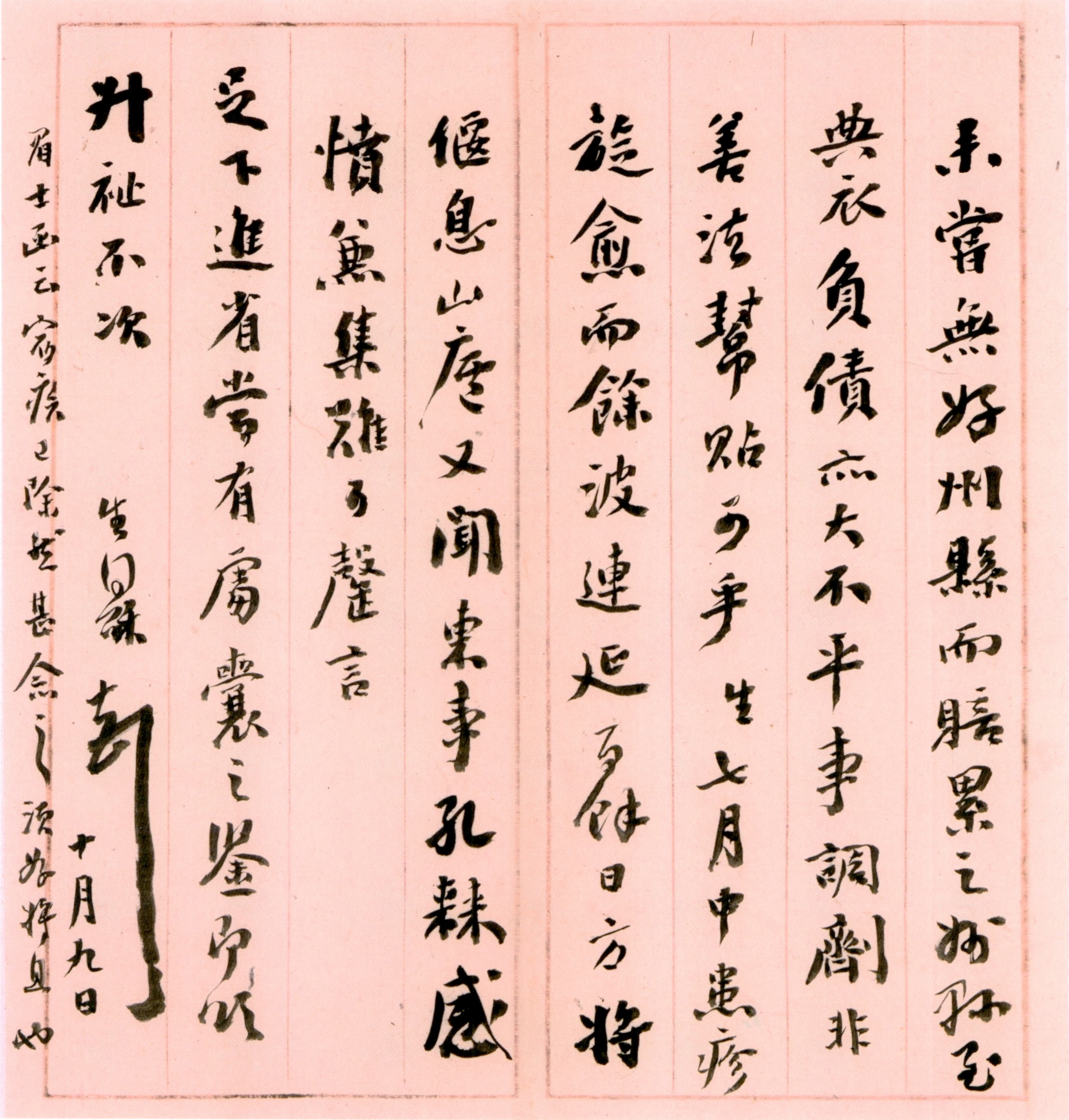
未嘗無好州縣而膳累之桝孫之
典衣負債亦大不平事調劑非
善法幫貼可乎 生七月中患疹
旋愈而餘波連延百餘日方將
偃息山廬又聞粜事孔棘感
憤焦集雖可罄言
足下進省當有屬囊之鑒所以
升祉不次 生同龢頓首 十月九日
眉士函云家兄之除甚念之須好好保且也

致徐元綬之六

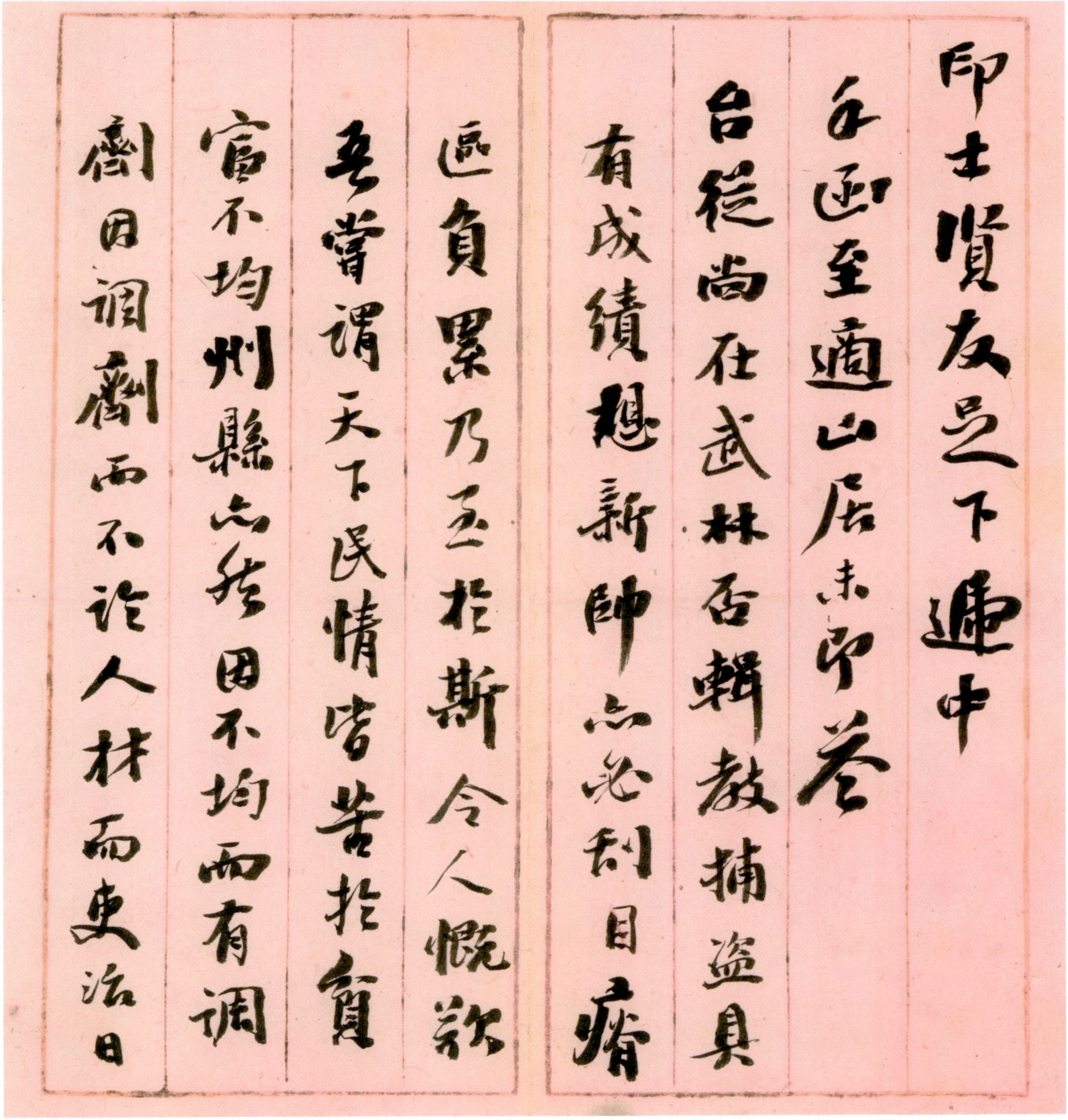
印士賢友足下邇中
手函至適山居未即荅
台從尚在武林否緝教捕盜具
有成績想新師亦必刮目瘠
區負累乃至於斯令人慨歎
吾嘗謂天下民情皆苦於賦
官不均州縣亦然因不均而有調
劑因調劑而不論人林而吏治日

致　徐元綬　之六

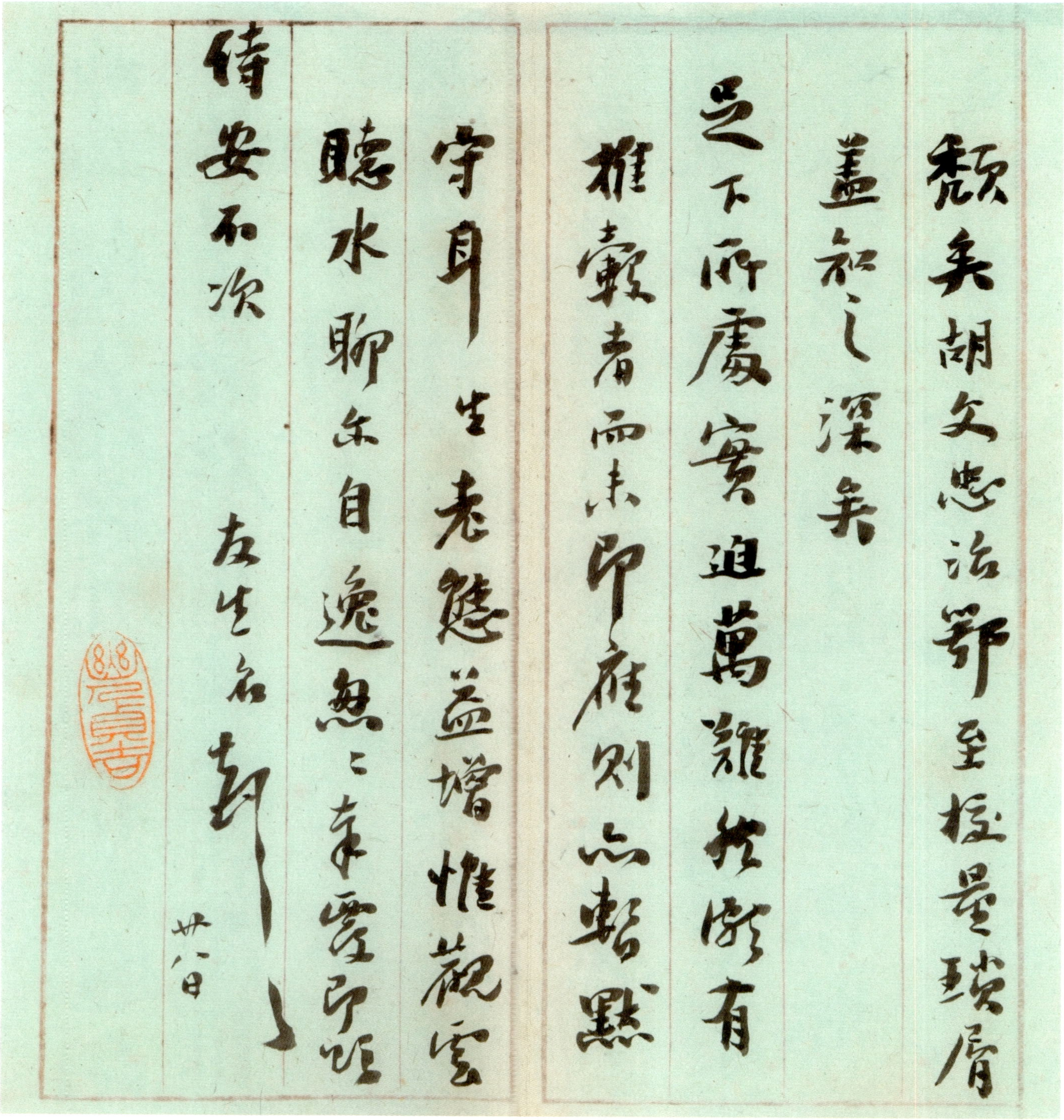

頹矣胡文忠治鄂至校量瑣屑
蓋知之深矣
之下所處實迫萬難於此有
推轂者而未即施則亦黯黮
守耳　生老態益增惟覩雲
聽水聊以自逸忽忽率覆即頌
侍安不次　友生名頓
廿八日

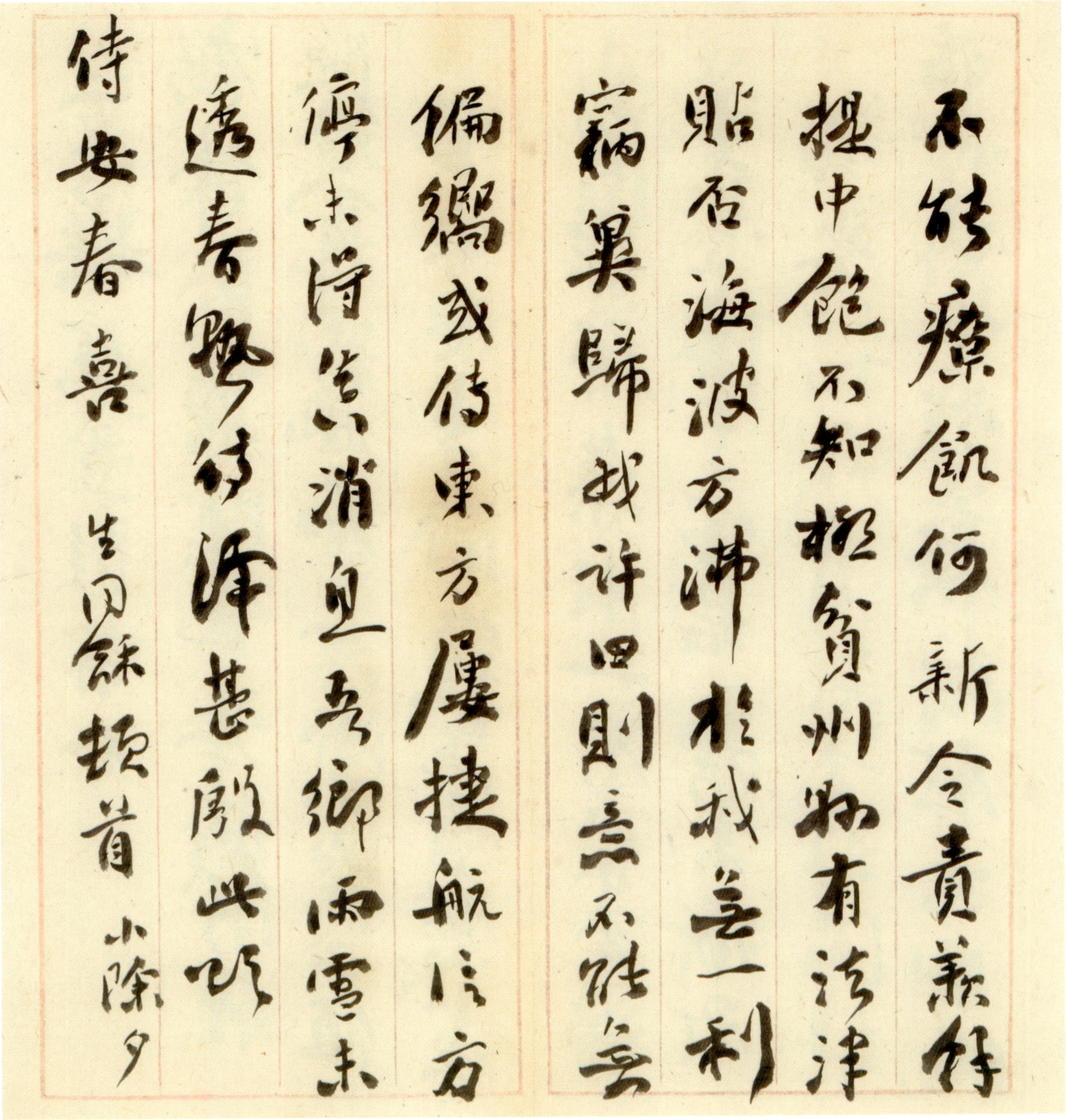
不能療飢何新令責兼任
桯中館不知椒賀州將有詩津
貼否海波方沸於我無一利
竊冀歸我許回則意不能無
徧觸或待東方屢捷航行方
停未得其消息吾鄉雨雪未
透春暖待併甚願此頌
侍安春喜
生同龢頓首　小除夕

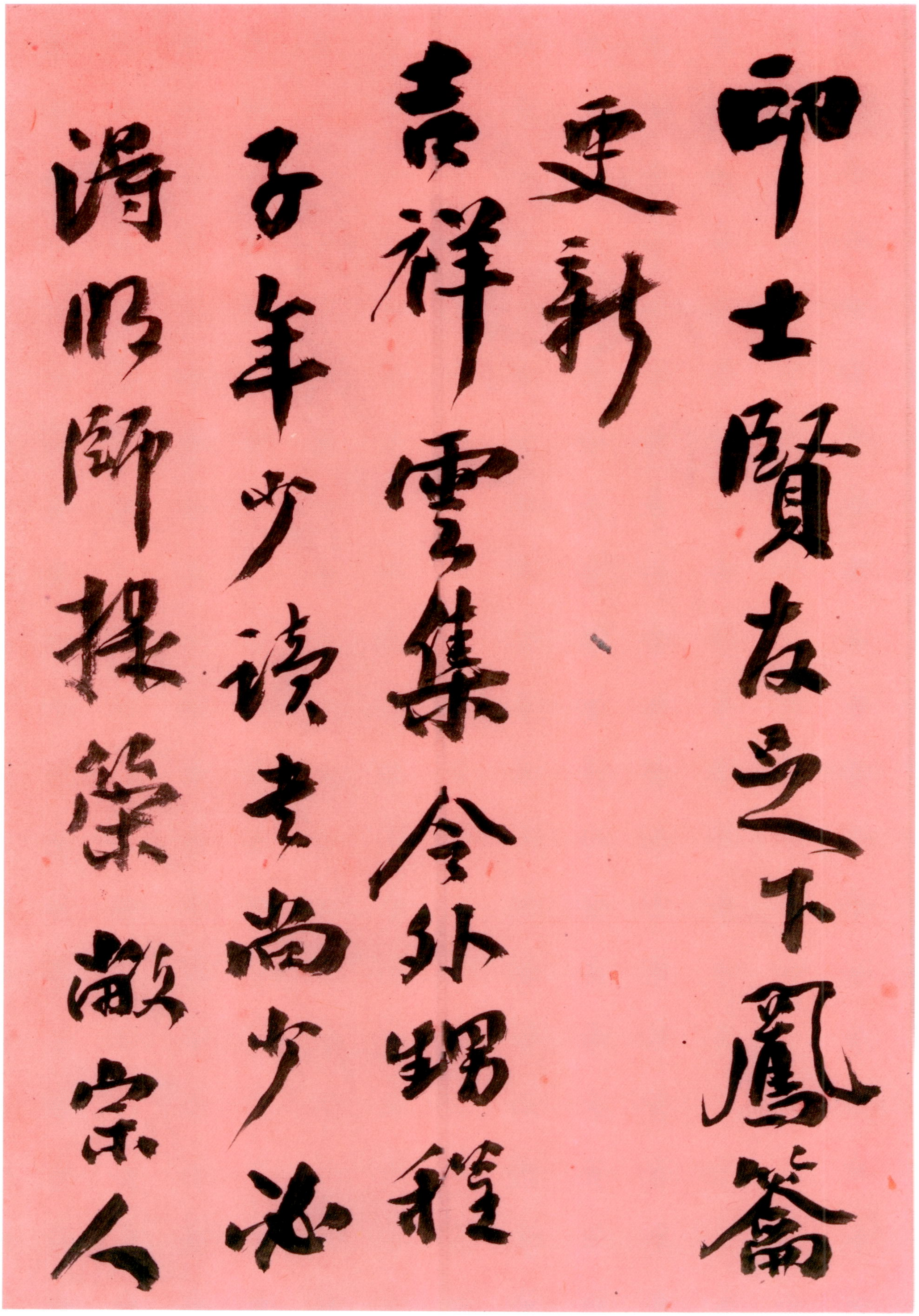

印士賢友足下鳳翥
更新
吉祥雲集　令外甥程
子年少讀書尚少必
得明師提策　激宗人

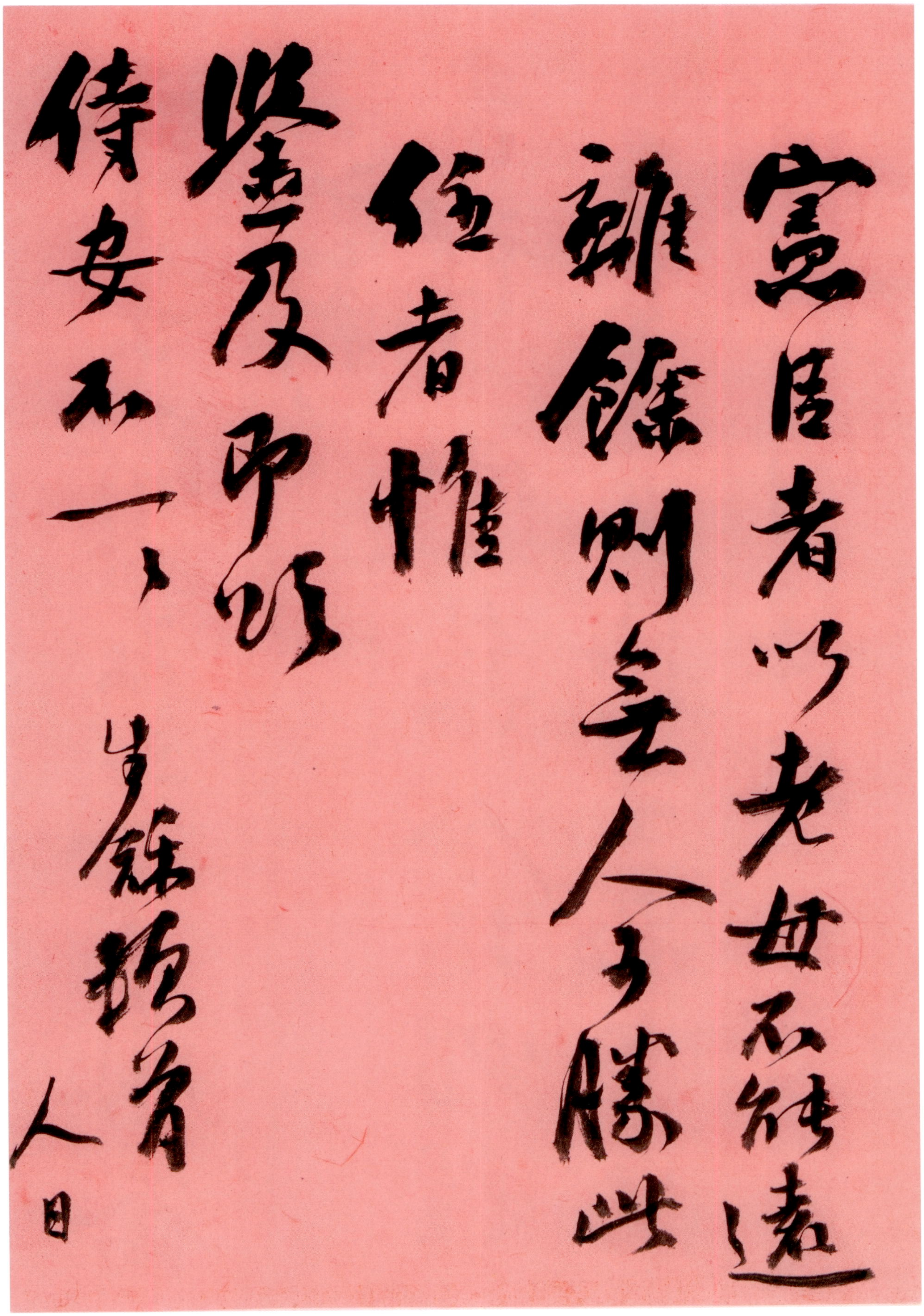

寓居者以老母不能遠離，餘則無人可勝此任者，惟鑒及即頌侍安不一一

生鍒頓首

人日

致徐元綬 之九

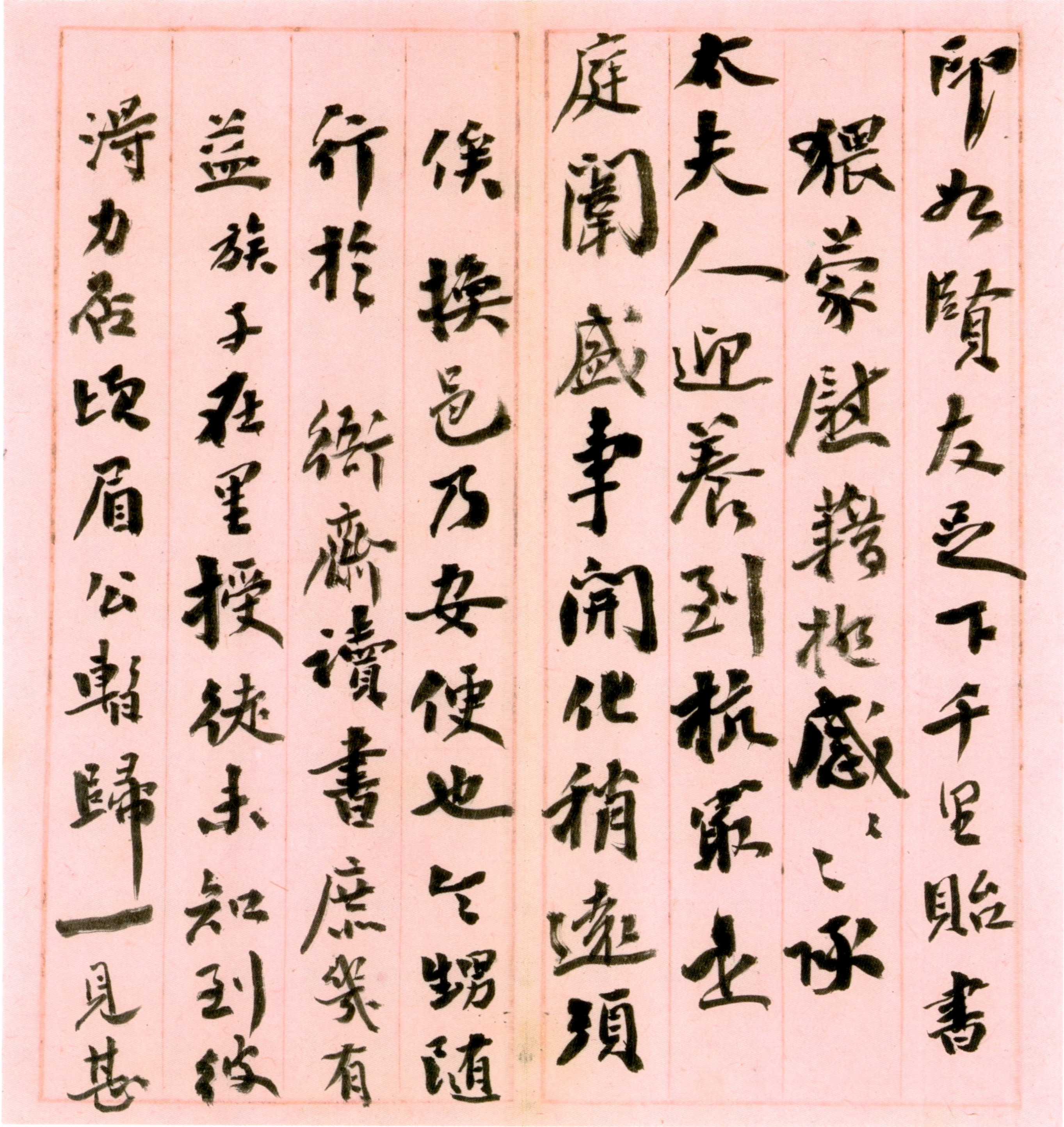
即如賢友之下千里貽書
猥蒙慰藉抱感〻〻承
太夫人迎養到杭寓安
庭闈盛事開化稍遠須
俟換邑乃安便也乞錫隨
行於衡齋讀書庶幾有
益族子在里授徒未知到彼
得力否晚眉公鄉歸一見甚

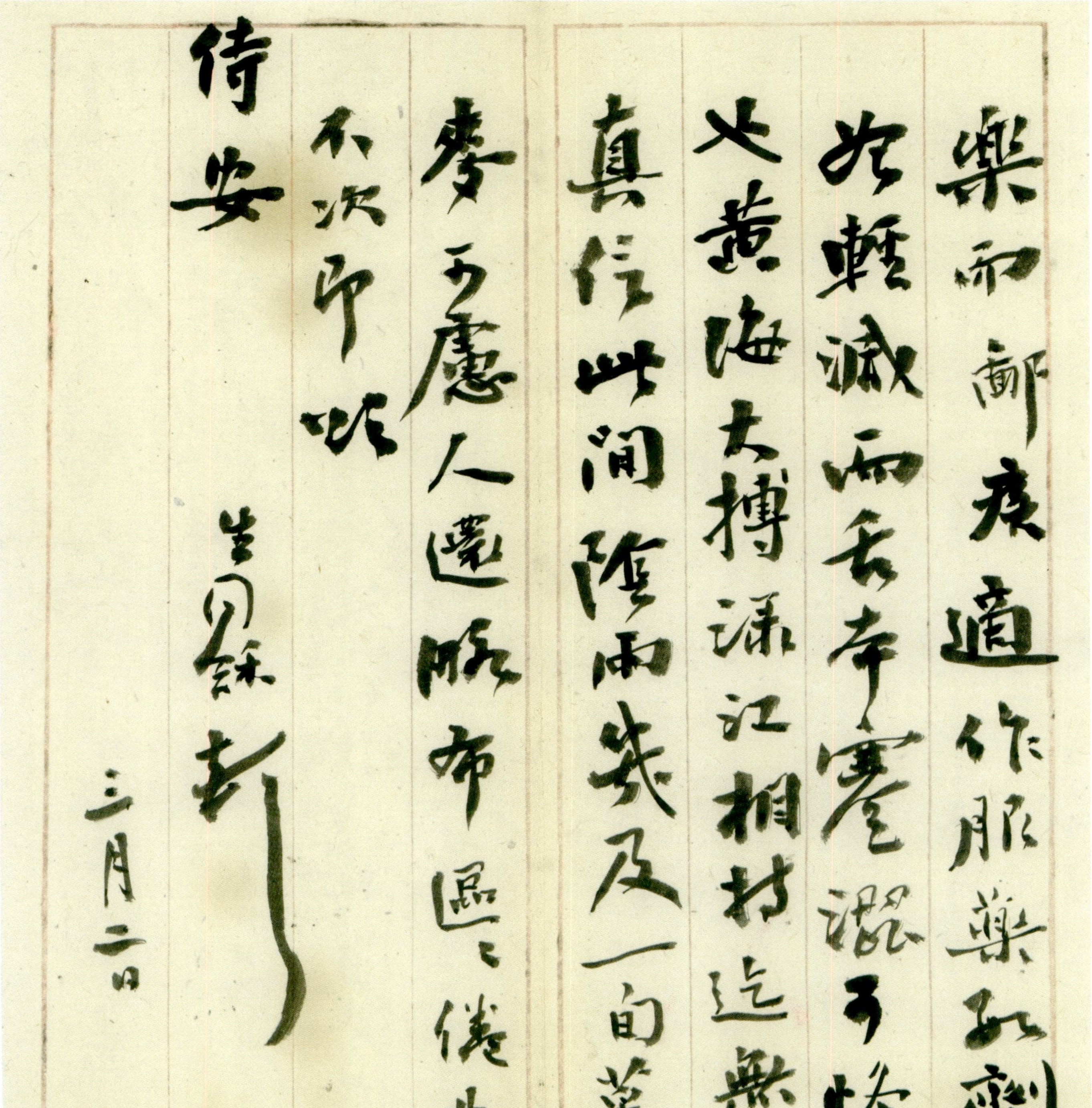
樂而鄙夷適作服藥飲劑
如輕減而去年寒濕于怯
以黃海大搏潑江相對近無
真信此間陰雨甚及一旬菜
麥豆慮人還賑布區區儀甚
不次即頌
侍安
生同穌 上
三月二日

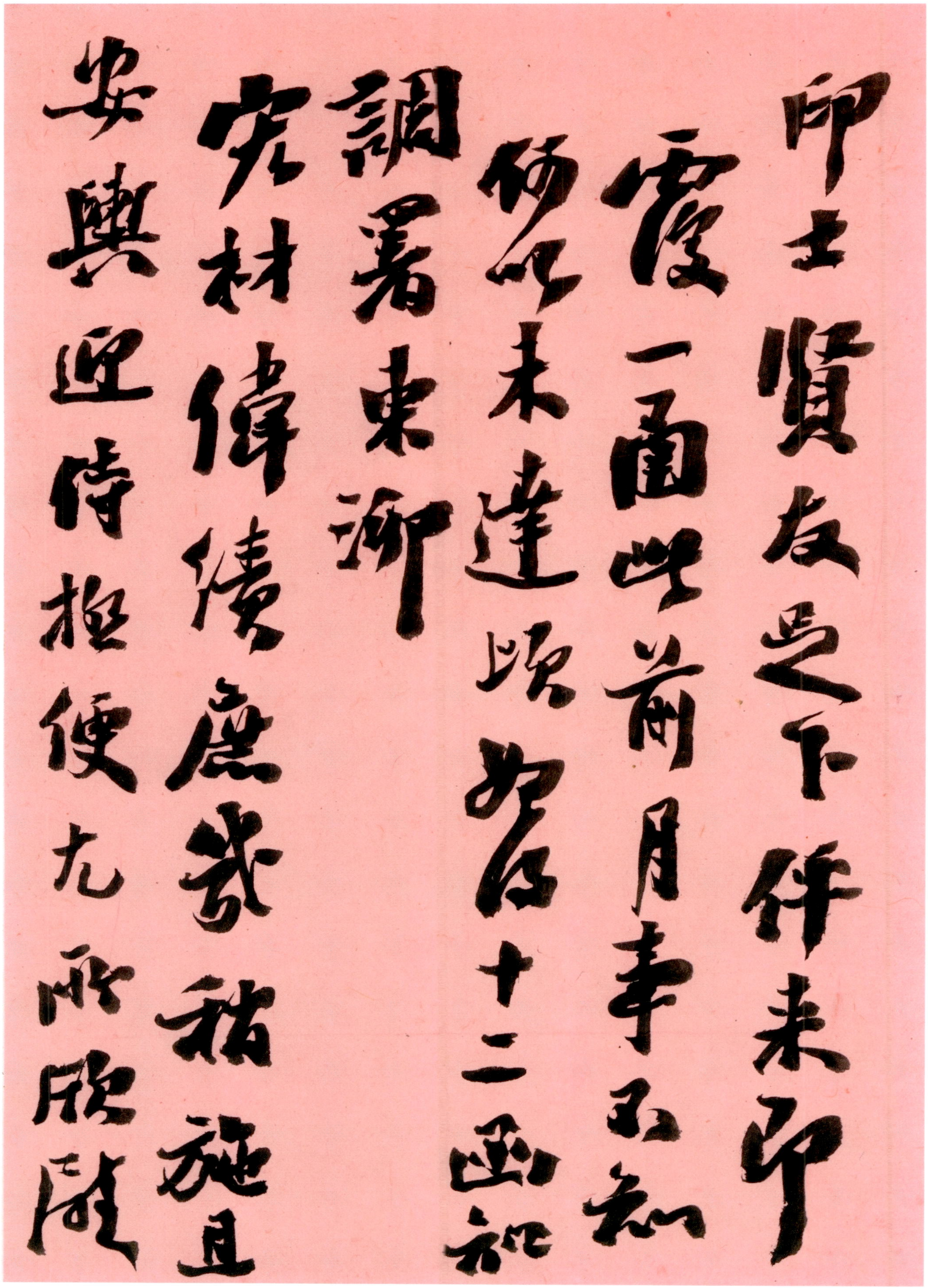
印士賢友足下：佇來印
霞一面，此前月奉函，知
何以未達。頃接十二函，祇
誦悉。東瀚
宏材偉績，庶幾稍施，且
安輿迎侍，抑便尤所欣賀。

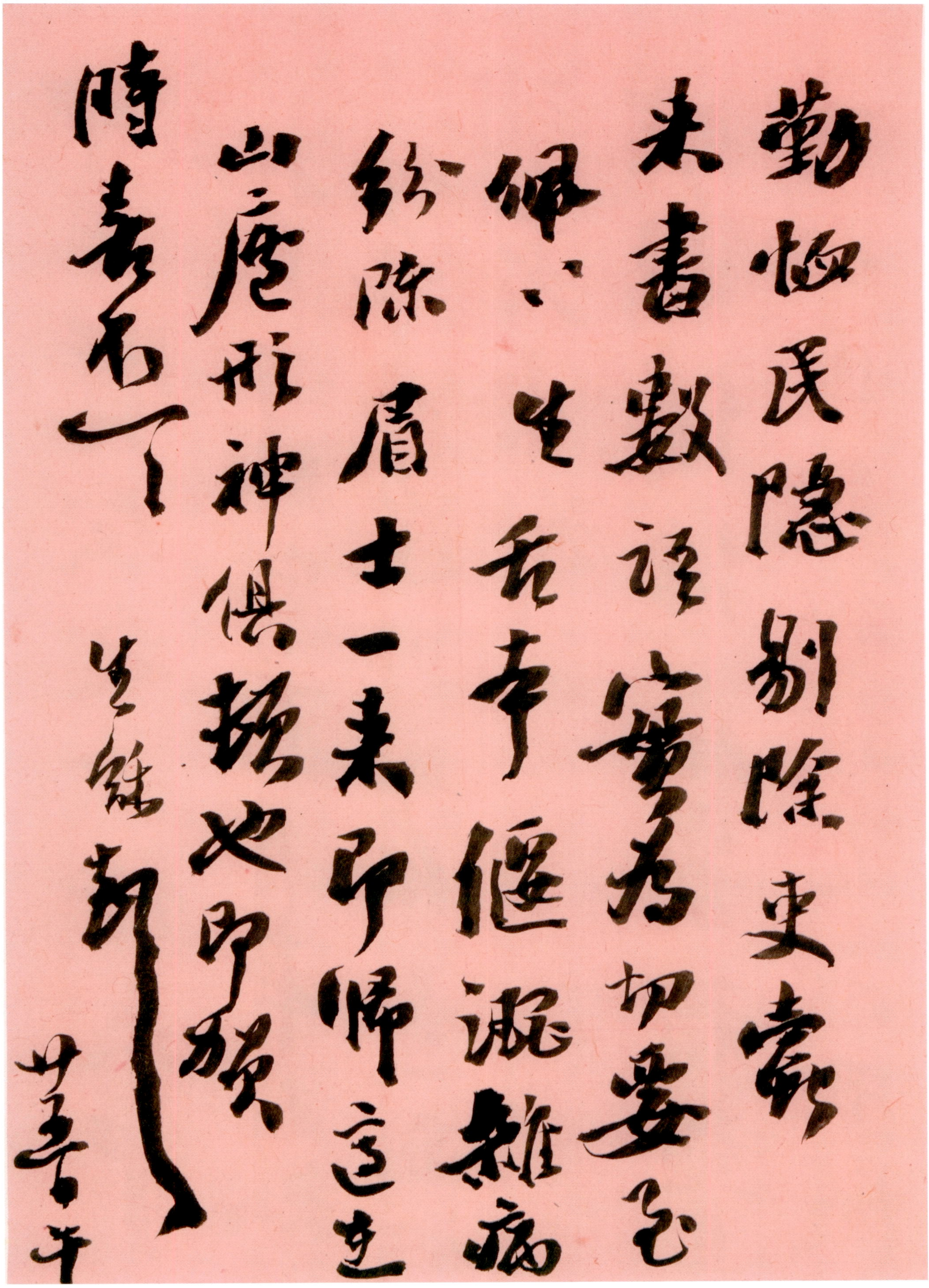
勤恤民隱，剔除吏蠹。來書數語，寔爲切要。至佩佩。生平倔强，雜病紛除，眉士一來即歸，適足以應形神俱損也。即頌時春不一。生鍵頓首。廿五午

致徐元綬 之一一

印士賢友足下：專使來，得
書並燕窩、白木耳兩筐。平
生於精食不甚措意，今病後
羸瘦，又承
厚意諄屬，即日試嘗，病
患於术固入齋矣。
履新計在初秋，彼中望歲
頗切，緝匪是今日要務，於

致　徐元綬　之二一

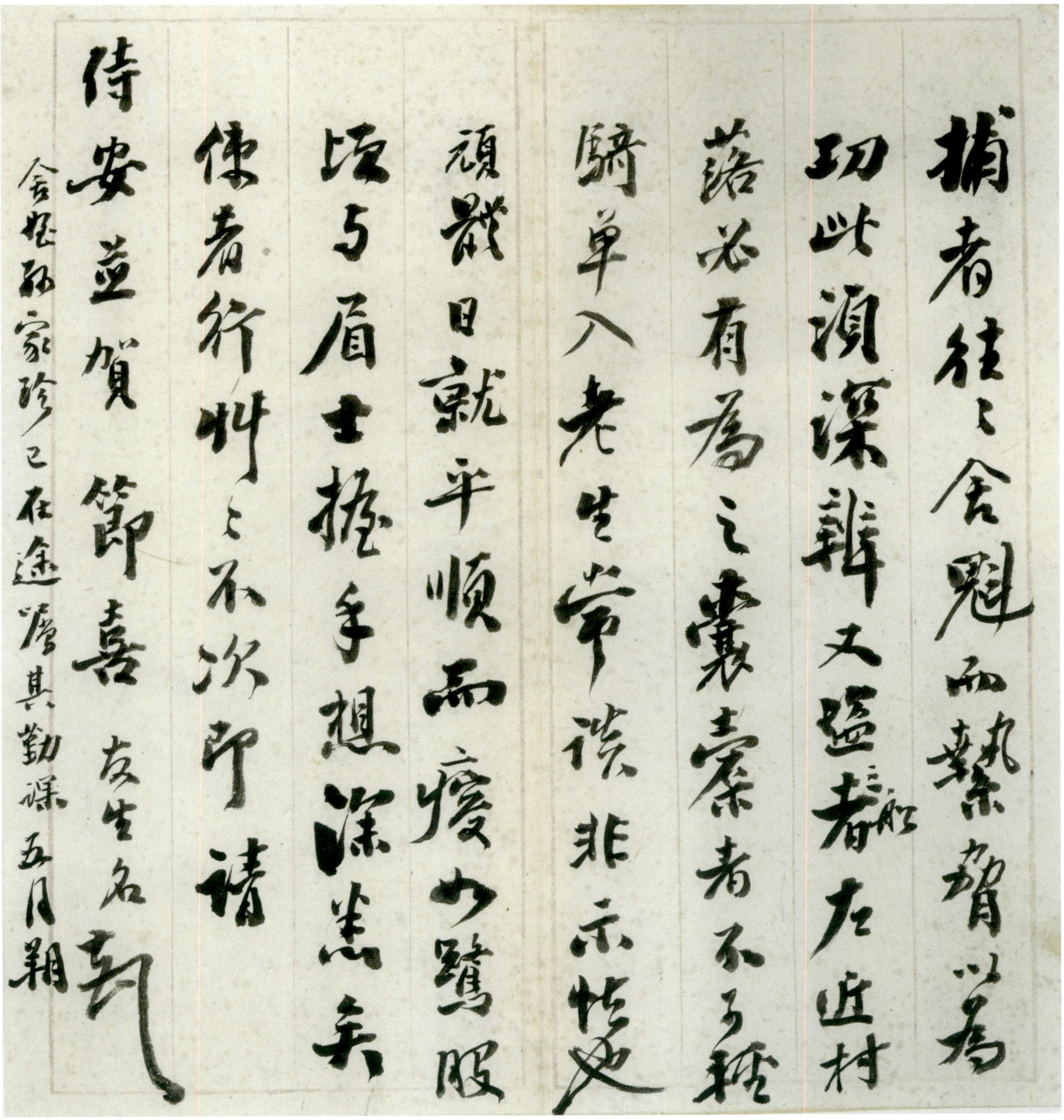
捕者往々會魁而縶贄以為
功此須深雜文遜者舫左近村
落必有為之囊橐者不可輕
騎單入老生常談非示怯也
頑戢日就平順而瘦如鷺股
頃与眉士握手想深悉矣
使者行艸々不次即請
侍安並賀節喜　友生名[illegible]
令姪孫家珍已在途嘉其勤謹　五月朔

致 趙仲舉 之一

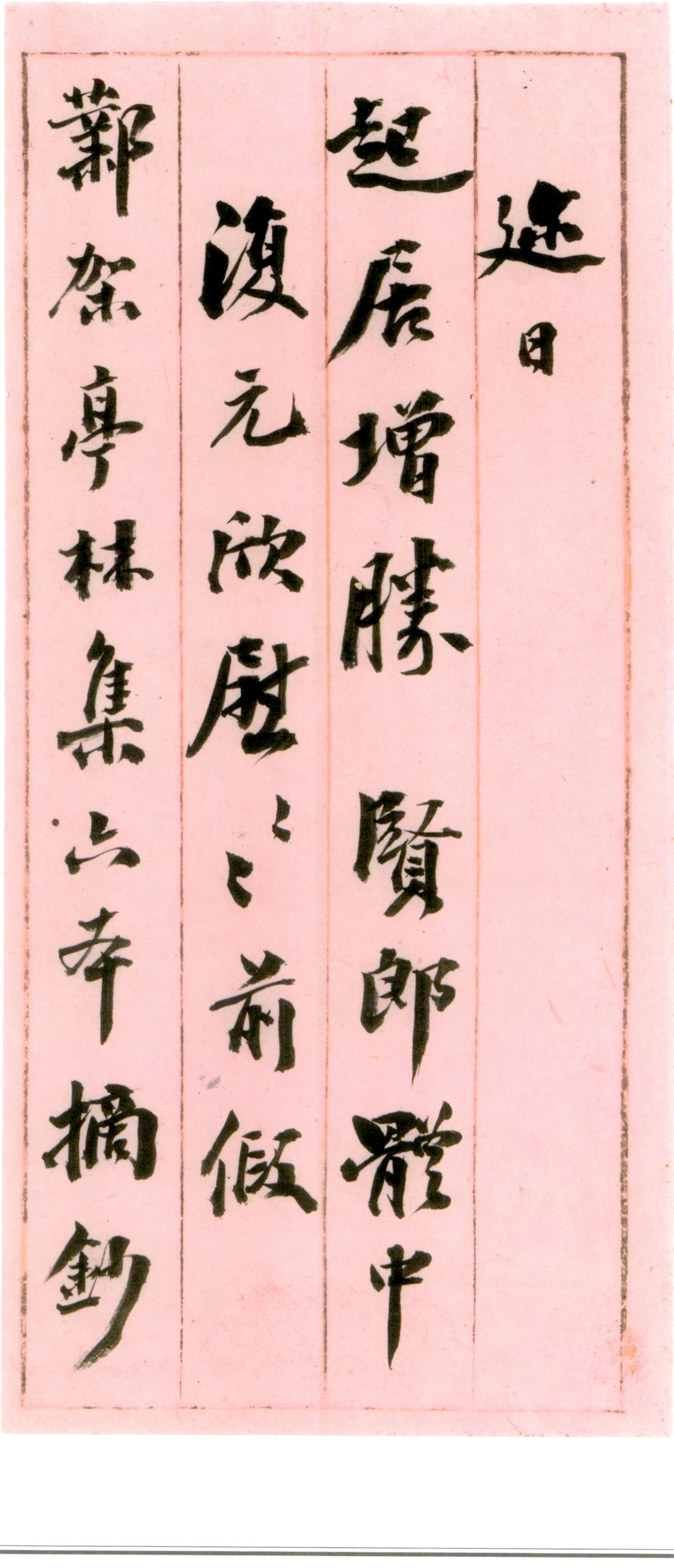

迓日

起居增勝，賢郎殿中

復元，欣慰欣慰。前假

鄰家亭林集六本摘鈔

趙仲舉，字能遠，號坡生，江蘇常熟人。趙宗德（介人）之子，趙宗建之侄。畫家。

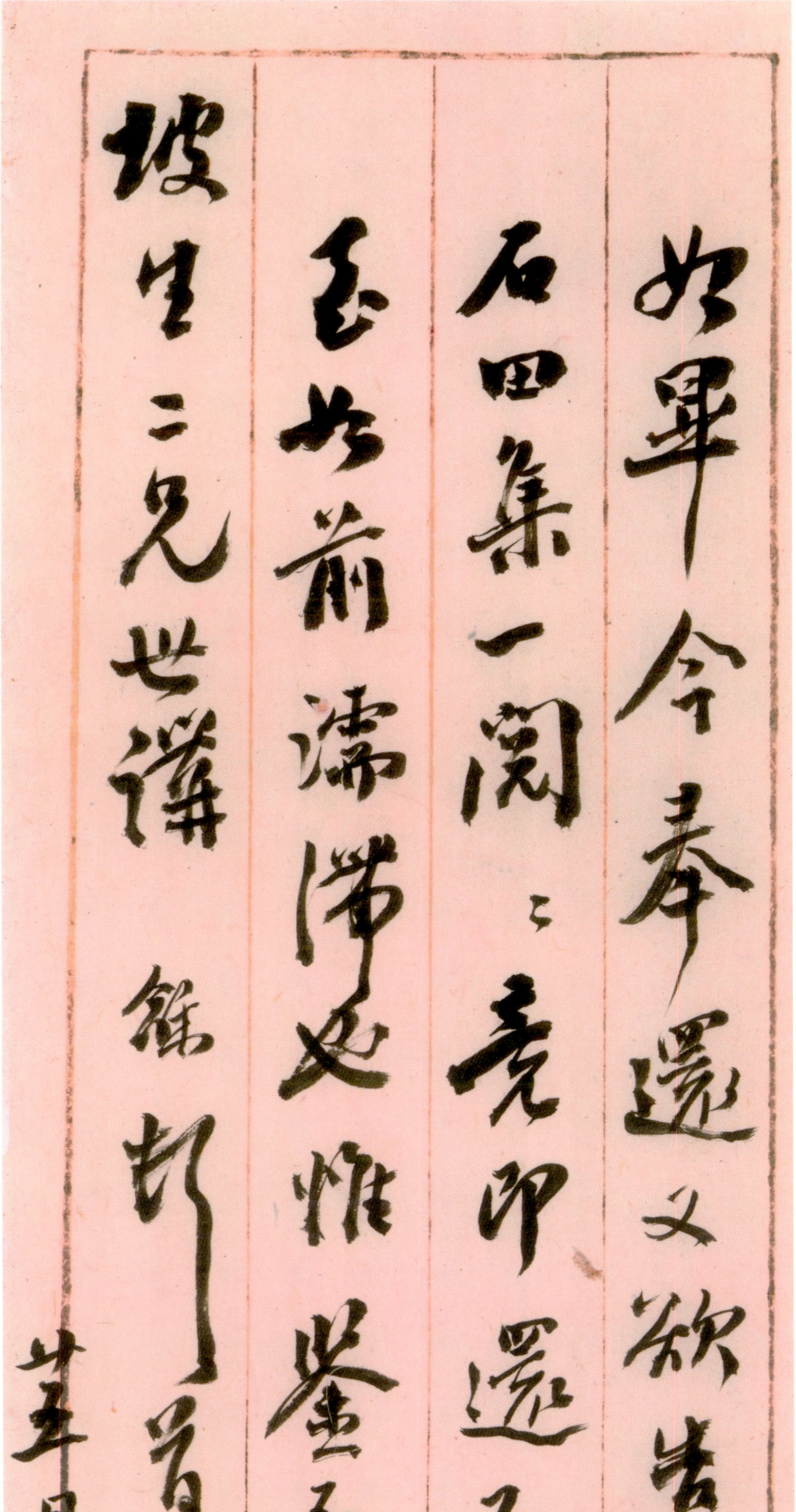
如畢，今奉還。又欲借
石田集一閱，閱竟即還，不
至如前濡滯也。惟鑒不一。
坡生二兄世講 餘頓首
廿五日

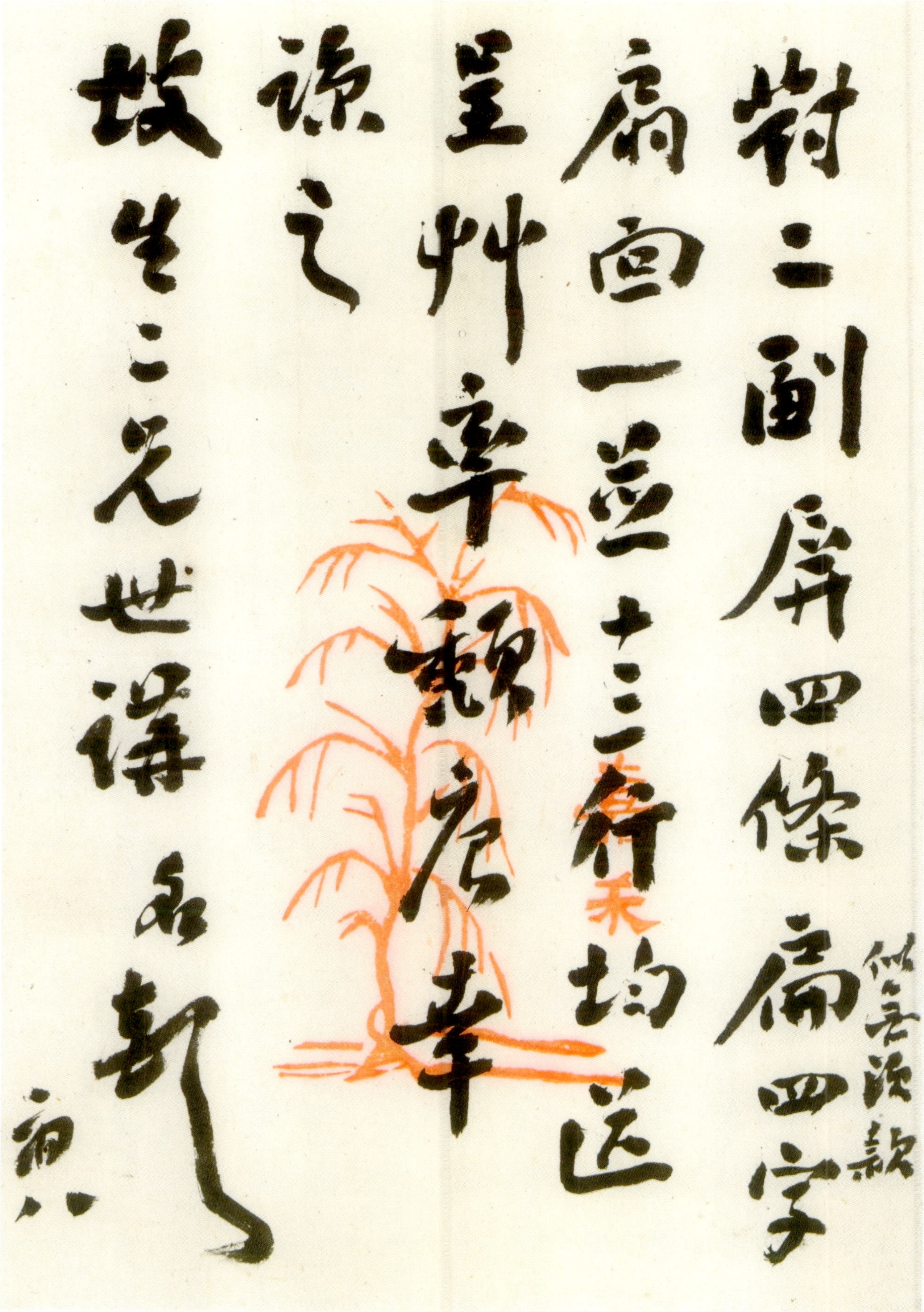
對二副　屏四條　扁四字（似否題款）
扇面一葉　十二行　均送
呈。草率頗虞，幸
諒之。
坡生二兄世講　名　頓首
初八

致趙仲舉 之二

致　趙仲舉　之三

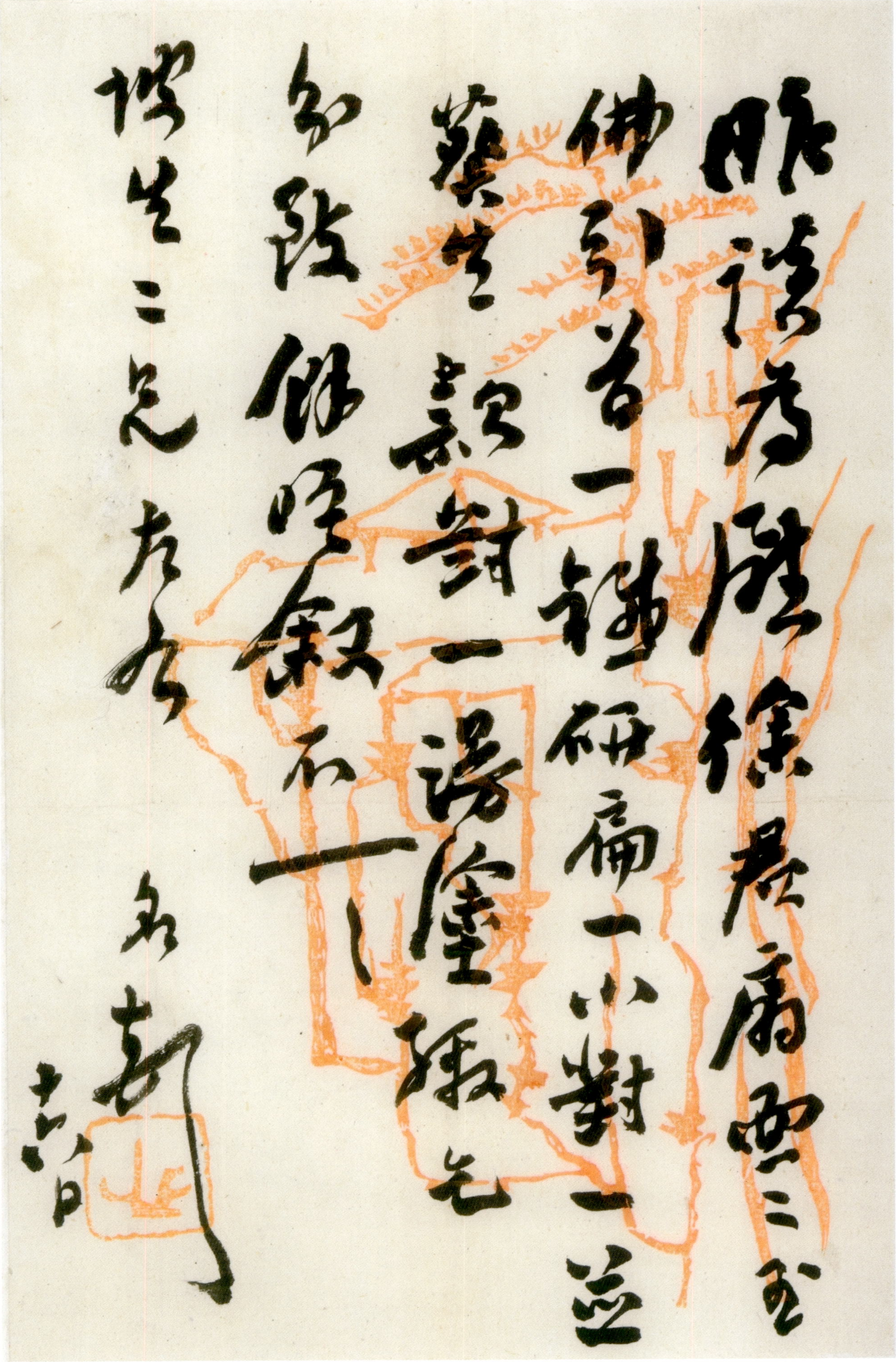

致 趙仲舉 之四

尊公墓銘業令始錄
出不佞豈足以表揚
盛德惟有愧負耳仍係
財擇雅宜字冊相書處

字并
墨寶永〻
琇饋感謝〻
根生之兄世長
鍚爵
廿二日
青蓮館主製

致　趙仲舉　之五

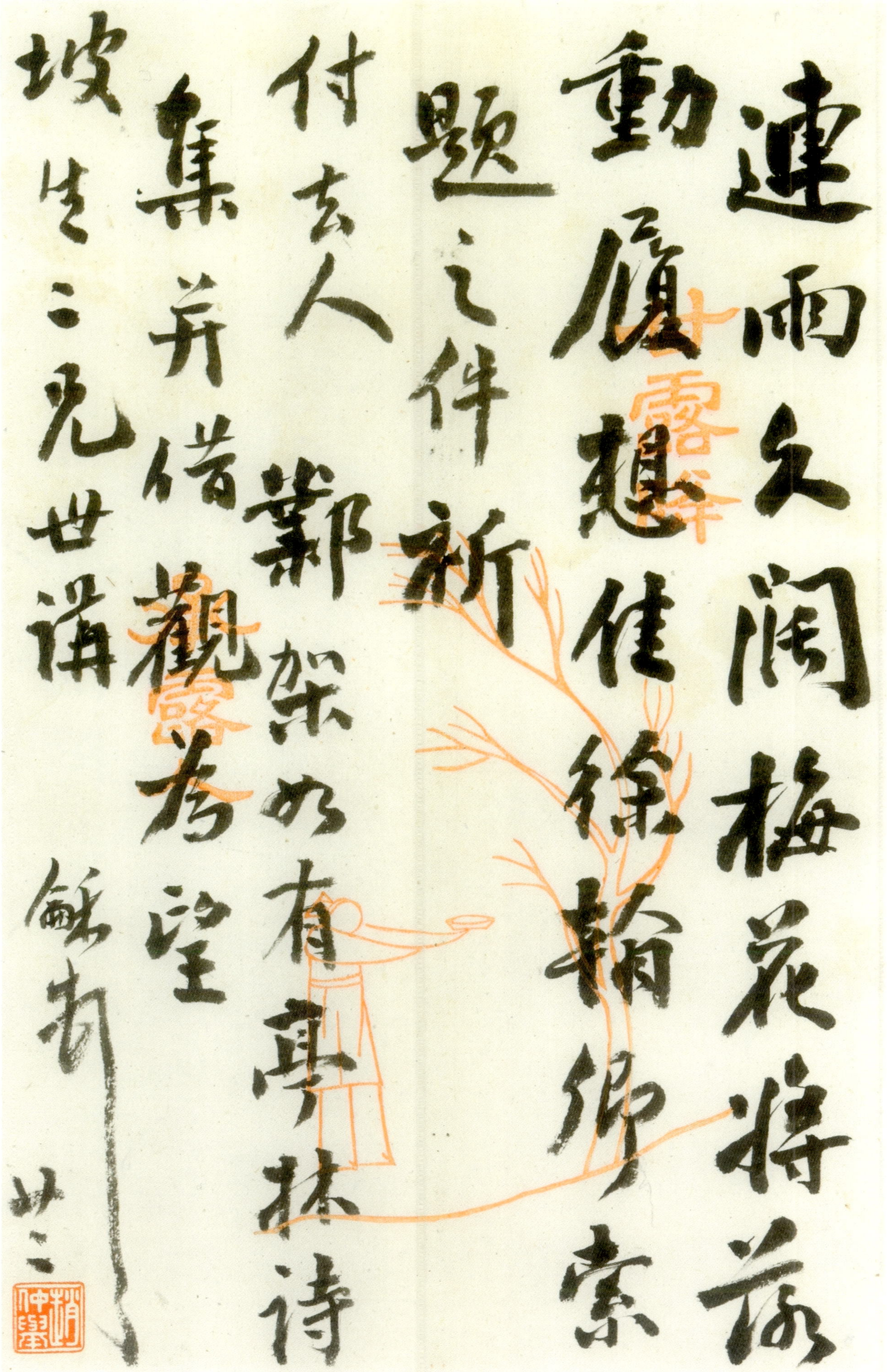
連雨久閣梅花將落
動履想佳餘翰仰索
題之件新
付去人鄰架如有亭林詩
集并借觀為望
坡生二兄世講
龢頓
廿二

致孫楫

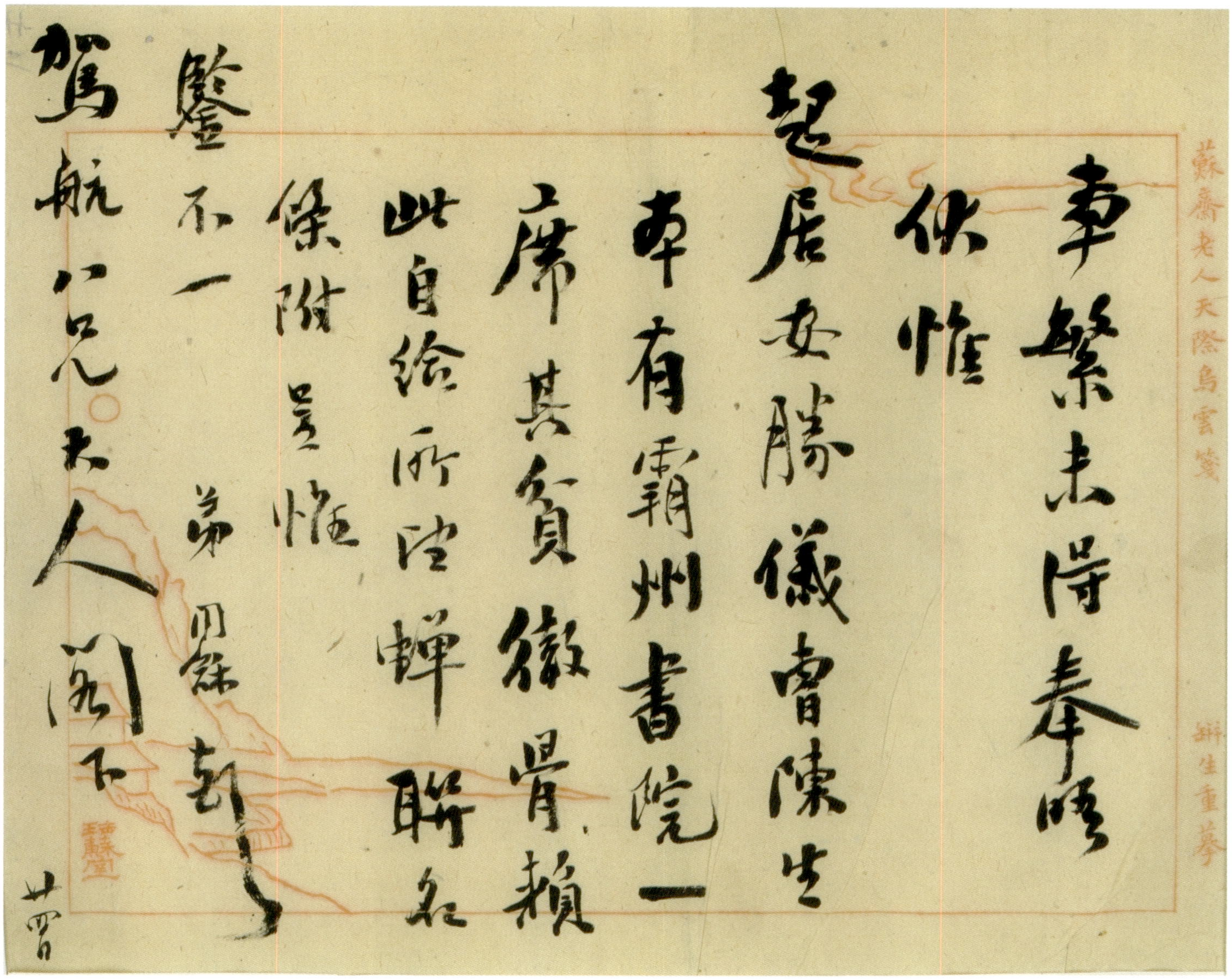

孫楫，字駕航，山東濟寧人，孫毓汶内侄。官至順天府尹。

致　朱元慶

朱元慶，字升庵。翁同龢之友。

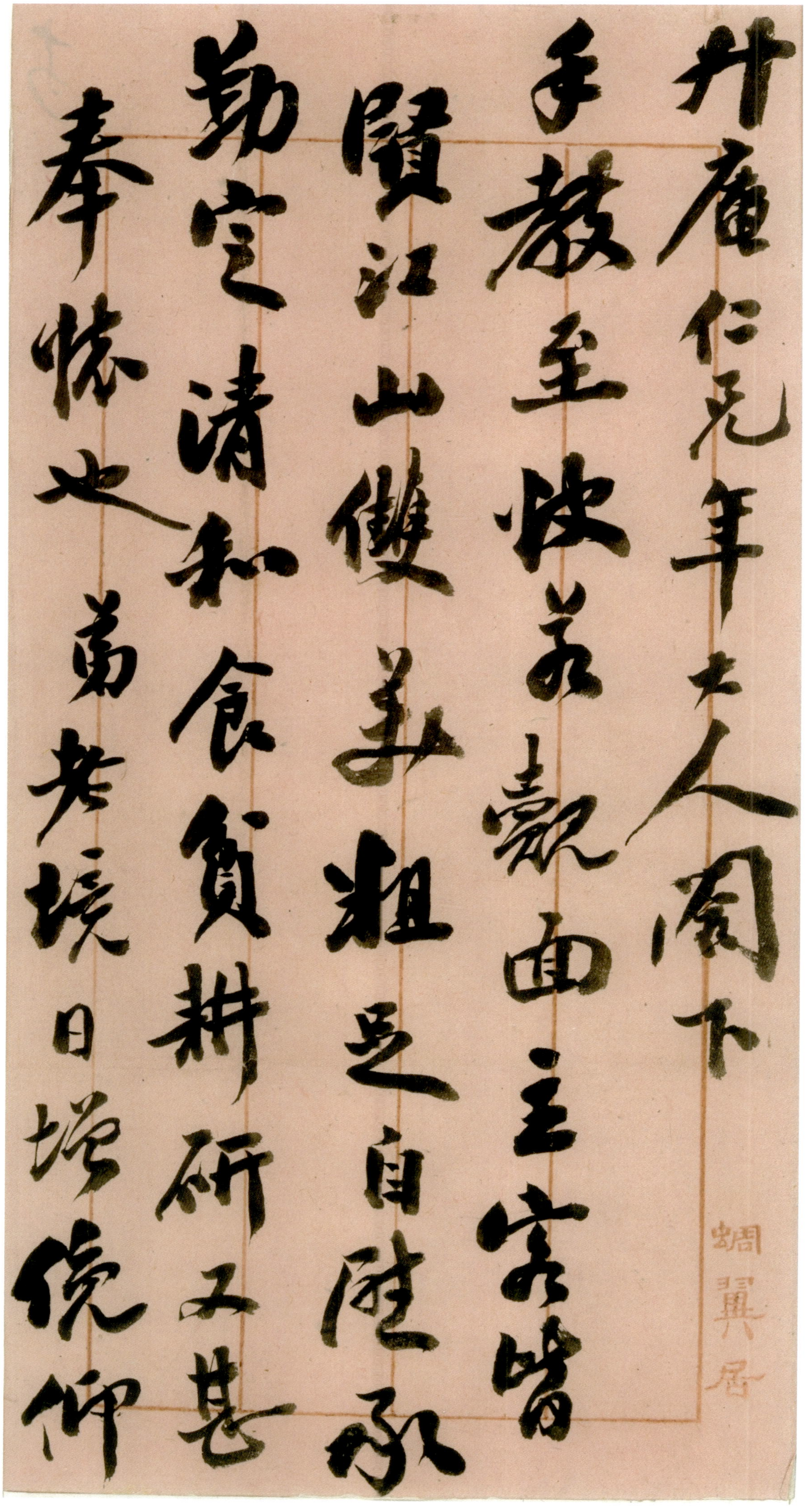
升庵仁兄年大人閣下
手教至，快若覿面。三客皆
賢，江山雙美，粗足自隨。承
勤宣，清和食貨，耕研互甚，
奉慰之。弟老境日增，愧仰

蝸翼居

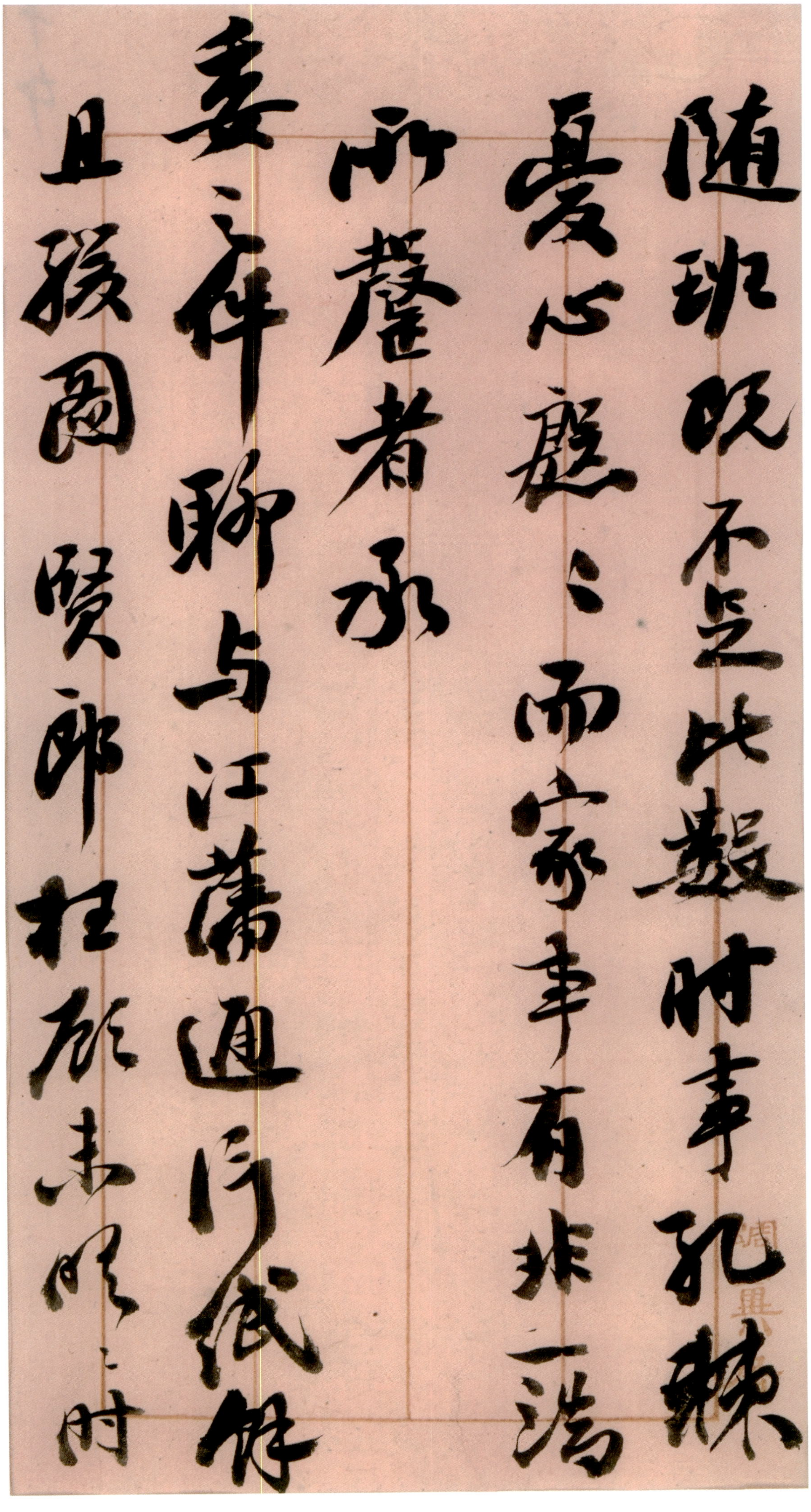

随班既不足比数，时事孔棘，
忧心悬悬，而家事有非一端
所罄者。承
委之件，聊与江藩通行，俟
且發圖 賢郎枉顾来取之时

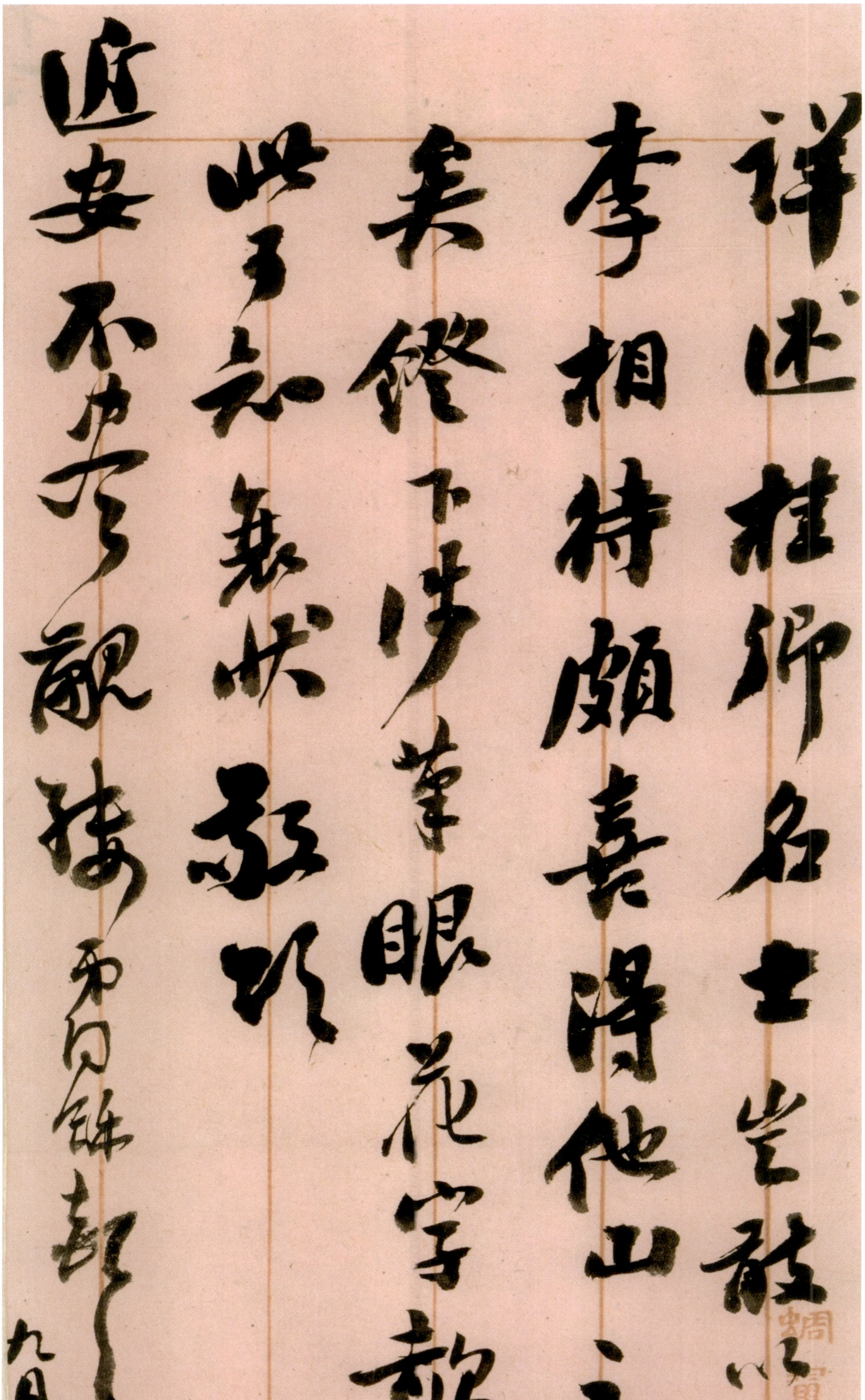

詳述桂卿名士，豈敢以桃李相待，頗喜得他山之助矣。從下步輦，眼花，字款即此手示悉狀。叔平
近安。不盡覼縷。同龢頓首
九月廿四

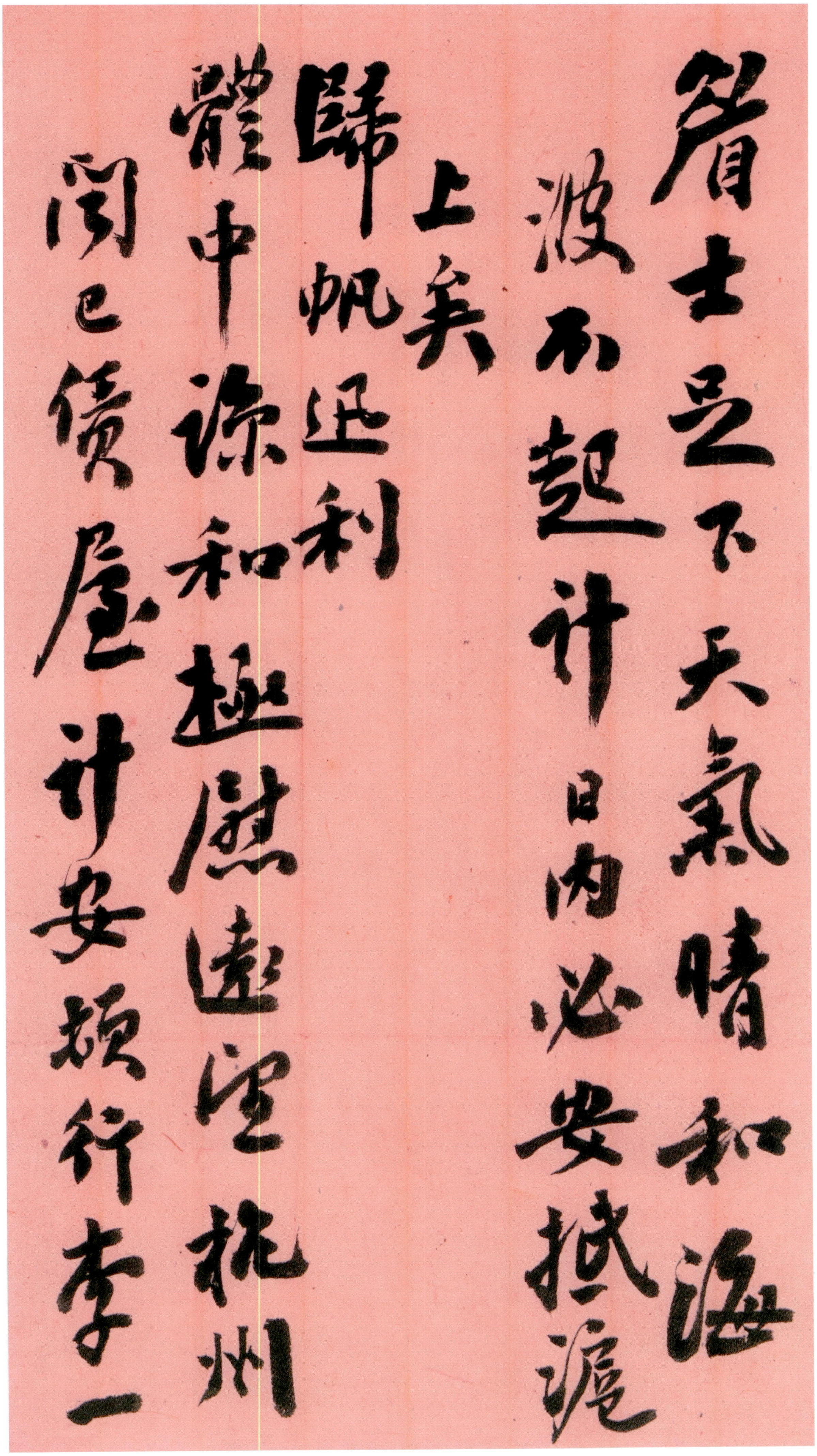
眉士足下：天氣晴和，海
波不起，計日內必安抵滬
上矣。
歸帆遄利，
體中諒和，極慰遠望。杭州
閱已償，屢計安頓行李一

葉壽松，字茂如，號眉士，又號寬齋。

致 葉壽松 之一

切公務稍有眉目者返里
一行耳 愚無初以有感
冒今已愈 舍下皆好一切視
佳 塔若深仗 護茹照料
餘面談不次即候
儷祉 名頓首 十月十八日

致葉壽松之一

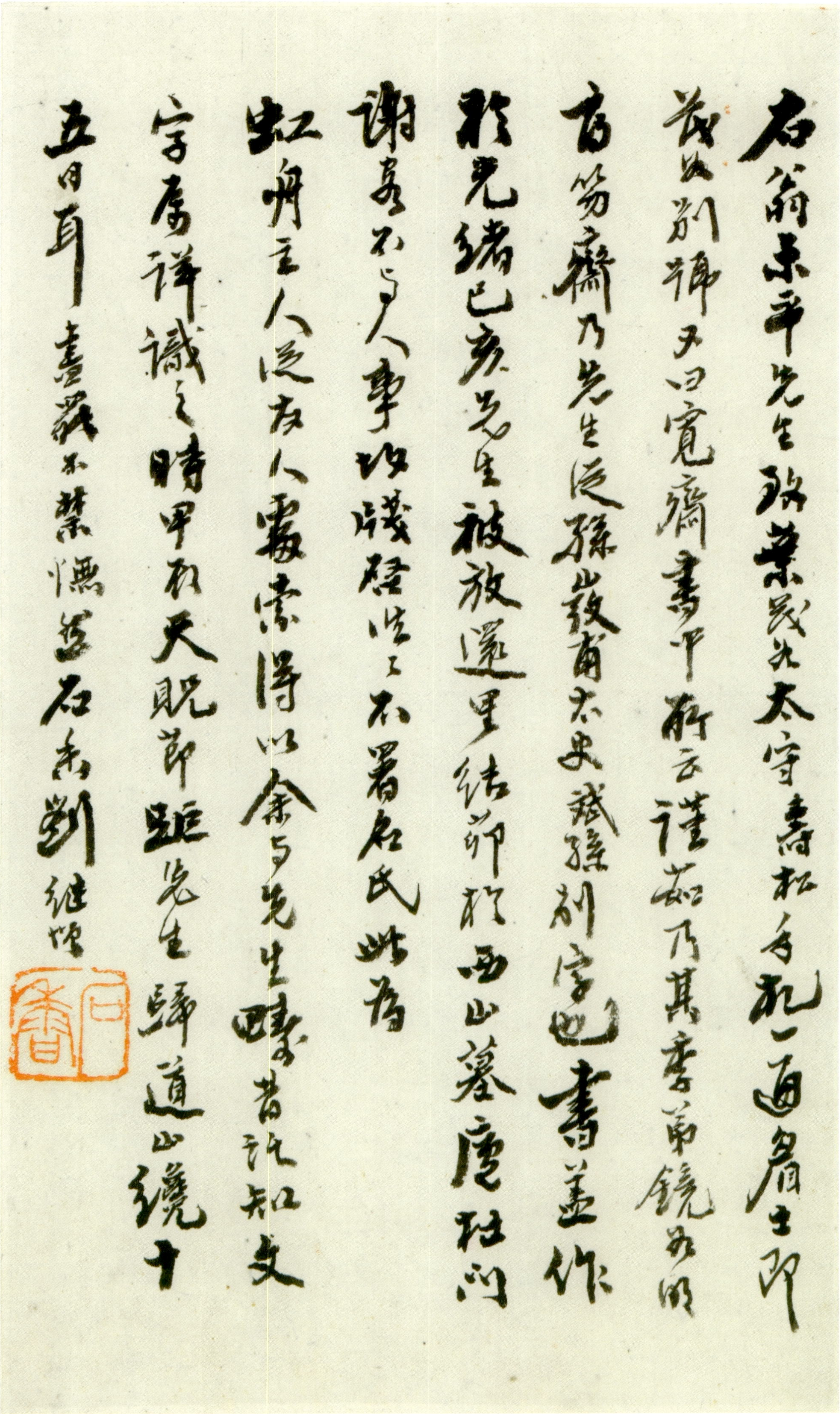

右翁叔平先生致葉巽之太守壽松手札一通。眉生即巽之別號，又曰寬齋。書中所云謹菴乃其季弟鏡如明府。笏齋乃先生從孫弢甫太史斌孫別字也。書蓋作於光緒己亥先生被放還里，結廬於西山墓廬時，謝客不與人事，故牋後亦不署名氏。此為虹舟主人從友人處索得，以余與先生疇昔託知交，屬詳識之。時甲寅天貺節，距先生歸道山纔十五年耳。書竟不禁憮然。石禹劉繼增

致　葉壽松　之二

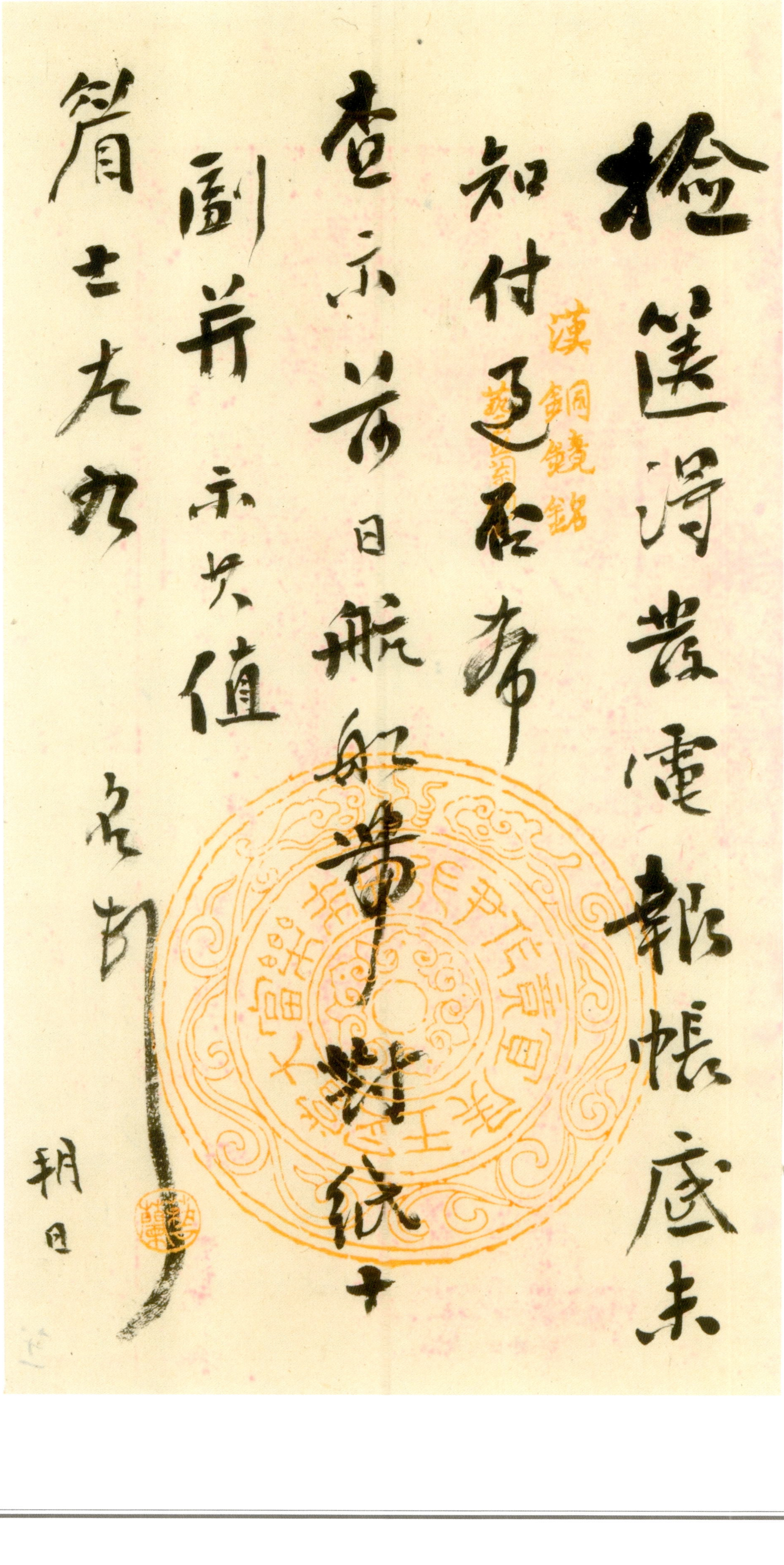

致葉壽松 之三

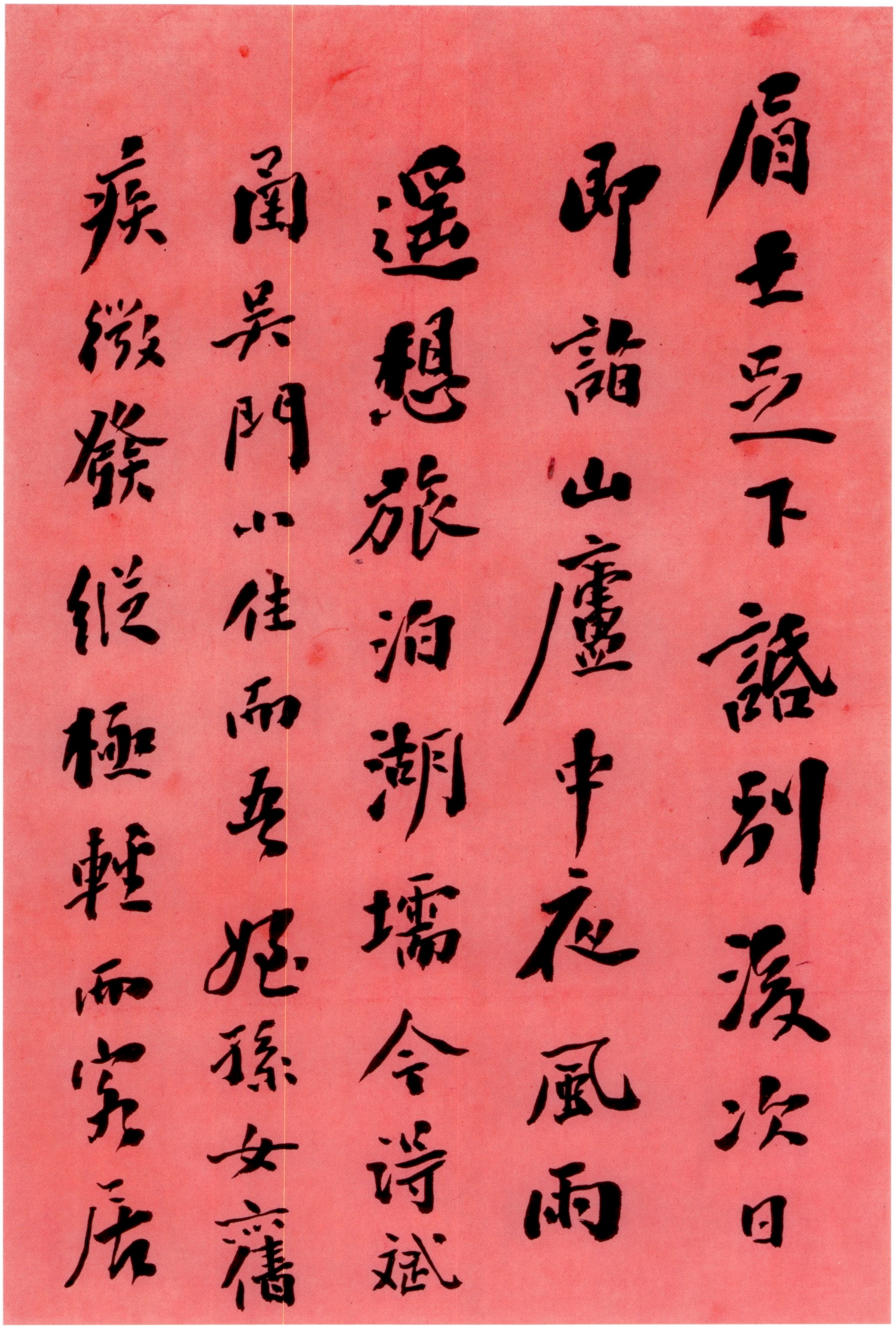
眉士兄下
誥別後次日
即詣山廬中夜風雨
遥想旅泊湖壖令詩斌
園吳門小住而吾姬孫女齋倩
疾微發從極輕而實居

致葉壽松 之三

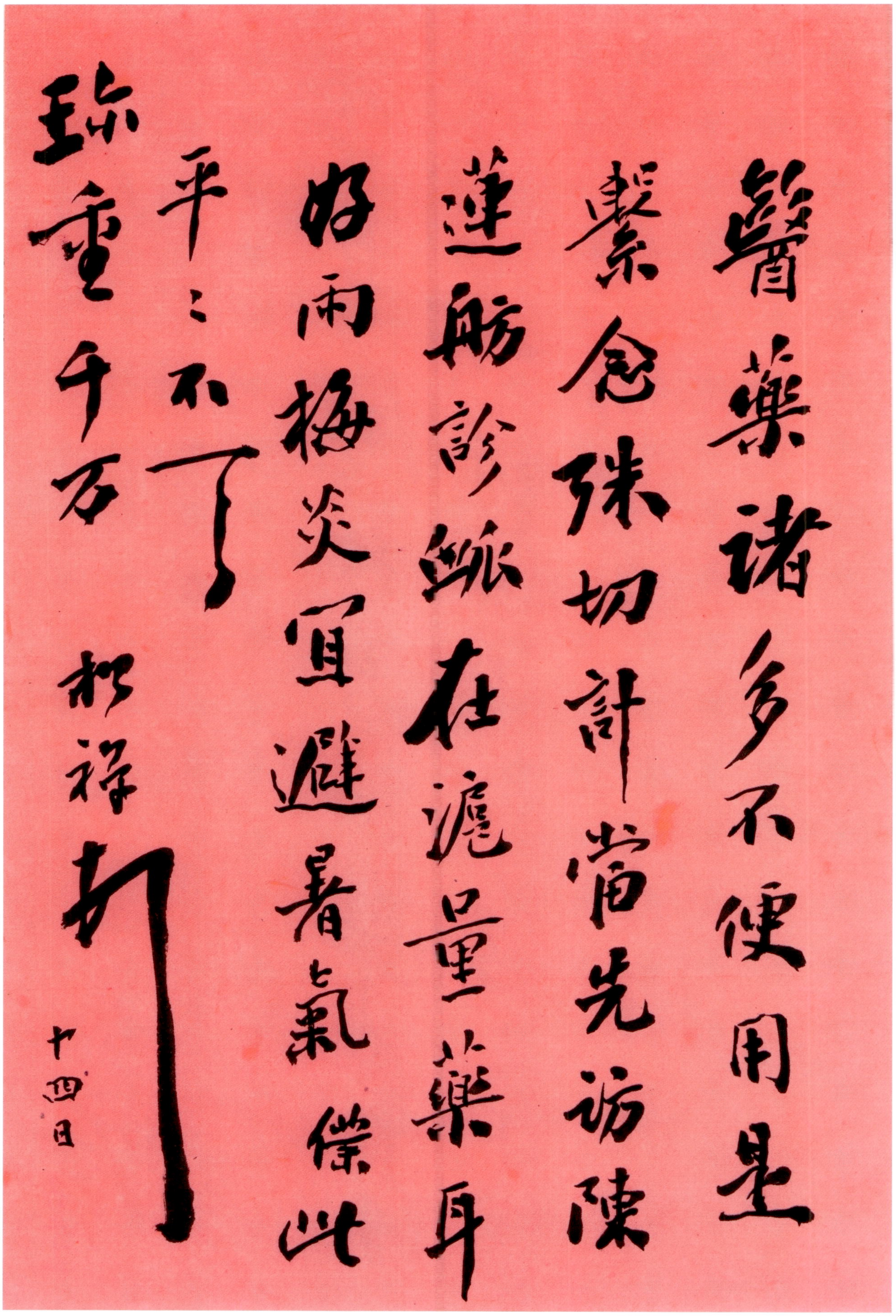
醫藥諸多不便，用是縈念殊切。計當先訪陳蓮舫診脈，在滬量藥耳。好雨梅炎，宜避暑氣。傑此
平〻不了
珍重千万
叔祥頓
十四日

致 葉壽松 之四

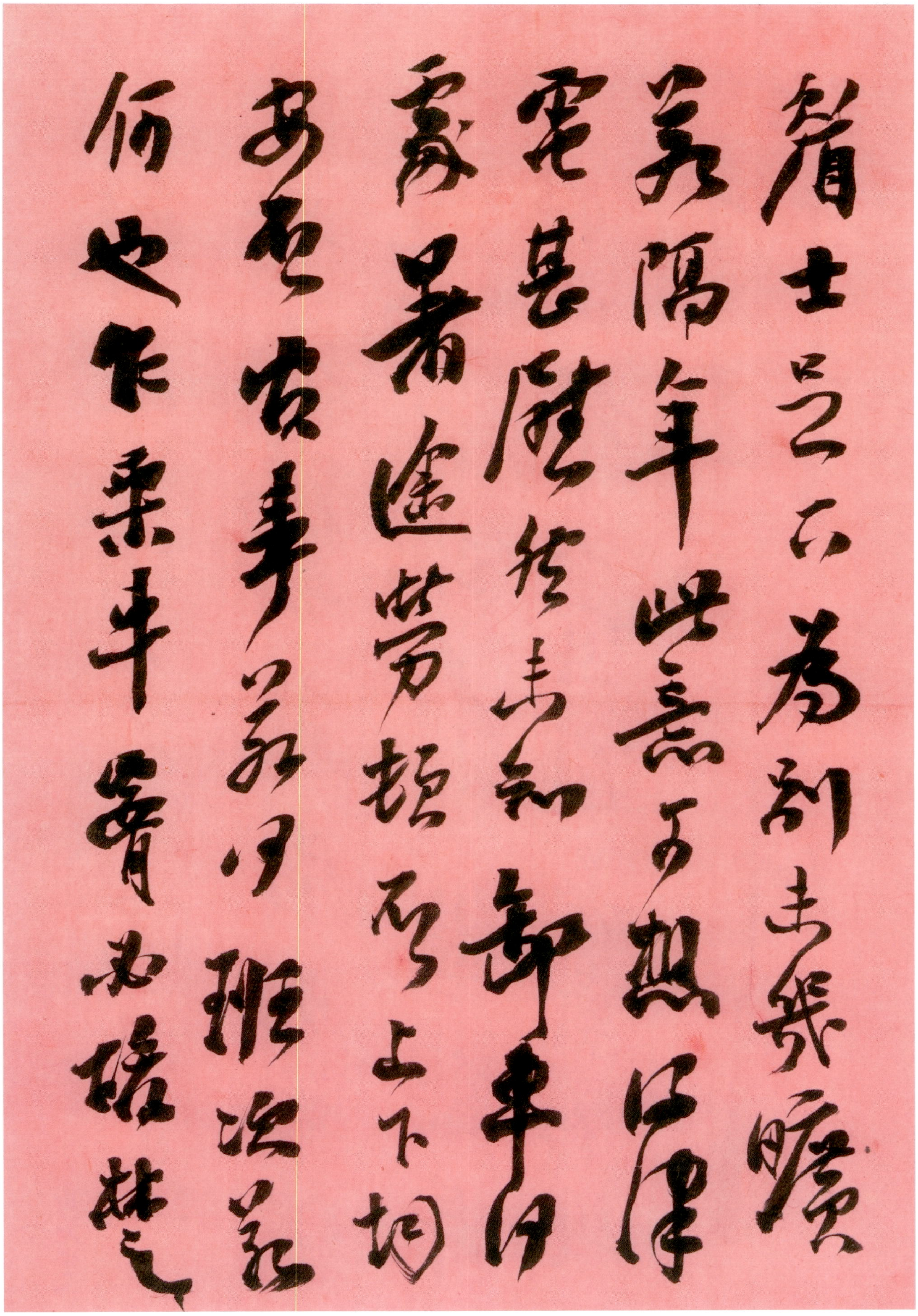

致葉壽松 之四

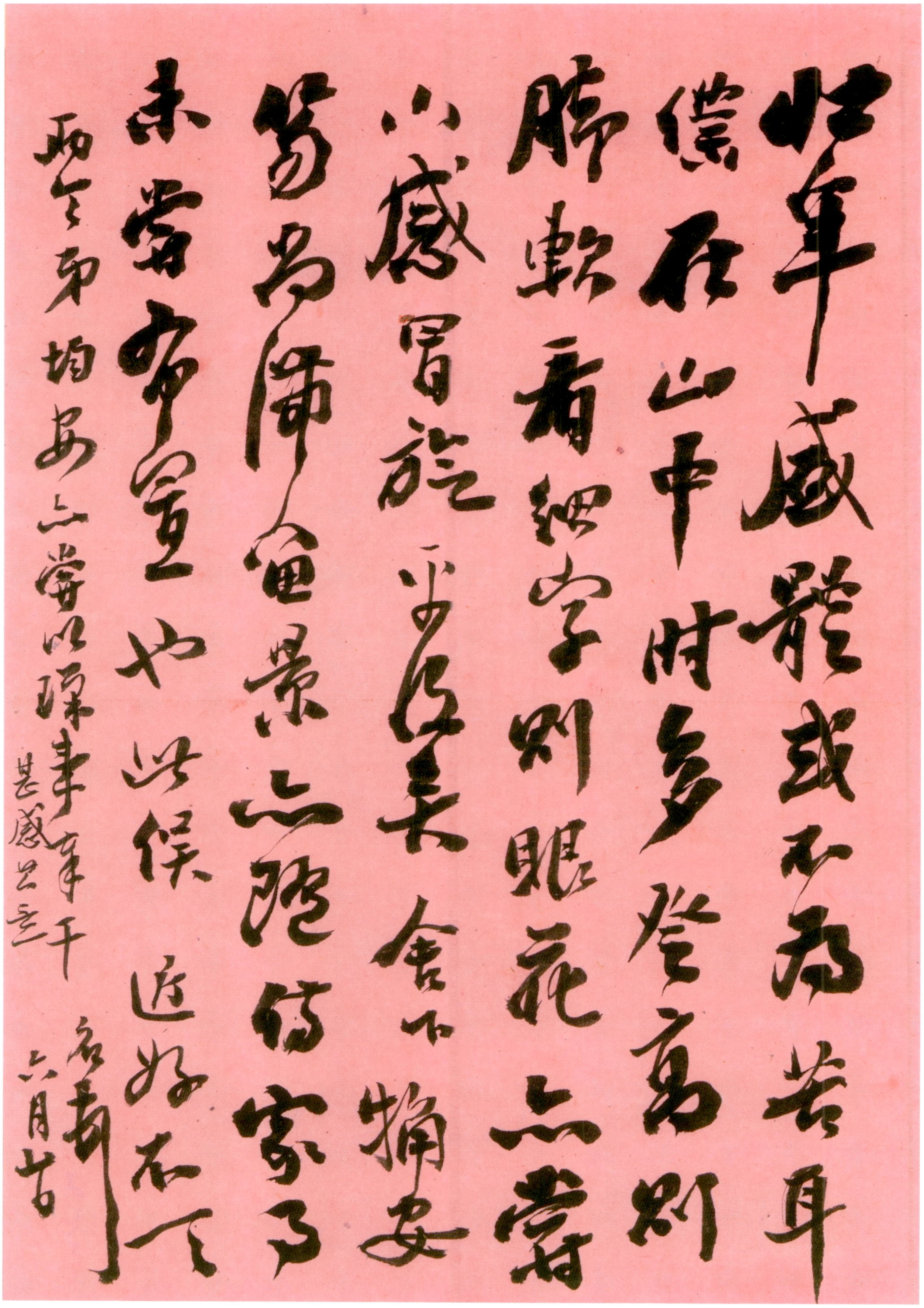

致　葉壽松　之五

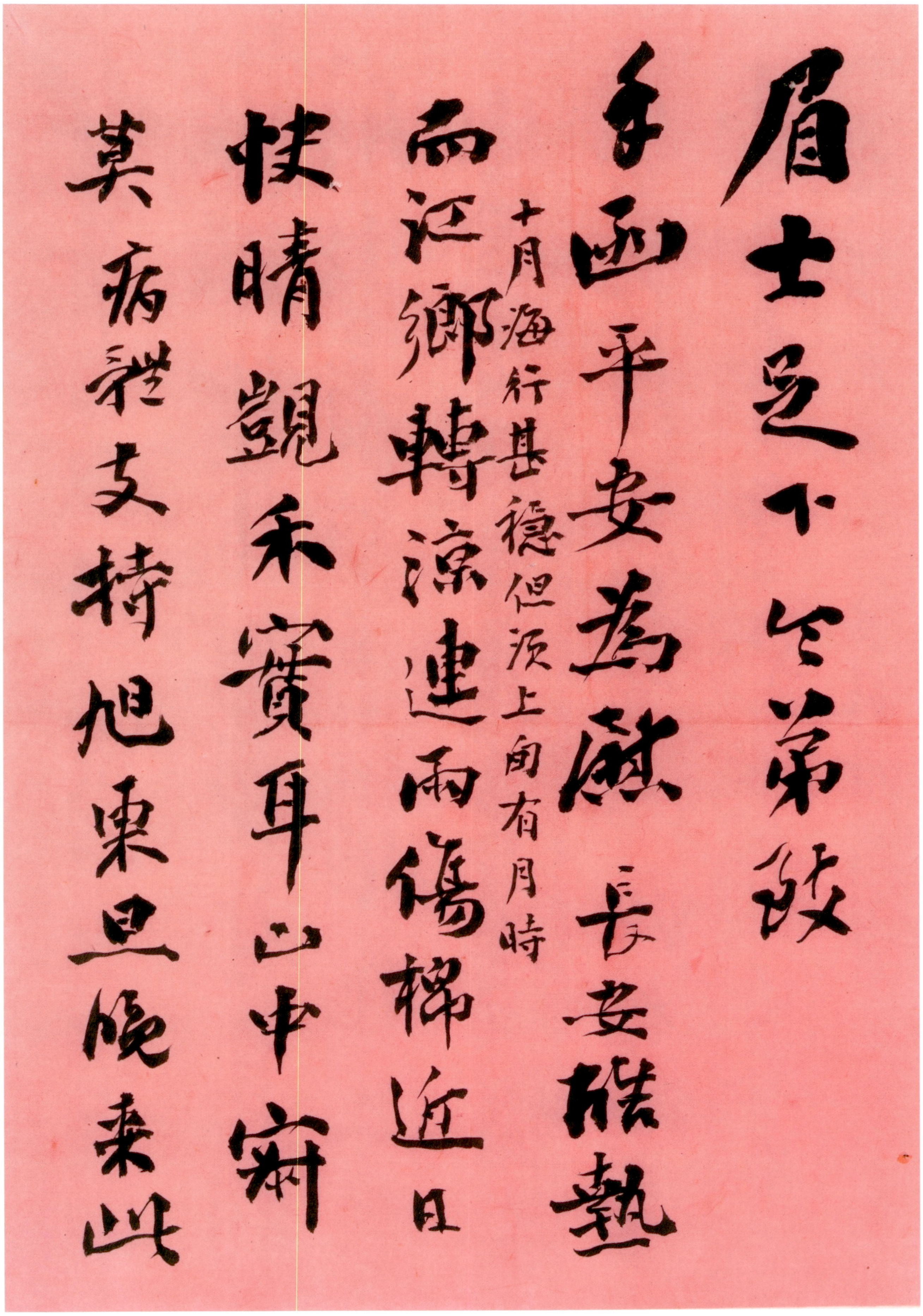

眉士足下　弟跂
手函平安為慰　長安酷熱
十月海行甚穩但須上旬有月時
而汪鄉轉涼連雨傷稼近日
快晴覩禾實耳山中寄
莫病狂支持旭東旦晚來此

致　葉壽松　之五

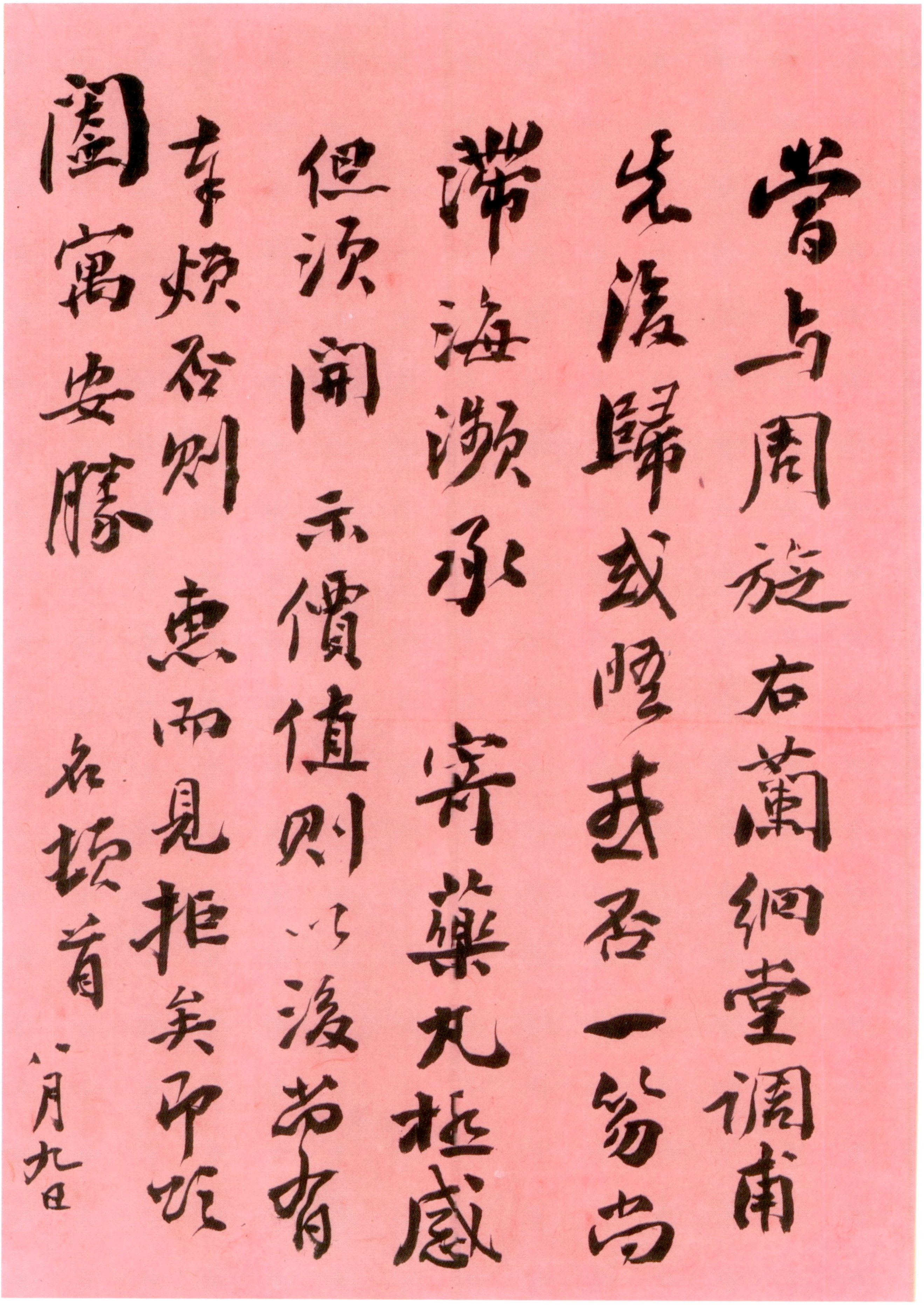

當與周旋　右蘭絅堂調甫
先後歸，或晤或否，一切尚
滯海瀕。承　寄藥丸，極感。
但須開　示價值，則以後常有
奉煩，否則　惠而見拒矣。即頌
闔寓安勝。名頓首　八月九日

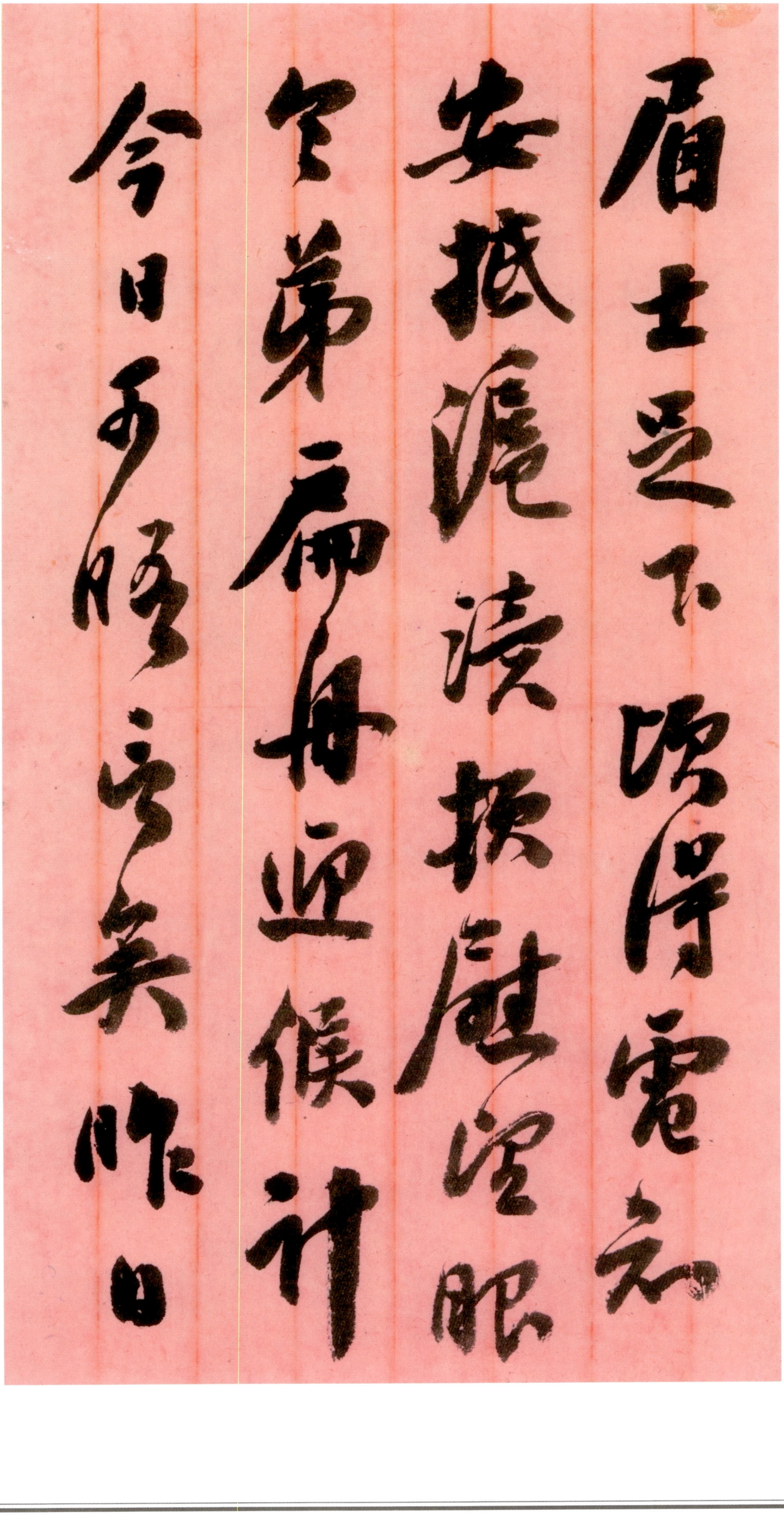
眉士足下頃得電知
安抵滬瀆探履從眠
食弟兩舟迎候計
今日可晤矣昨日

致 葉壽松 之六

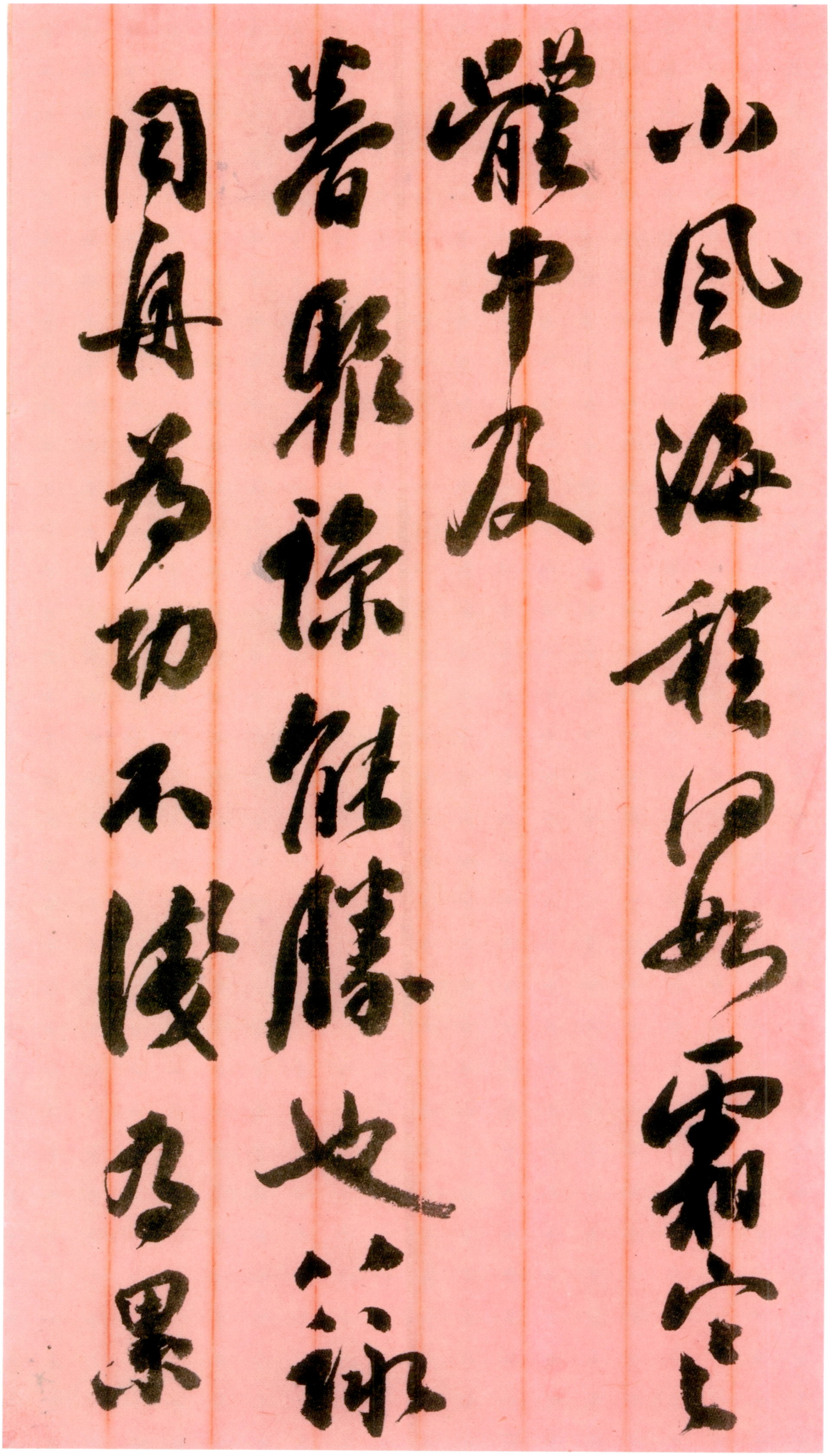

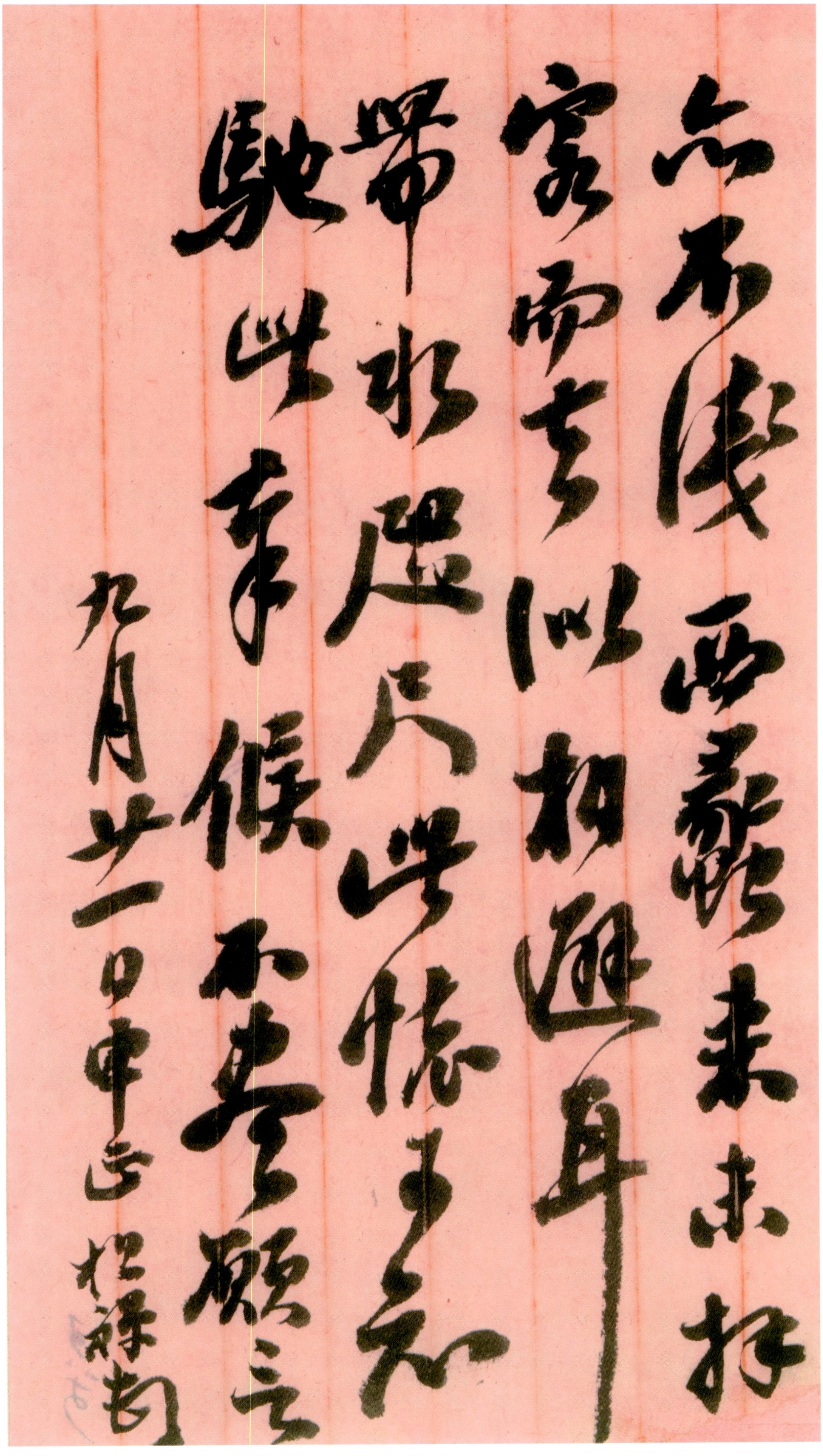

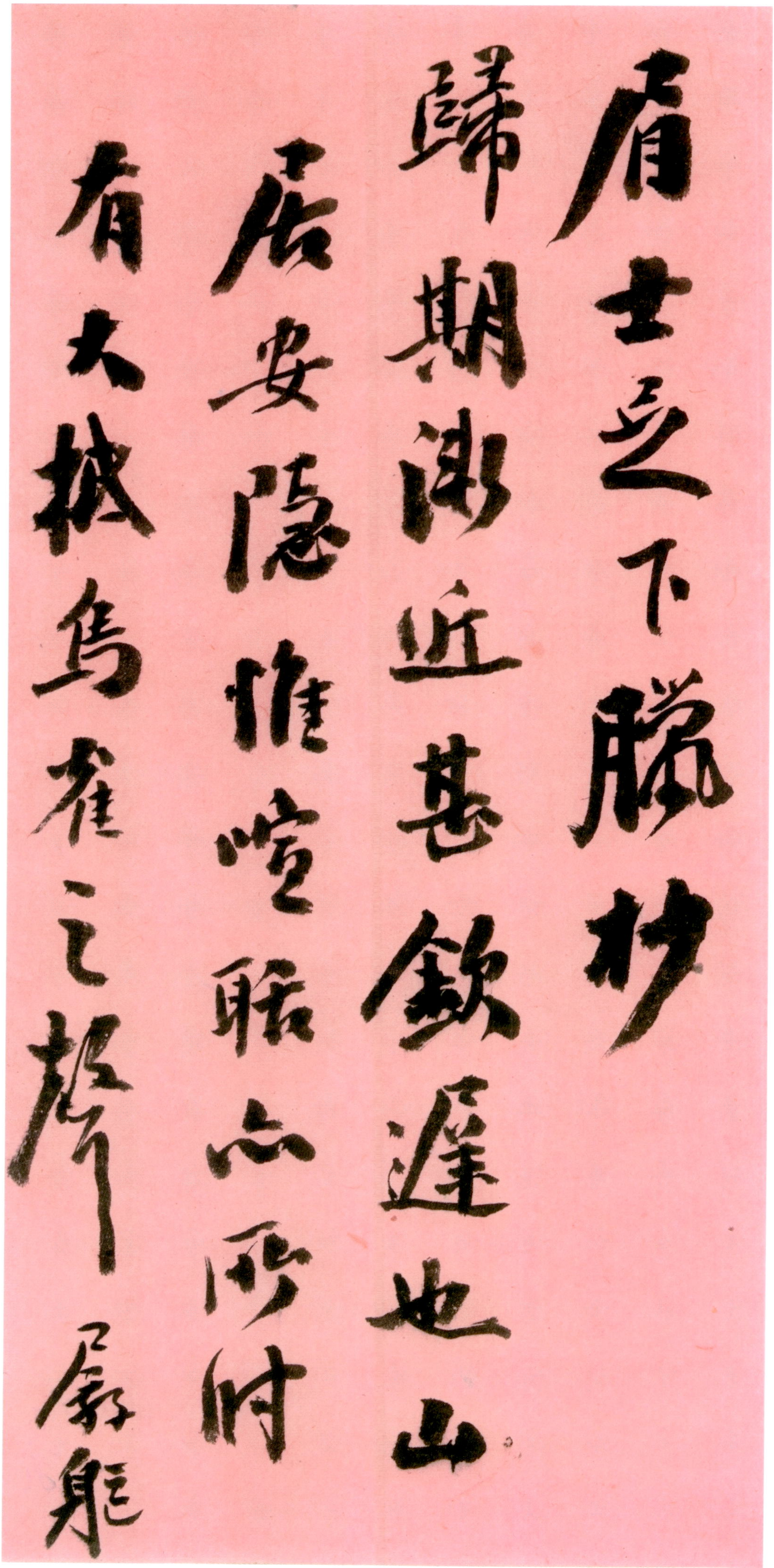
居士足下：勝抄歸期渺近，甚欽遲也。山居安隱，惟喧聒非心所耐，有大樹爲雀之棲。
同龢

致 葉壽松 之七

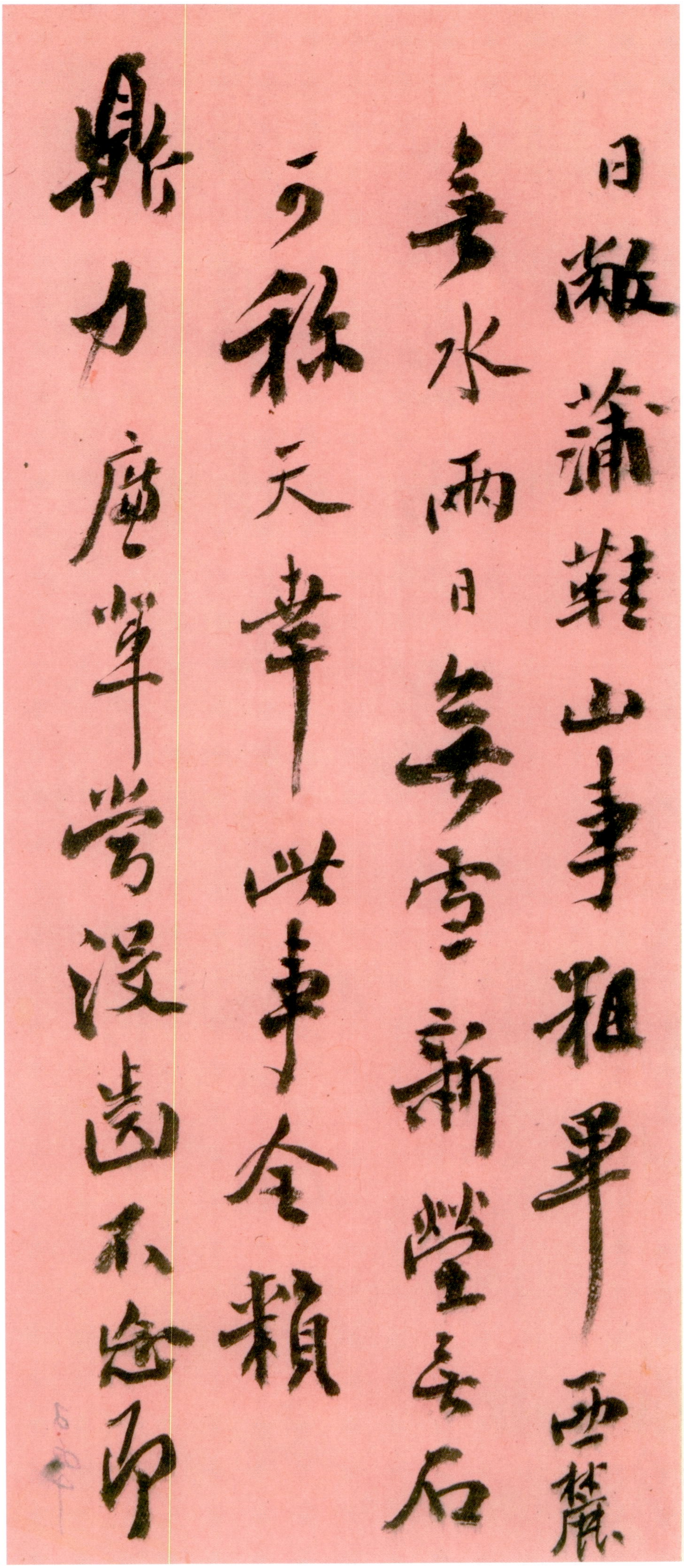
日灑蒲鞋山事粗畢 西麓
無水兩日無雪新瑩無石
可移天章此事全賴
鼎力應掌營沒遺不逸即

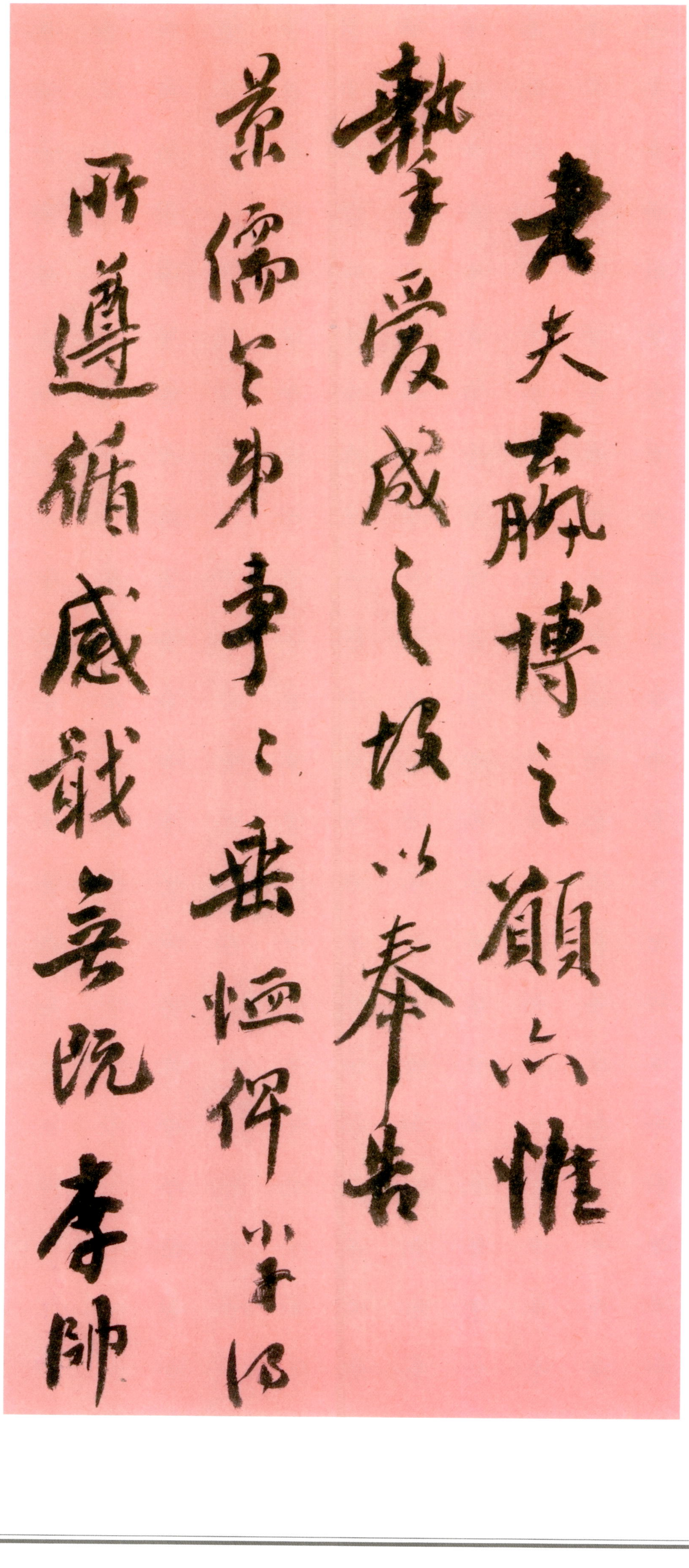
老夫子大人閣下麟博之顧亦惟
執事愛成之切以奉告
景儒之弟事之無慍作小子得
所導循感戴無既孝師

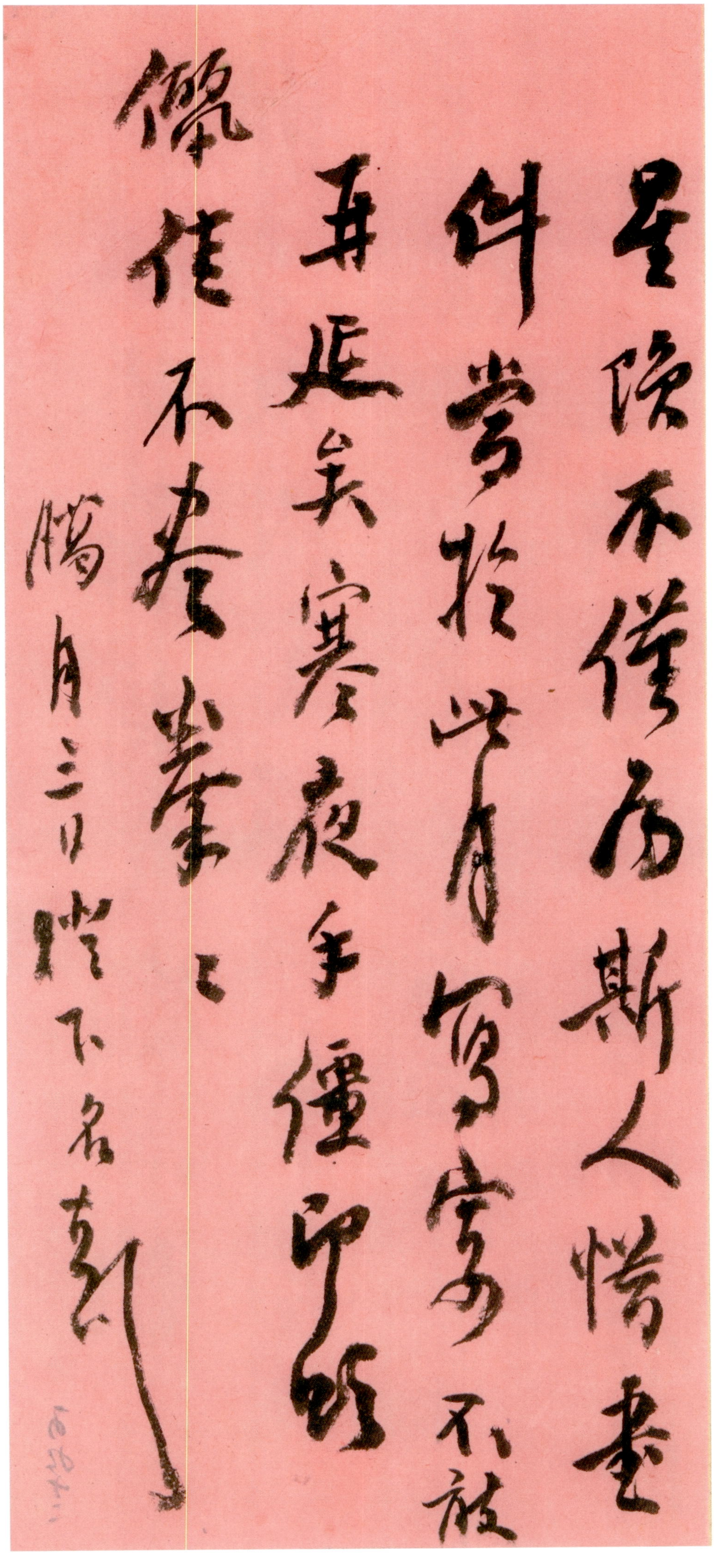

致 葉壽松 之八

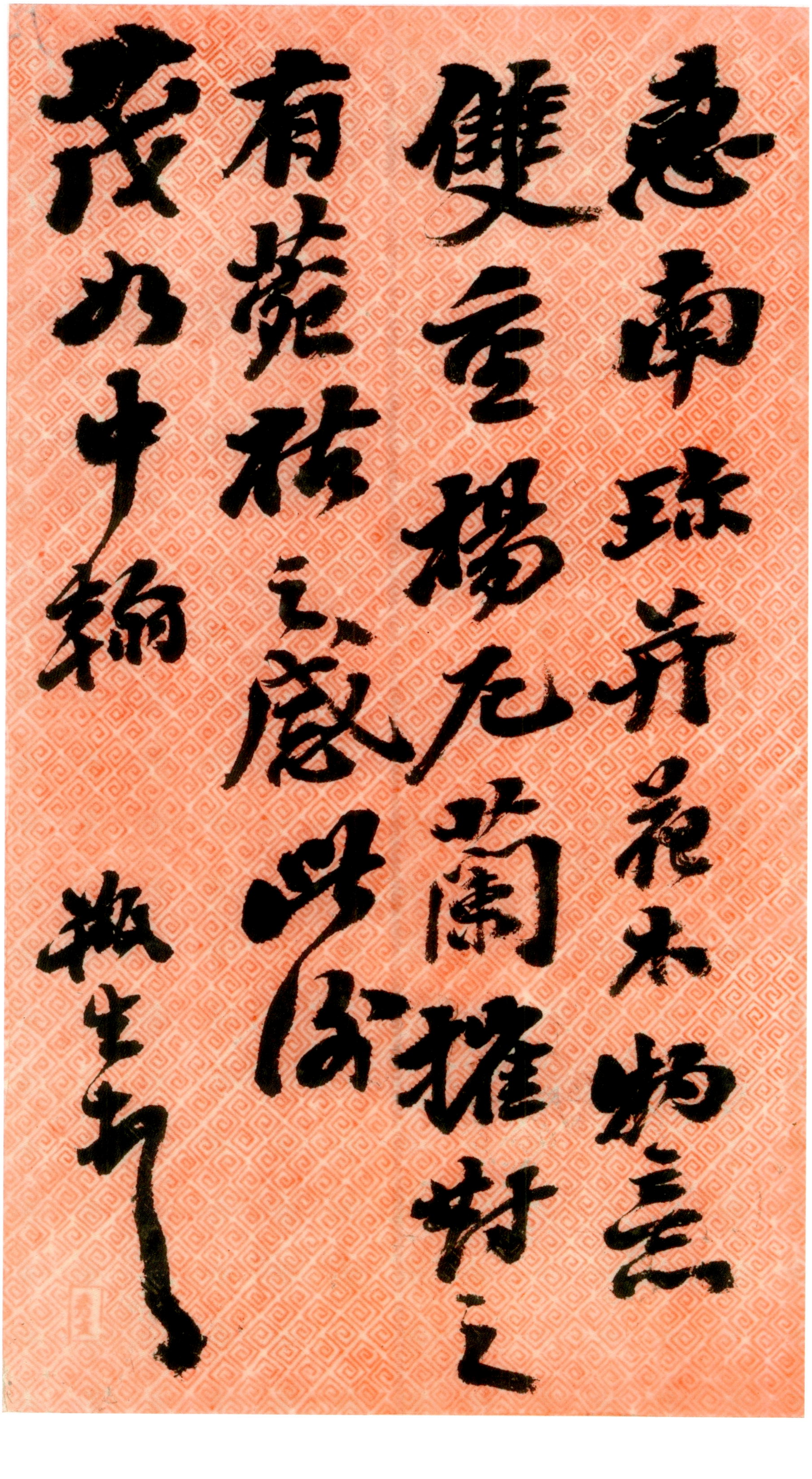

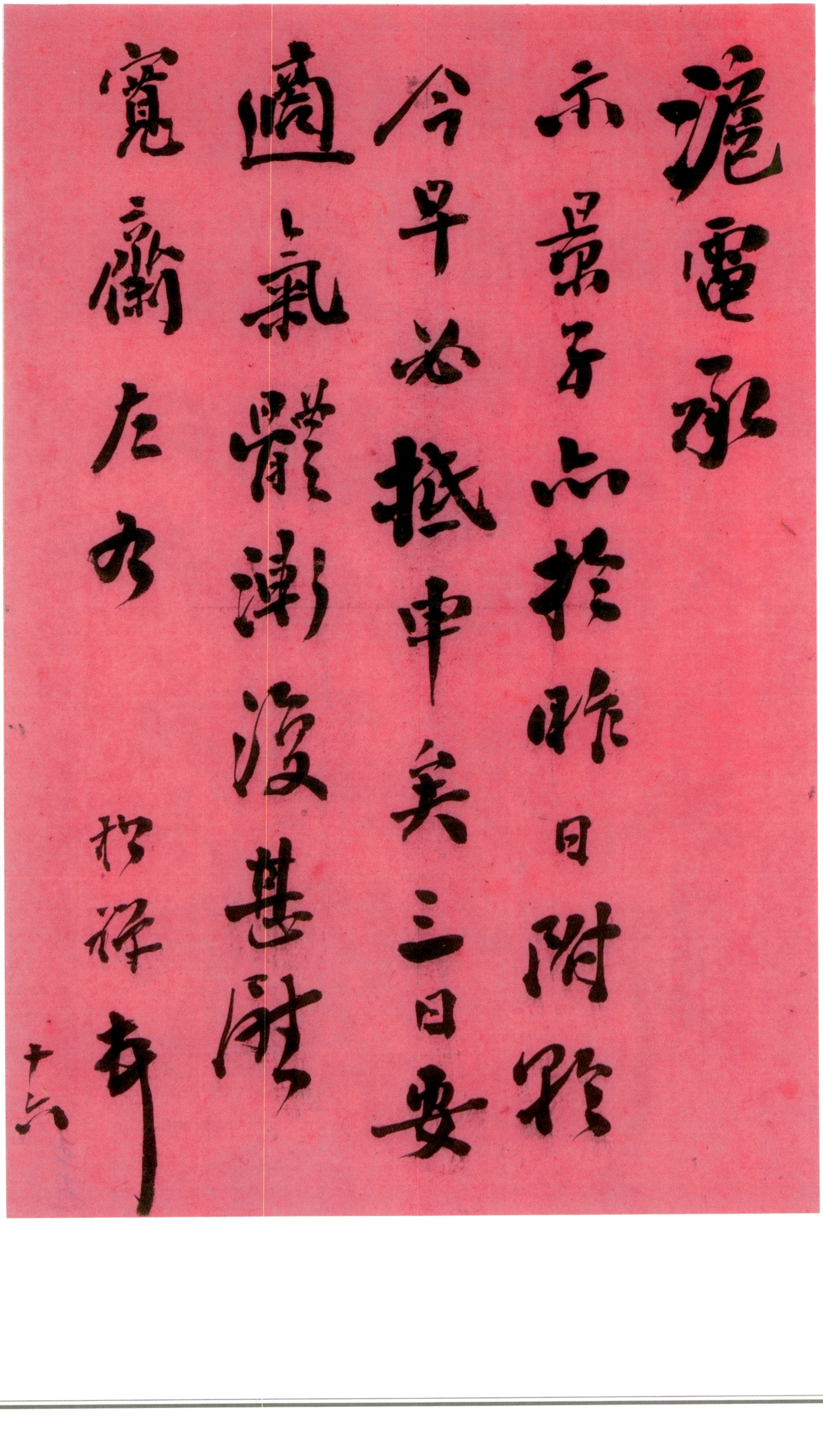
逭電承
示，景丹亦於昨日附輪，
今早必抵申矣。三日要
適，氣體漸復，甚慰。
寬齋左右。　松孫拜　十六

致葉壽松之一〇

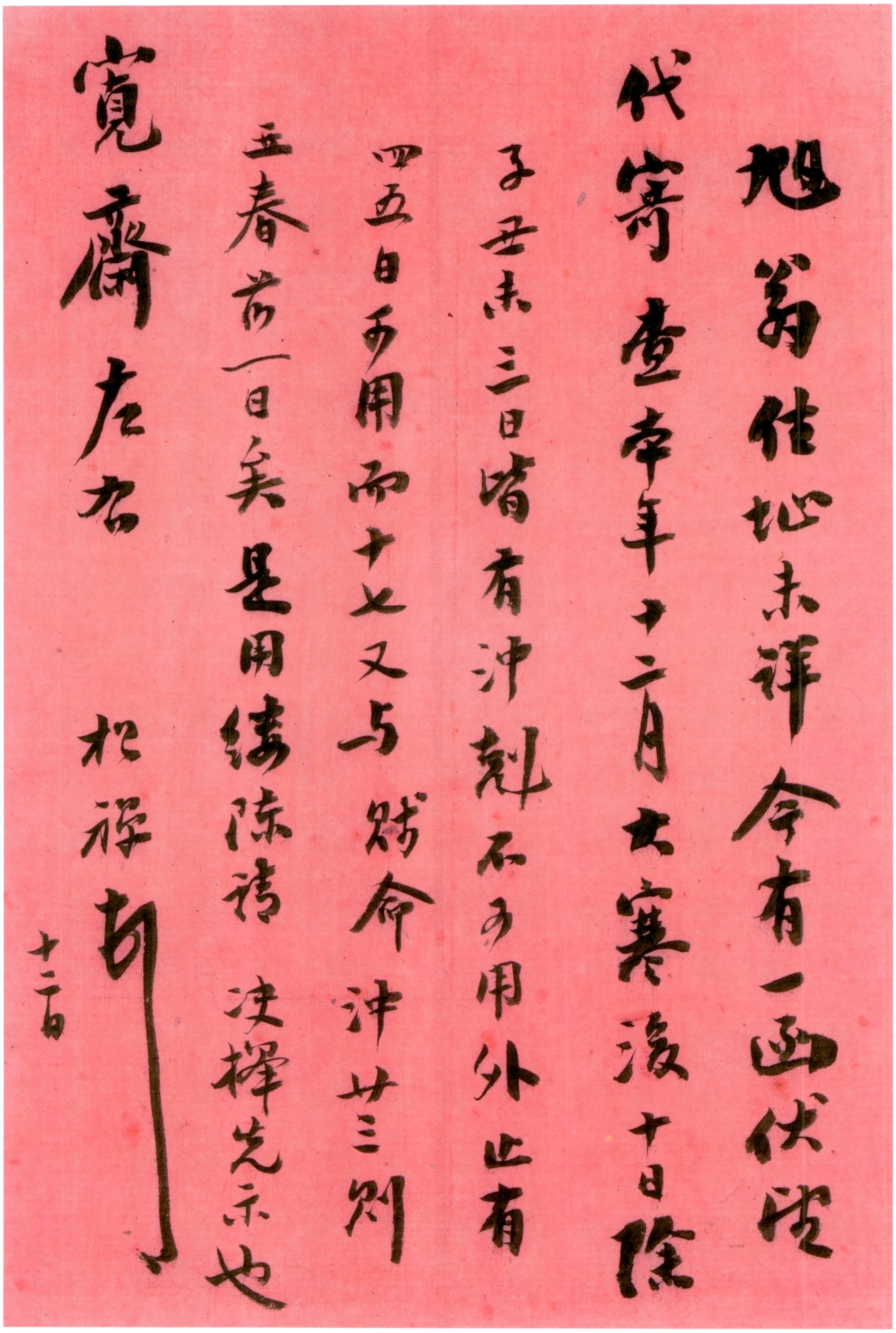

旭翁佳址未詳，命有一函，伏望代寄查幸。年十二月大寒後十日除子丑未三日皆有沖剋不可用外，止有四五日可用，而十七又与賤命沖，廿三則丑春前一日矣，是用續陳，請決擇見示也。

寬齋左右

松禪頓首

十二日

致　葉壽松　之一一

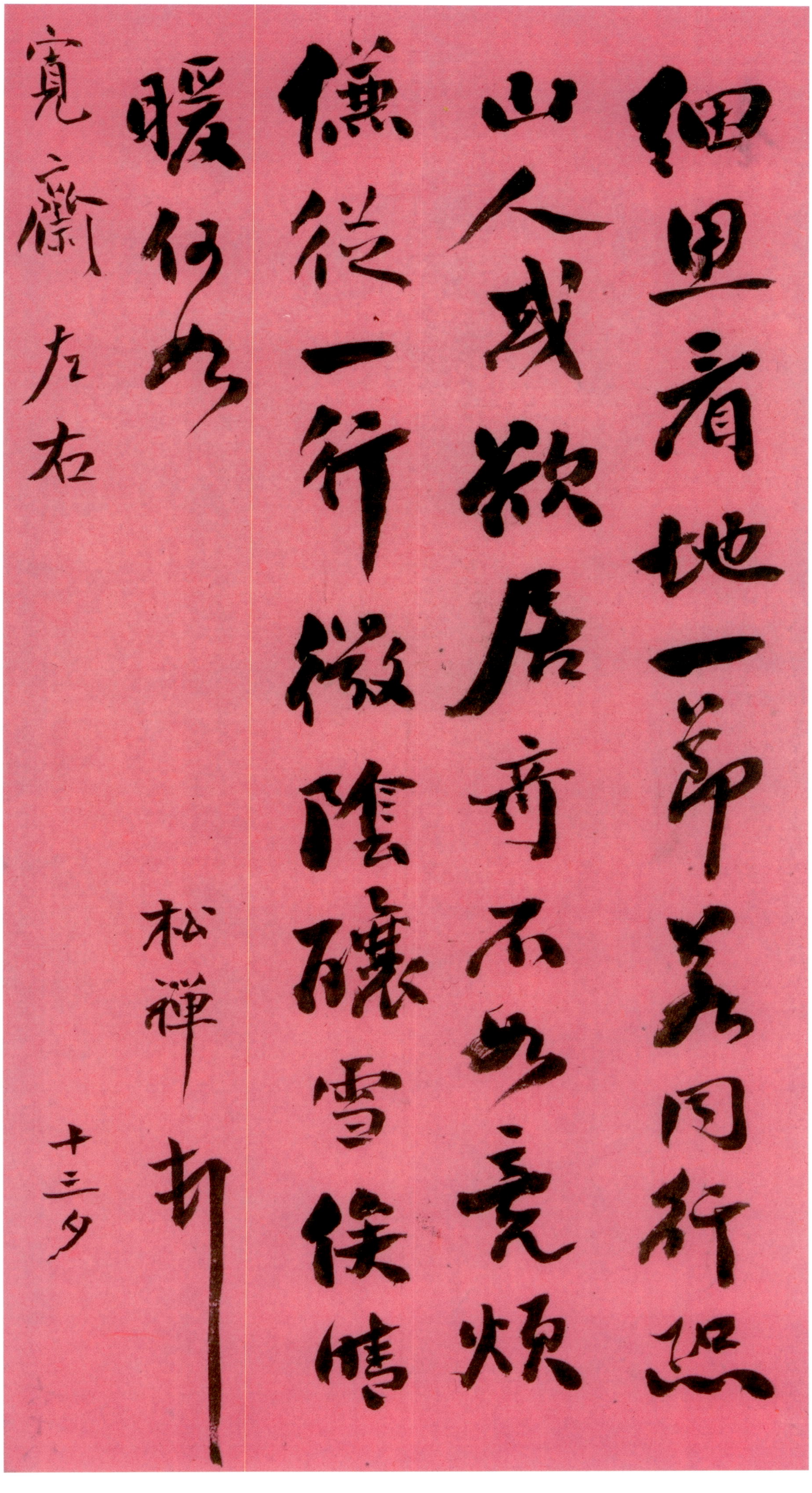
細里有地一節莫同行恐
山人或欲居齋不出亮煩
檥從一行微陰釀雪俟晴
暖何如
松禪頓
十三夕
寬齋左右

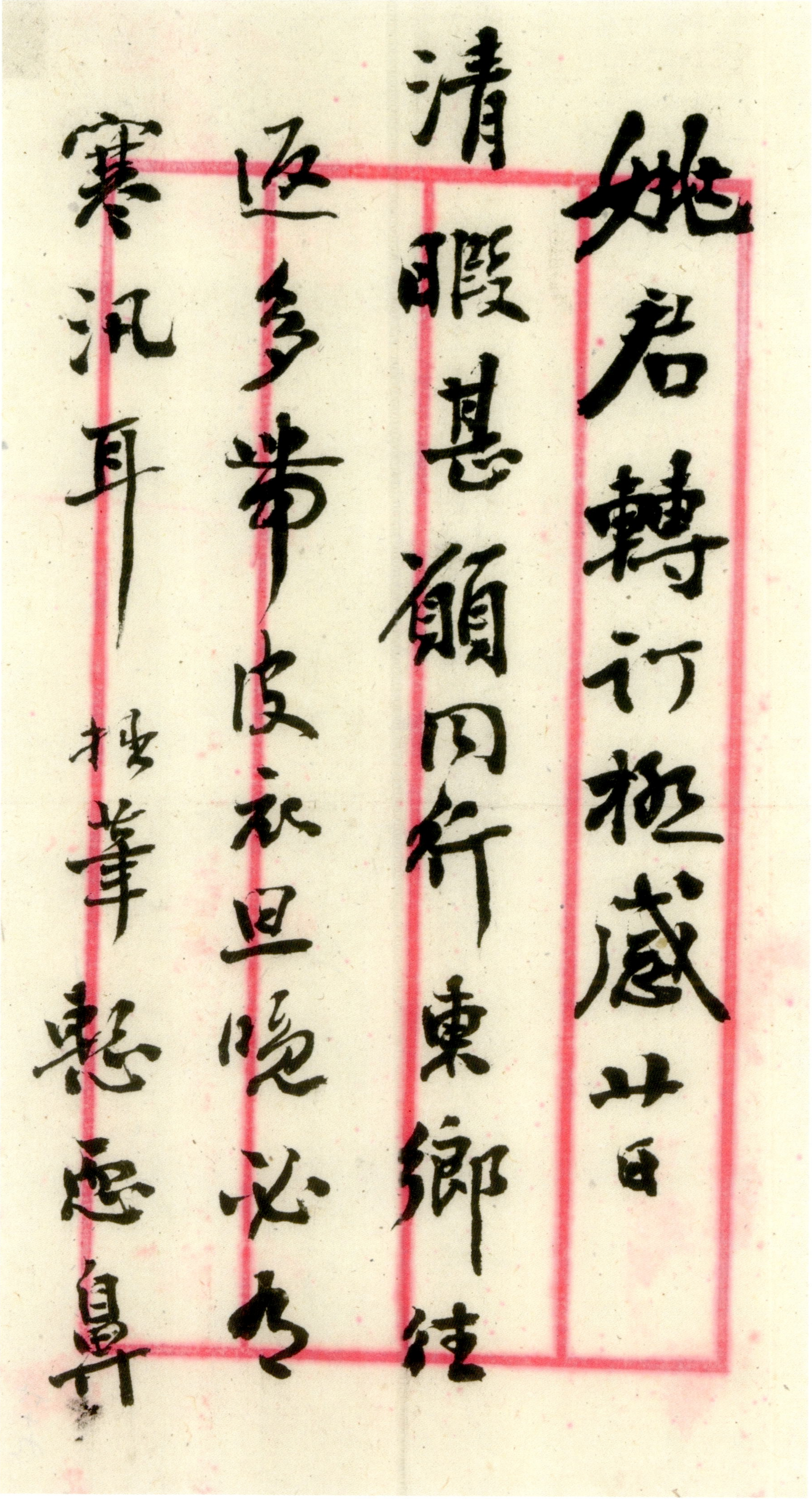

姚君轉行極感　廿日
清暇甚願同行東鄉往
返多帶皮衣且隐必不
寒汛耳　棣筆懸恩鼻

煙取請它中非特購
尊賜不敢當請璧比鄰
篋麗饋遺斷不可給壺力
此意惟鑒
寬齋左右
松祥頓
十六

昨叙想佳。三友圖畫序

今天已晴和明日山行當

可無阻擬攜飯往張丞山

家一覽何如

致　葉壽松　之一三

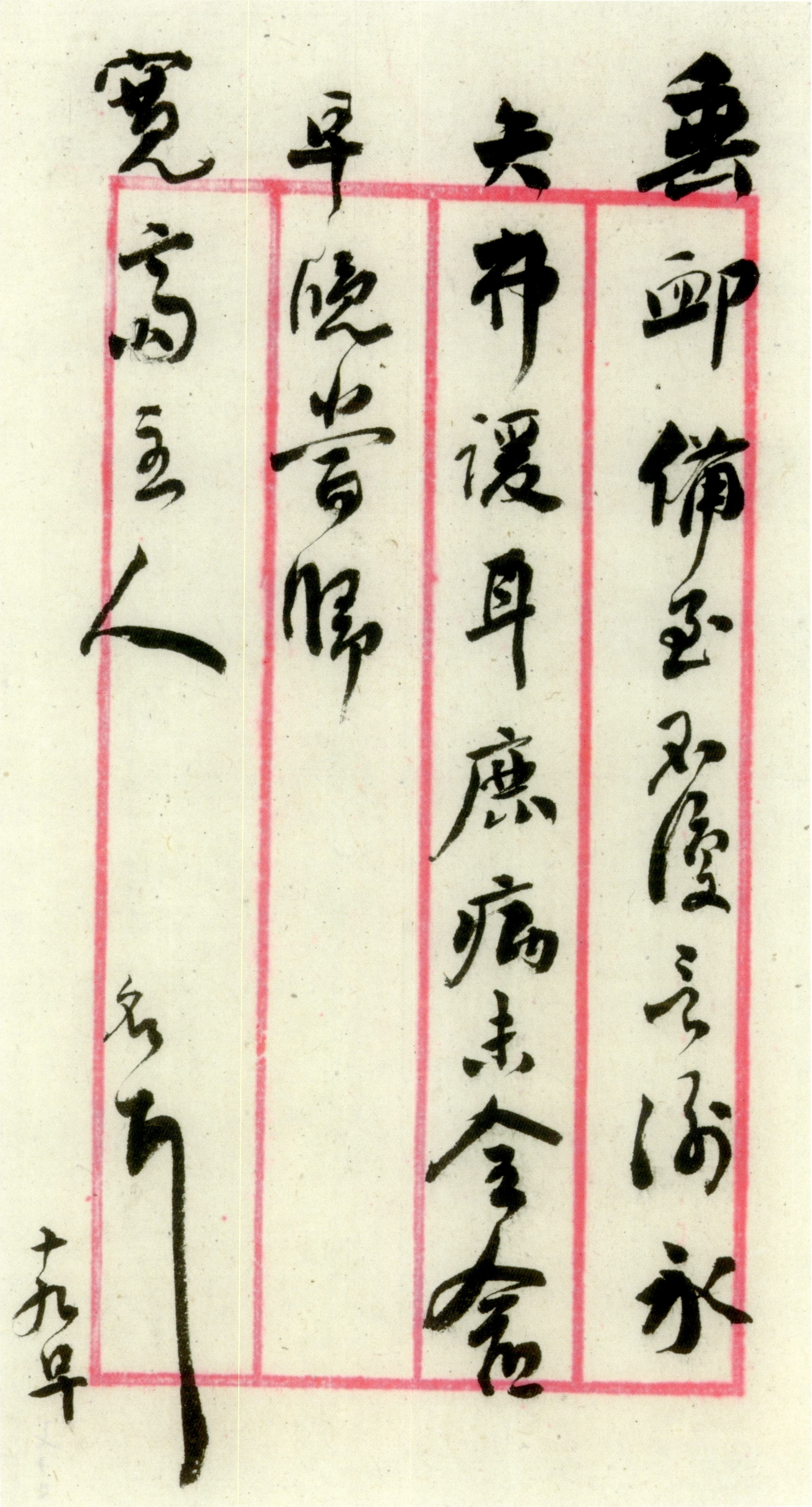

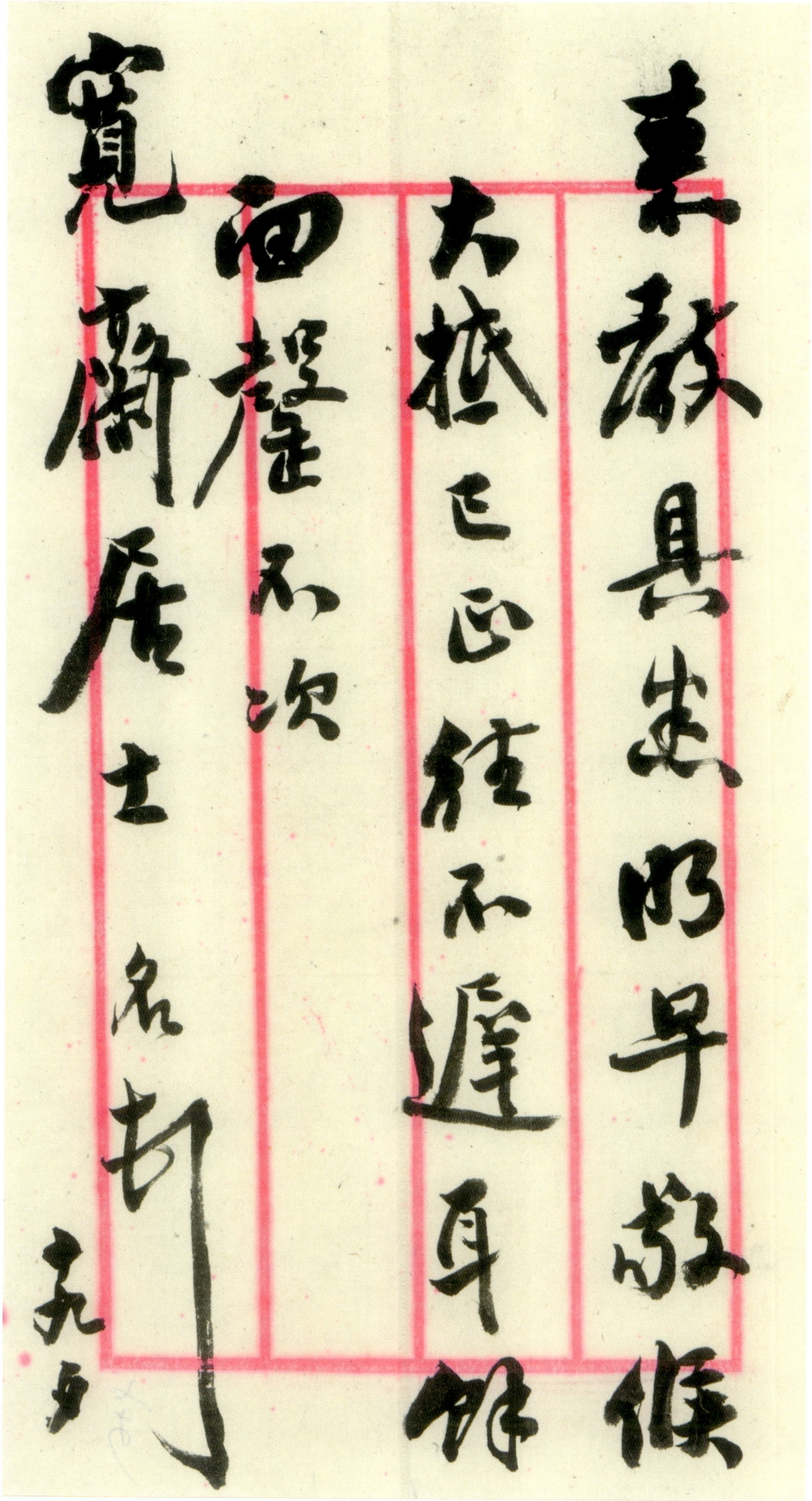

來教具悉,明早敬候
大抵已正,往不遲耳。餘
面罄不次
寬齋居士 名頓
元夕

致葉壽松 之一五

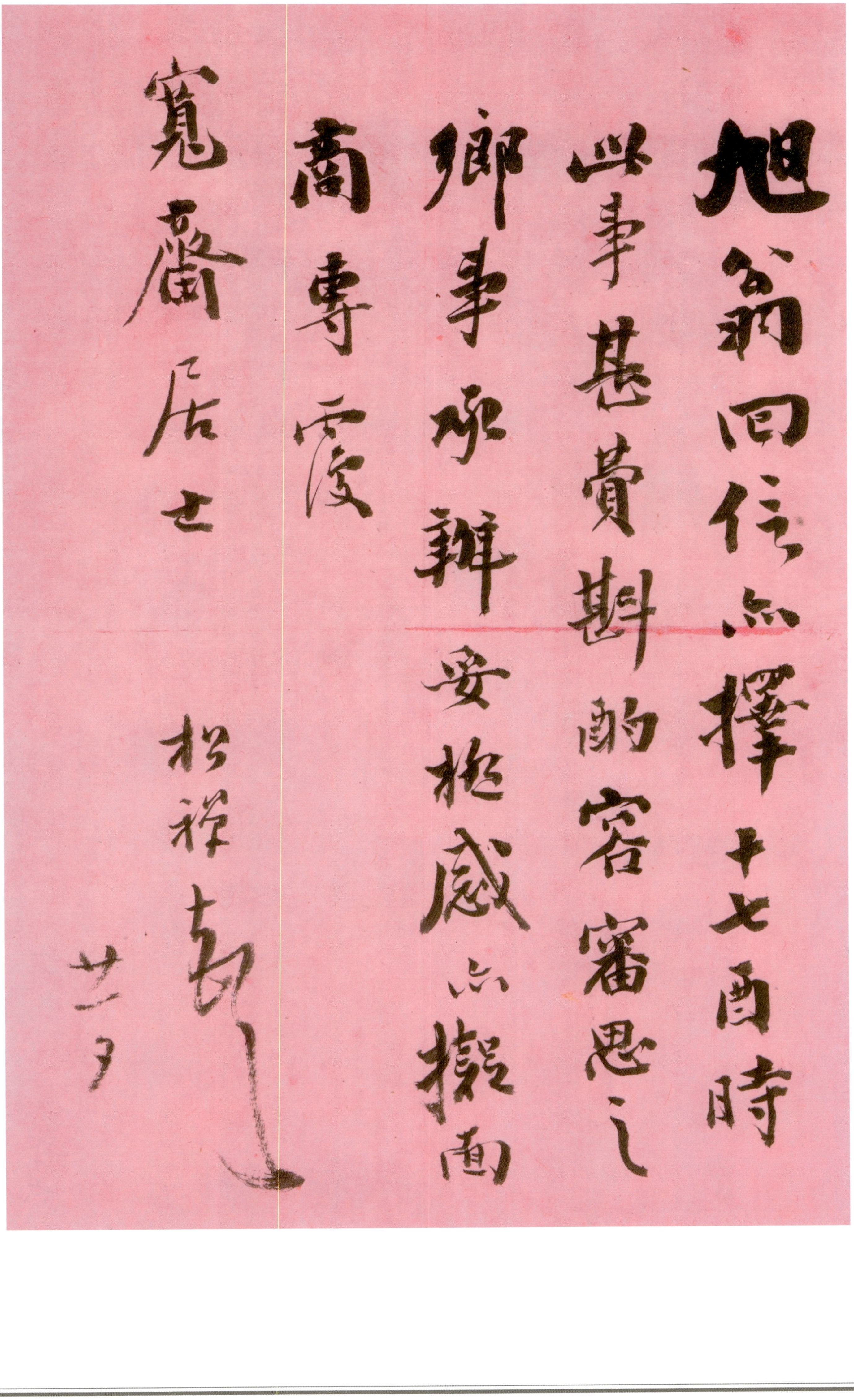
旭翁回信亦擇十七酉時
此事甚費斟酌容審思之
鄉事承辦妥感亦擬面
商專覆
寬齋居士
松祥[illegible]
廿七

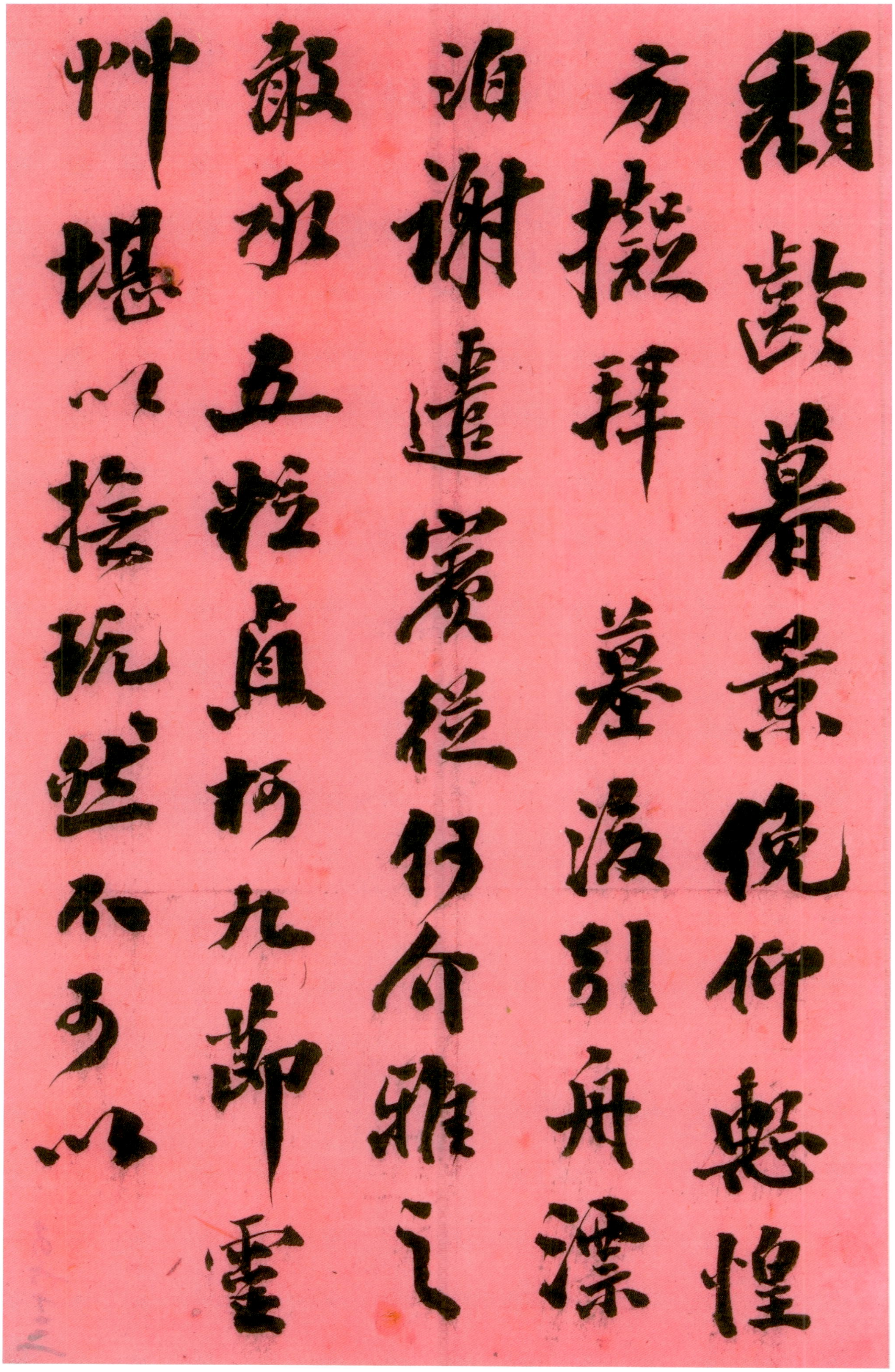

頹齡暮景，俯仰興惶。方擬拜　墓，汲引舟漂泊，謝遣賓從，仍介雅之。敢承五松真柯九節靈艸，堪以揺玩，然不可以

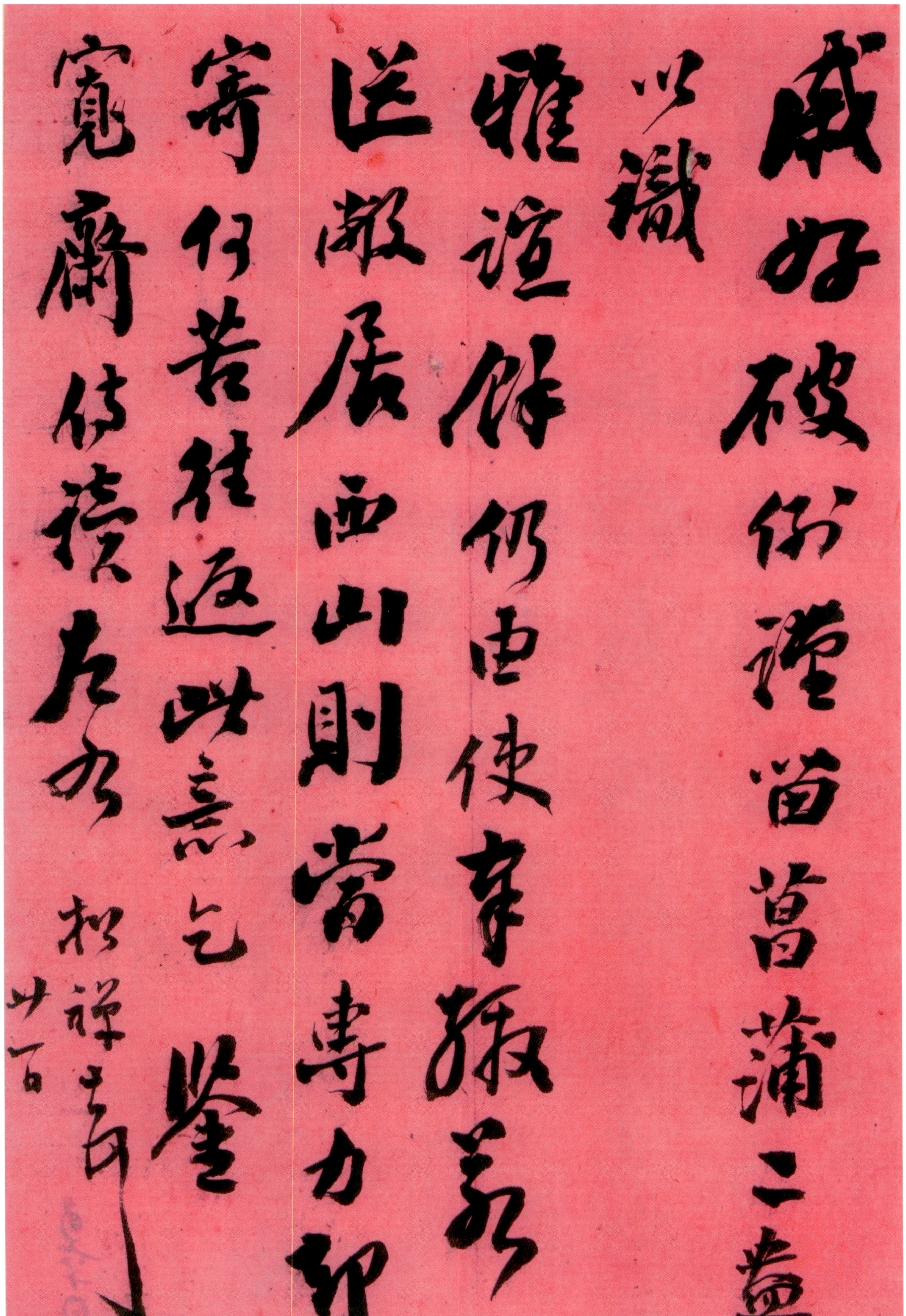
感好破衍謹留菖蒲二盆
以識
雅誼餘仍由使帶攜歸
送滌居西山則當專力印
寄仍若往返此意乞　鑒
寬齋仁棣大人　松祥手啟
廿日

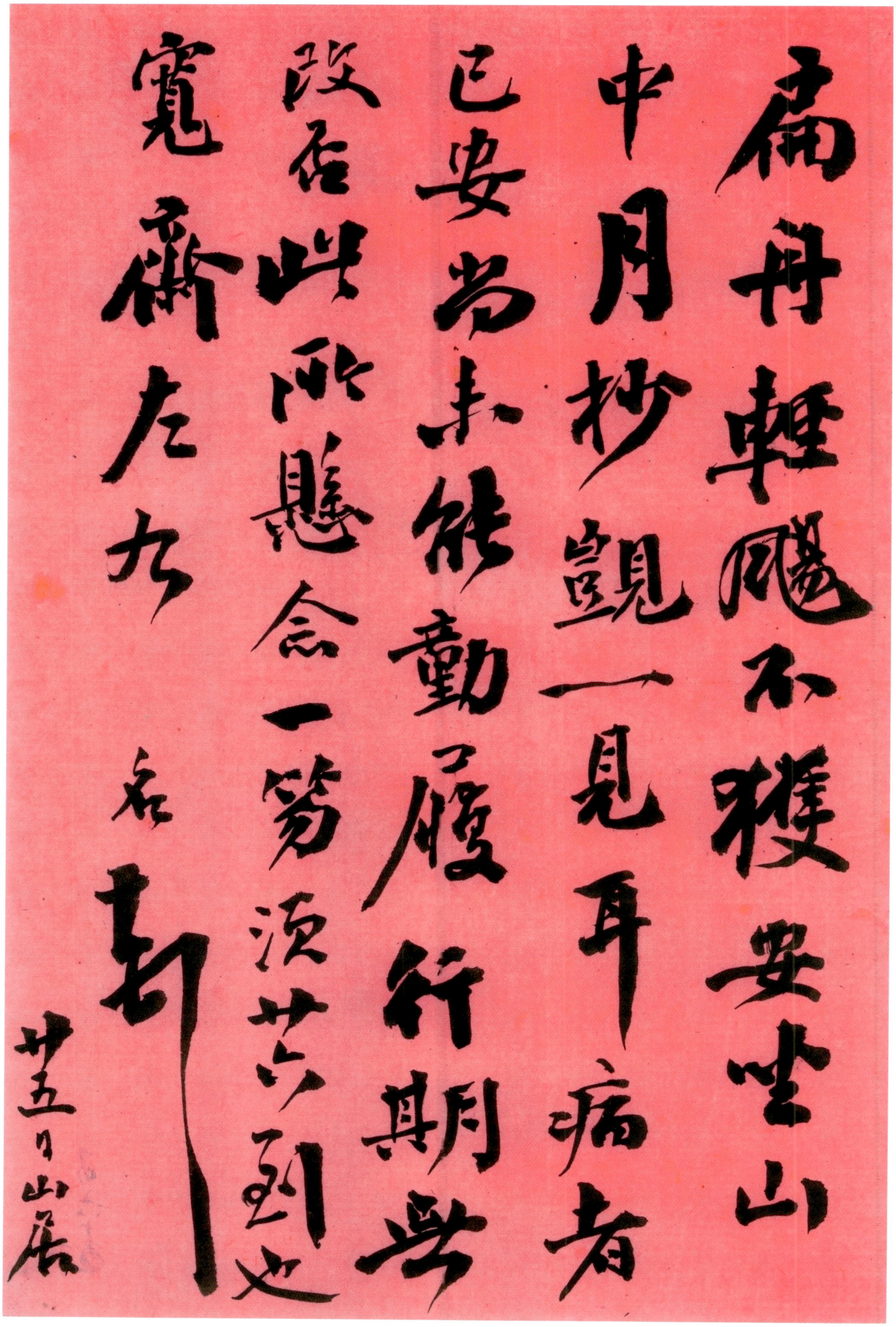

扁舟輕颺不獲安坐山
中月抄覬一見耳痛者
已安尚未能動履行期無
改在此所懸念一節須廿六到也
寬齋左右 名 龢
廿五日山居

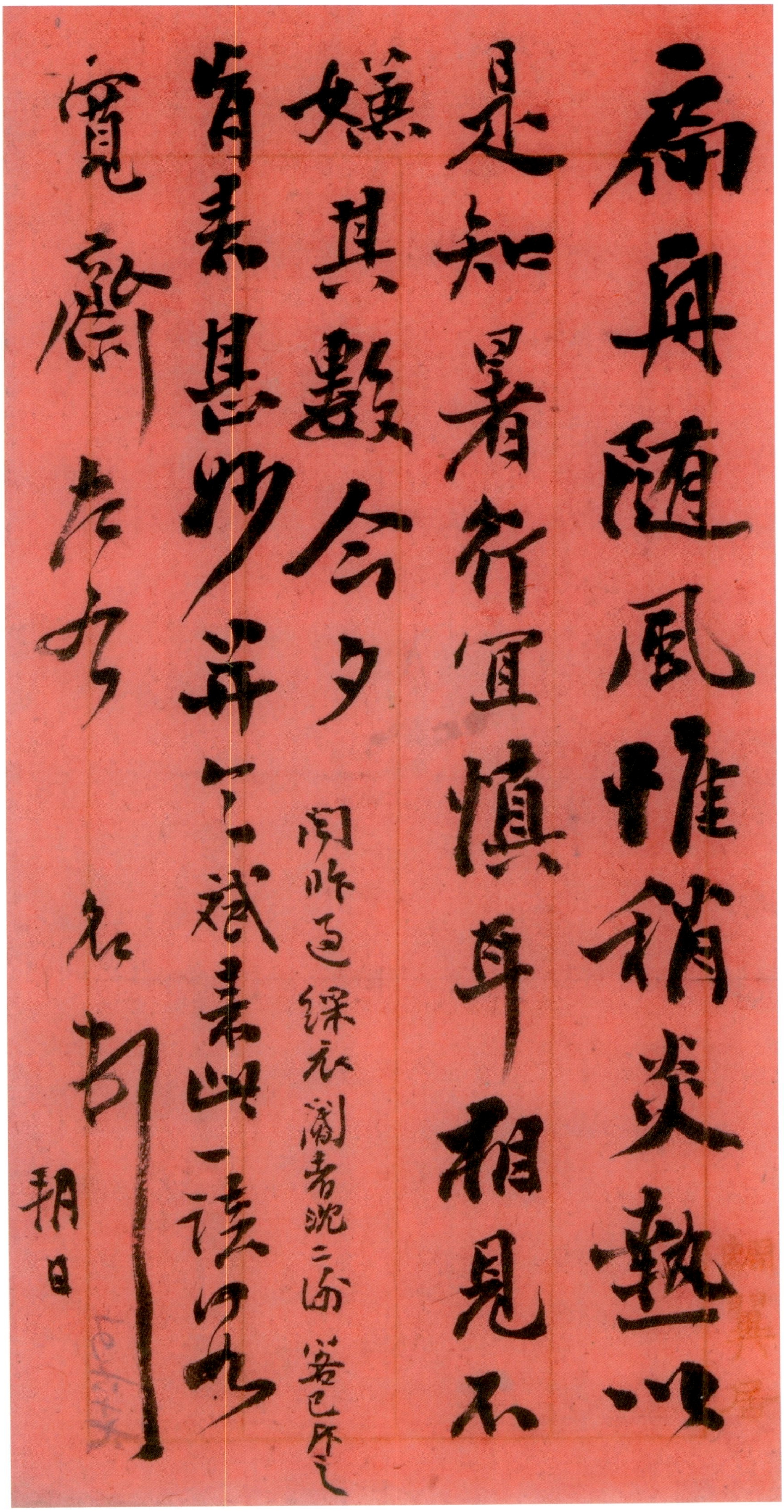
扁舟隨風唯銷炎熱以
是知暑行宜慎耳相見不
嬚其數今夕
肯來甚妙并乞叔來此一談何如
聞昨過緑衣瀏青浣二函諒已收之
寬齋左右　名　頓
朔日

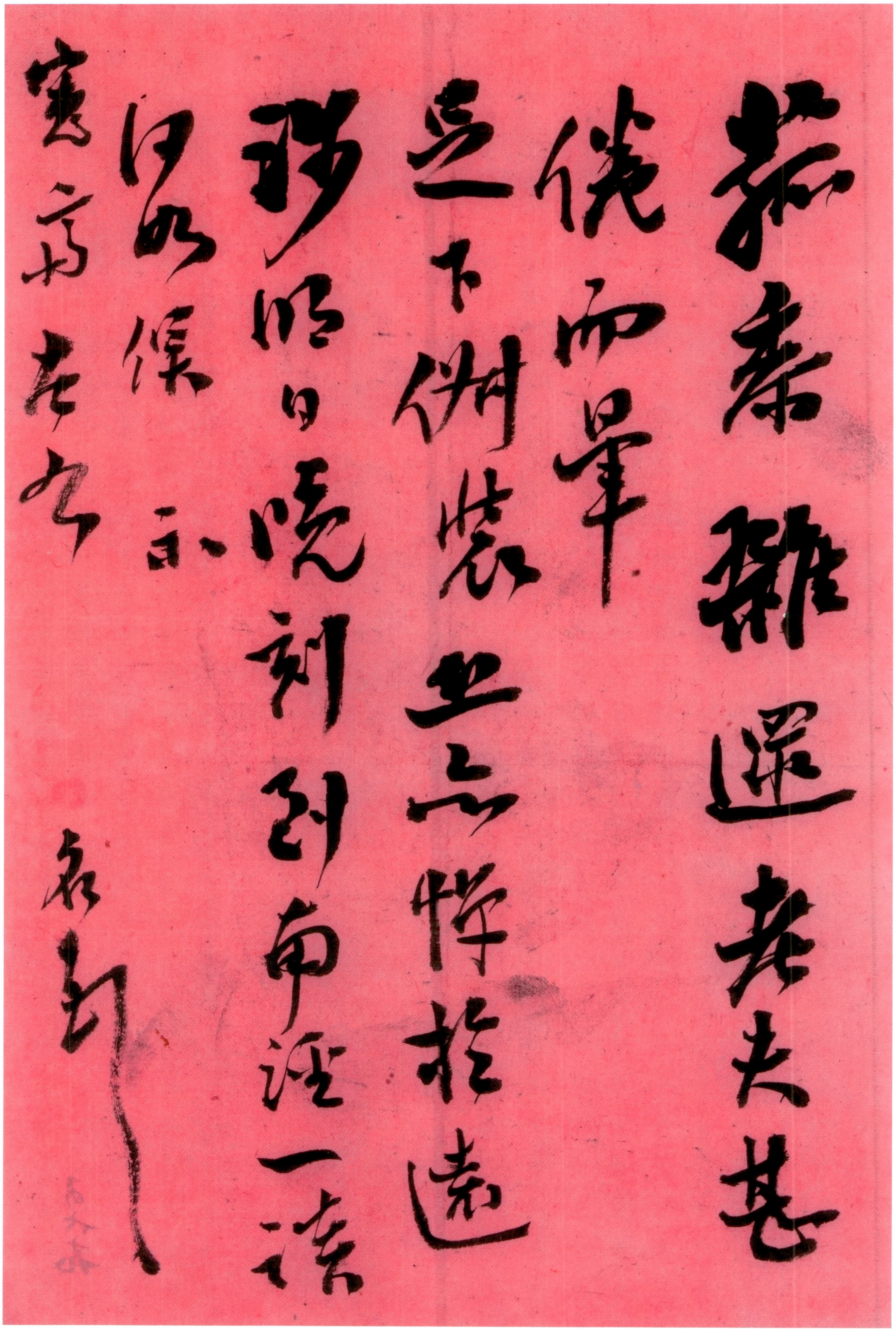

致 葉壽松 之二〇

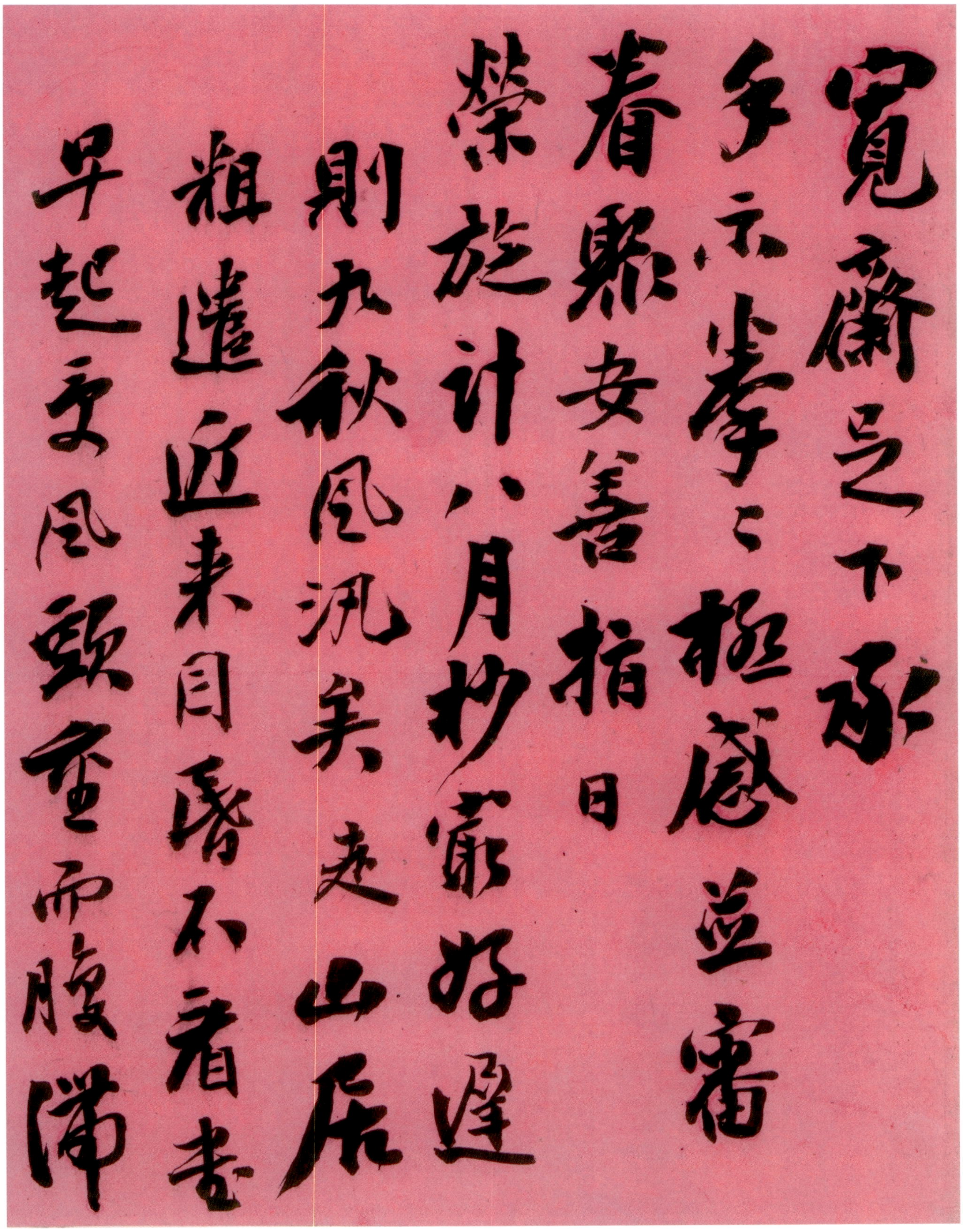
寬齋足之下 承
手示，峯峯極感並審
眷聚安善 指日
榮旋，計八月抄前好遲
則九秋風汎矣，走山居
粗適，近來目昏不看書
早起受風頸垂而腹滿

致葉壽松之二〇

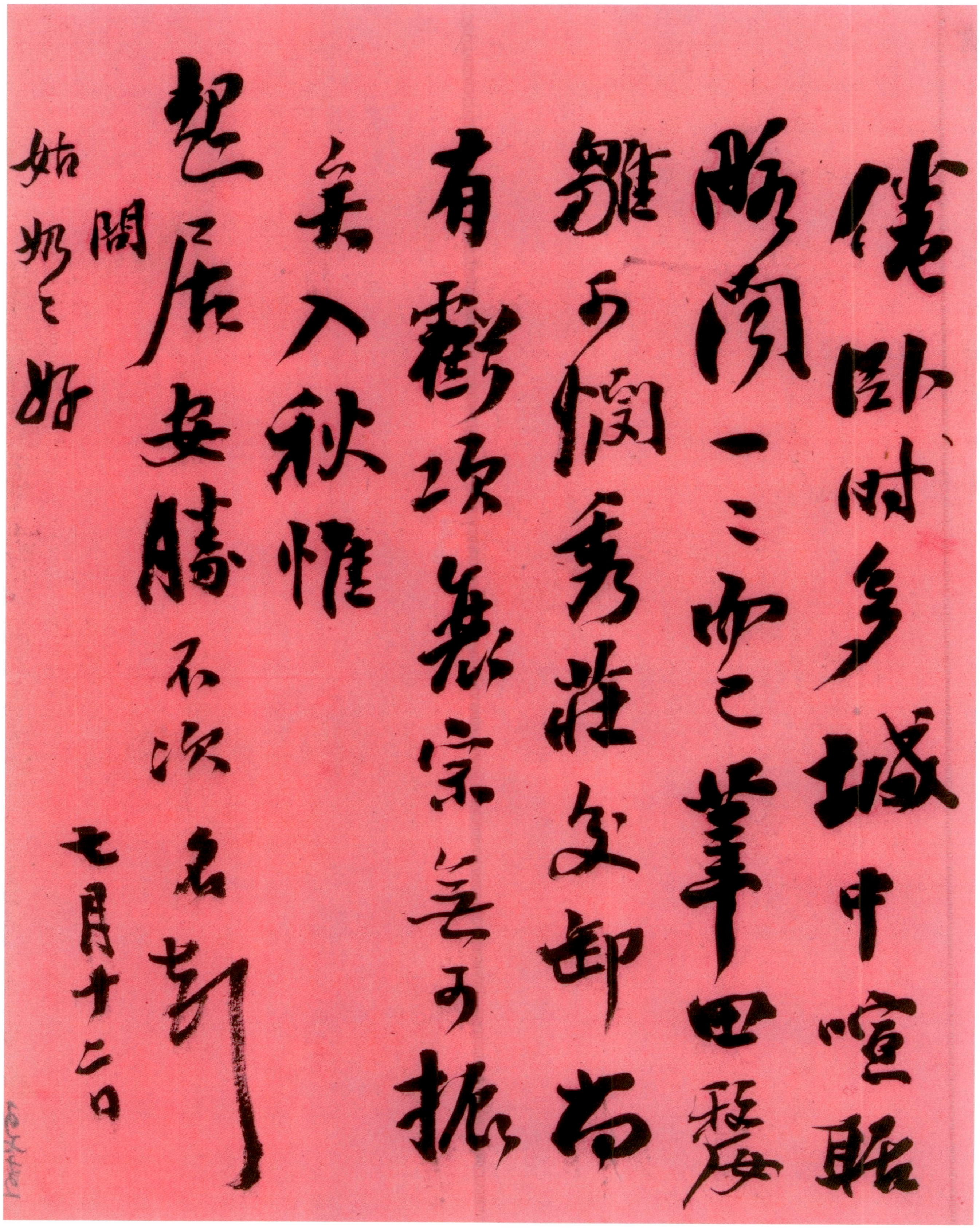

倦卧時多，城中喧聒，所閲一二而已。華田發雖可閲，秀莊文卻爲有鬱，頊無宗，無可振矣。入秋惟起居安勝。不次。名另具 七月十二日

問

姑奶奶好

致葉壽松 之二

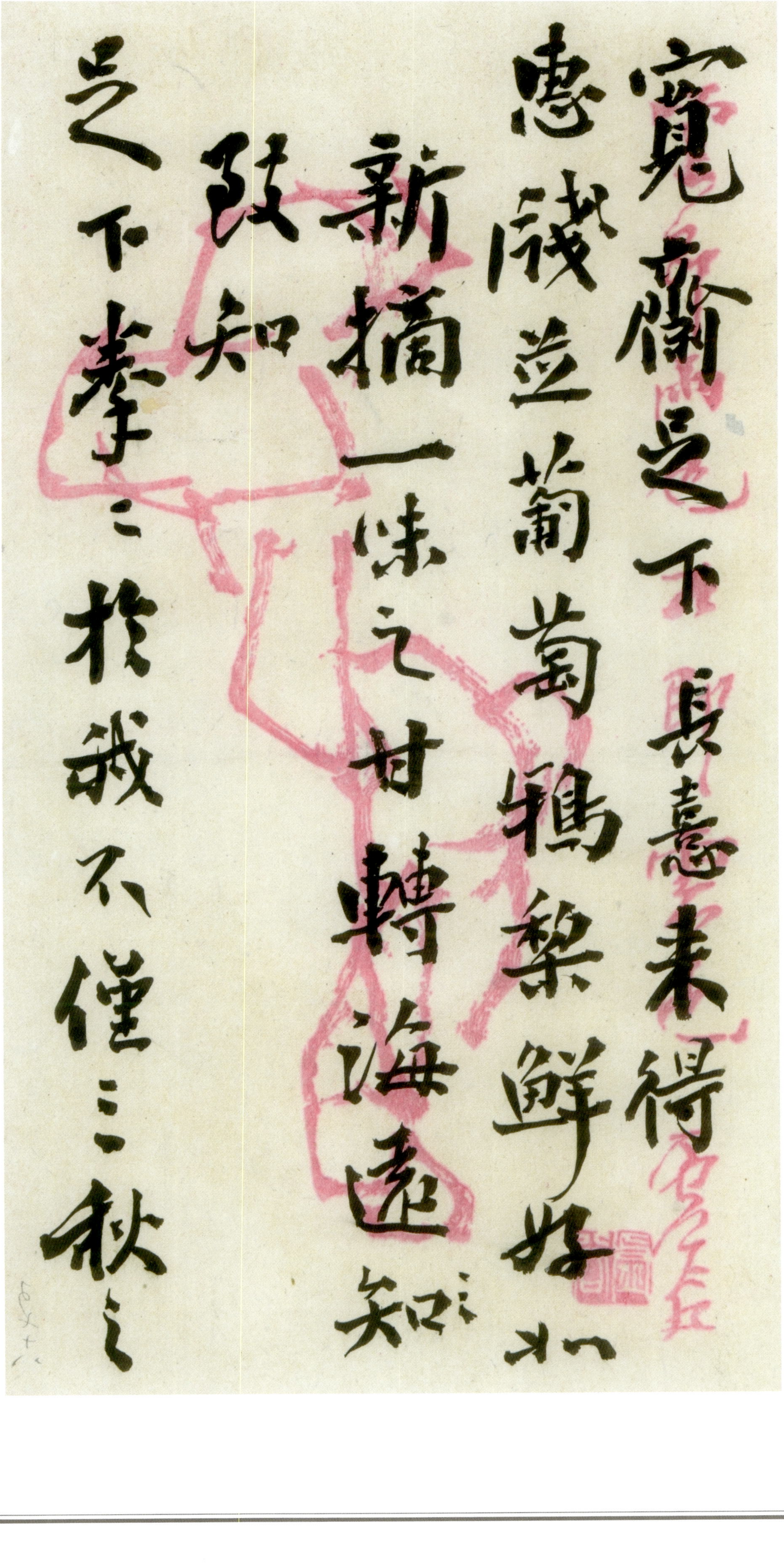
寬齋足下長夏來得
惠賤並蒲萄鵝梨鮮好如
新摘一味之甘轉海遠知之
跂知
足下拳拳於我不僅三秋之

致葉壽松之二

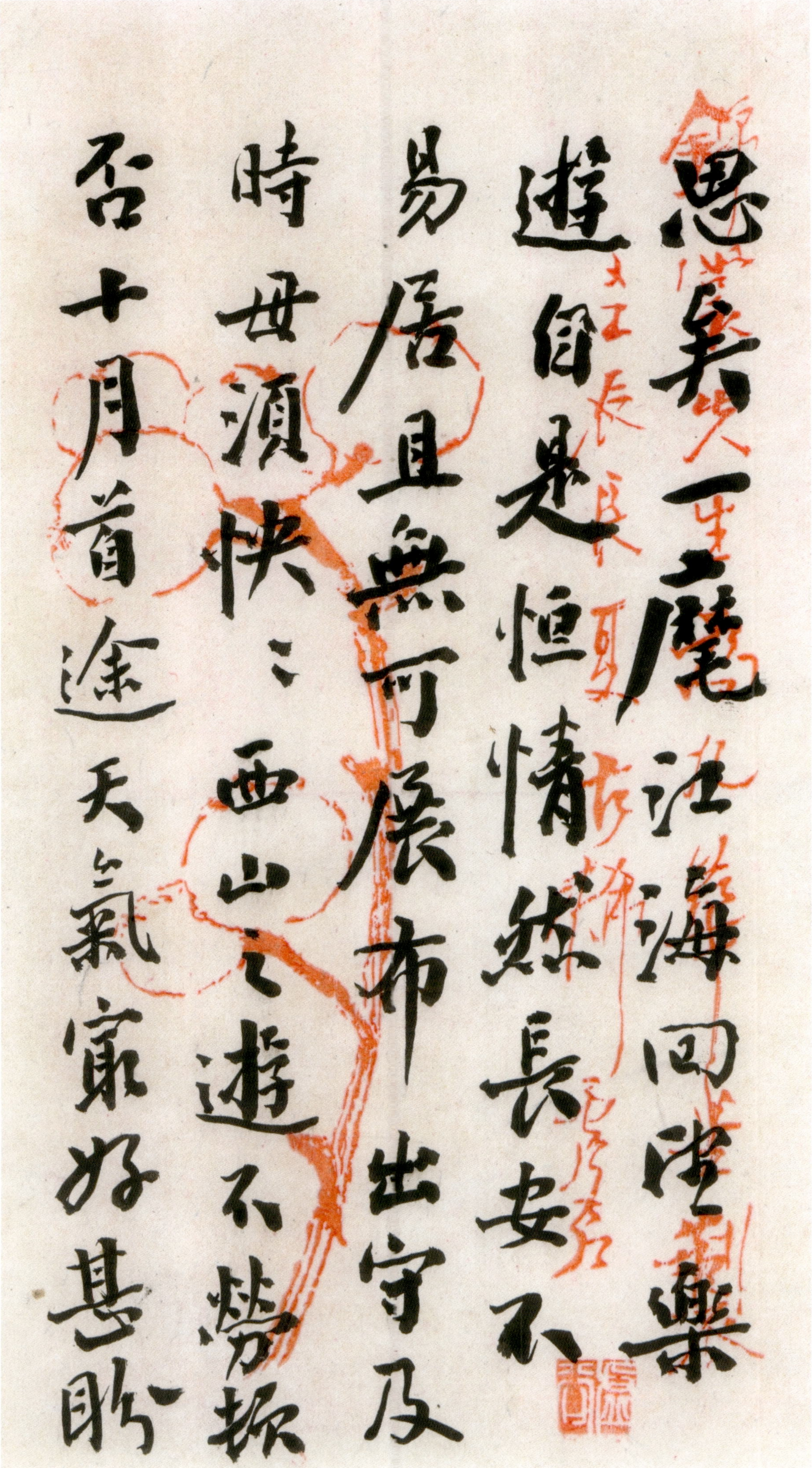

思矣一麾江海回溯樂
遊但是恒情然長安不
易居且無可展布出守及
時毋須快快西山之遊不勞振
否十月首途天氣常好甚盼

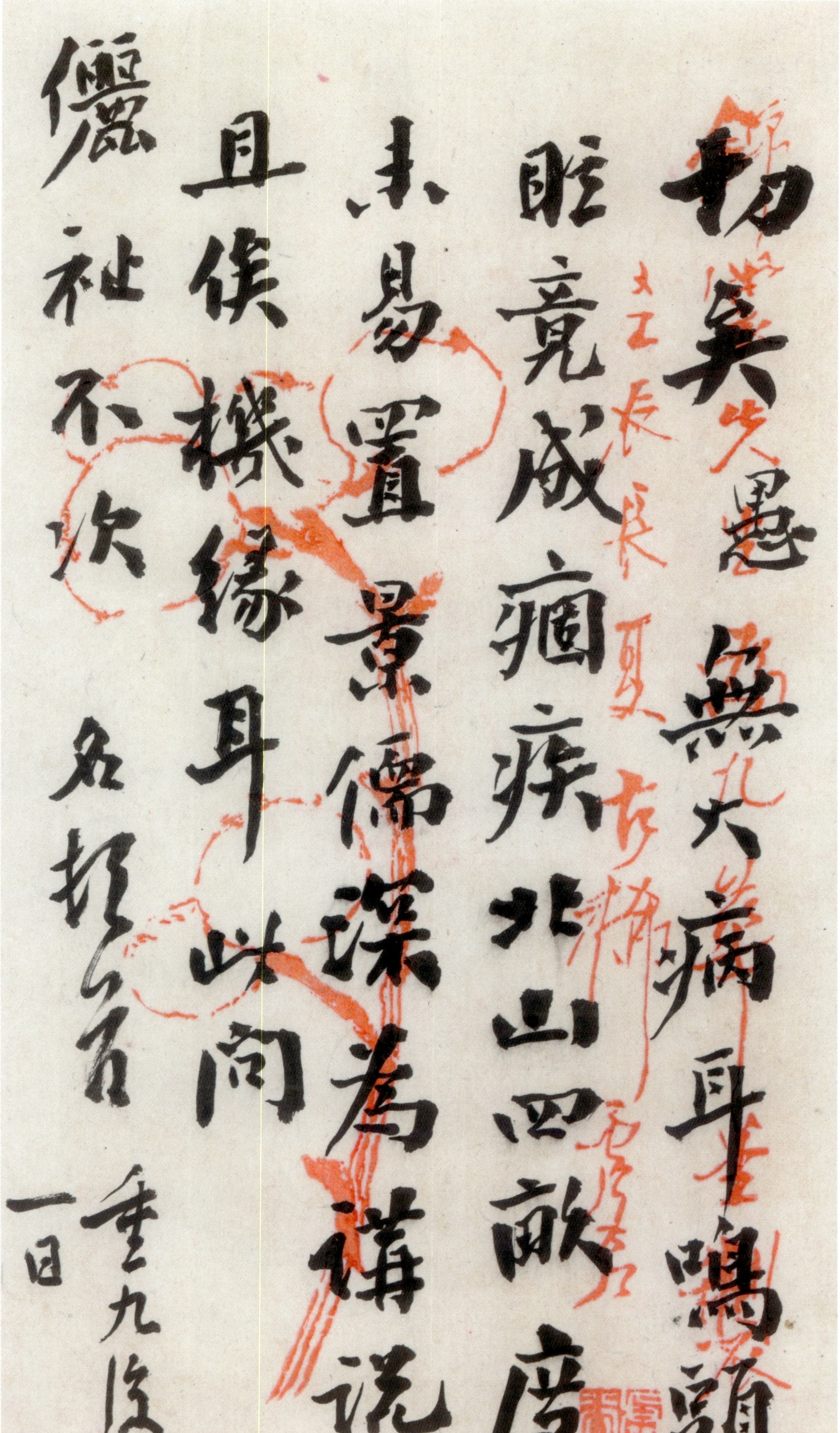
切矣。愚無大病，耳鳴頭
脹，竟成痼疾。北山四畝度
未易置。景儒深為講說，
且俟機緣耳。此問
儼祉，不次。名頓首
重九後
一日

致　徐佩韋

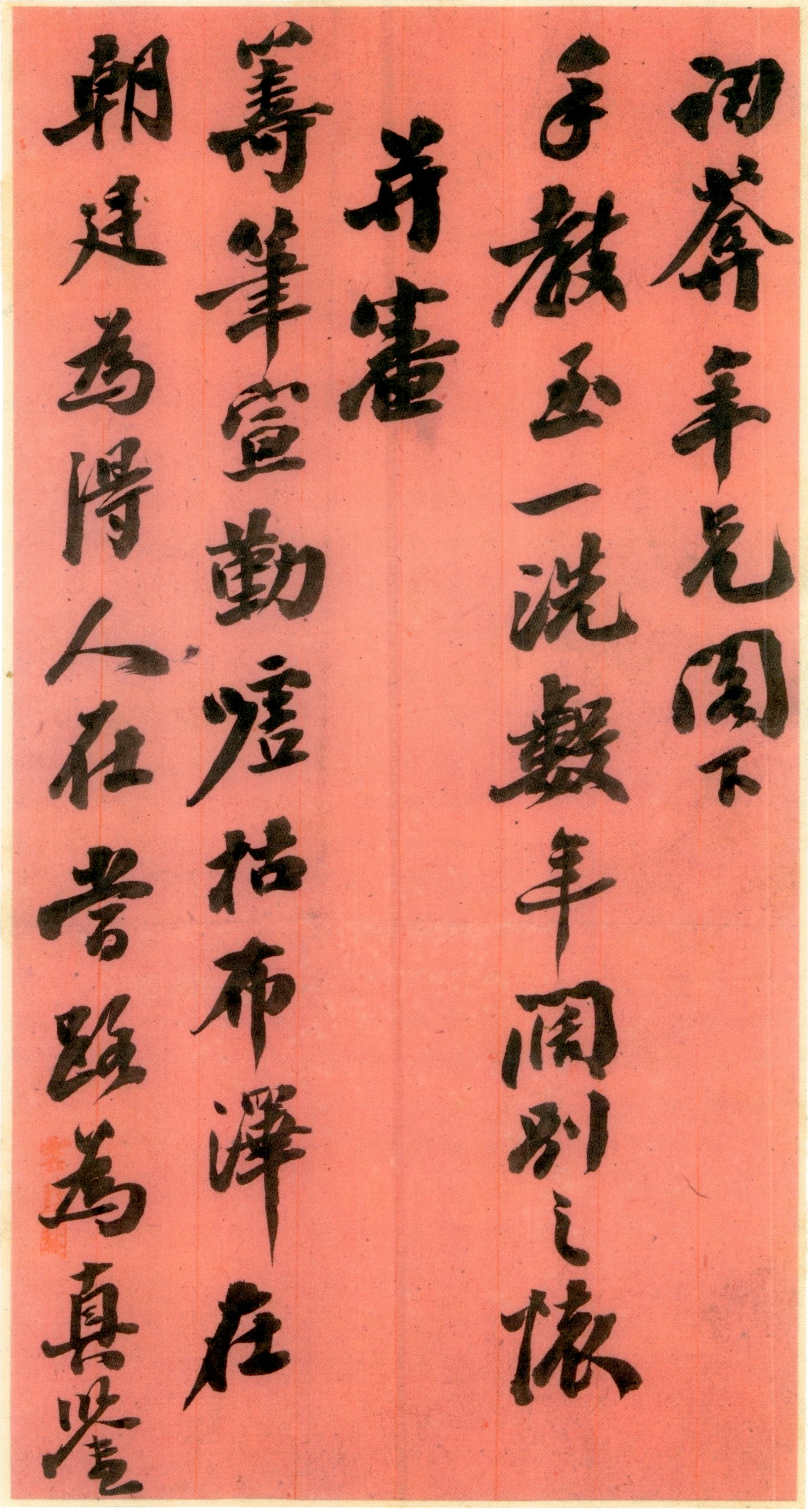
訒蓀年兄閣下：手教承，一洗數年闊別之懷，并審
籌筆宣勤，噓枯布澤，在
朝廷為得人，在當路為真選

徐佩韋，字訒蓀，陝西人。翁同龢門生。署西寧府。

致 徐佩韋

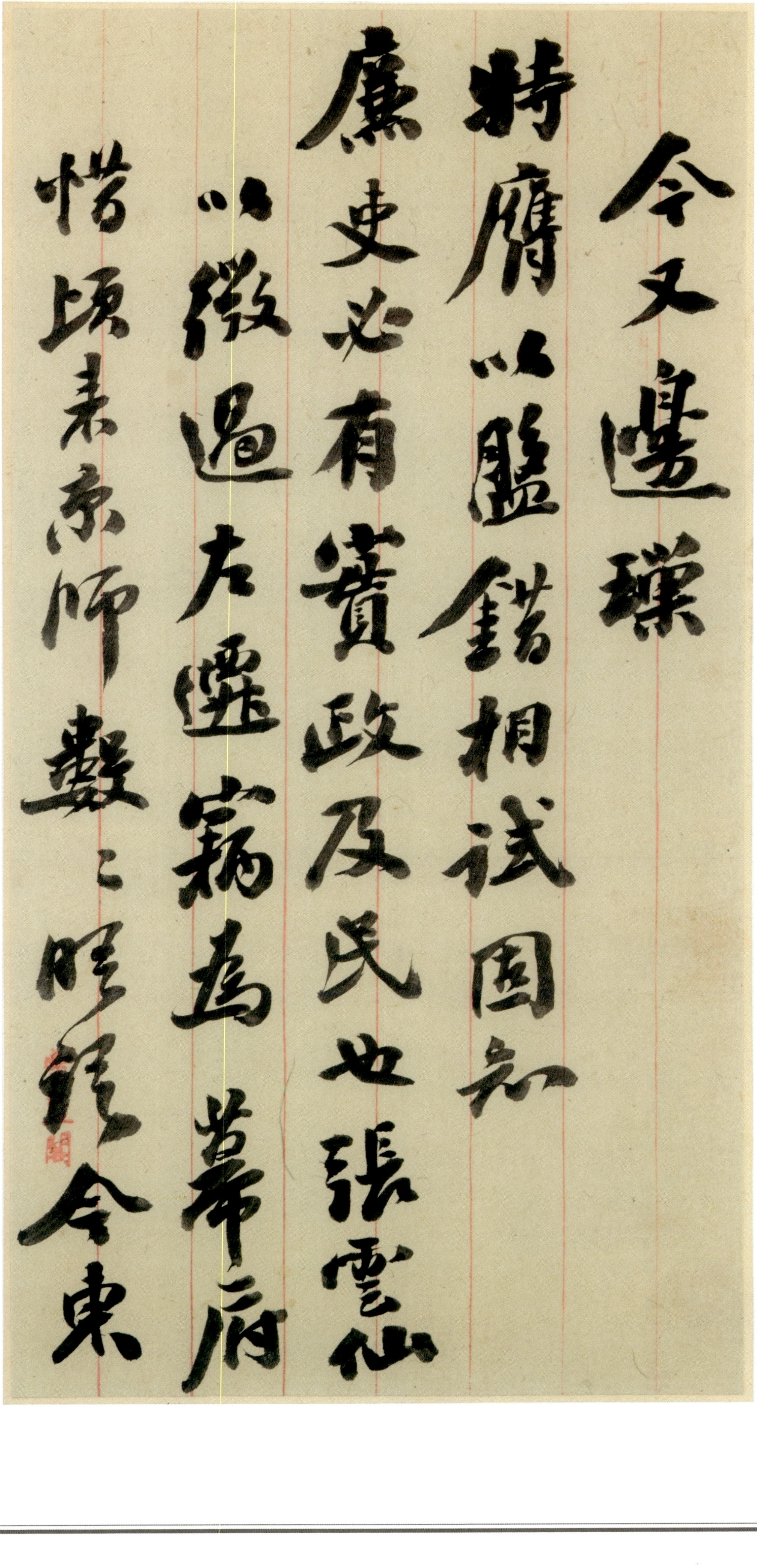
令又邊璞
特膺以鹽錯相試固知
廉吏必有賢政及民也張雲仙
以微過左遷竊爲當幕府
惜頃來京師數數晤縷今東

致 徐佩韋

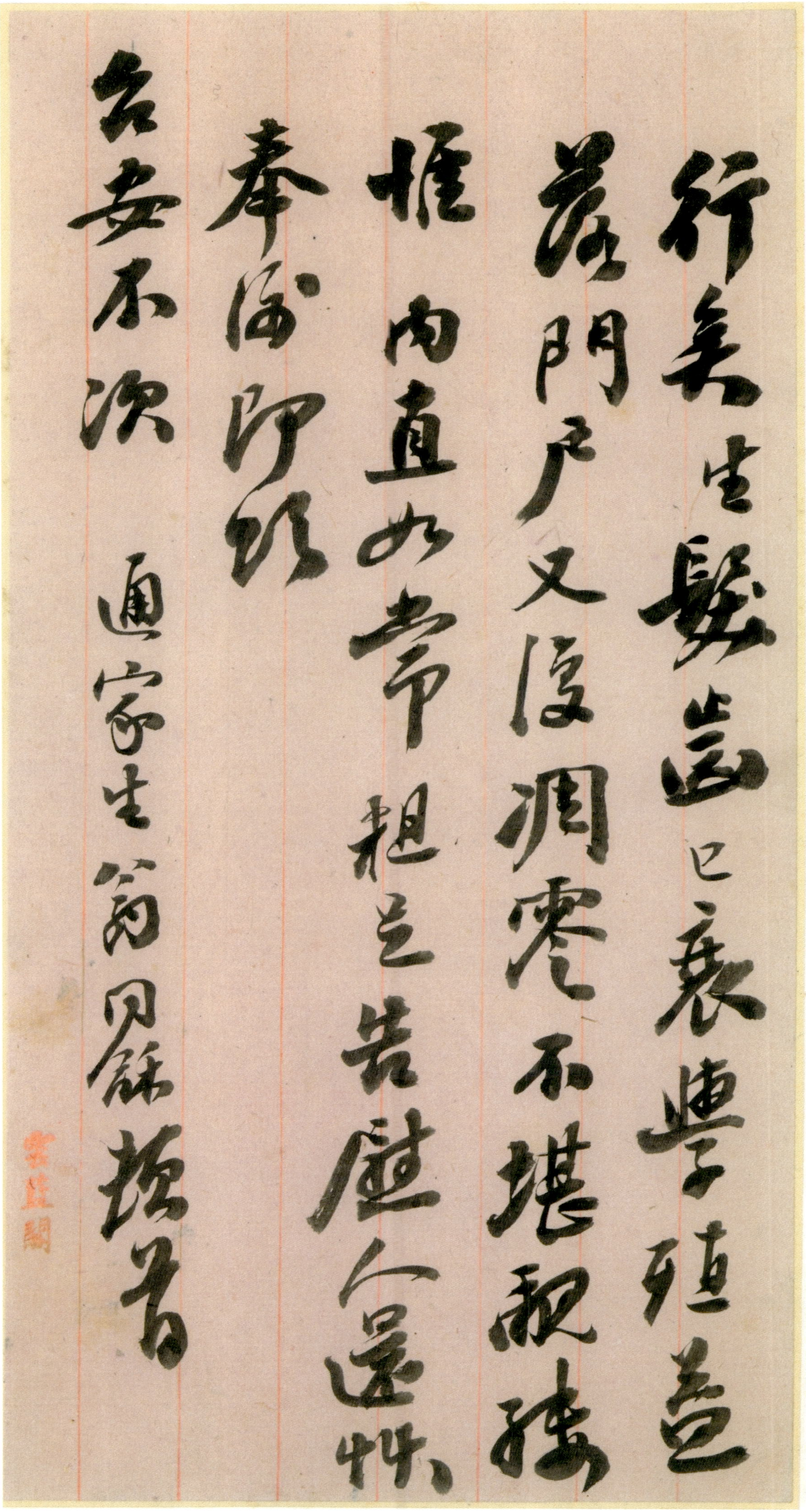
行矣。生髮齒已衰，學殖荒落，門戶又復凋零，不堪覼縷。權內直如常，粗已告健，人還快。奉問即頌
台安不次
通家生翁同龢頓首

致 徐佩韋

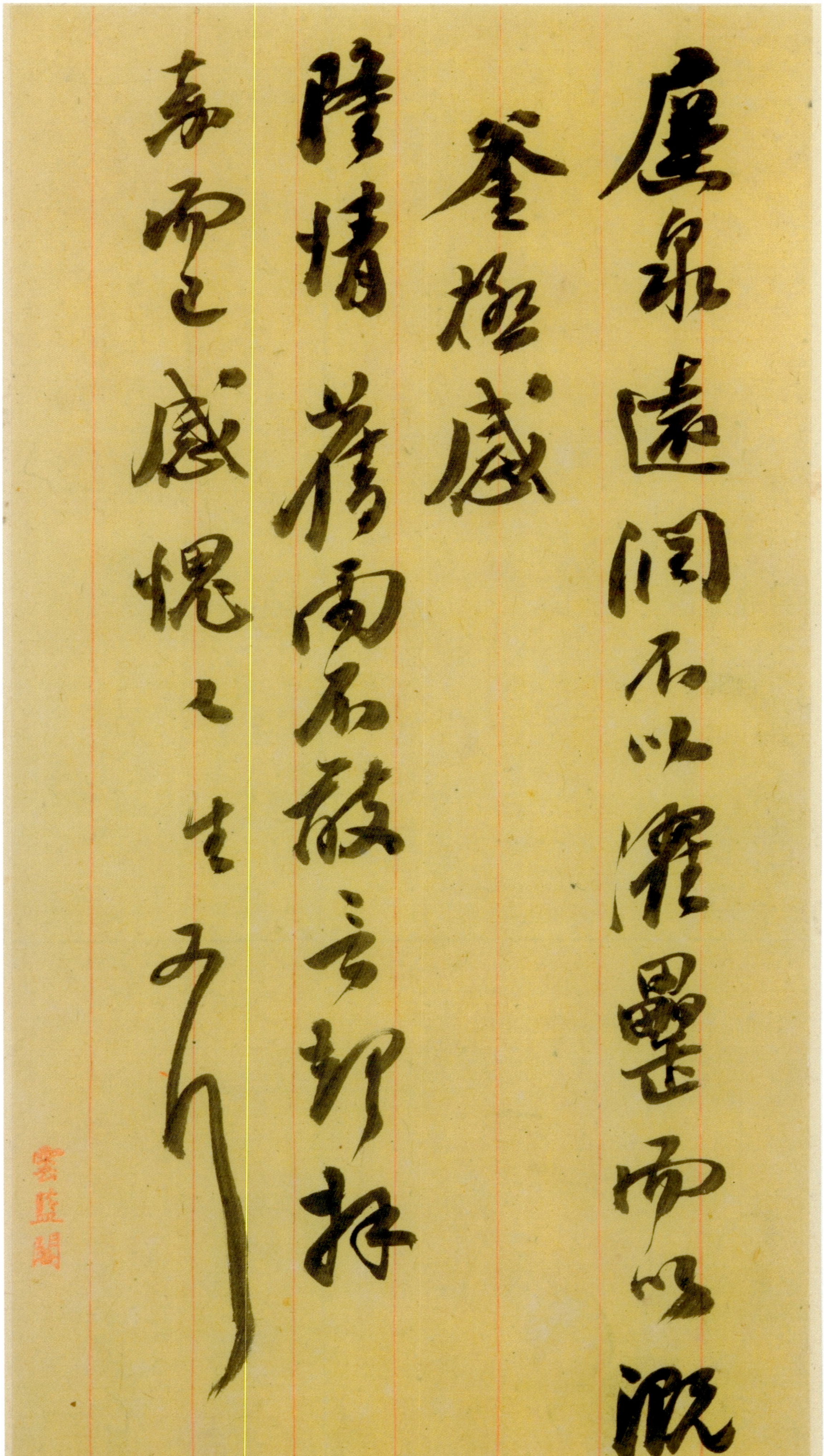

致福楙

福楙，字幼農。翁同龢門人。

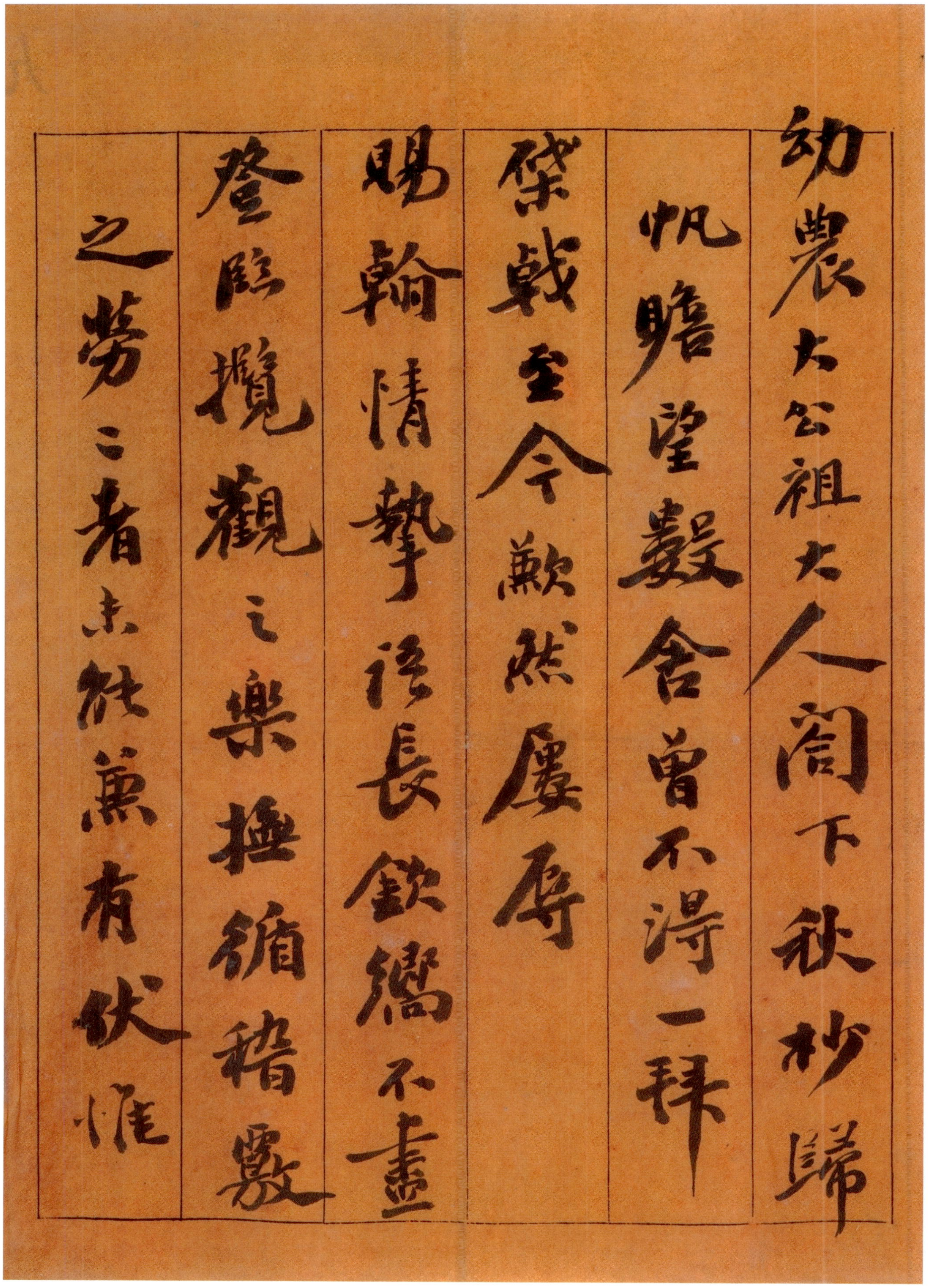
幼農大公祖大人閣下秋杪歸
帆瞻望髮舍曾不得一拜
棨戟至今歉然屢辱
賜翰情摯語長欽繫不盡
登臨攬觀之樂撫循稽覈
之勞之者未能兼有伏惟

致 汪玉笙

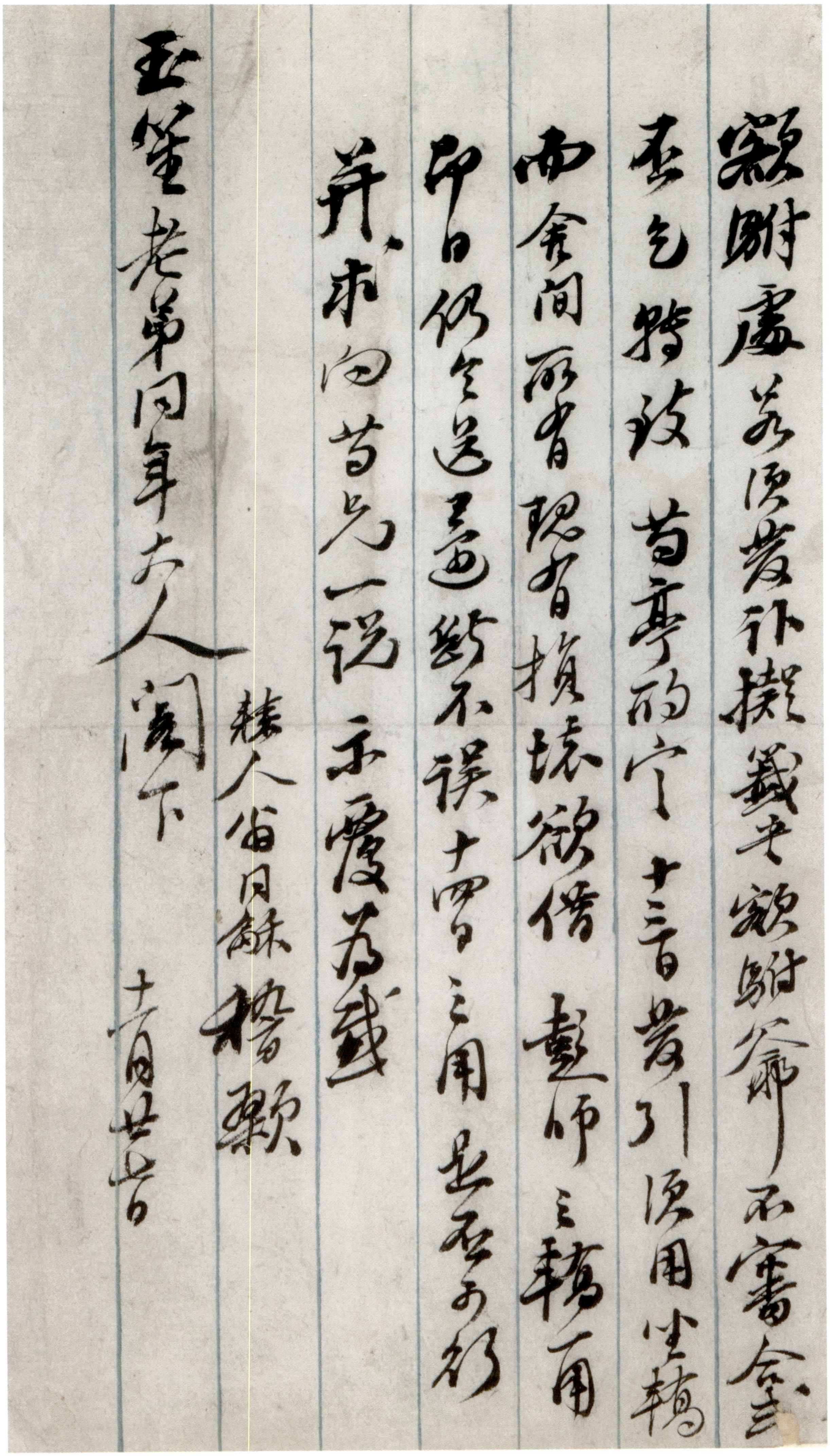

汪玉笙，名待考，玉笙乃其字或號。翁同龢 同年。

致 林伯恬

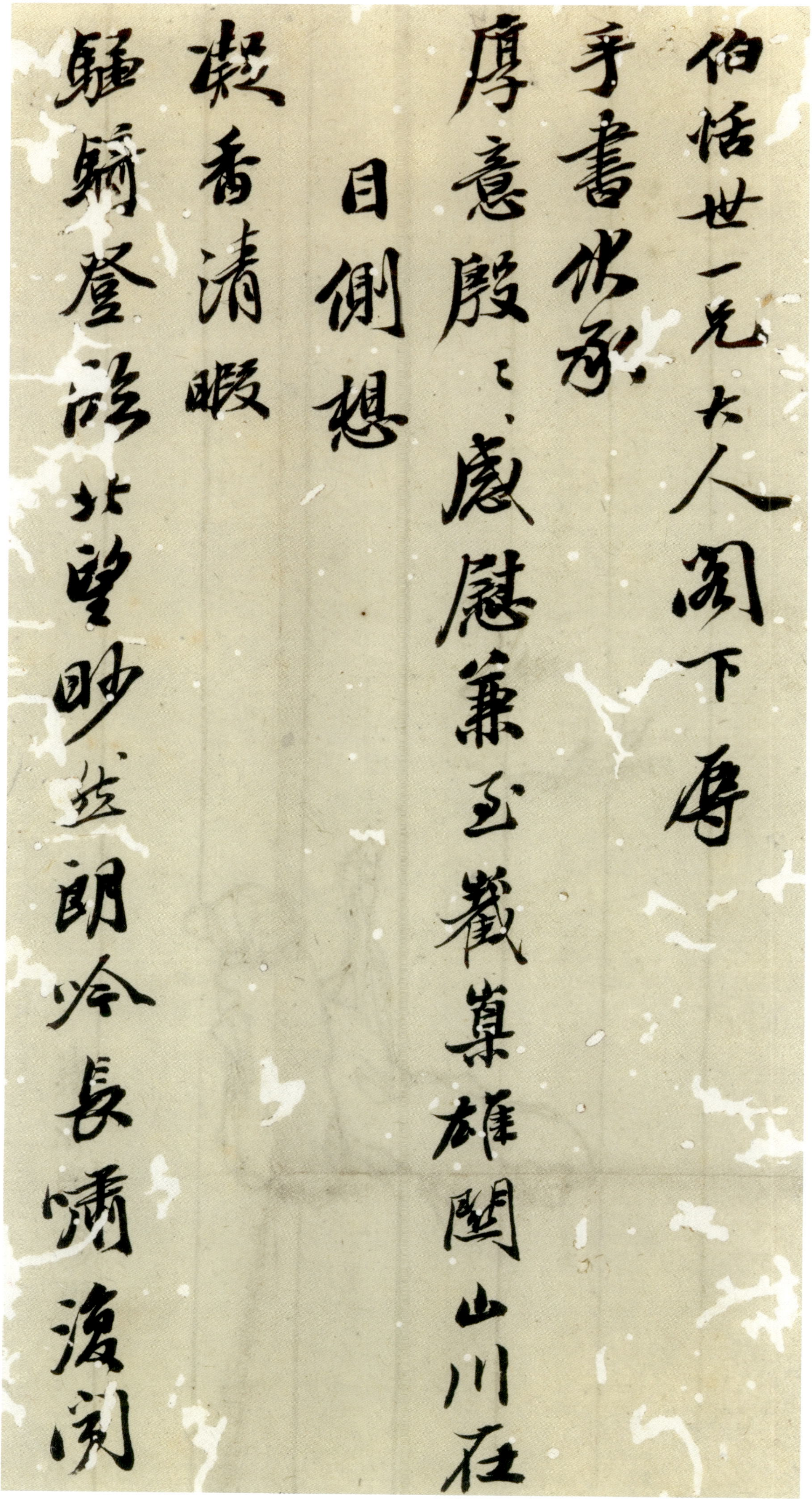
伯恬世一兄大人閣下：辱
手書，備承
厚意殷殷，感慰兼至。巑嵬雄關，山川在
目，側想
凝香清暇，
驛騎登臨，北望眇然，朗吟長嘯，渡閱

林伯恬，名待考，伯恬乃其字或號，江蘇常熟人。

致 林伯恬

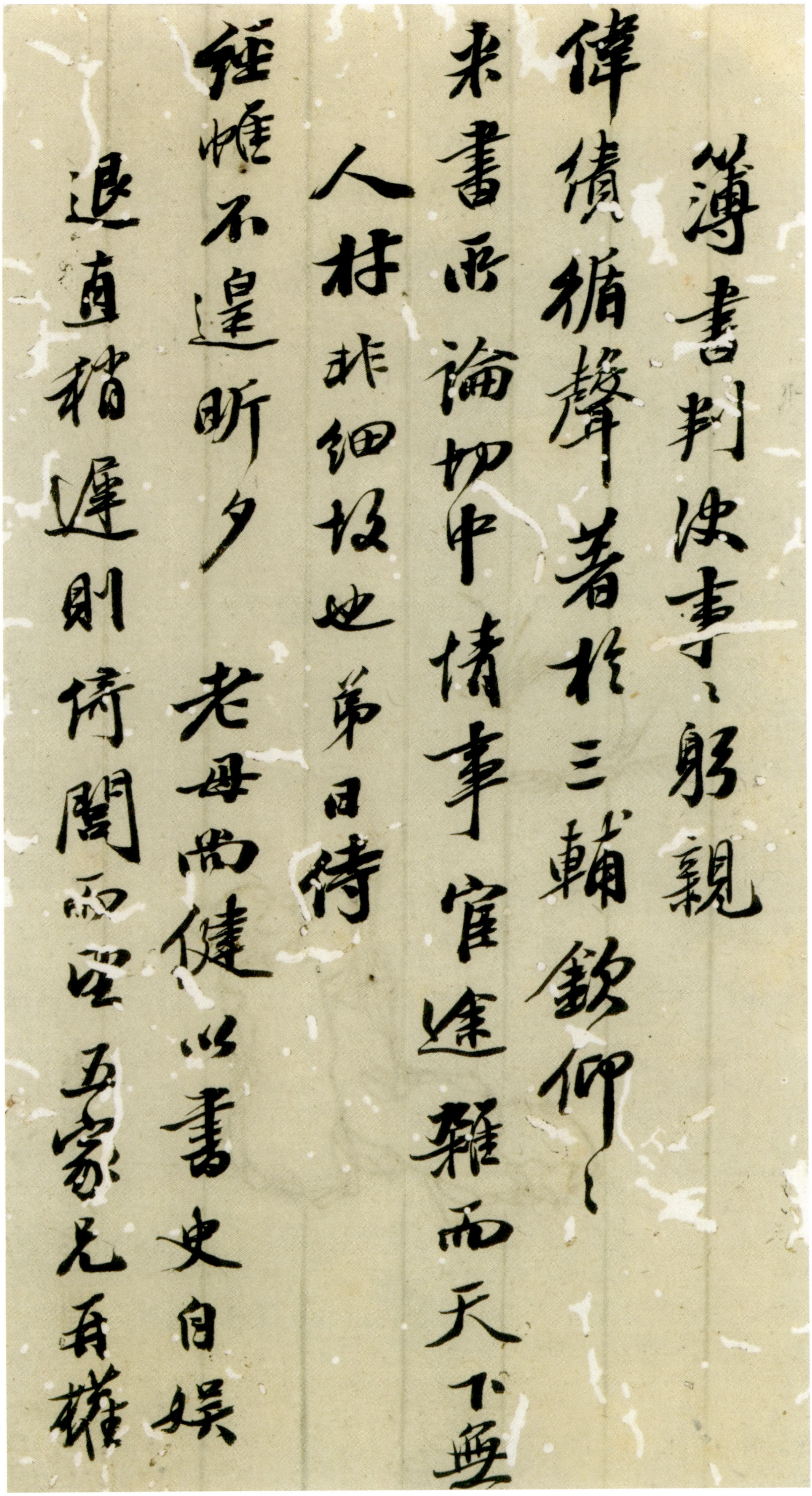

簿書判決事事躬親

偉績循聲著於三輔欽仰欽仰

來書所論切中情事宦途難而天下無

人材非細故也弟日侍

經帷不遑昕夕老母尚健以書史自娛

退直稍遲則倚閭而望吾家兄再權

臬事清况萧然，虽书札频通，终恨
道途脩阻。
尊公大人侍奉家居，伏想
起居康胜。闽中少便，未尝奉函，至今耿耿。
行人迫促，草草申谢，敬颂
升安。不尽万一。世里弟期翁同龢顿首
五月十七日

致 潘東園

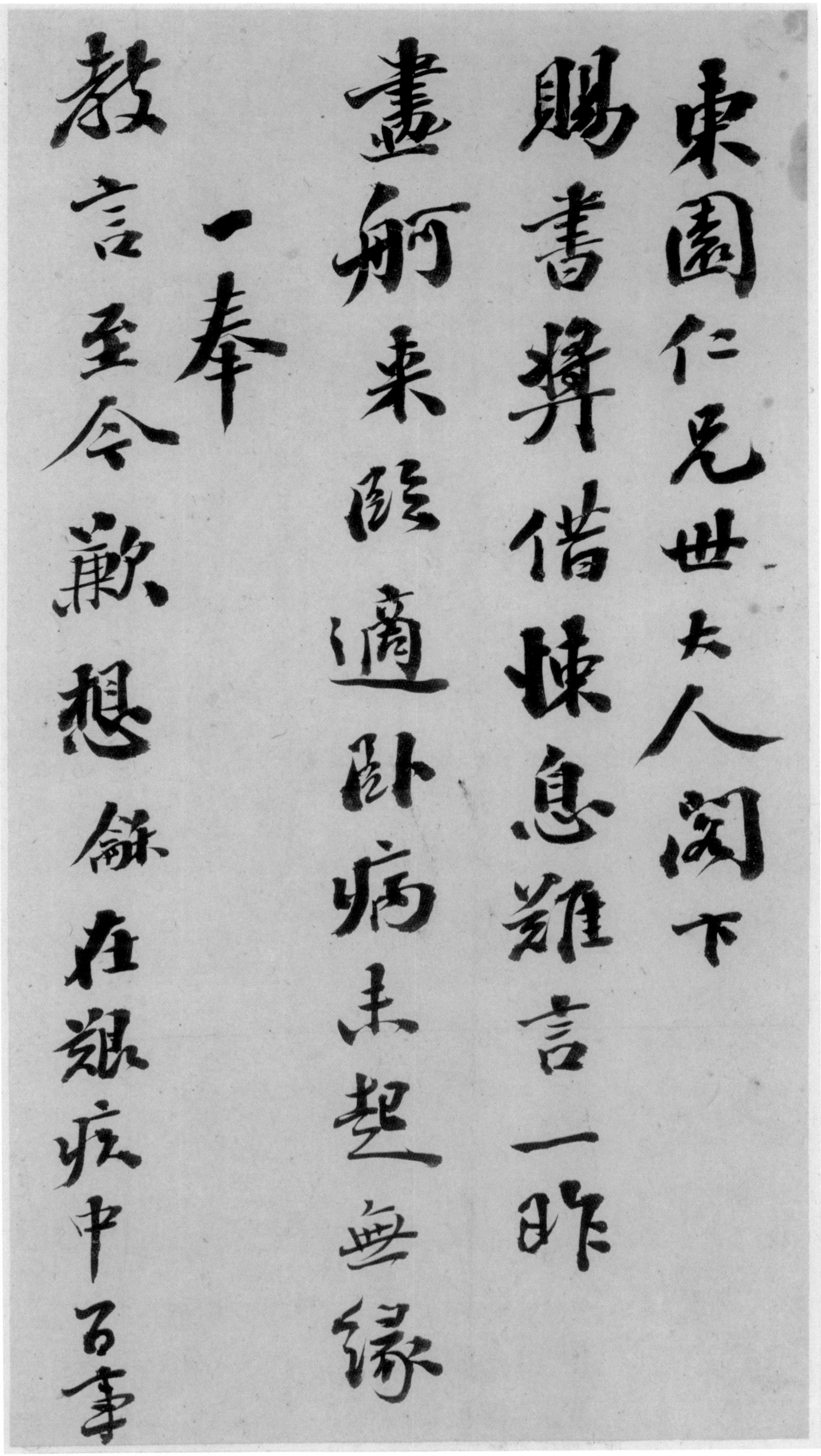

東園仁兄世大人閣下
賜書并借悚息難言一昨
畫舸来臨適卧病未起無緣
一奉
教言至今歉想餘在艱疚中百事

潘東園，名待考，東園乃其字或號。醫生。

屏棄兼歐血後兩臂頗適
委書絹素漆竹在
命即付敗紙簏中了耳秧田待
雨如何〻霑足
日安不次　世愚弟制翁同龢頓首

致　楊思贊

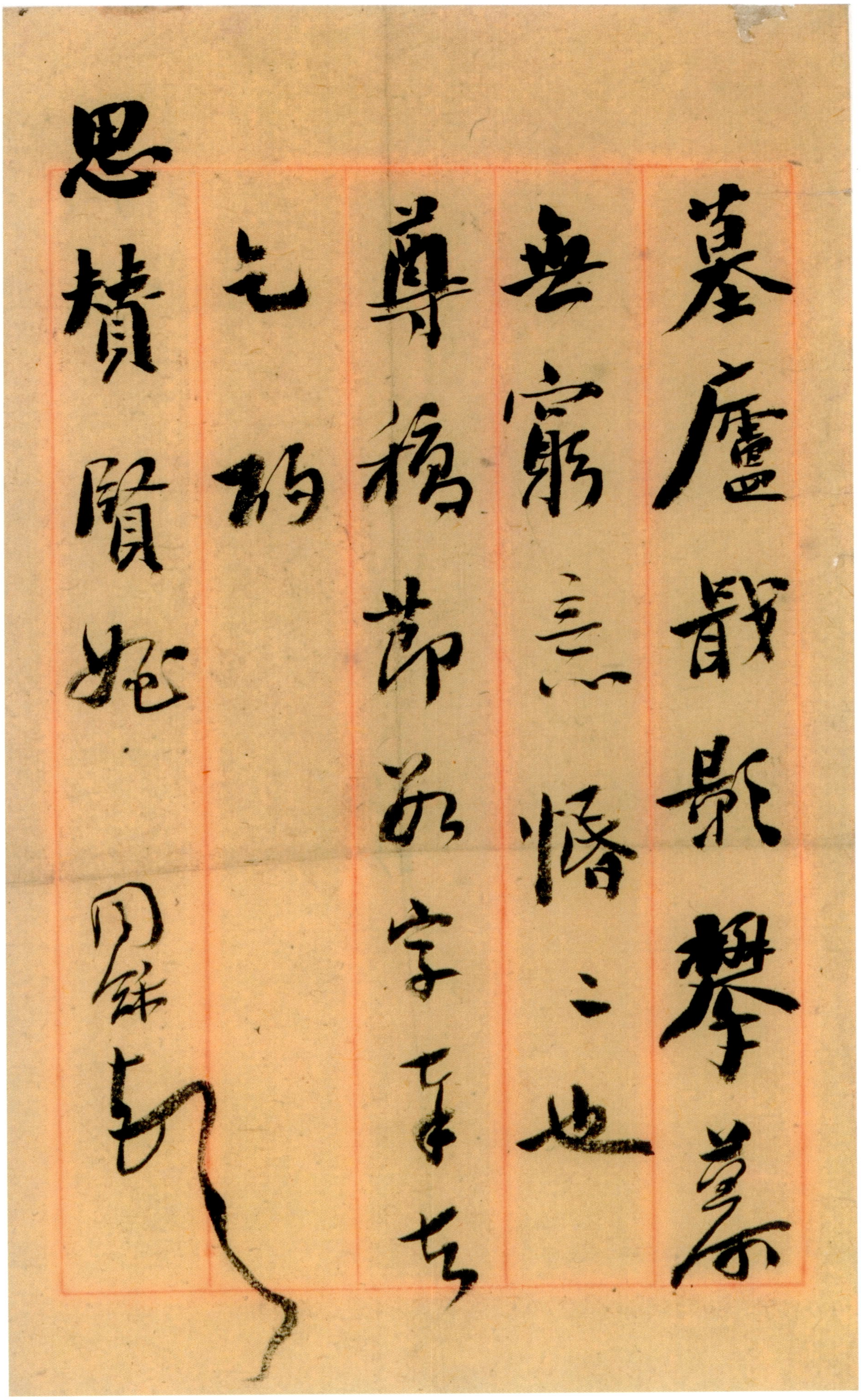
墓廬戢影，舉慕
無窮，意惛之也。
尊稿節敘字筆訖，
乞詢。
思贊賢姪
同鉌手

楊思贊，名待考，思贊乃其字或號。

致肯甫

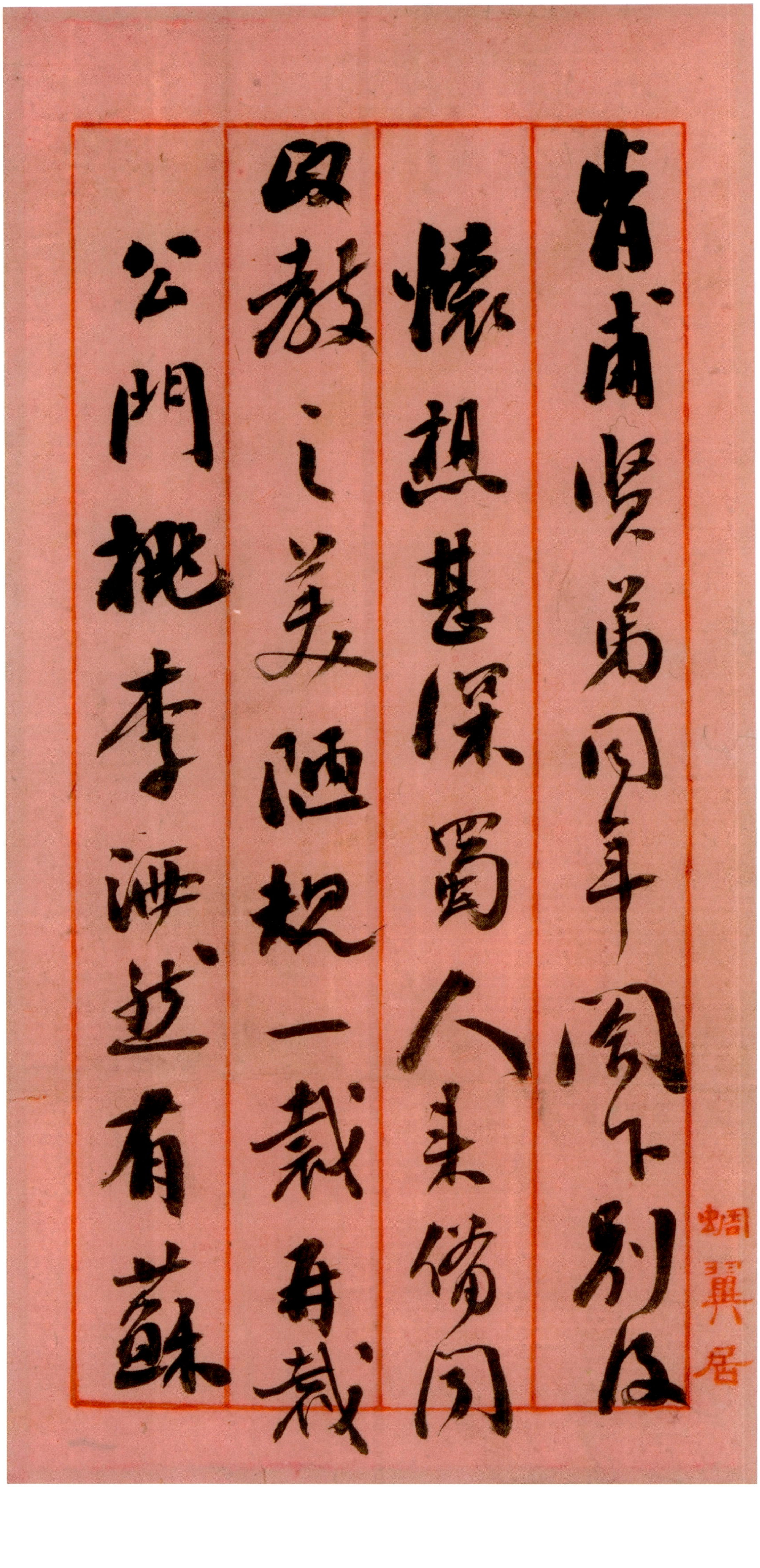
肯甫賢弟同年閣下別後
懷想甚深蜀人來備聞
政教之美陋規一裁再裁
公門桃李洒然有蘇

肯甫，名待考，肯甫乃其字或號。翁同龢同年。

息之慶，欽仰匪之之至。今
隆饋出於至交，不敢卻，感愧。
軺車留駐若如是，而後成績
可觀，秋衷尤欣慰也。大部

之疾未盡除未審堪此遠
涉否若暫留南中爲計
亦得入冬江行安隱
眷屬到時應予釋服也叔又二

蝸翼居

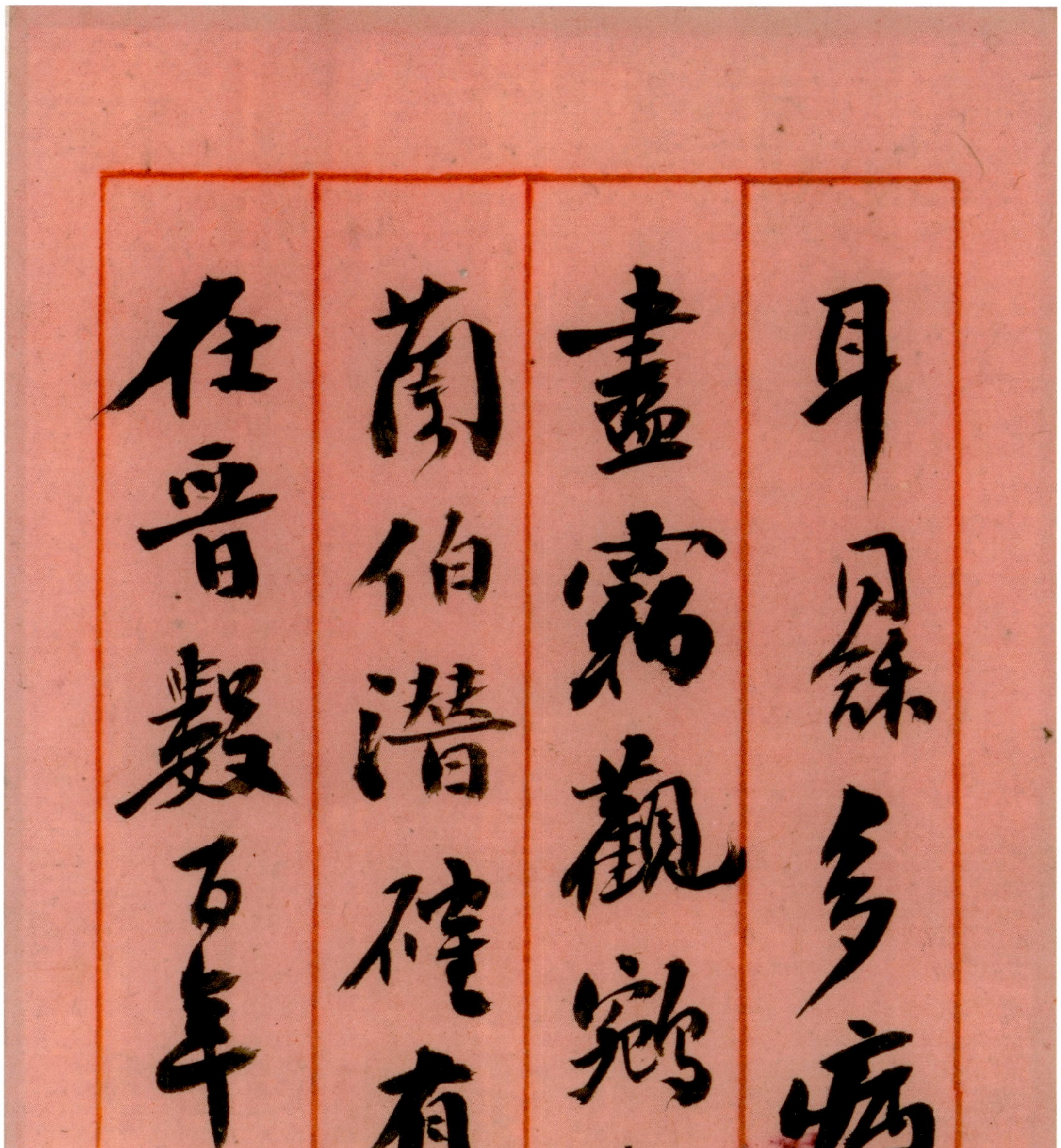
耳聾多病早衰壯志銷
盡霧觀雞行中丸右趣湖
蘭伯潛確有實際孝達
在晉數百年無此好官
蜩翼居

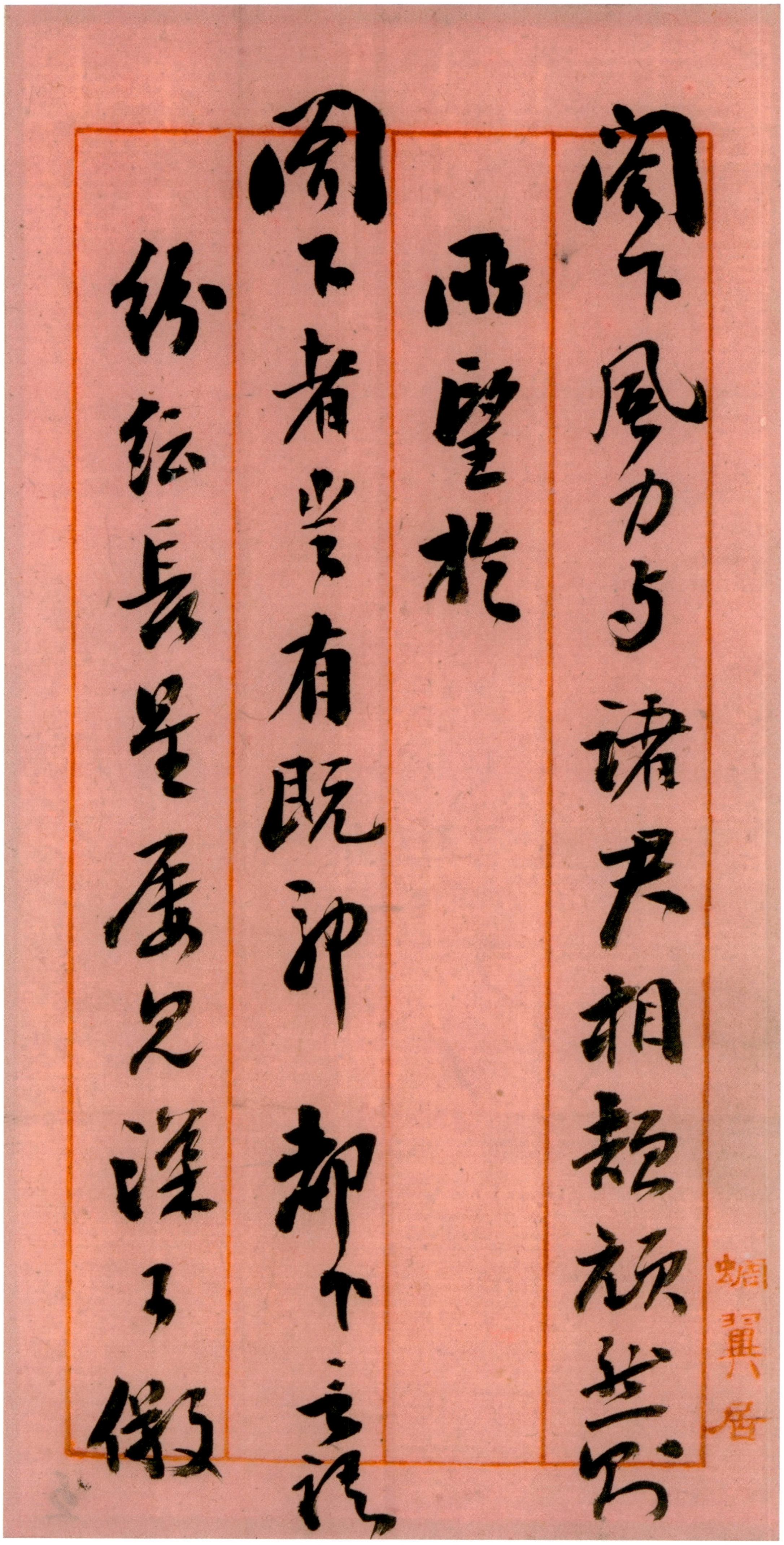
閣下風力與諸君相頡頏，然而兩璧於
閣下者豈有既耶？都下之議
紛紜，長星屢見，謹于儆

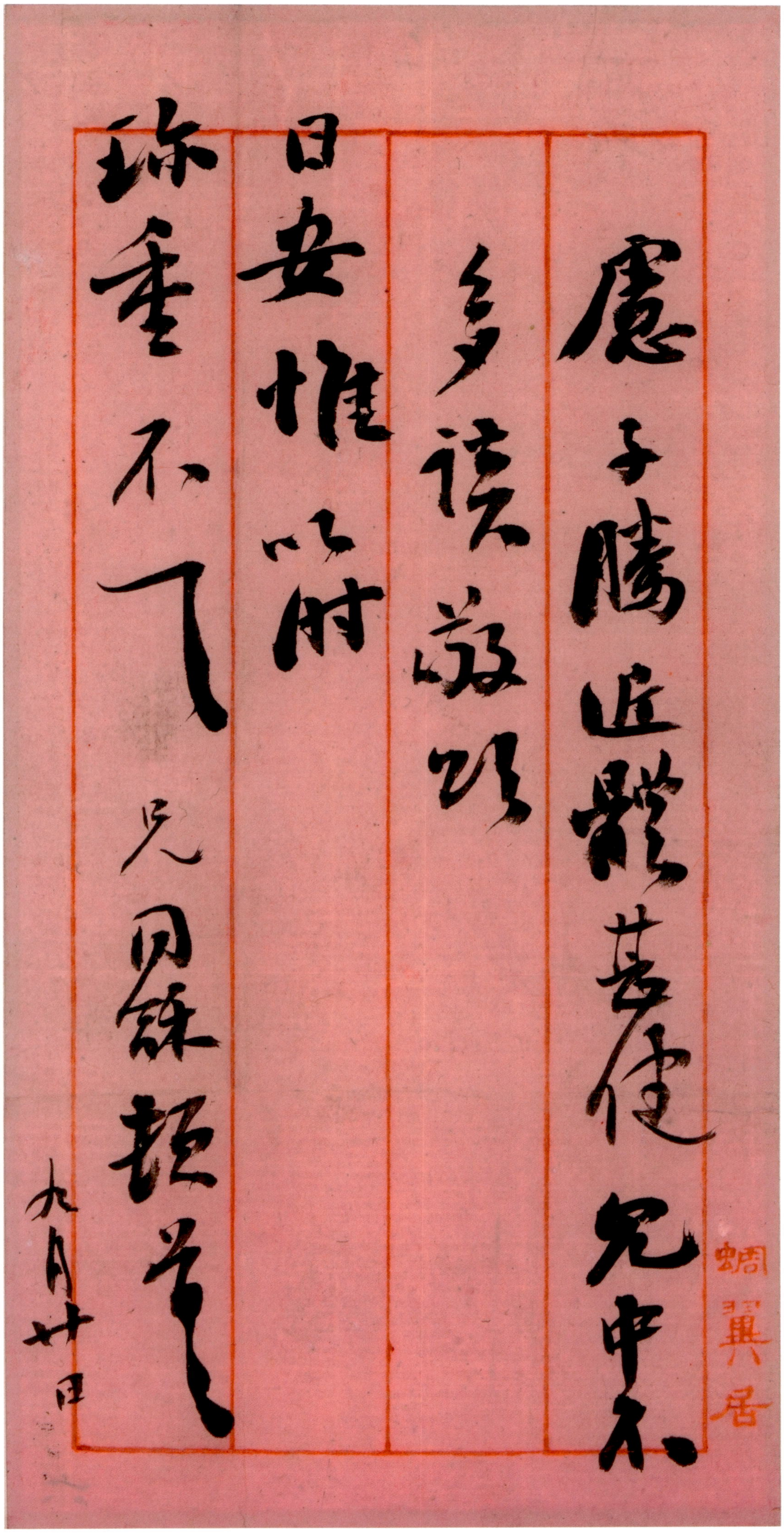
處子騰近體甚佳兄中不
多讀數頃
日安惟以時
珍重不一
兄因繇頓首
九月廿日
蛸翼居

致師漢

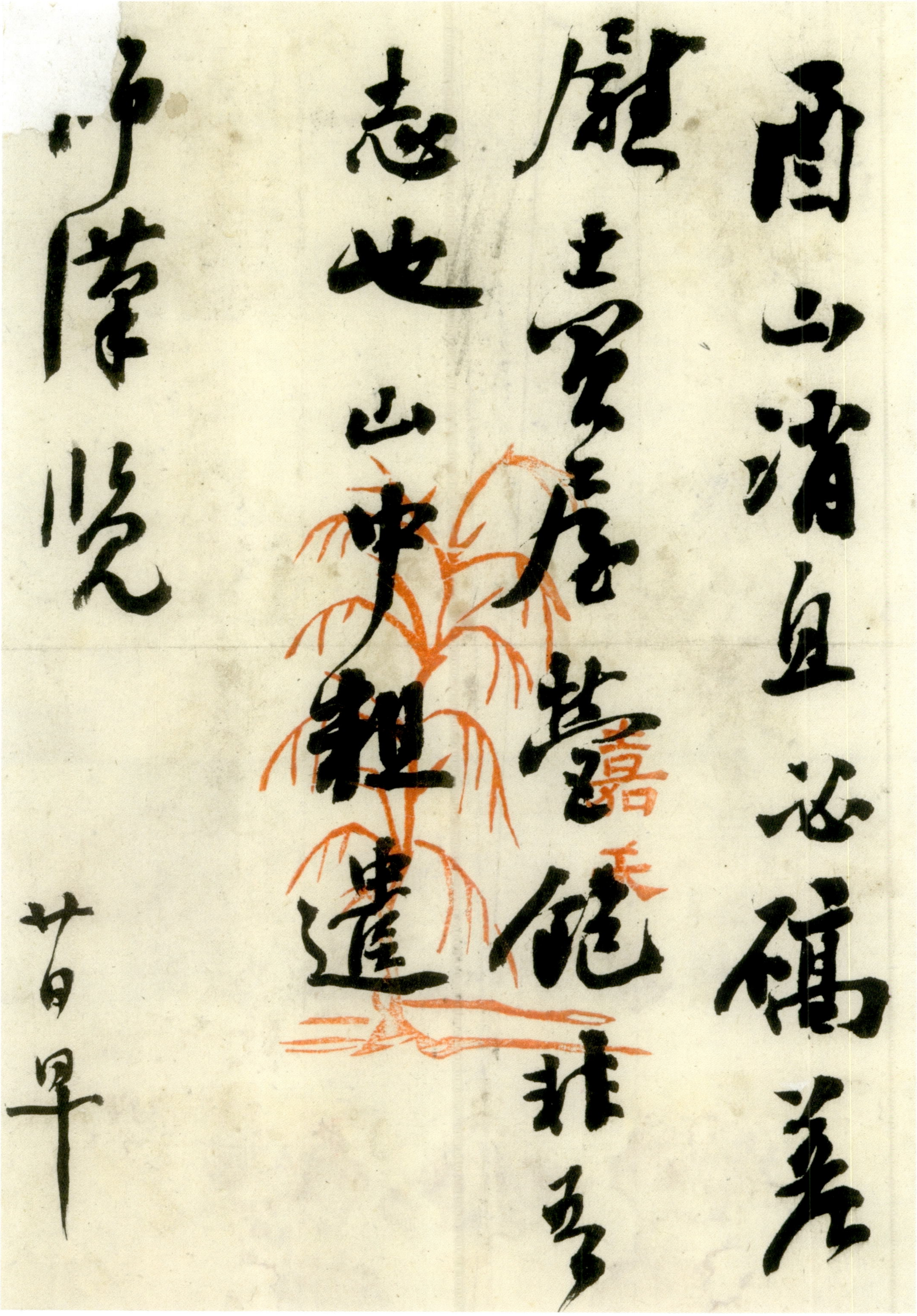

師漢，名待考，師漢乃其字或號。

致　翁心鑒 之一

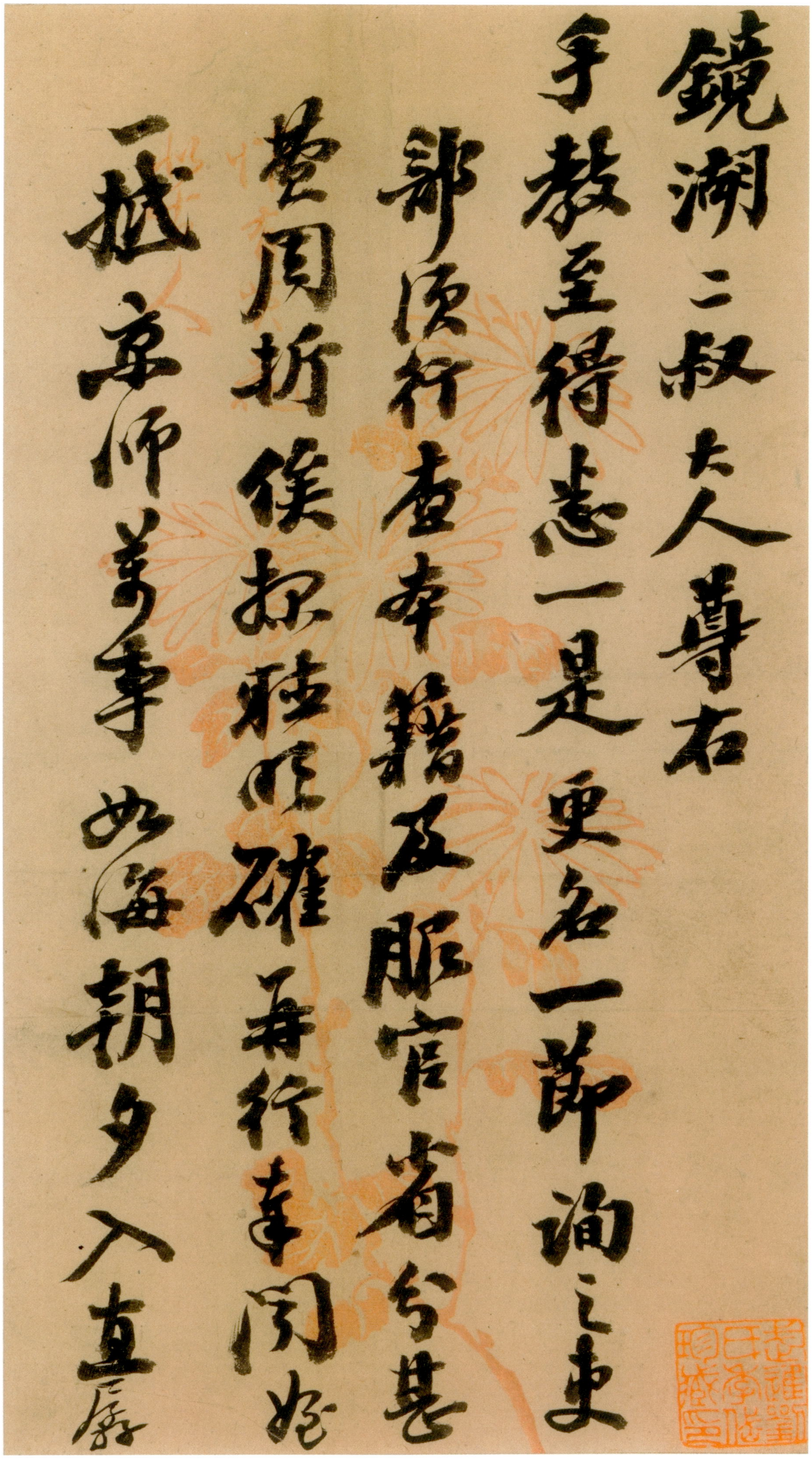

鏡湖二叔大人尊右
手教至得悉一是更名一節詢之史
郭須行查本籍及服官省分甚
費周折俟叔駐碓再行奉聞炤
一抵京師著事如海朝夕入直二房

翁心鑒，更名心怡，號鏡湖，或作景湖。翁華三次子，翁同龢族叔。

致翁心鑒之一

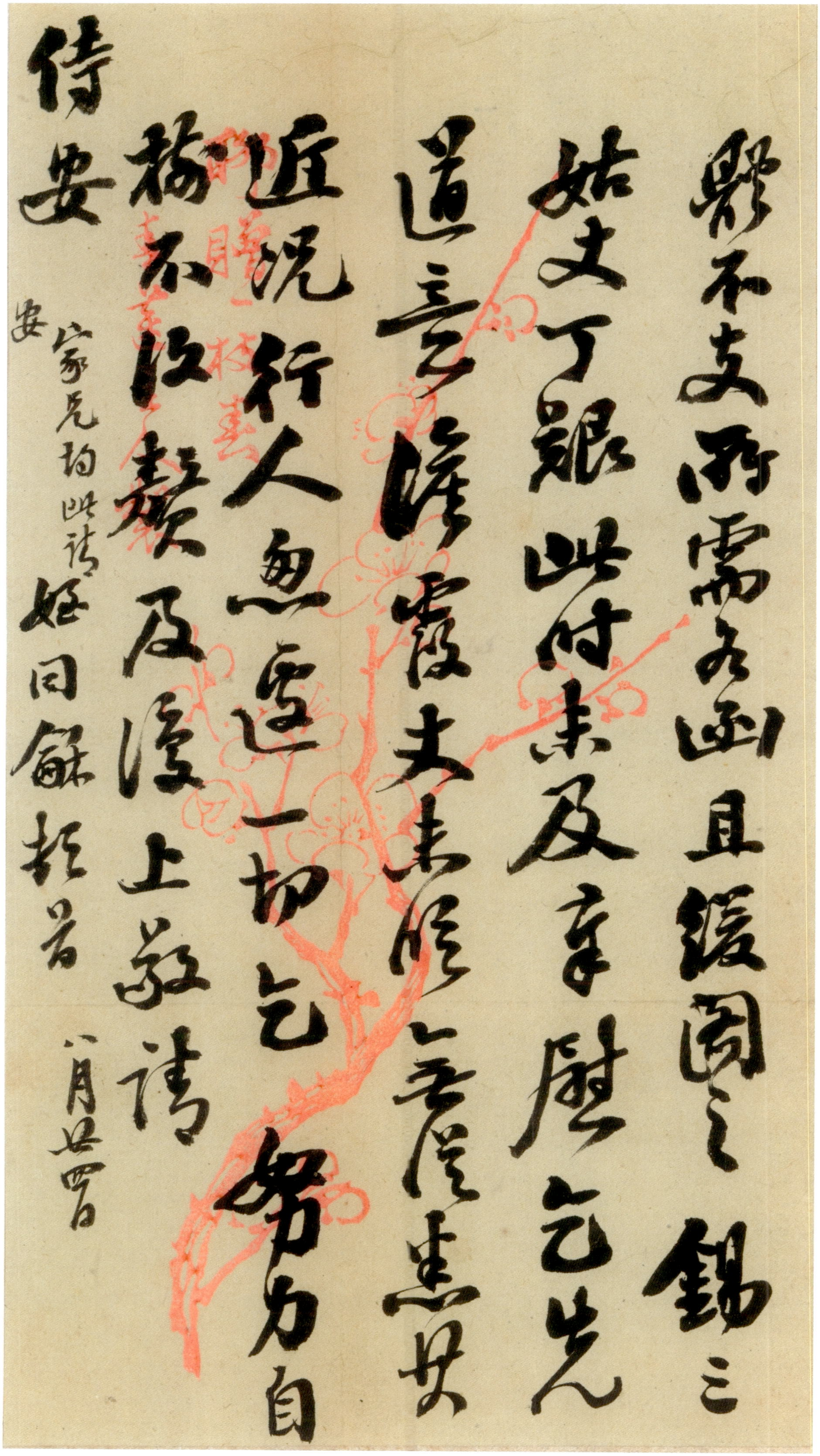
斯不支，所需各函且緩圖之。錫之
姑丈丁艱，此時未及享尉，乞先
道意。讓霞丈來時，亦屬其安
近況。行人無足道，一切乞努力自
攝。不收數及復上，敬請
侍安
家兄均此請安
姪同龢頓首　八月廿四日

致 翁心鑒 之二

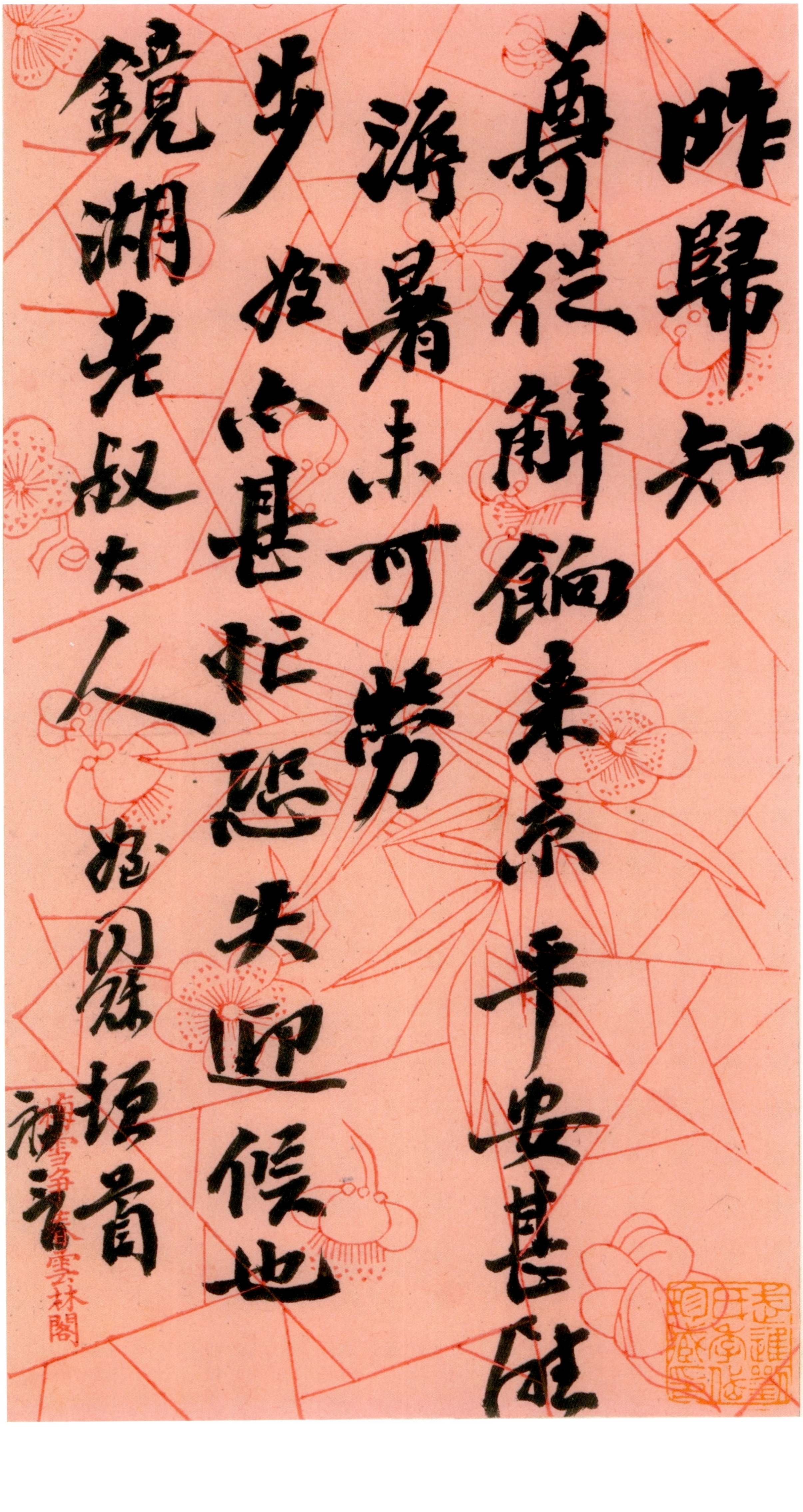
昨歸知
尊從鮮餉來京，平安甚慰。
濟暑未可勞
步，於今甚忙，恐失迎候也。
鏡湖老叔大人
姪同龢頓首 初三日

致翁心鑒之三

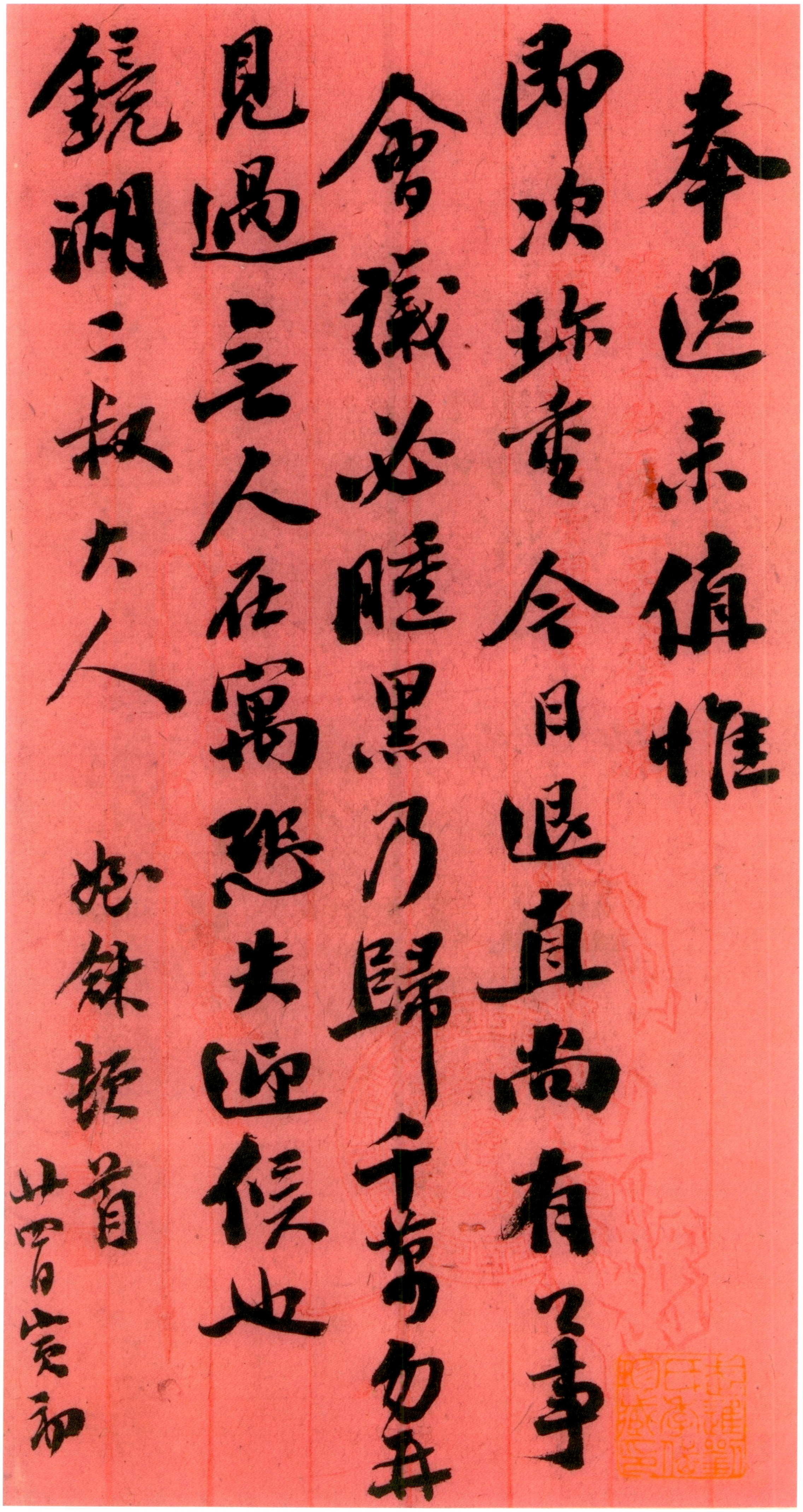
奉送未值，惟
即次珍重。今日退直尚有公事
會議，必睡黑乃歸，千萬勿弃
見過。无人在寓，恐失迎候也。
鏡湖二叔大人
姪龢頓首
廿四日寅初

致翁心鑒 之四

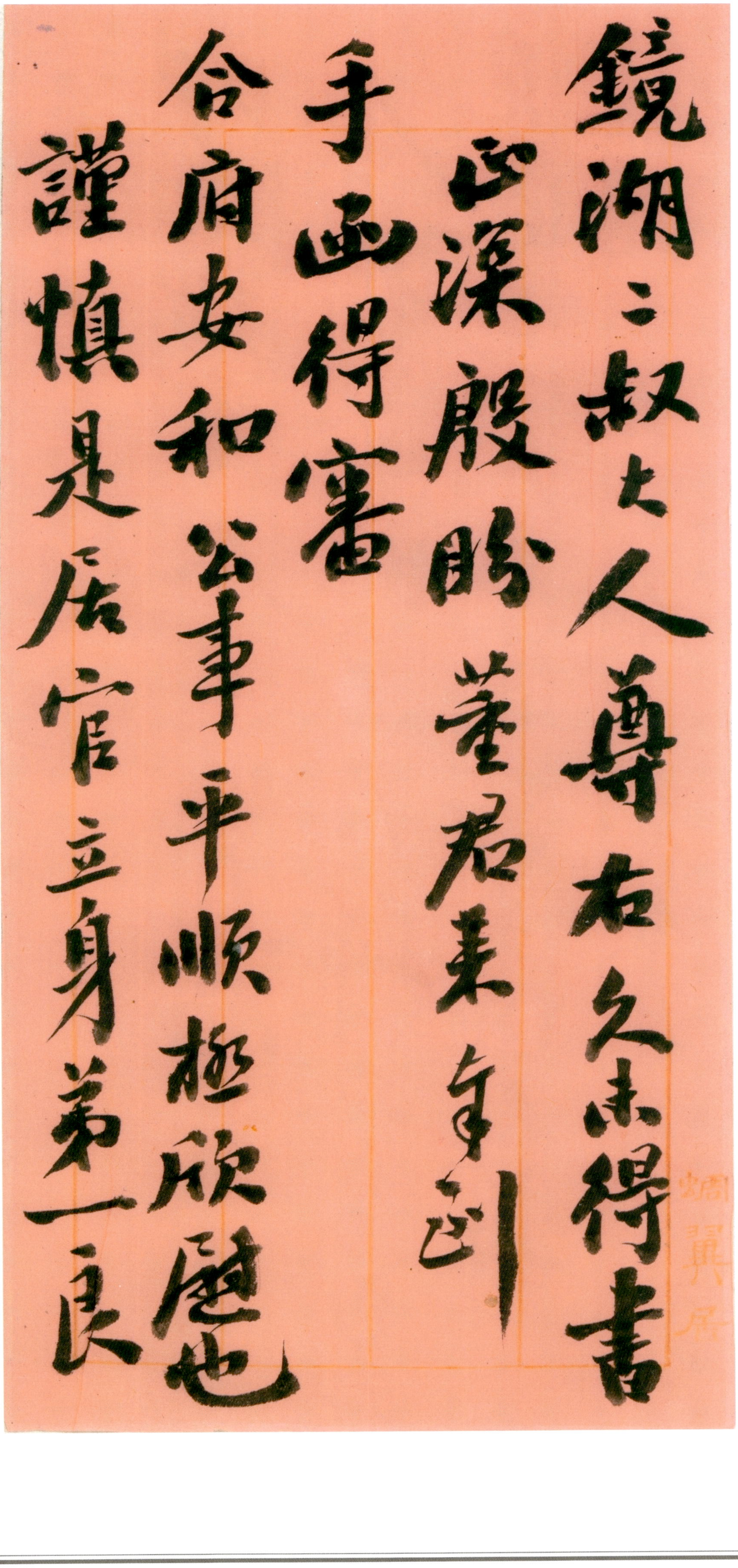
鏡湖二叔大人尊右：久未得書，近深殷盼。萱君來年到，手函得審
合府安和，公事平順，極欣慰也。
謹慎是居官立身第一良

法古今大人物皆守此二字
并能行之家之福矣日錄所呈
禁廷寓祿無補
聖朝寬大宥其過而錄其長
故仍居講職保直之餘又有

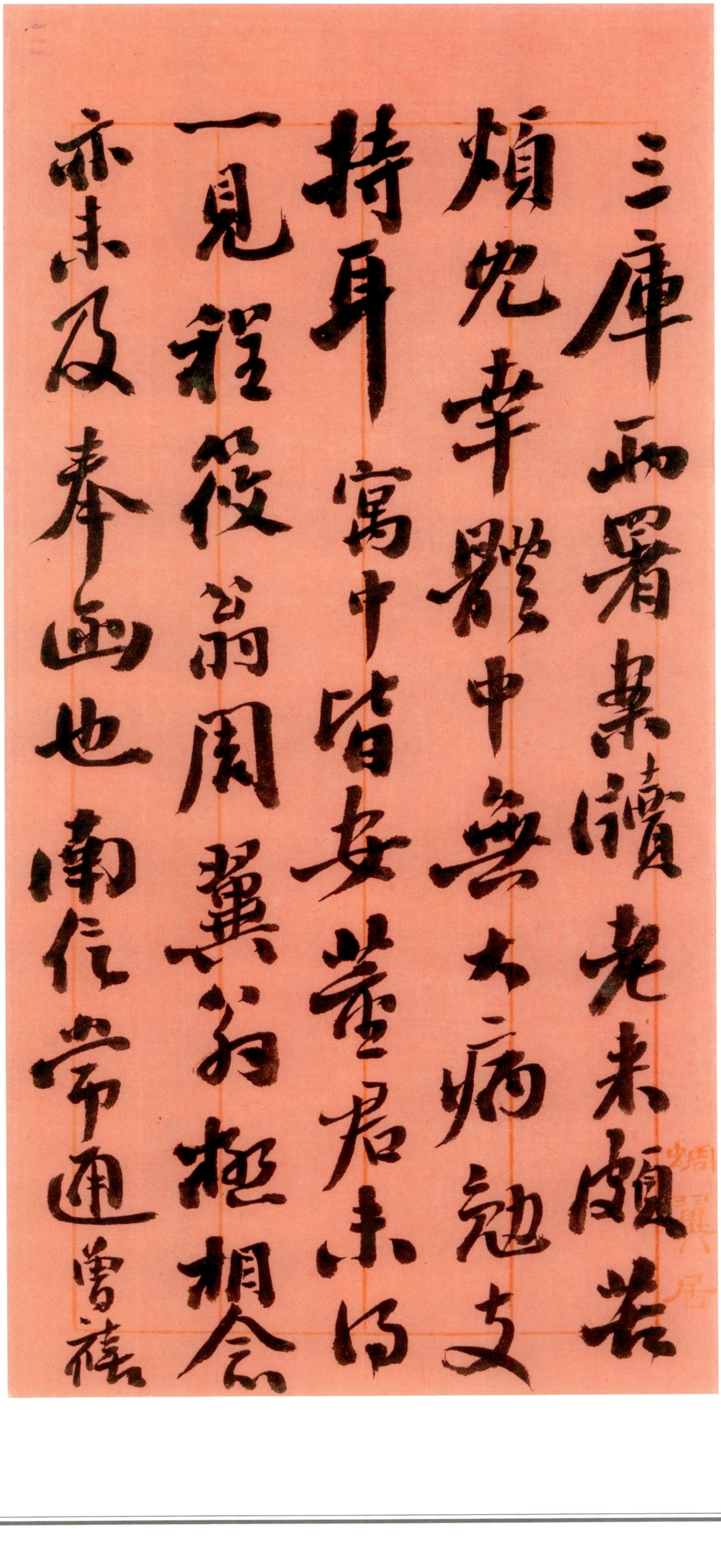

三庫西署集讀老來頗若
煩冗幸體中無大病勉支
持耳 寫中皆安 藎君來得
一見 程筱翁 閣 翼翁極相合
亦未及奉函也 南信常通 曾禧

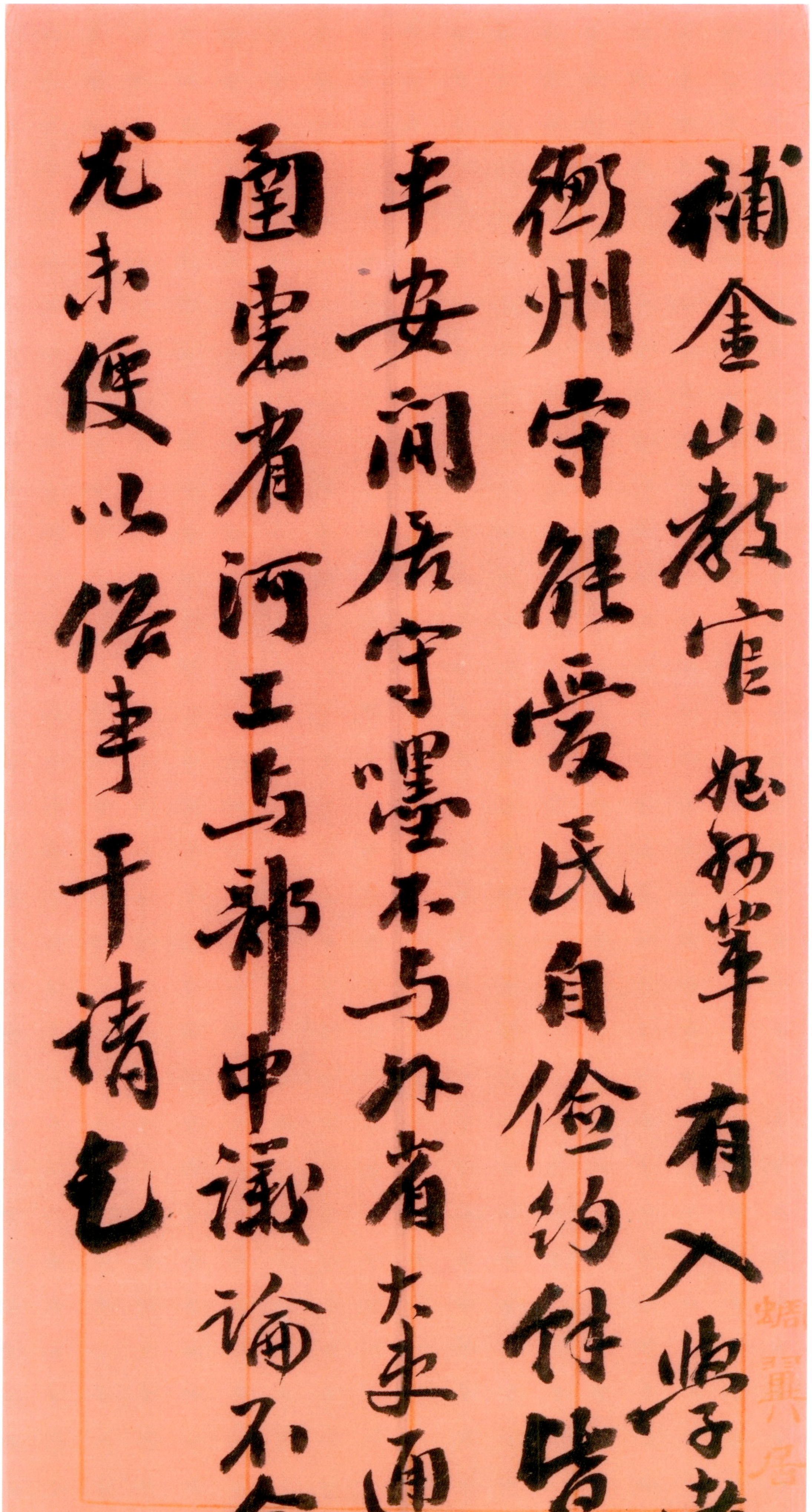

補金山教官 姪孫輩有入學者
衢州守能愛民自儉約待胥
手安間居守墨不與外省大吏通
圍者河工與辦中議論不合
尤未便以信率干請也

致 翁心鑒 之四

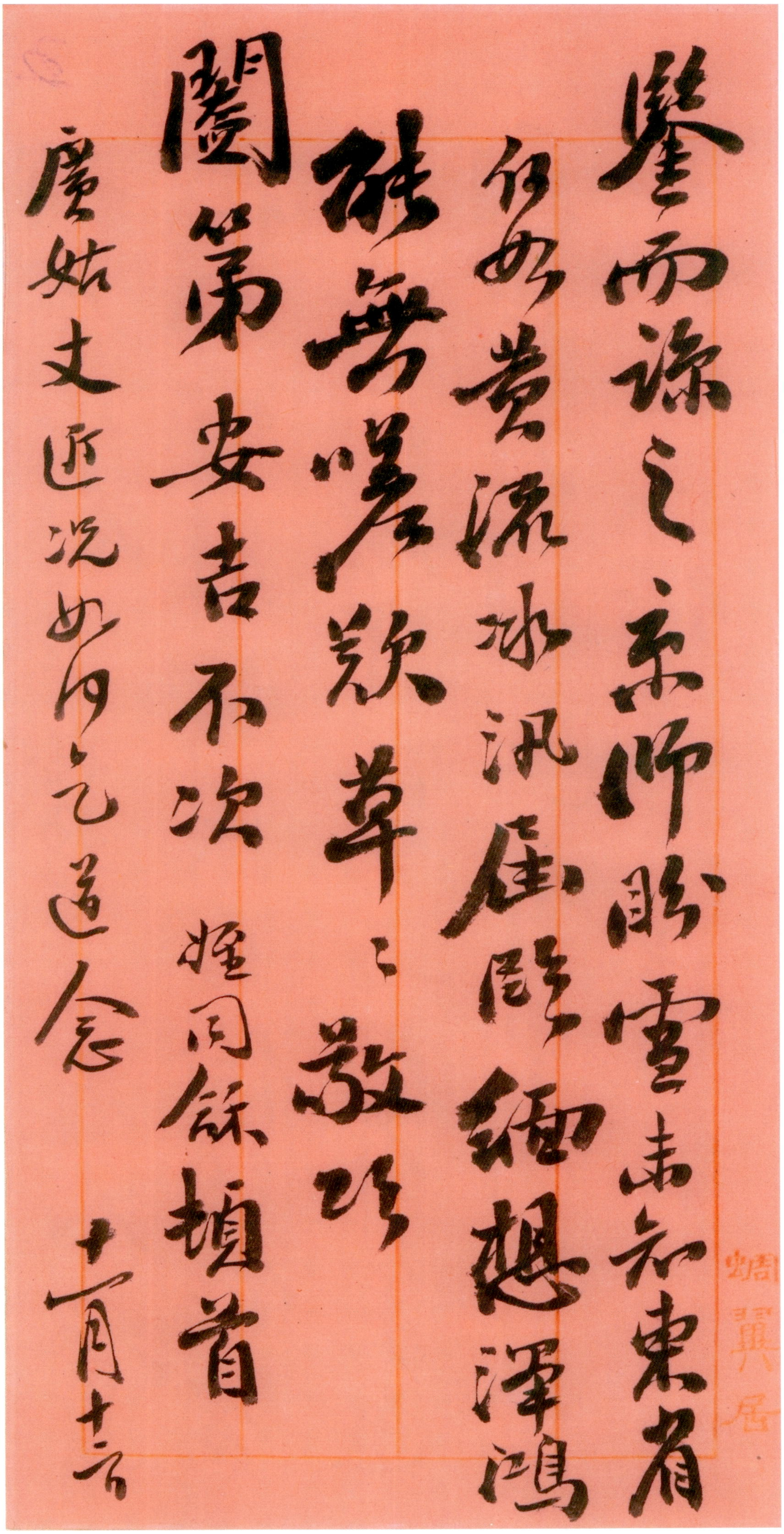
鑒而諒之。京師聯雲未知東省何如？黄流冰汛，僅既細想澤鴻瑞無喘？咨歎草草，敬頌
闔第安吉。不次。 姪同龢頓首
廣姑丈近況如何？乞道念。 十月十六

致翁同爵之一

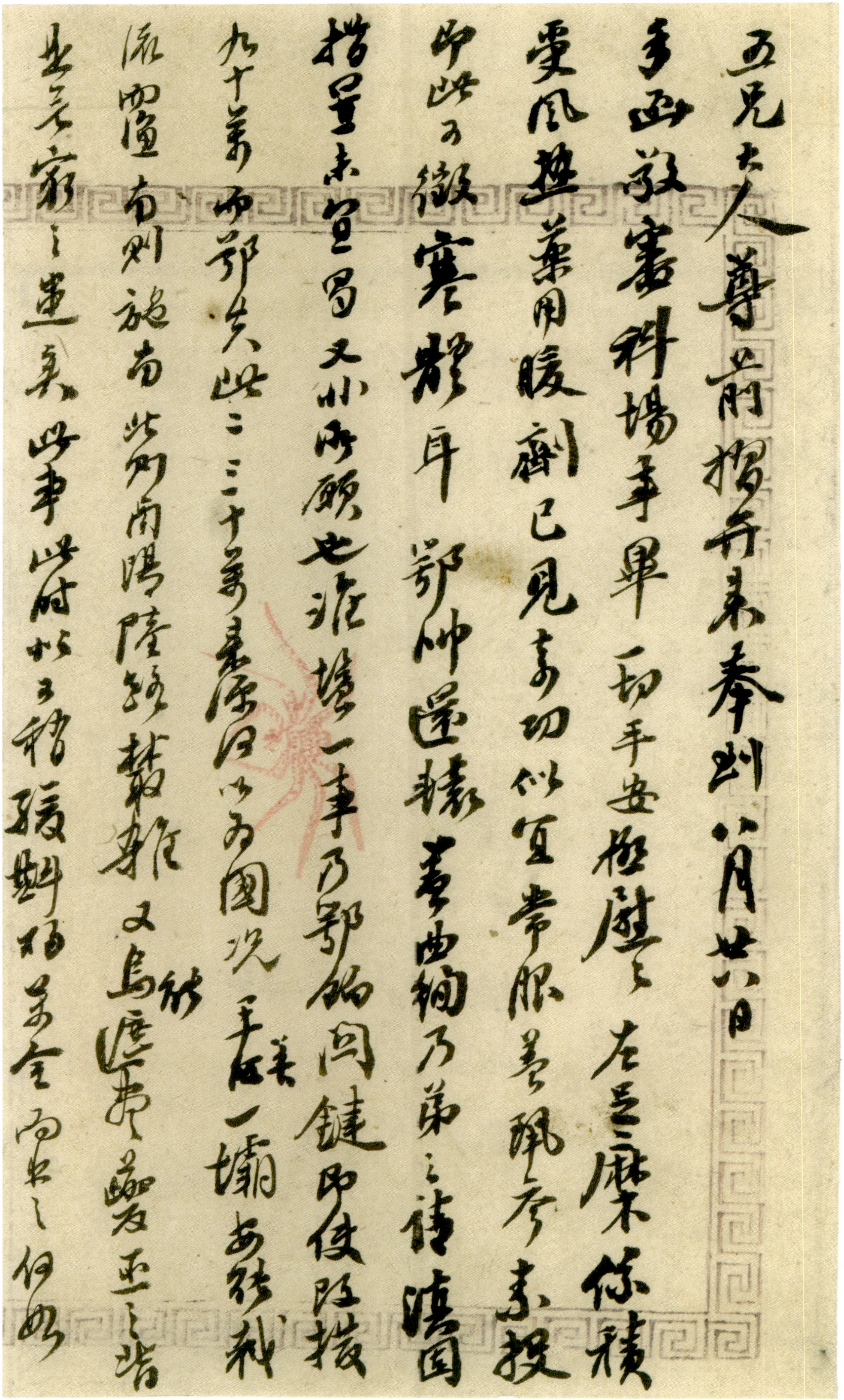

翁同爵（1814—1877），字侠君，號玉甫，翁心存三子。在翁氏家族排行第五。

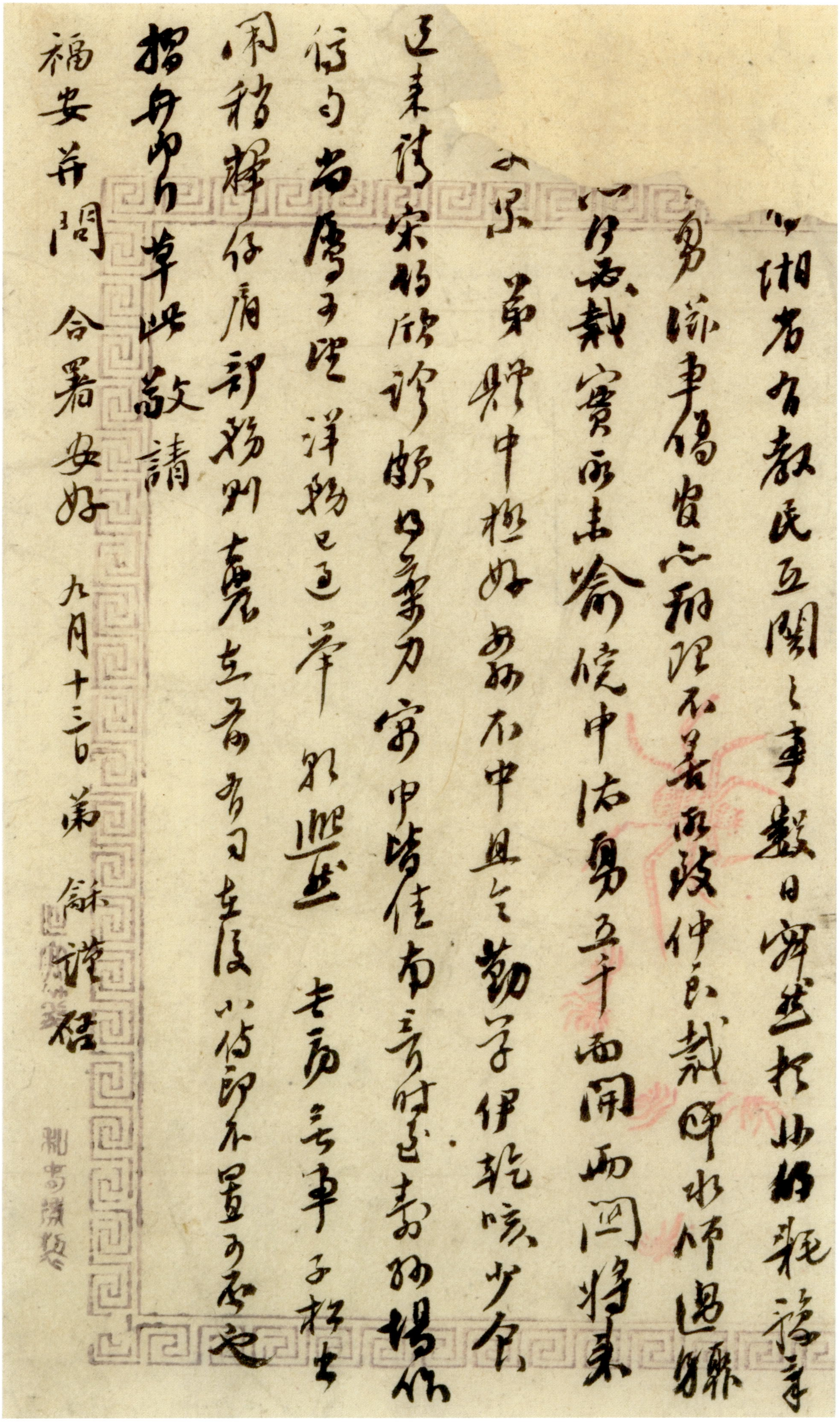
湘省有數民互鬥之事，數日寧然，於此稍見猶幸
勇營事偽省心翔理不善所致，仲良裁併水師過猶
以得而裁實所未喻。院中存勇五千兩開兩岡將來
如何。弟牌中極好，然亦不中，且久勤學伊乾咳少食
近來請宋的診頗得力，家中皆佳，本月所寫者稍作
何日出厲手理，洋務已通，舉孫興武，去留否事手牧出
閑稍擇修眉部務，則甚忘有者自古後小侍即不置可否之
擱舟如何，草此敬請
福安，并問合署安好。九月十三日弟龢謹啓

致翁同爵之二

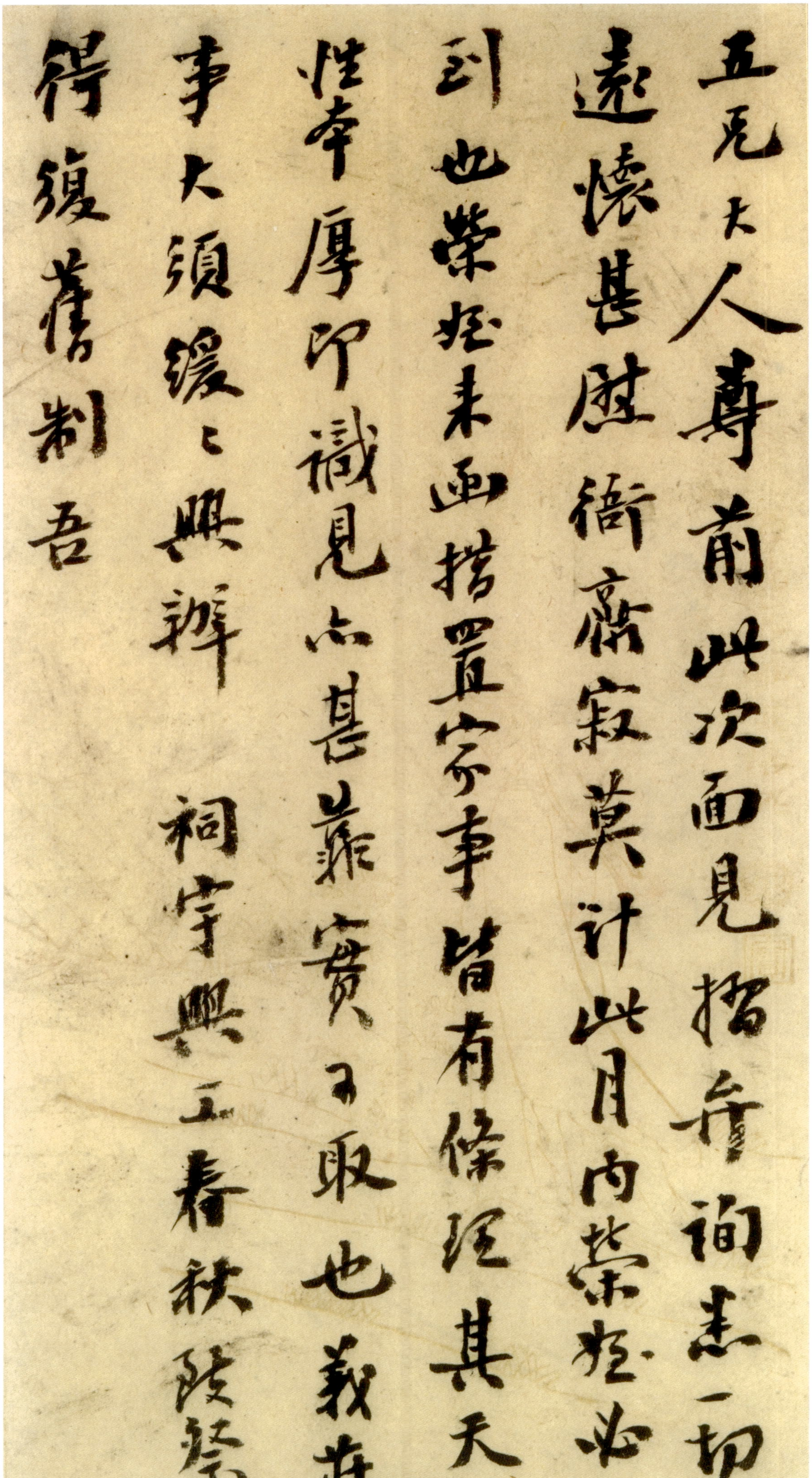
五兄大人尊前：此次面見，指斥詢悉一切，
遠懷甚慰。衙齋寂寞，計此月內榮旋必
到也。榮旋未函，措置家事，皆有條理，其天
性本厚，即識見亦甚蘄，實可取也。義莊
事大，須緩緩興辦。祠宇興立，春秋設祭，
得復舊制。吾

先人庶其安之此兩事 弟所日夕屬望一旦
得慰以為吾生遂無事矣自問受
國重恩無可補報
書齋雖任力所難肩數年之後若精力不能
支持便可退休藏拙不能則上猶勝危不持顛
不扶也 近狀一例渾渾 朝房所談大都不著

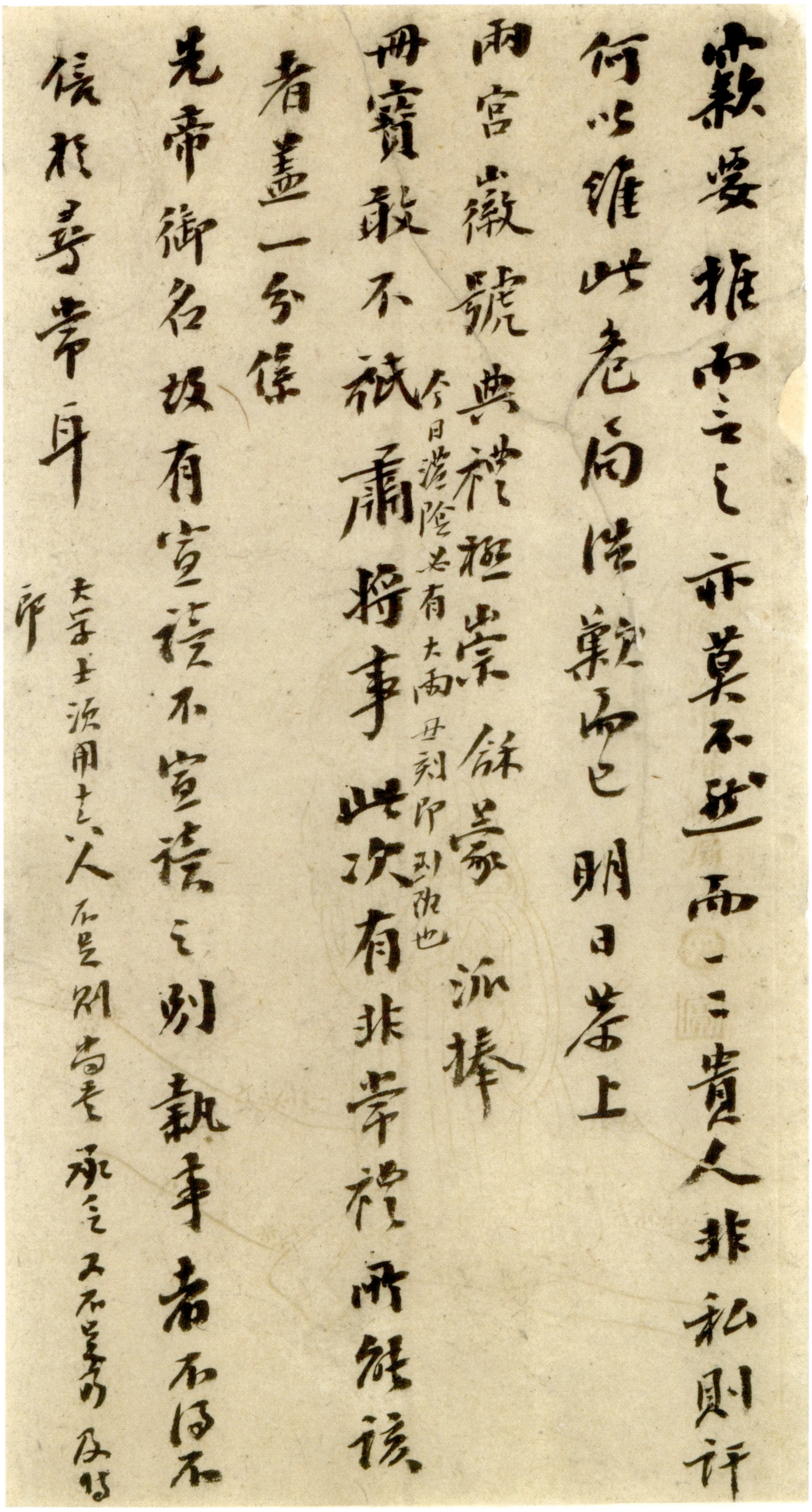
歎要推而言之，亦莫不然。而一二貴人非私則許
何以維此危局，惟歎而已。明日若上
兩宮徽號典禮極崇，餘崇派捧
册寶，殺不祇肅將事。此次有非常禮所能該（今日潑陰，必有大雨，毋刻印到那也）
者，盡一分儀
先帝御名坂有宜諱不宜諱之別，執事者不得不
信於尋常耳
（大字王派用十八人，不足，則尚在承之，又不足，再及修）
郎

致翁同爵 之二

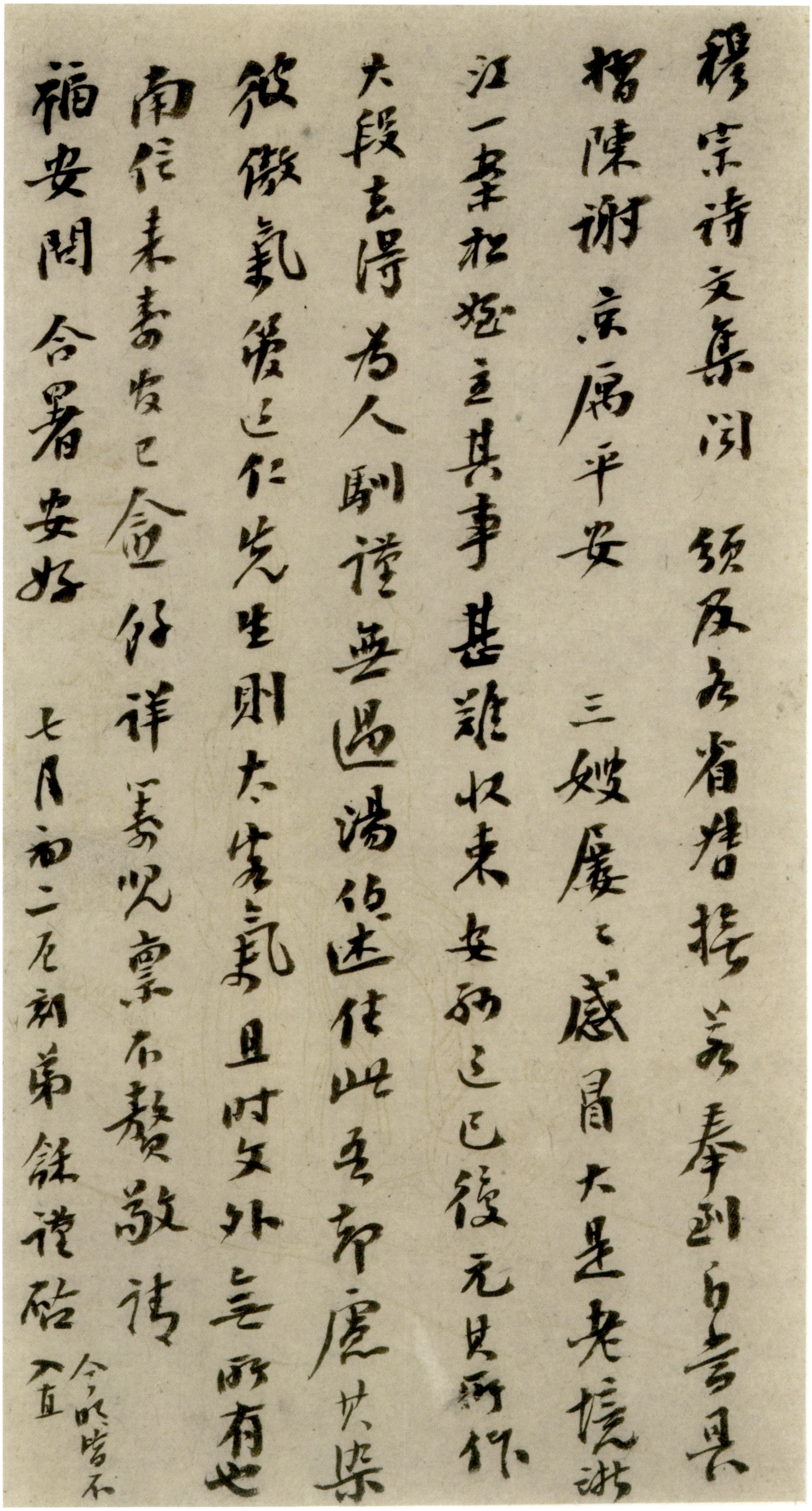
穆宗詩文集閲　頒及右省指揮恭奉到自言具
摺陳謝京居平安　三嫂屢〻感冒大是老境謝
江一案極難主其事甚難收束要須這回復元其所作
大段去得為人馴謹無過湯伯述徃此丢部屬共柴
微徽氣後近仁先生則太寒氣且时文外無所有也
南信未壽皆已拿歸詳冢叔稟不贅敬請
福安闔合署安好　七月初二夕刻弟龢謹啓　今明皆不入直

致翁同爵 之三

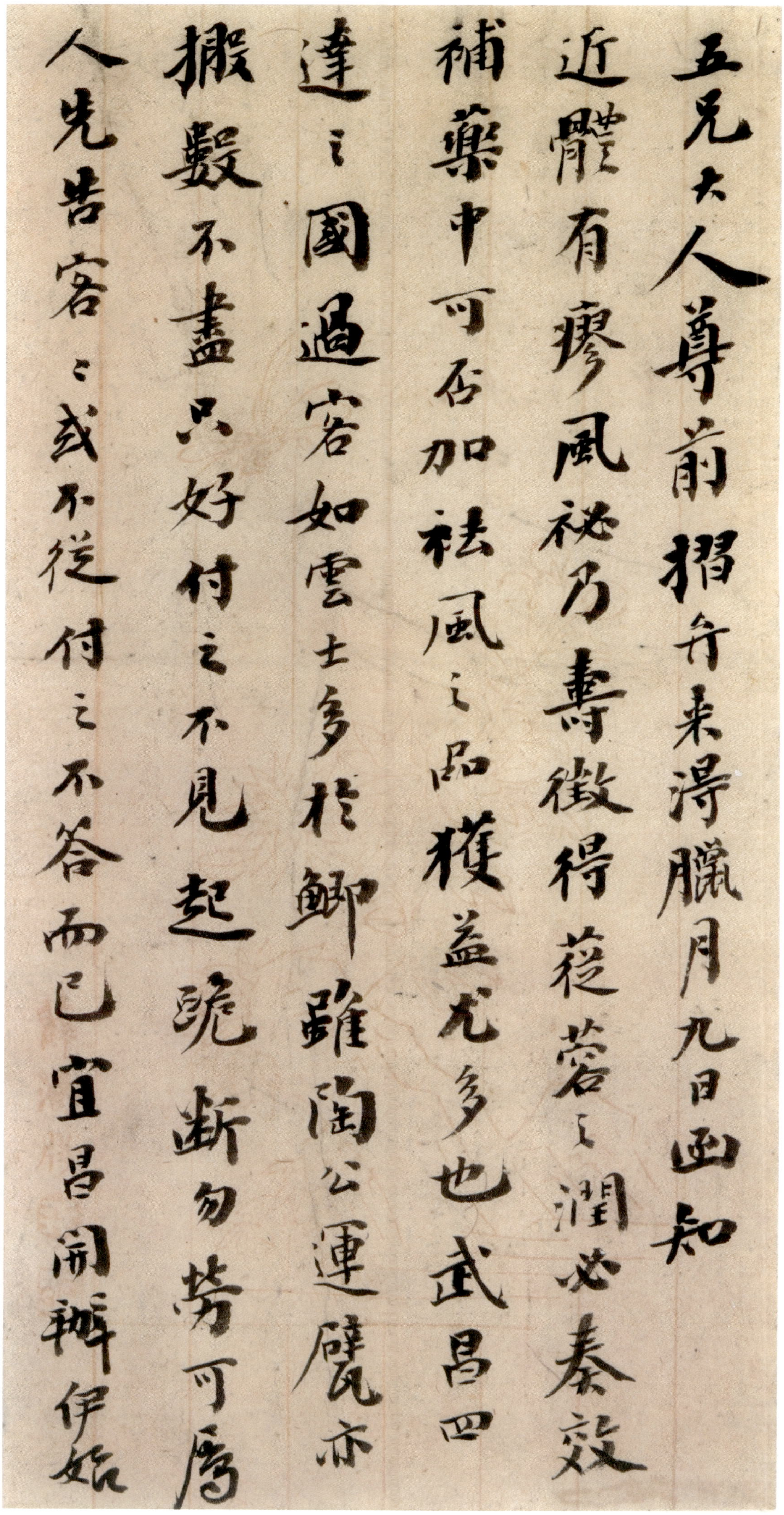
五兄大人尊前摺弁來得臘月九日函知
近體有瘳風秘乃壽徵得蓯蓉之潤必泰效
補藥中可否加祛風之品獲益尤多也武昌四
達之國過客如雲士多於鄉雖陶公運甓亦
搬數不盡只好付之不見起跪斷勿勞可爲
人先告客之或不從付之不答而已宜昌開辦伊始

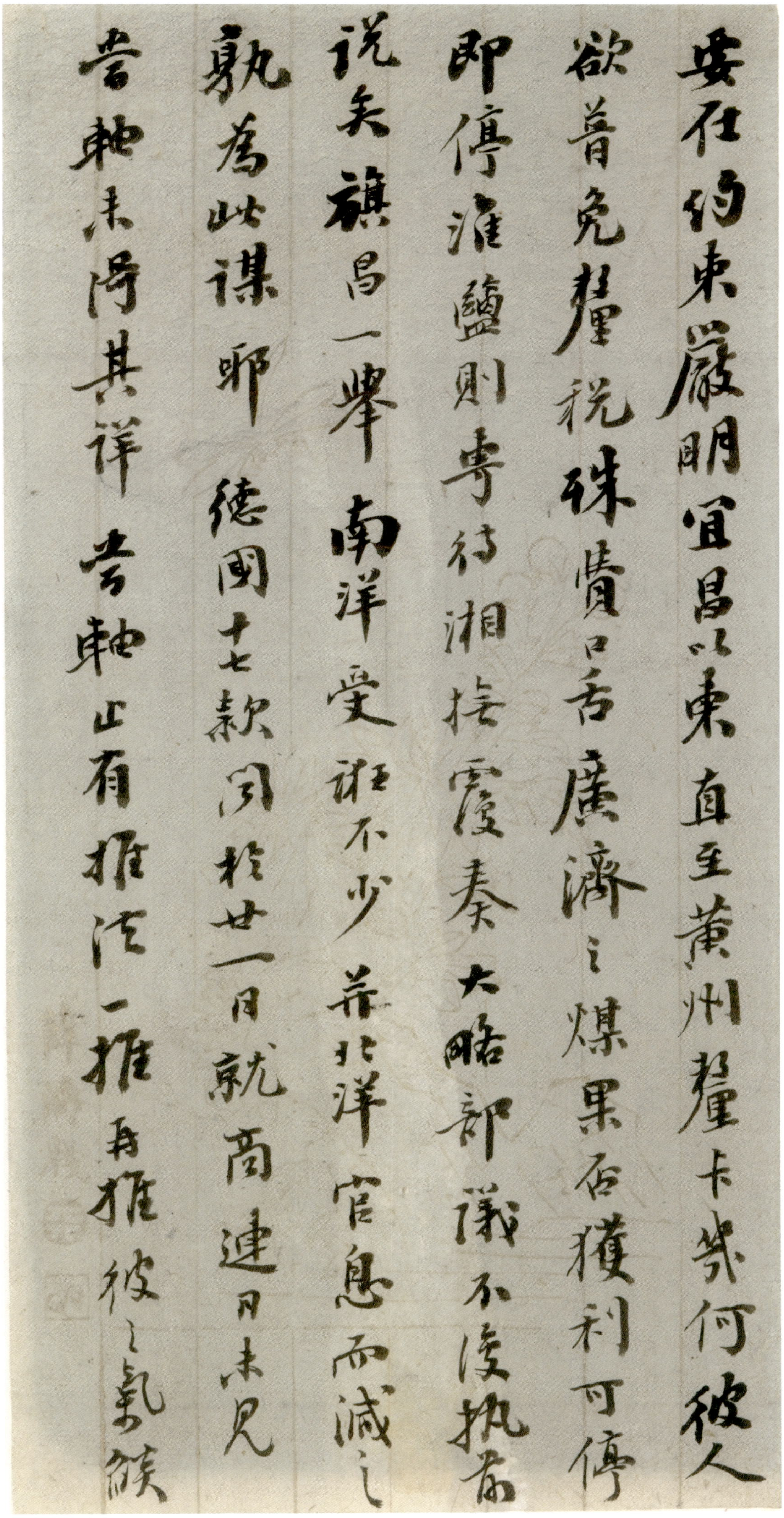

安在約東嚴明宜昌以東直至黃州釐卡幾何彼人
欲並免釐稅殊費口舌廣濟之煤果否獲利可停
即停淮鹽則專待湘撫覆奏大略部議不復執前
說矣禎昌一舉南洋受虧不少並北洋官息而減之
孰為此謀耶德國十七款聞於廿一日就商連日未見
吉軸未得其詳吉軸止有摺法一摺再摺彼之氣餒

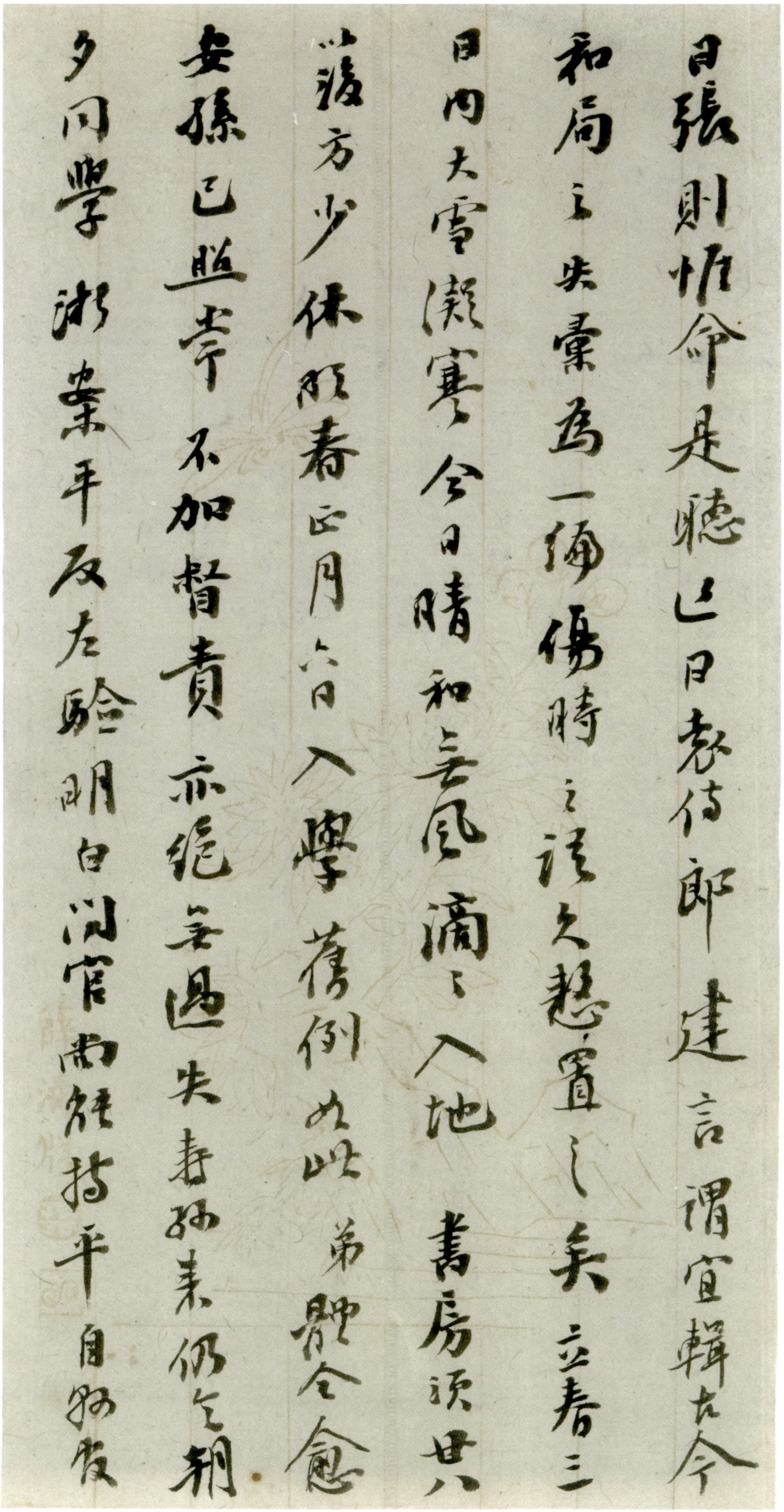
日張則作命是聽已日教侍郎建言謂宜輯古今
和局之失彙為一編傳時之談久懸置之矣立春三
日内大雪凝寒今日晴和無風滴滴入地書房須廿八
以後方少休聞春正月六日入學舊例如此弟體今愈
安孫已照常不加督責亦絕無過失壽孫來仍乞翔
夕同學渺案平反左驗明白聞官尚能持平自能復

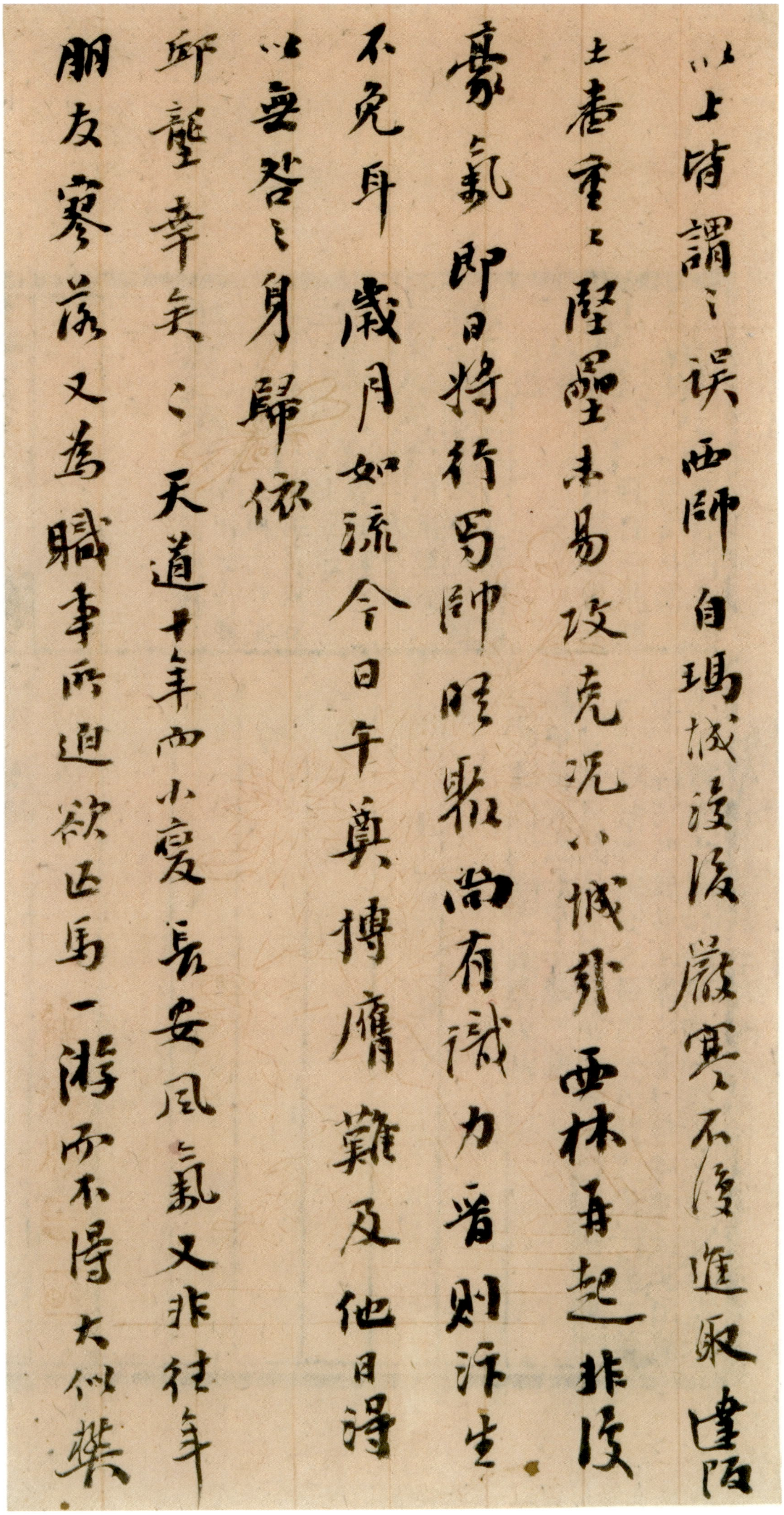
以上皆謂〻誤西師自瑪城發後嚴寒不復進取達阪
土魯番〻壘未易攻克況小城外西林再起非復
豪氣即日將行馬師雖尚有識力晉則許生
不免耳歲月如流今日午莫博膺難及他日得
以無答〻身歸依
邸壟幸矣〻天道十年西小寒長安風氣又非往年
朋友寥落又為職事所迫欲匹馬一游而不得大似樊

寵歲務一切不同尋見持家謹慎遵彥不易得近得
兩枝內一枝似佳尋所新購一枝意態迴出或非常草
可九鄉泥渾刻印入塅草草致此敬請
頤安並賀
新春大喜問合署安吉 十二月廿四日弟龢頓首謹啓

致 翁同爵 之四

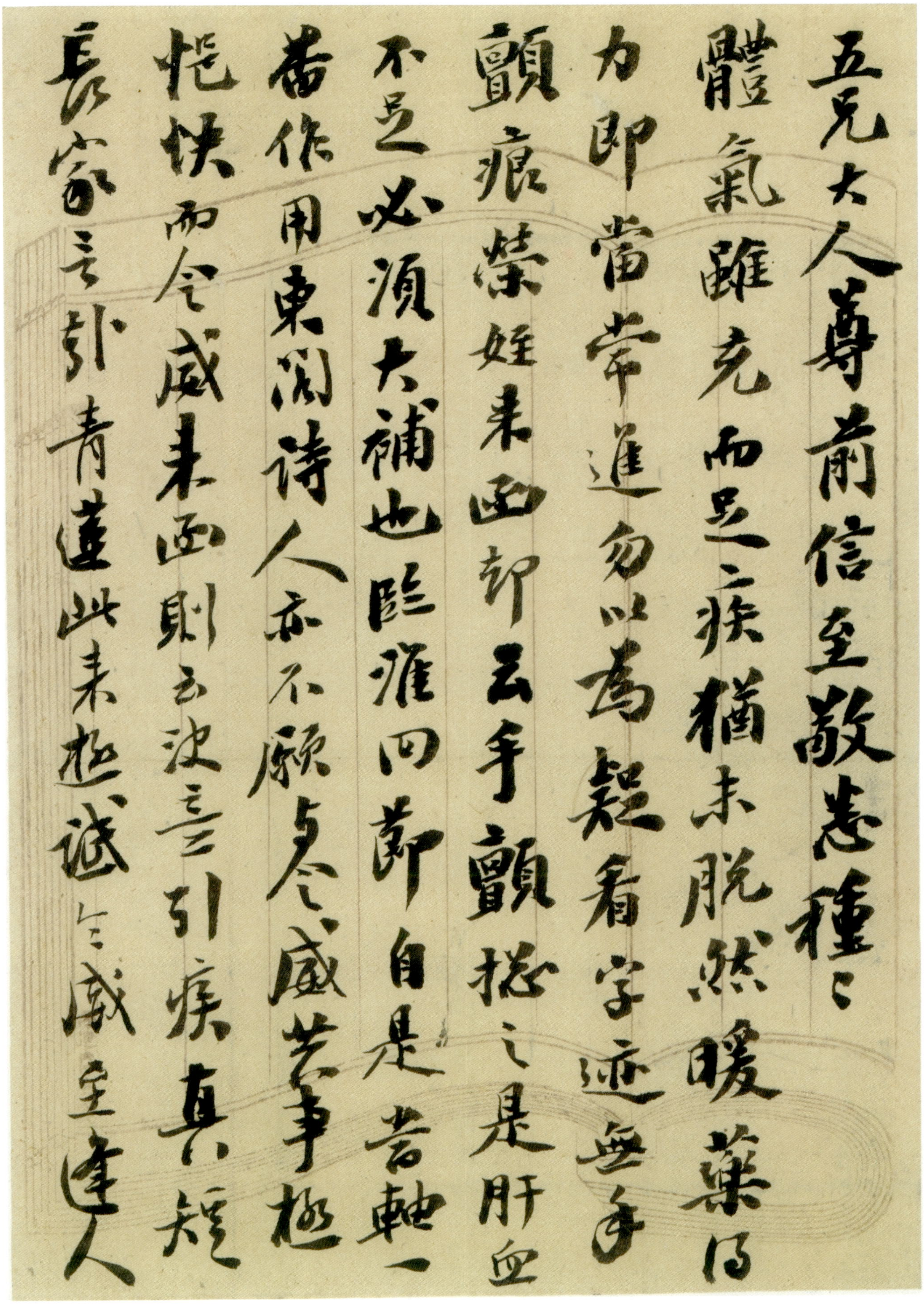
五兄大人尊前信至敬悉種種
體氣雖充而足疾猶未脫然暖藥得
力即當常進勿以為經看字迹無手
顫痕榮姪來函卻云手顫搖搖是肝血
不足必須大補也臨雁回鄭自是吾輩一
番作用東閣詩人亦不顧占今咸若事極
愷快而今咸來函則云洪三引疾真短
長家之卦青蓮此來極誠々感至達人

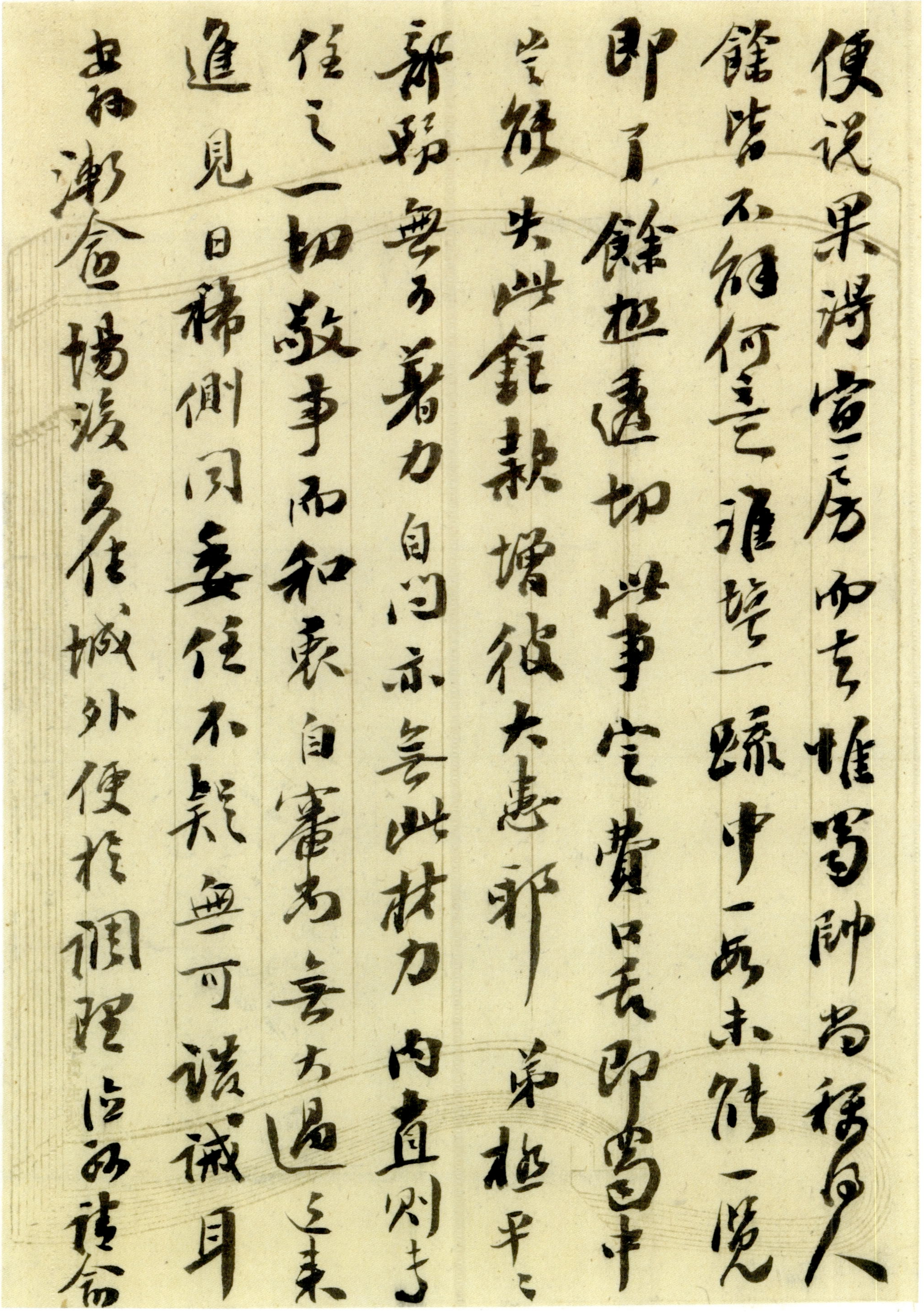

便說果得當道而去惟蜀帥尚稱得人
館皆不能何言雖望一蹴中一兩未能一覽
即了餘想遠切此事定費口舌即蜀中
尝發失此館款增彼大患耶 弟極平之
新疆無可著力自問亦無此材力 内直則未
任之一切敬事而和衷自審尚無大過 近來
進見日稀側聞妄任不疑無可議識耳
與朝 漸愈 場後多往城外便於調理 給請銷

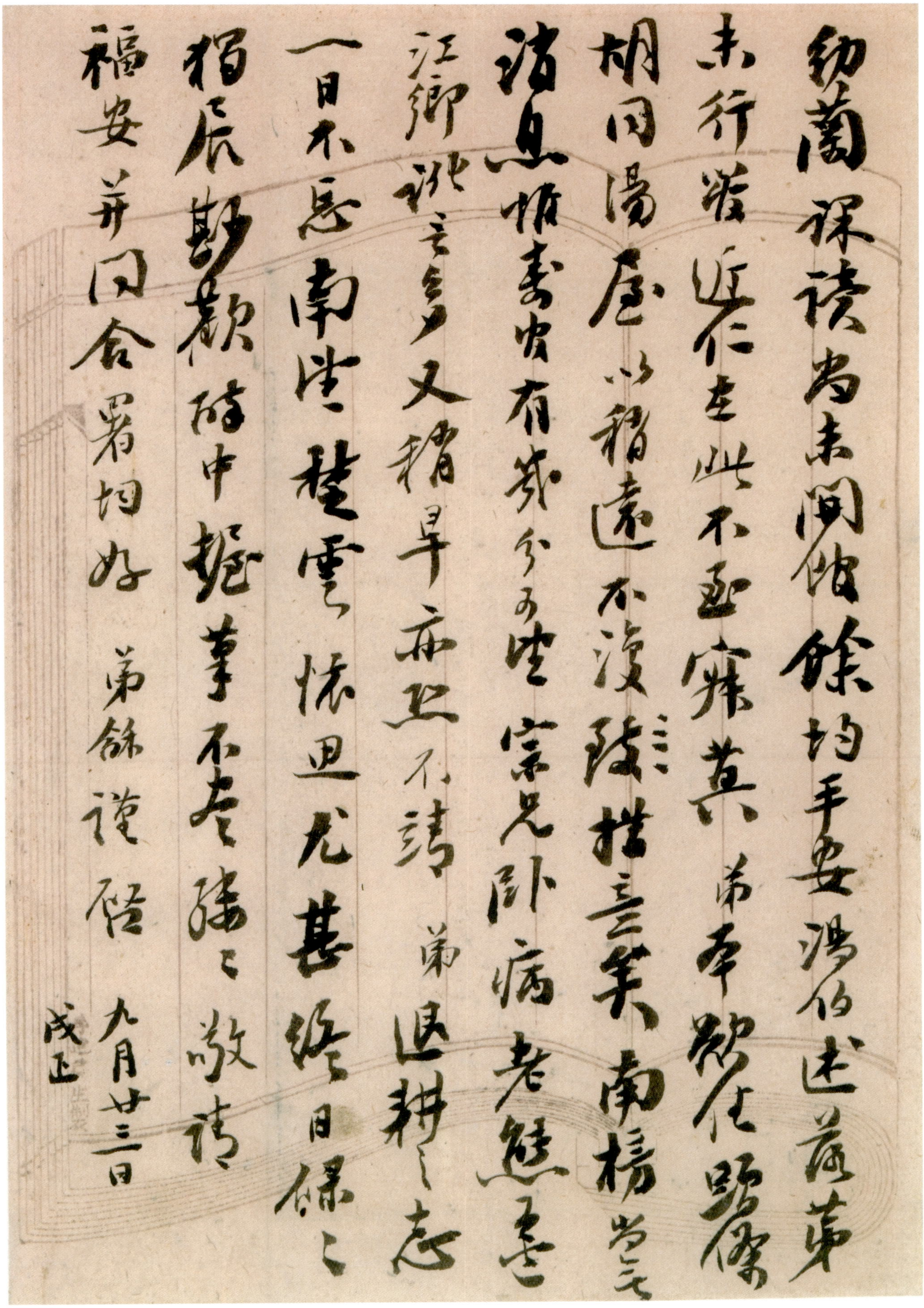

紉蘭探讀尚未開館，餘均平安，渴仰述葊弟
未行，若近在此，不至寂寞。弟本欲往晤偉
朗同湯屋以積遠不復往訪，甚羨南楊尚書
諸公，惟素負有疾，今不能宗兄臥病老態甚
江卿諗之，多又積年疴，近不請。弟退耕之志
一日不忘，南望楚雲，依迴尤甚，終日係係
猶長歎，雖中挹華不盡縷縷，敬請
福安，并問合署均好。弟餘謹啓　九月廿三日
戊正

致翁同爵 之五

五兄大人尊前
手函周悉，知所患漸減，惟病根未拔，而
叢脞勞形，人事坌集，溫補藥雖效，須
須氣血調和。旦夕徹夜不寐，病加於小愈，不
可不慎。此肝脾之病，心氣亦虧，六十以外人亦
少年所能也。蔘枝以家中舊有者寄上一兩，嘗而
吉林人一覓，真者難遇，鹿茸則不難得

並祛風之藥宜善如斯然亦可服也試取
得壽為平中第一快事特恐其身體太
弱得居冬早並兩次請以吉林白克與
兄須論明日再錄陋習之其一根前絕人學字
賜之件書名發抄來太倉一種可之前後寄給
無十金矣安服平卸方甚效龍膽已稀快
食亦可現住城外調理矣不昏責其用功非敢
以之錫居上清當係方寸觀想而特古症亞甲

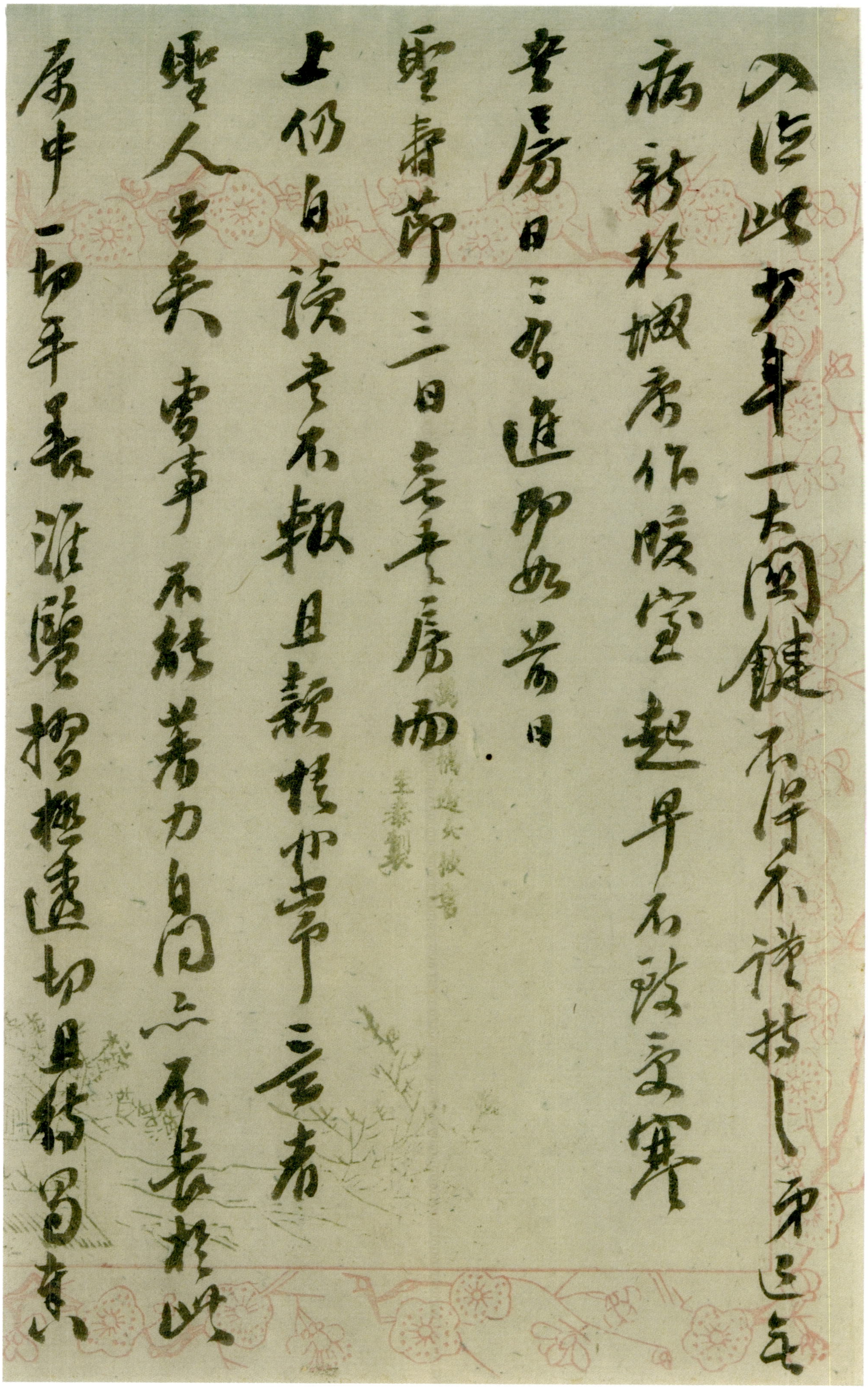

入冬此是一大關鍵，不得不謹持之。弟近年
病新校，擬序作跋，晏起早，不敢受寒，
書房日二刻進，即如昔日。
聖壽節三日在書房，而
上仍自讀書不輟，且款接如常，言者
聖人出矣。書事不能着力，自問亦不長於此，
房中一切平善，惟覽摺極速，切且稍留意。

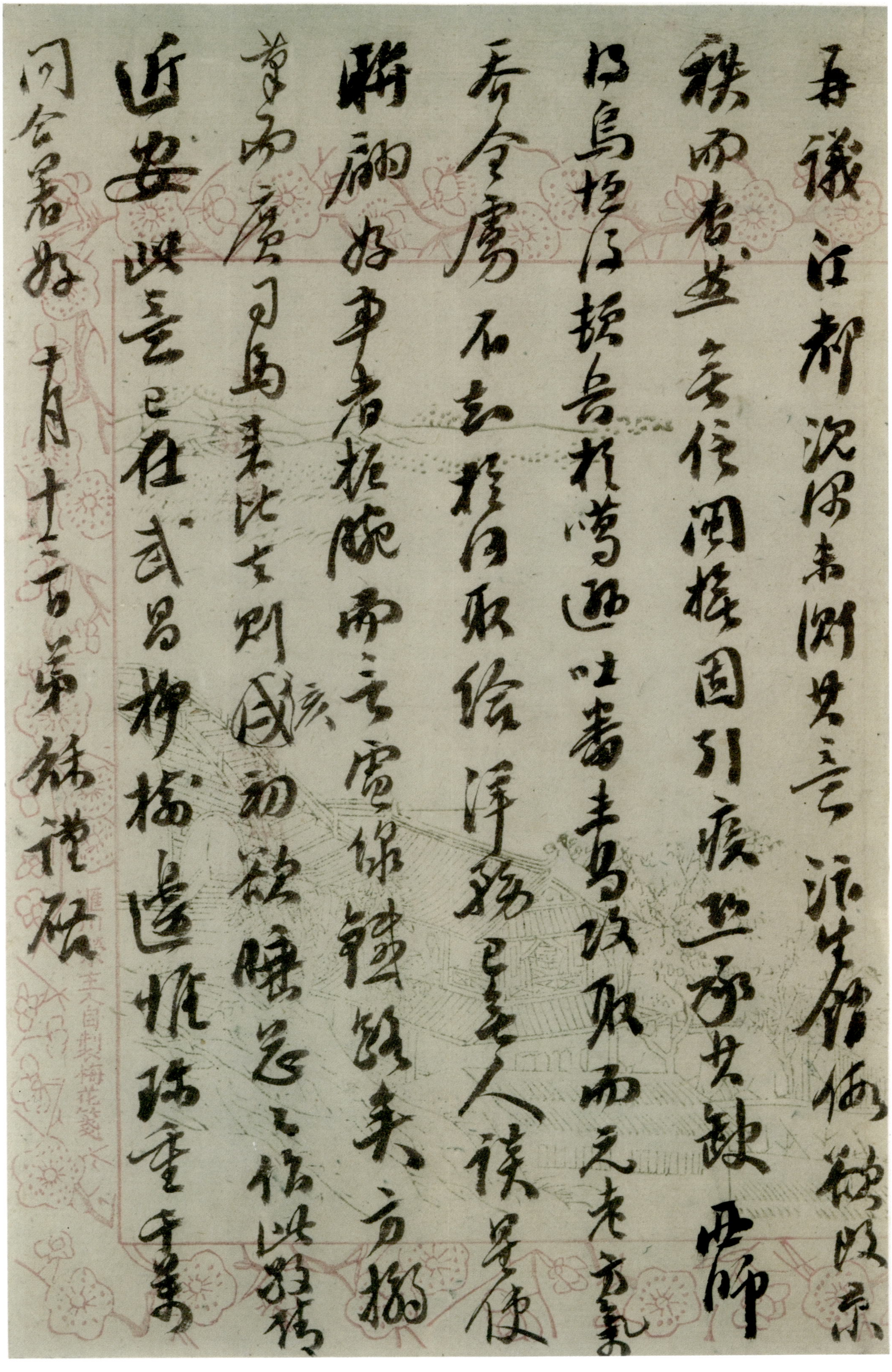

致陸鐵雲之一

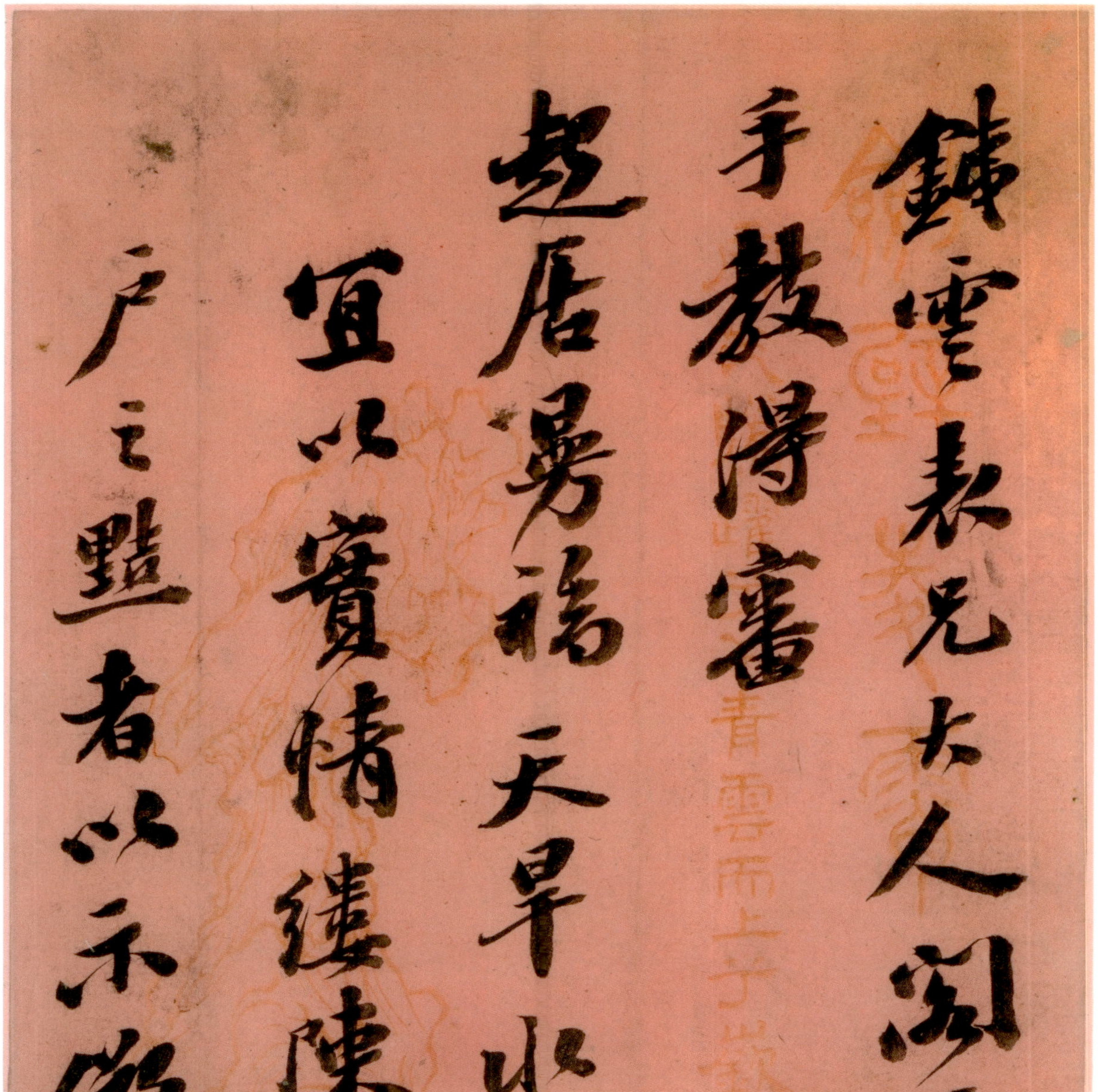
鐵雲表兄大人閣下辱
手教得審
起居勇福天旱水涸剝運甚艱
宜以實情縷陳於上官而邀船
户之豔者以示儆亦自占地步也

陸鐵雲，名待考，鐵雲乃其字或號。翁同龢表兄。

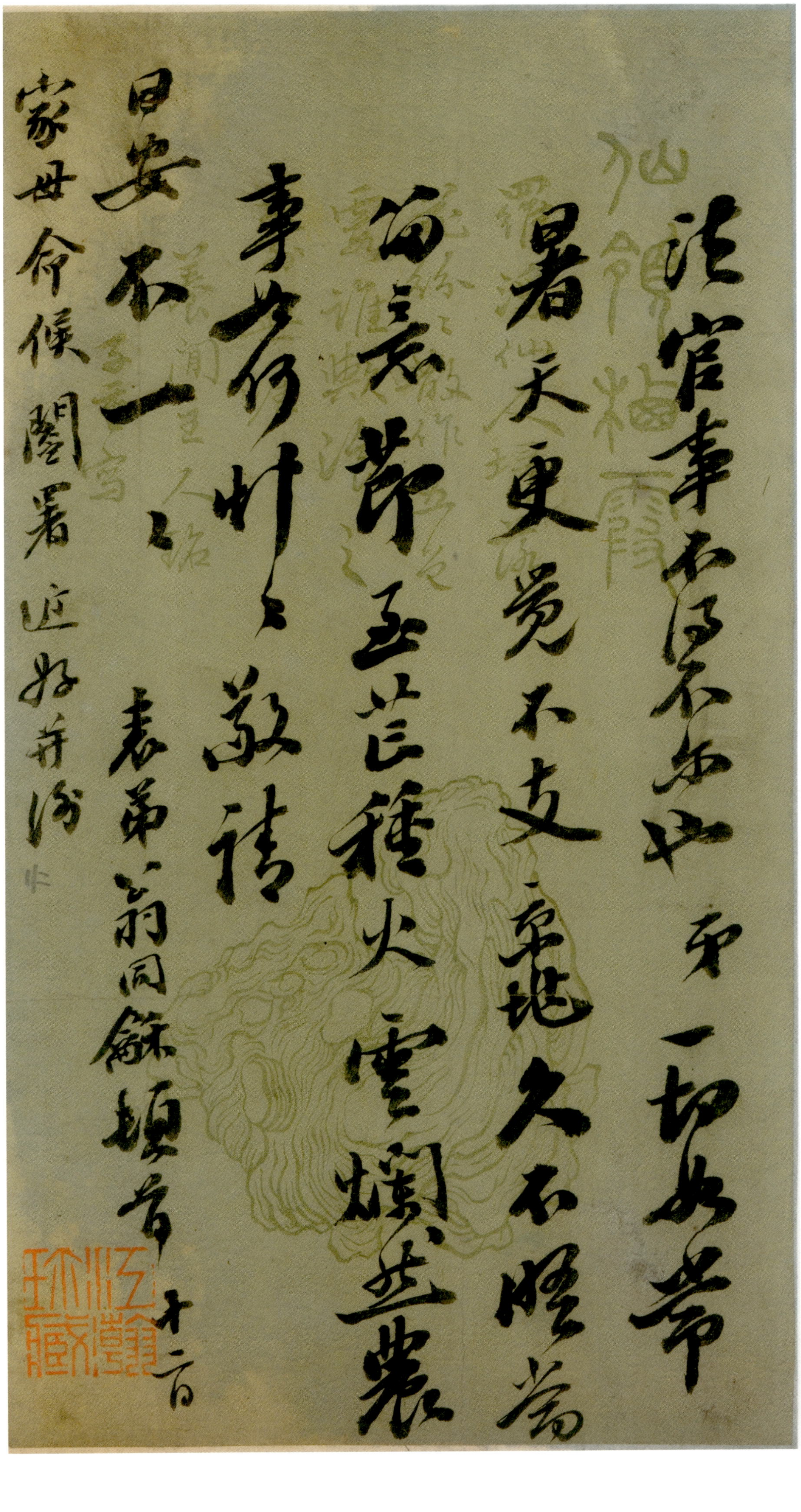

致陸鐵雲之二

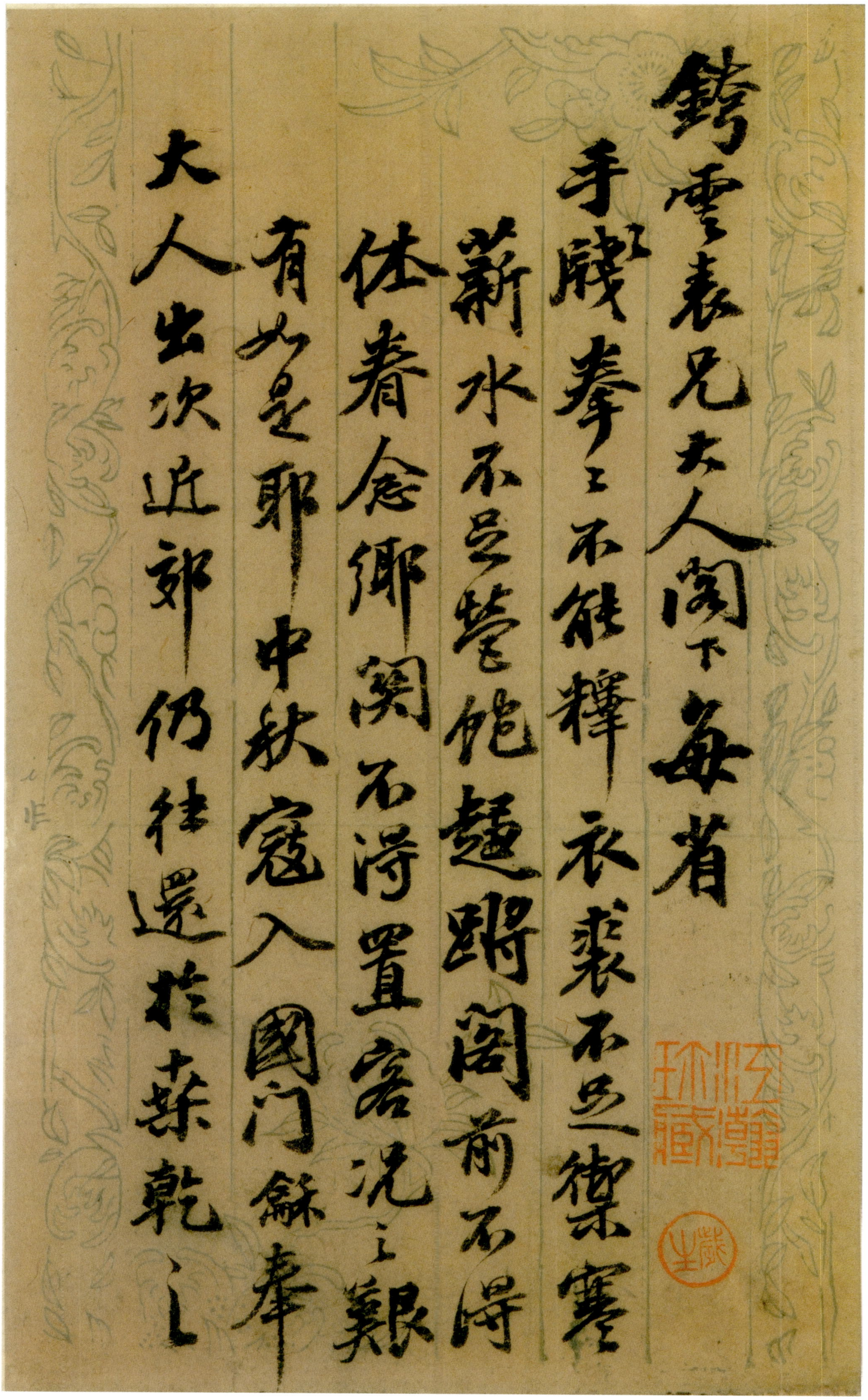
鑄雲表兄大人閣下：每肴手牋，奉〻不能釋。衣裘不足禦寒，薪水不足甍飽，趨蹌閣前不得休，眷念鄉閣不得置，客況〻艱，有如是耶？中秋寇入國門，龢奉大人出次近郊，仍往還於桑乾之

致陸鐵雲之二

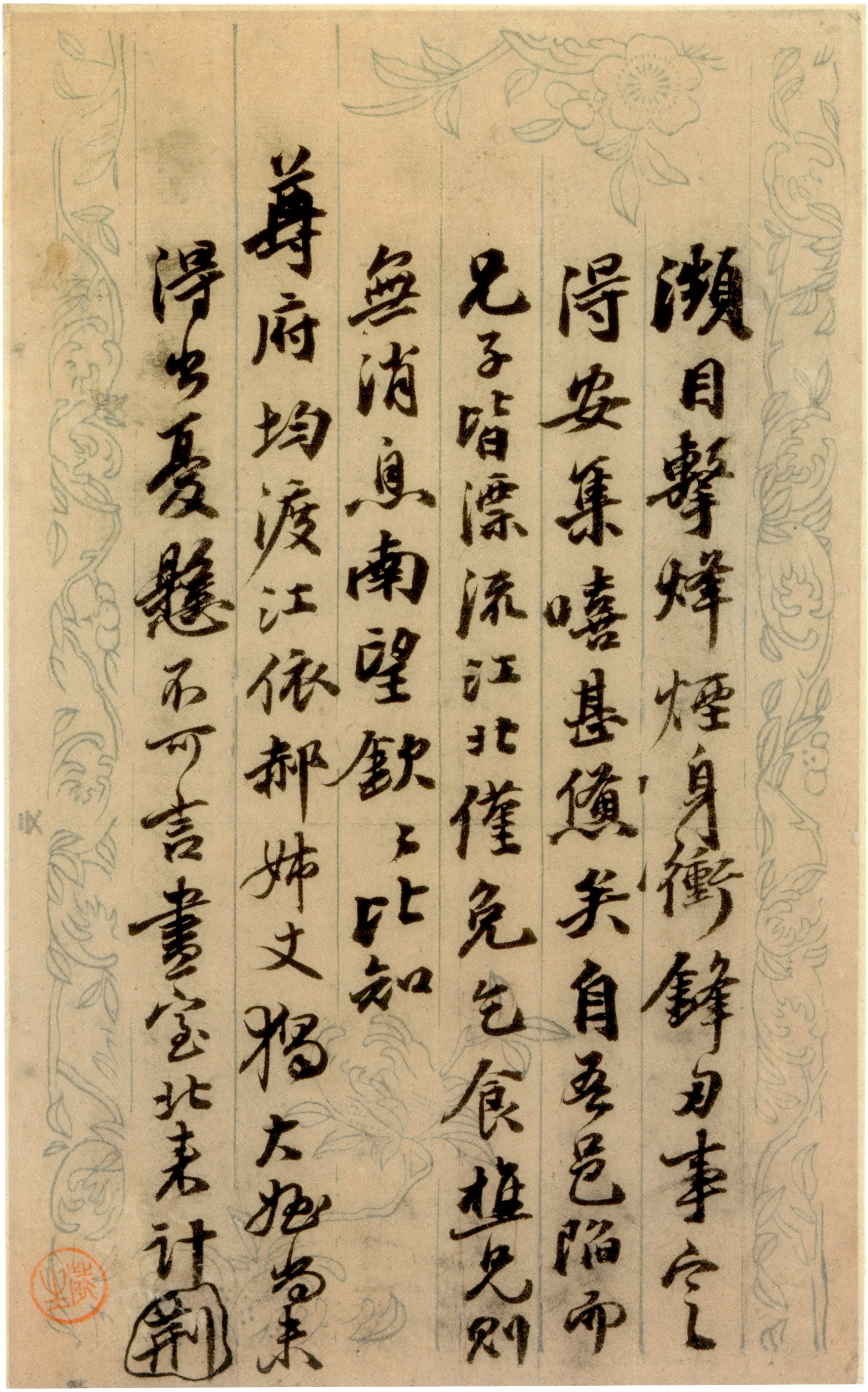
瀨目聲烽煙身衡鋒刃事，令人
得安集嘻甚悳矣，自吾邑陷而
兄子皆漂流江北，僅免乞食，雄兒則
無消息，南望欽欽。比知
尊府均渡江依郝姊丈，獨大兄尚未
得出，憂懸不可言。書室北來計到

致 陸鐵雲 之二

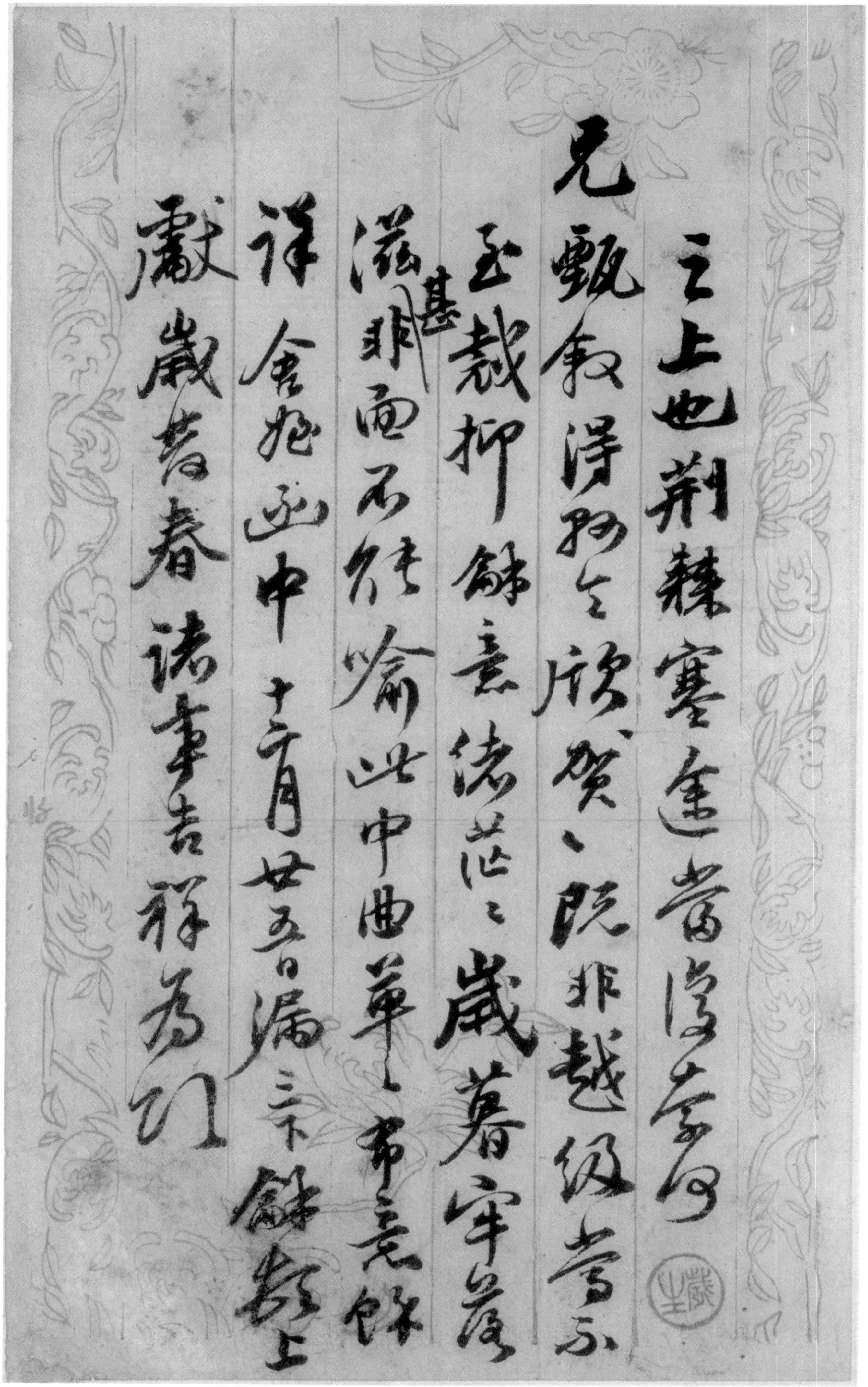
三上也荊棘塞途當從何
兄甄叙得物之欣賀、院非越級當示
玉裁抑録意緒茫茫歲暮守歲
滋甚非面不能喻此中曲華弗克餘
詳 含抱迩中 十二月廿五日漏三下録敬上
獻歲發春諸事吉祥為頌

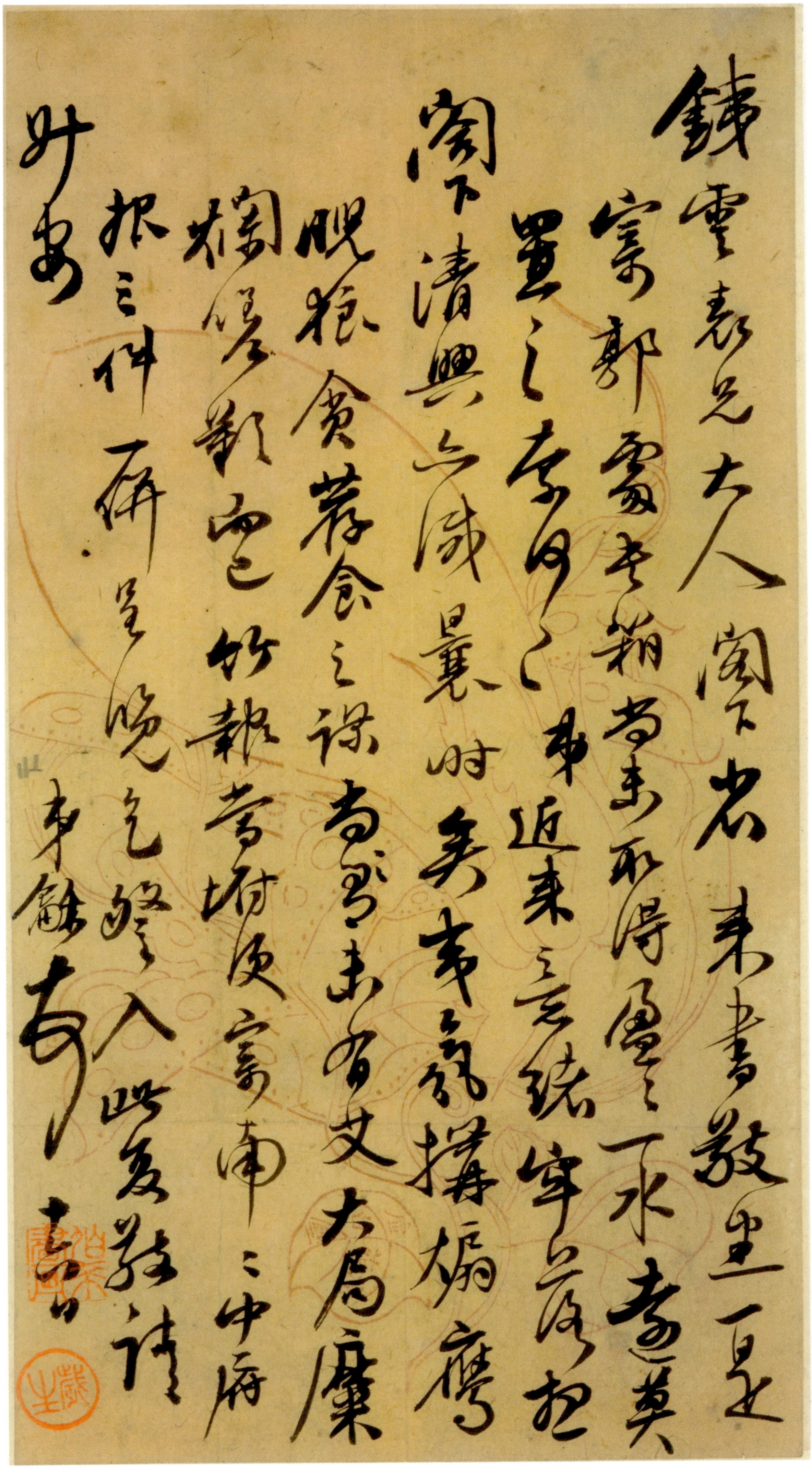

致 趙曾重 之一

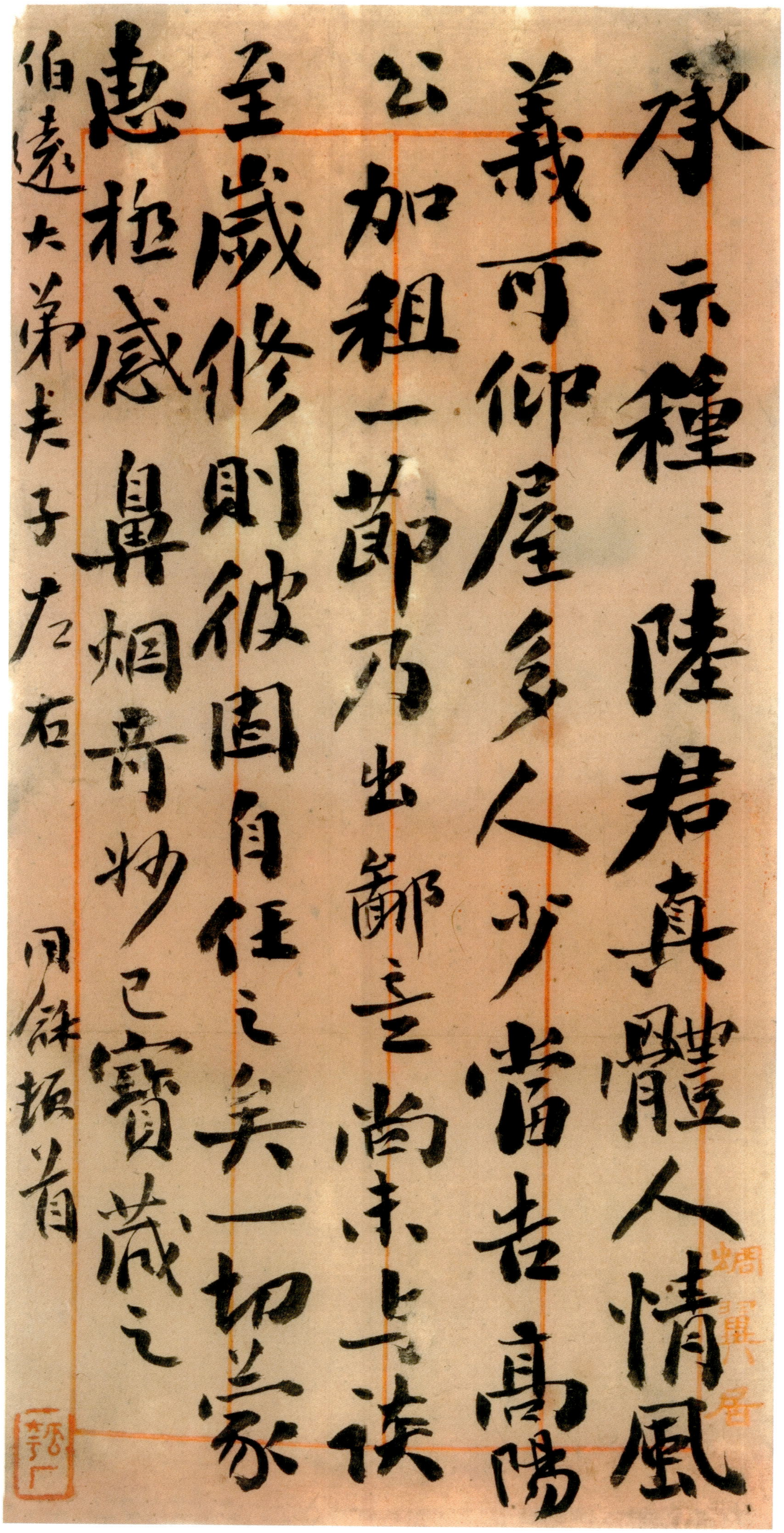

趙曾重（1847—1912），字伯遠，號蘅甫，安徽太湖人。晚清翰林、學者。翁同龢同年趙繼元之子，翁同龢亞婿。

致 趙曾重 之二

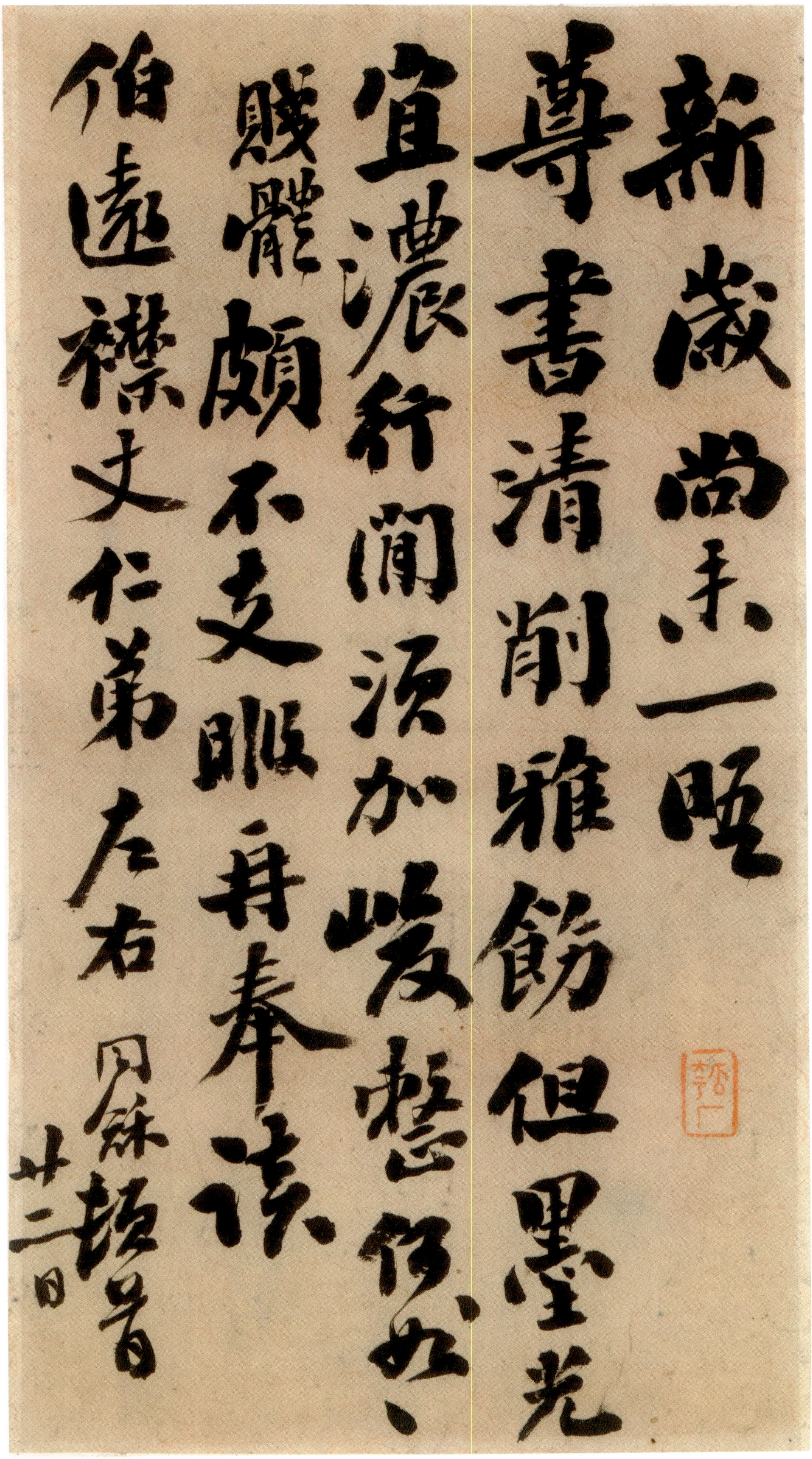

致趙曾重 之三

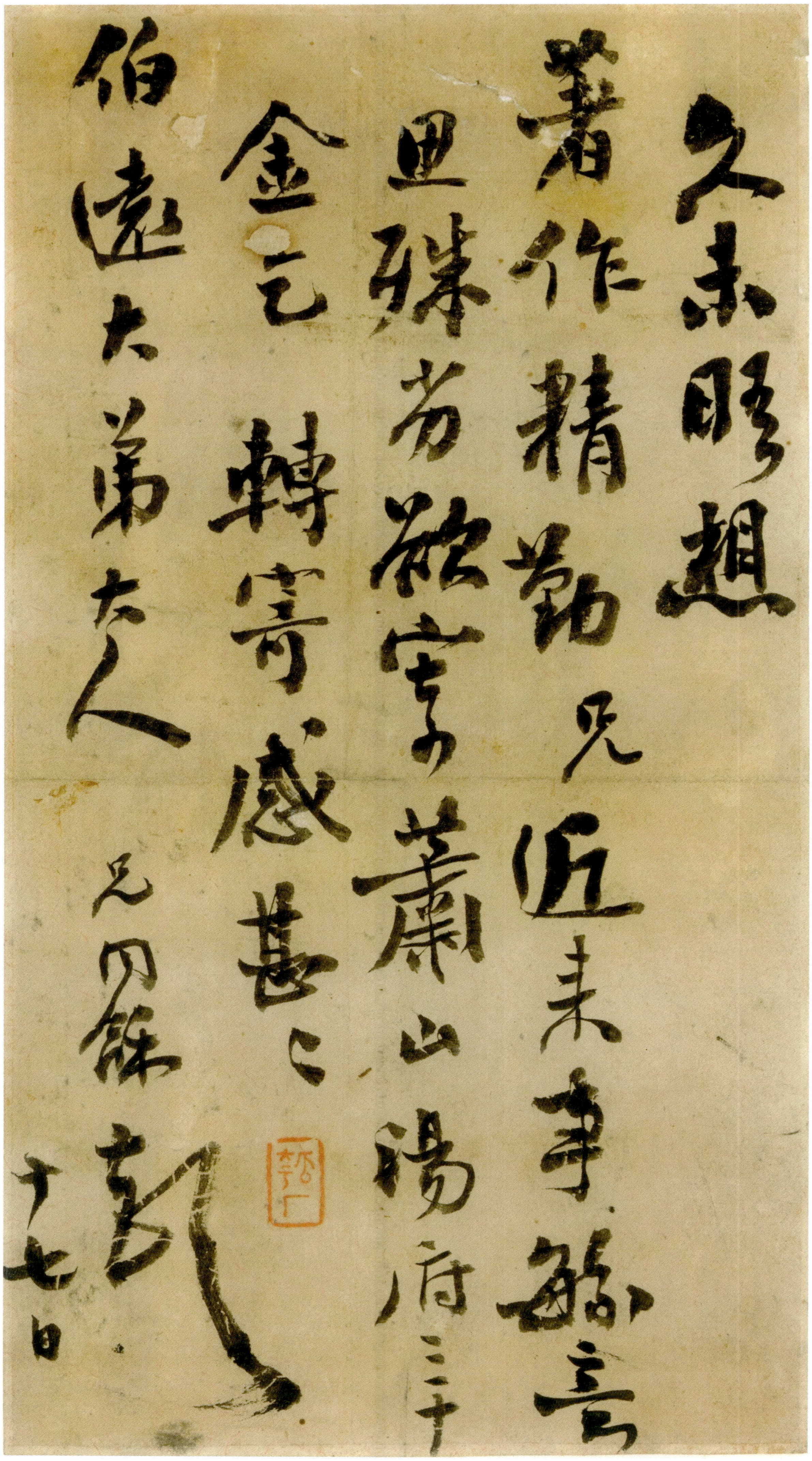

久未晤[illegible]
著作精勤 兄近來[illegible][illegible][illegible]
里殊苦[illegible][illegible]蕭山湯府三十
金已轉寄感甚感甚
伯遠大弟大人 兄同龢頓首
十七日

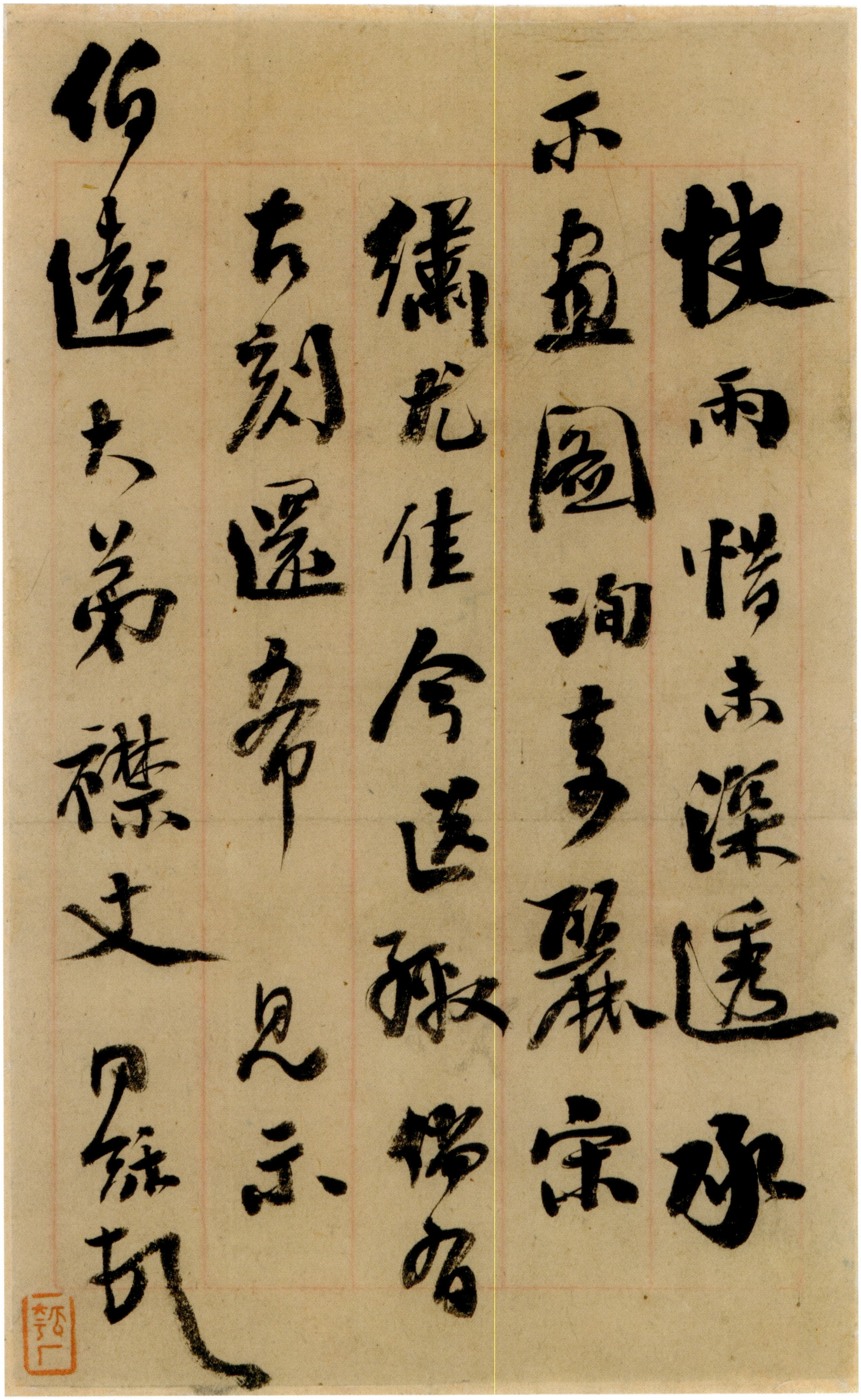

快雨惜未深透，承示盤圖詢事，聚巖宗孺尤佳，今送敝備名古刻還，弟見示。何遂大弟襟丈 曾重頓

致張詞甫之一

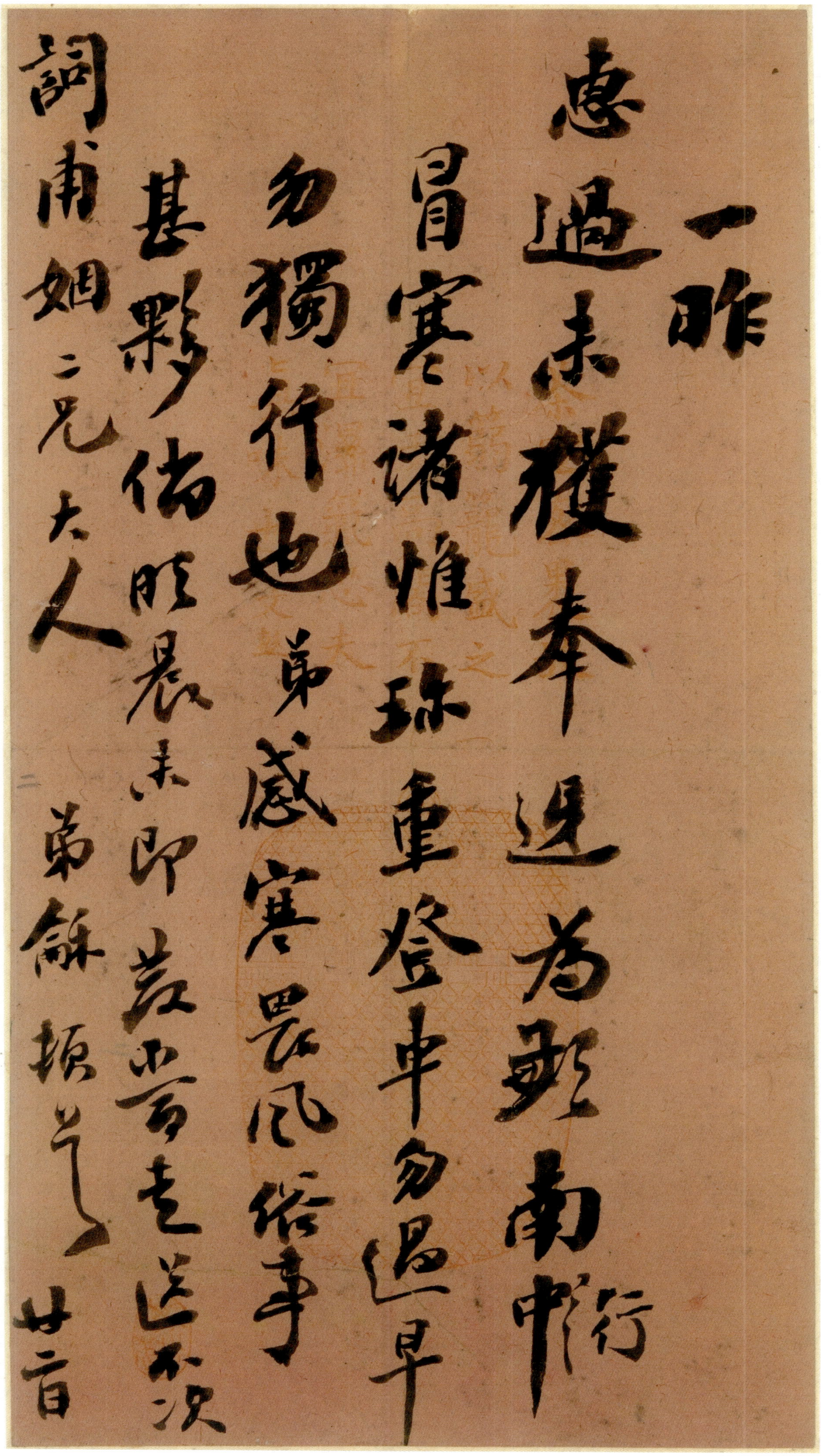

張詞甫，名待考，詞甫乃其字或號。翁同龢姻親。

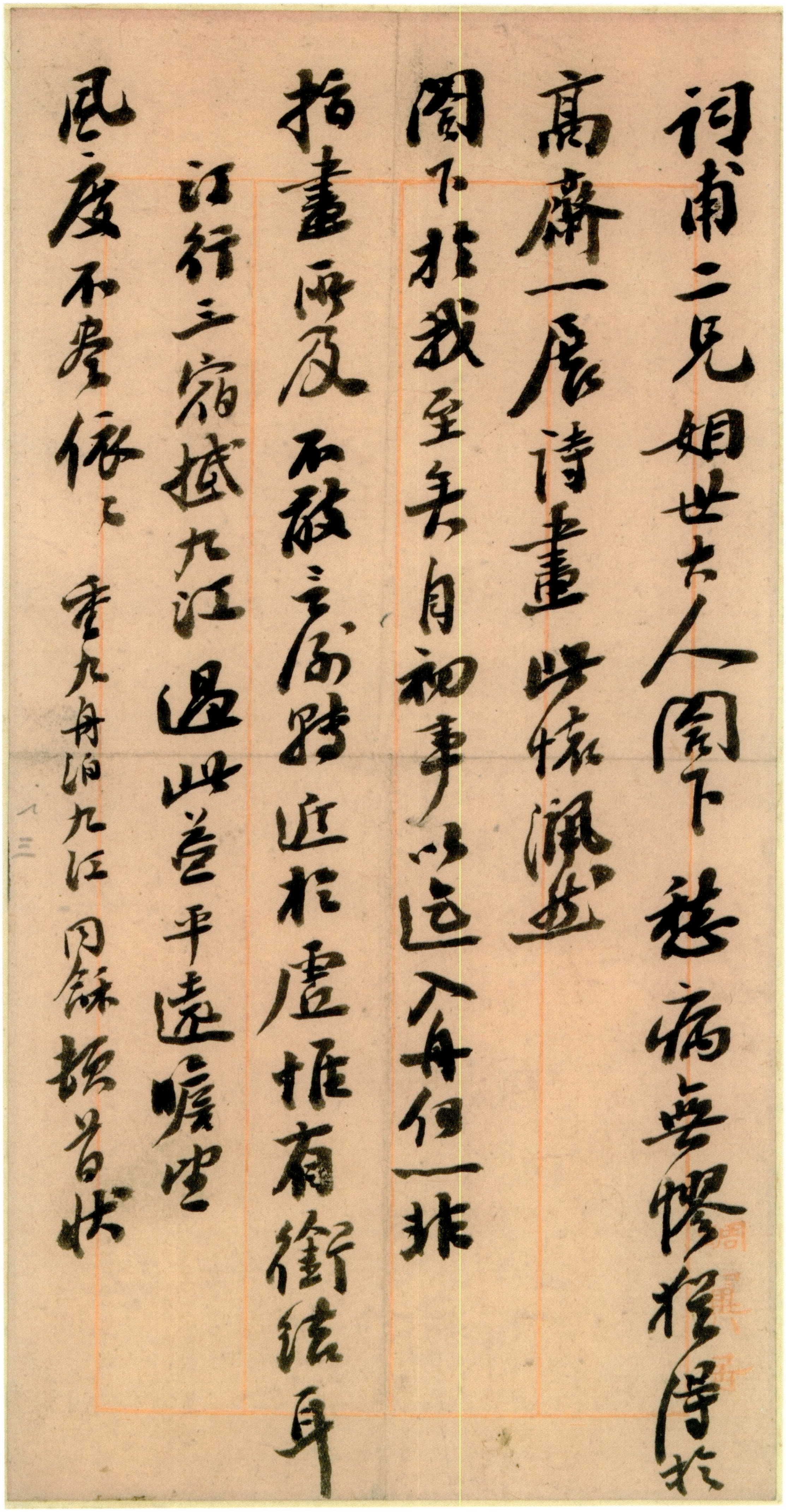
詞甫二兄姻世大人閣下 慈病無惕，程得於
高齋一展詩畫，此懷飄然
閣下非我至吾自初事以送入舟，但一非
指畫所及，不敢之語近於虛推，有銜結耳
江行三宿，抵九江，過此益平遠曠望
風度不暑，依依
重九舟泊九江 周餘 頓首狀

致 張詞甫 之三

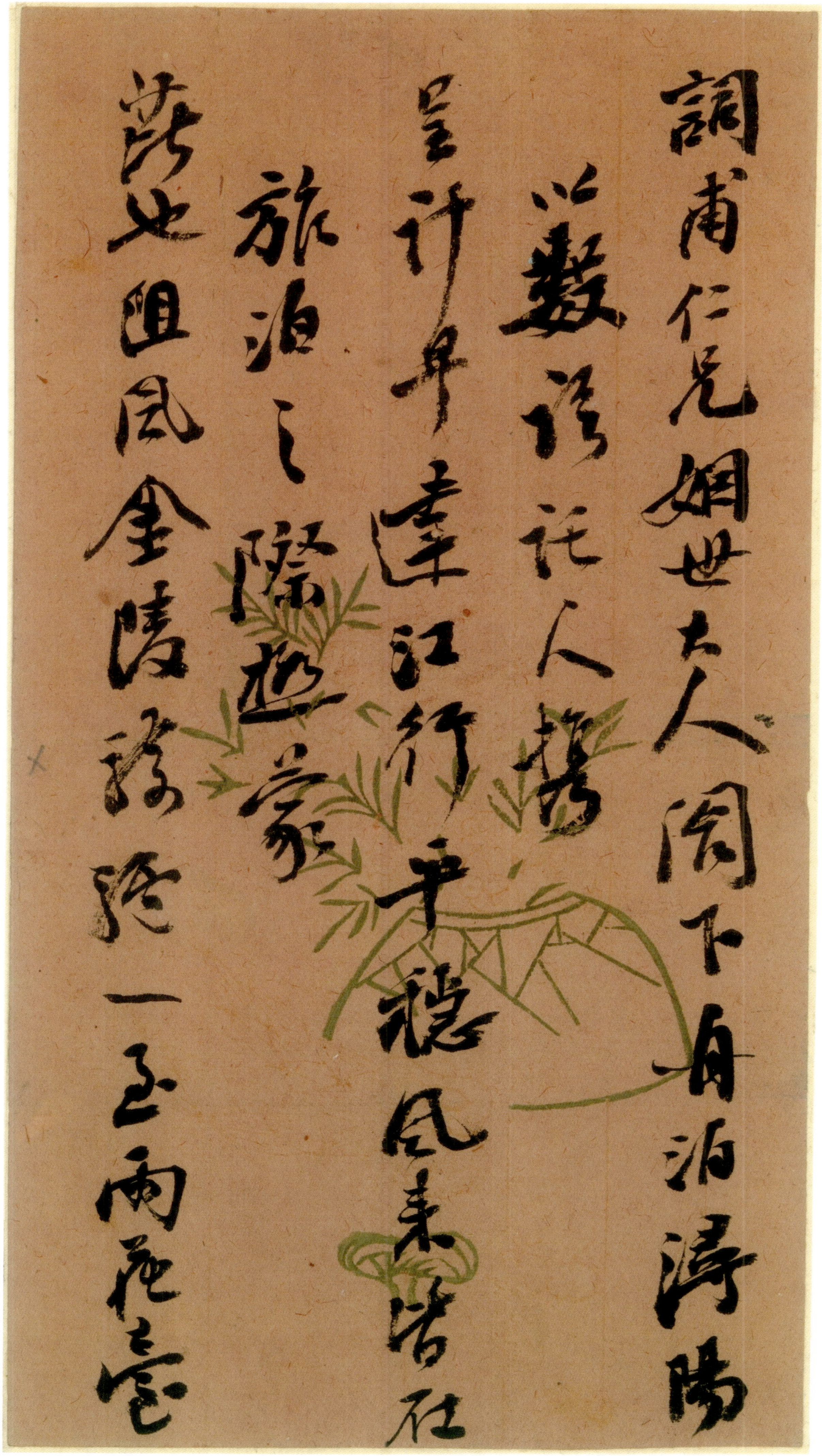

詞甫仁兄姻世大人閣下 自泊潯陽
以數語託人攜
呈計早達 江行平穩 風來若在
旅泊之際擬遊豪
蔭也 阻風金陵 務經一旦兩夜 雨雹

致 張詞甫 之三

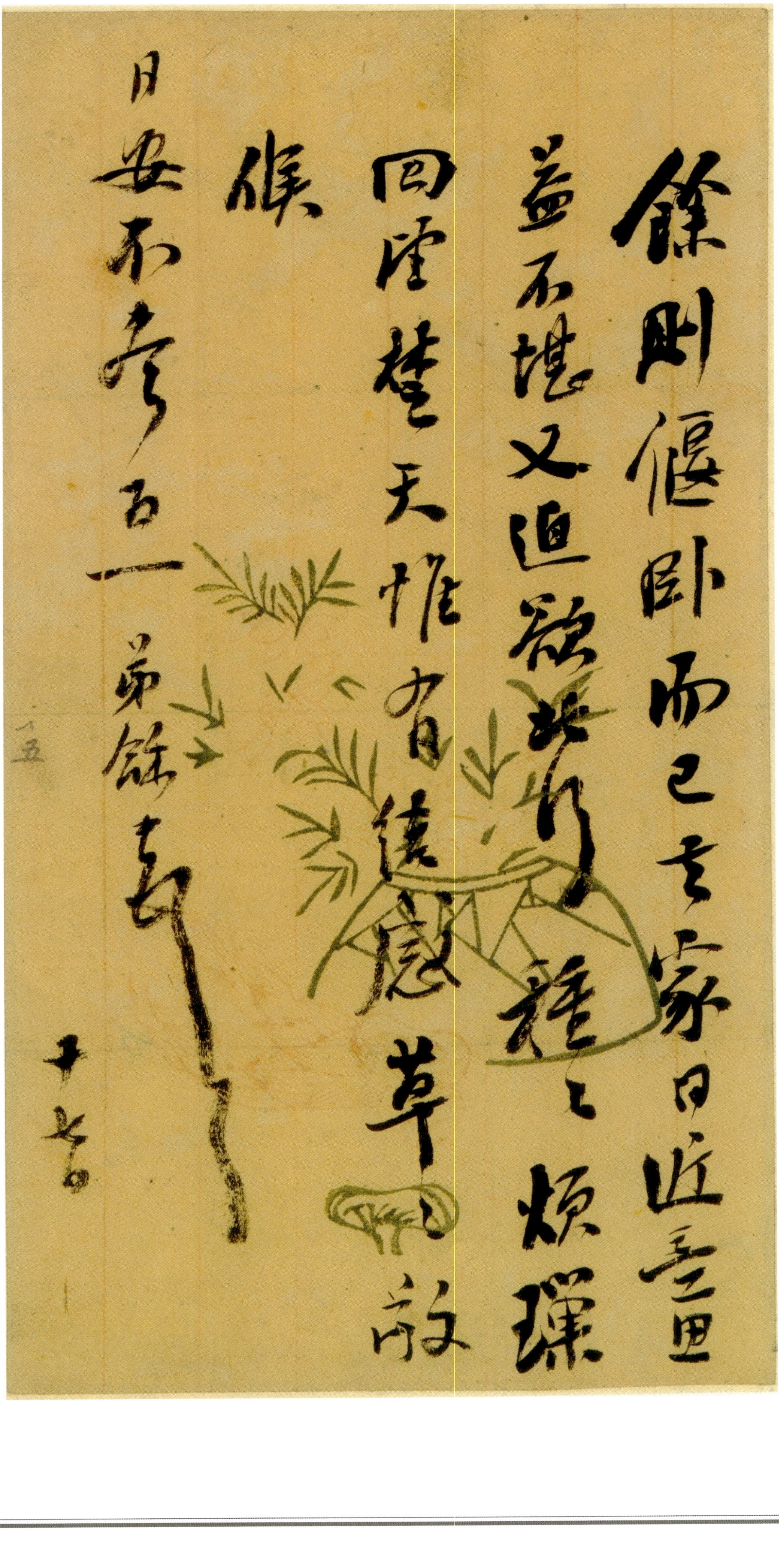
餘則偃卧而已家日近壹
益不堪又逼歲此雜〻煩擾
回望楚天惟有懷感草〻敬
候
日安不宣一
弟餘頓首
十七日

一五

致　張詞甫　之四

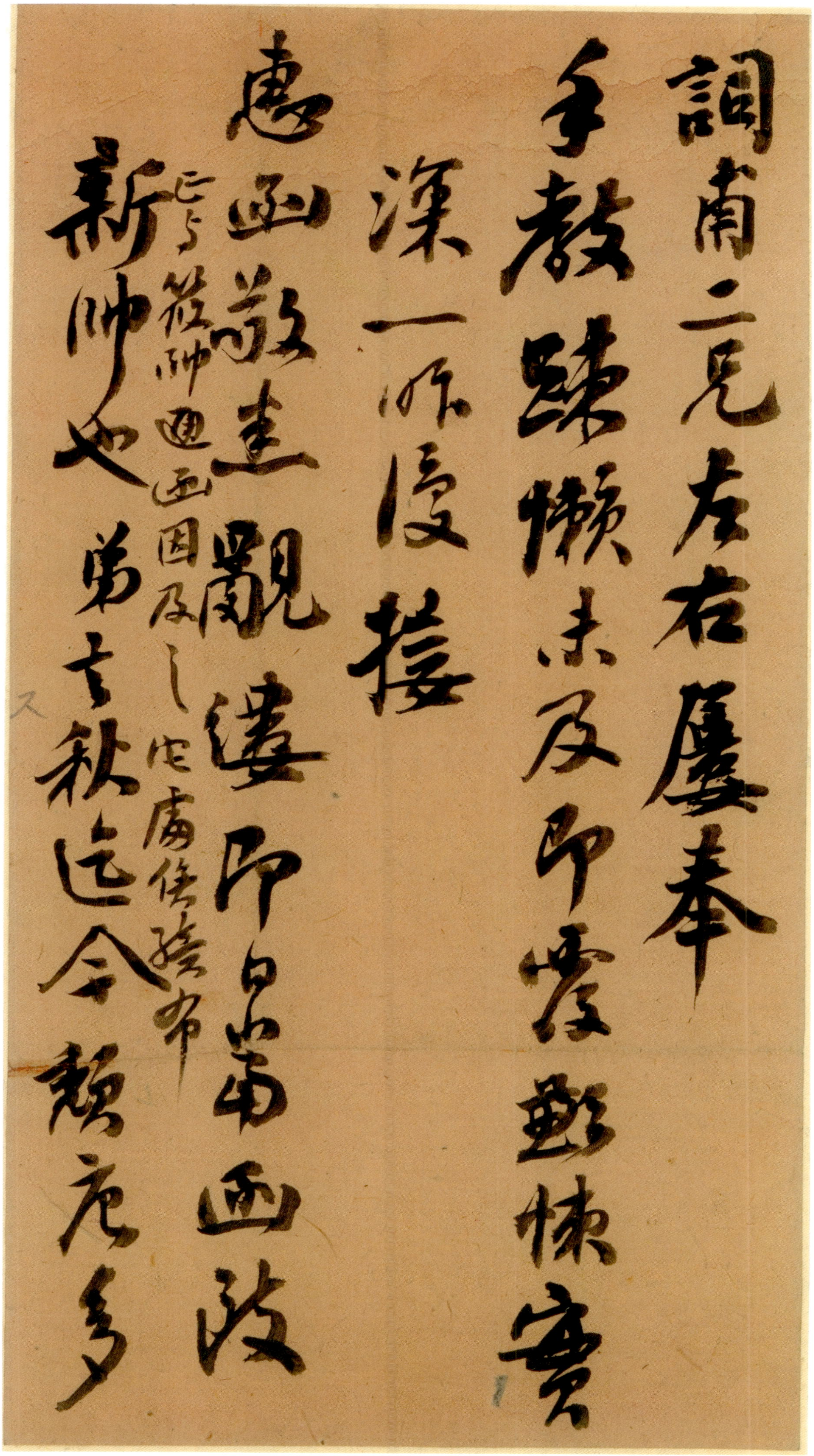

致 張詞甫 之四

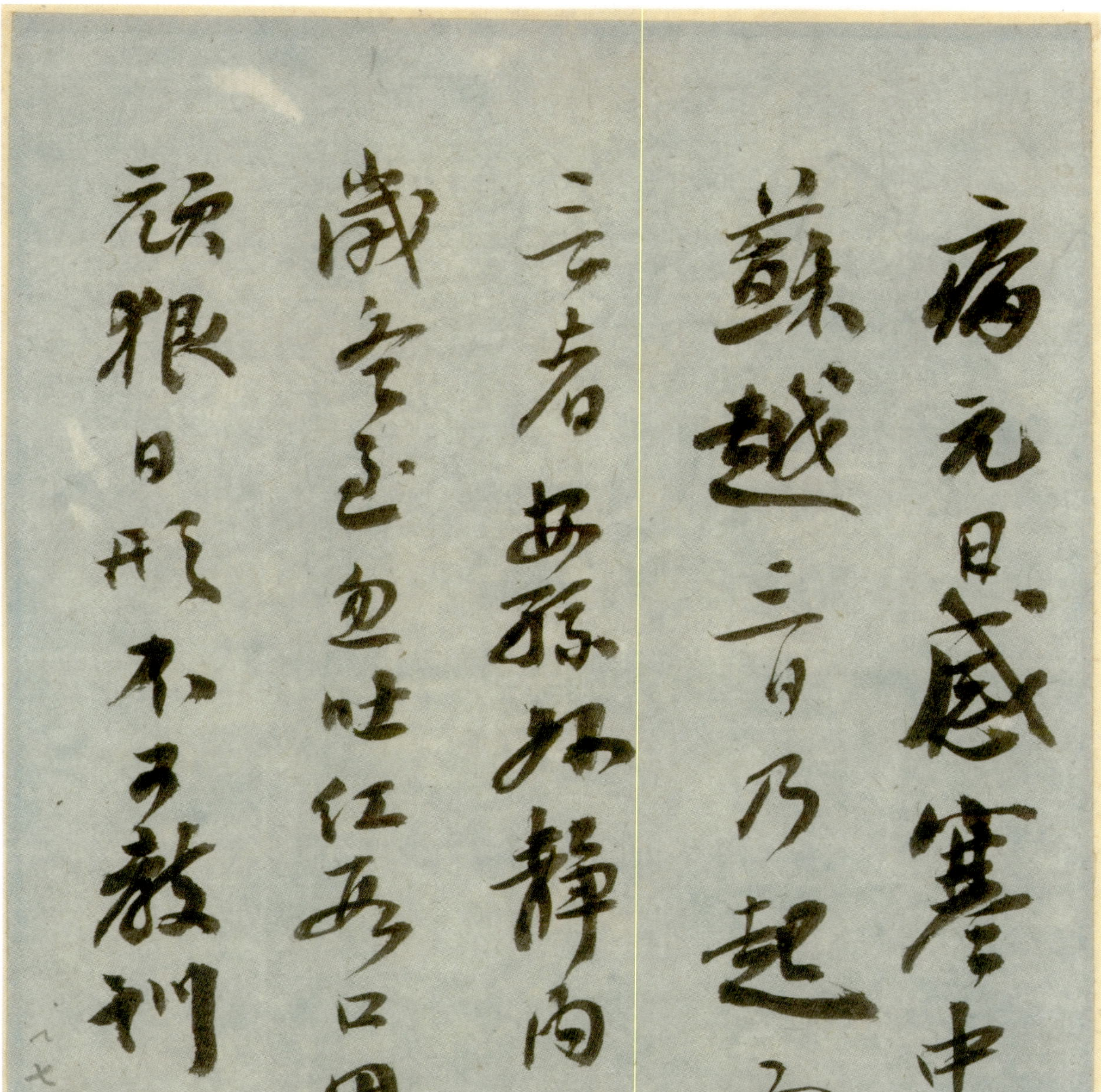

致張詞甫之四

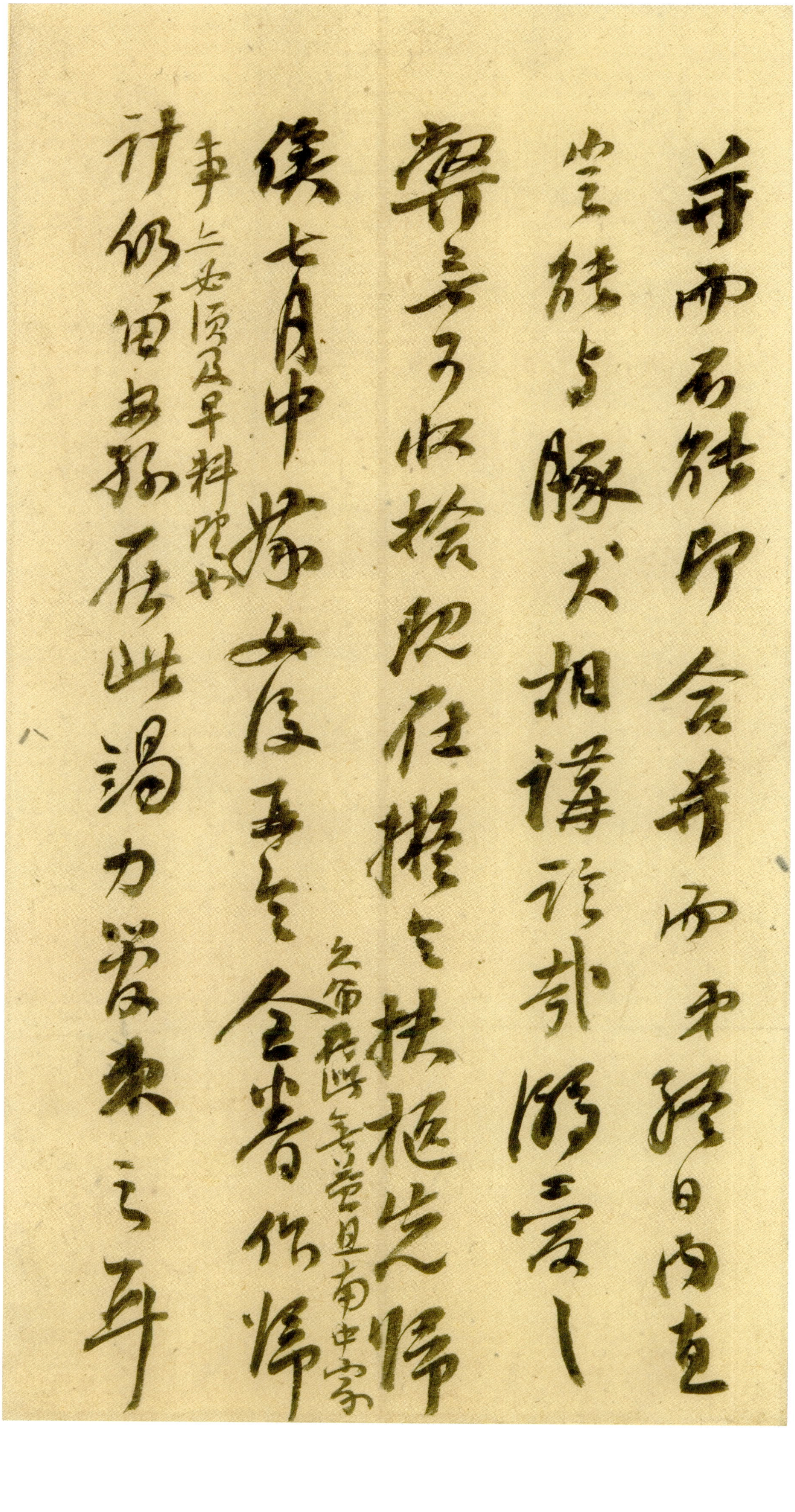

致 張詞甫 之四

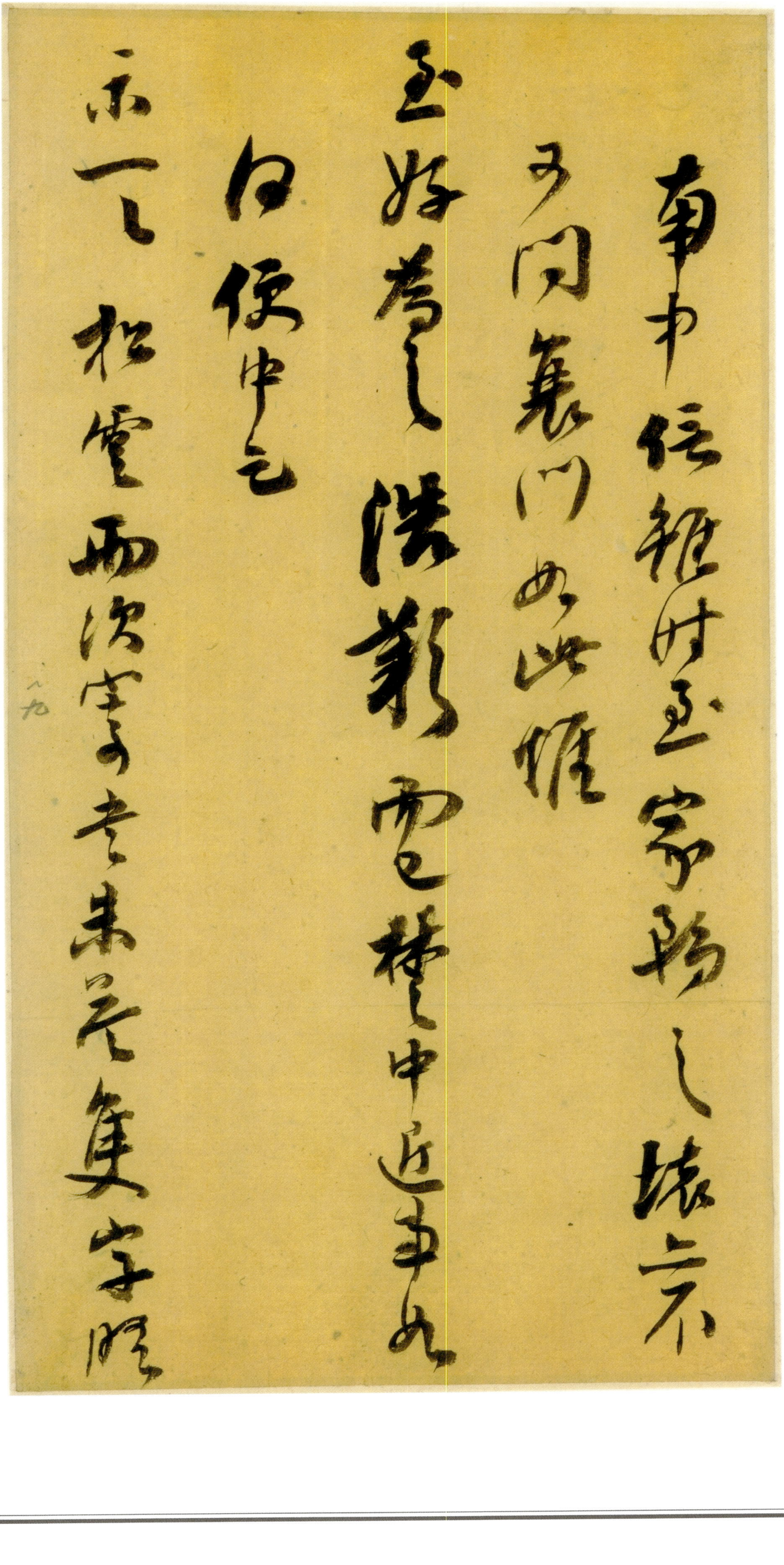

致 張詞甫 之四

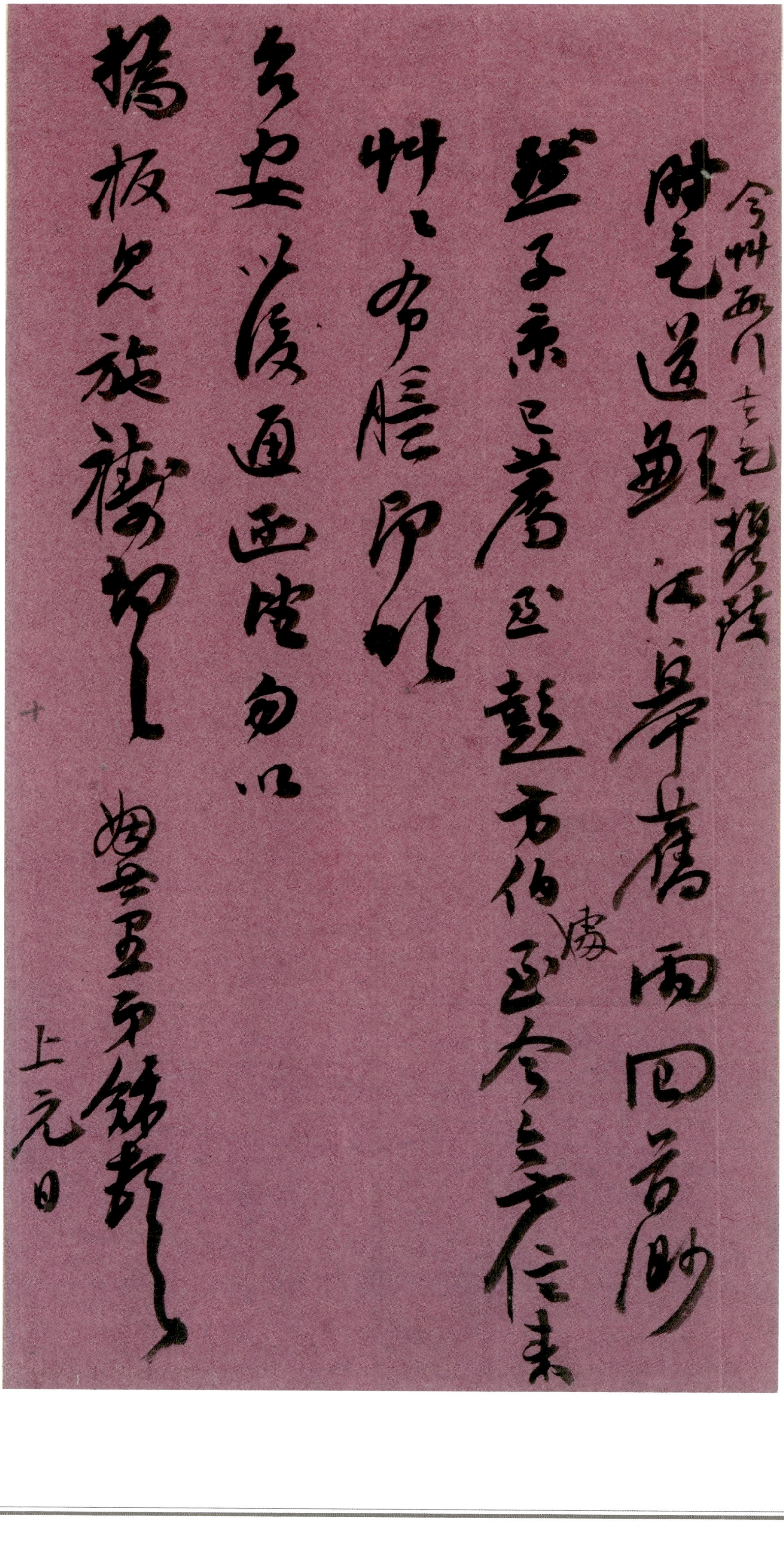

致 張溥東

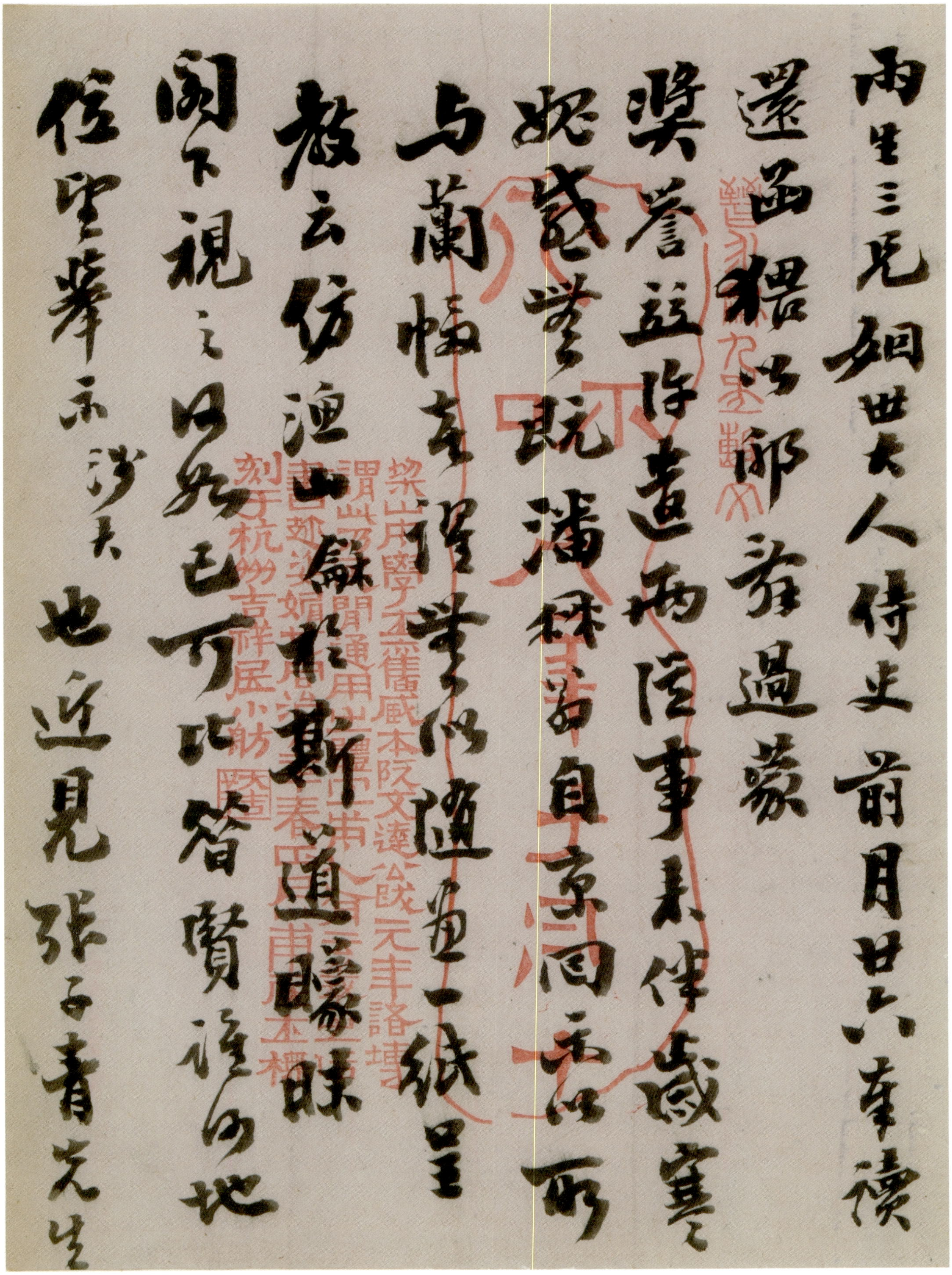

張溥東，字雨生，江蘇常熟人，書畫名家。翁同龢姻親。

致張溥東

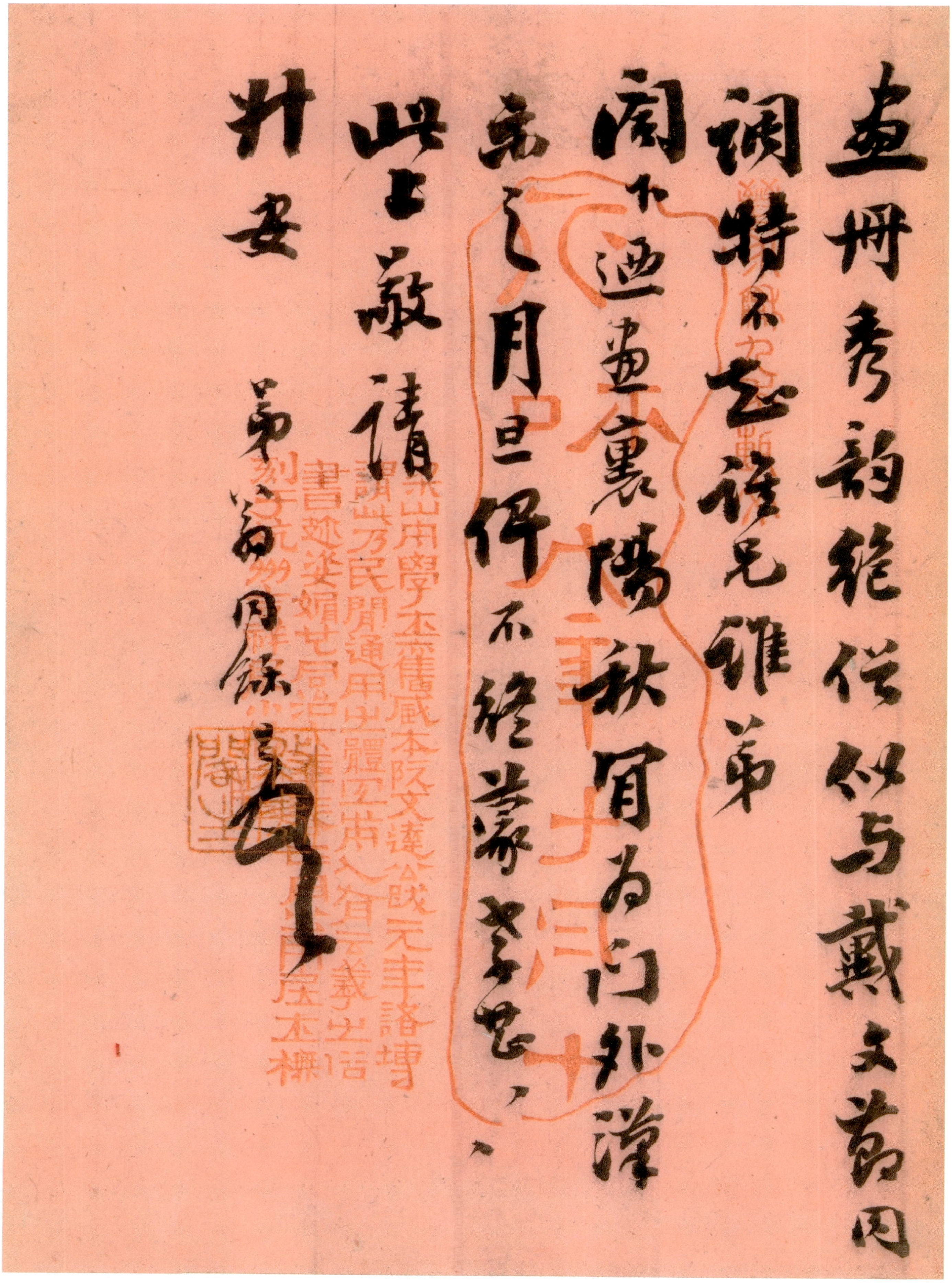

畫冊秀韵絶俗似与戴文節同
調特不能詮兄雖弟
閣下遜畫襄陽秋眉為門外漢
先之月旦俾不能藉光也、、
此上敬請
升安
弟翁同龢頓首

上海圖書館藏歷代手稿精品選刊

上海圖書館藏翁同龢未刊手稿

策劃 黄顯功

主编 周德明 黄顯功

整理 王 宏

下 册

上海科學技術文獻出版社

致　翁曾榮　之三

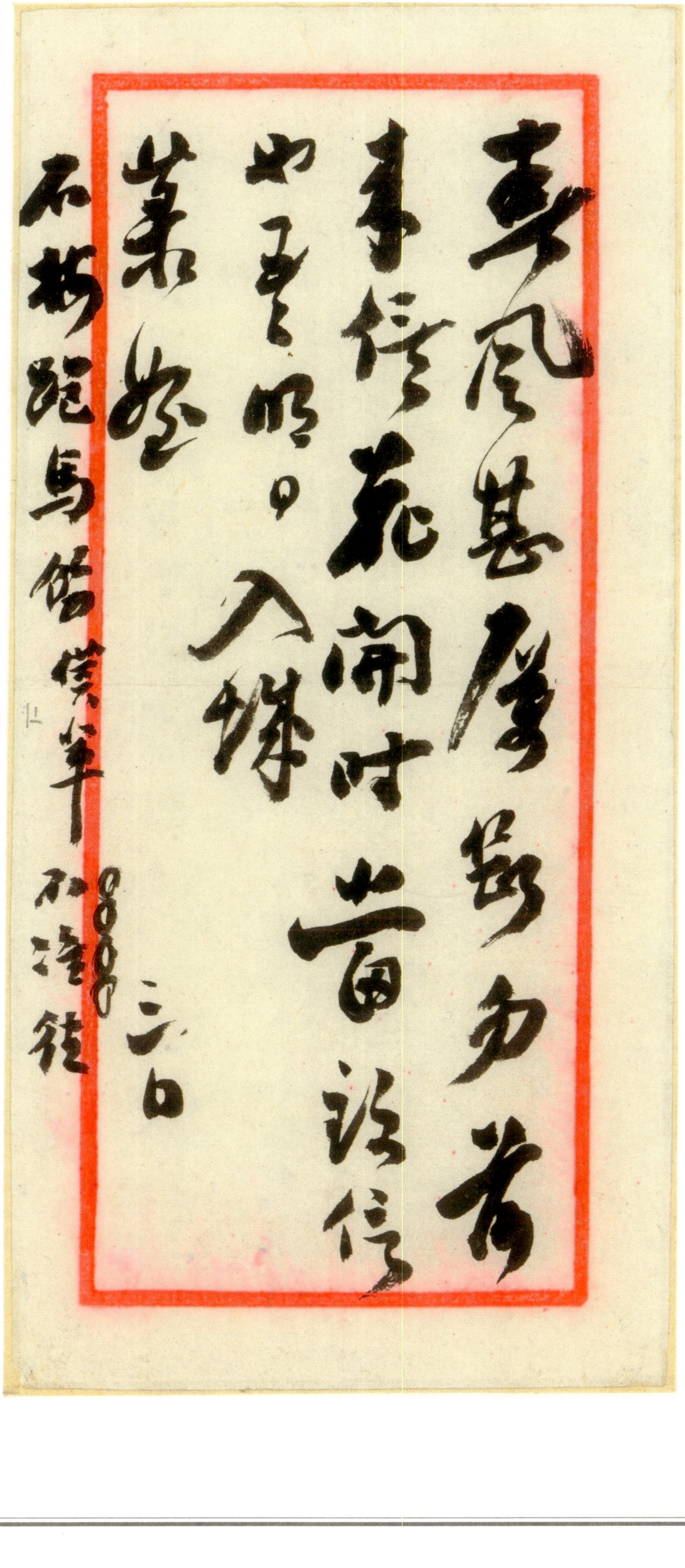

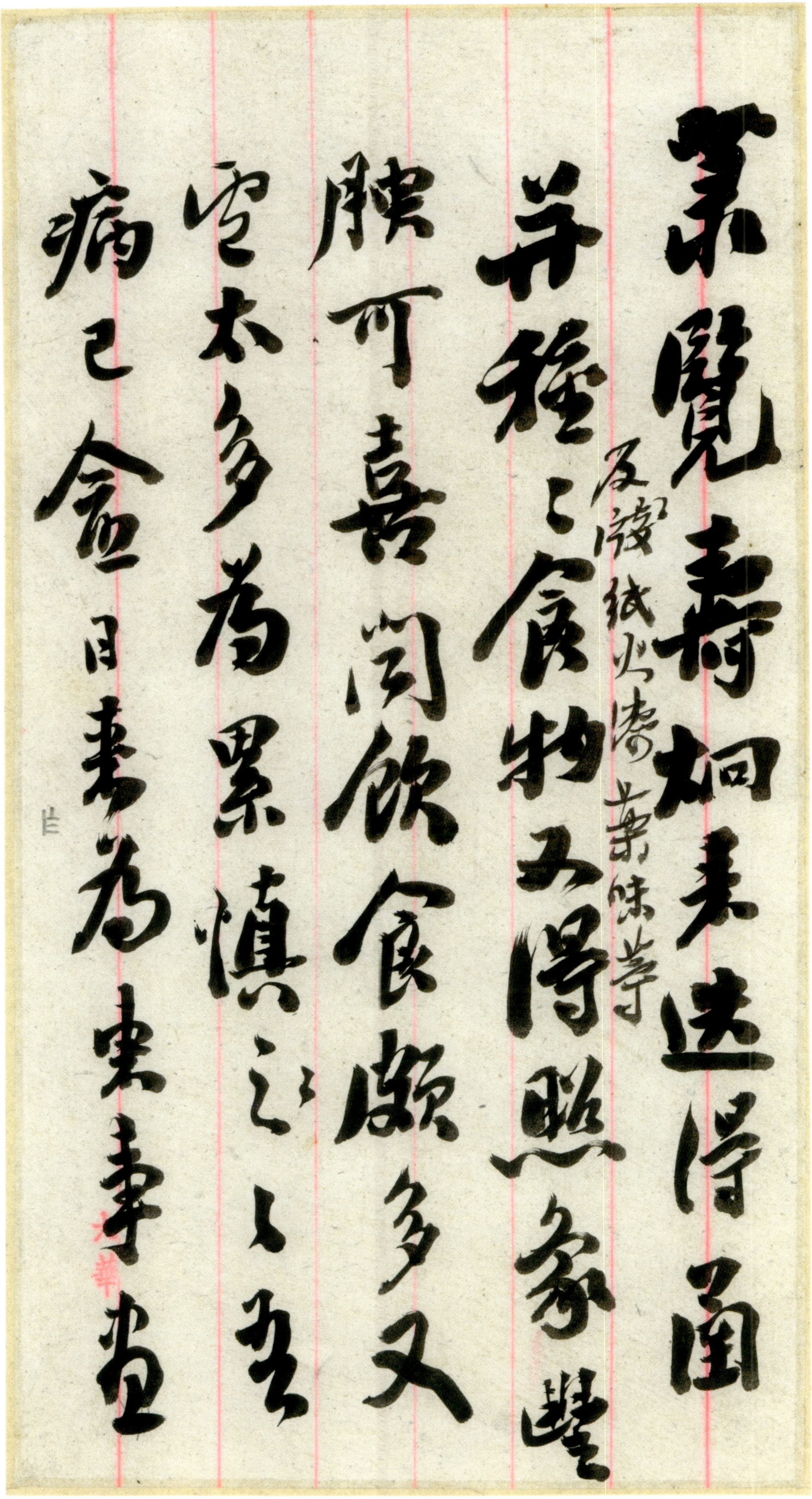
示覽。壽桐來，送得圖及潑紙、火漆、葉味等
并種種食物，又得照象，豐
腴可喜。聞飲食頗多，又
需太多為累，慎之又甚。
病已愈。日來為東事

致 翁曾榮 之四

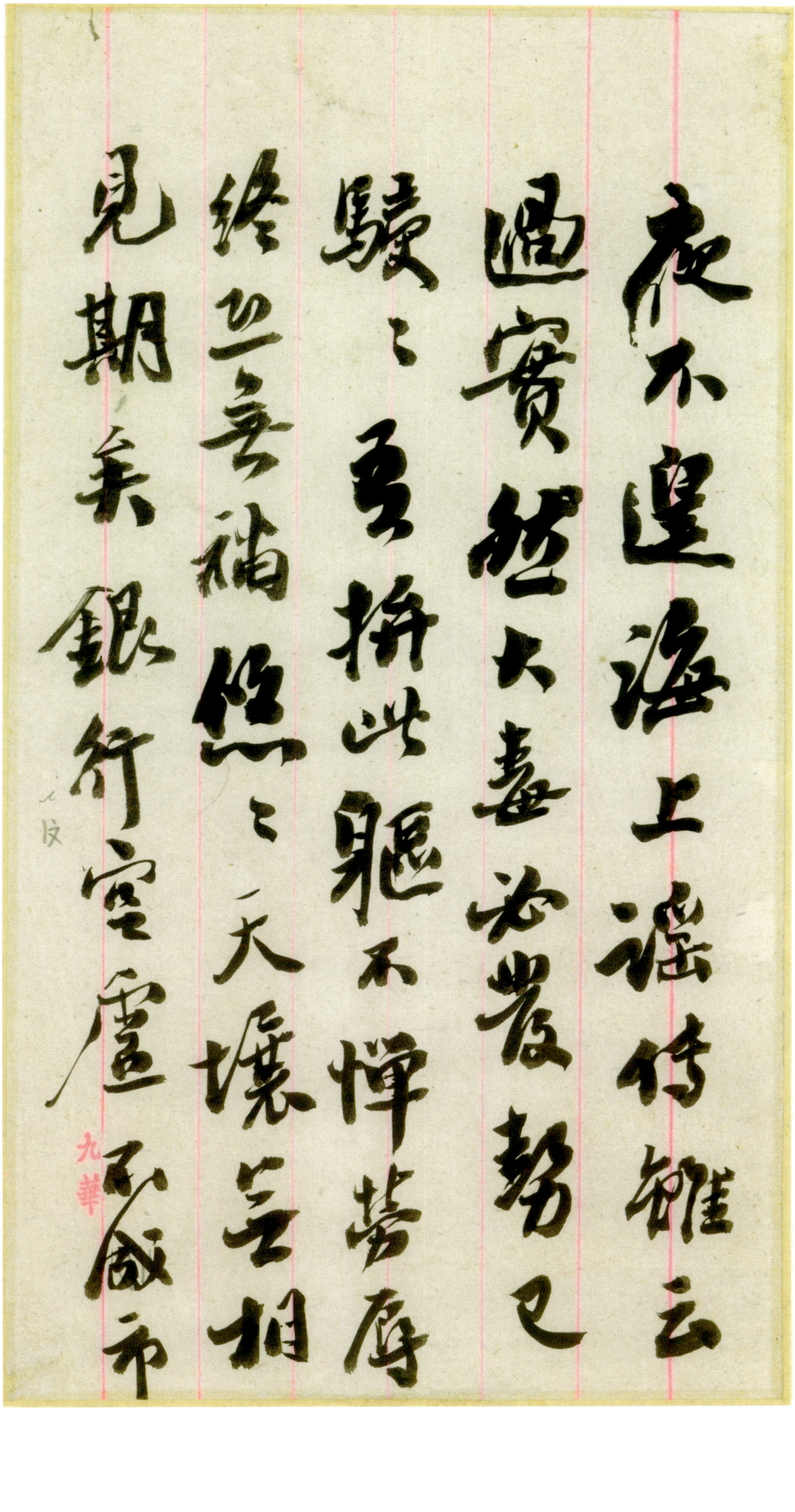

夜不遑海上謠傳雖云
過實然大毒必發勢已
駸駸直拚此軀不憚甚厚
終亦無補悠悠大壞無相
見期矣銀行空虛已盛示

致 翁曾榮 之四

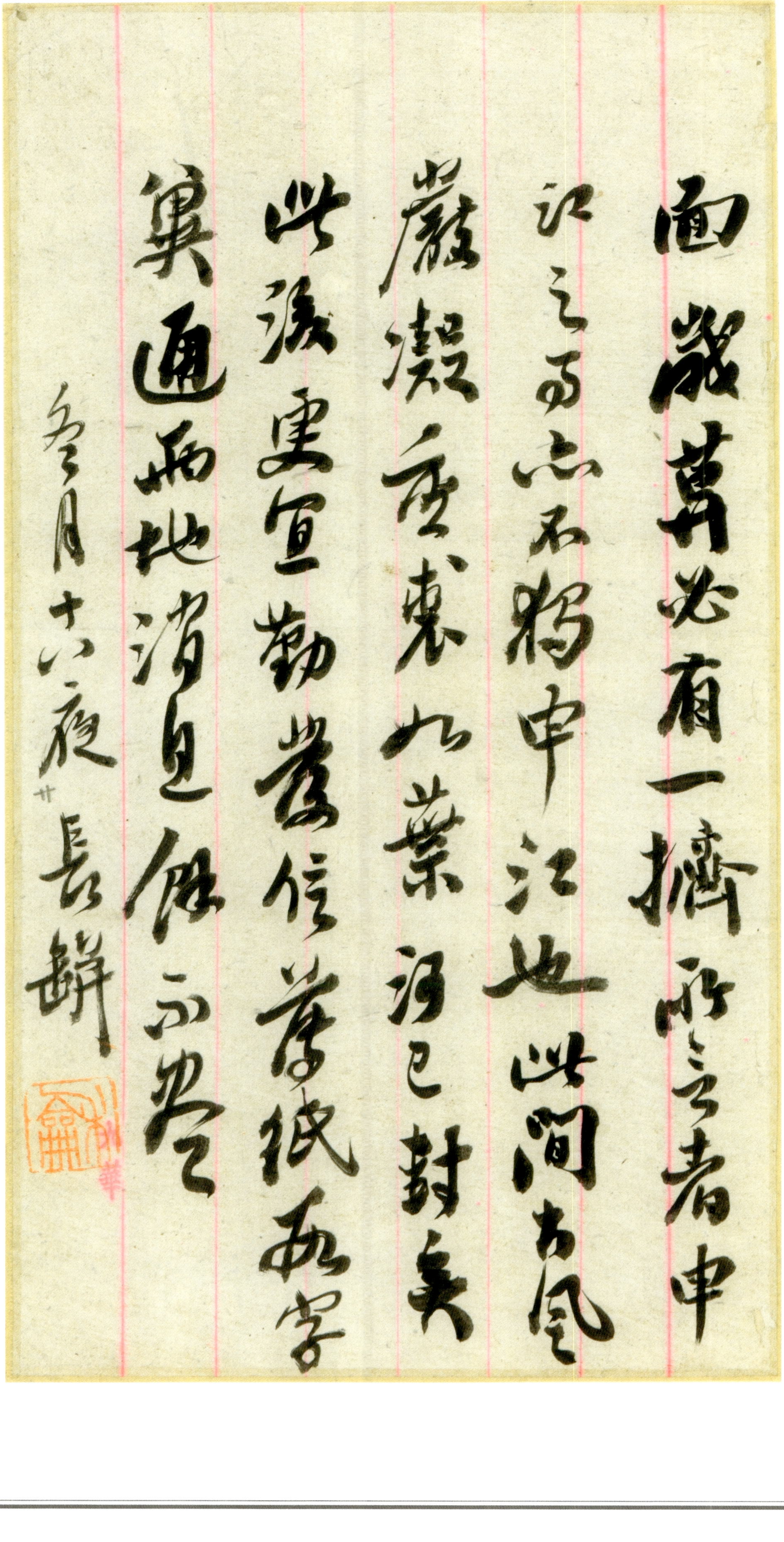
面談。草草必有一擠，所云云者申
記之，可忘不？將中江也。此間大風
嚴凝，唐棗如葉，河已封矣。
此後更宜勤發信，紙面寫
冀通兩地消息，餘不具。
冬月十六夜 廿 長跽

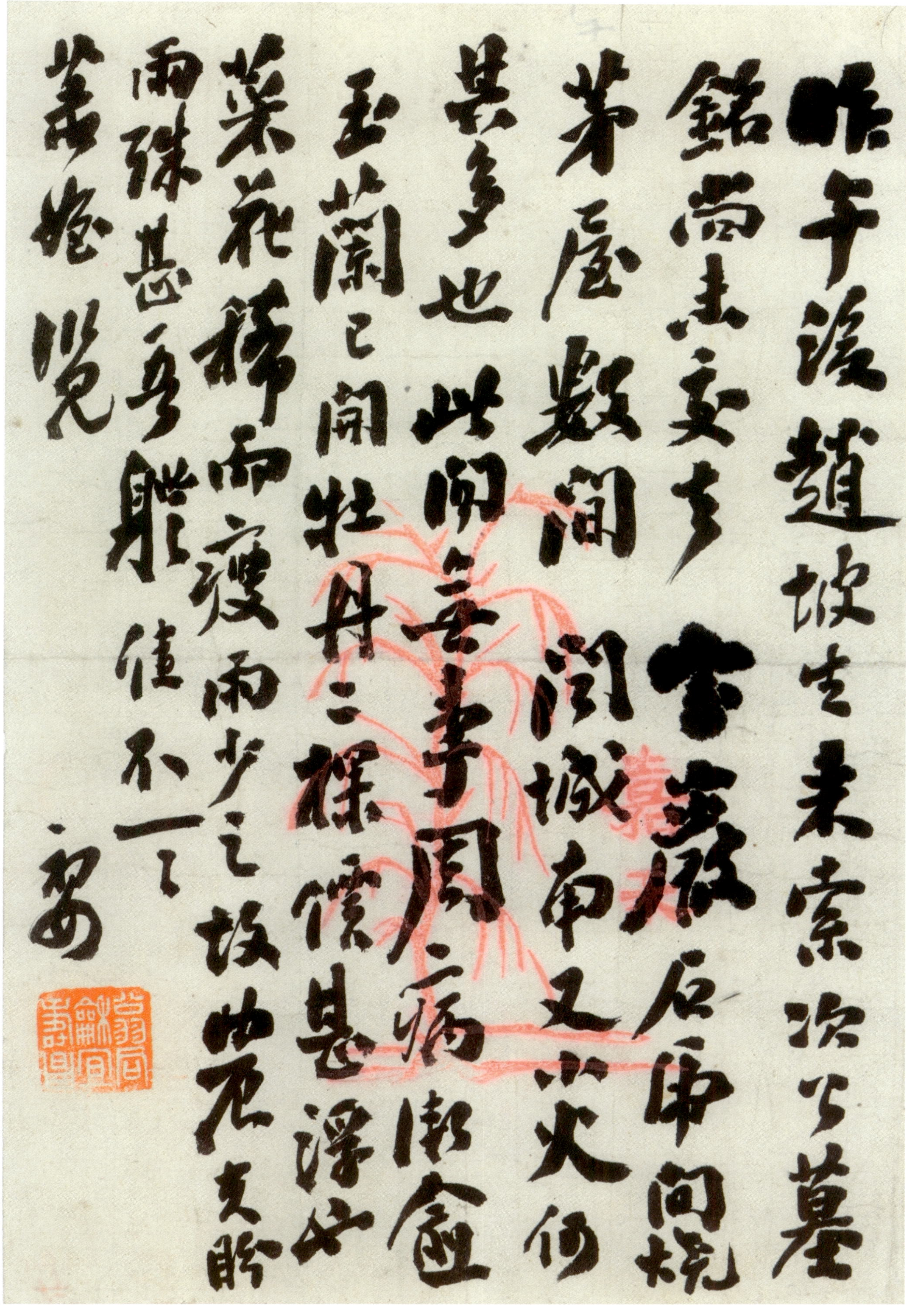
昨午後趙坡生來索次公墓
銘尚未交去矣 雲巖石床間燒
茅屋數間 閒城南又小火何
其多也 此間無事 周之病漸愈
玉蘭已開 牡丹二株 僅甚澤好
菜花稀 雨瘦 雨少之故也 此尼丈聆
雨殊甚多 勝 佳不一一
善娘覽 翁

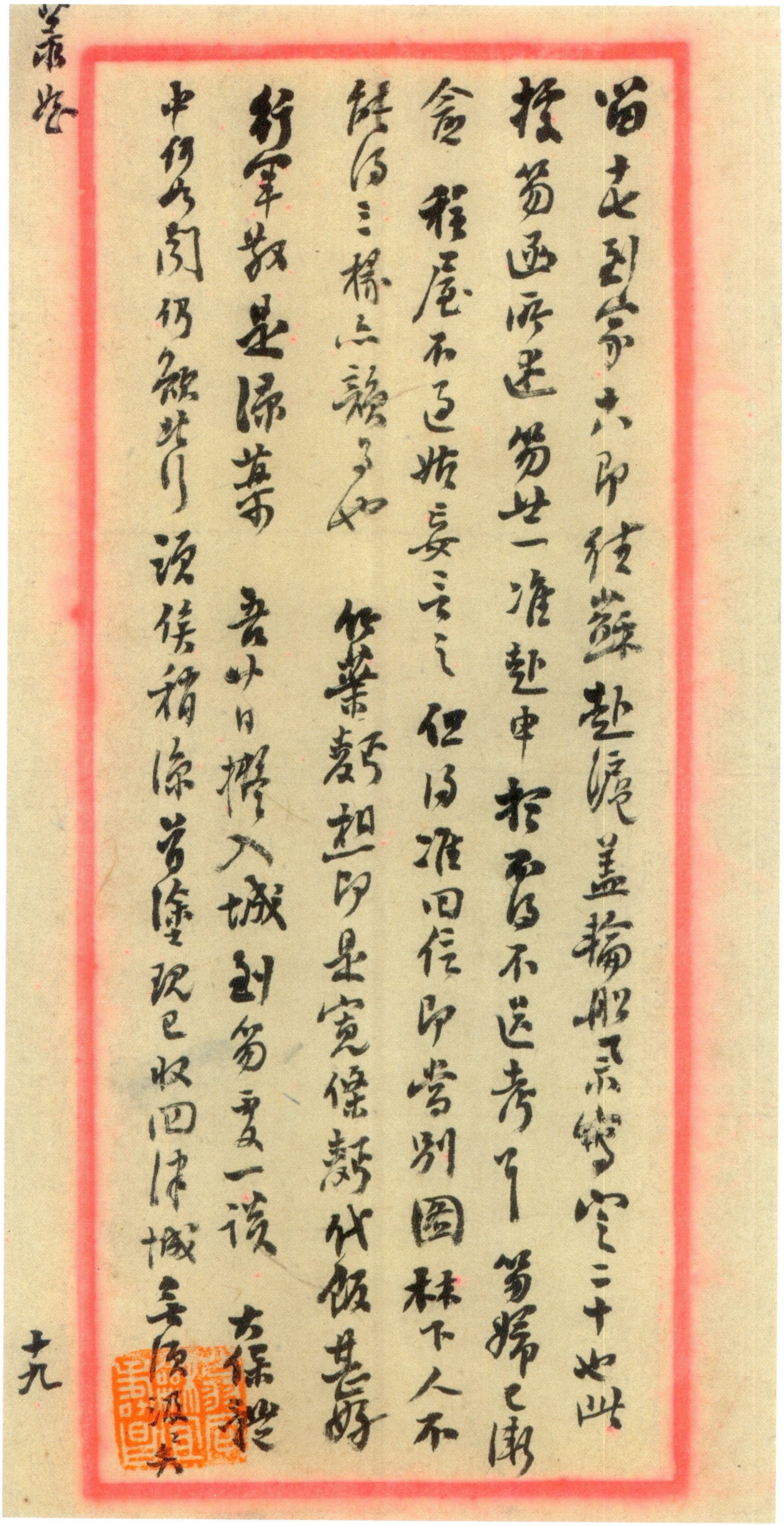

留在到第六即往蘇赴滬蓋輪船三禮定二十七也此
授第函所述第廿一准赴申 於弟不返者乎 第婦已漸
愈 程屋不返姑妄言之 但問准回信即當別圖林下人不
能得三樣亦頗了如 竹葉敲想即是寬保敲代飯甚好
新筆數是歸弟 吾廿日擬入城到第處一談 太保從
中何不閑何須歇此 須候稍涼前途現已收回律城之房汲矣
叔羹些
十九

致 翁曾榮 之七

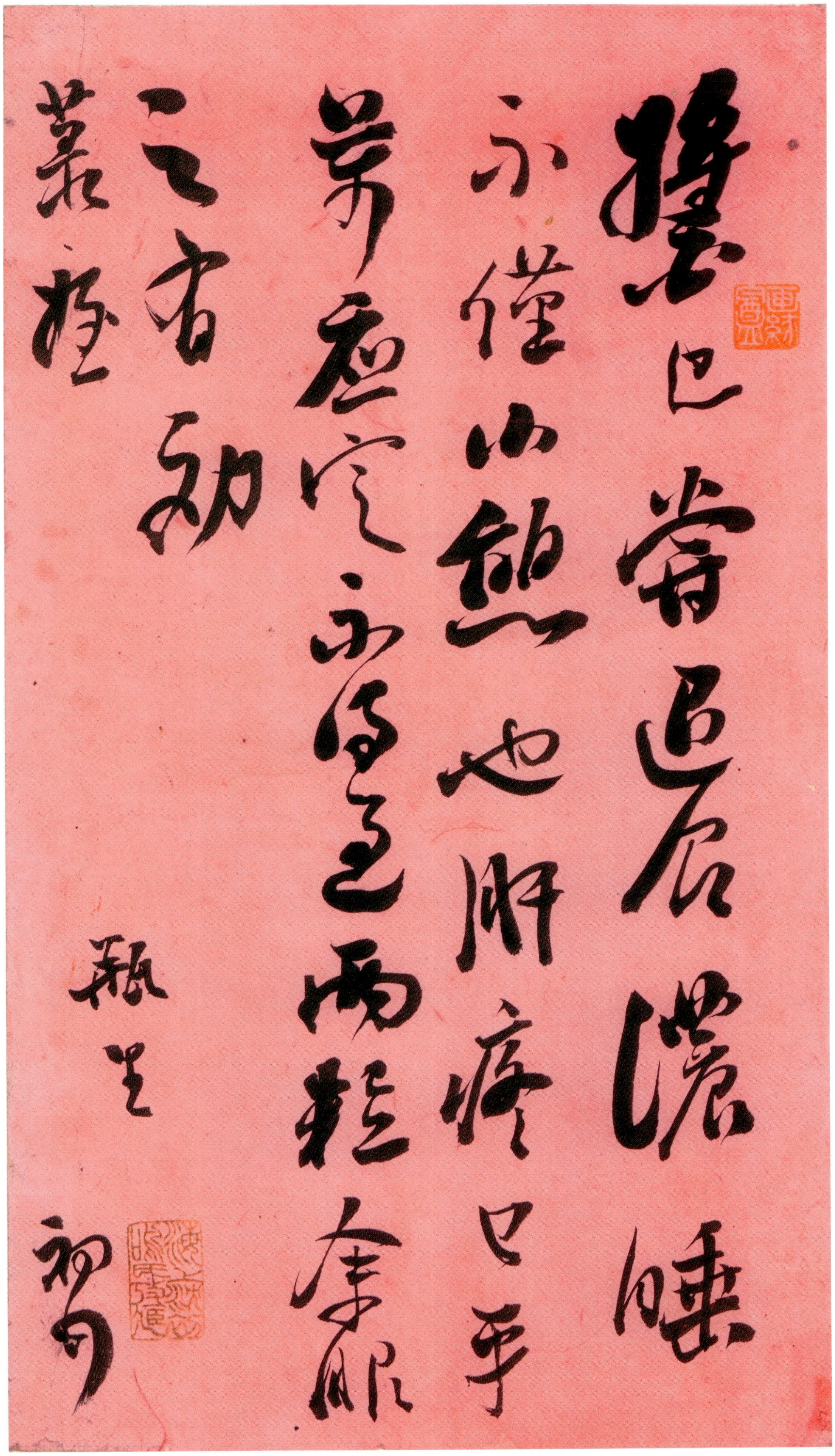

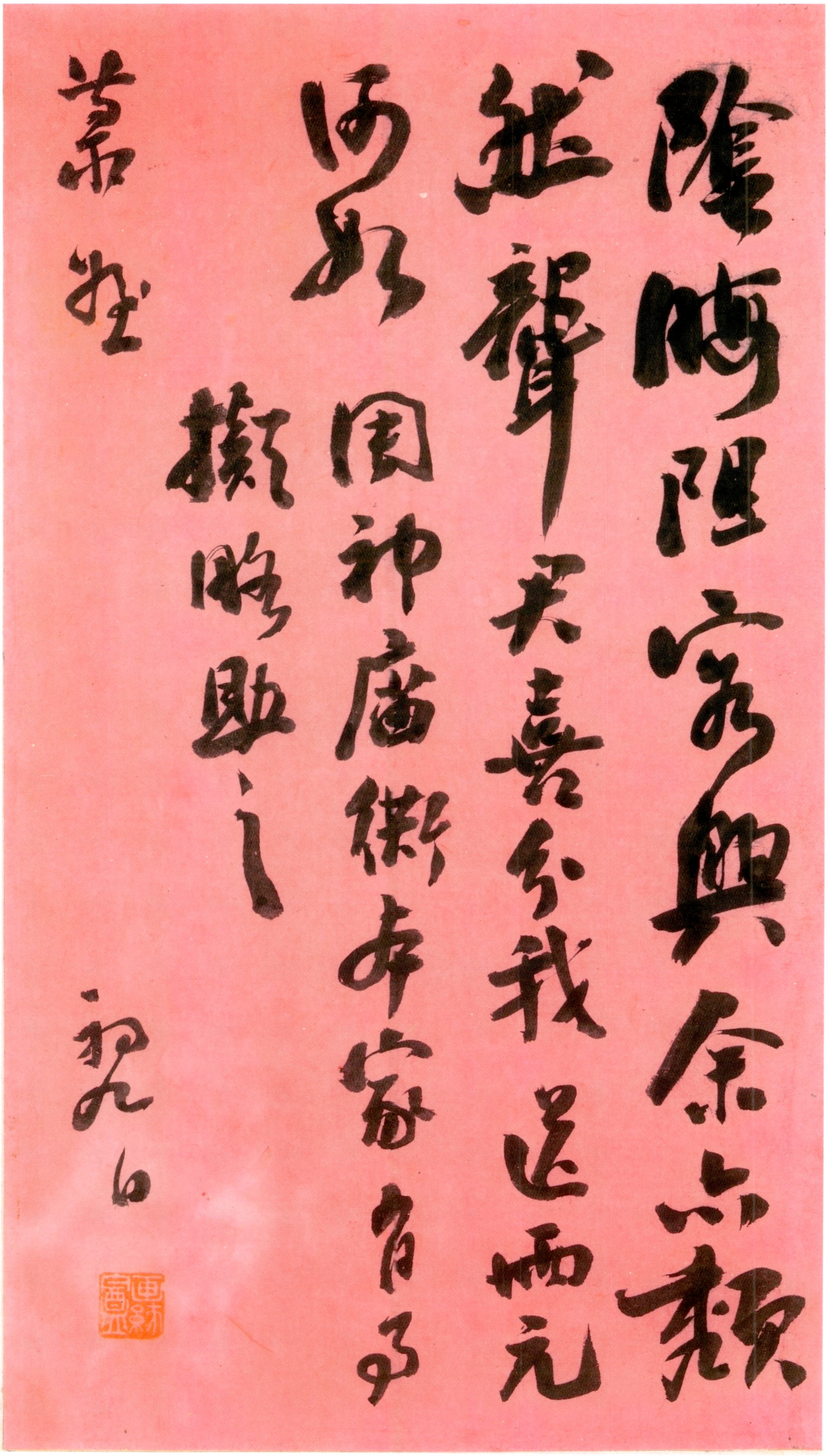

致 翁曾榮 之九

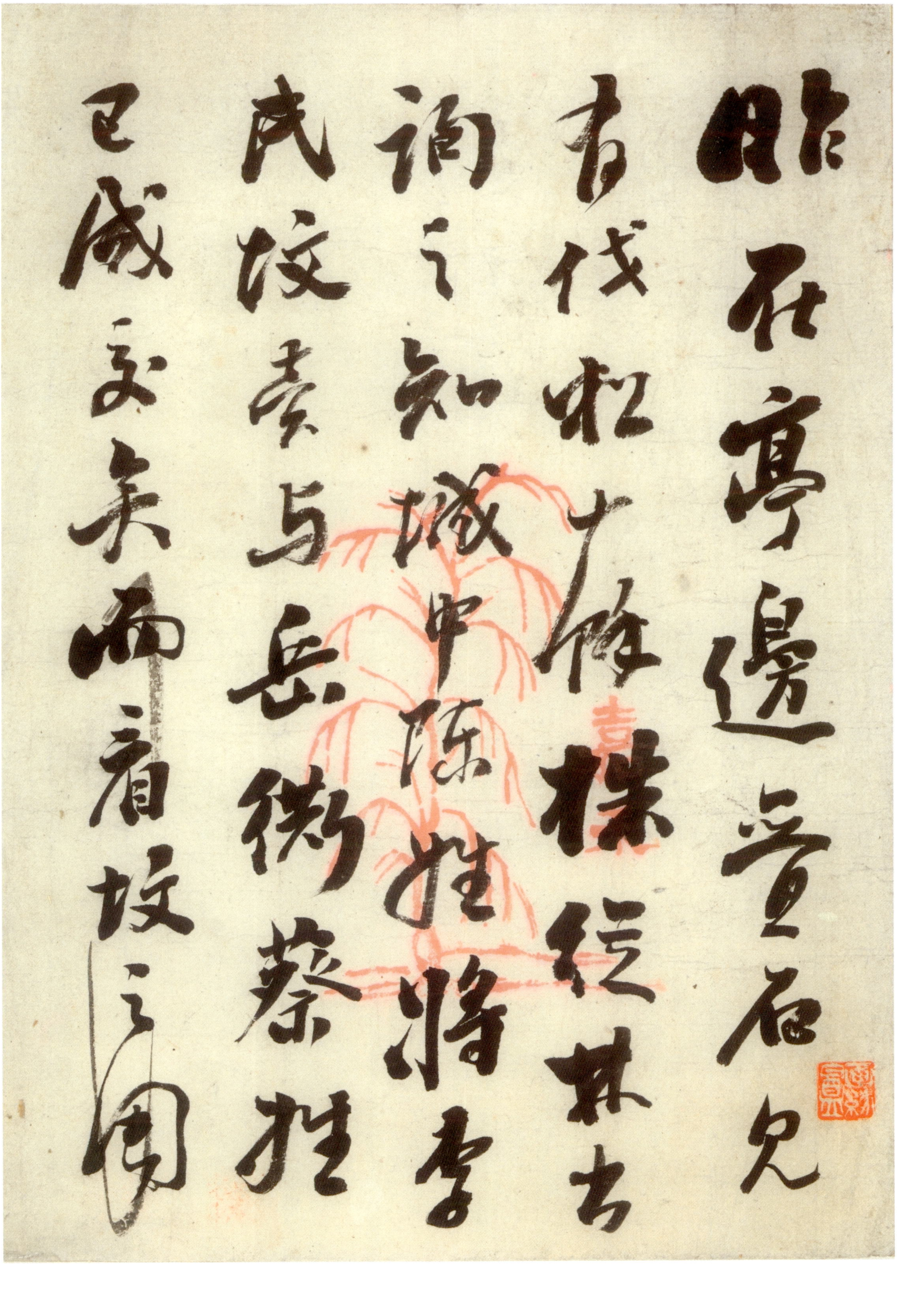

致翁曾榮 之九

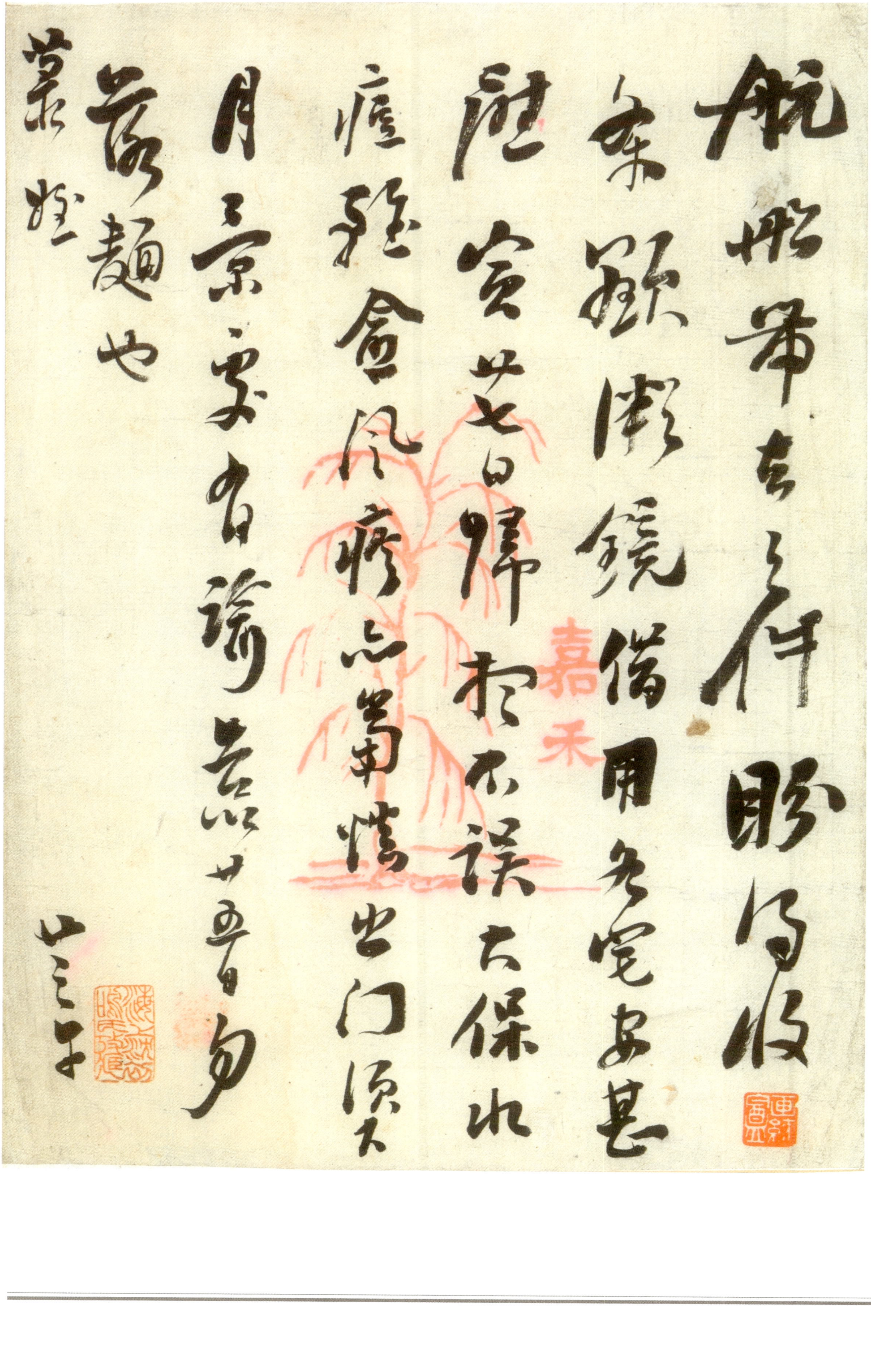
航船帶去各件，盼即收
來。顯微鏡備用，今覓妥甚
難，容廿七日歸。來不誤，大保忱
瘧雖愈，風疹亦未清，出門須
月之京寓書諭，當以廿五日句
發麵也
叢拜

山之子

致　翁曾榮　之一〇

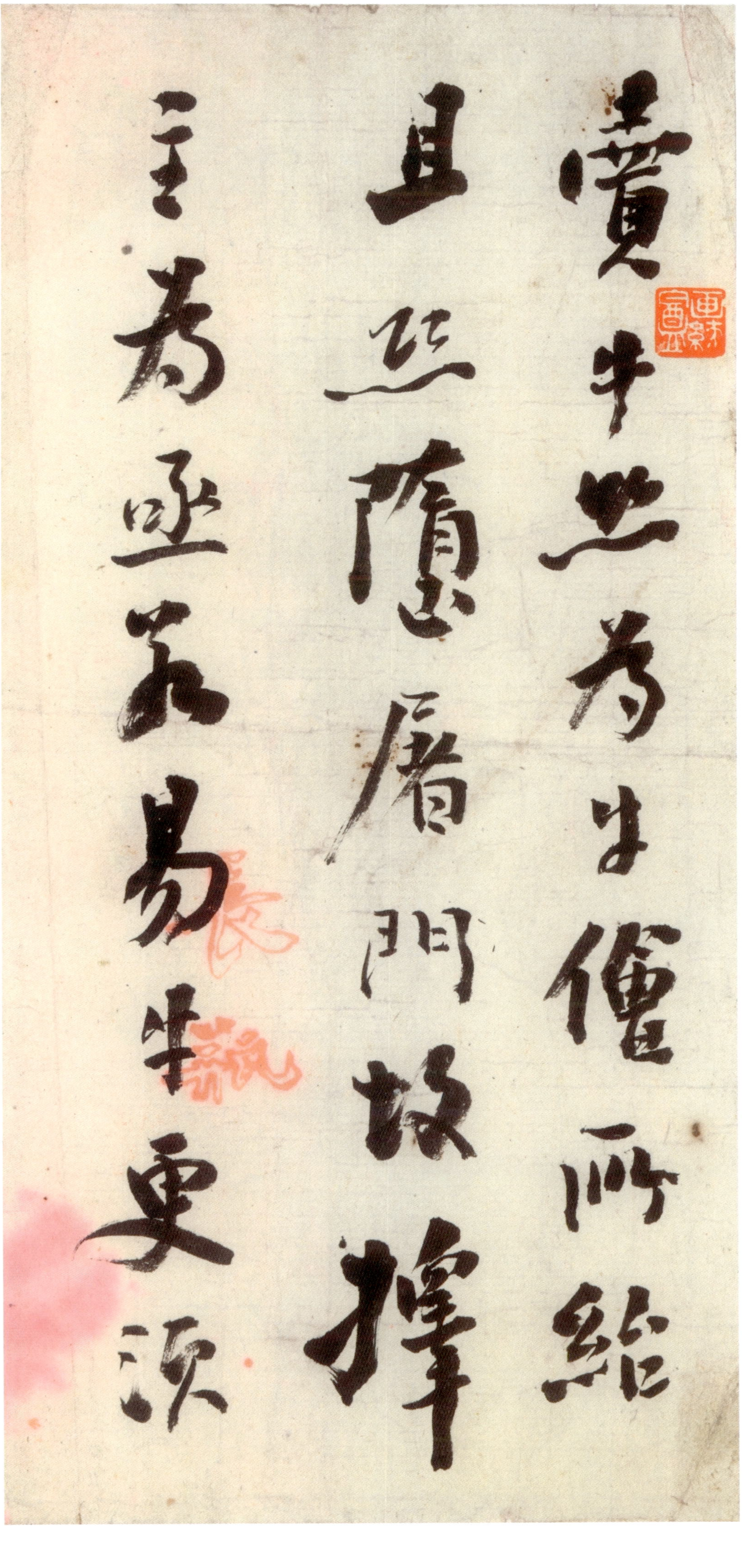

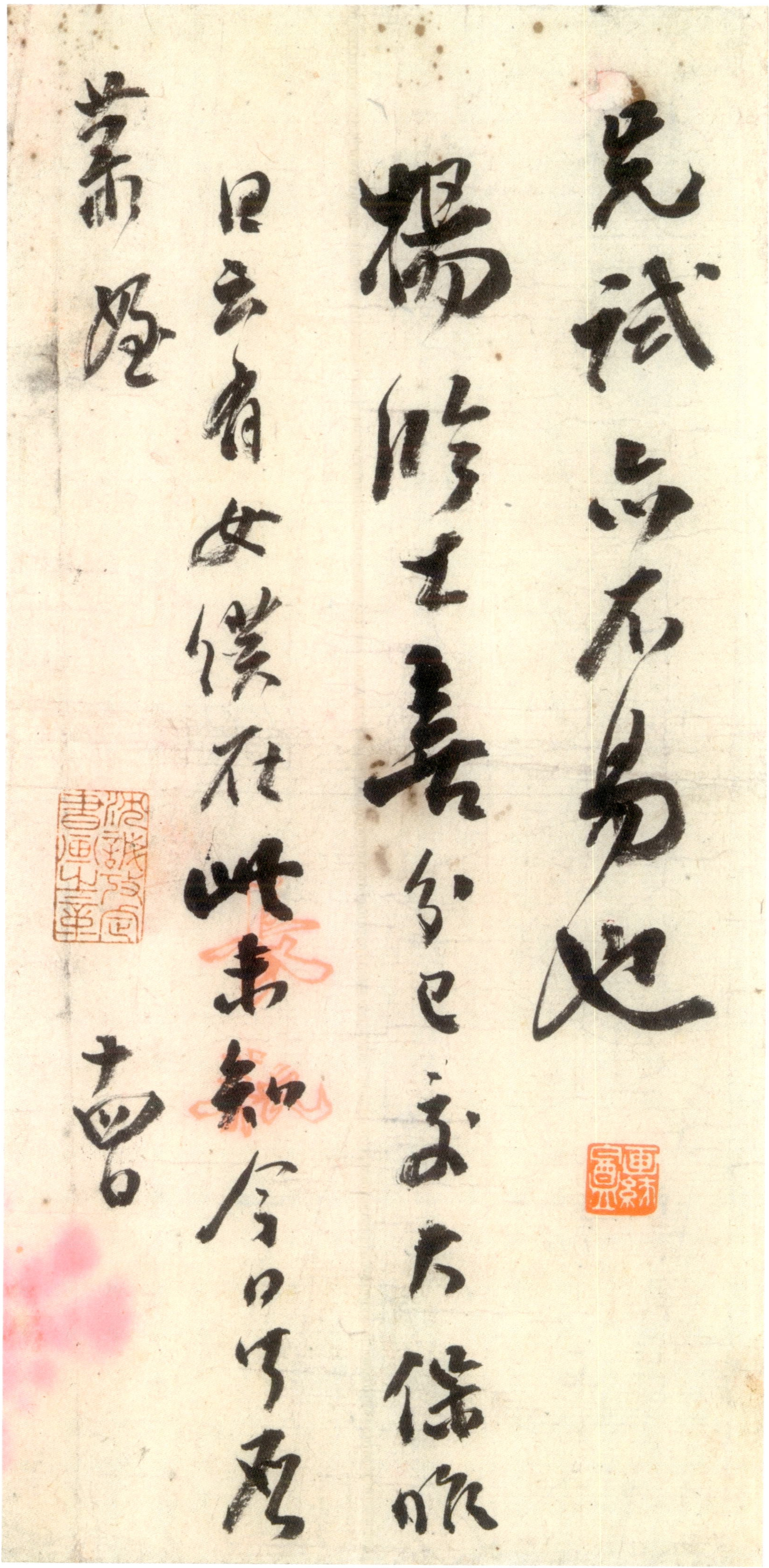

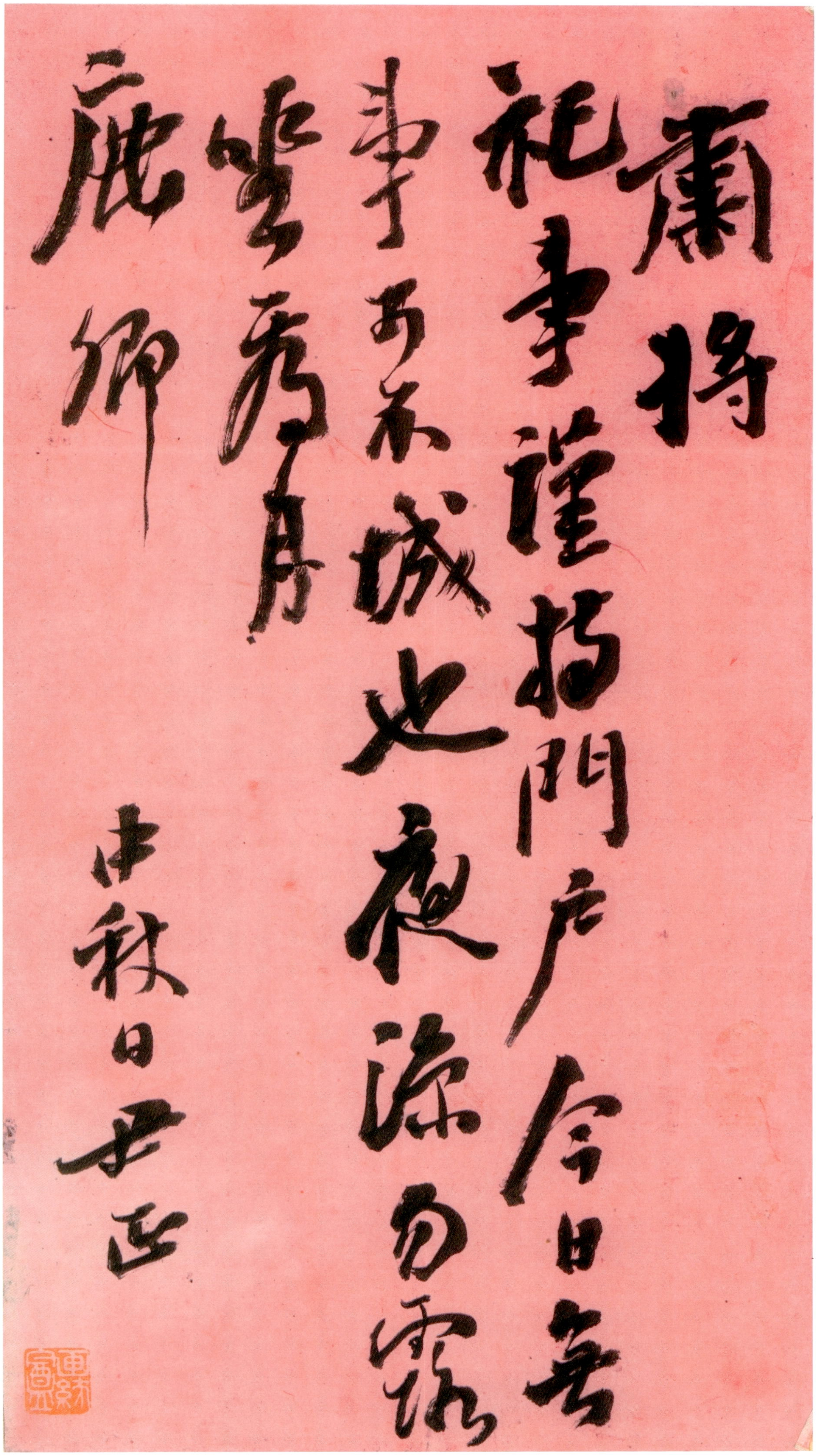

致 翁曾榮 之二二

致翁曾榮 之一三

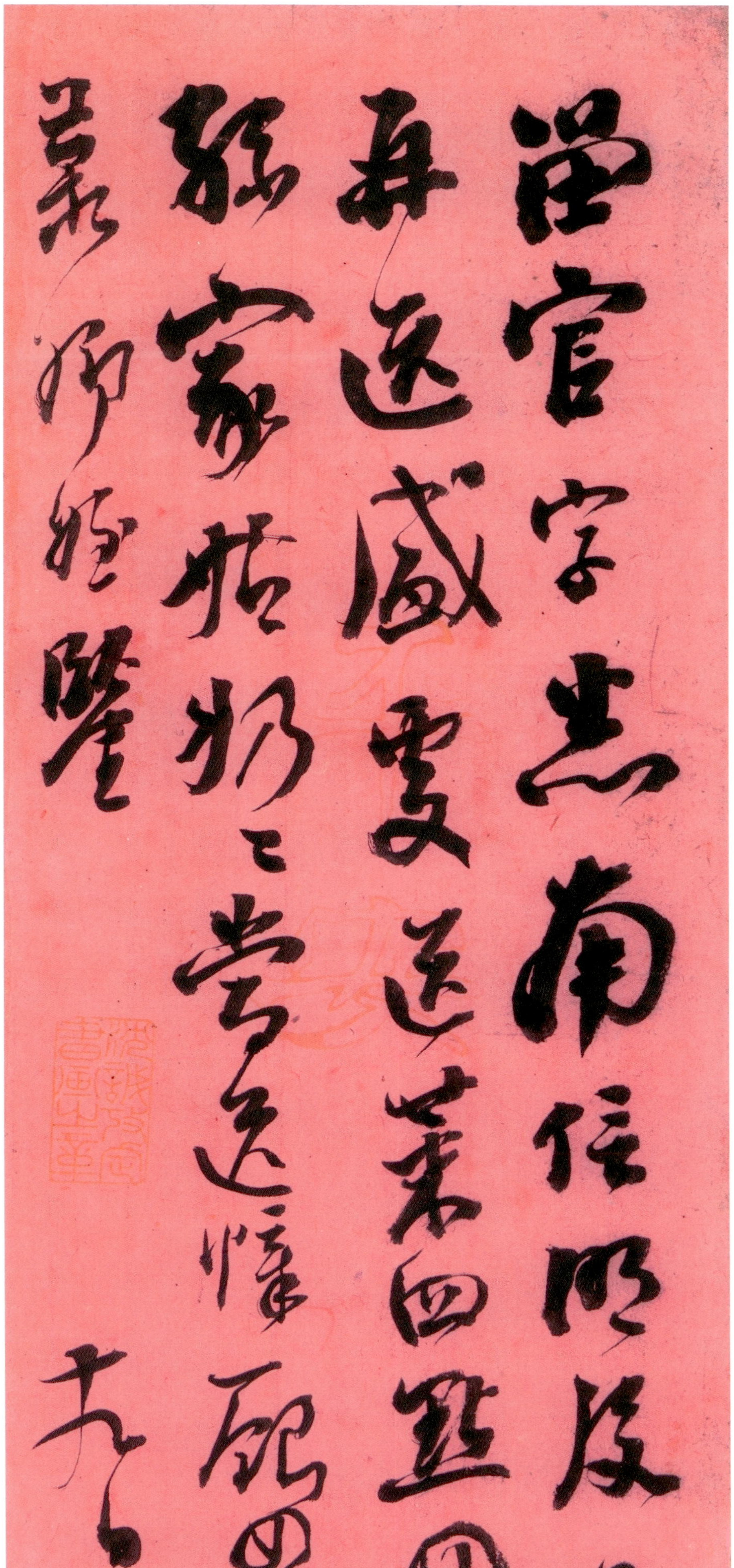

致翁曾榮之一四

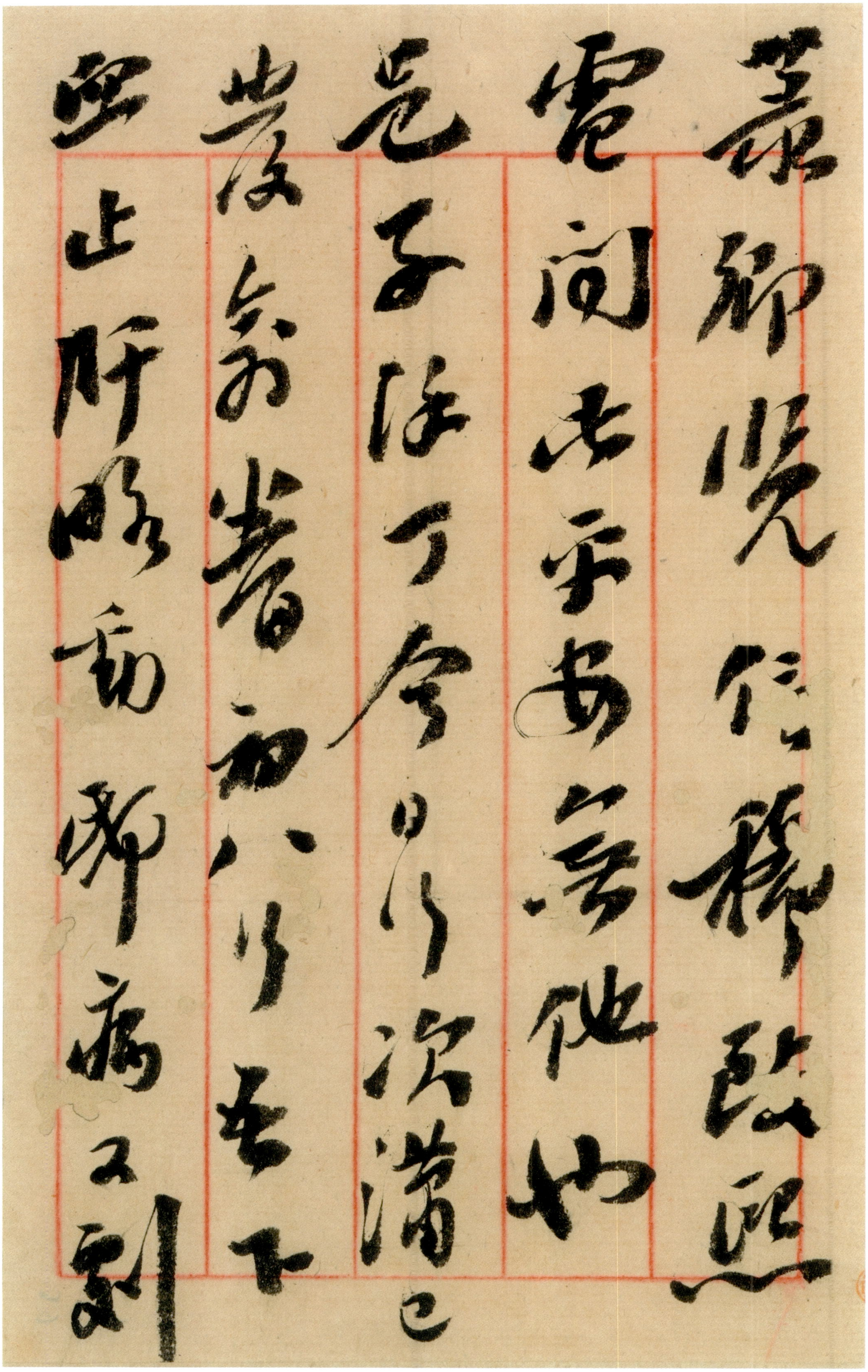

致翁曾榮 之一四

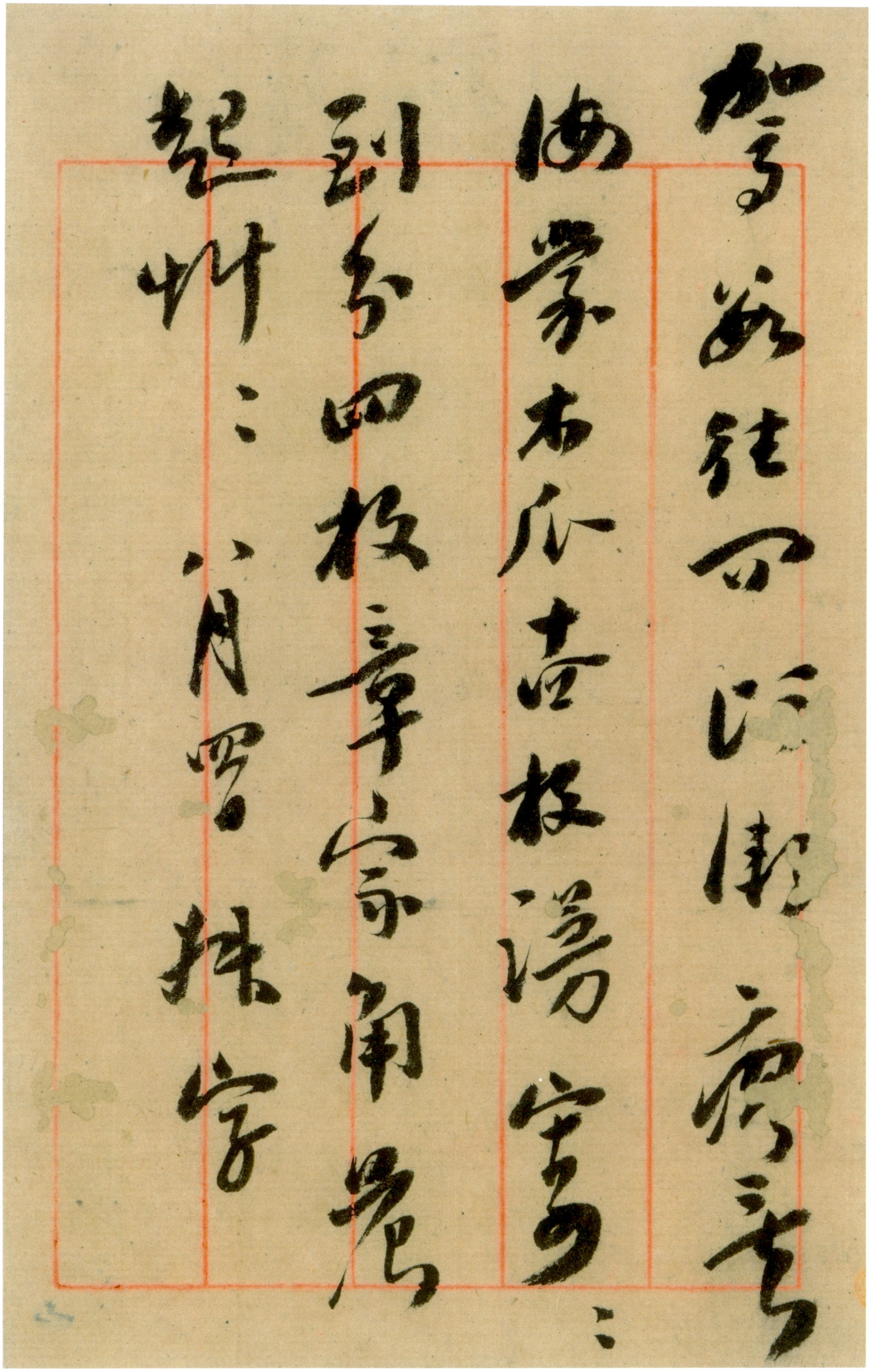

致翁曾榮之一五

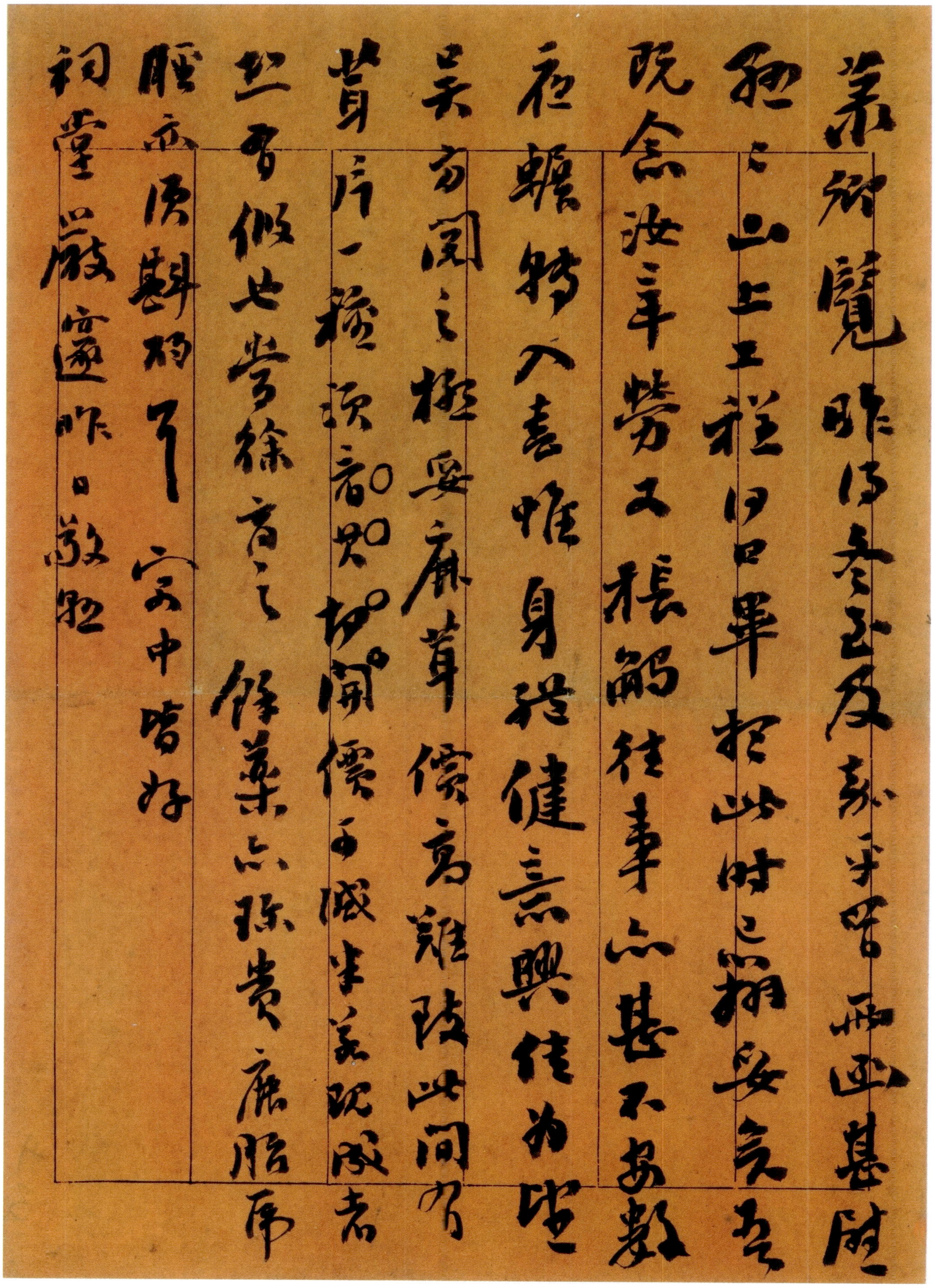

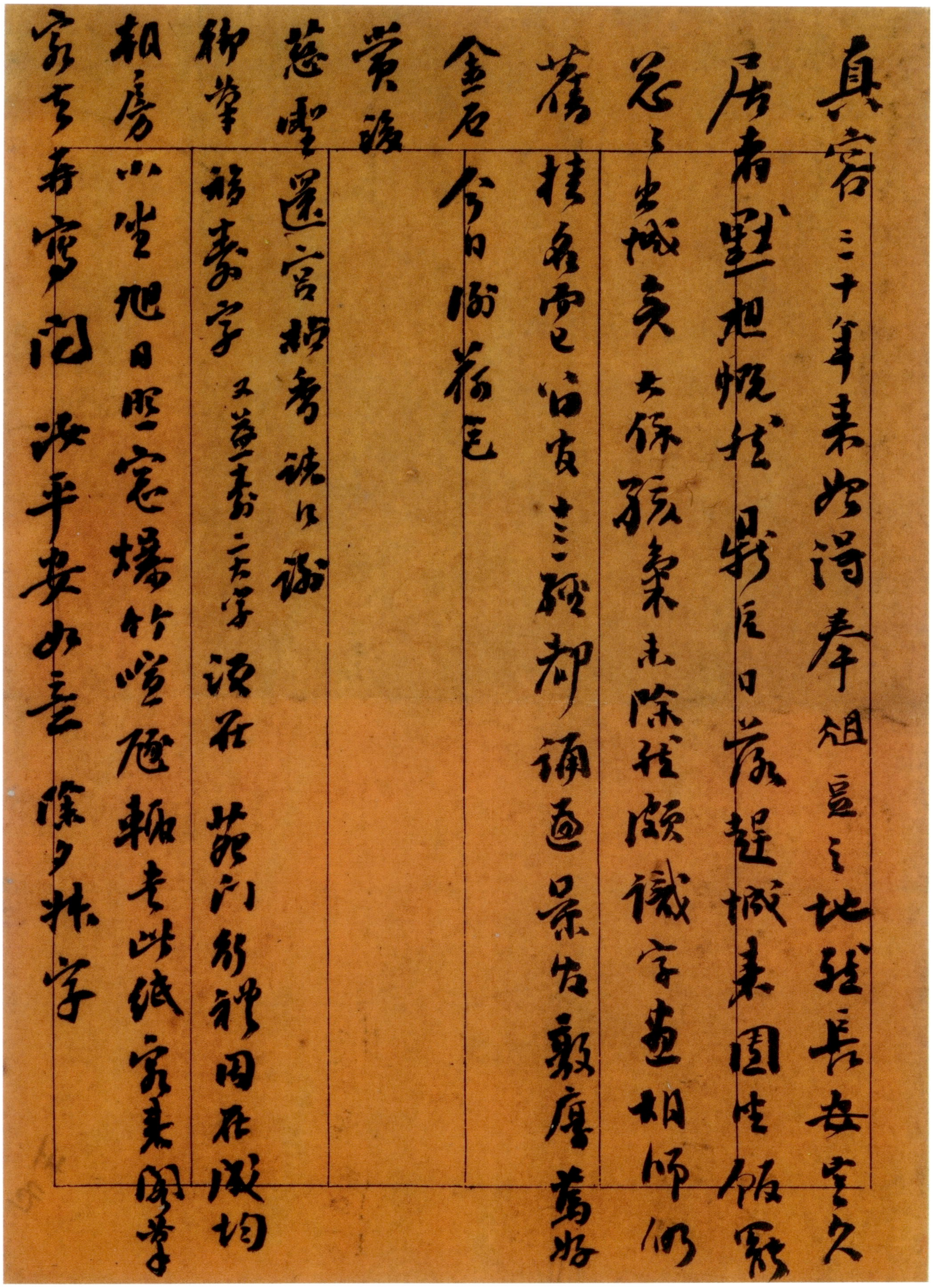

致 翁曾榮 之一六

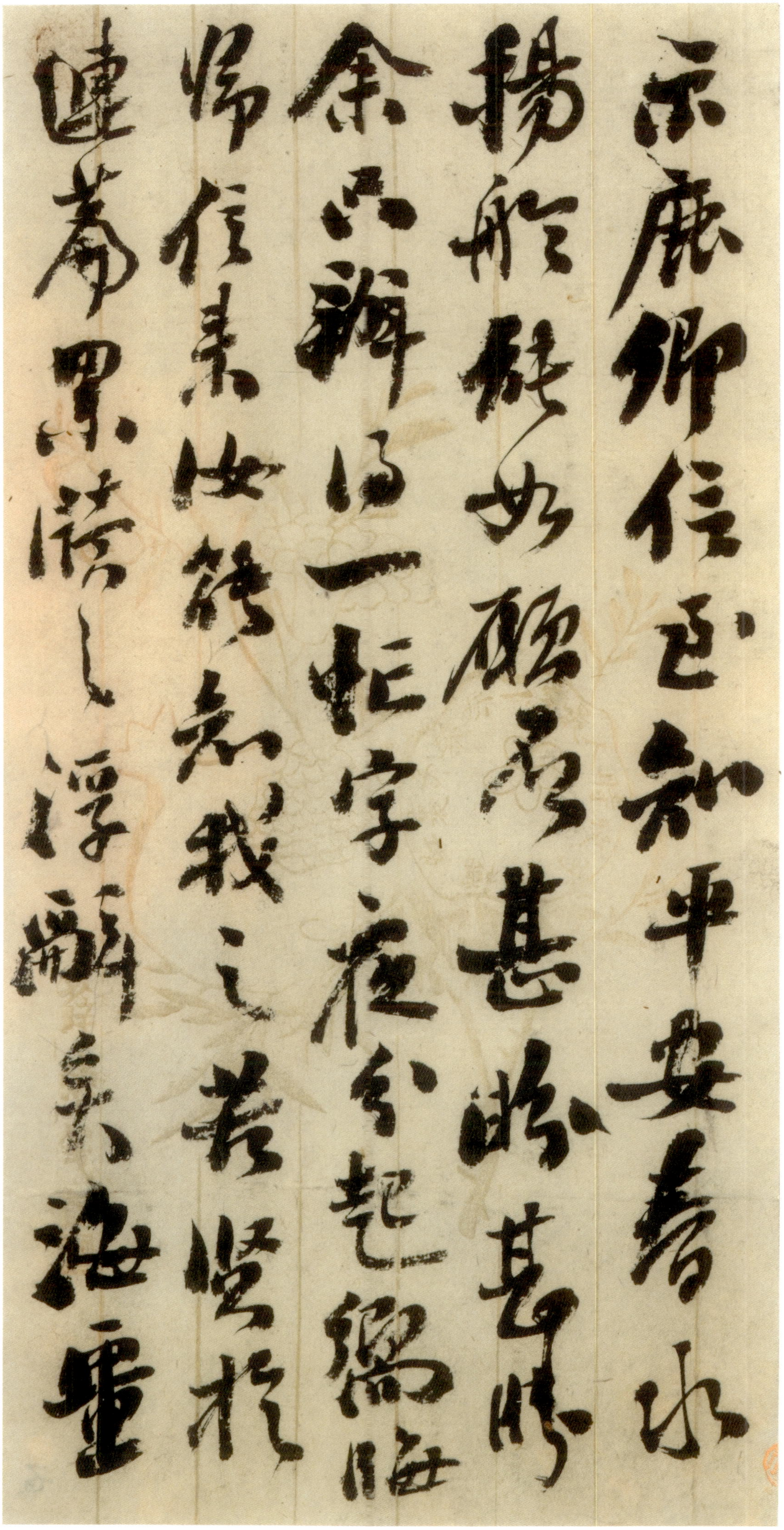

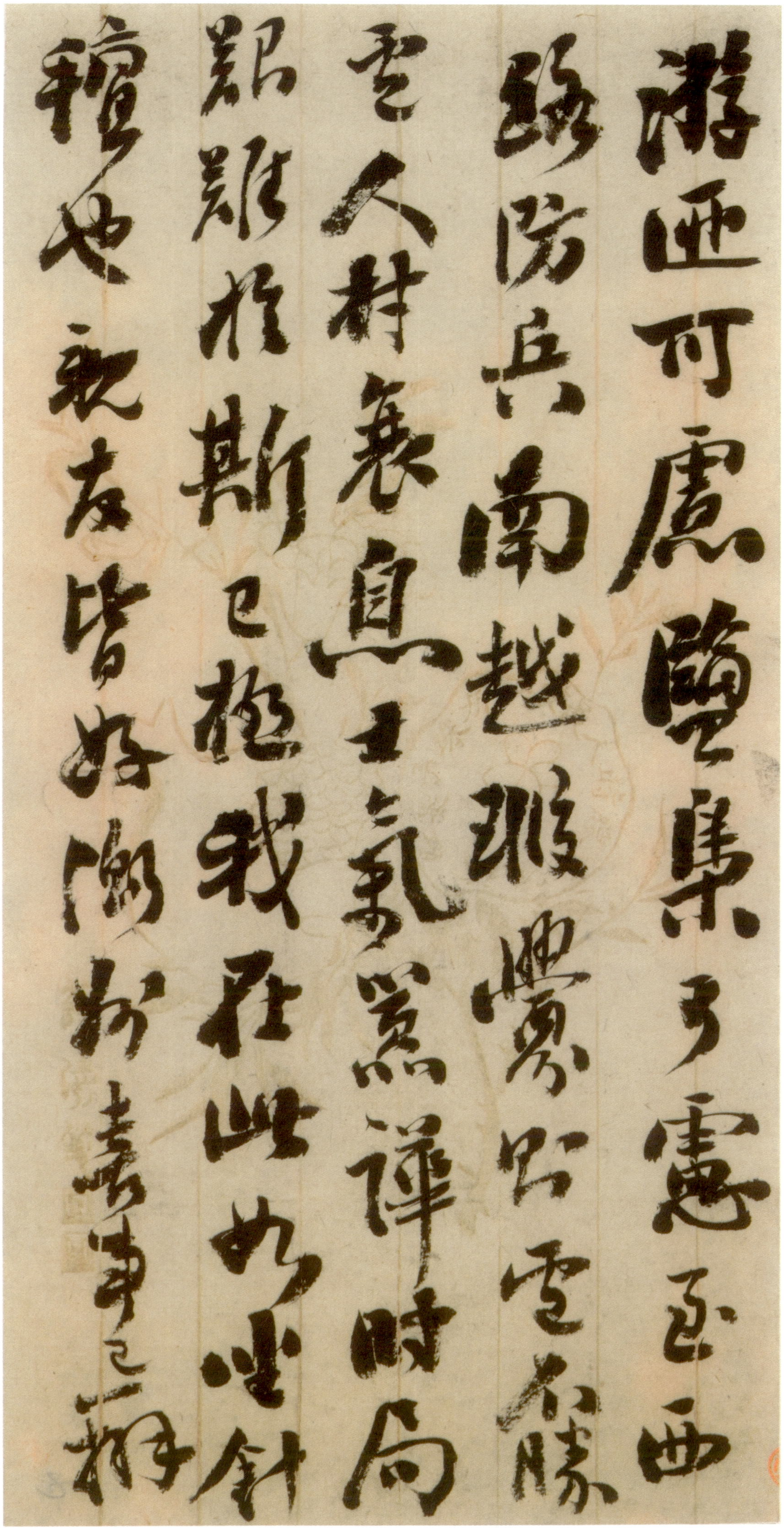

致 翁曾榮 之一六

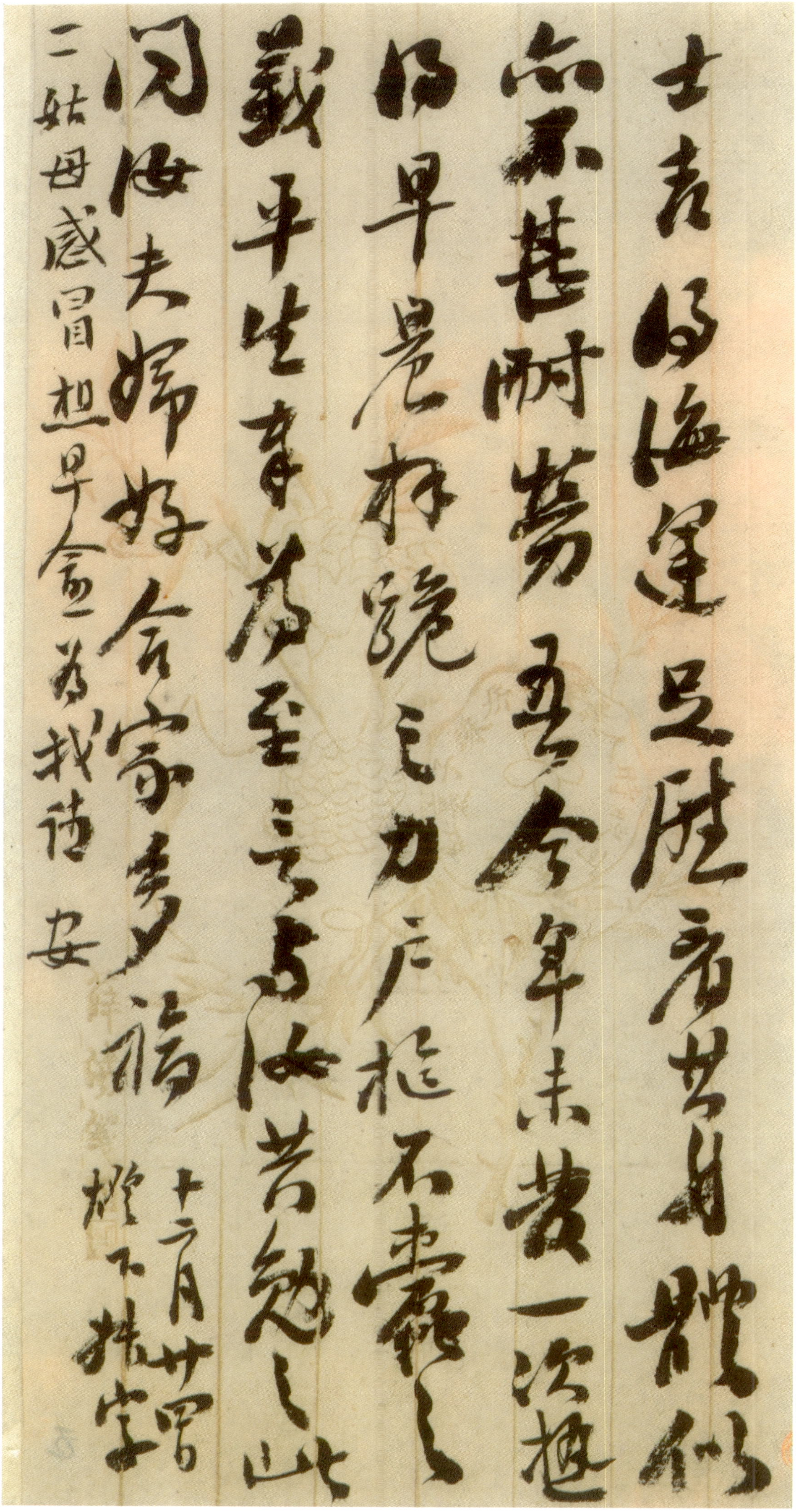

致 翁曾榮 之一七

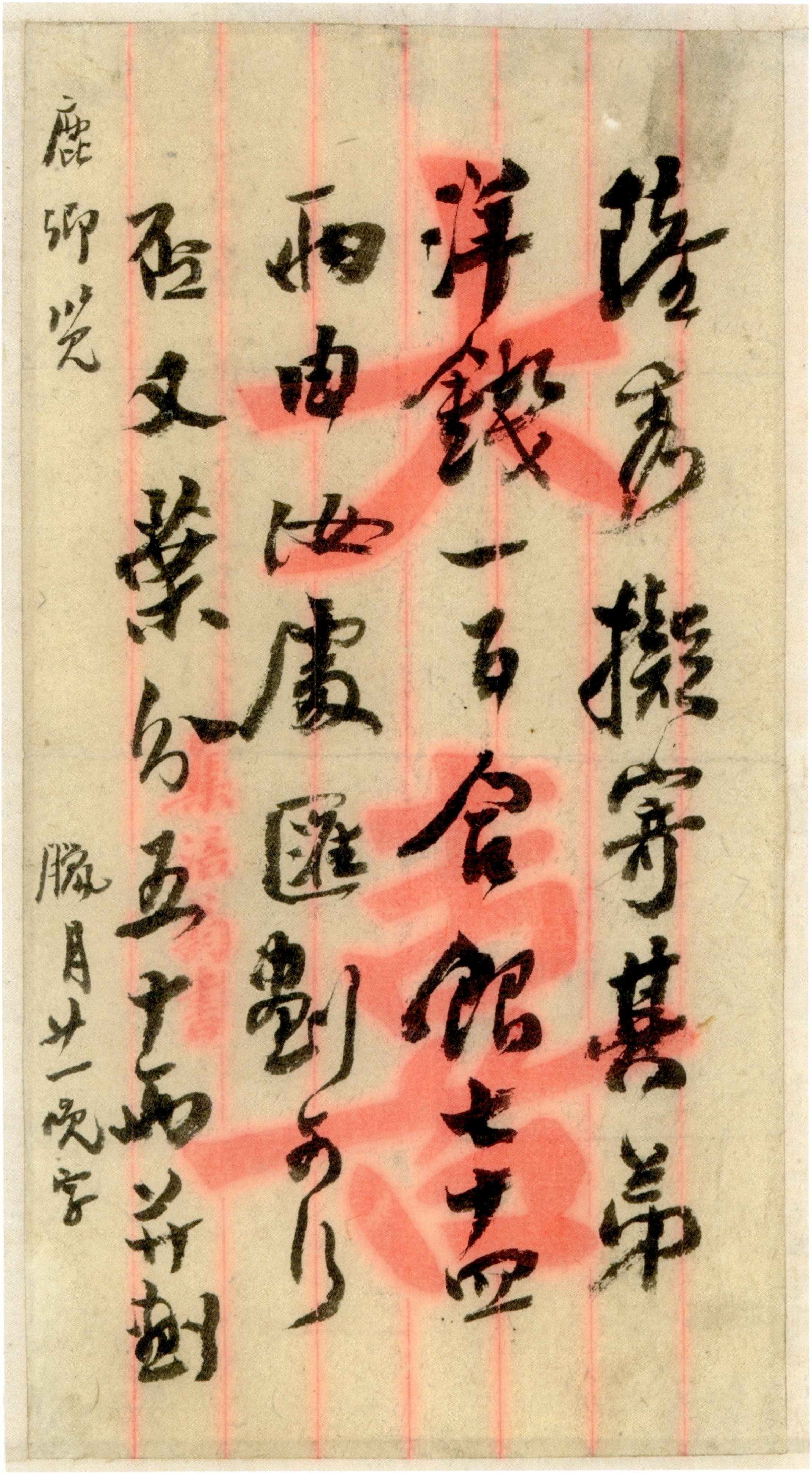
隨秀擬寄其弟
洋錢一百，合館七十四
兩，由此處匯劃，乃
照文葉紋五十兩蘇劃。
鹿卿兄
臘月廿一晚字

頃將赴園一切了汝此椿戒
飲午時蔡加鮮薑中夜遠
汗今已霍然新涼砭肌當
惜無事昨日已午抵家洗子
培早間送信可送園遲則示
必矣汝體善攝胥带宜用
菜把
瓶廬
九日

致　翁曾榮　之一九

范刻亦書筆究竟精
弱小冊整當以其價昂
之可罷也
著祺
弟手
廿三　煥

鼎臣之病頭目眩暈
體汗不甚久雨中寒
濕之故服藥當先驅
其濕後治其肝陽

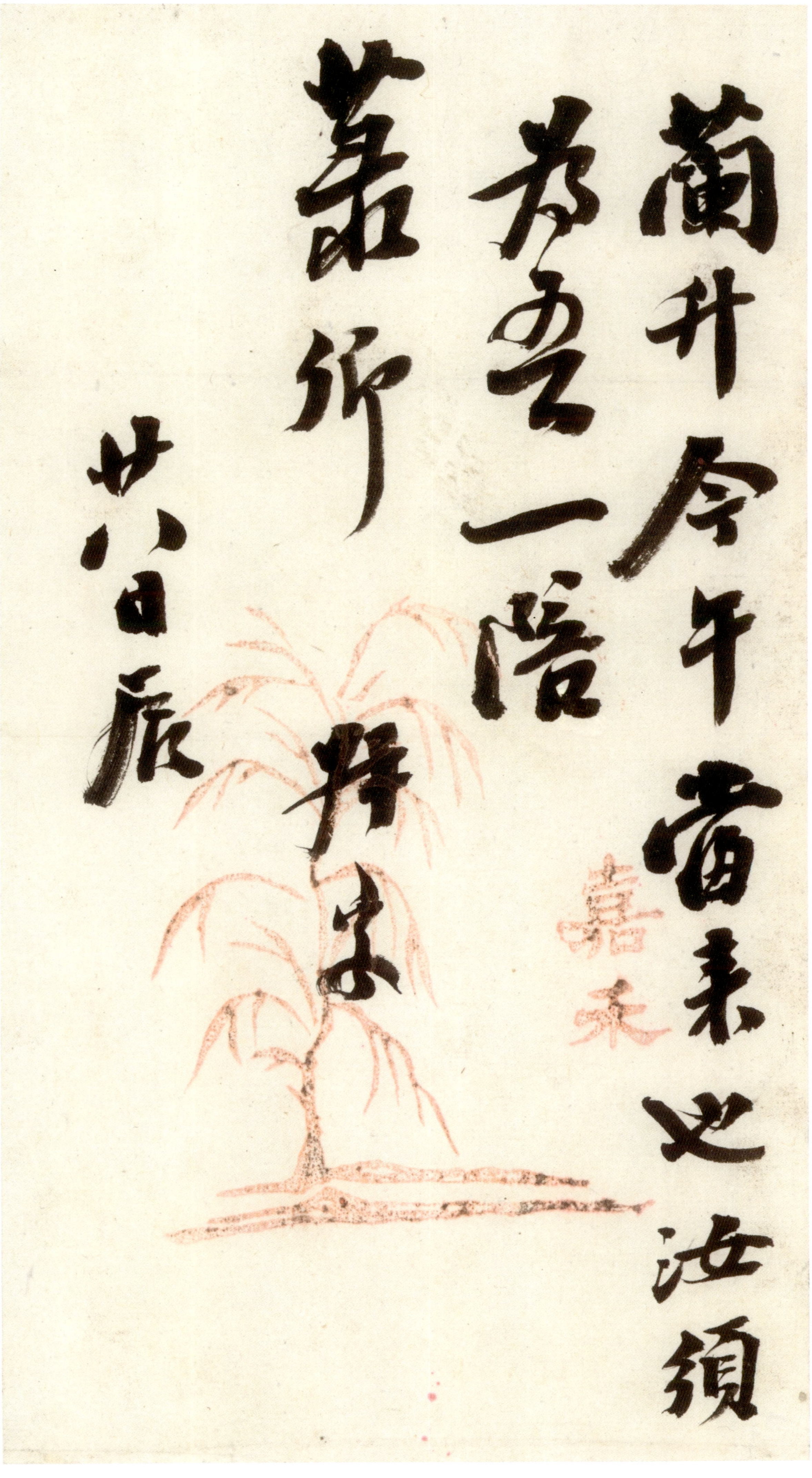

蘭升今午當來也汝須
恭候一陪
慕卿
廿八日辰
嘉禾

致 翁曾桂 之一

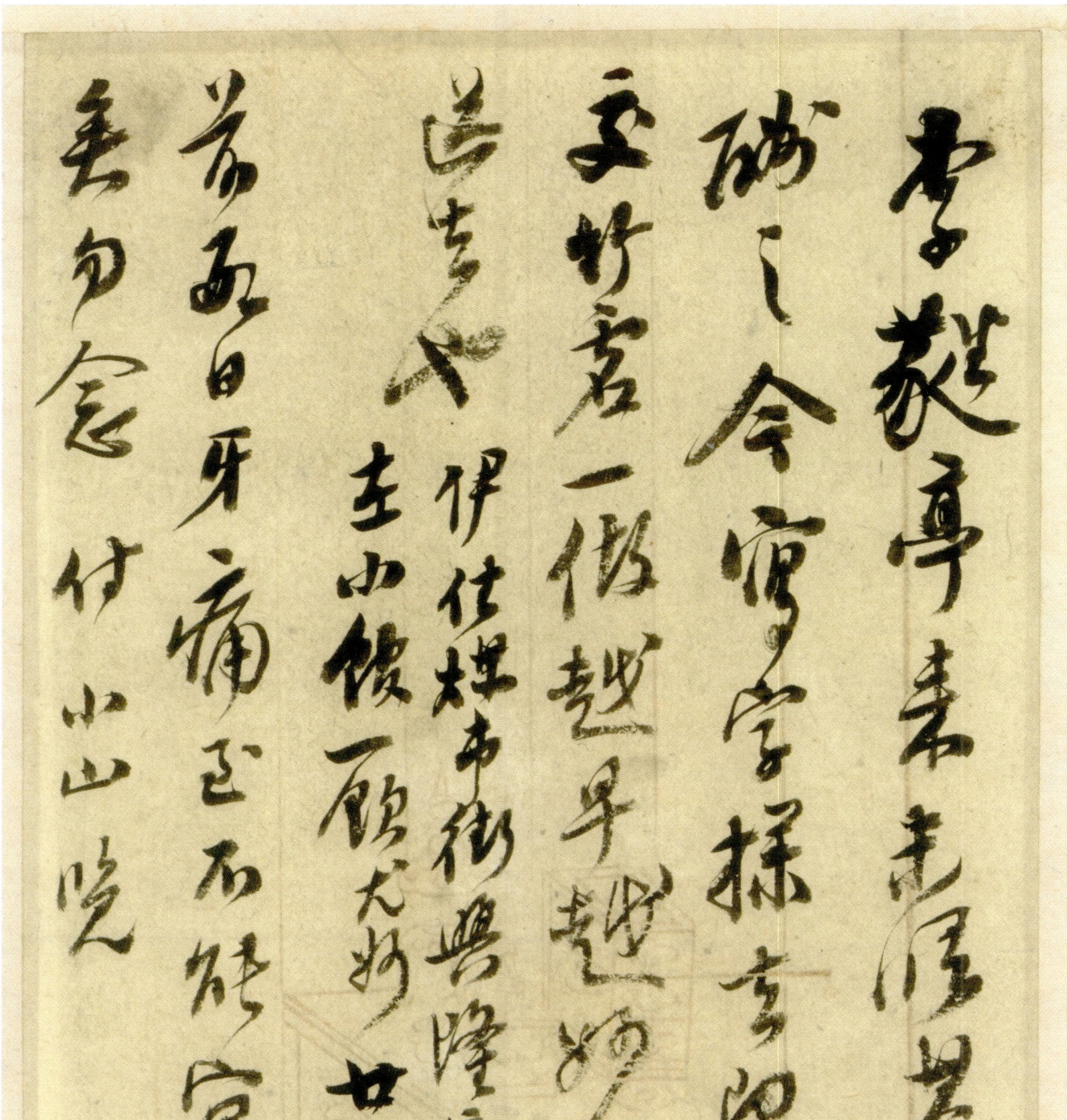

翁曾桂（1837—1904），字筱珊，一作小山，翁同書之子。官至浙江布政使，護理巡撫。

致翁曾桂 之二

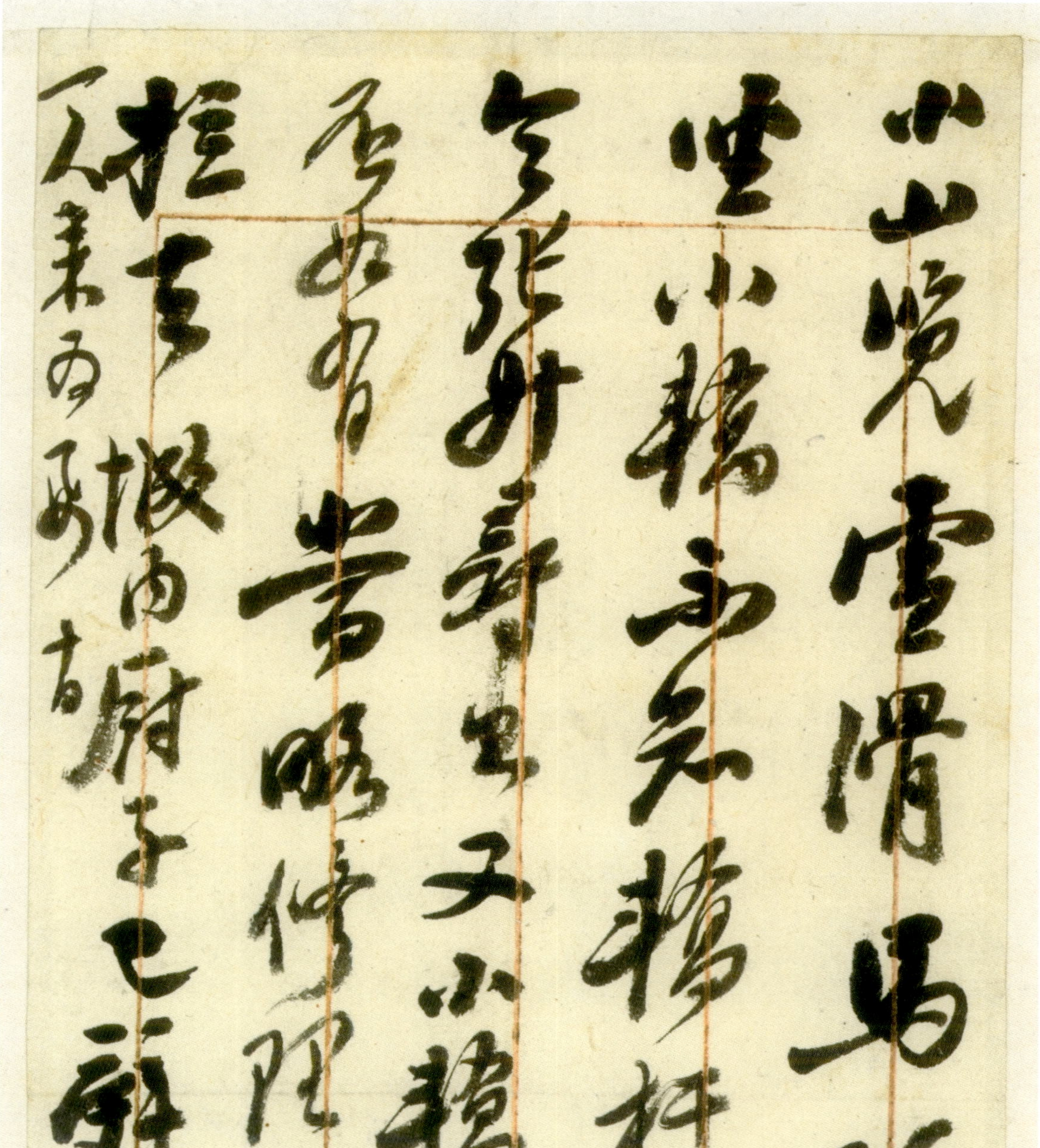

致 翁曾桂 之三

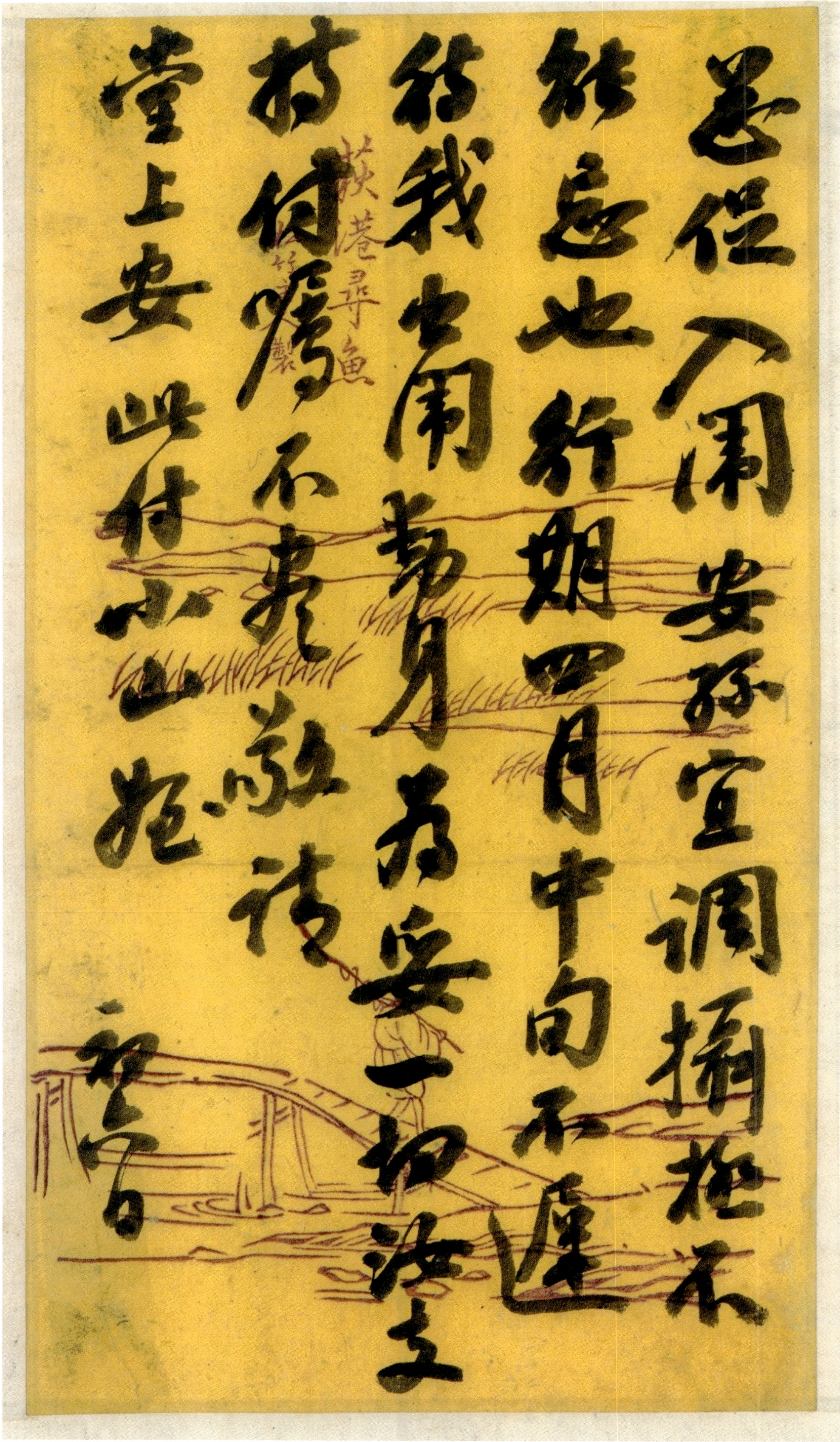

致 翁士吉 之一

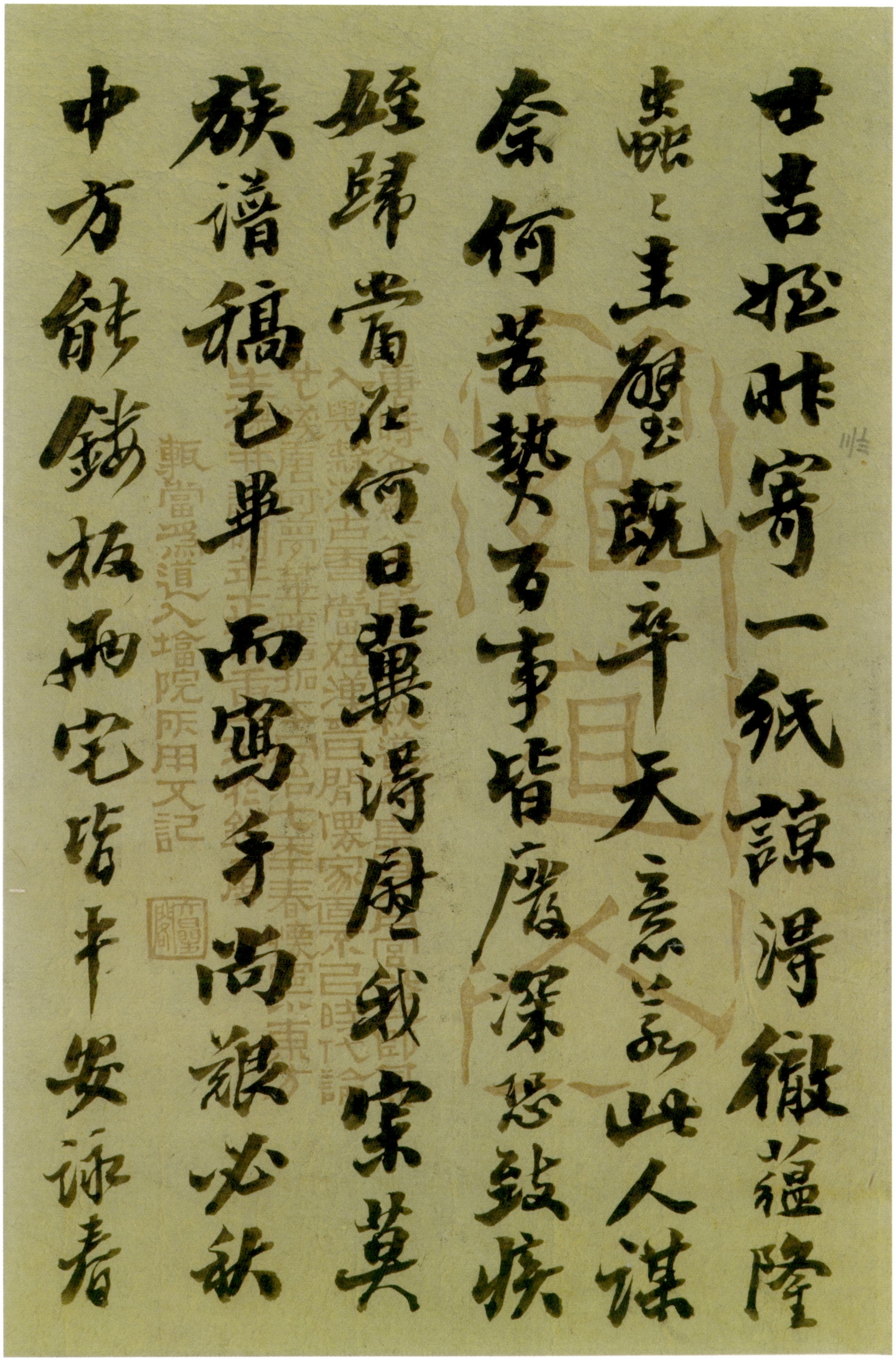
士吉老姪昨寄一紙諒得徹蘊隆
蟲蟲主歷既平天意茲山人謀
奈何苦勢百事皆廢深慮致疾
姪歸當在何日冀得聞我宗莫
族譜稿已畢而寫手尚艱必欲
中方能鋟板西宅皆平安詠春

翁士吉，名待考，士吉乃其字或號。翁同龢之侄。

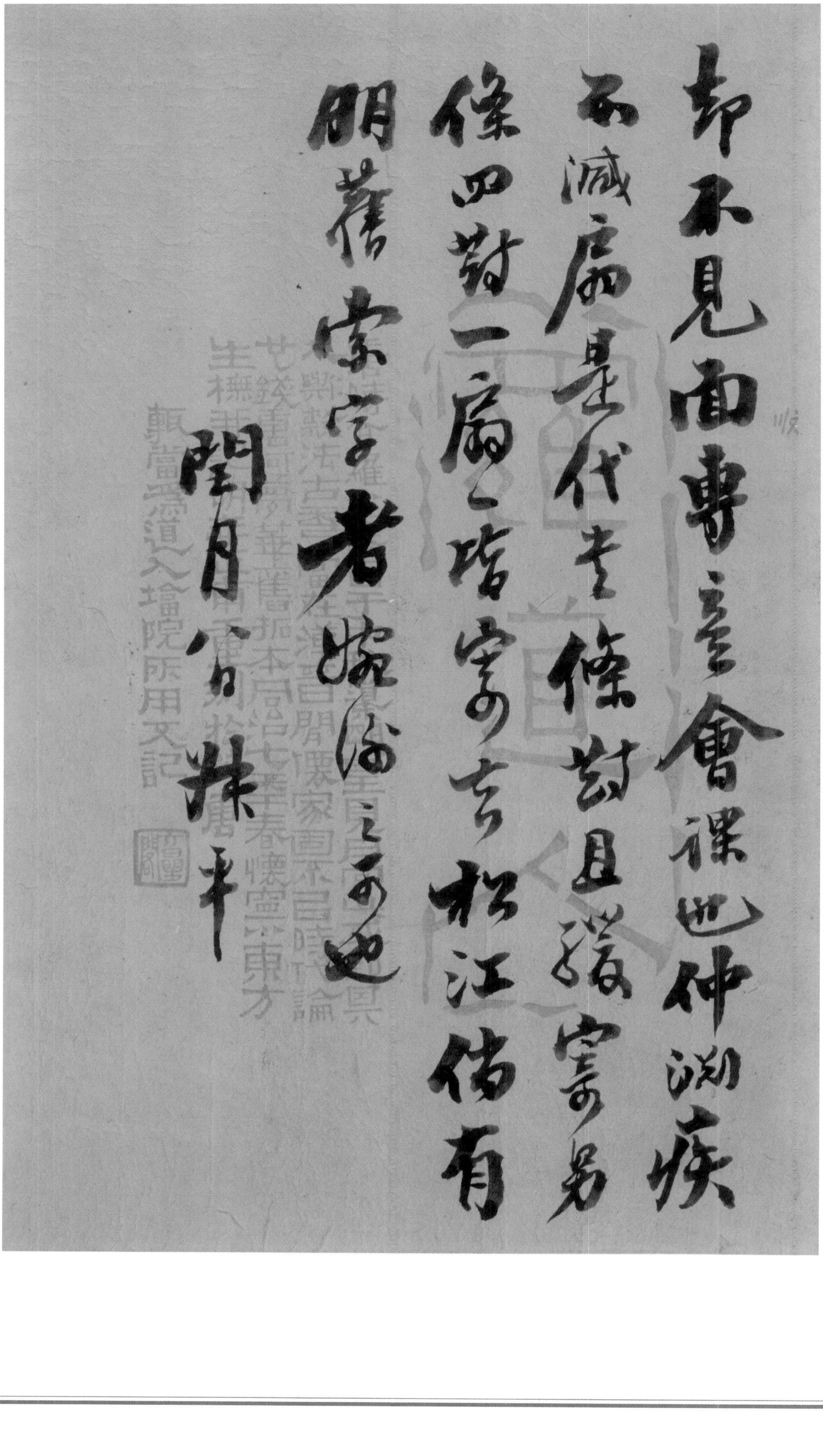

却不見面專意會課也仲淵疾
不減扇是代書條封且發寄易
條四對一扇之皆寄去松江估有
明舊宋字者嫁給之可也
閏月八日 叔平

致　翁士吉　之二

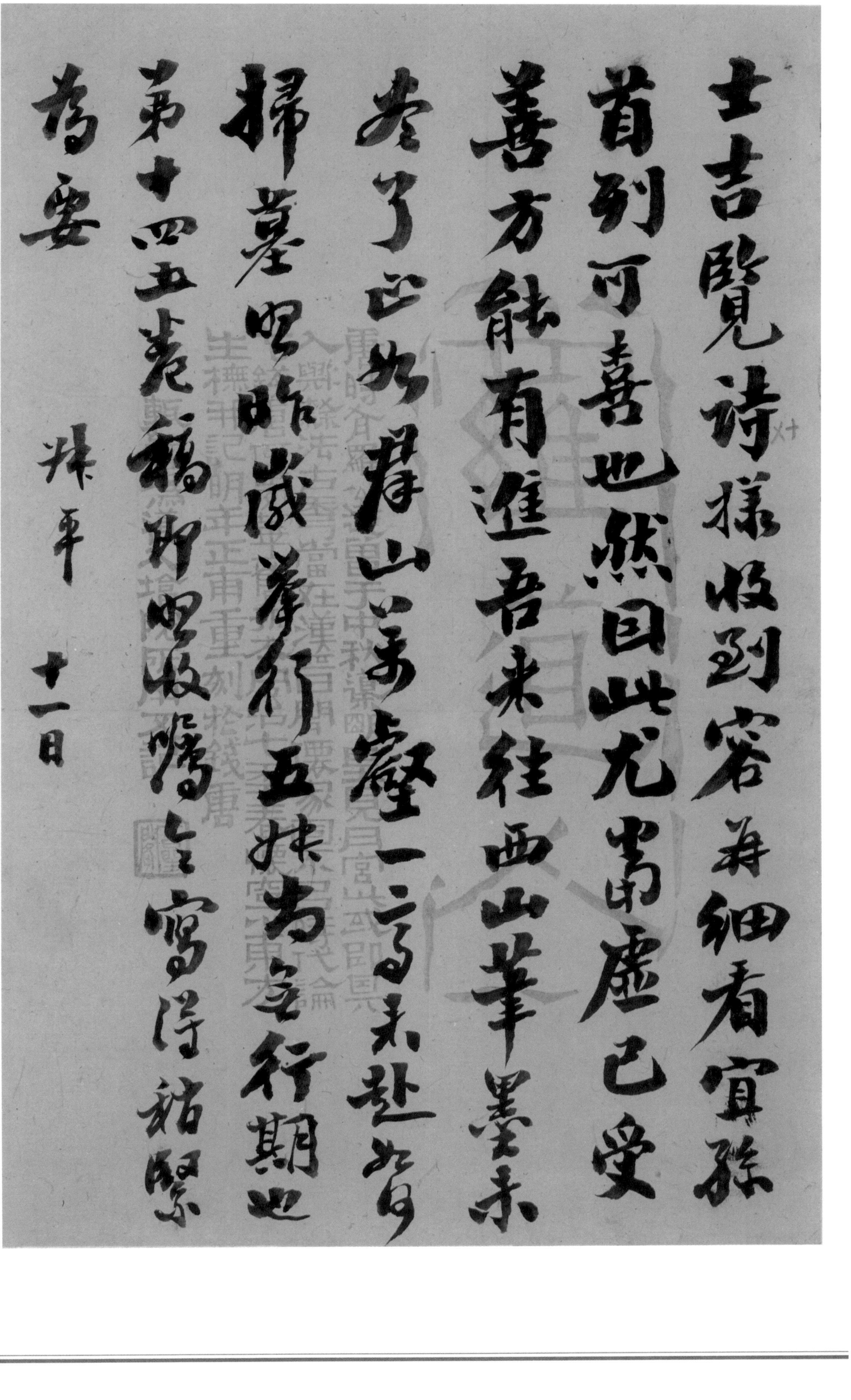
士吉覽詩，採收到，容再細看，宜孫
首列，可喜也。然曰此尤當處，已受
善方能有進。吾來往西山，筆墨未
甚了，正如群山萬壑一一未赴，貴
掃墓，昨歲筆行，五妹為之行期也。
弟十四五，花稿即收，囑之寫得結緊
為要。
妹平　十一日

致 翁士吉 之三

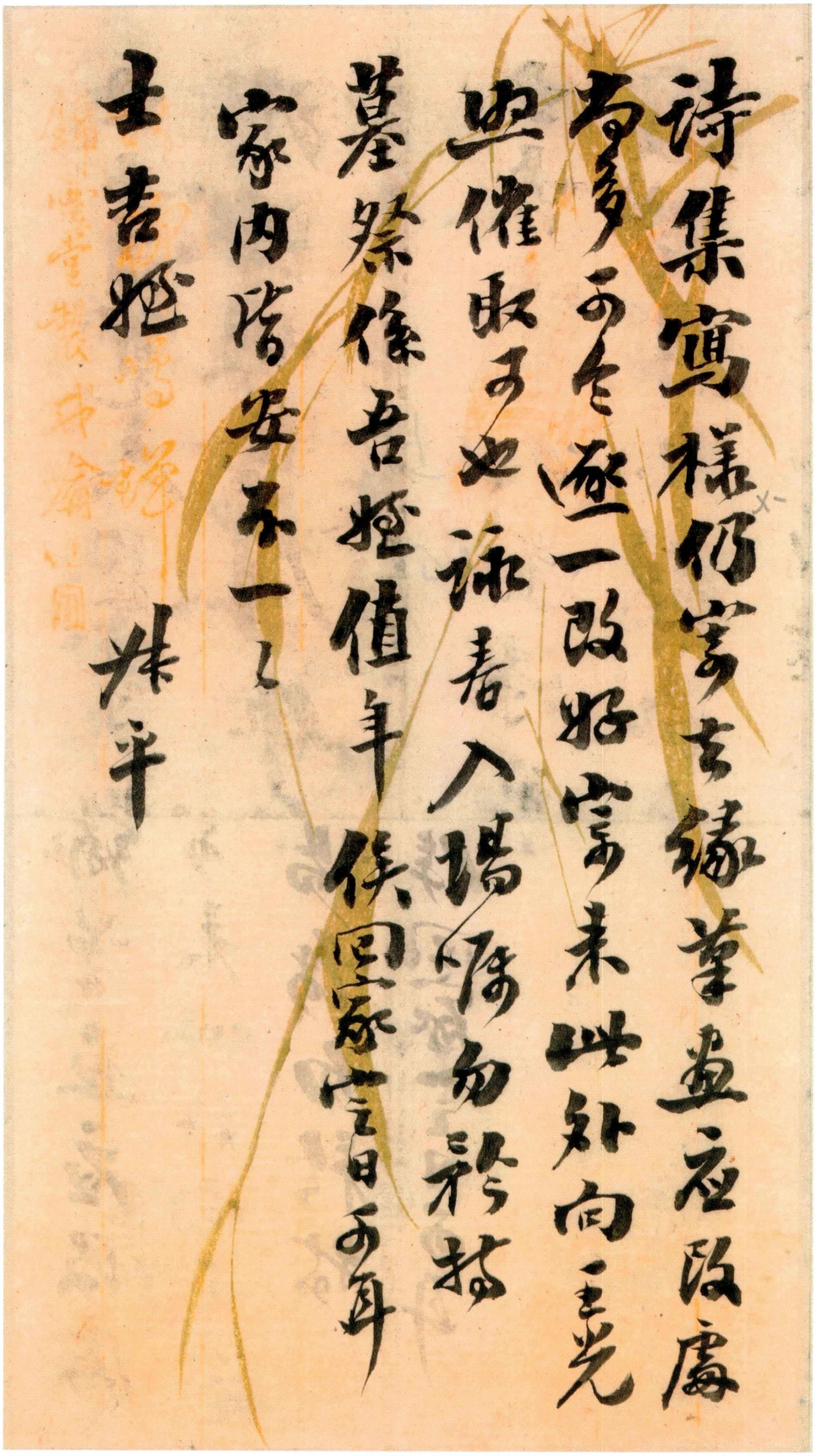
詩集寫樣仍當古緣華盡應改處
可多可乞略一改好寫來此外向之光
也催取可也詠春入場際勿於枯
墓祭條吾姪值年俟回家定日子耳
家內諸安平一一
士吉姪 林平

致翁士吉 之四

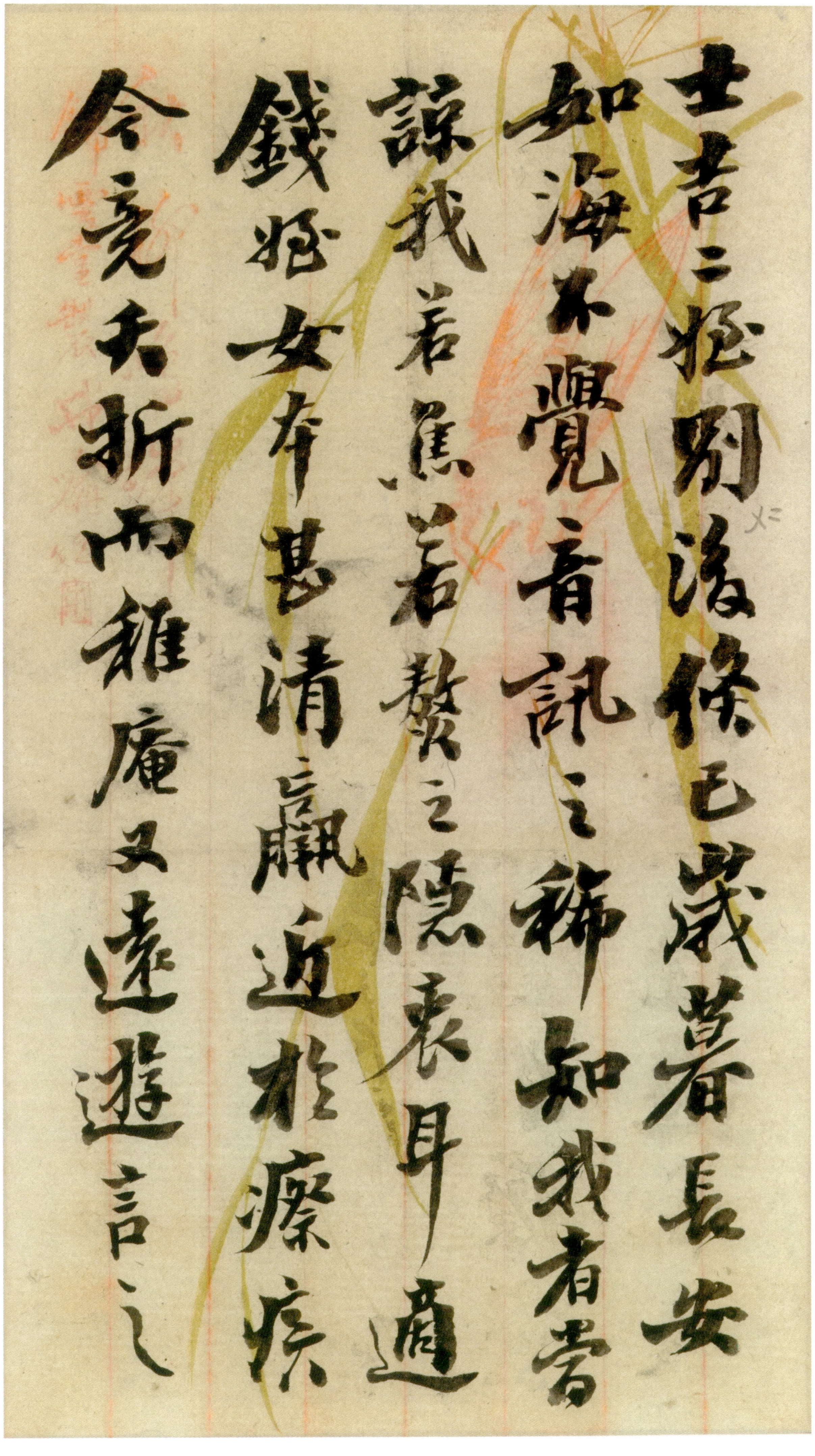
士吉二姪别後倏已歲暮長安如海不覺音訊之稀知我者當諒我若焦若勞之隱衷耳適錢姪女夫甚清羸近於瘵疾令亮夭折而稚庵又遠遊言之

致翁士吉 之四

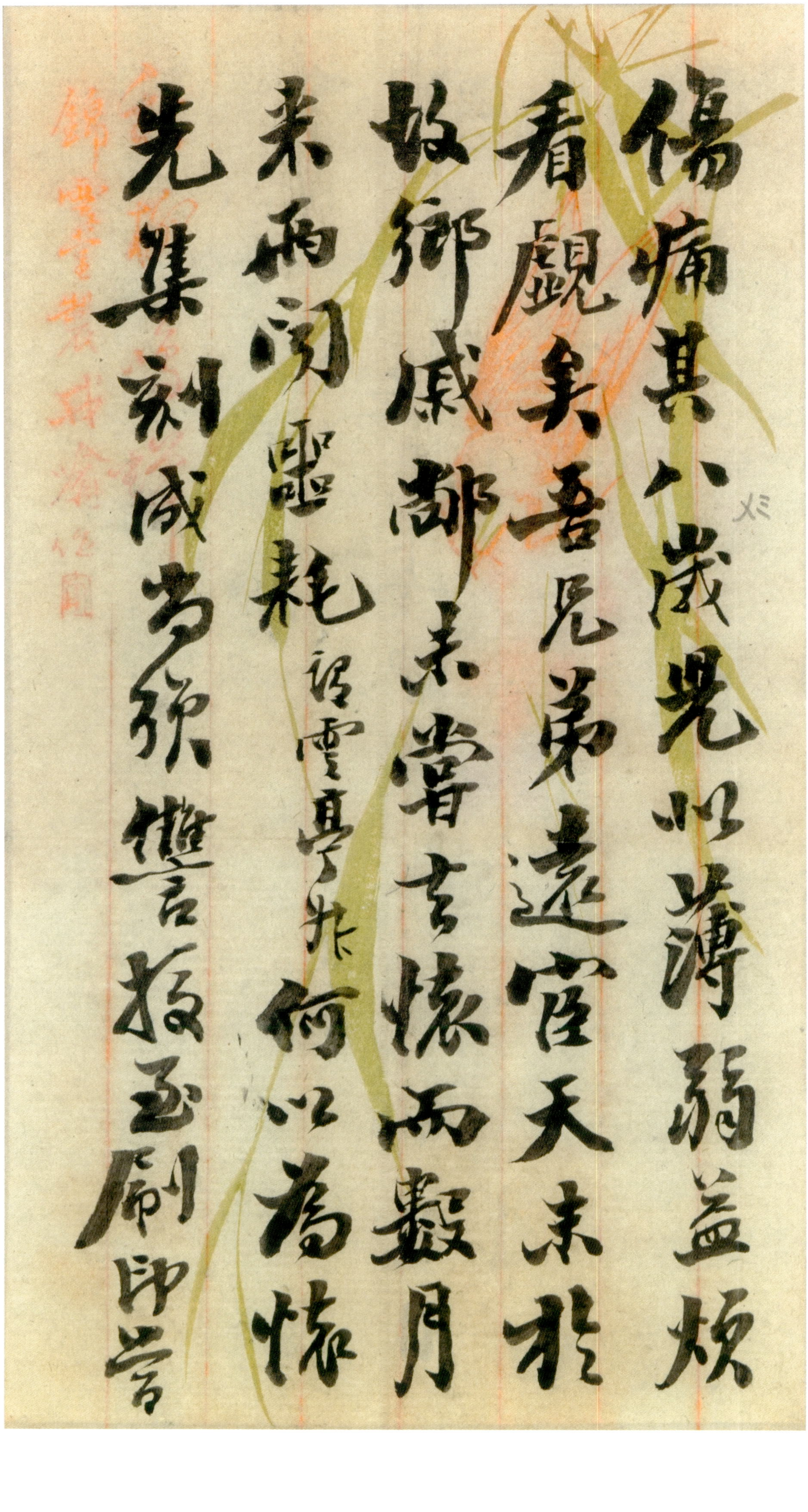
傷痛其八歲兒以薄弱益煩
看覷矣吾兒弟遠宦天末於
故鄉戚鄙未嘗去懷而數月
來兩閱邸耗謂雲真兄非何以為懷
先集刻成尚須讐校亟刷印嘗

致翁士吉 之四

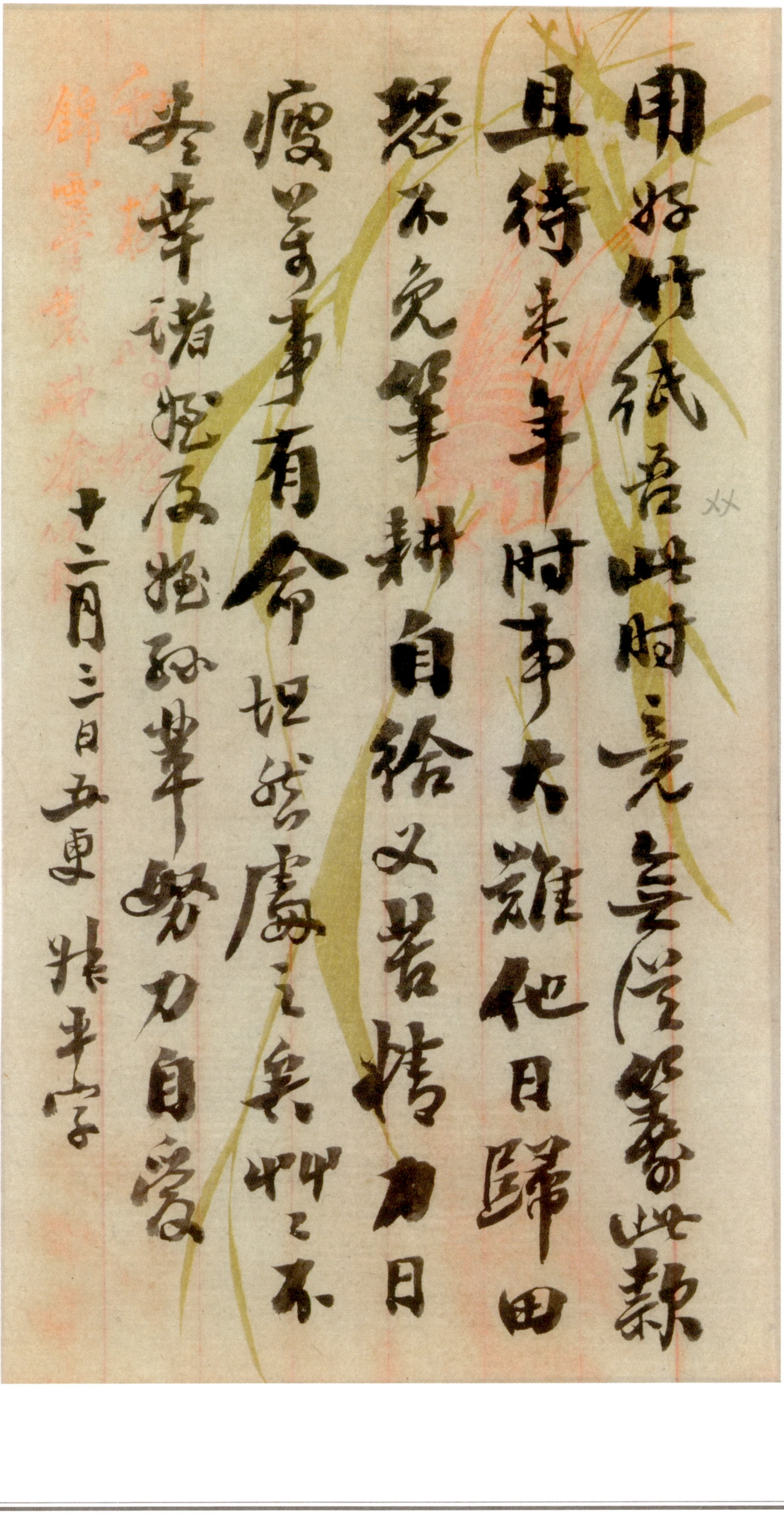
用好竹紙吾此時竟無從著此款
且待來年時事大難他日歸田
恐不免筆耕自給又苦精力日
瘦筆事有命坦然處之矣艸艸不
盡幸諸姪及孫輩努力自愛
十二月三日五更 張季子

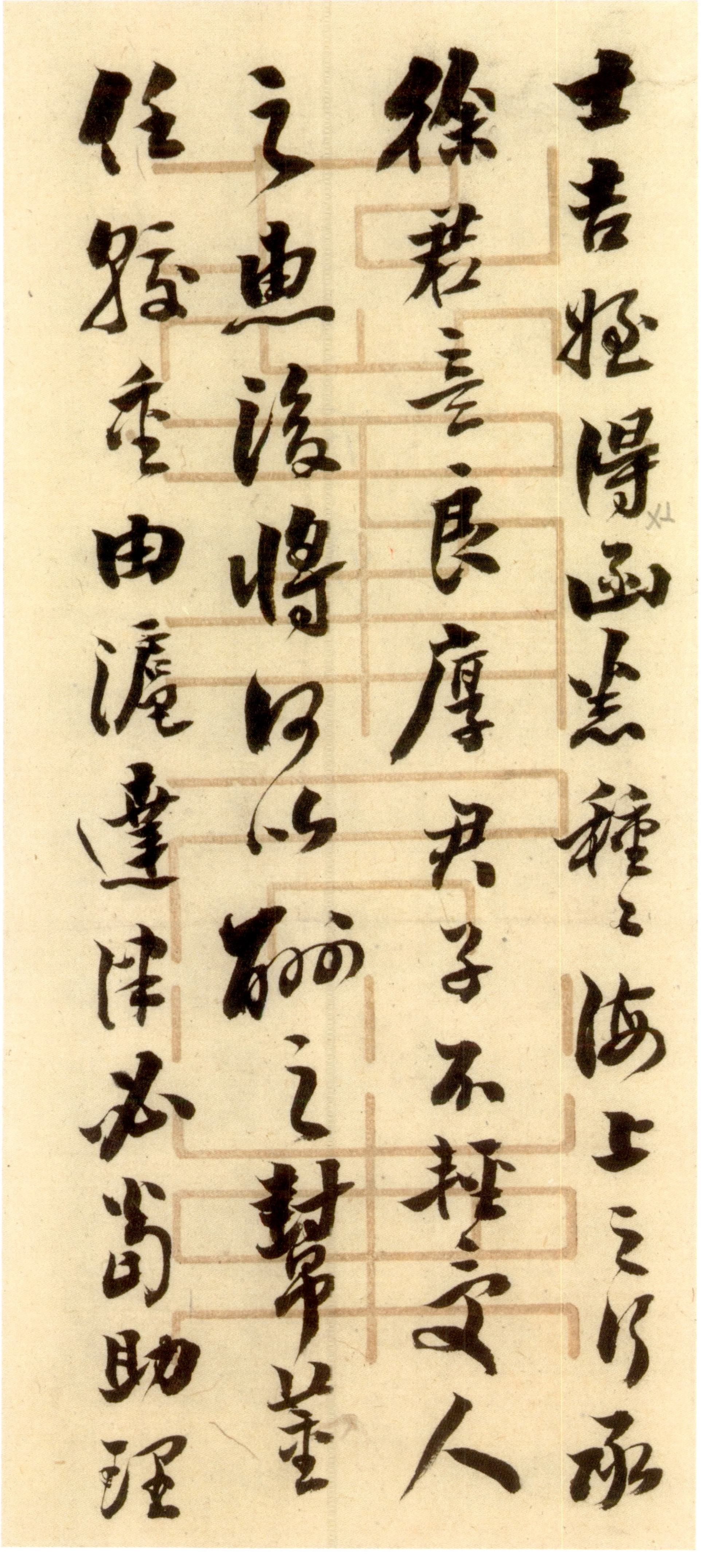

致翁士吉 之六

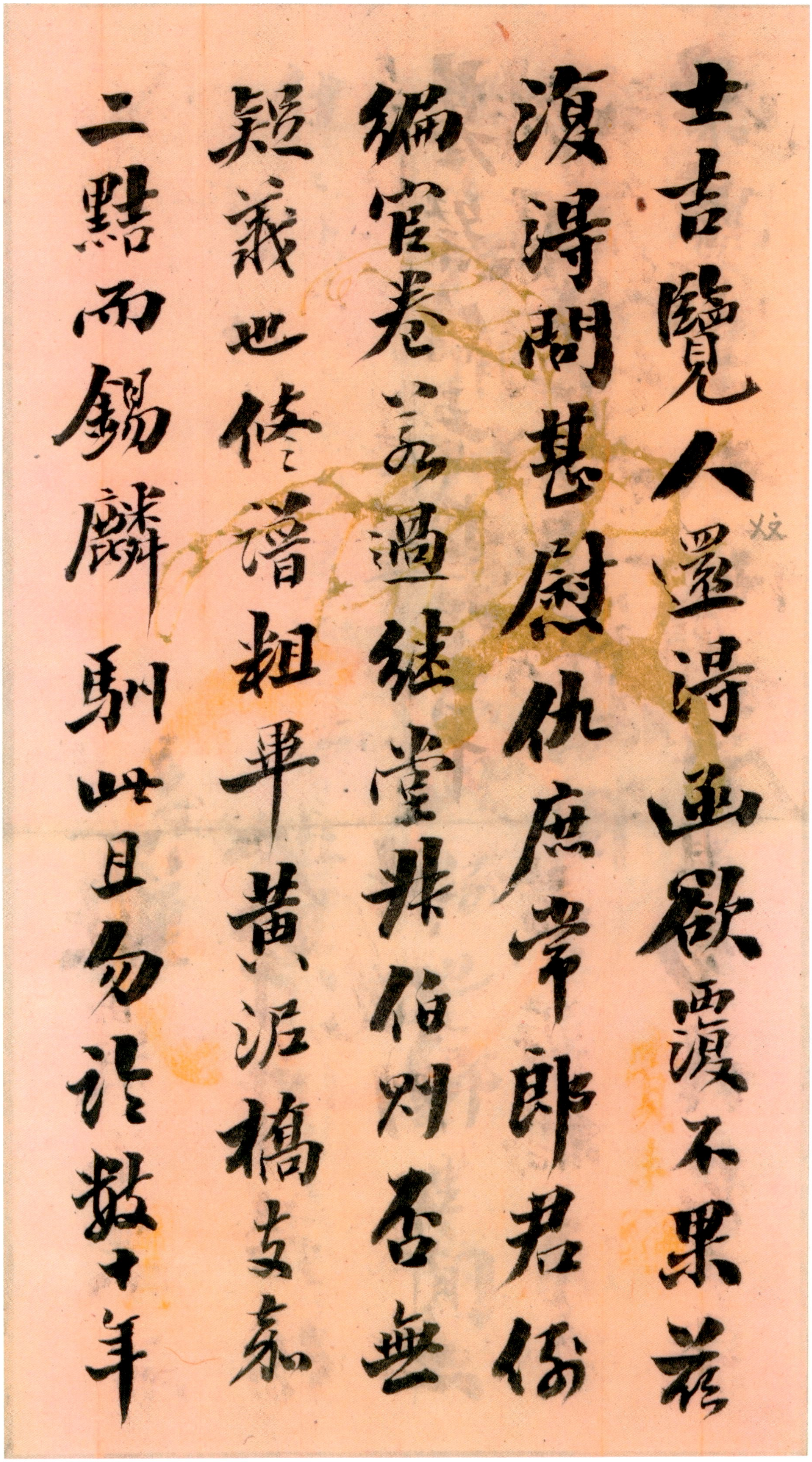
士吉覽：人還得函，欲覆不果。兹
復得問，甚慰。仇庶常郎君係
編官卷，爰過繼堂兆伯則否，無
疑義也。修譜粗畢，黃泥橋支系
二點而錫麟馴此且勿說數十年

致 翁士吉 之六

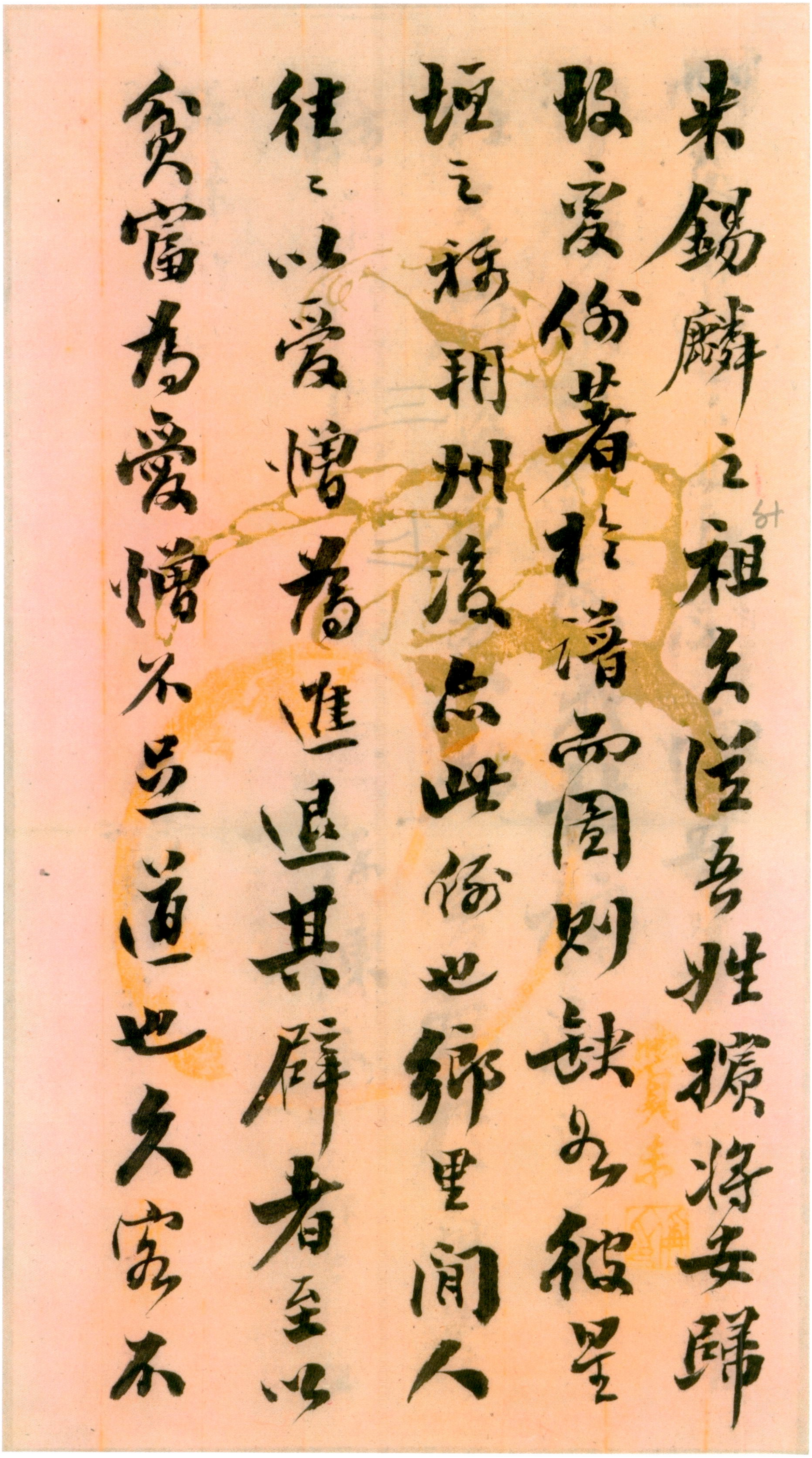
来錫麟之祖兄注吾姓擯將安歸
雖度俗著於譜而圖則缺如彼星
垣之稱翔州後出此徐也鄉里間人
往之以愛憎為進退其辟者至以
貪富為愛憎不足道也久客不

致 翁士吉 之六

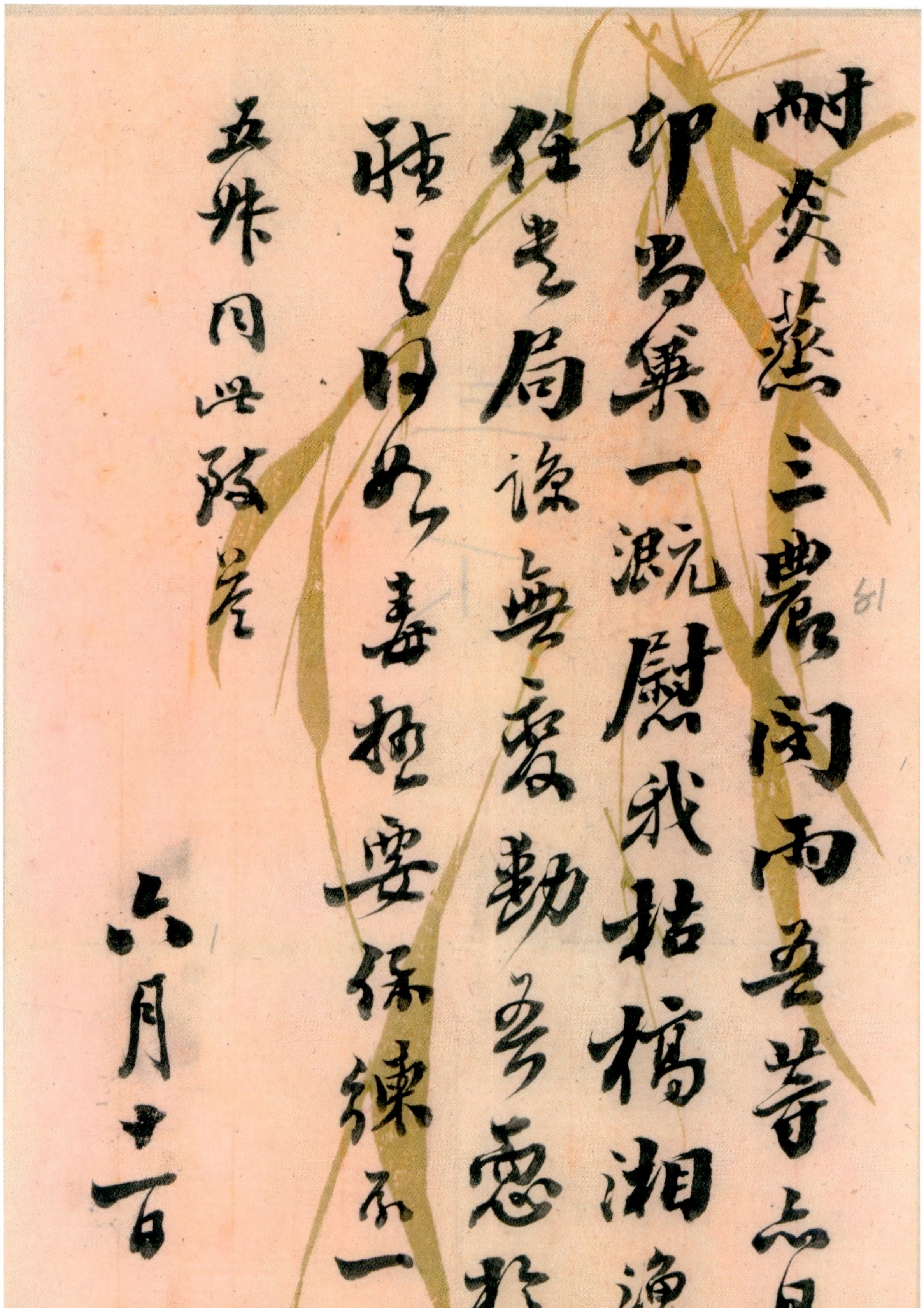

致翁士吉之七

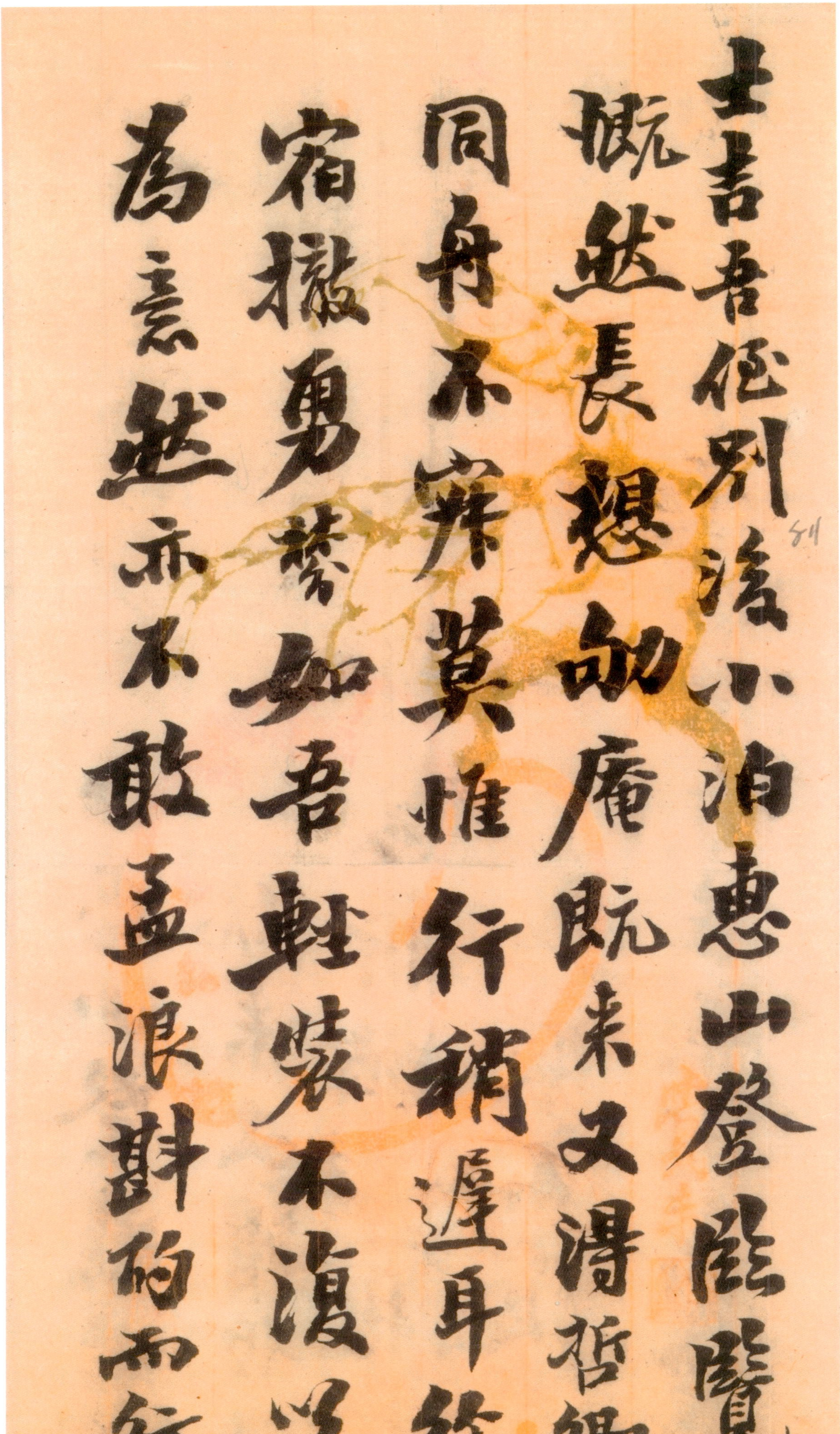

士吉吾侄別後，小泊惠山，登臨覽
概然。長想如庵既來，又得晳卿
同舟，不寂寞。惟行稍遲耳。梯
宿撤勇營，如吾輩裝不復以
為意。然亦不敢孟浪，斟酌而行

致　翁士吉　之七

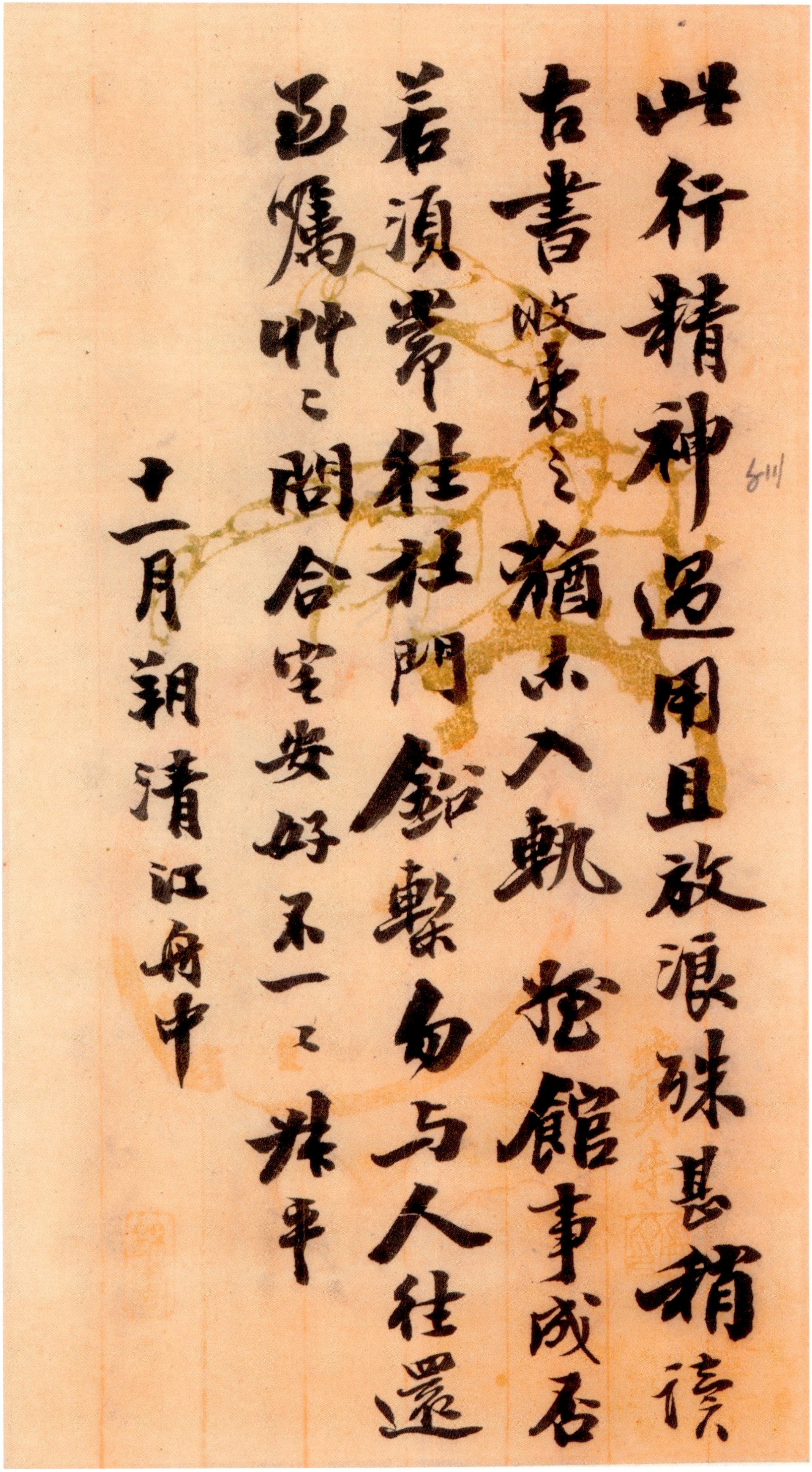
此行精神過用，且放浪殊甚，稍讀古書收束之，猶未入軌。撿館事成否？若須帶往社門鈔繫句与人往還，函隱艸艸闔合宅安好不一一　琳平
十二月朔清江舟中

致翁康孫之一

翁康孫，字惠夫。翁曾源之子，翁同龢侄孫。

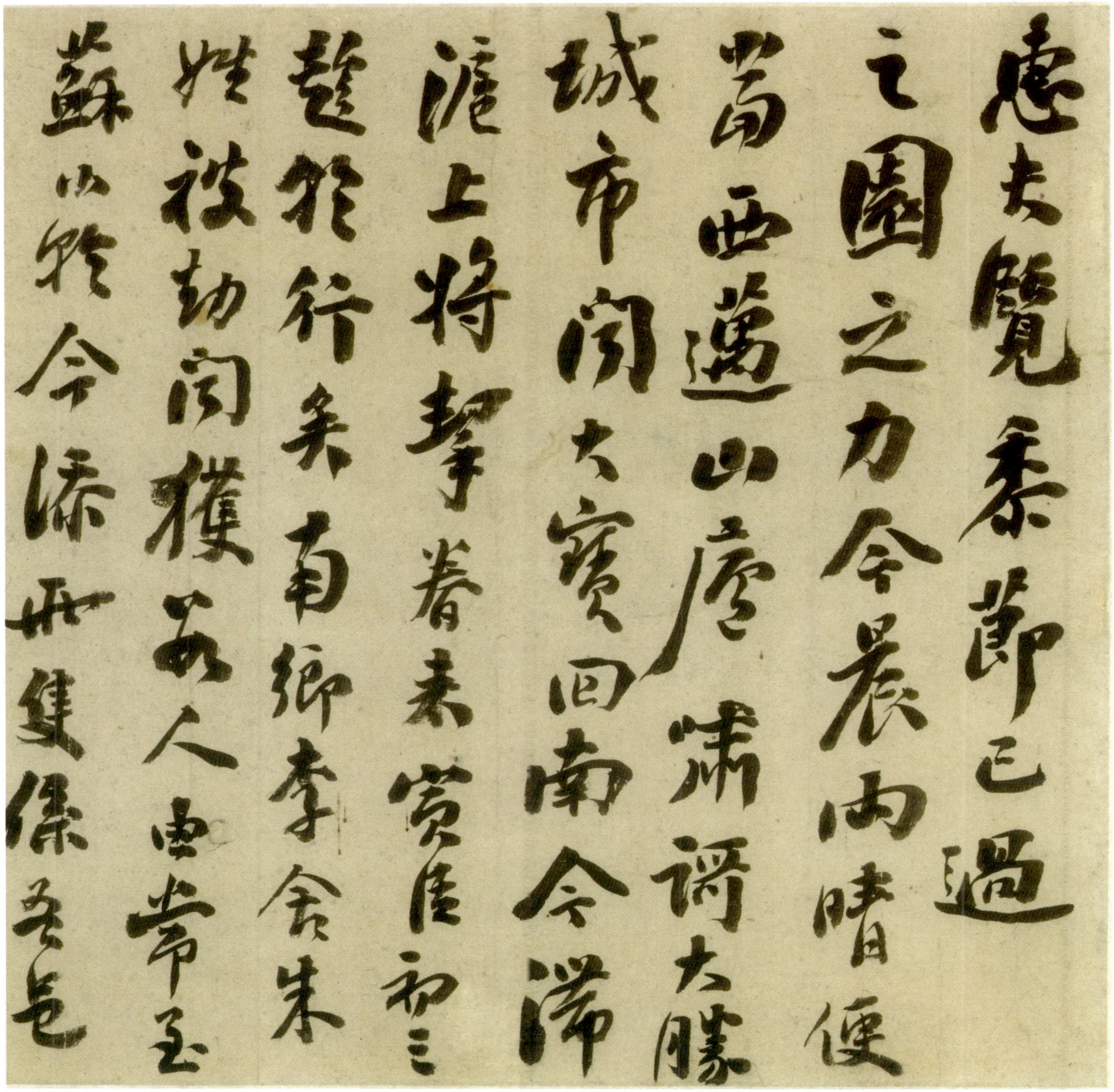

致 翁康孫 之一

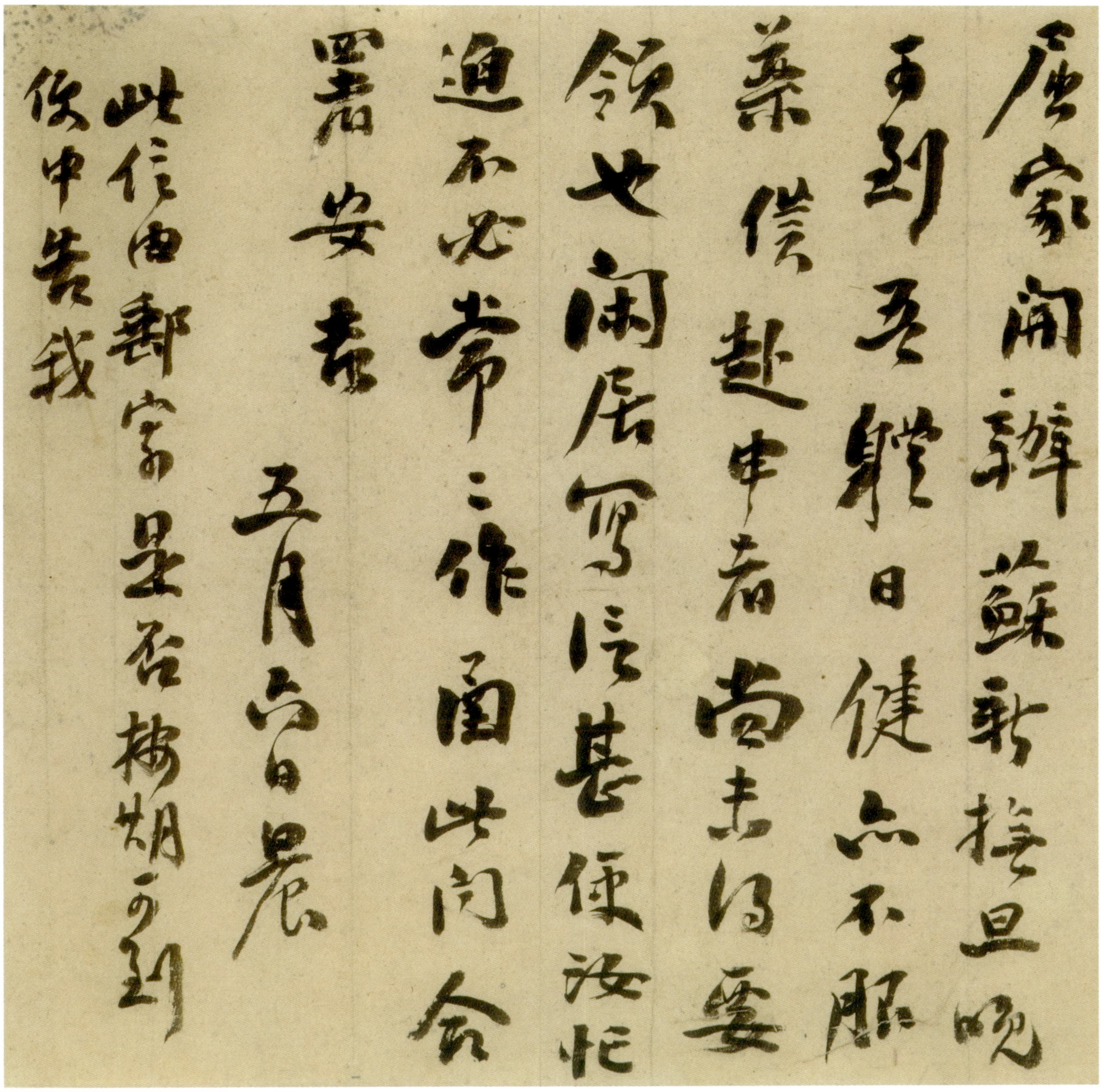

屢家閣辭蘇新接旦晚
手到吾體日健亦不服
藥信赴中者尚未得要
領也閣居寫信甚便汝忙
迫不必常常作函此問合
署安吉
五月六日晨
此信由郵寄是否梅胡可到
復中告我

致　翁康孫　之二

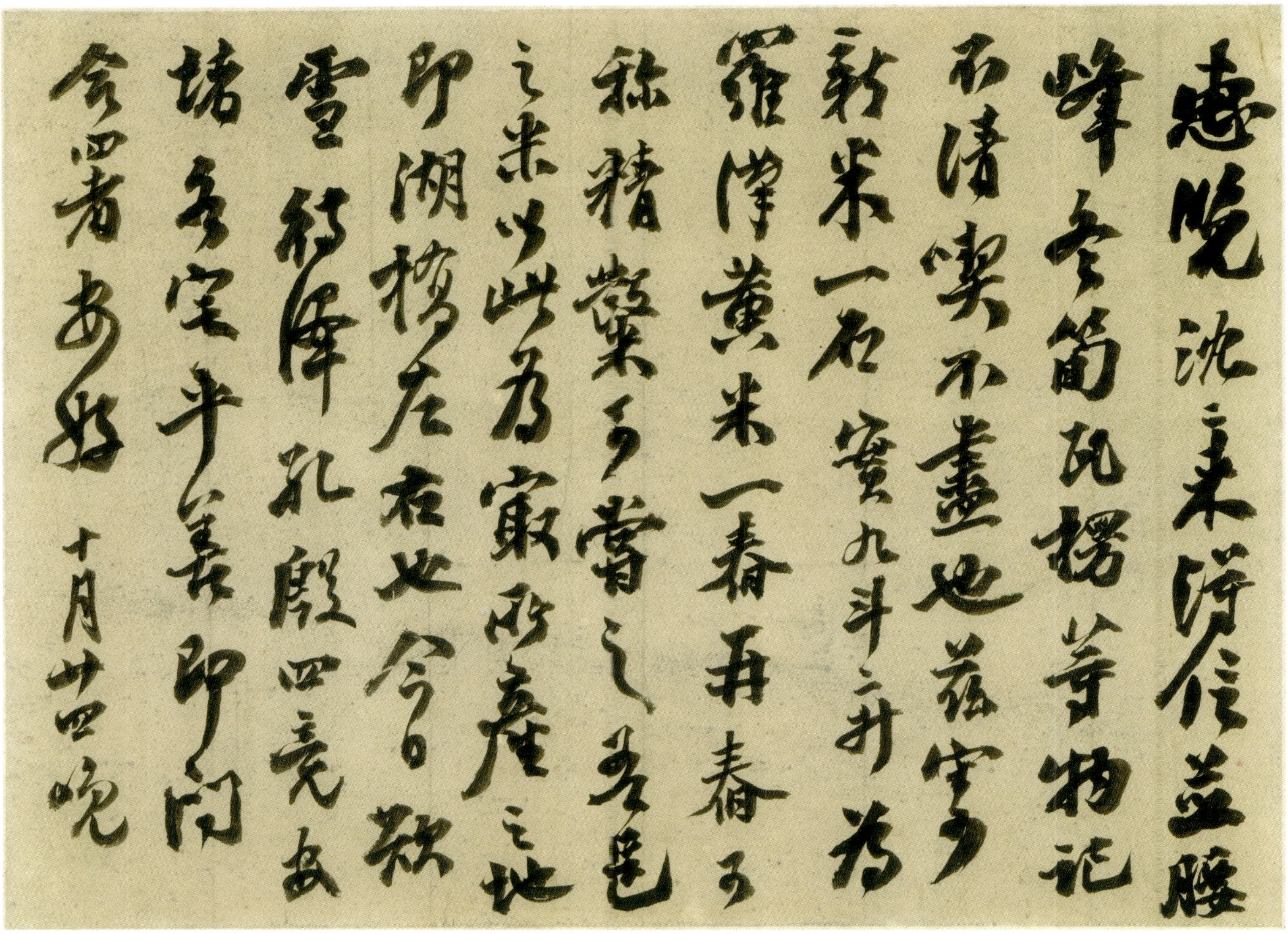

致翁康孫 之三

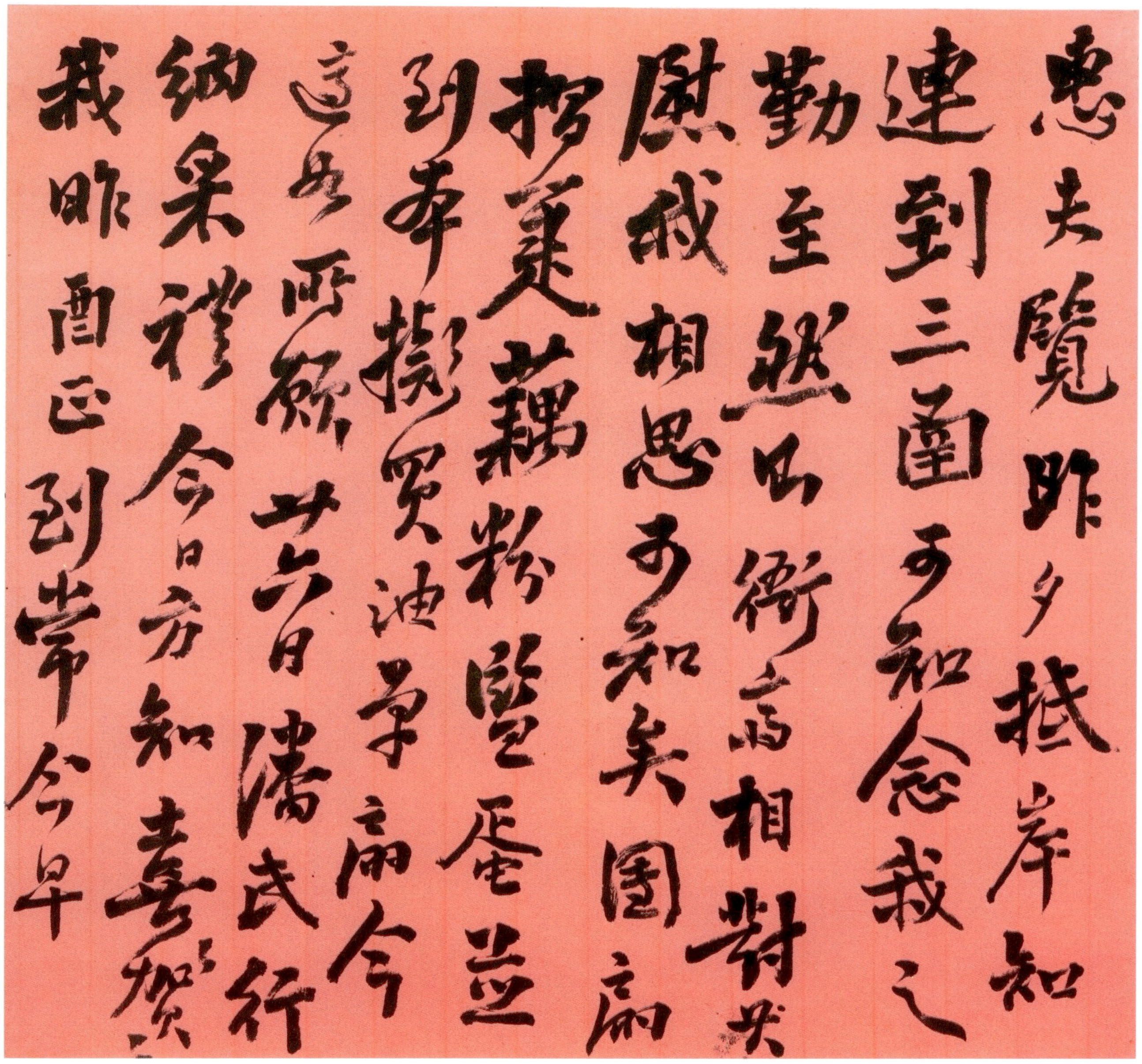
惠夫覽：昨夕抵岸，知連到三函，手知念我之勤至。然以衛齋相對，慰我相思，手知矣。團扇、摺箑、藕粉、鹽蛋到本擬買油單齋令，適遇所稱廿六日濮氏行納采禮，今日方知，喜賀。我昨酉正到常，今早

致 翁康孫 之三

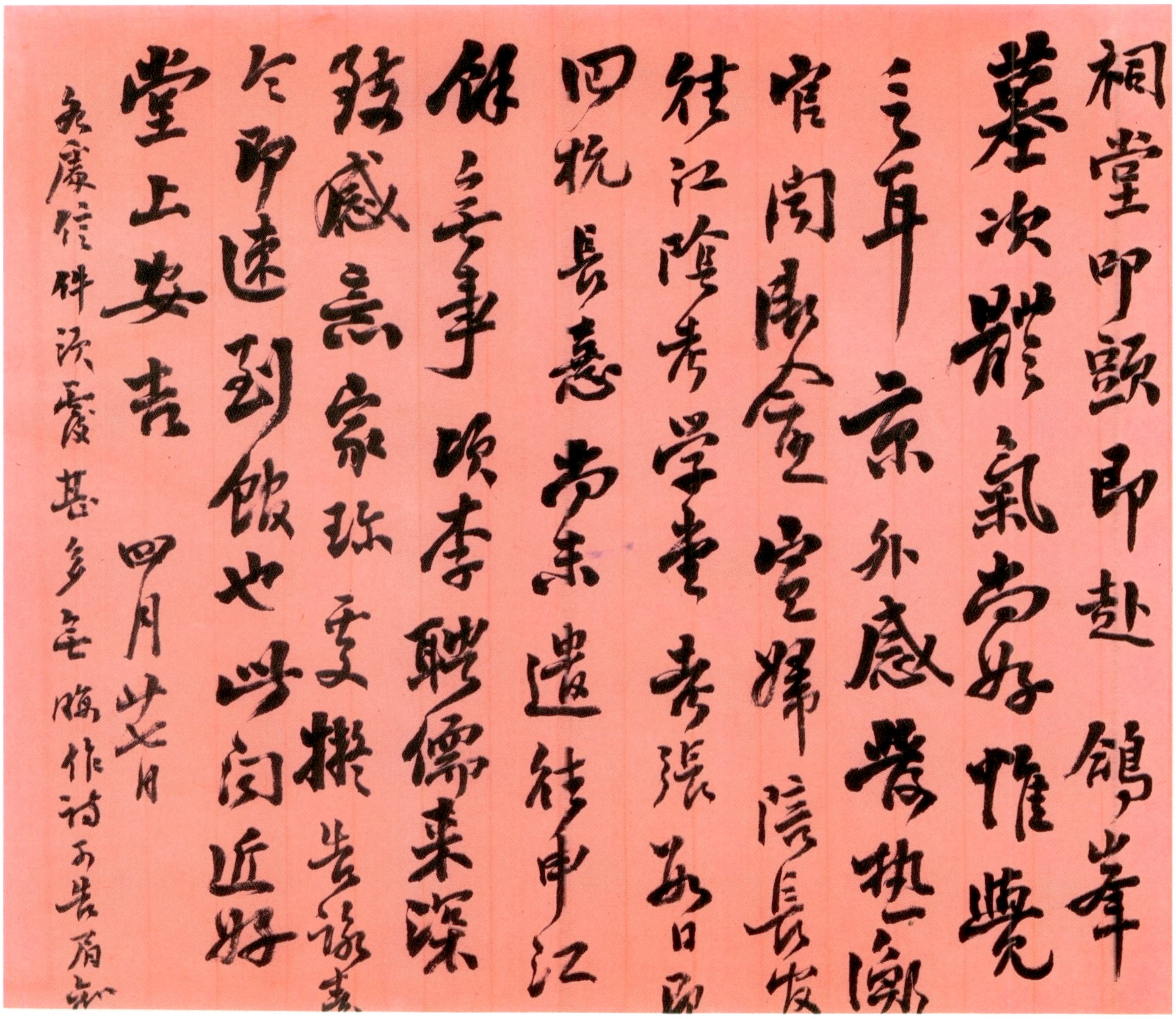
祠堂叩頭即赴鴿峯
墓次，體氣尚好，惟覺
三年京外感觸熱瀨
官閣眷室婦隨長安
往江陰看學臺考張每日西
回杭長意尚未遣往申江
錄之事，頃李聯儒來深
眩感念家弦平文樣告訴
今即速到館也此閏近好
堂上安吉
四月廿七日
兄康信件須覆甚多，乍晦作詩不告眉知

致　翁康孫　之四

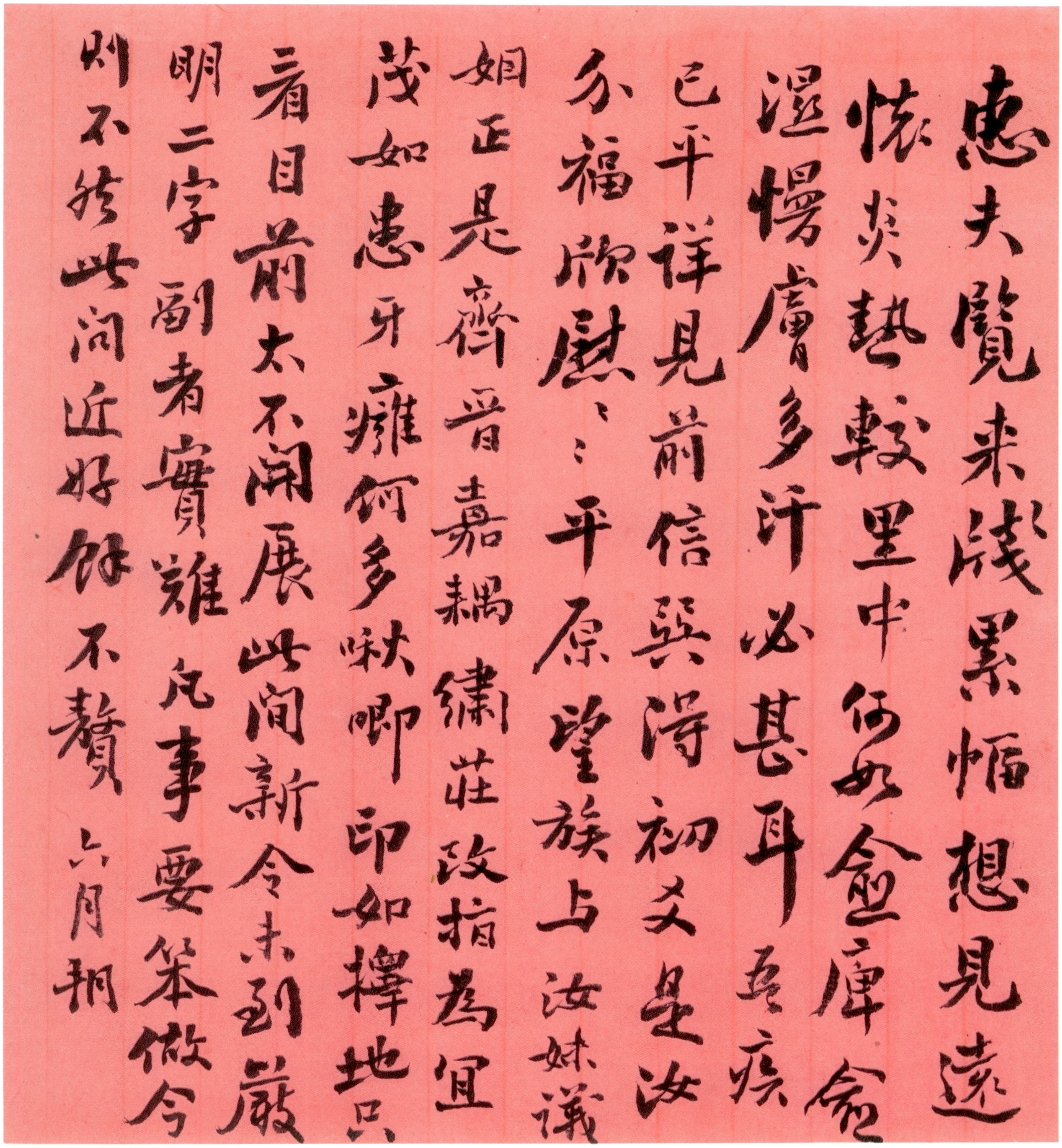
惠夫覽来牋累幅想見遠
懷炎熱較里中何如愈庫俞
還懮膚多汗必甚耳兵疾
已平詳見前信與得初文是汝
分福欣慰〻〻平原望族与汝妹議
姻正是齋晉嘉耦練莊設指為宜
茂如惠牙雜何多默唧印如擇地只
看日前太不閑展此間新令未到嚴
明二字副者寔難凡事要笨做今
則不能此间近好佃不贅　六月捌

致翁康孫之五

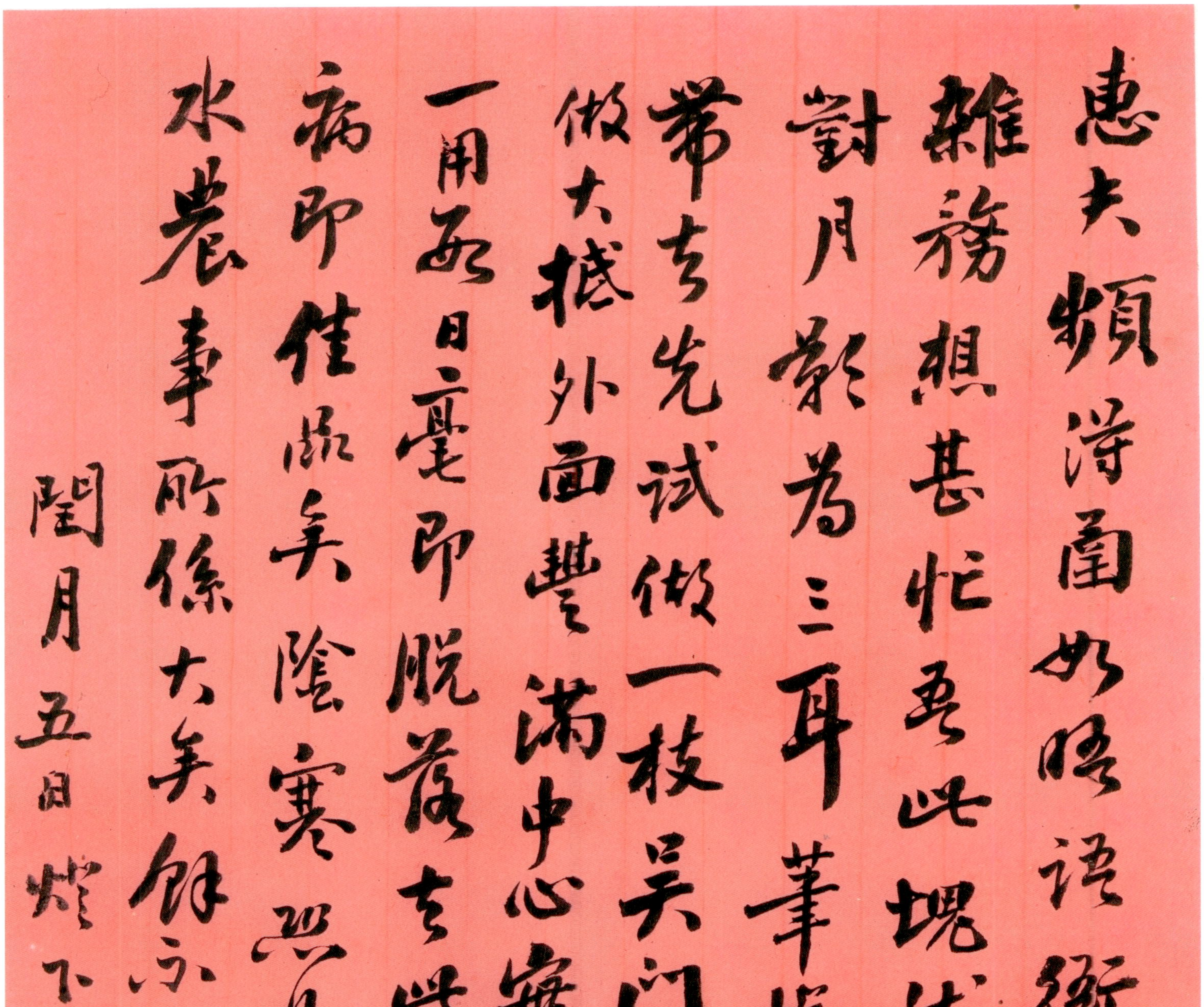
惠夫頻浮圖如晤語衙齋
雜務想甚忙吾比愧於
對月影為三耳筆樣
帶去先試做一枝吳門所
做大抵外面豐滿中心實空
一用不日毫即脫落去此處
病即佳矣陰寒惡發
水農事所係大矣然亦賴
閏月五日燈下

致 翁奎孫 之一

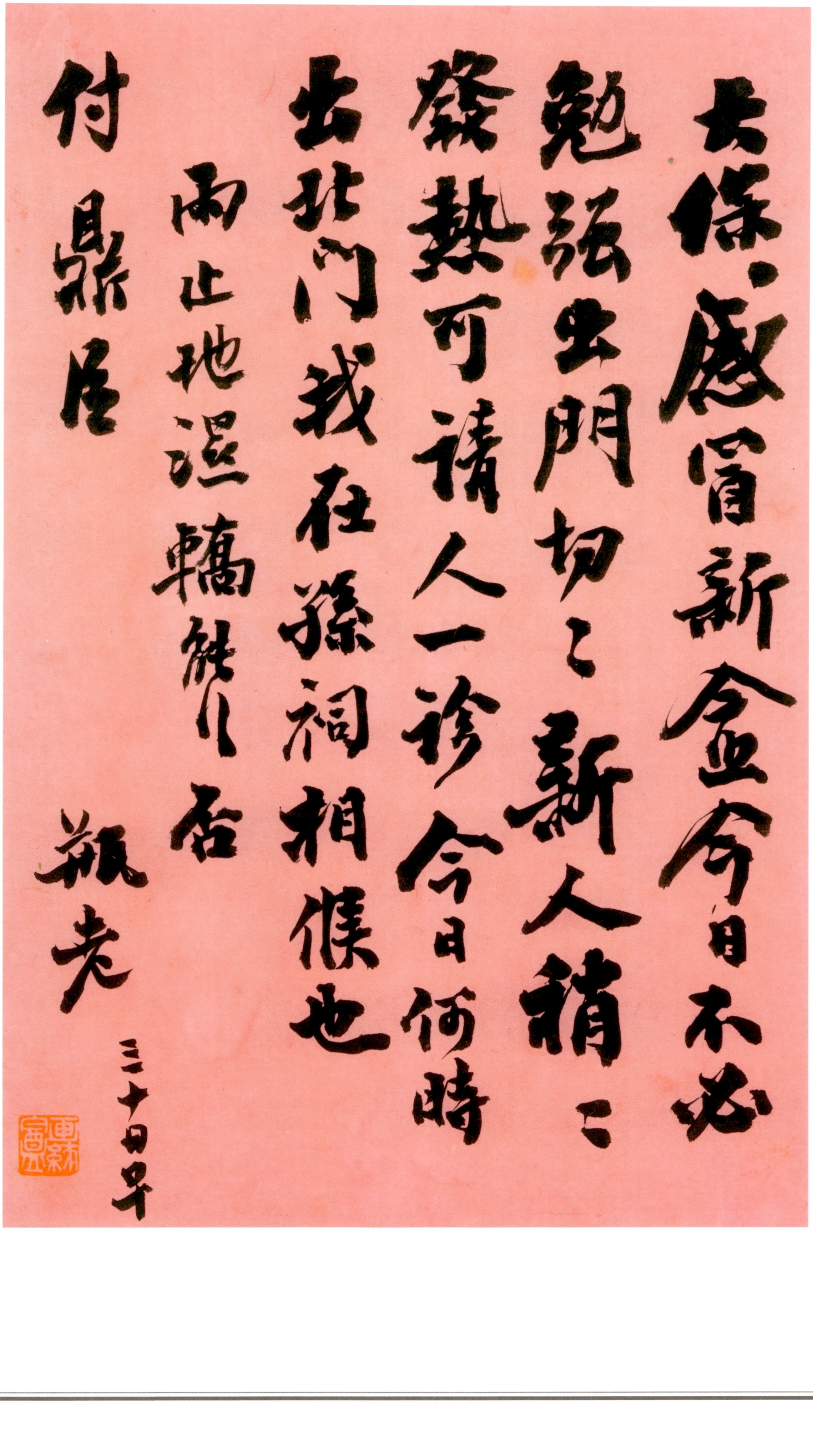
大保感冒新愈，今日不必勉强出門，切切。新人精こ發熱，可請人一診。今日何時出北門，我在孫祠相候也。雨止地濕，轎能行否？
付鼎臣
瓶老
三十日早

翁奎孫，字鼎臣。翁曾純之子，翁同龢嫡孫。

致 翁奎孫 之二

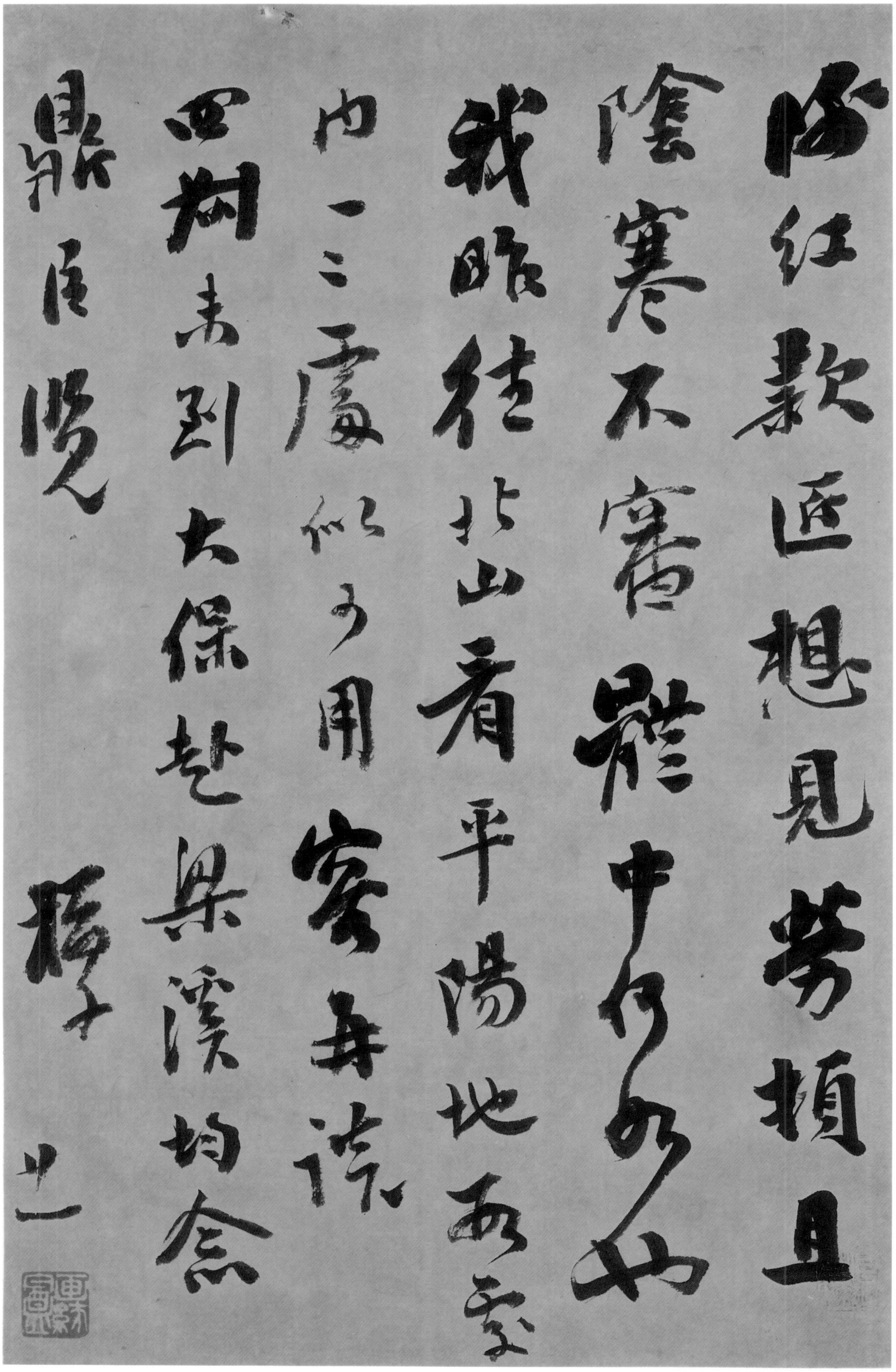
昨紆款匝想見勞頓且
陰寒不審體中何如也
我昨往北山看平陽地兩處
內一二處似可用容再詳
四樹未到大保楚果溪均念
鼎臣覽 梅子 廿一

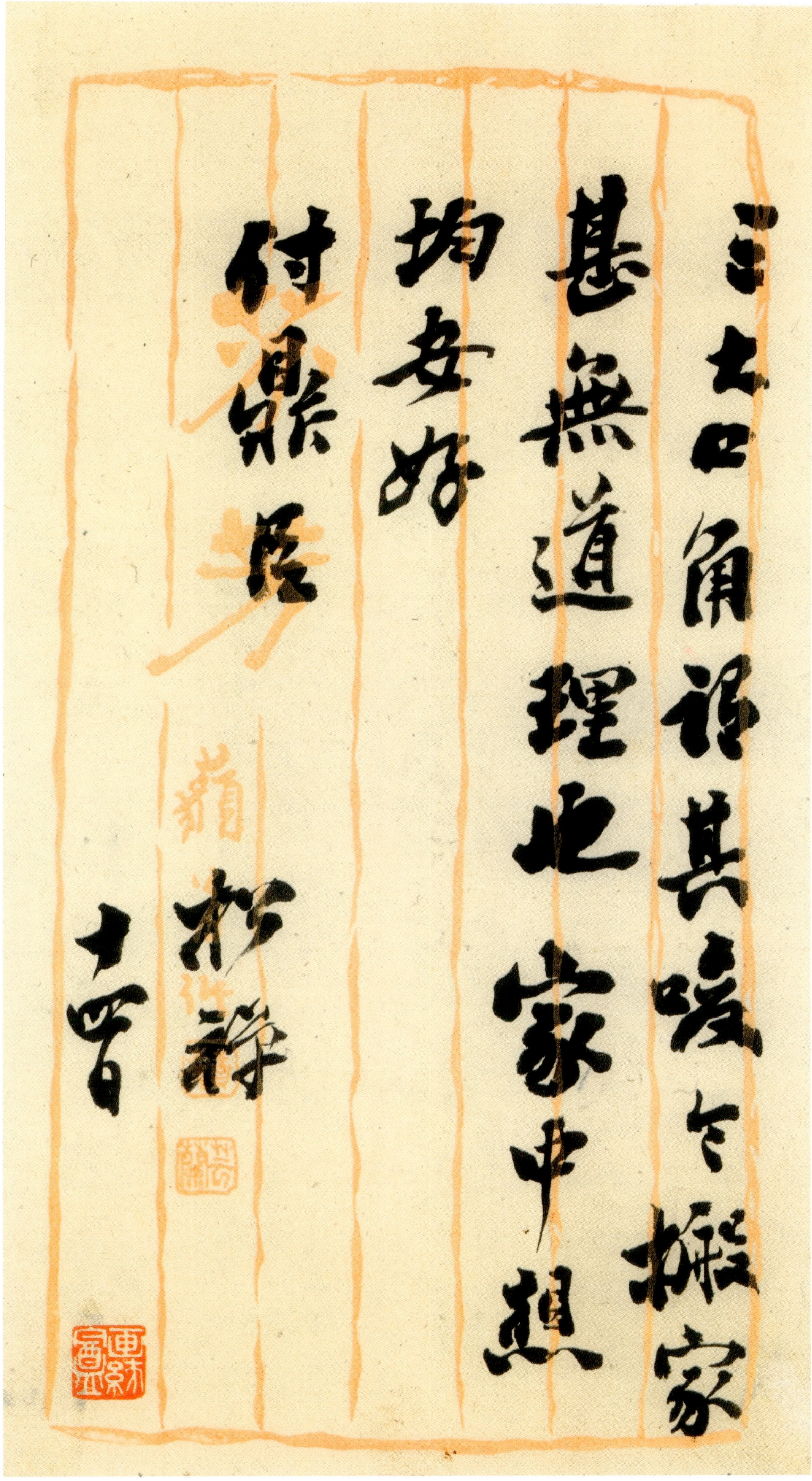
三十日角訊其嘆々搬家甚無道理也家中想均安好
付鼎兒
松禪
十四日

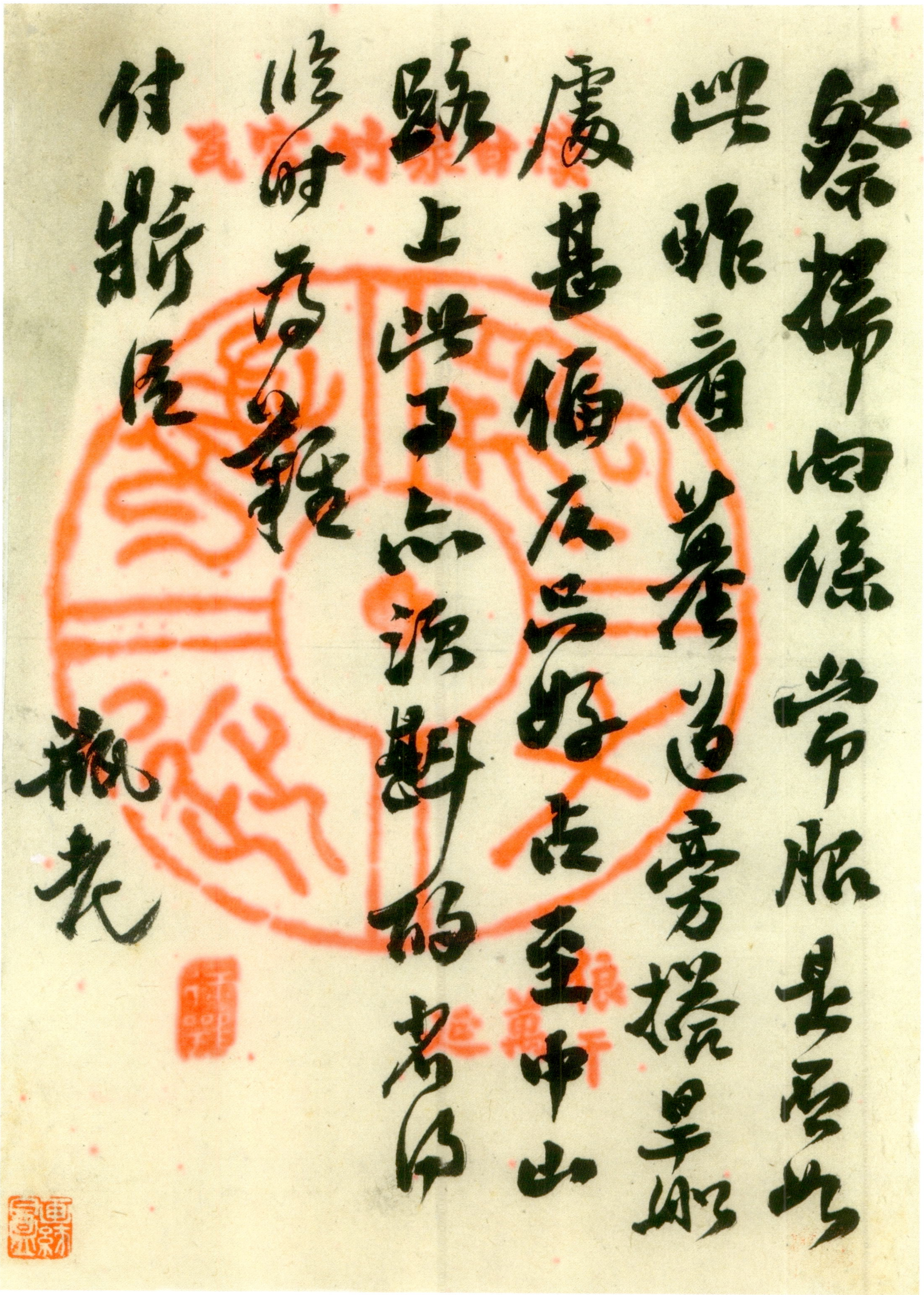

致　翁順孫　之一

翁順孫，字寅丞，一作寅臣，又字又申，一作幼申。翁曾榮之子。舉人，官至工部郎中。曾在輪船招商局供職。

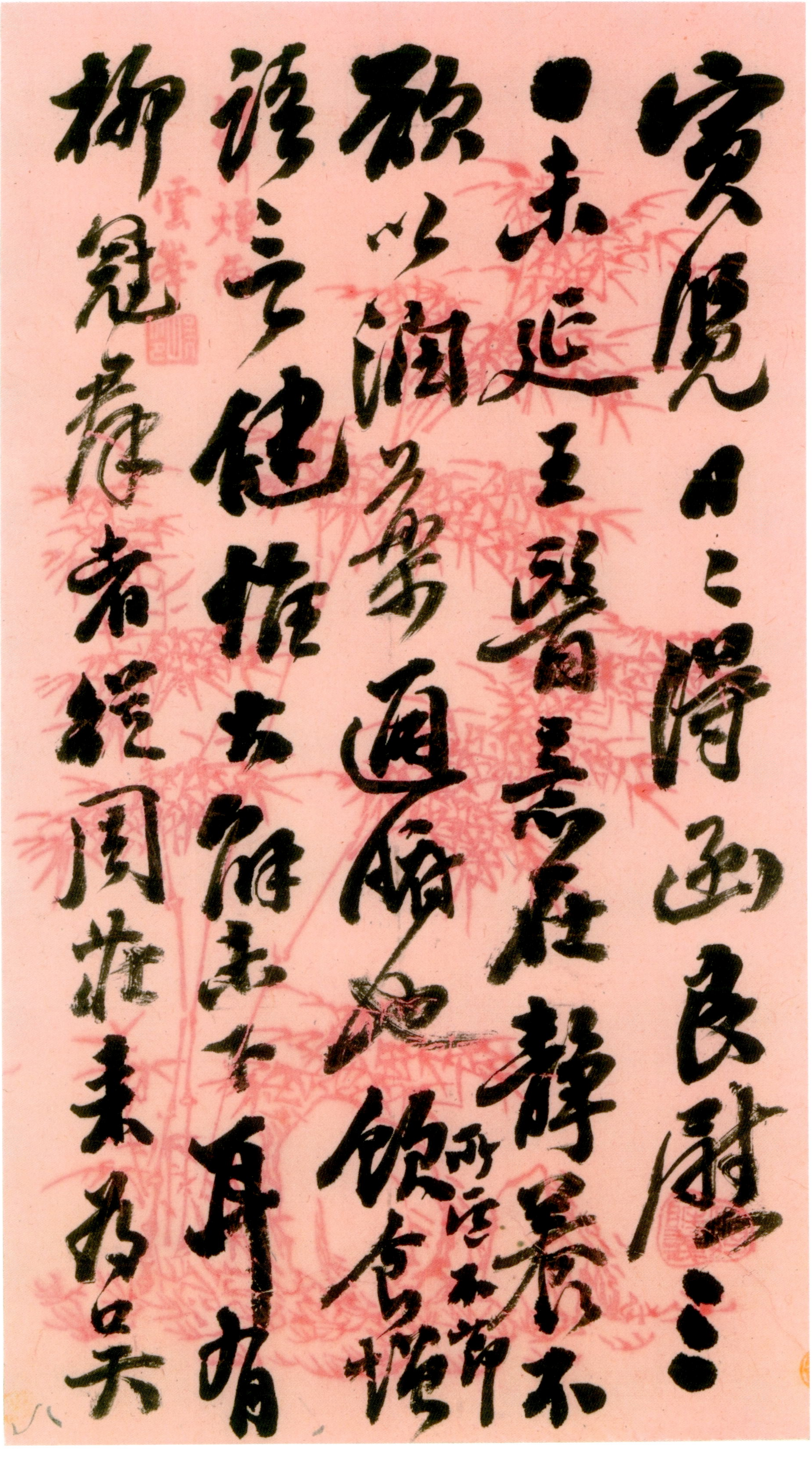

致 翁順孫 之一

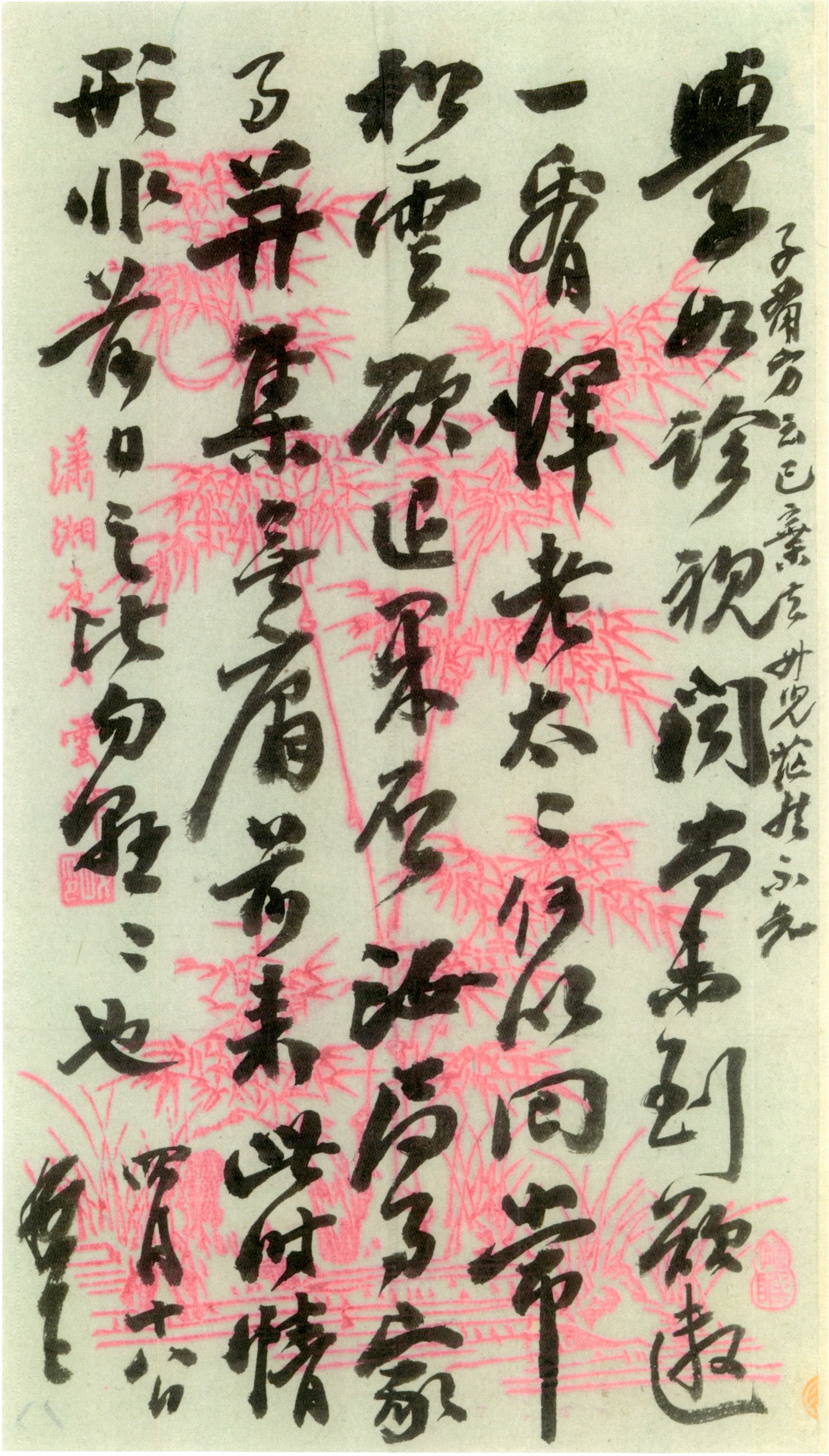

致　翁順孫　之二

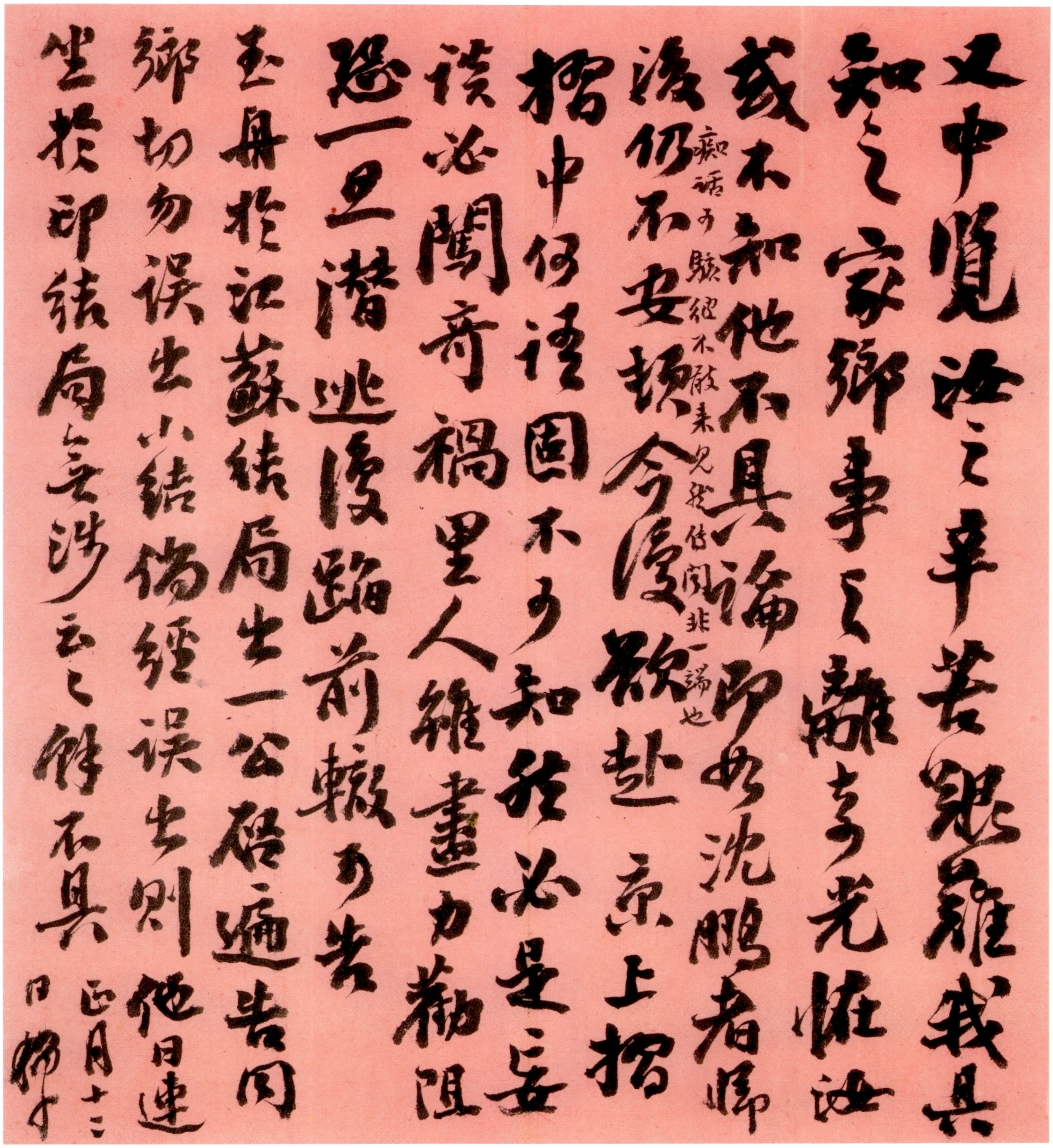

又中覽汝之辛苦，雖非我具知之。家鄉事之離奇光怪，汝或不知，他不具論，即如沈鵬者，歸後仍不安頓，今復欲赴京上摺（鄉話可駭，絕不敢來見我，傳聞非一端也），摺中何語固不可知，然必是妄談，必鬧奇禍，里人雖盡力勸阻，總一旦潛逃，復蹈前轍可害。玉舟於江蘇結局出一公啓，遍告同鄉，切勿誤出小結，倘經誤出，則他日連坐。於印結局無涉，己之事。不具。正月十二日 瓶生

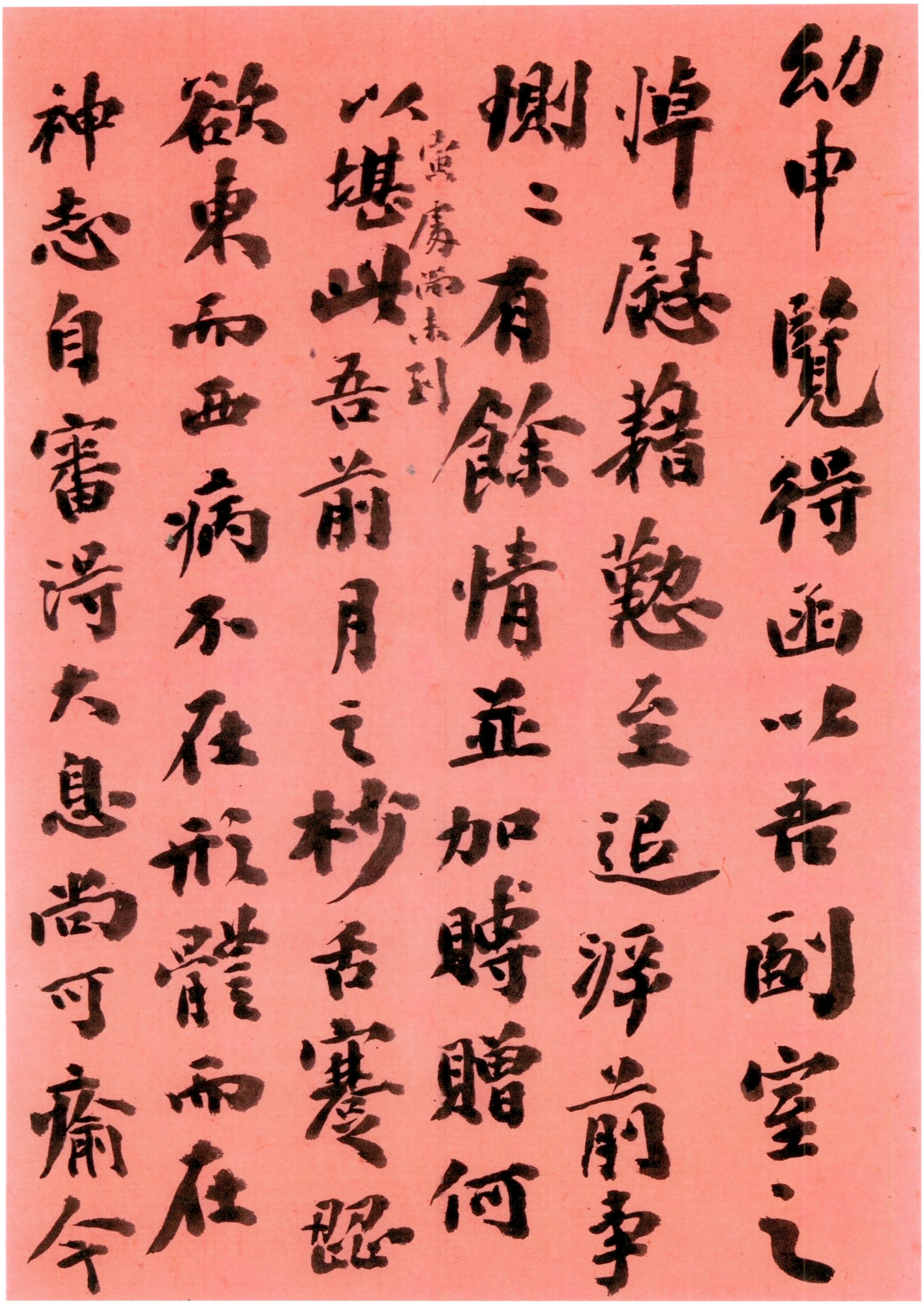
幼申覽得函以吾副室之
悼慰藉懃至退浮前事
惻惻有餘情並加時贈何
以堪此（寅虔尚未到）吾前月之杪吞聲
欲東而西病不在形體而在
神志自審得大息尚可癒今

致翁順孫 之三

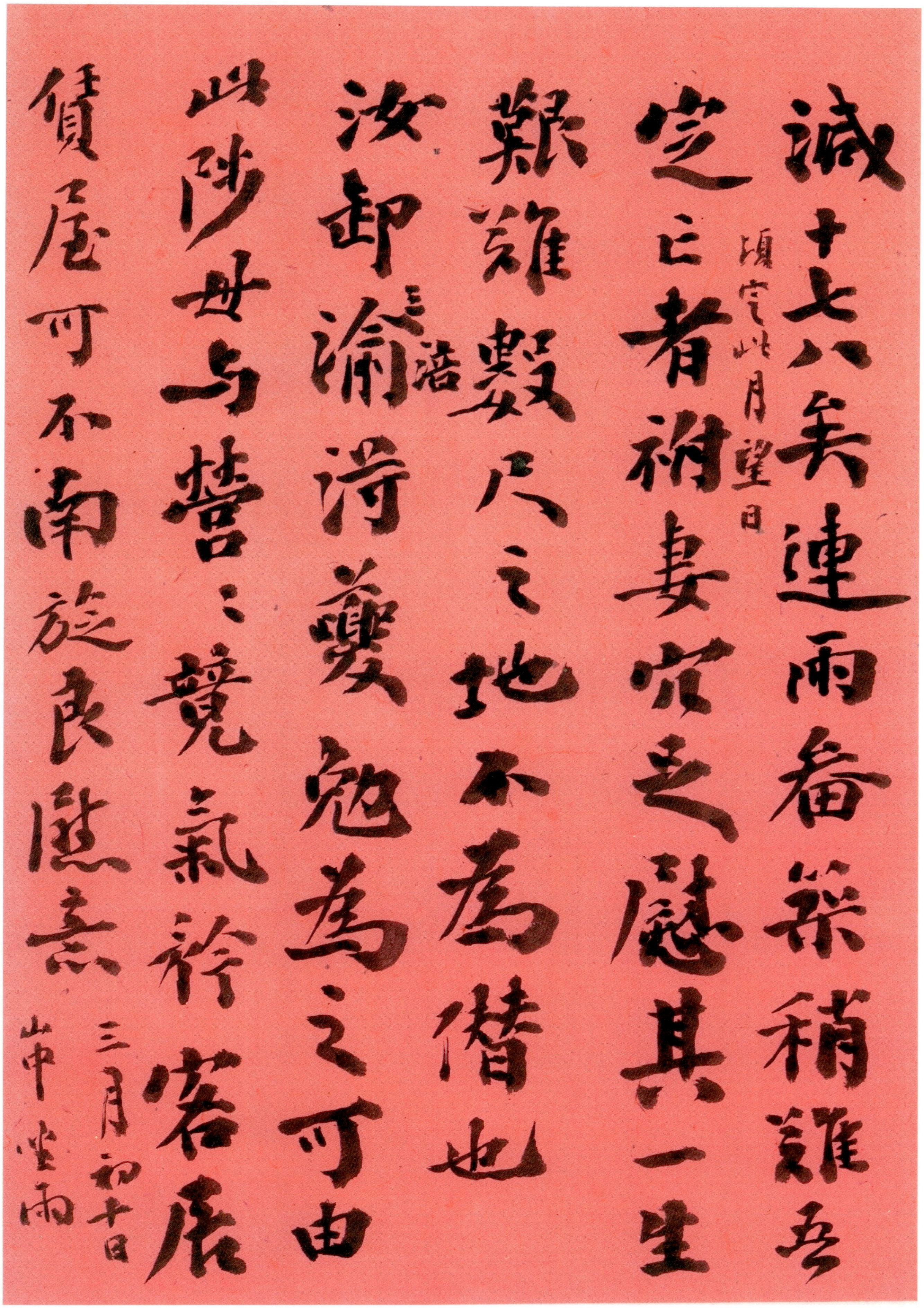
識十六矣連雨春蔬稍雜吾
定已者袝妻穴之懸其一生（頃定此月望日）
艱難數尺之地不為借也
汝卻渝（三浩）詩蔓勉為之可由
此沙毋與營營覺氣衿客居
賃屋可不南旋良慰焉
三月初十日　山中坐雨

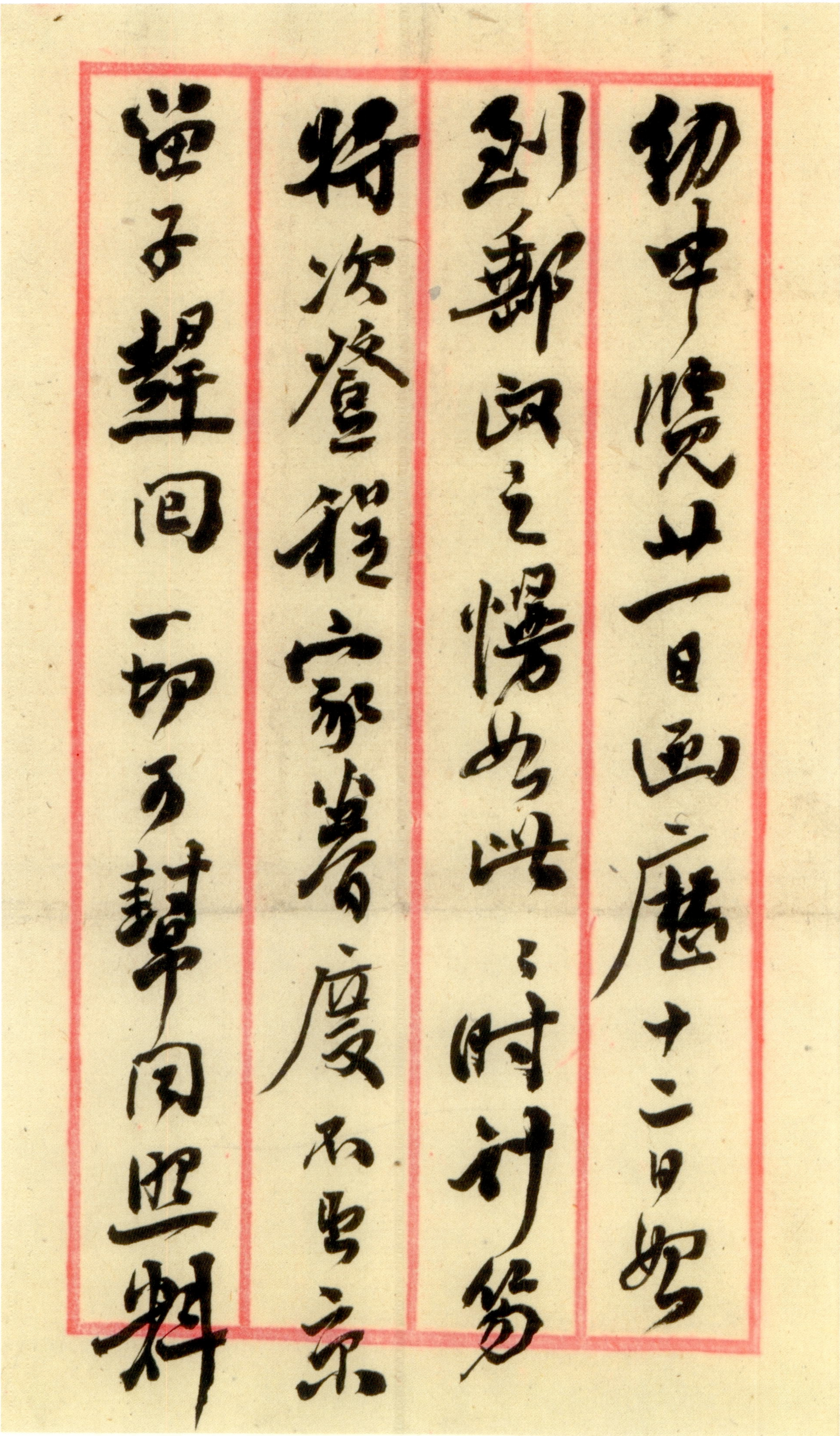

初中晓廿一日函，歷十二日始

到。鄙况之惕如此，時時計筋

將次登程，家眷度不出京，

留子擢同一切可幫同照料

致 翁順孫 之四

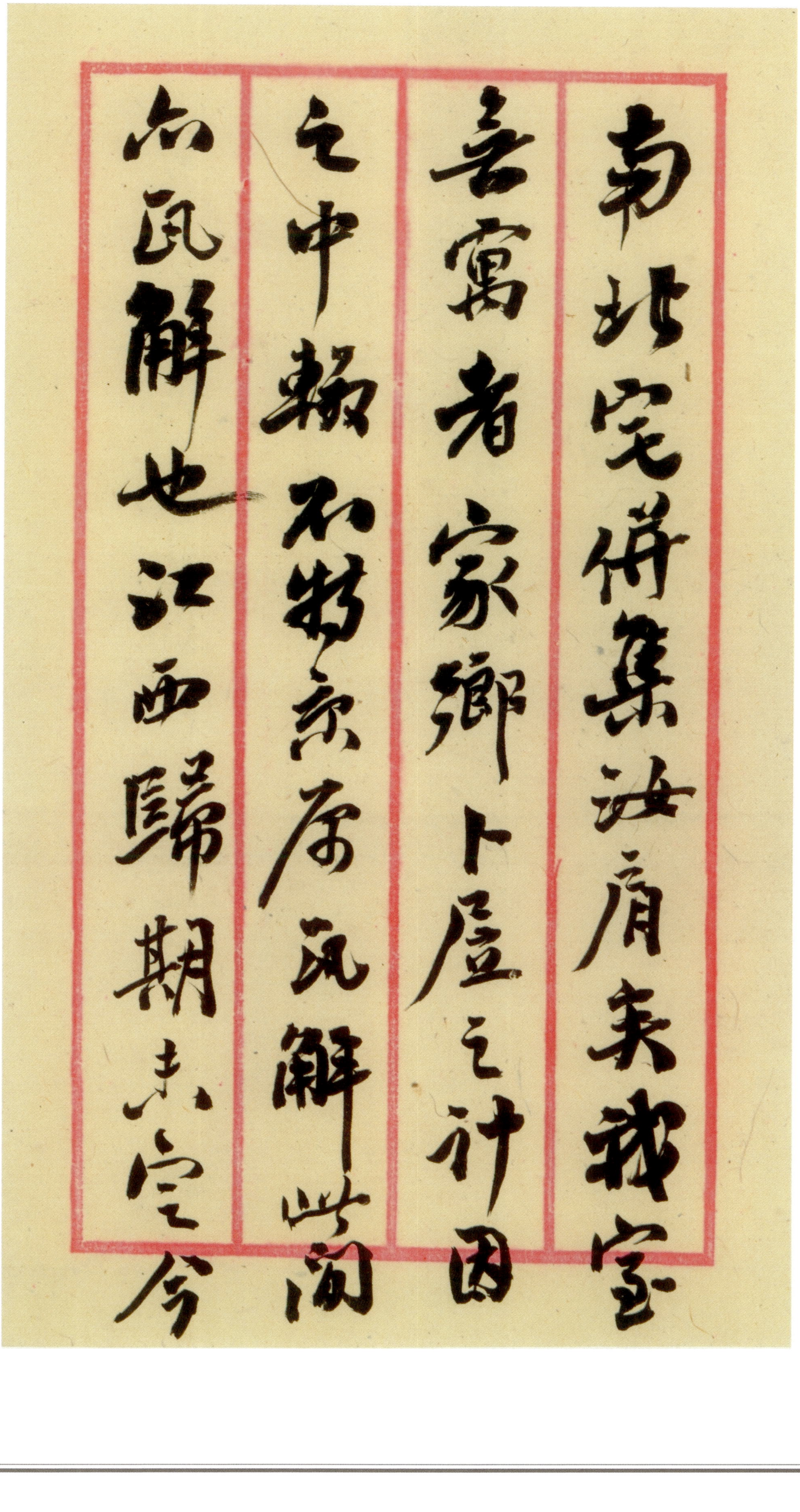
南北究併集海肩矣我寔
吾寓者家鄉卜居之計固
之中輟不特京居既解此間
亦既解也江西歸期未定今

致 翁順孫 之四

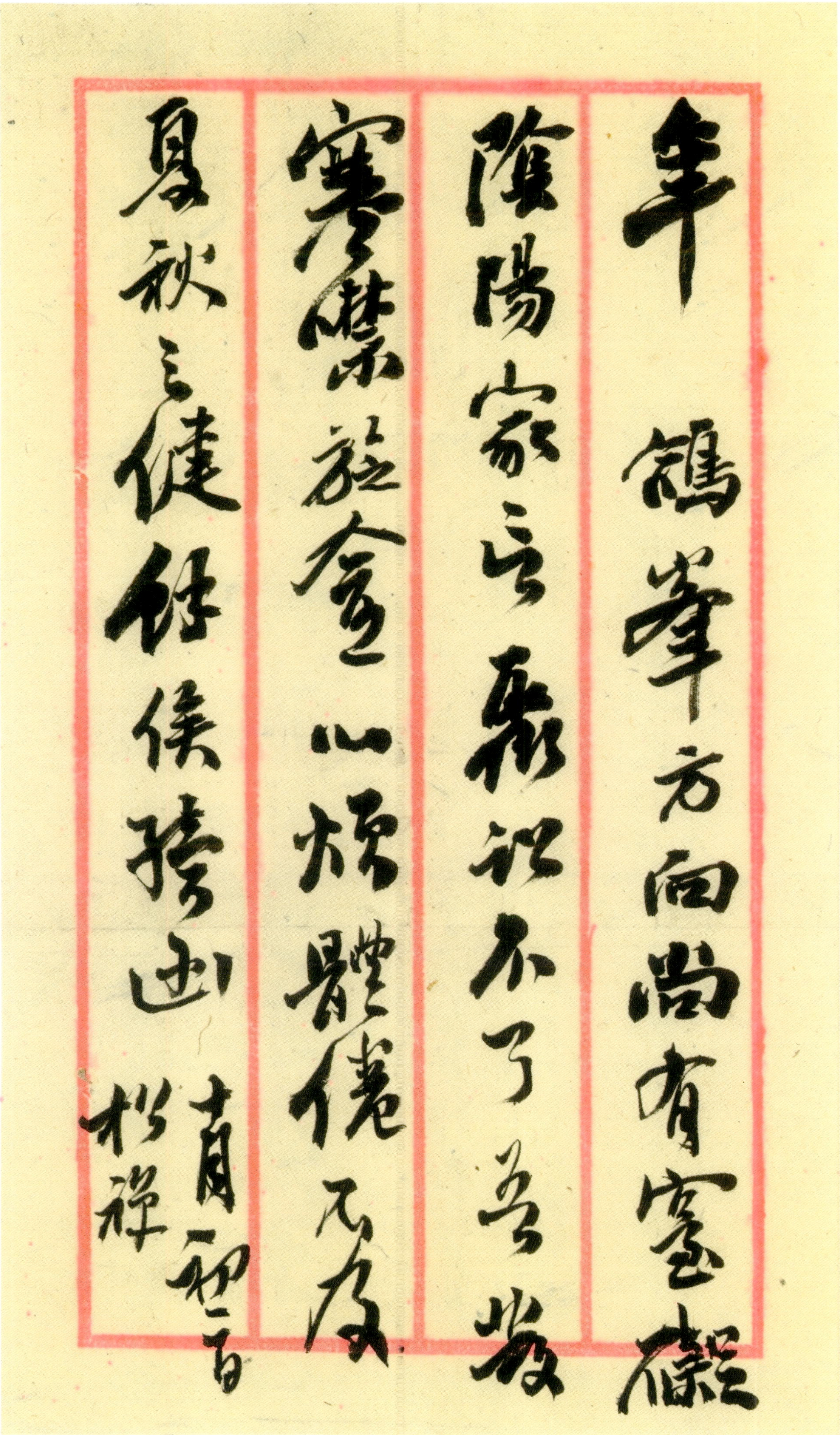

年鴻峯方向尚有窒礙

淮陽家亦艱很不了並發

寒襟於今心煩體倦不及

夏秋之健餘俟續述

松禪 十月初二日

致翁緝夫之一

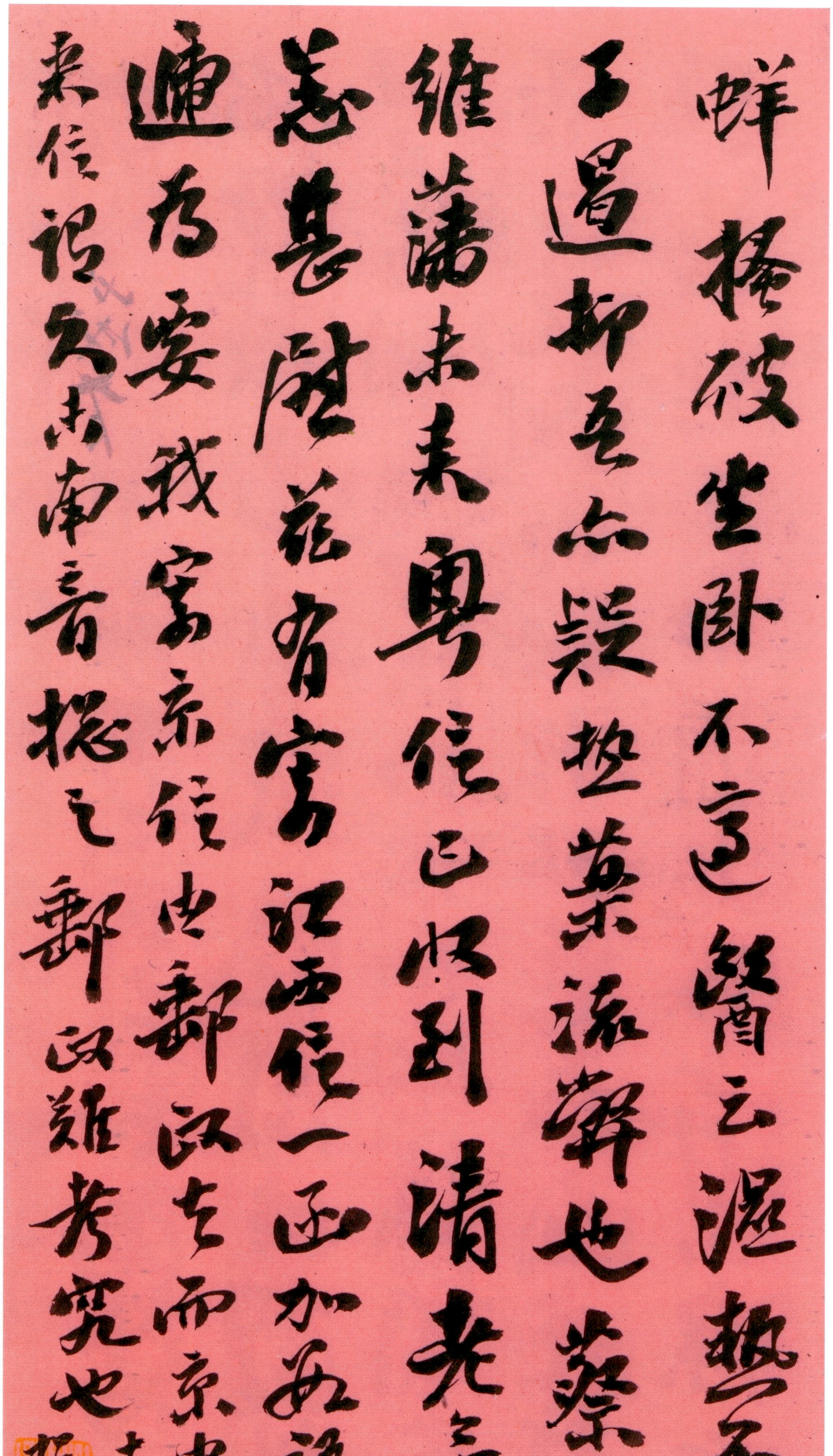

致　翁緝夫　之二

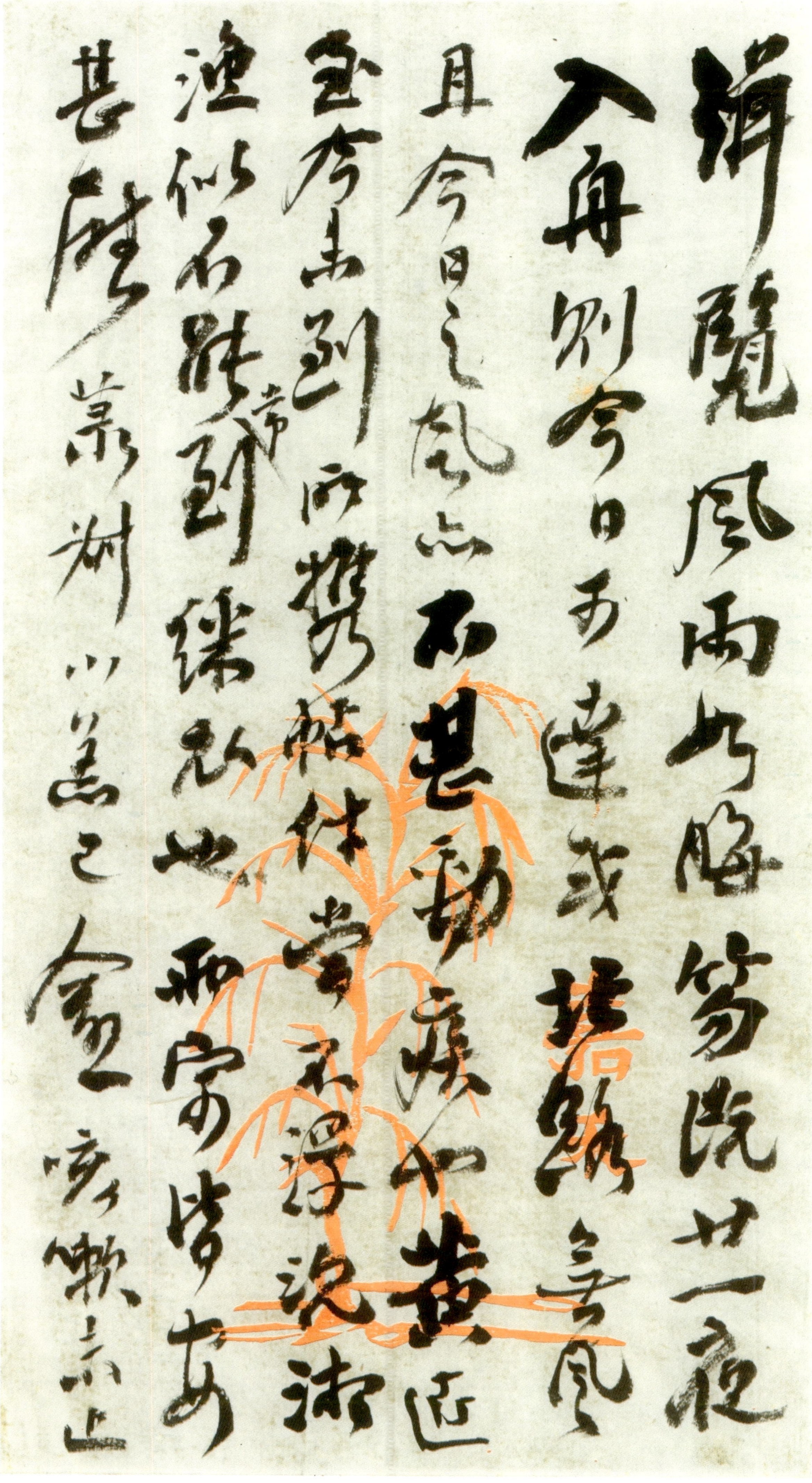

致　翁緝夫　之三

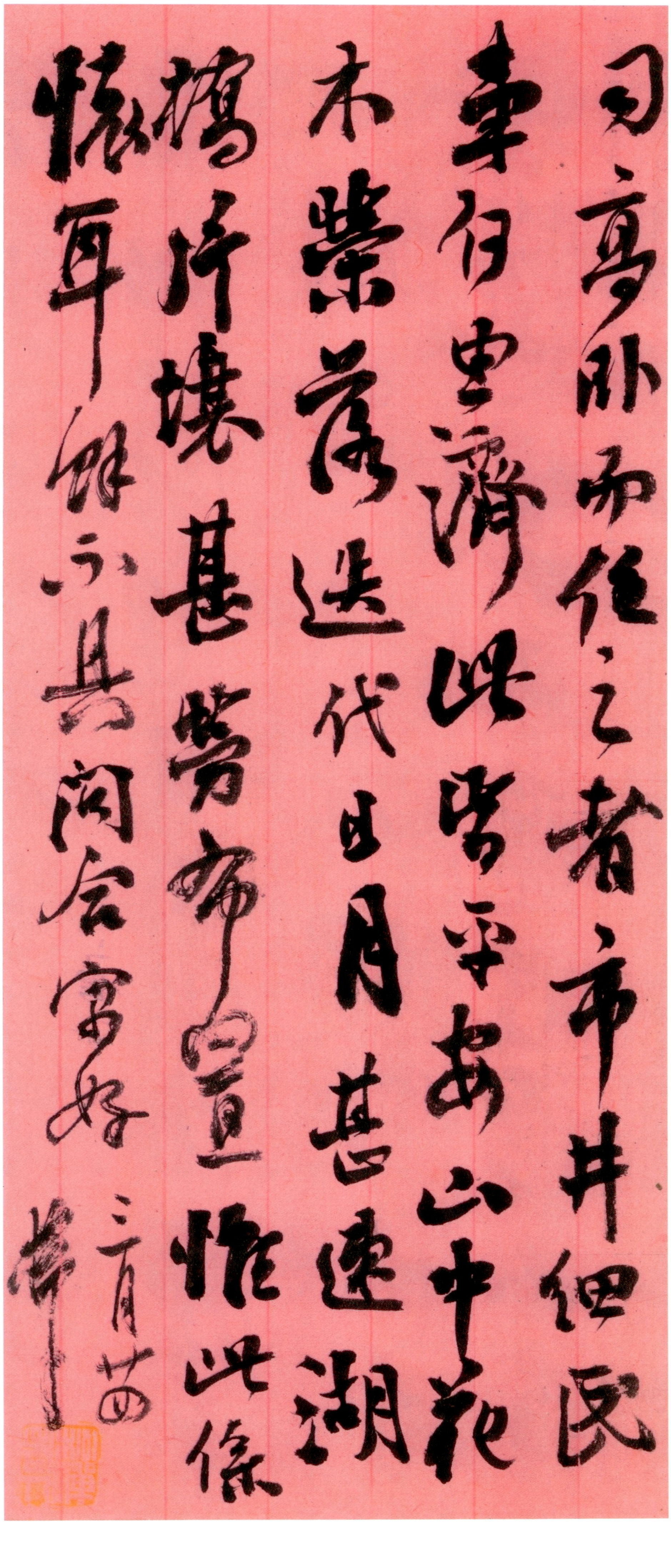

致 翁緝夫 之四

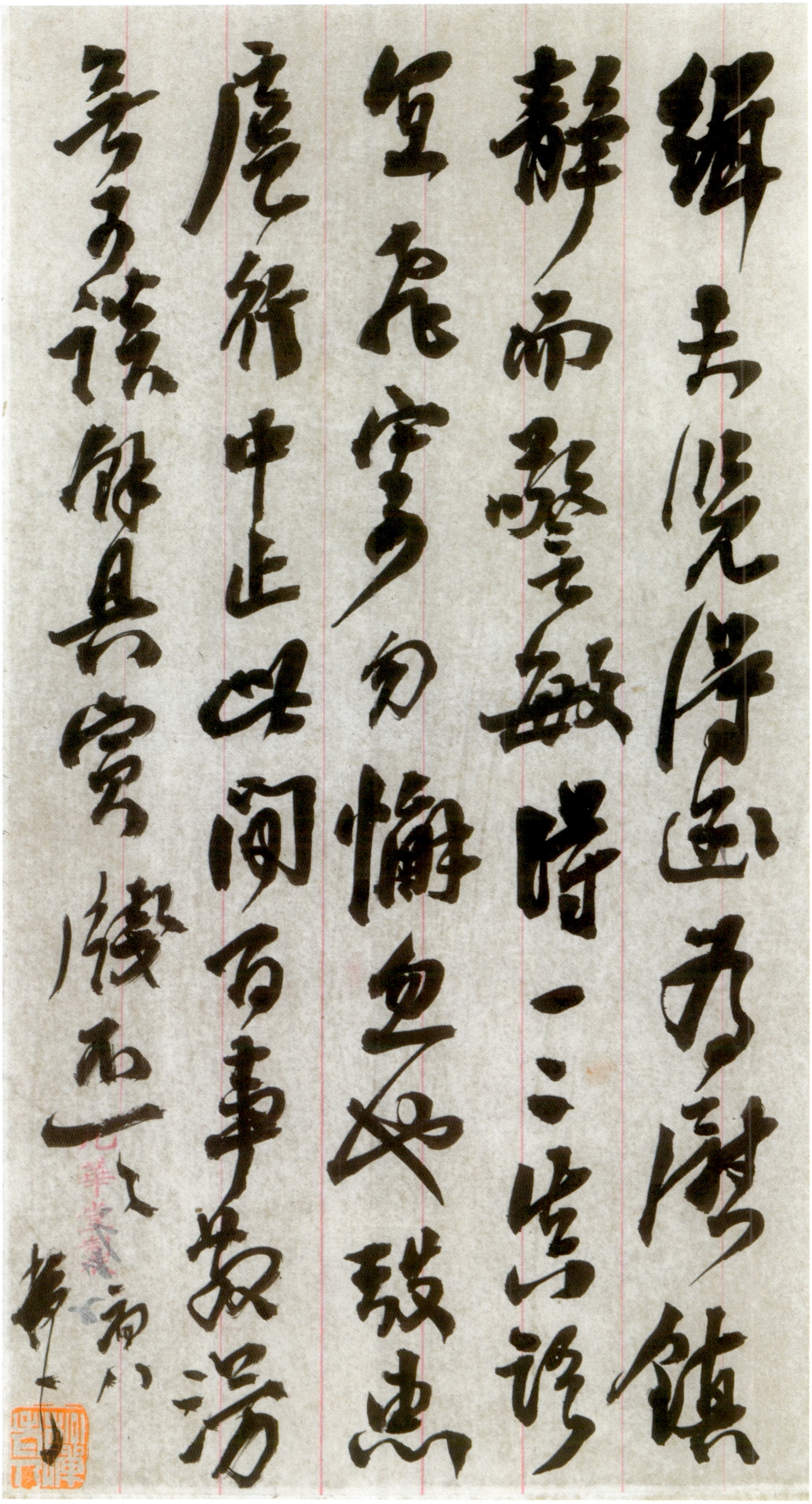

致　翁緝夫　之五

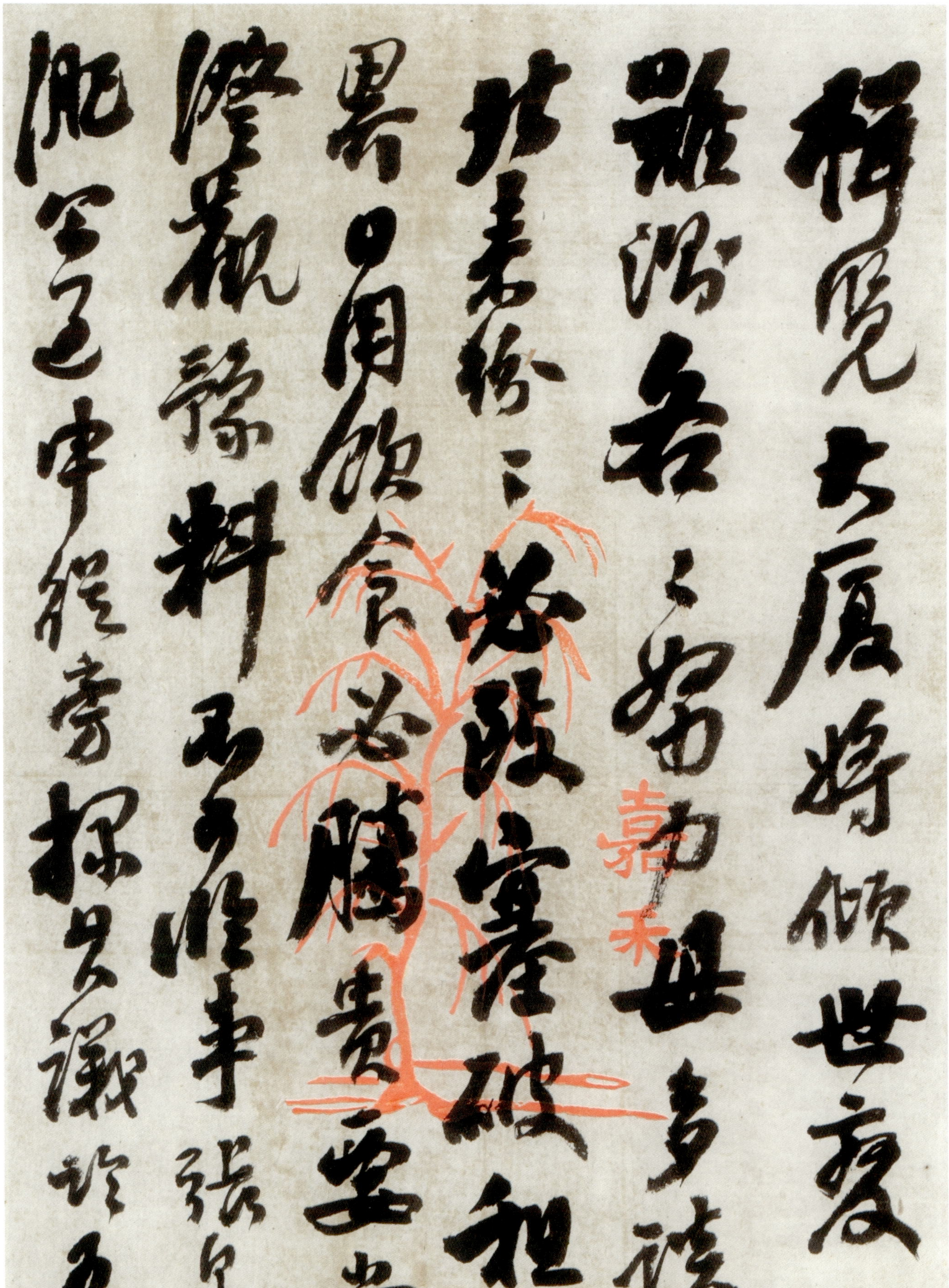

致 翁緝夫 之五

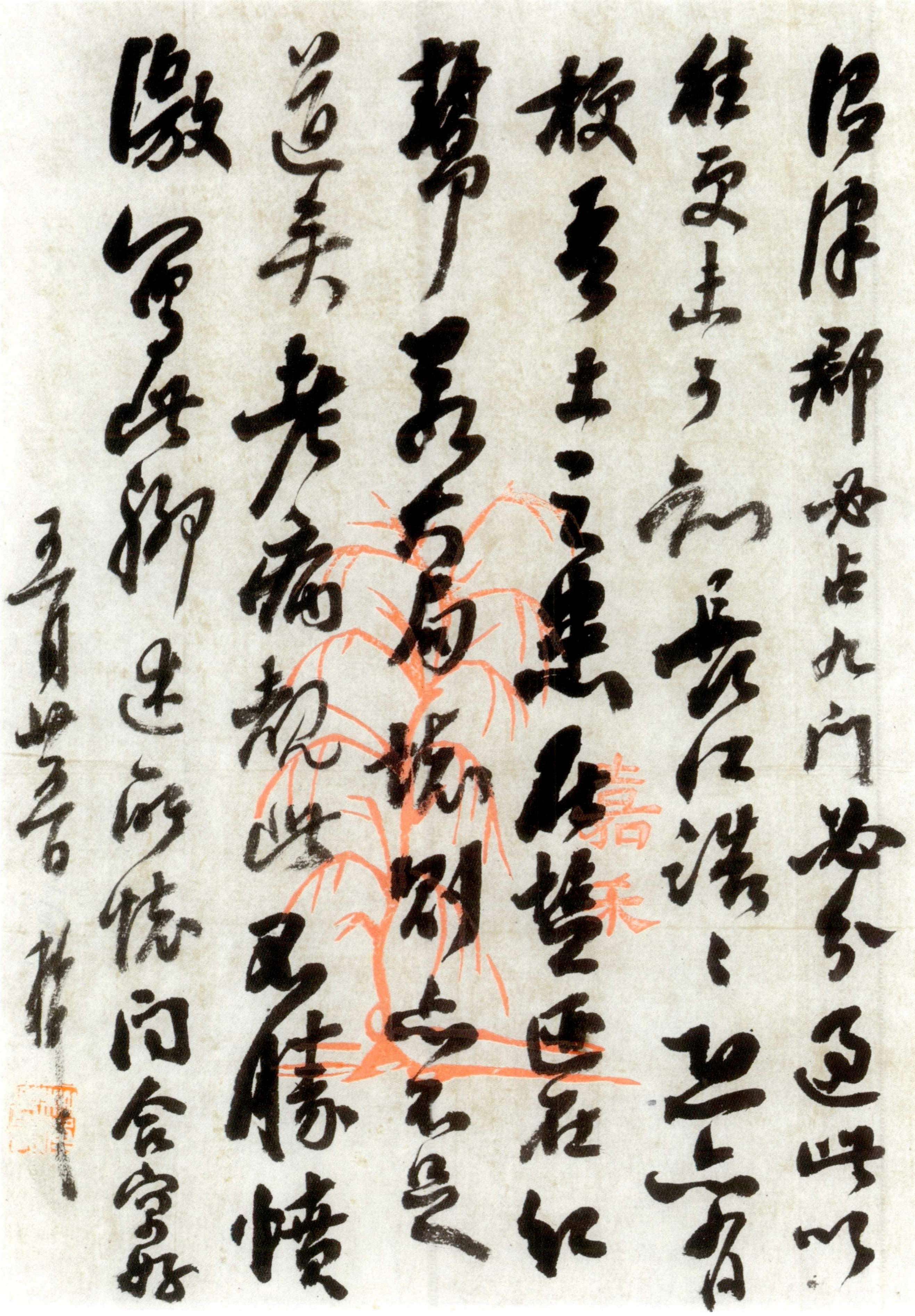

致 翁緝夫 之六

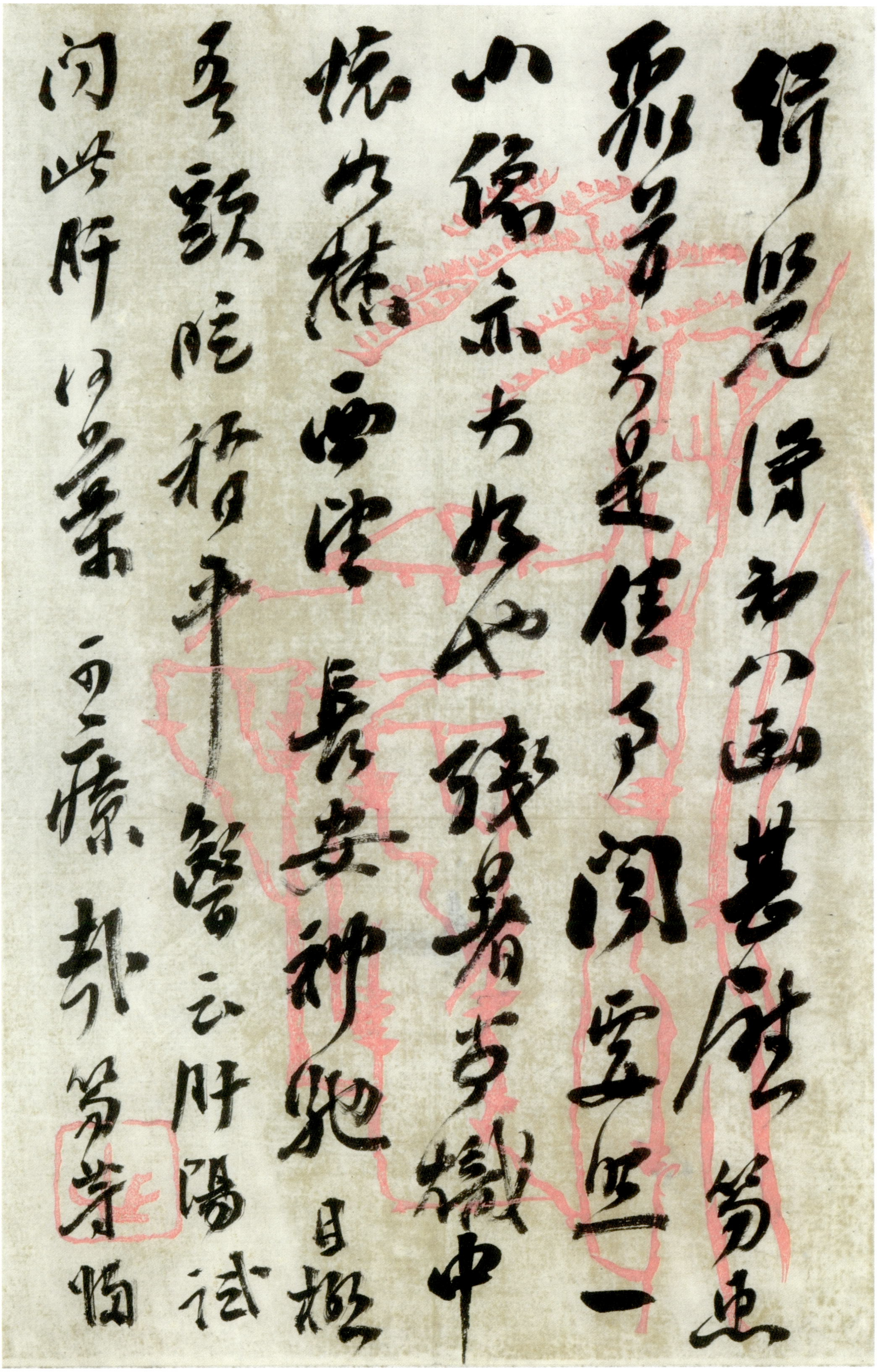

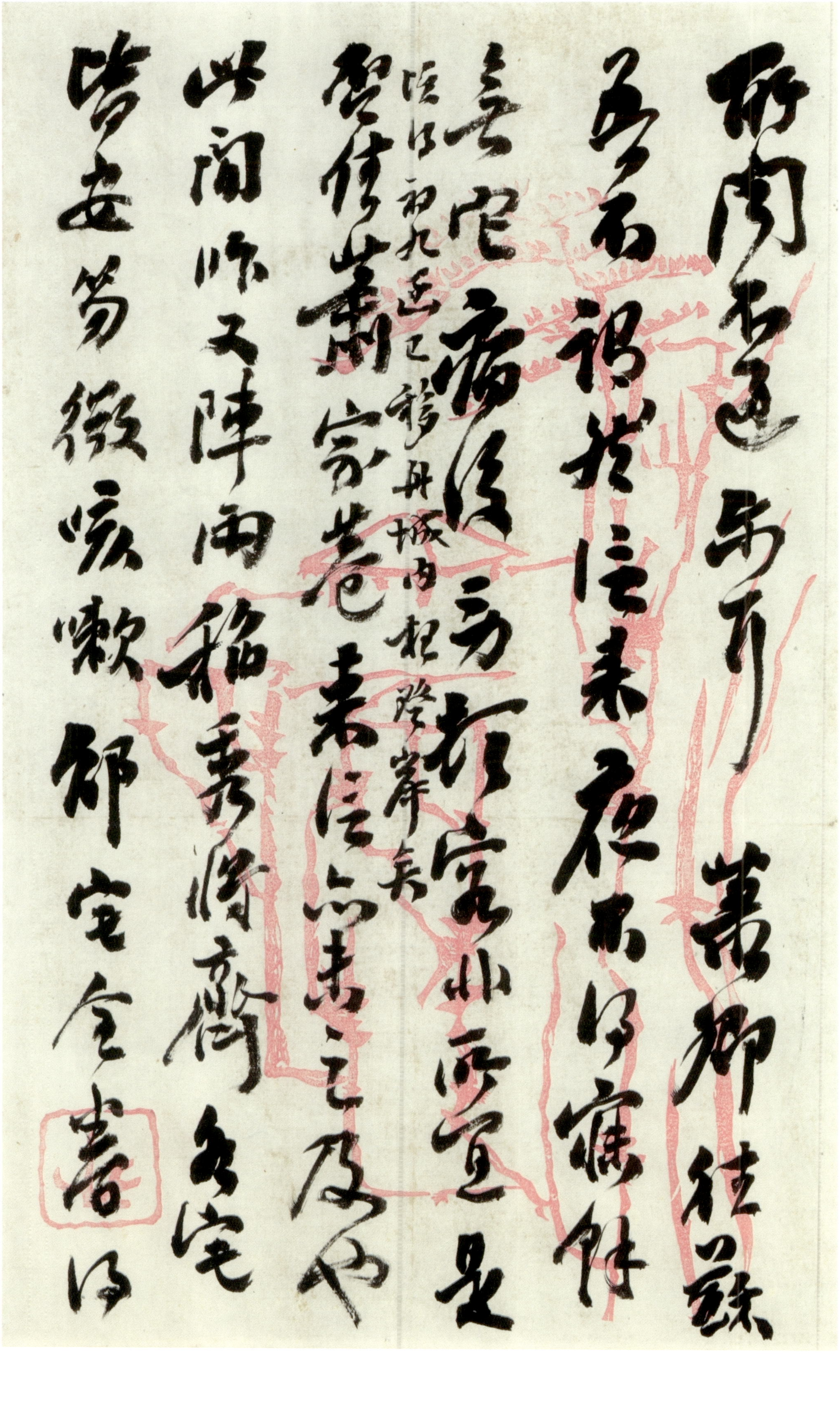

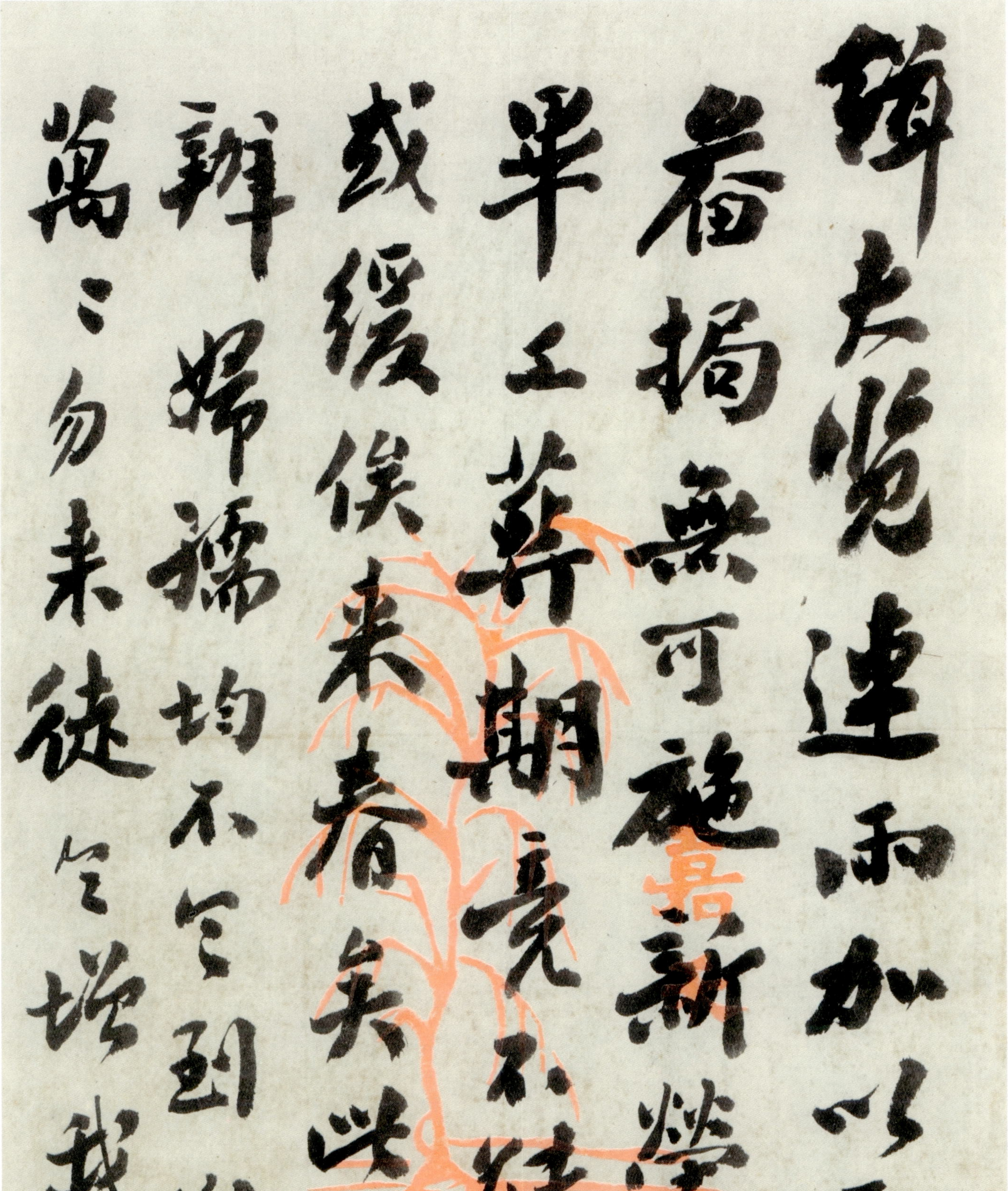
緝夫覽：連雨加以雪寒，舂揭無可乾，新柴為未畢工，葬期竟不能完了，或緩俟來春矣。此次峯巘婦孺均不曾到山之循，萬〻勿來，徒勞擾我[illegible]

致翁緝夫之一〇

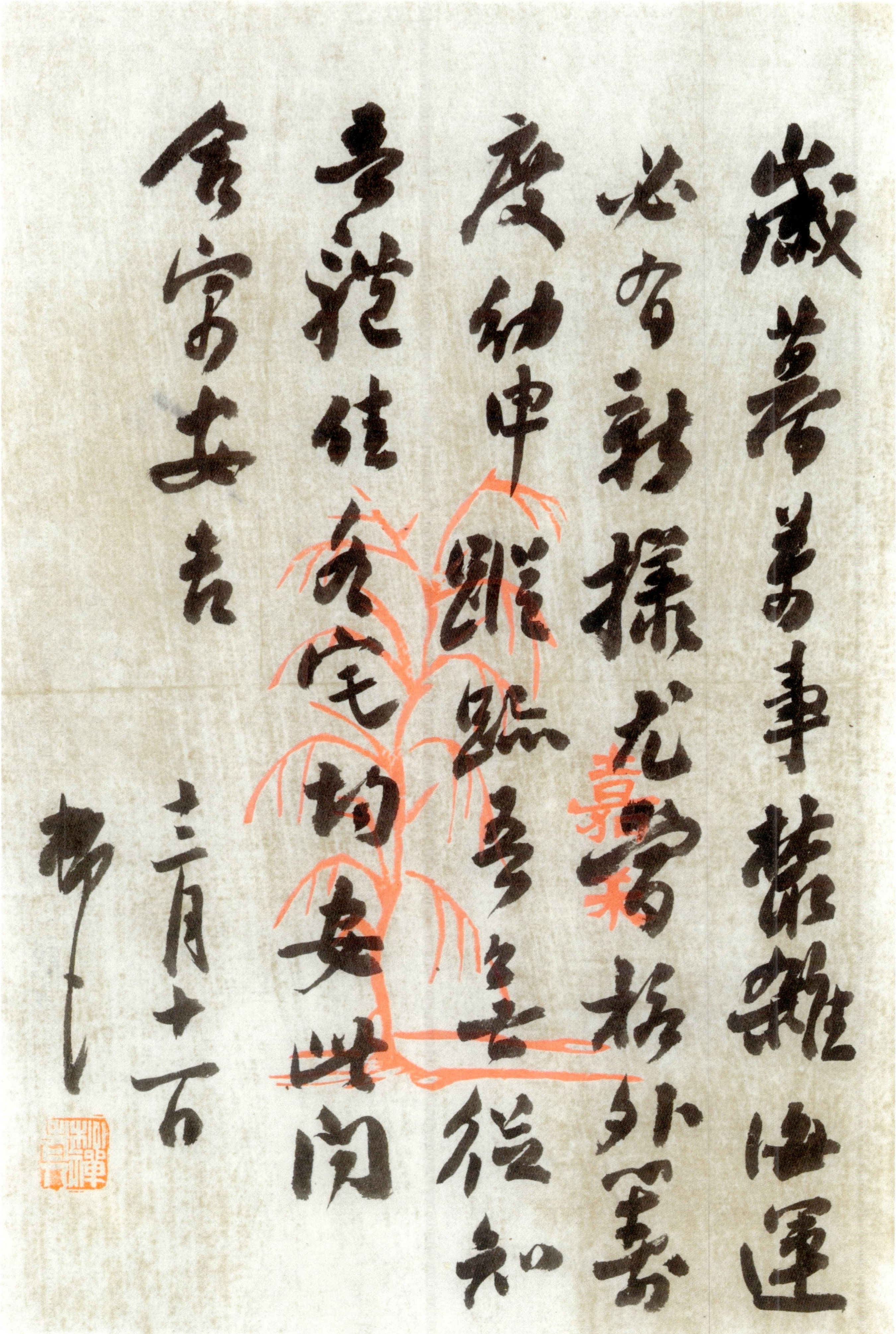
歲暮萬事紛雜幽運
必有新操尤當於外寄
度紉申雅頌多多繼知
吉禮佳兒宅均安洪閑
合家安吉
十二月十日
柳

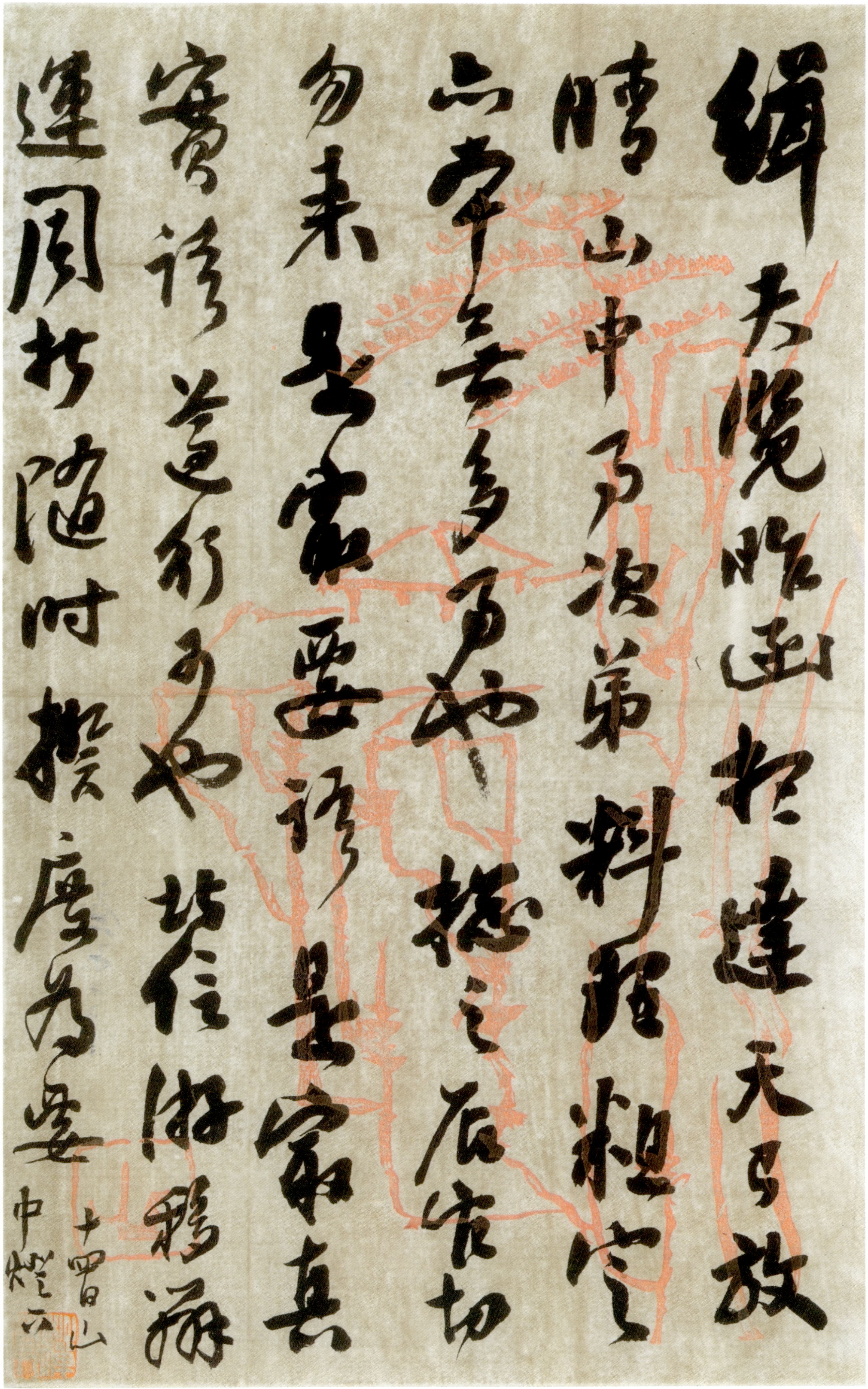

緝夫覽：屢得函，平安爲
慰。弟在山中，親瞻看鍾。
十六日自北而南，廿一日安窆。天氣
晴和，山客清穆。馬鬣三板
一夕而封，深賴海諸父昆弟

致翁緝夫之一二

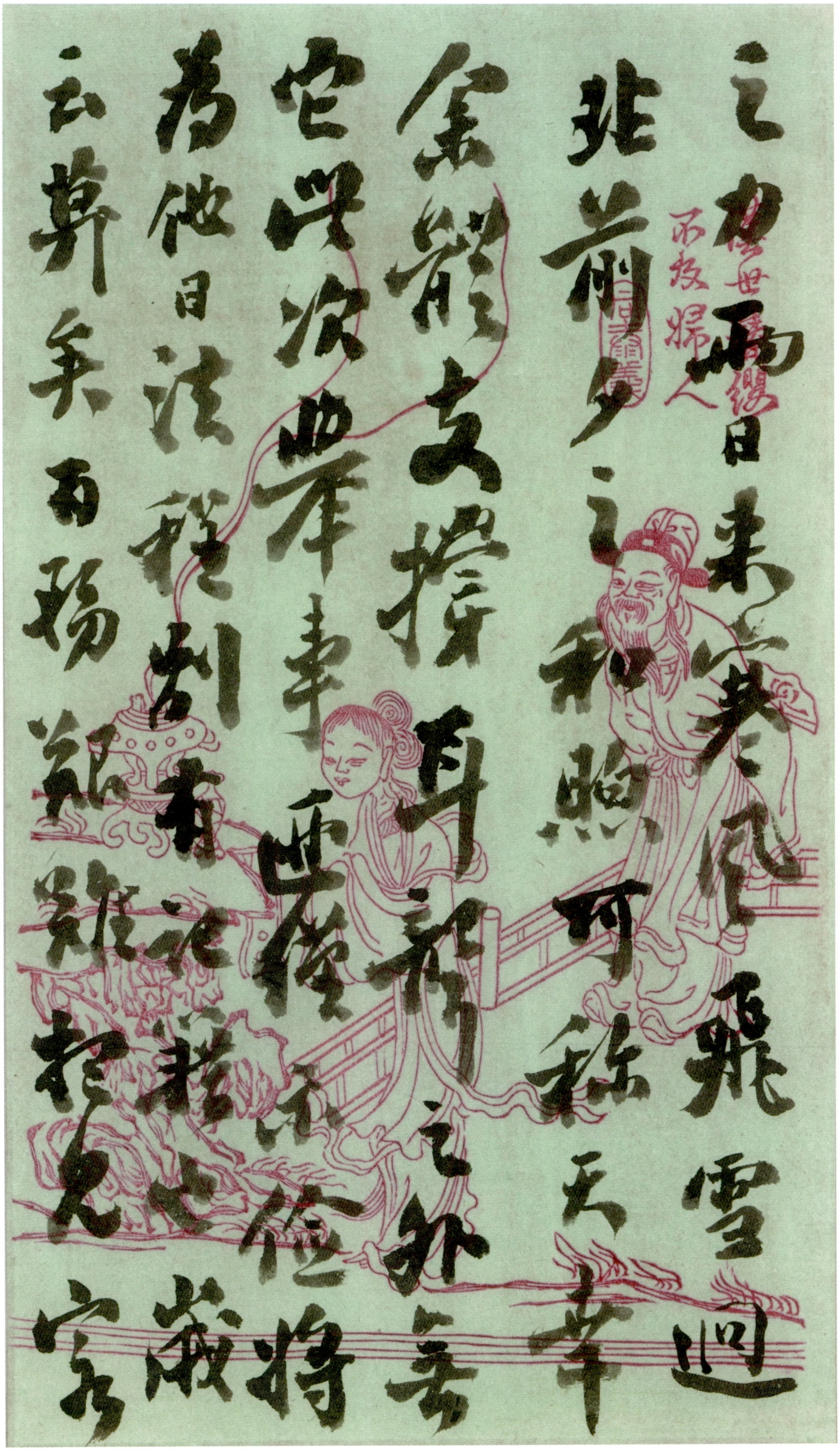

致翁緝夫之二二

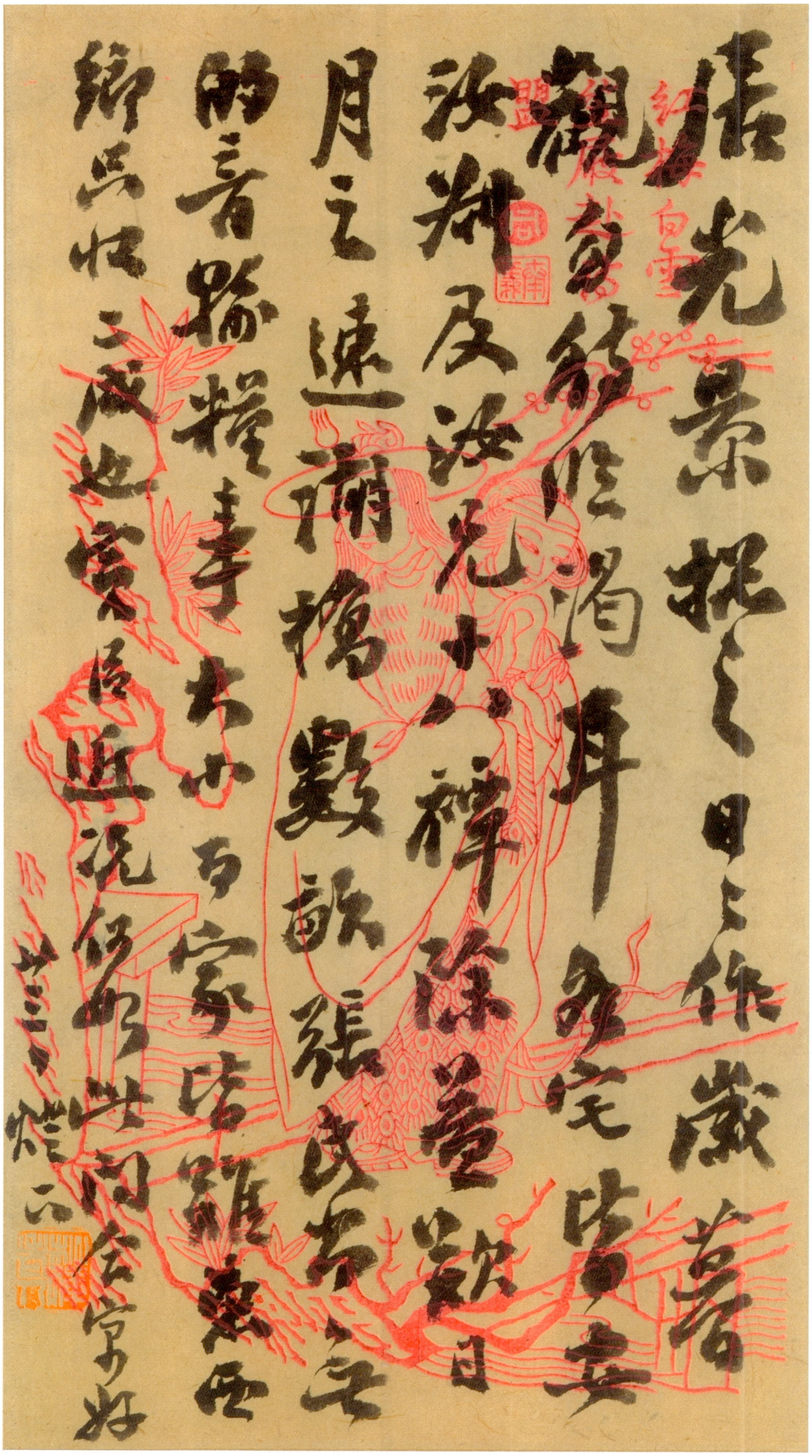

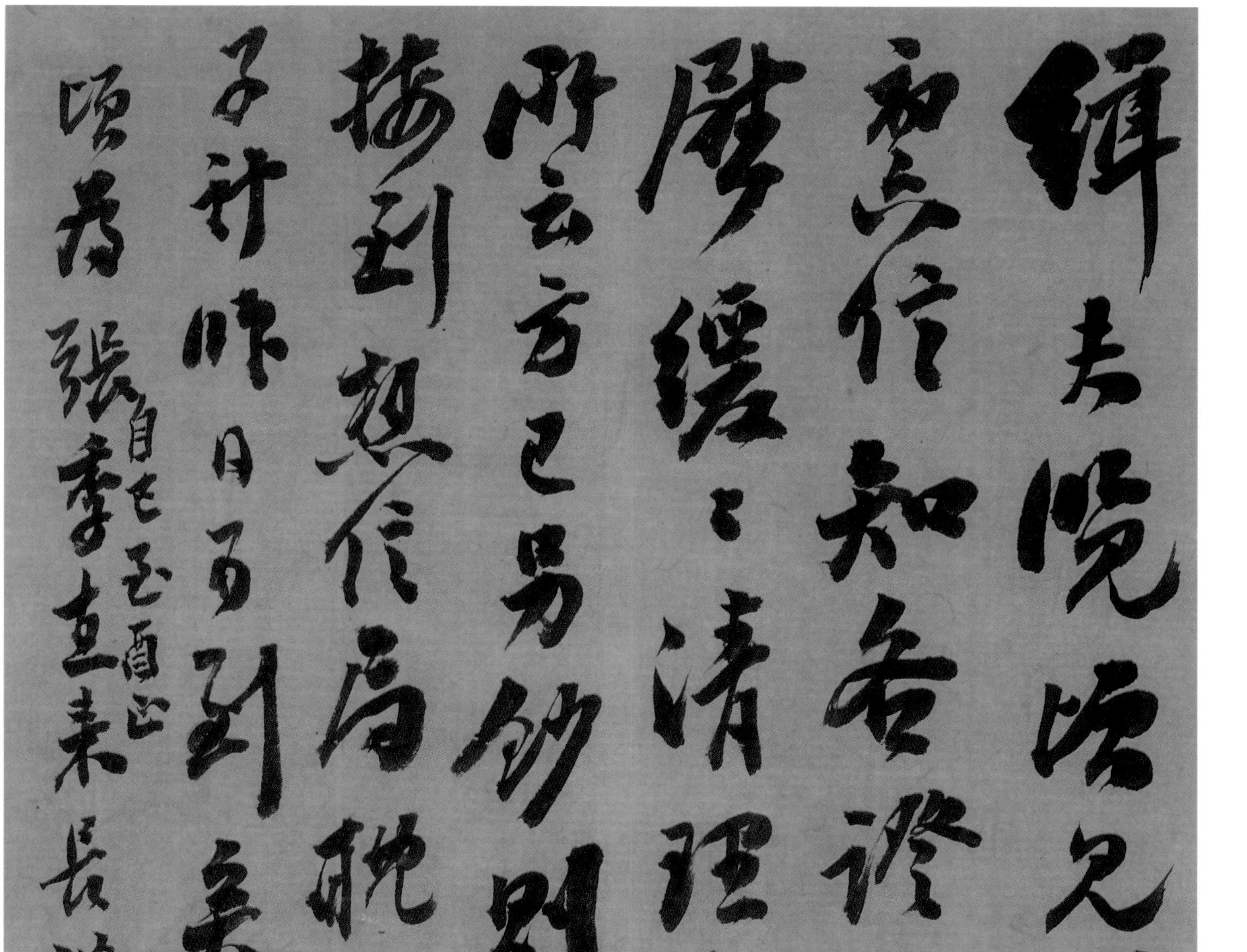
緝夫仁兄足下：前送到初五信，知吾兄證皆輕減，甚慰。緝緝清理，勿求速效，至所云方已易，鈔則吾處即未接到，想信尚擱于怪也。遣子計昨日可到矣，不一一。初八日夕

頃為張季直來長談（自七至酉正），竟不支矣。

致 翁緝夫 之一四

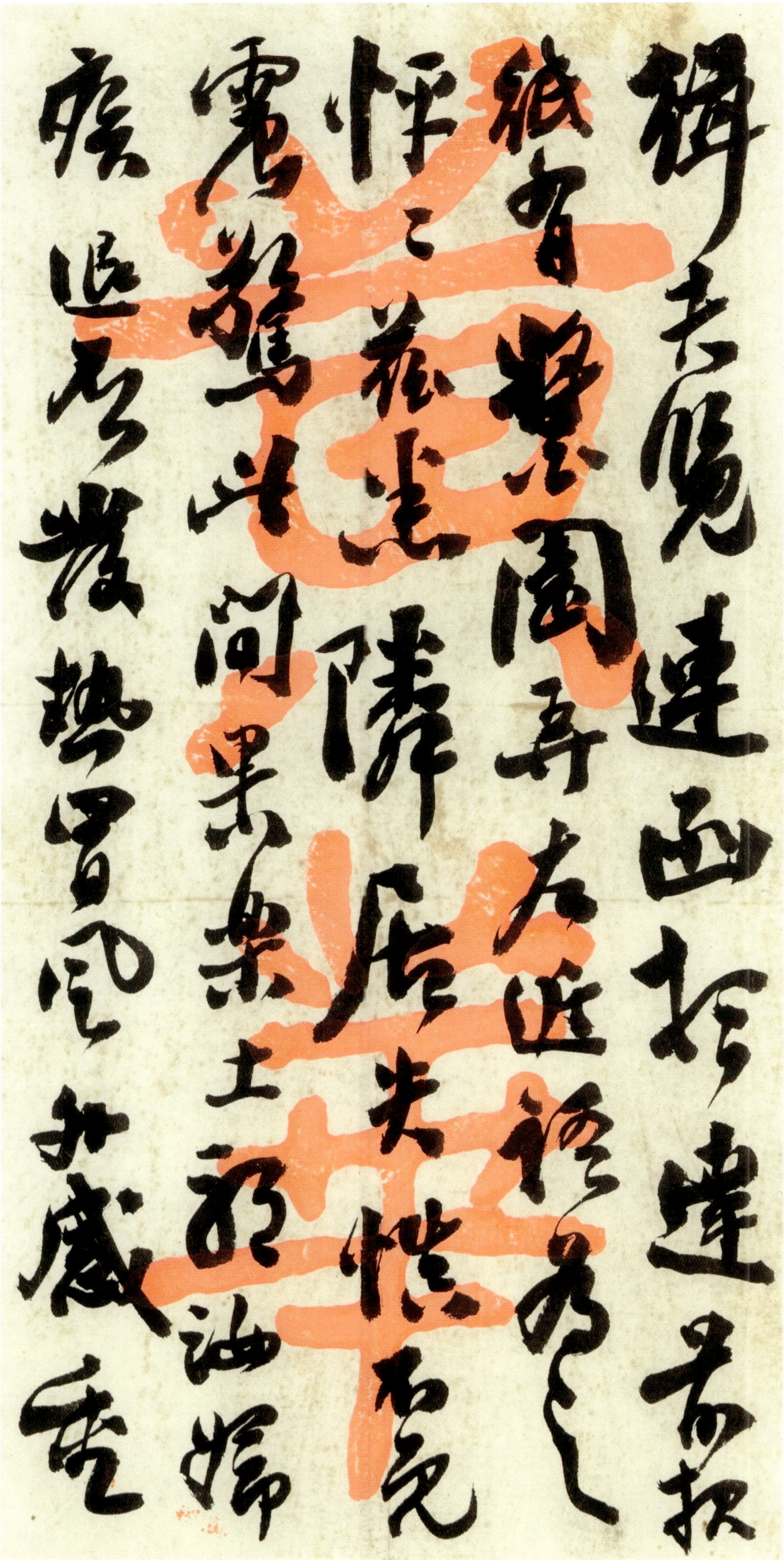

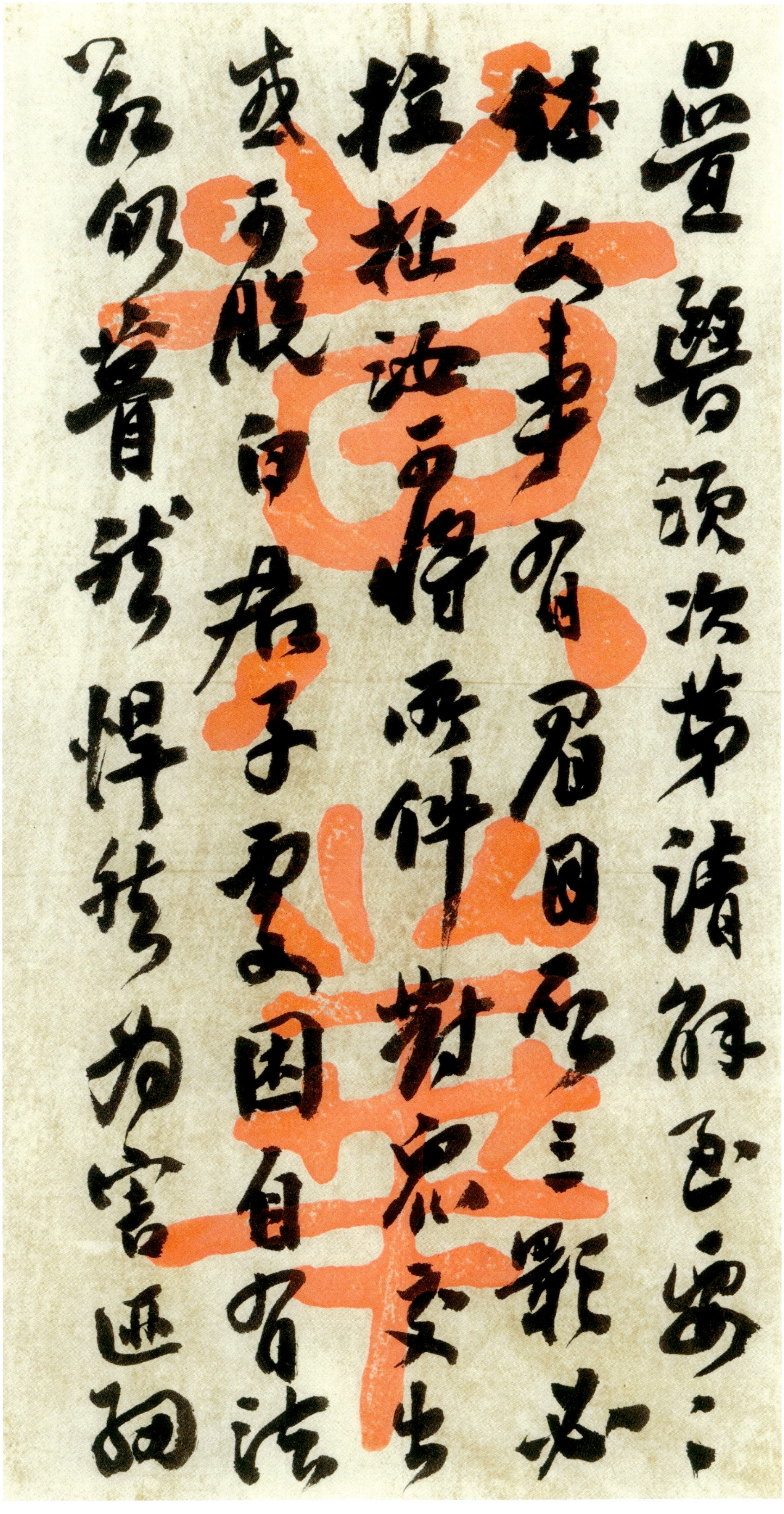

致 翁緝夫 之一四

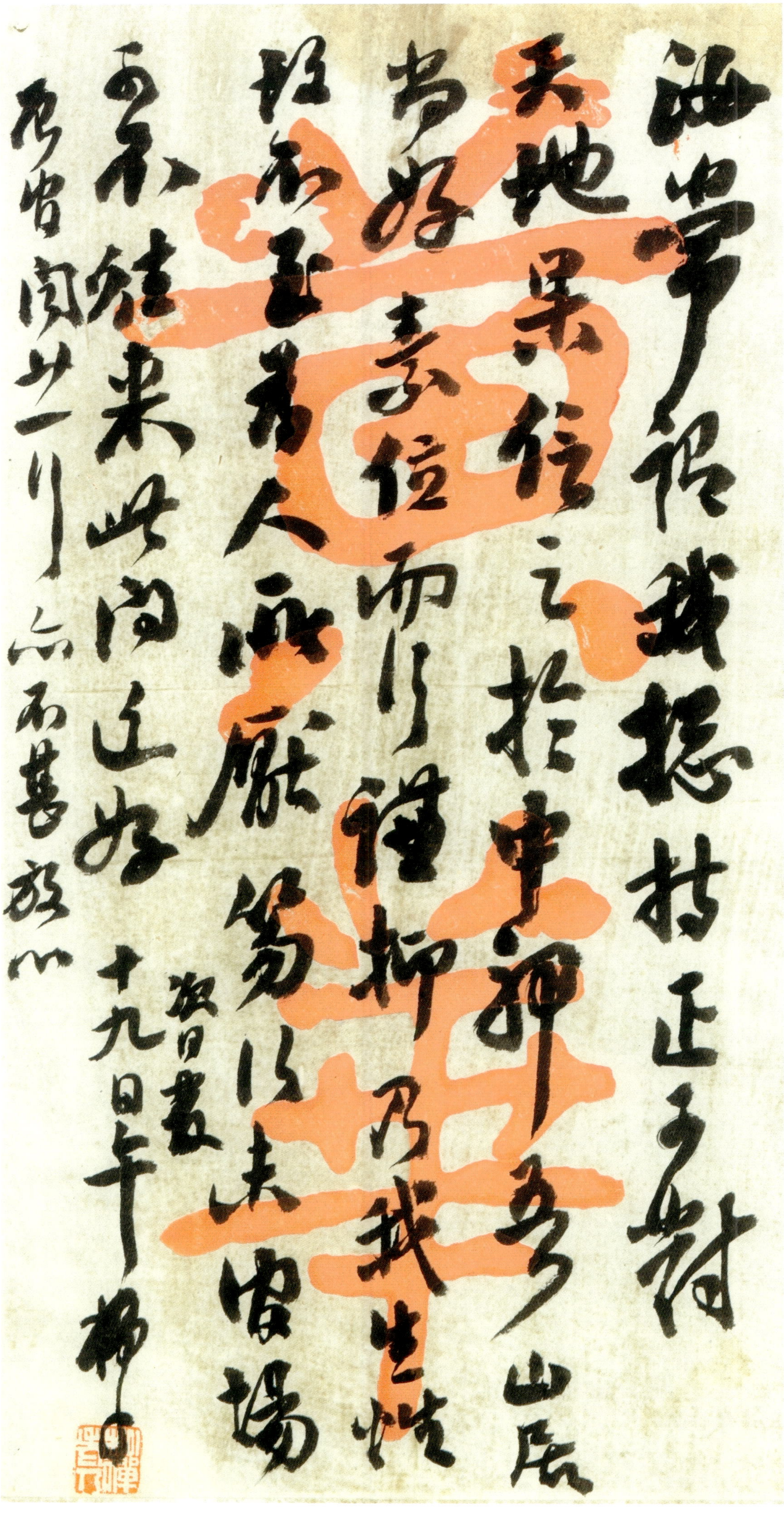

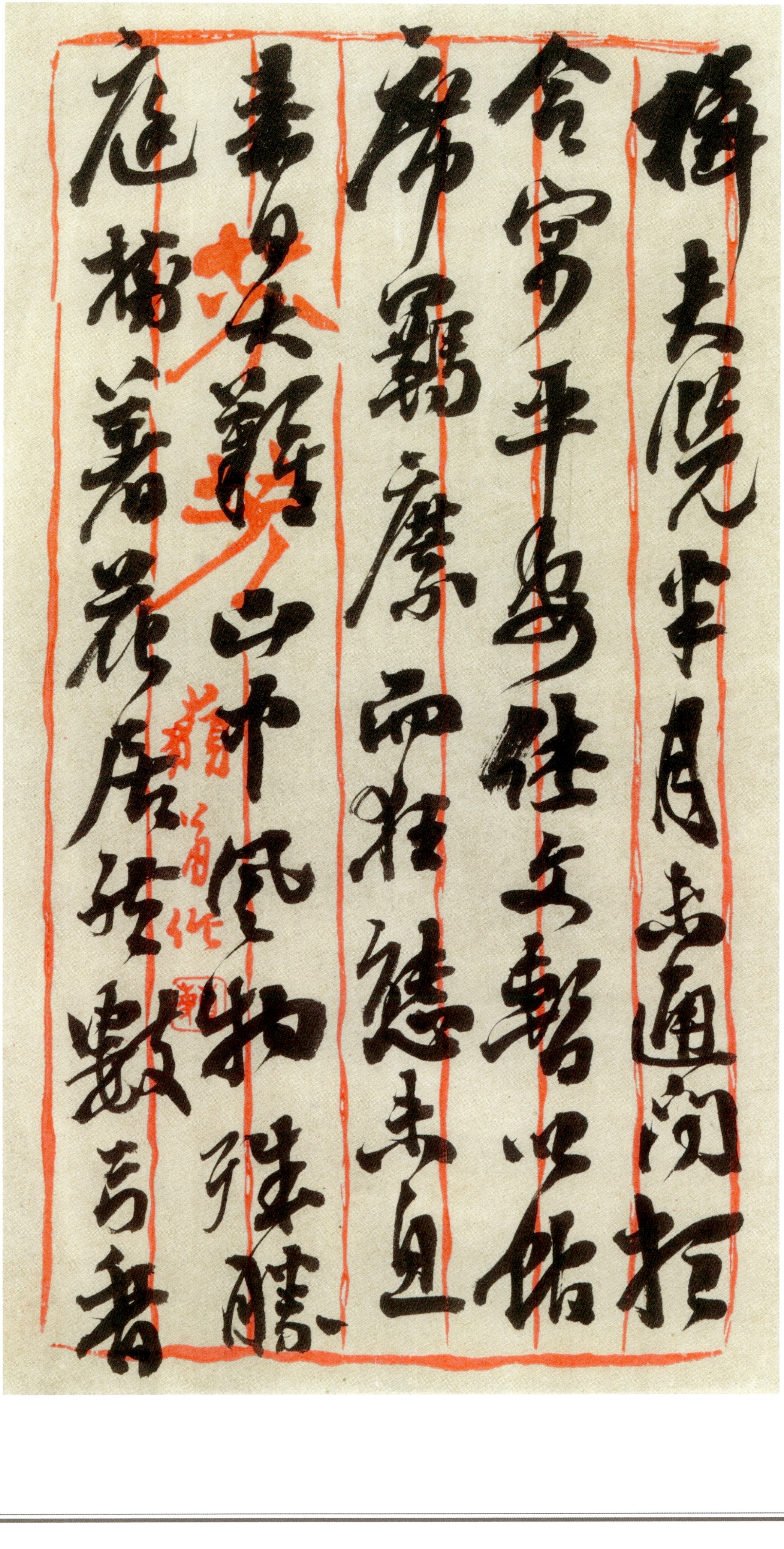

致 翁緝夫 之一五

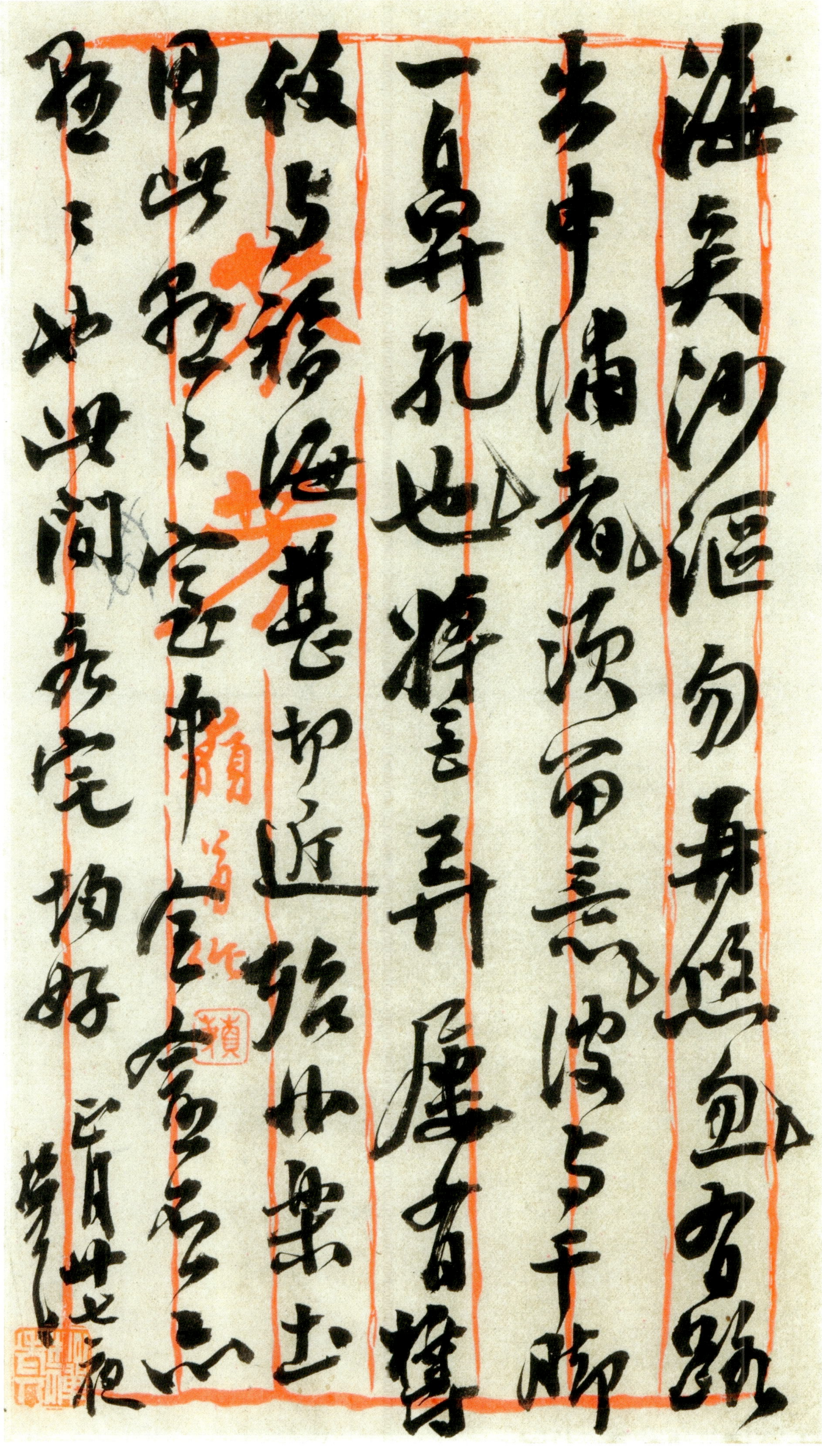

致　翁緝夫　之一六

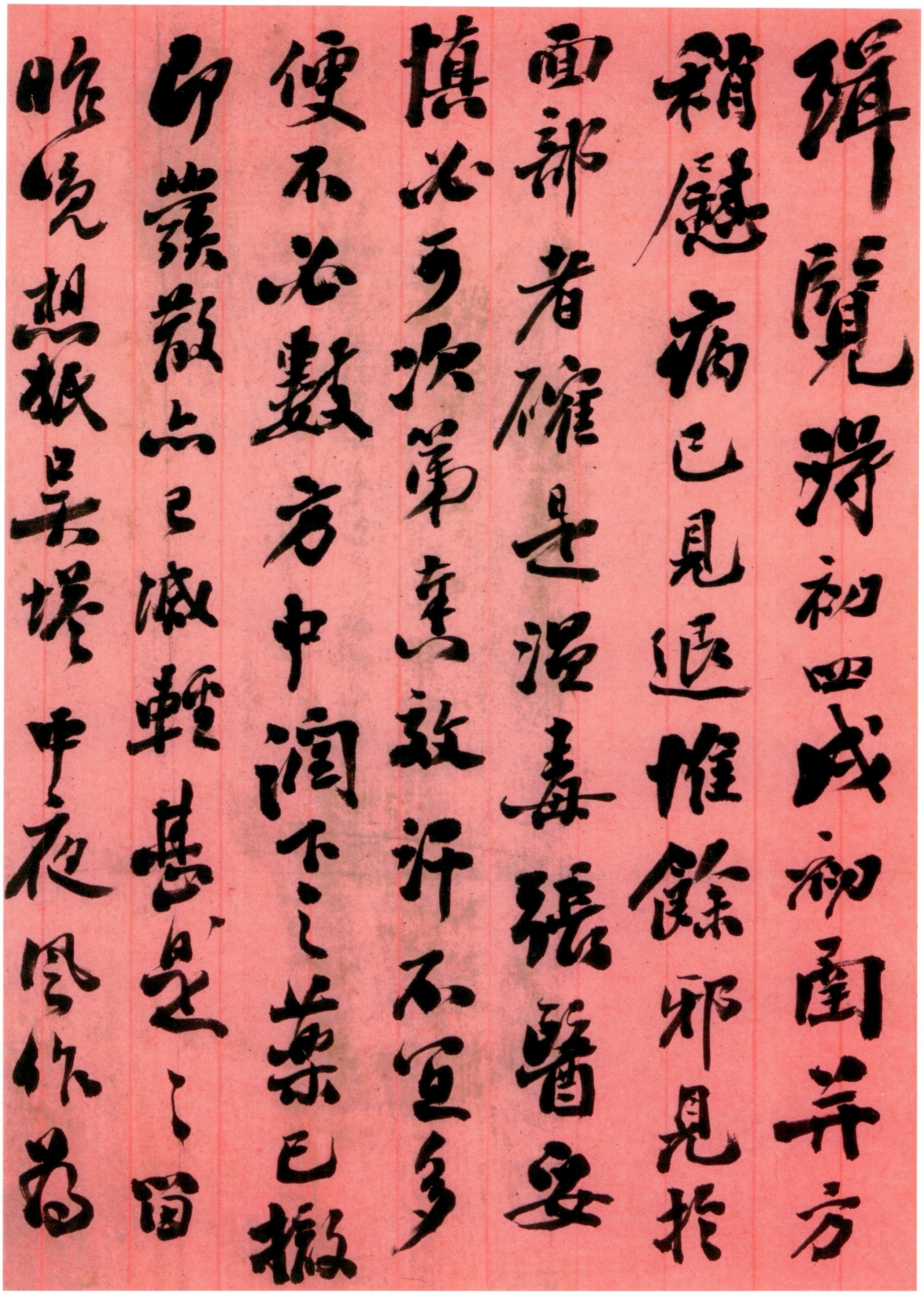

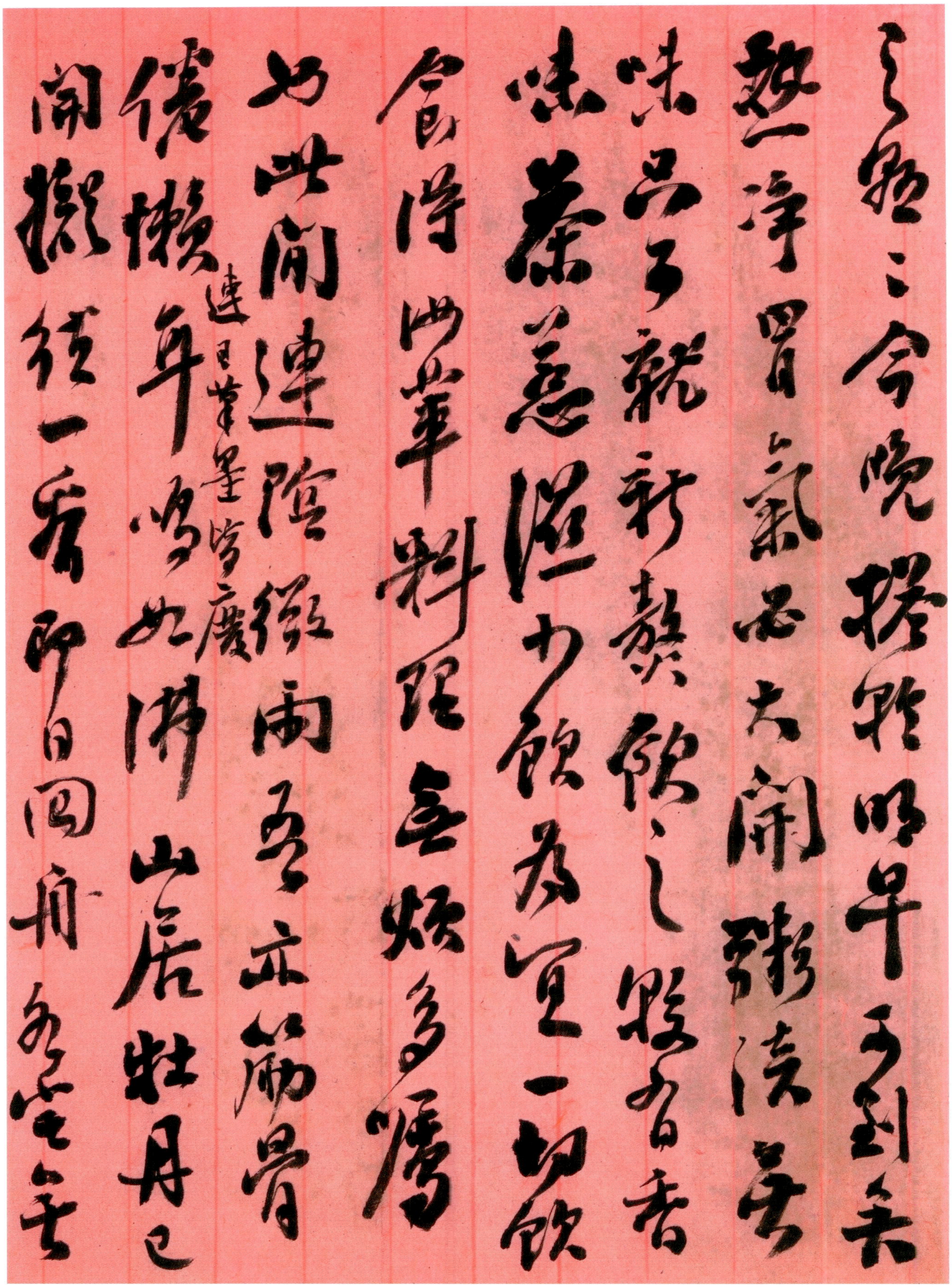
了翁二令晚搭船明早可到矣
熱淨胃氣必大開臟洗矣
味品可就新蒸飲之勝有香
味茶葉涇少飯為宜一切飲
食得此華料理無煩多屬
此間連陰微雨至今筋骨（連日草草皆慶）
倦懶年事如此山居牡丹已
開擬往一看即日回舟兔無寺

致 翁緝夫 之一六

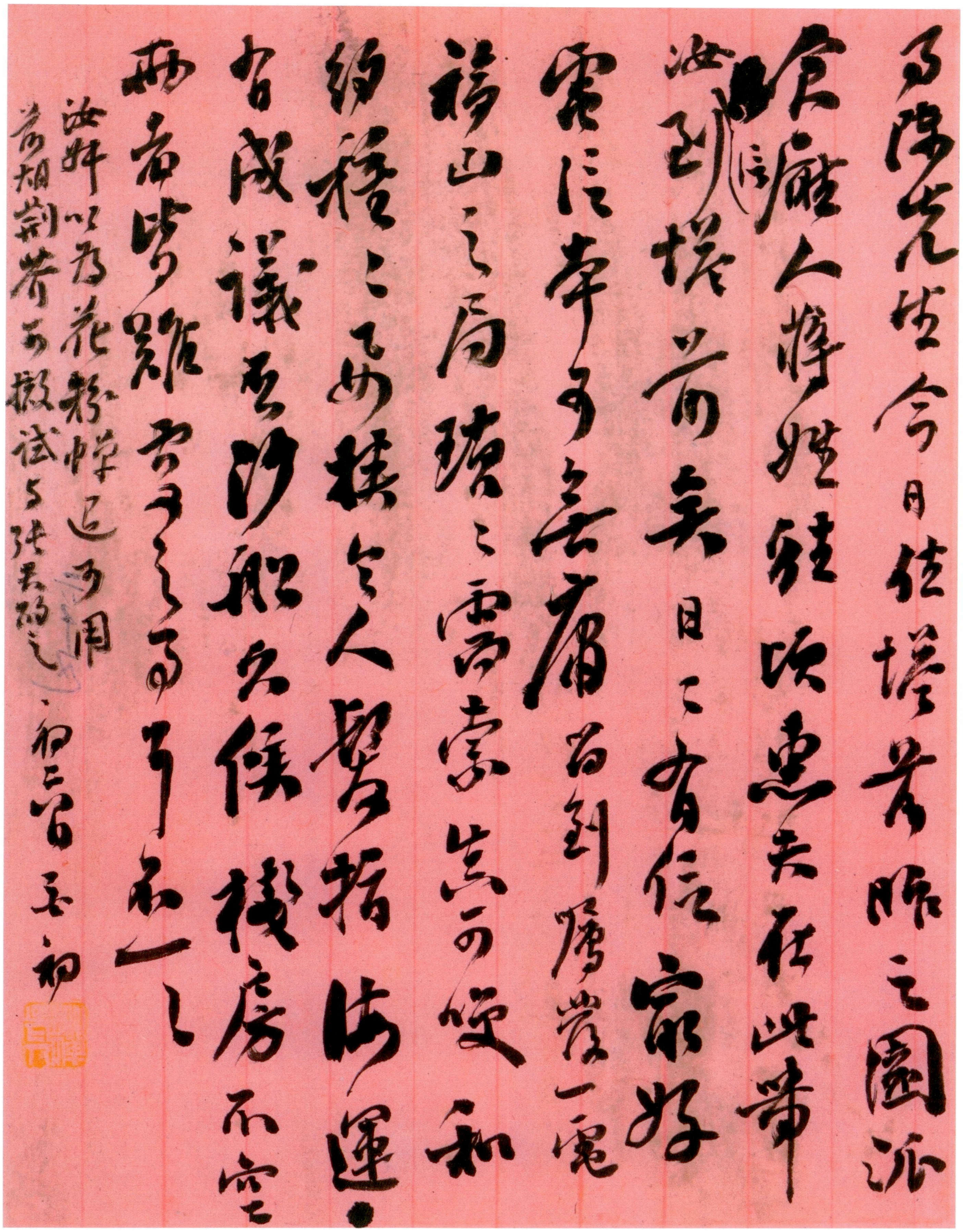

致　俞鍾鑾　之一

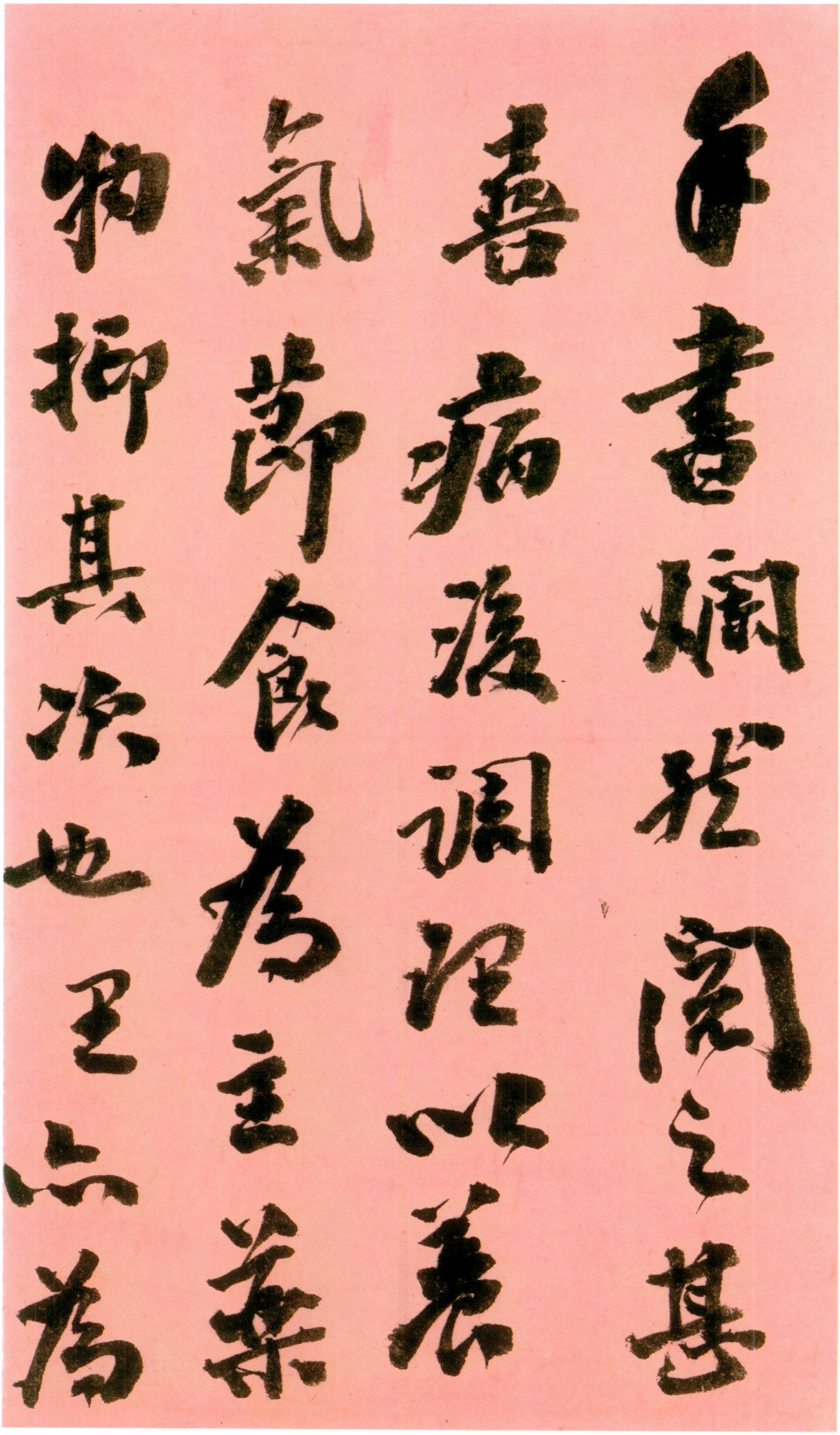
手書爛然閱之甚喜病後調理以養氣節飲為主藥物抑其次也至亦為

俞鍾鑾，字調卿，號漁隱，江蘇常熟人。諸生。翁同龢外甥。

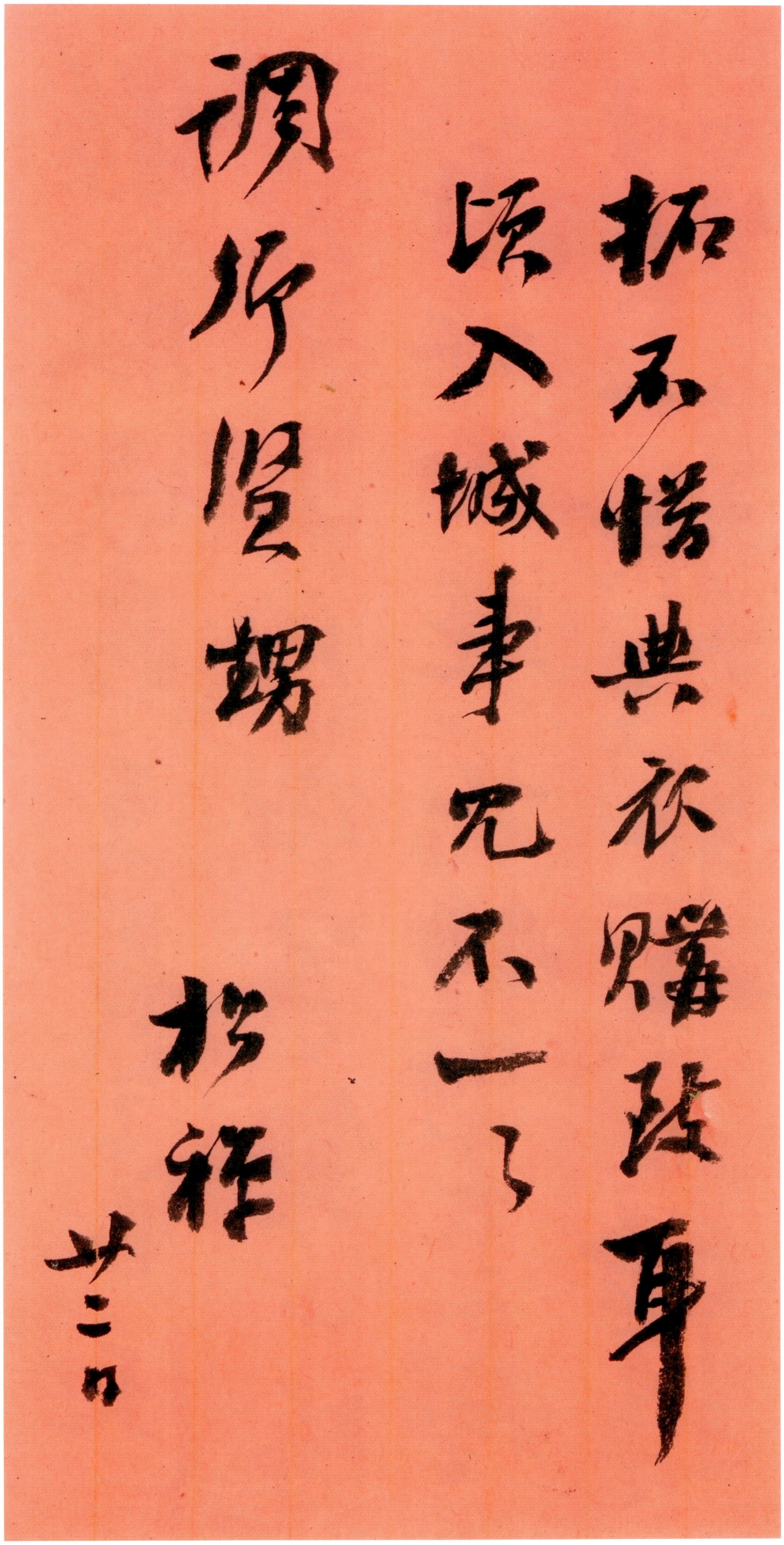

抑不惜典衣贖跋耳

頃入城事冗不一一

調侄賢甥

杉祥

廿二日

致俞鍾鑾之三

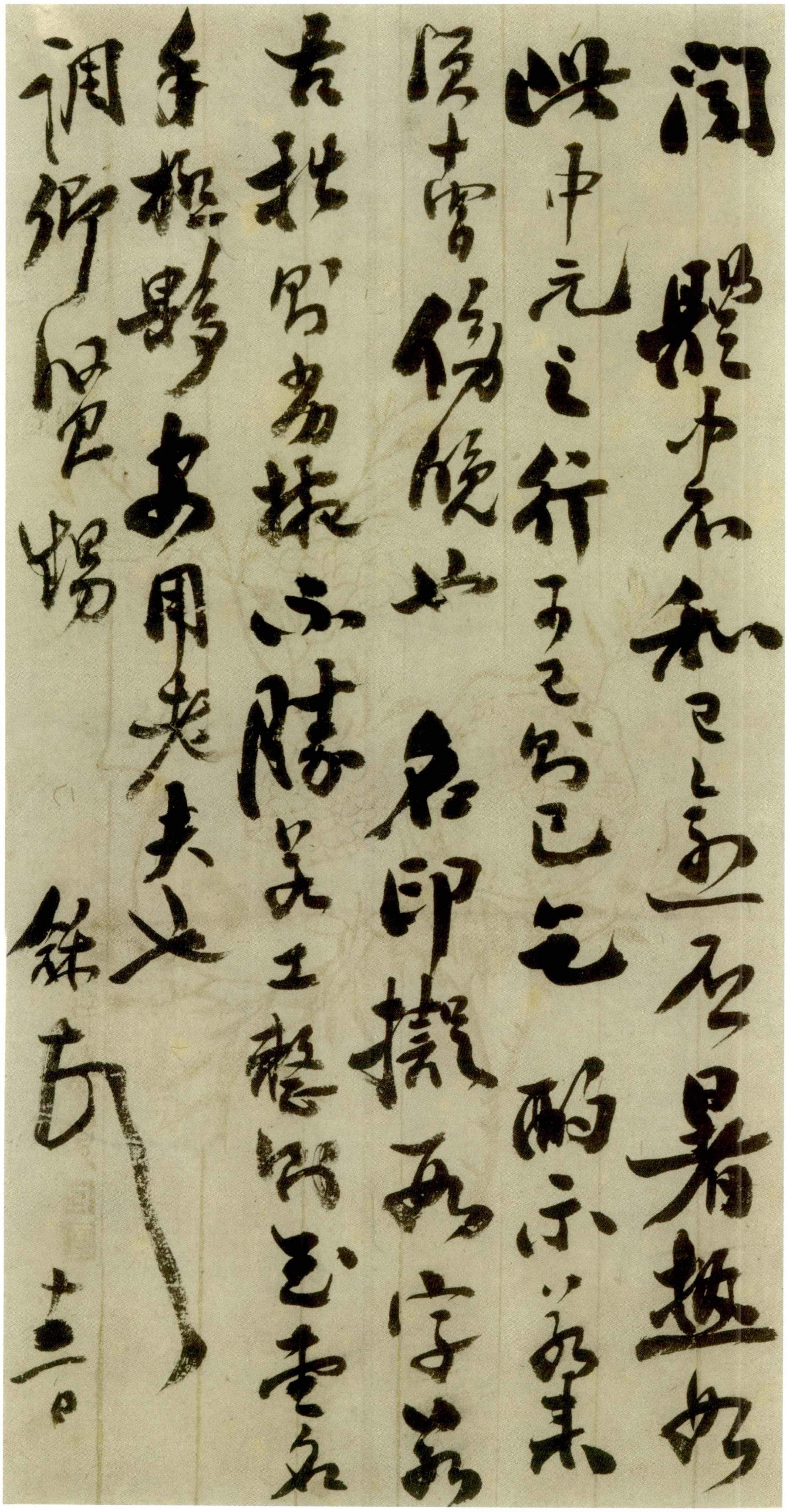

玉壺嫩烟並方文鼻
烟一瓶所謂金花上品即
以奉贈
請善宜調攝勿再受擾
諷卿賢甥
松禪

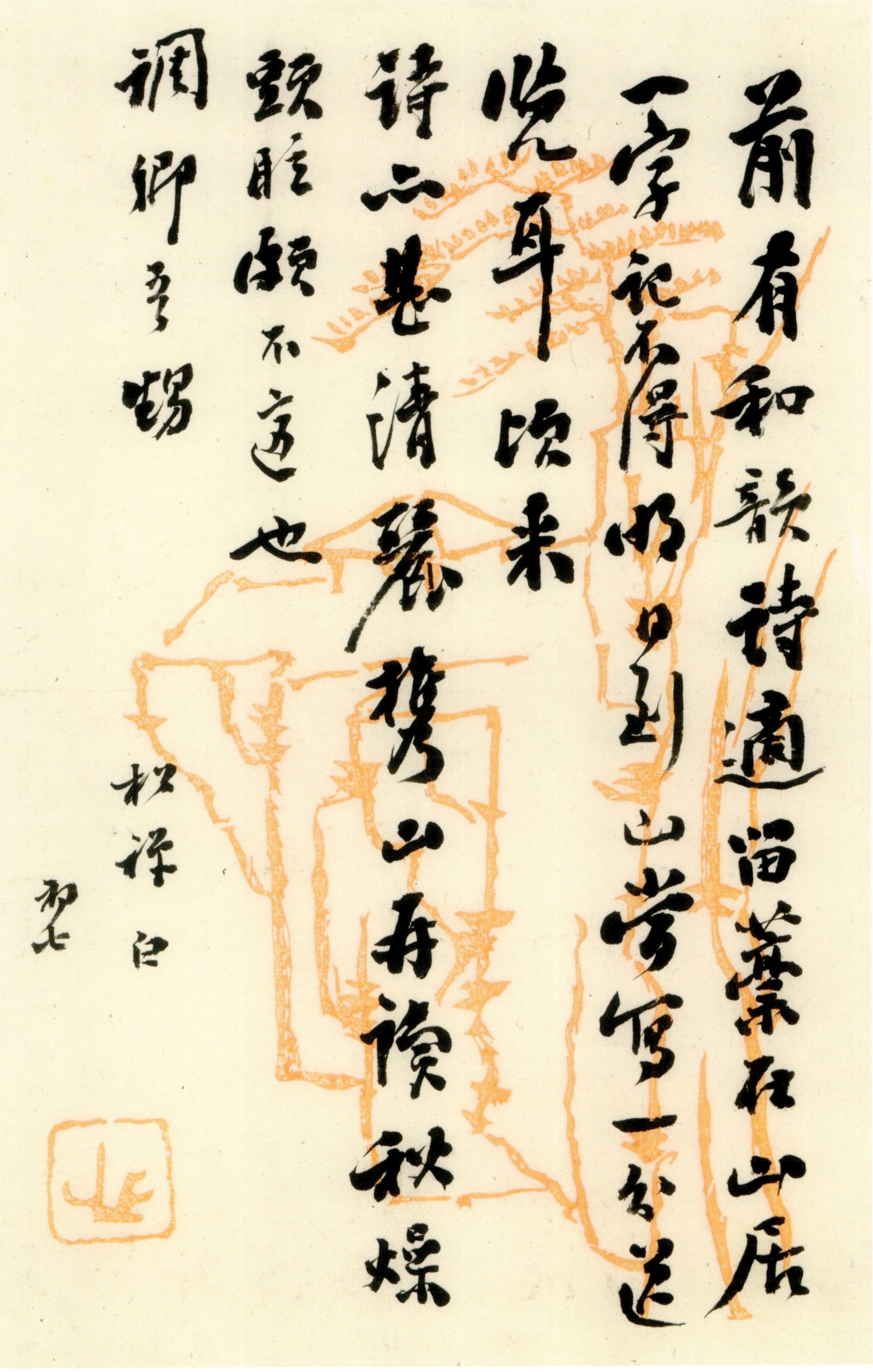
前有和歆詩適留叢在山居一字記不得明日到山當寫一分送覽耳頃來詩亦甚清蒼穆山再讀秋燥頸脛頗不適也
裯卿吾弟錫
松禪白
初七

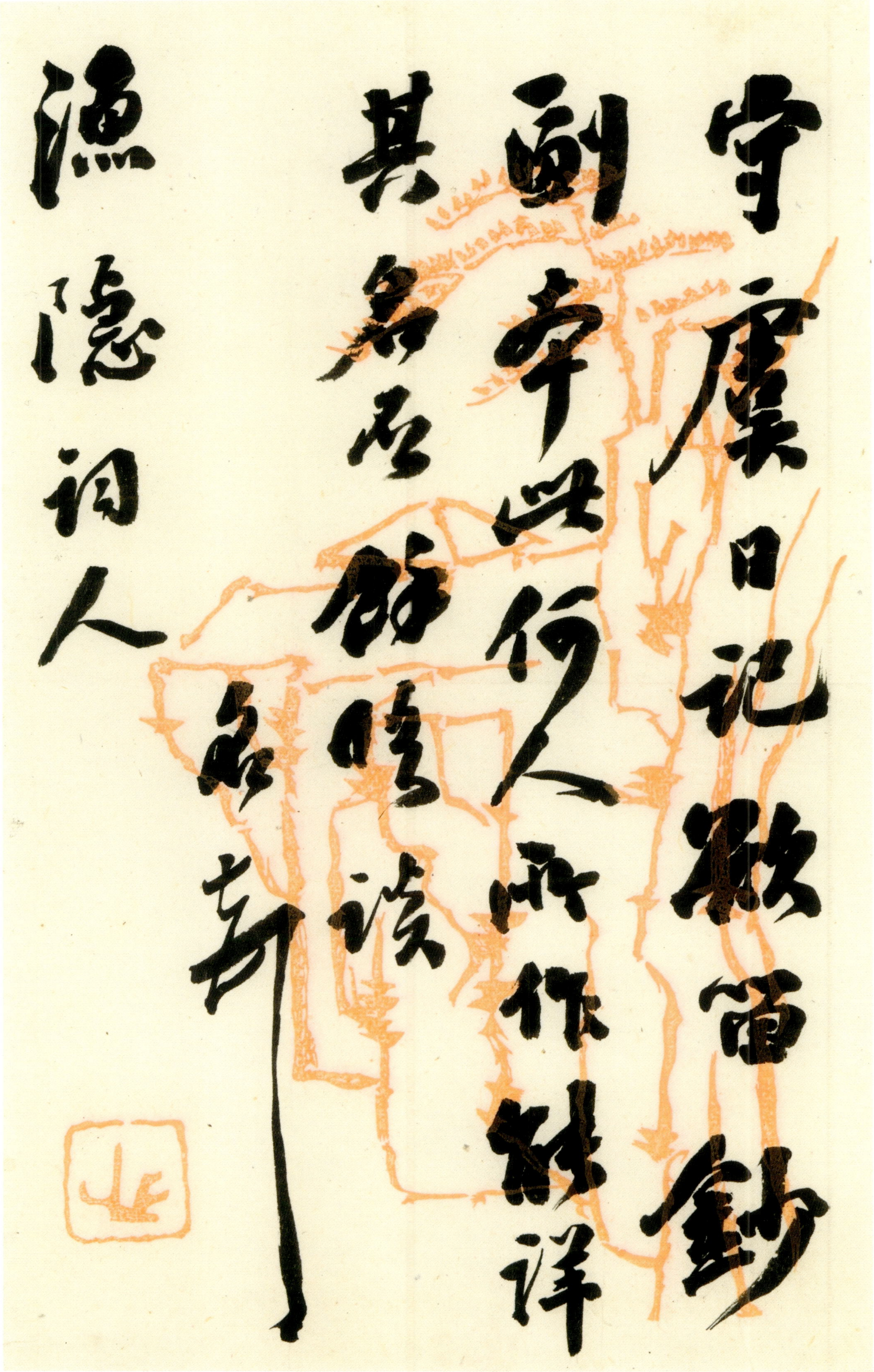

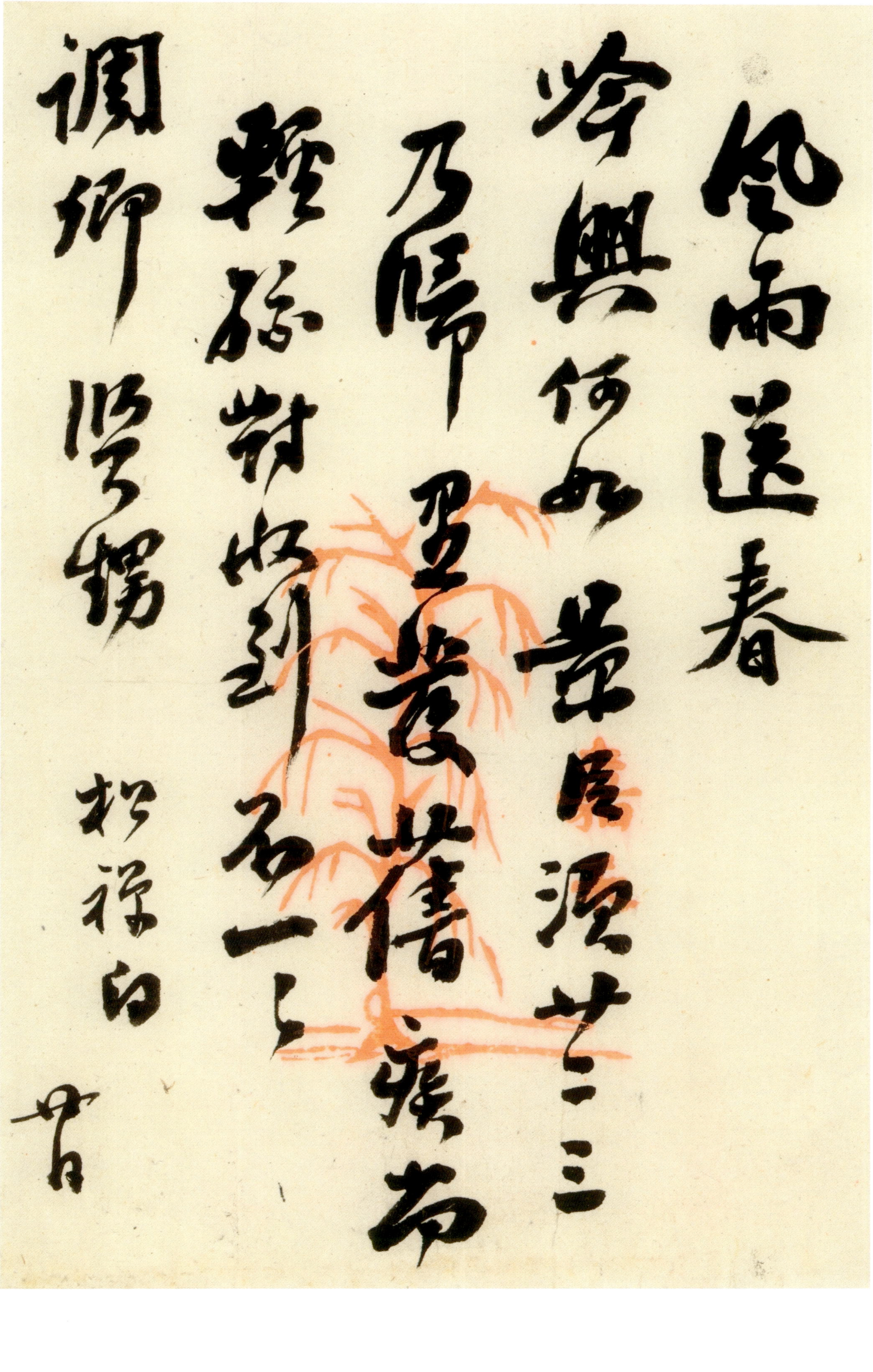

致 俞鍾燮 之九

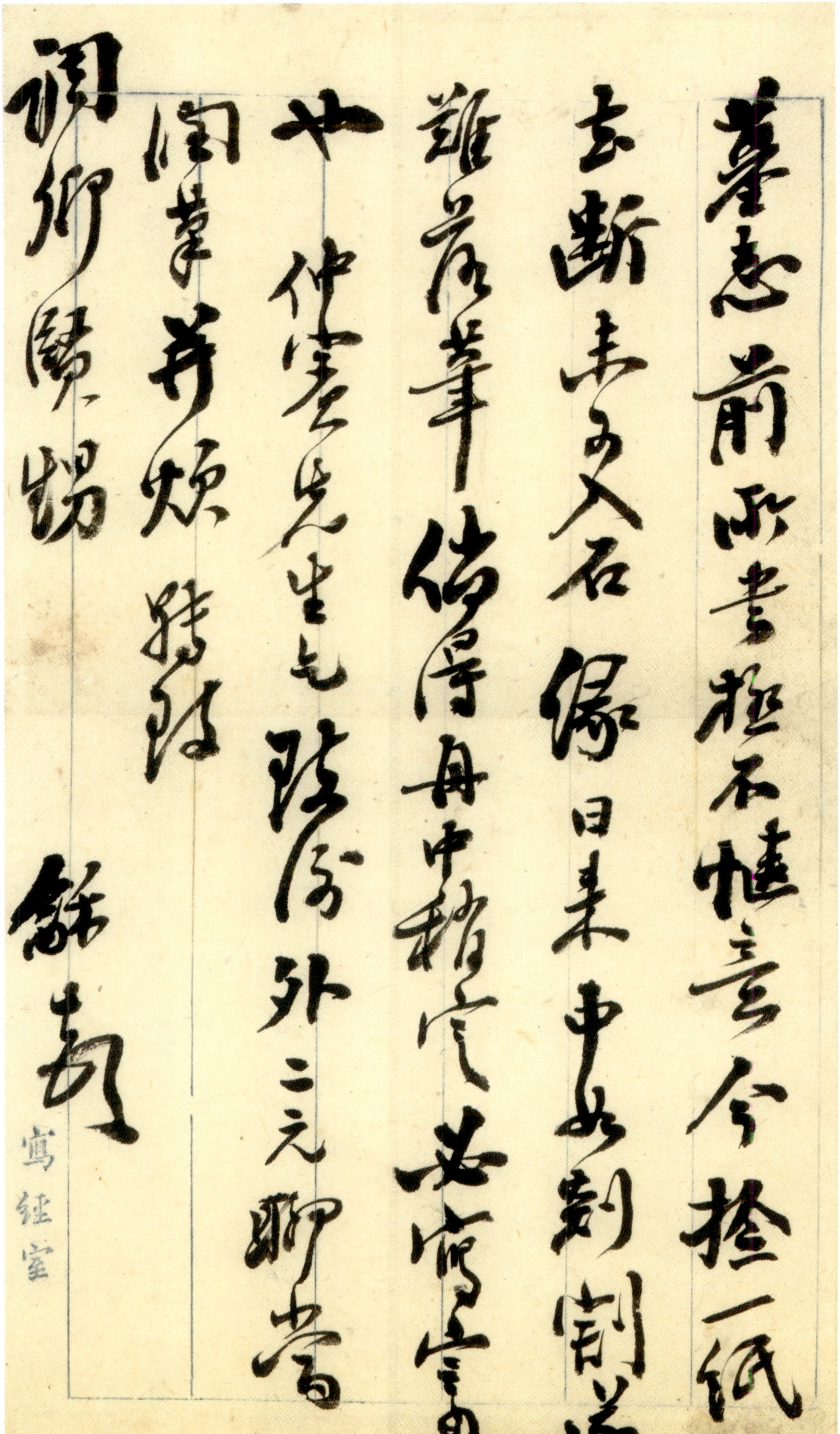
尊恙前所書極不愜意，今捨一紙去，斷未可入石，緣日來事如劇劇，遂難於筆給，得舟中指定，必有以寄也。仲寔先生乞致候。外二元聊當潤筆，並煩轉致。潤例謝謝。龢頓首

昨入城 祀事今後上山
查卷本還
體中大和否須臻重
調御爲暢 祈禧均
十六

致俞鍾燮 之一一

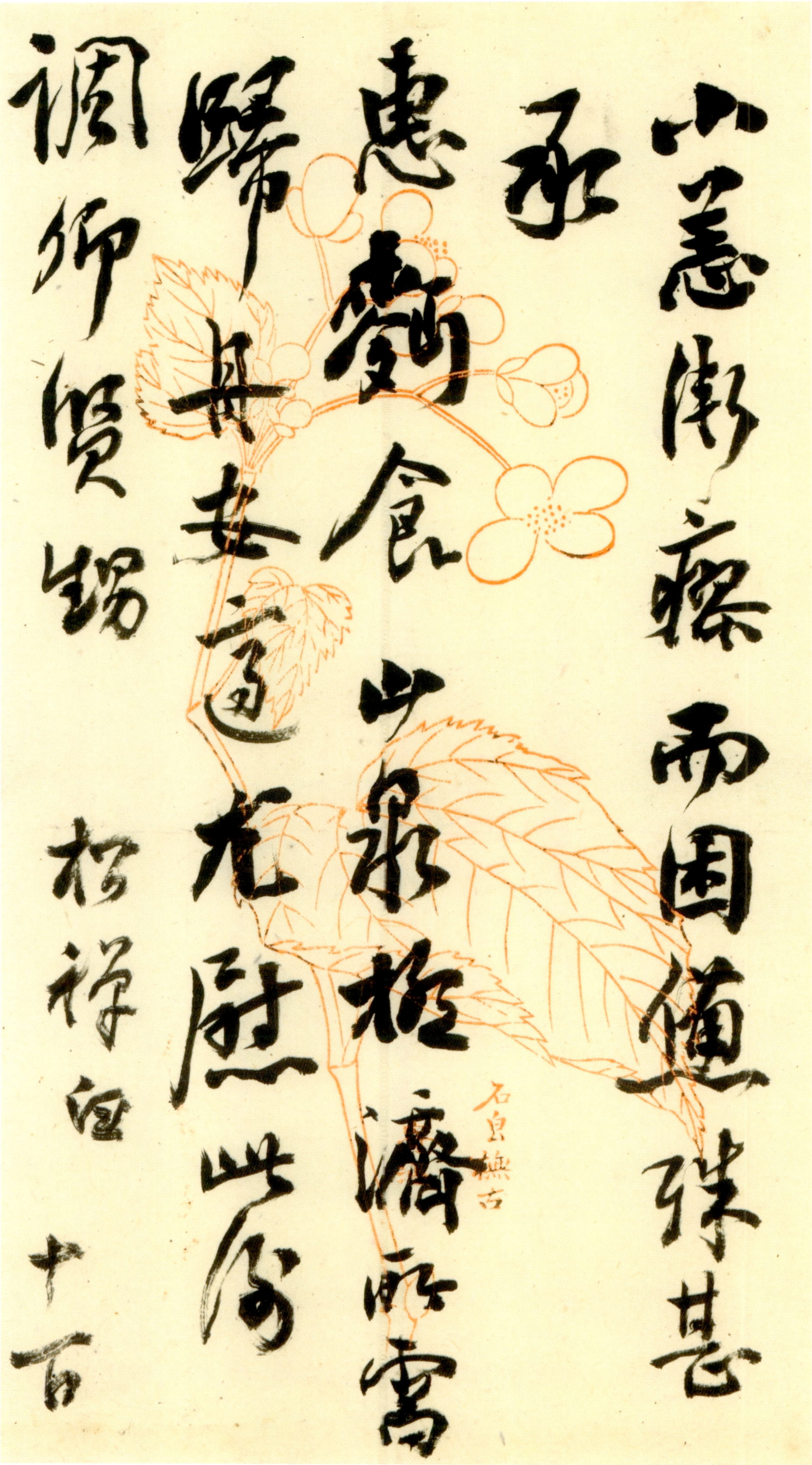

小恙微瘵而困頓殊甚
承
惠餉食山泉松醪所需
歸舟安適尤慰此間
調卿賢甥
松禪白
十日

致俞鍾夔之一四

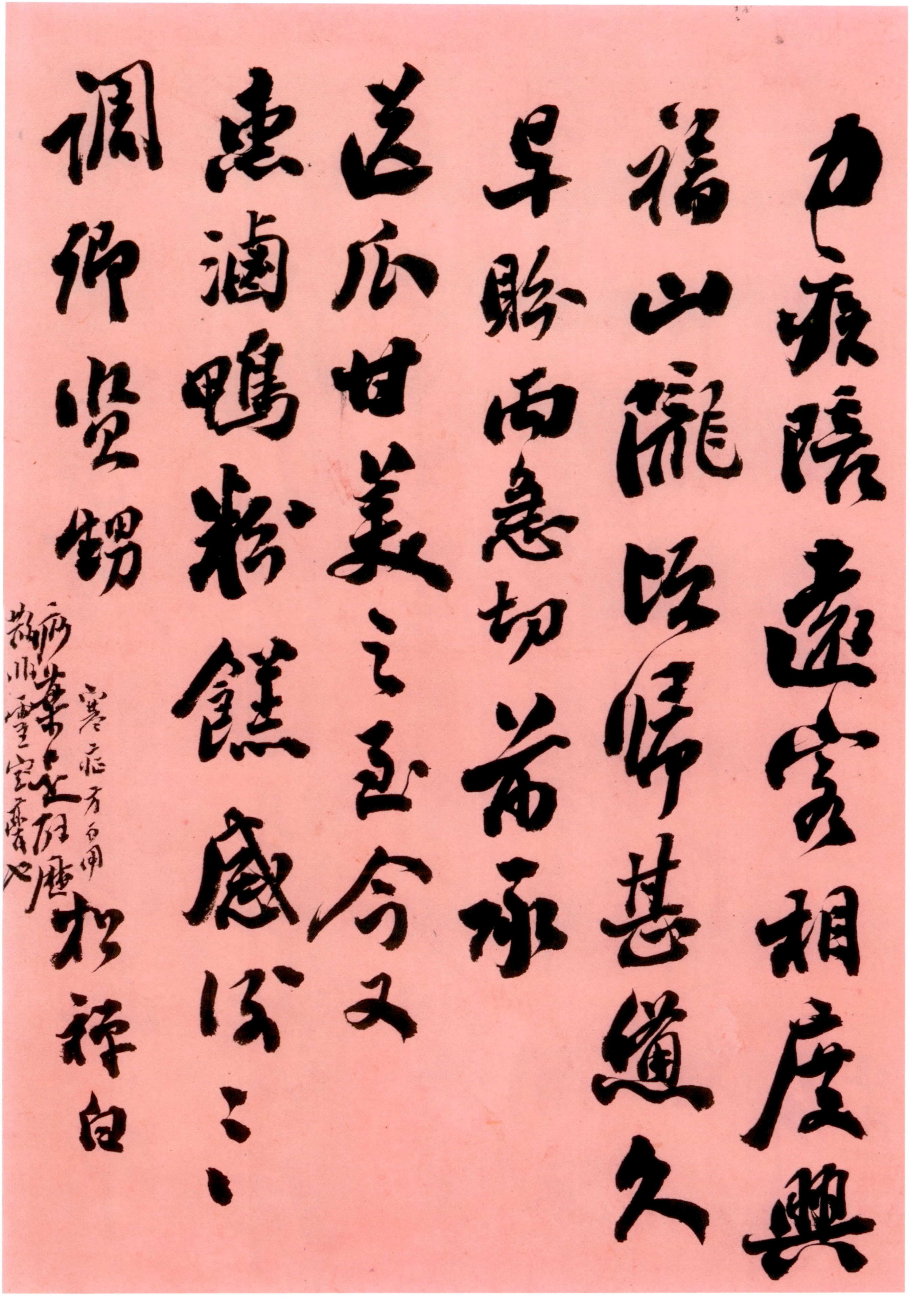

致俞鍾鑾之一五

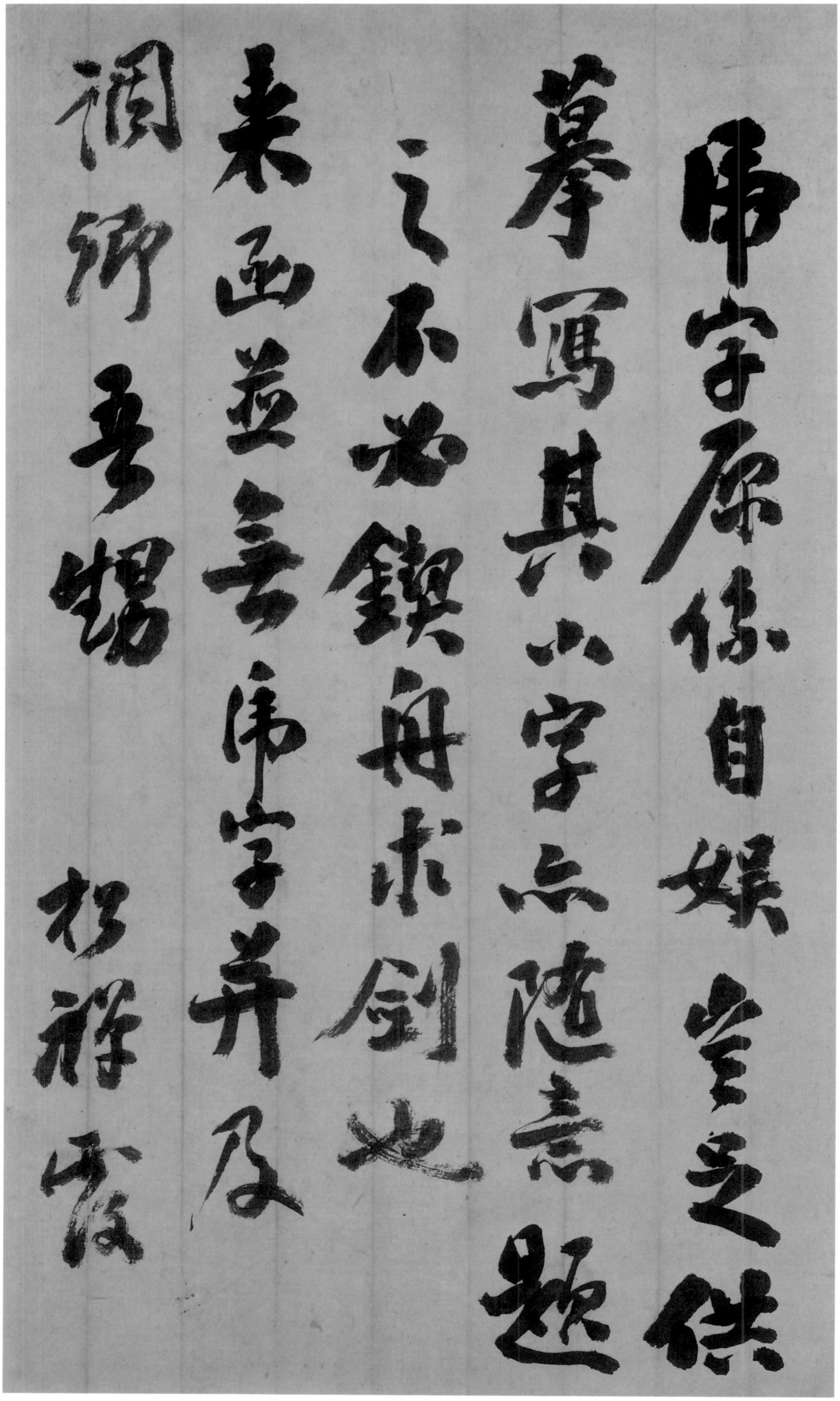

帋字原係自娱豈足供
摹寫其小字亦隨意題
之不必鐫毋求刻也
來函並言帋字并及
潤例吾甥
松禪啟

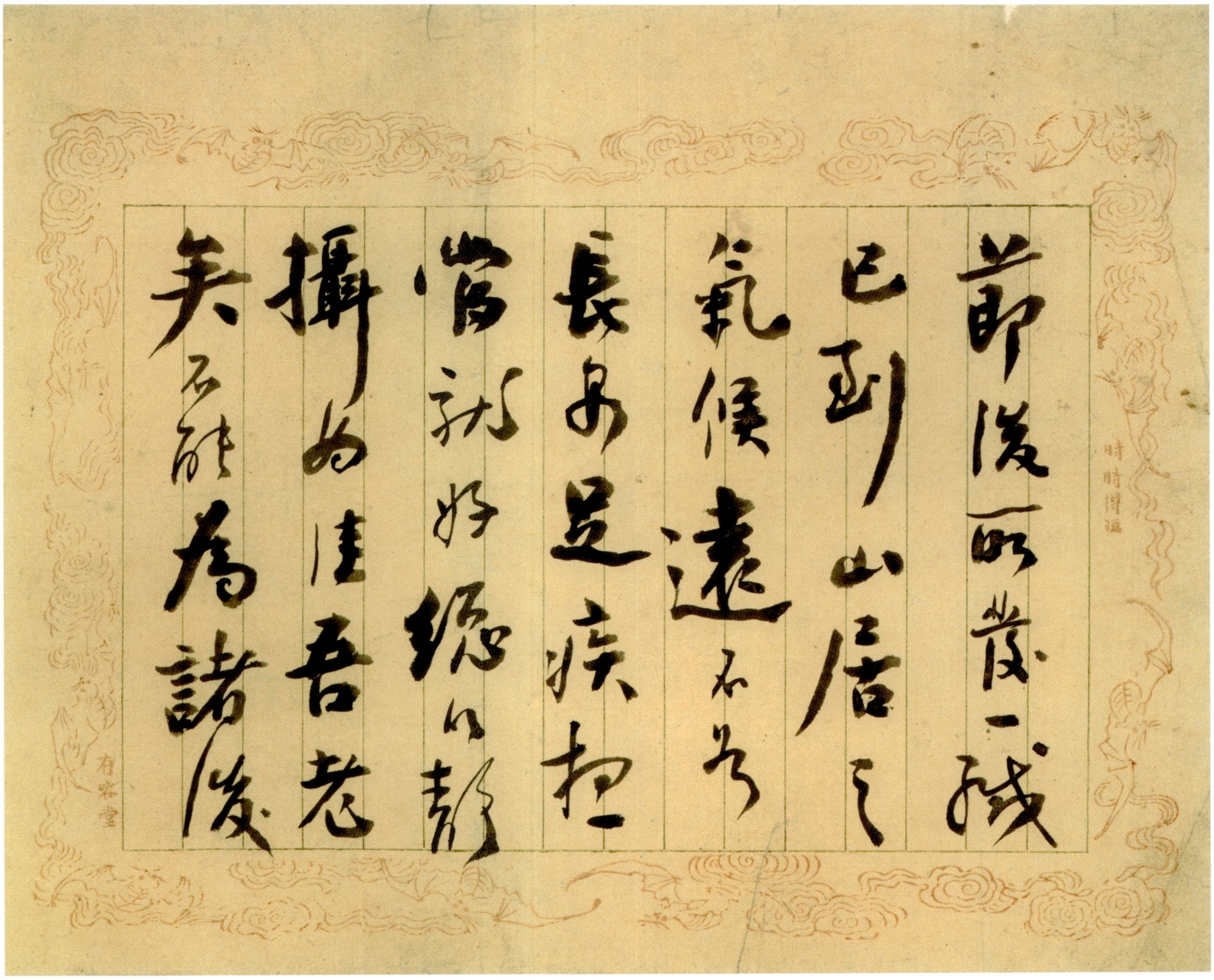

致俞鍾夔之一六

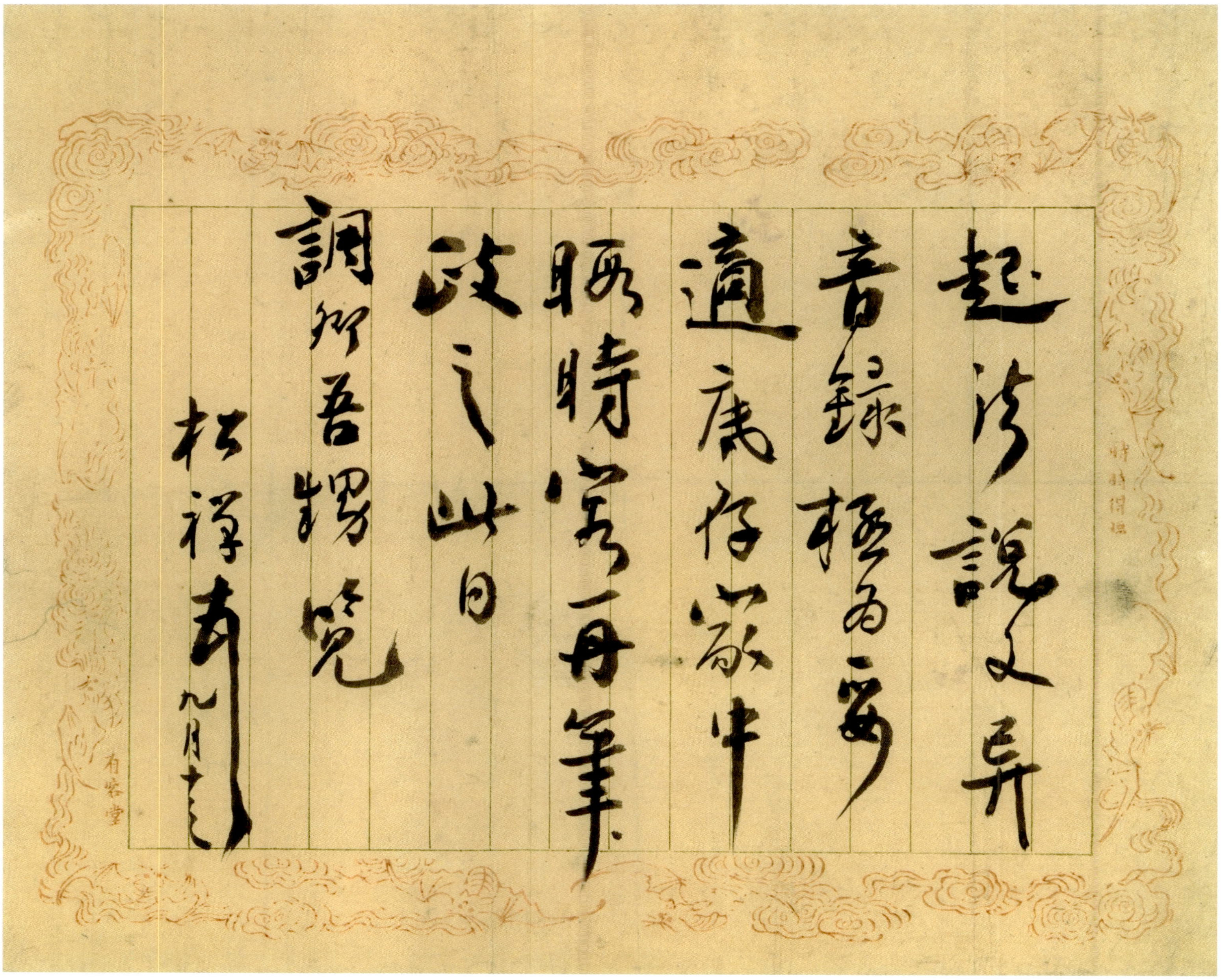

致俞鍾夔 之一七

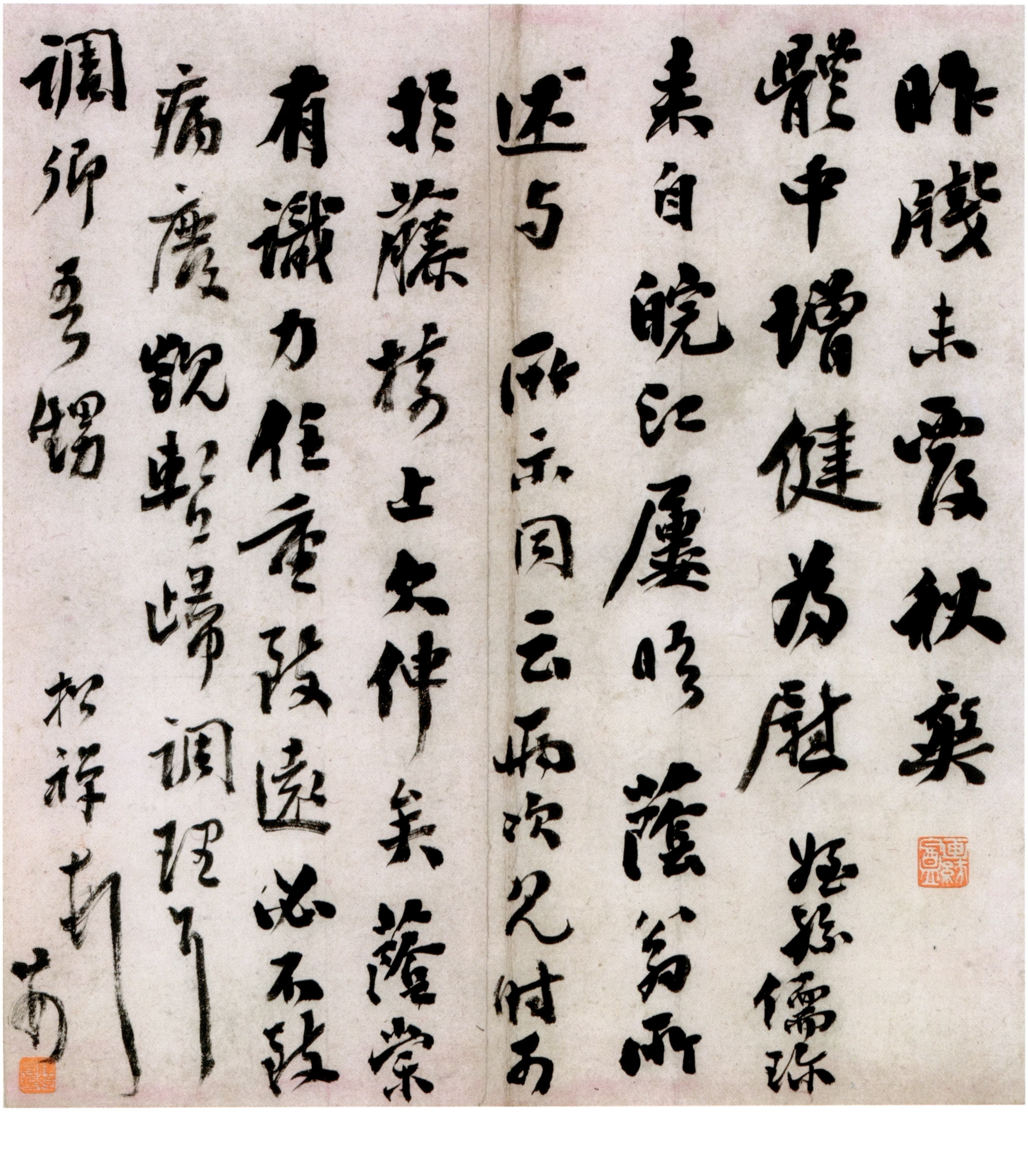

致 俞鍾鑾 之一

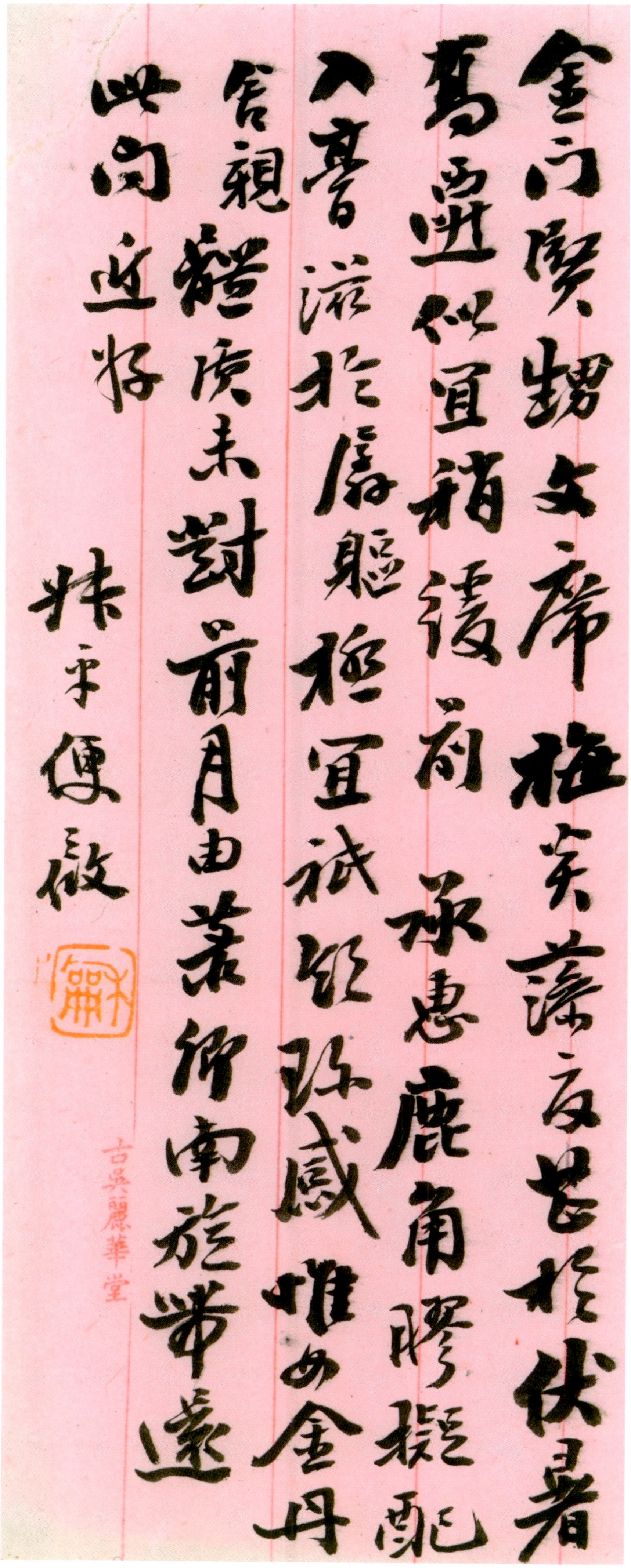

俞鍾鑾(1851—1926)，字金門，一作荆門；又字次輅，號養浩，别署一舟，江蘇常熟人。諸生。翁同龢外甥。

致 俞鍾鑾 之二

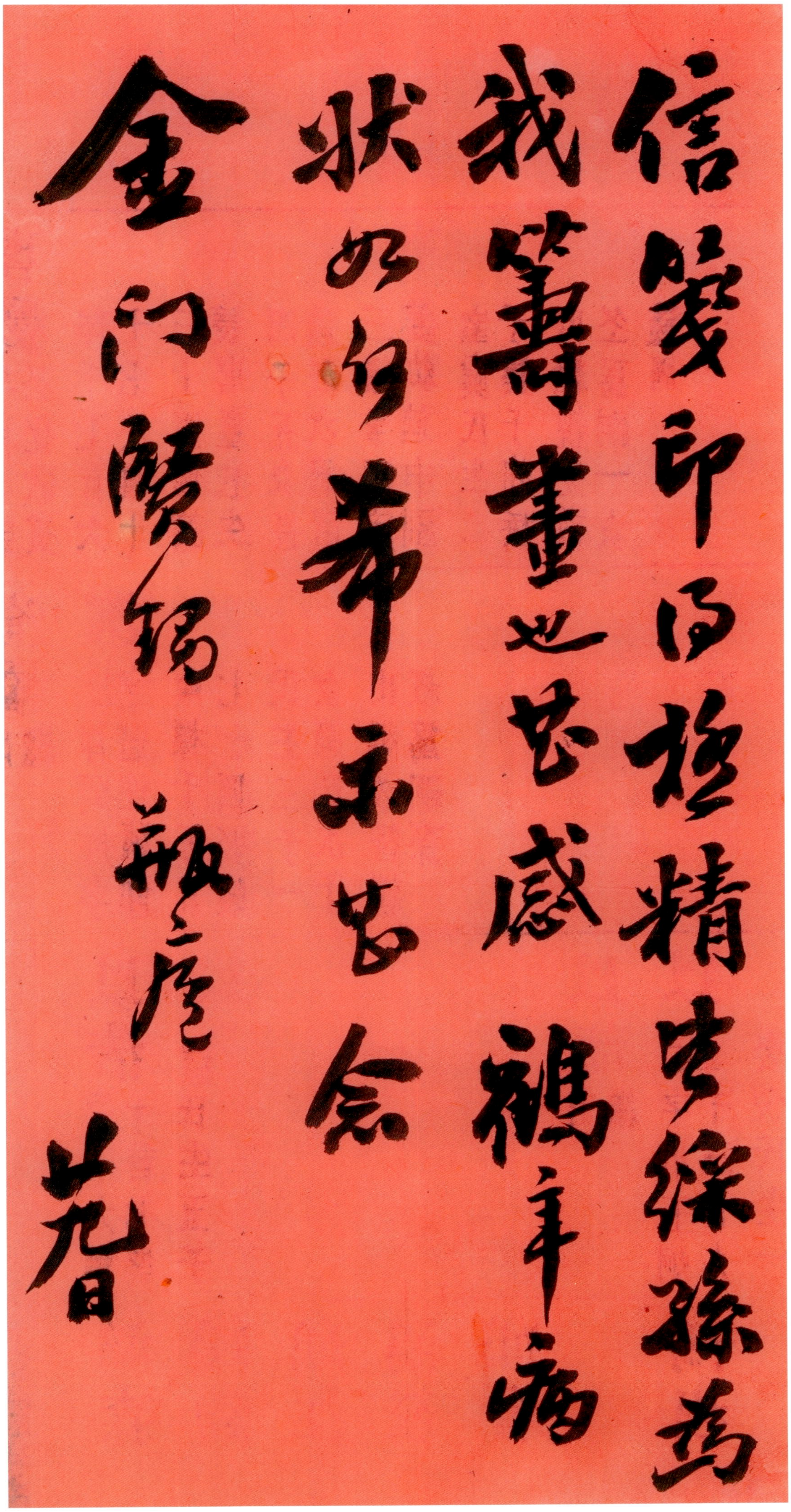

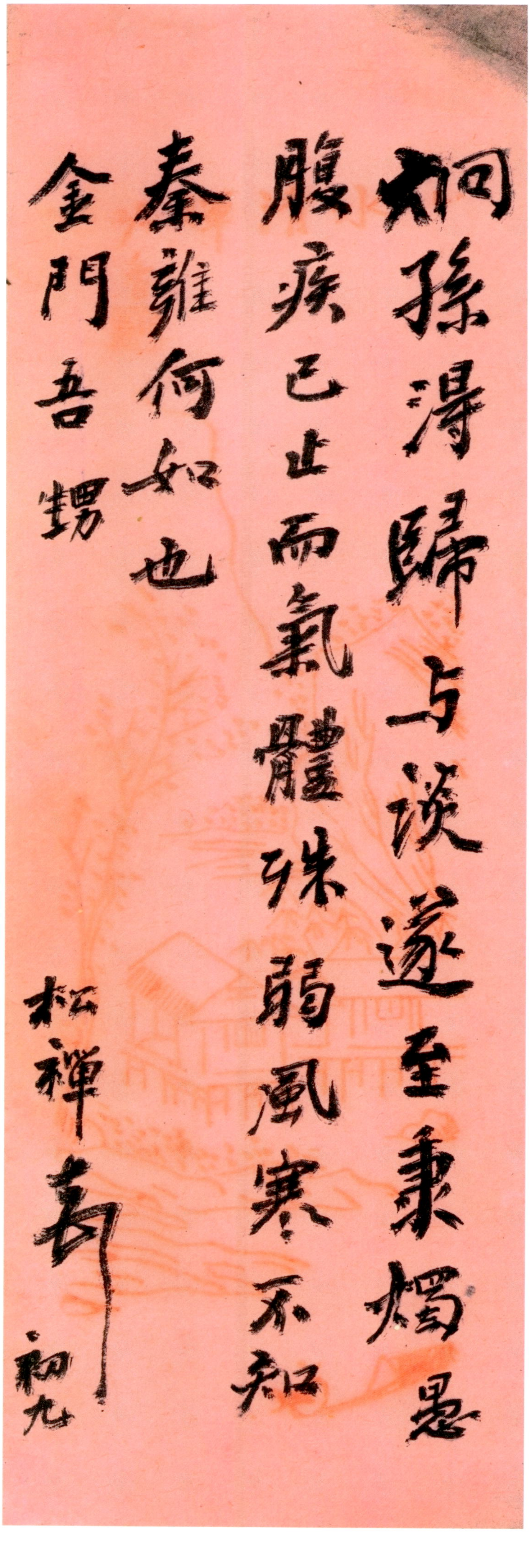
炯孫得歸与談遂至秉燭患
腹疾已止而氣體殊弱風寒不知
秦雖何如也
金門吾甥
松禪手
初九

謝家稿台銀杏戲當一
圖舟中搖兀不草不則聊
記眼前風景而已附呈一笑
荊門吾甥 鉼庵手 十二

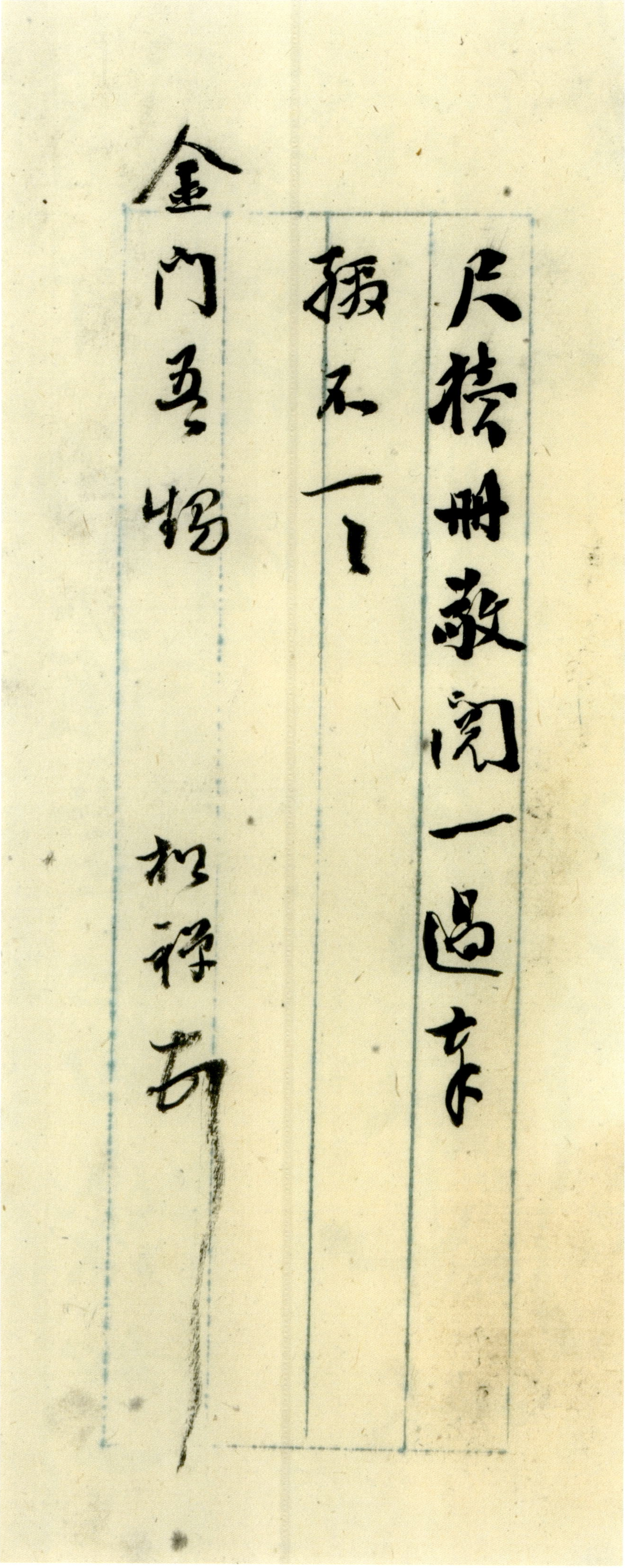
尺牘册敬閱一過奉
擲不一一
金門吾甥
松禪頓

致 俞鍾燮 俞鍾鑾 之三

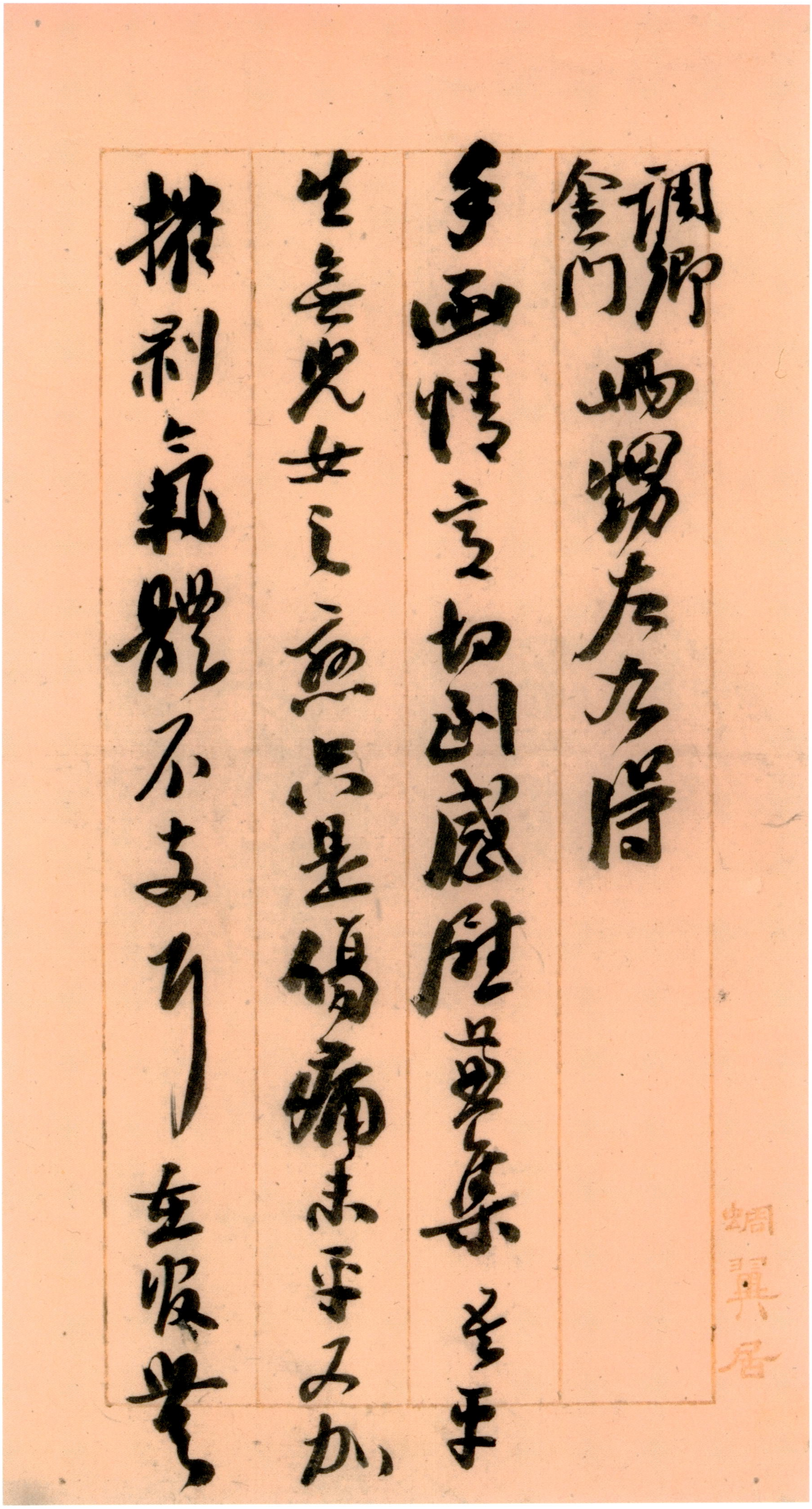

致 俞鍾燮 俞鍾鑾 之三

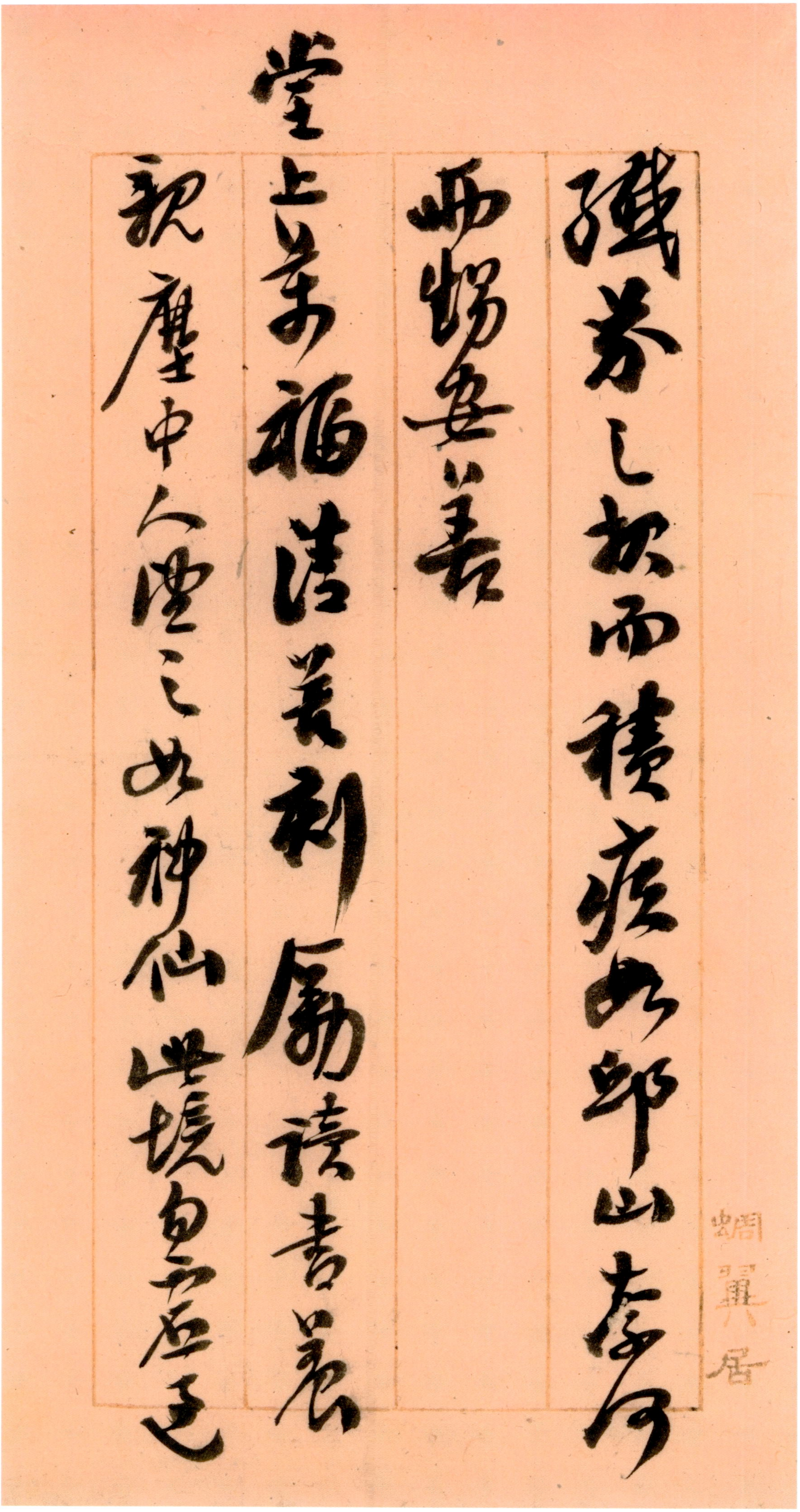

致俞鍾燮、俞鍾鑾 之三

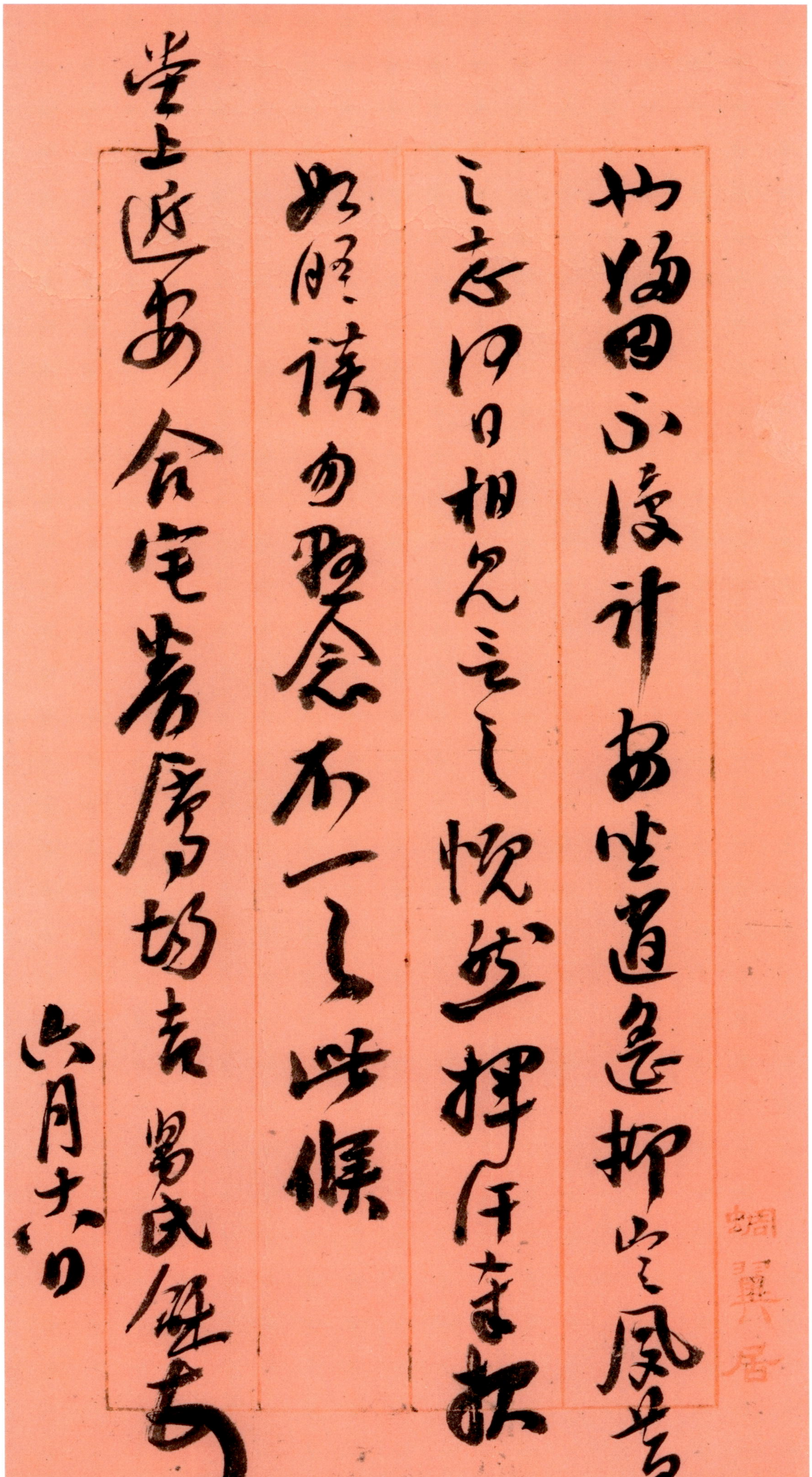

致　俞敬臣

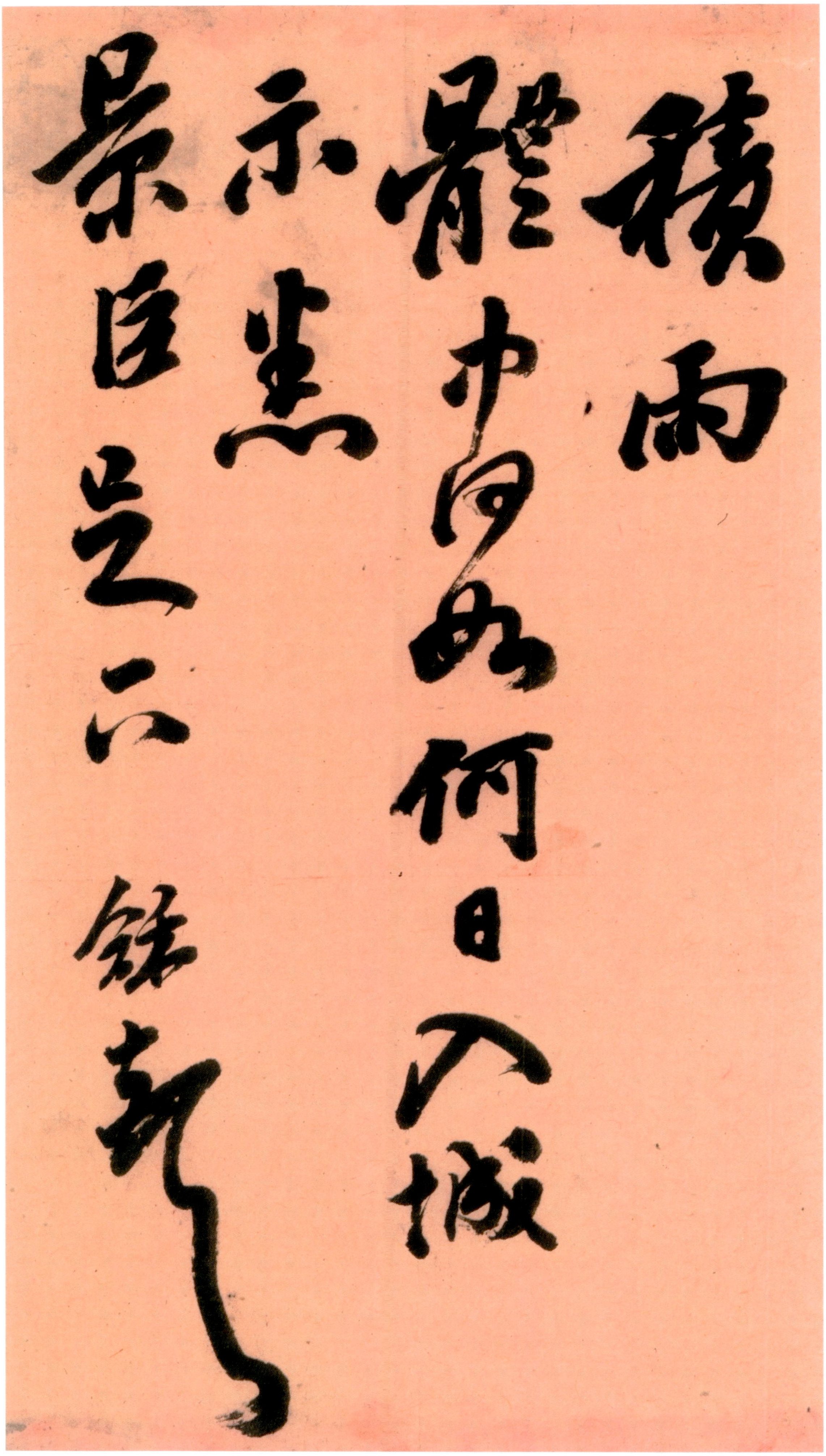

俞敬臣，字景臣，一字冠群，江蘇常熟人。諸生。俞鍾鑾之子。

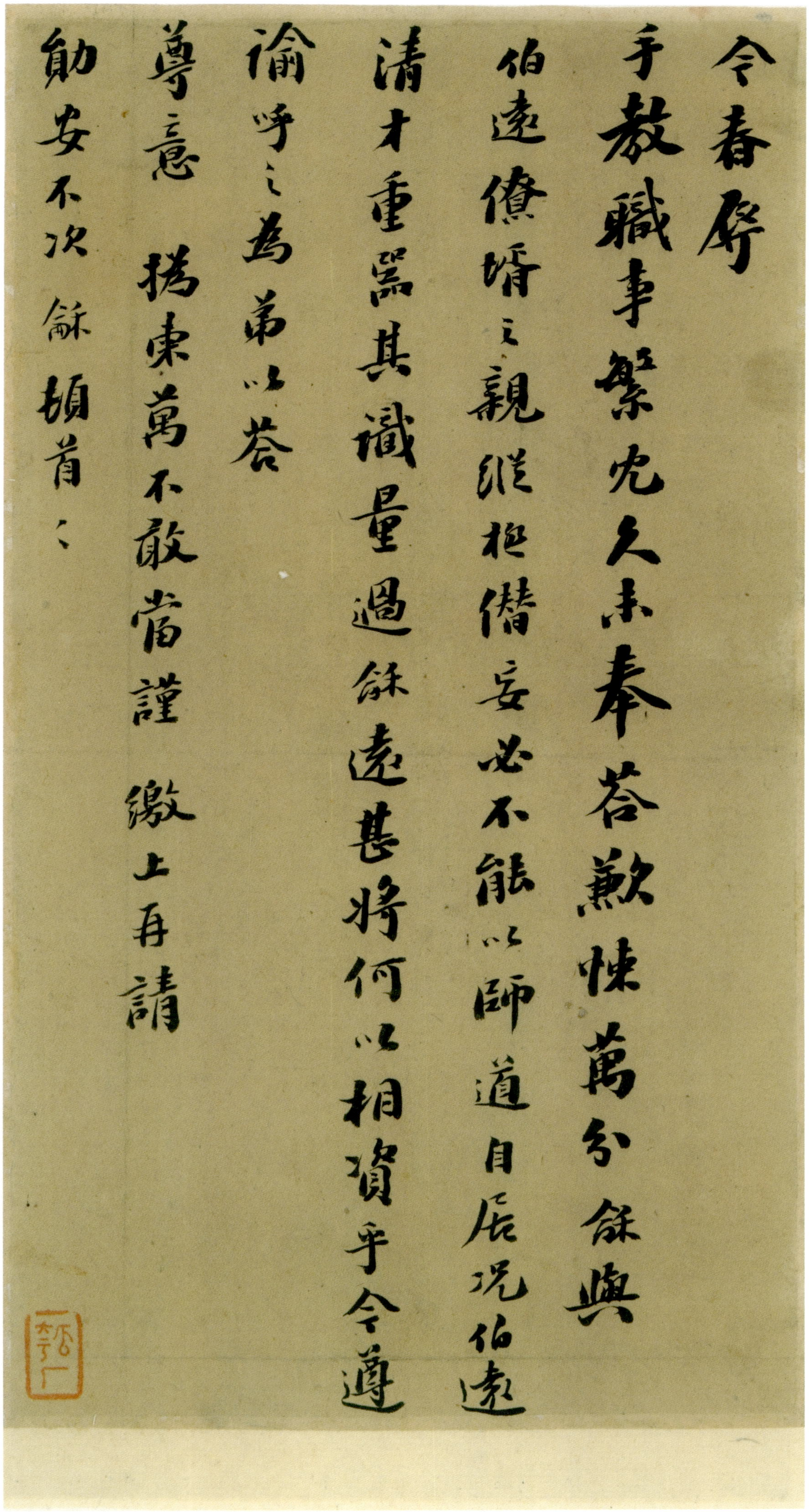

令春序
手教職事繁冗久未奉荅歉悚萬分餘與
伯遠僚婿之親從柜借安必不能以師道自居況伯遠
清才重器其識量過餘遠甚將何以相資乎令遵
諭呼之為弟以荅
尊意 搨柬萬不敢當謹 繳上再請
勛安不次 餘 頓首之

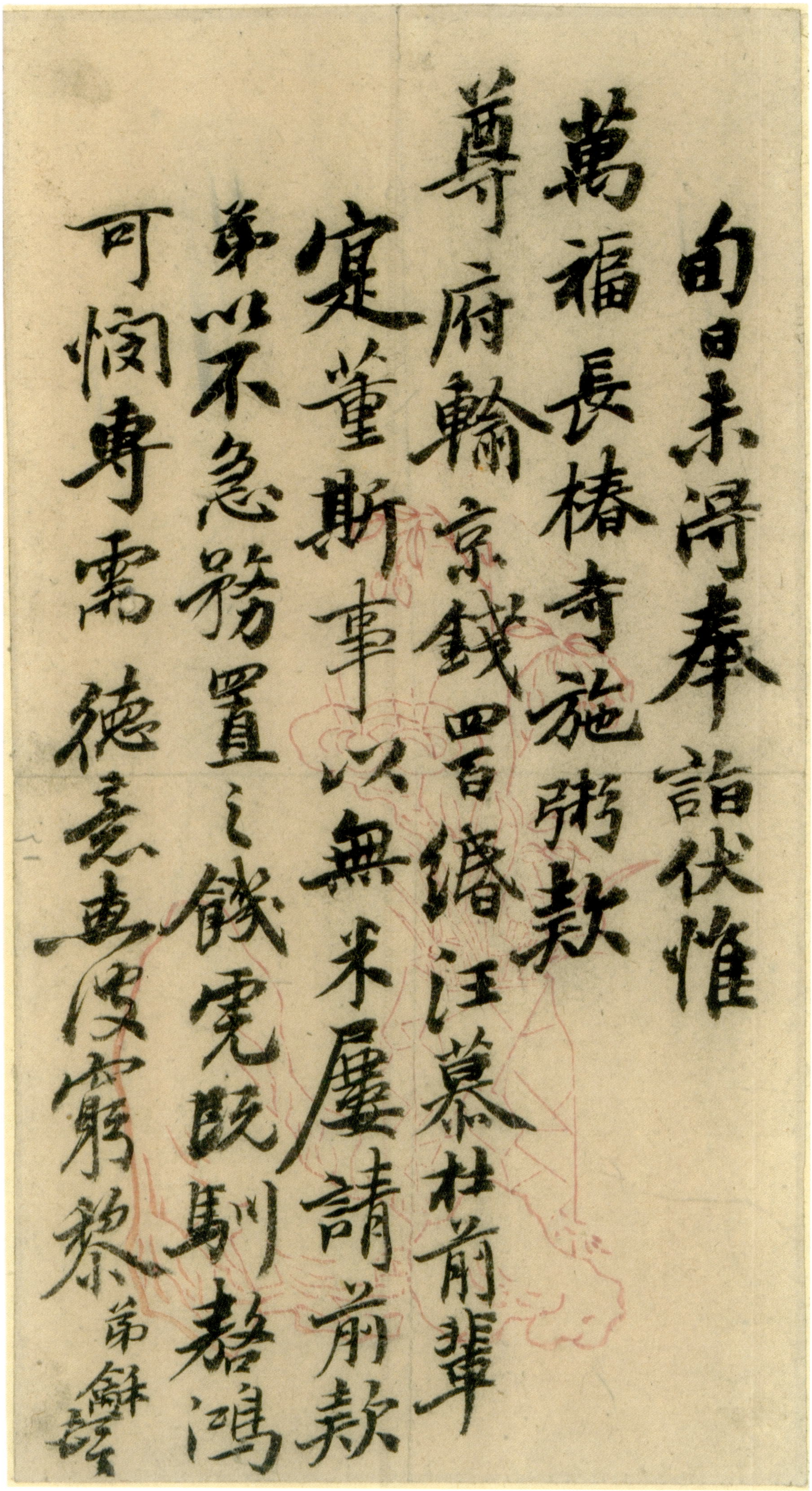
甸日未得奉詣伏惟
萬福長椿寺施粥款
尊府輸京錢四百緡汪慕杜前輩
寔董斯事以無米屢請前款
弟以不急務置之錢宽既馴碁鴻
可憫專需德意惠及窮黎　弟龢啓

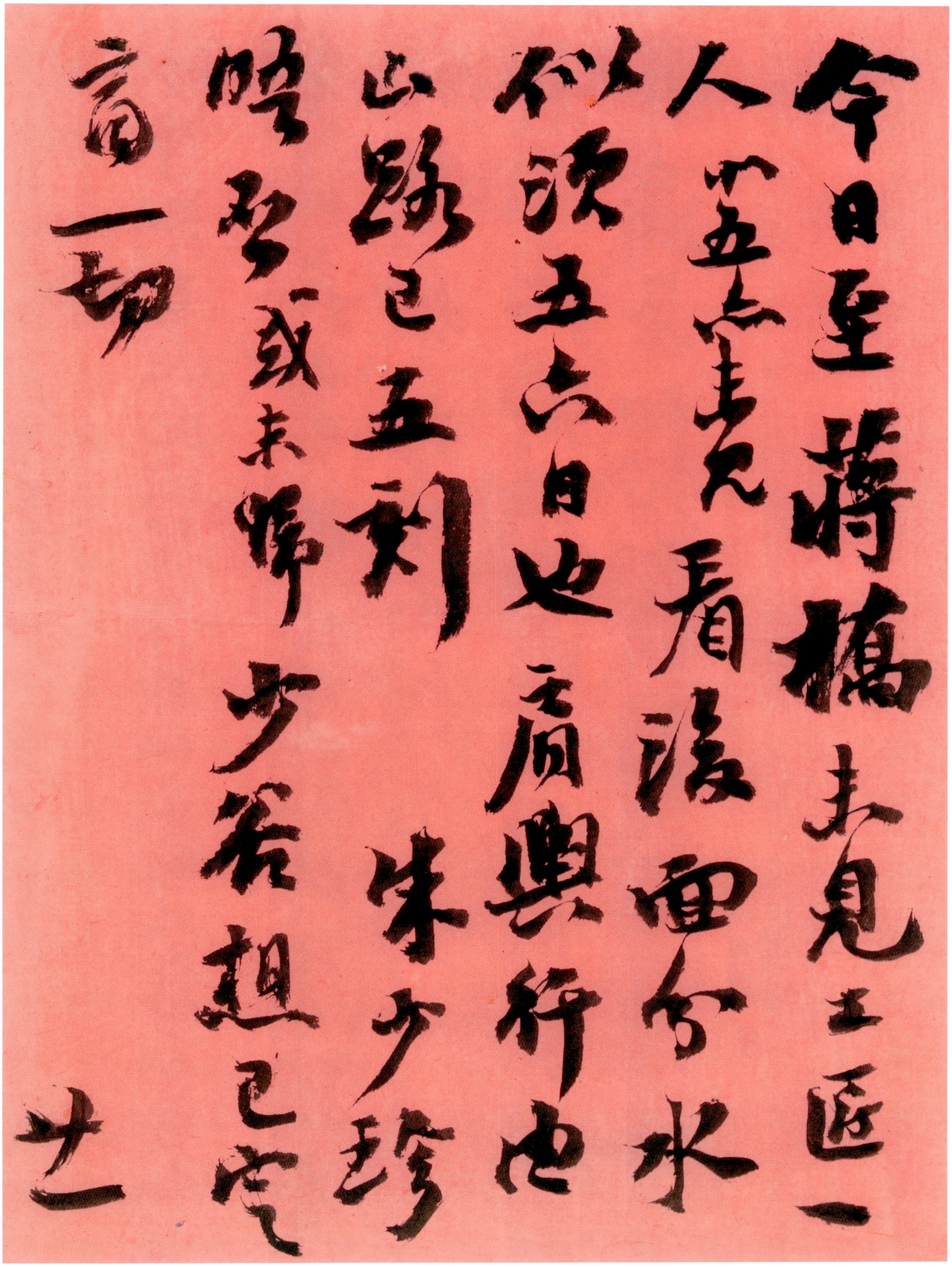

致　佚名五

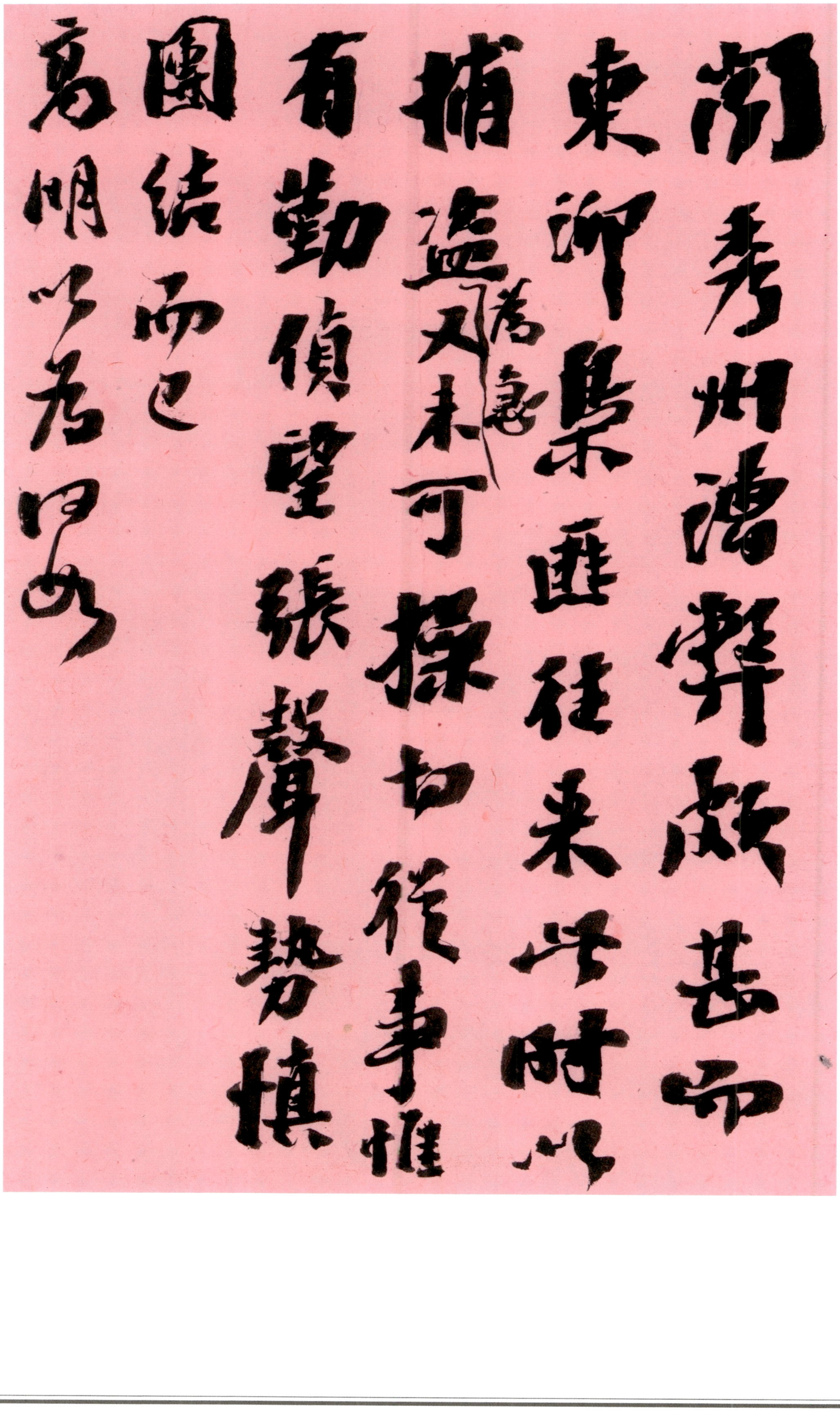
聞秀州漕弊歎甚而
東鄉集匪往來此時以
捕盜為急又未可操切從事惟
有勤偵壁張聲勢填
圖結而已
高明以為何如

致　佚名六

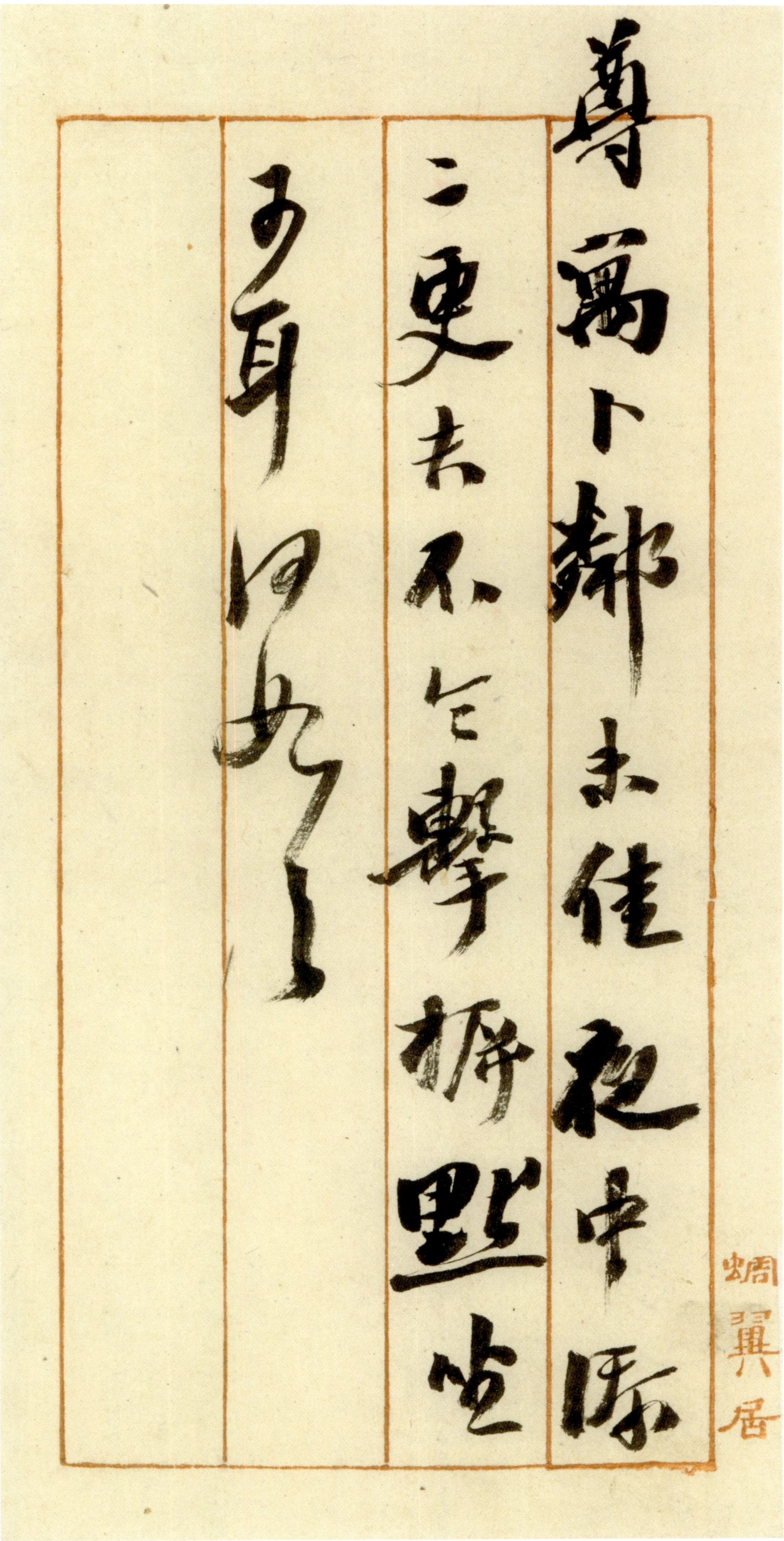
尊寓下鄉未佳夜中際
二更去不乞擊柝點些
弟再回如之

蜩翼居

致 佚名七

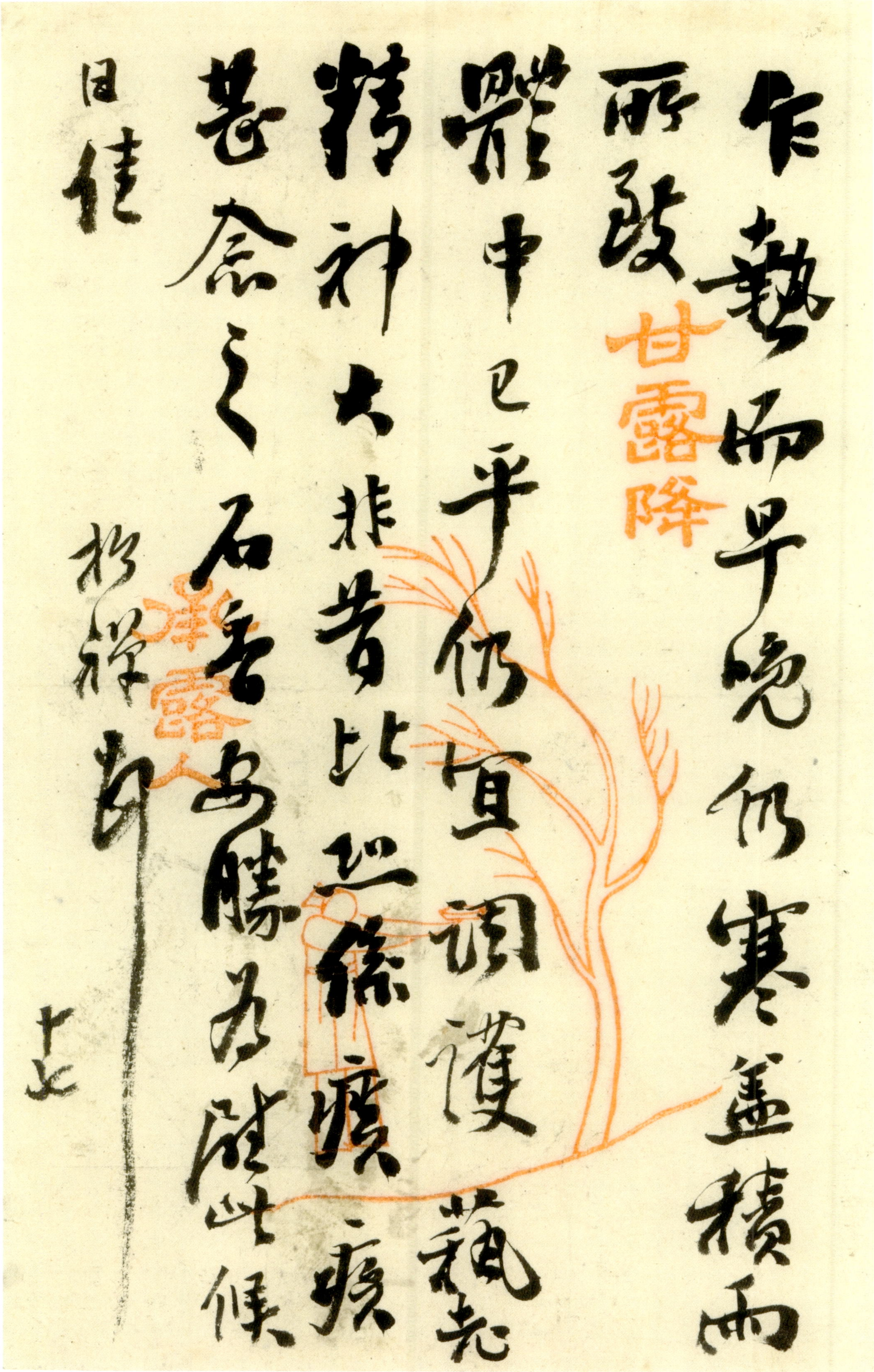

致 佚名八

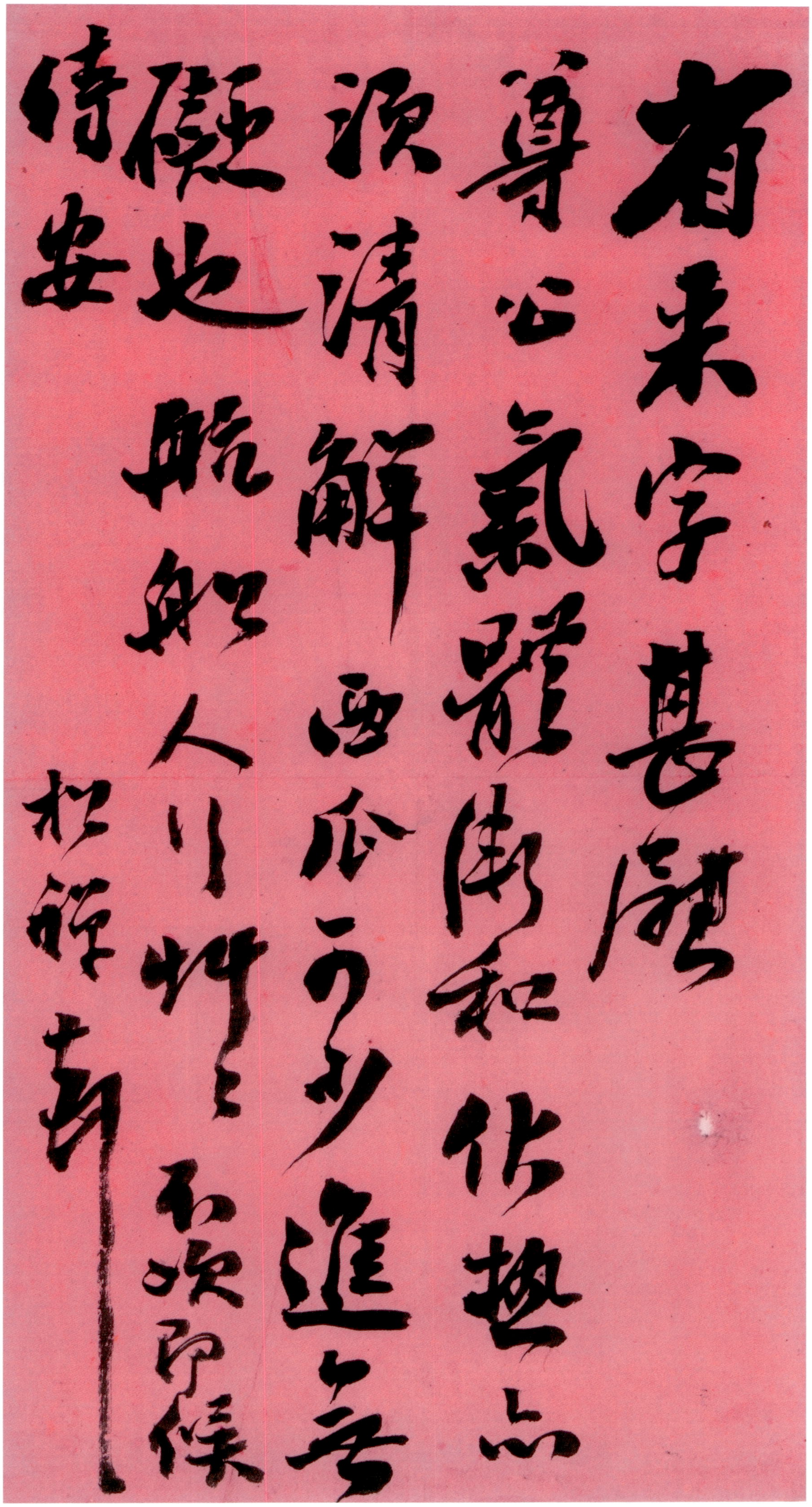

致 佚名九

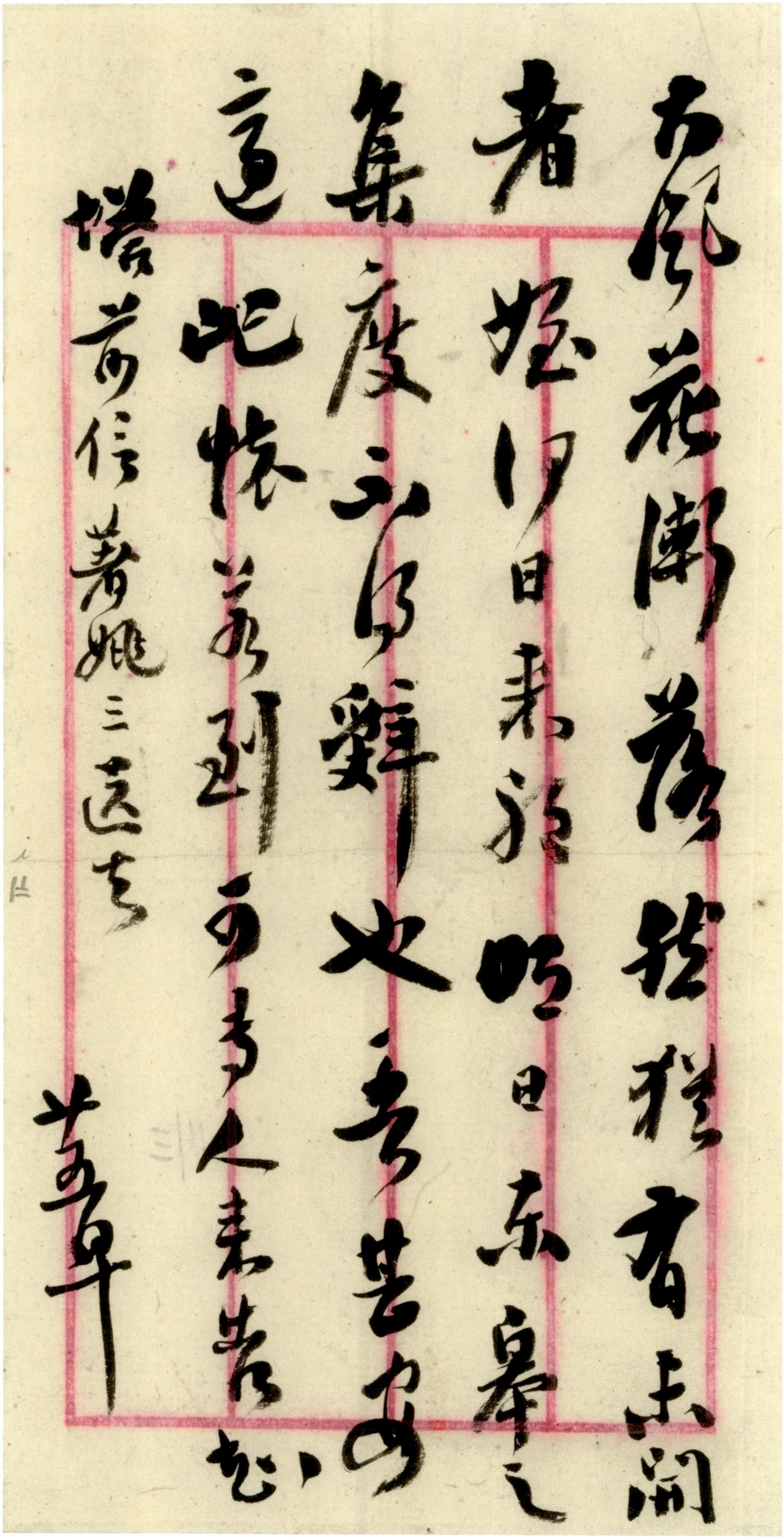

致　佚名一〇

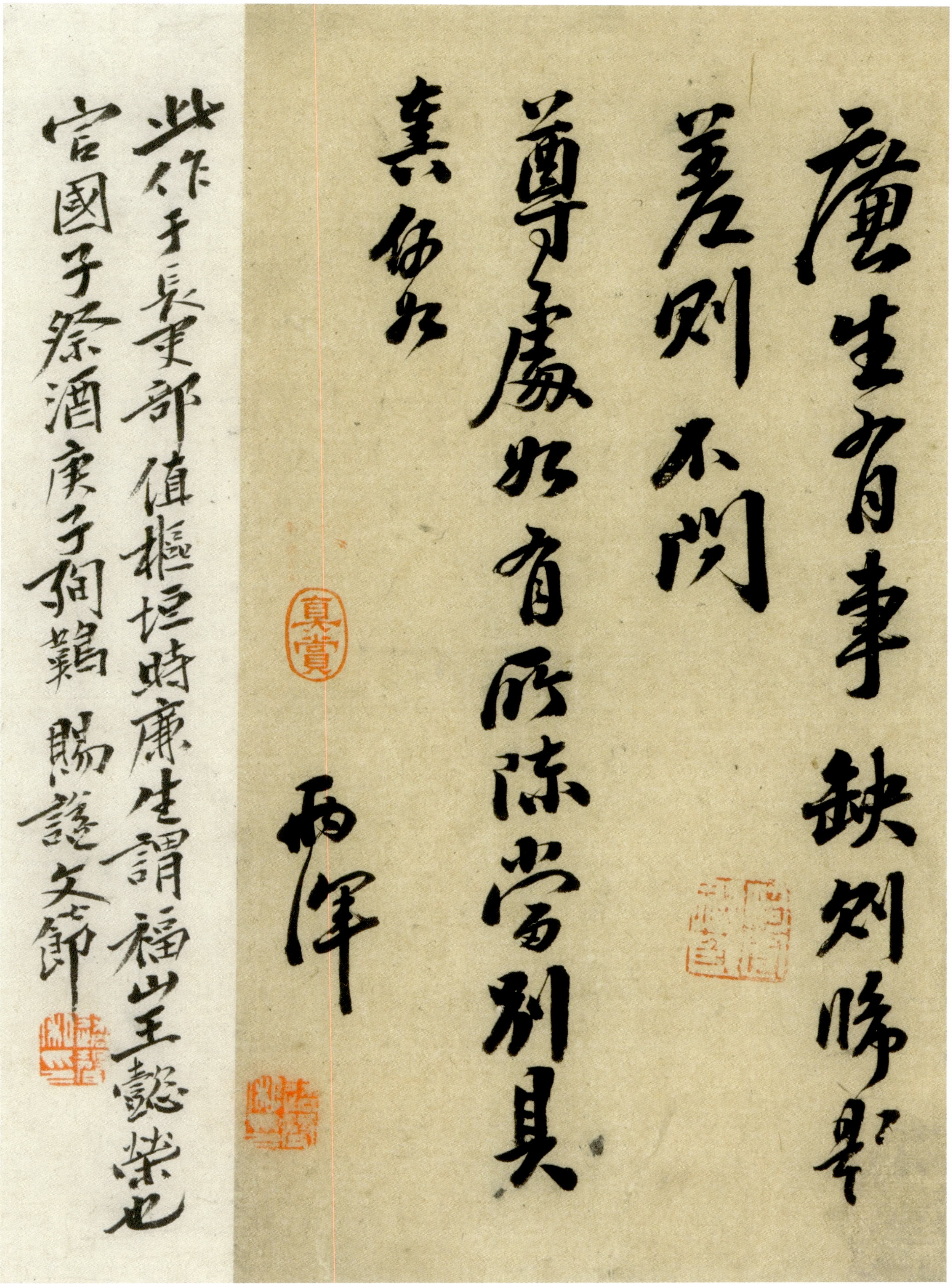
廣生有事缺則聆聲
善則不聞
尊處如有所陳當別具
奏係如
雨澤

此作于長吏部值樞垣時康生謂福山王懿榮也
官國子祭酒庚子殉難賜謚文節

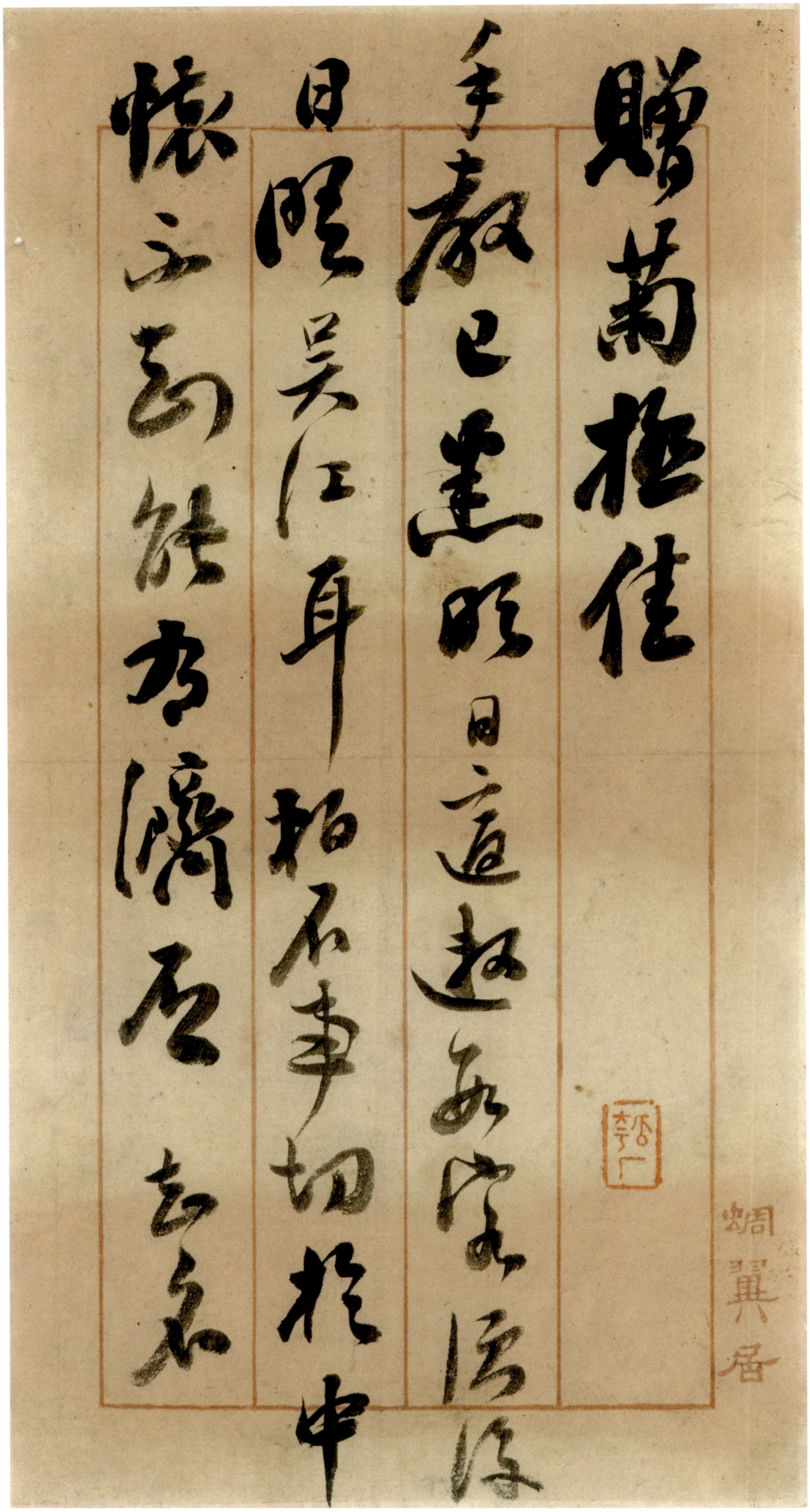

致　佚名一二

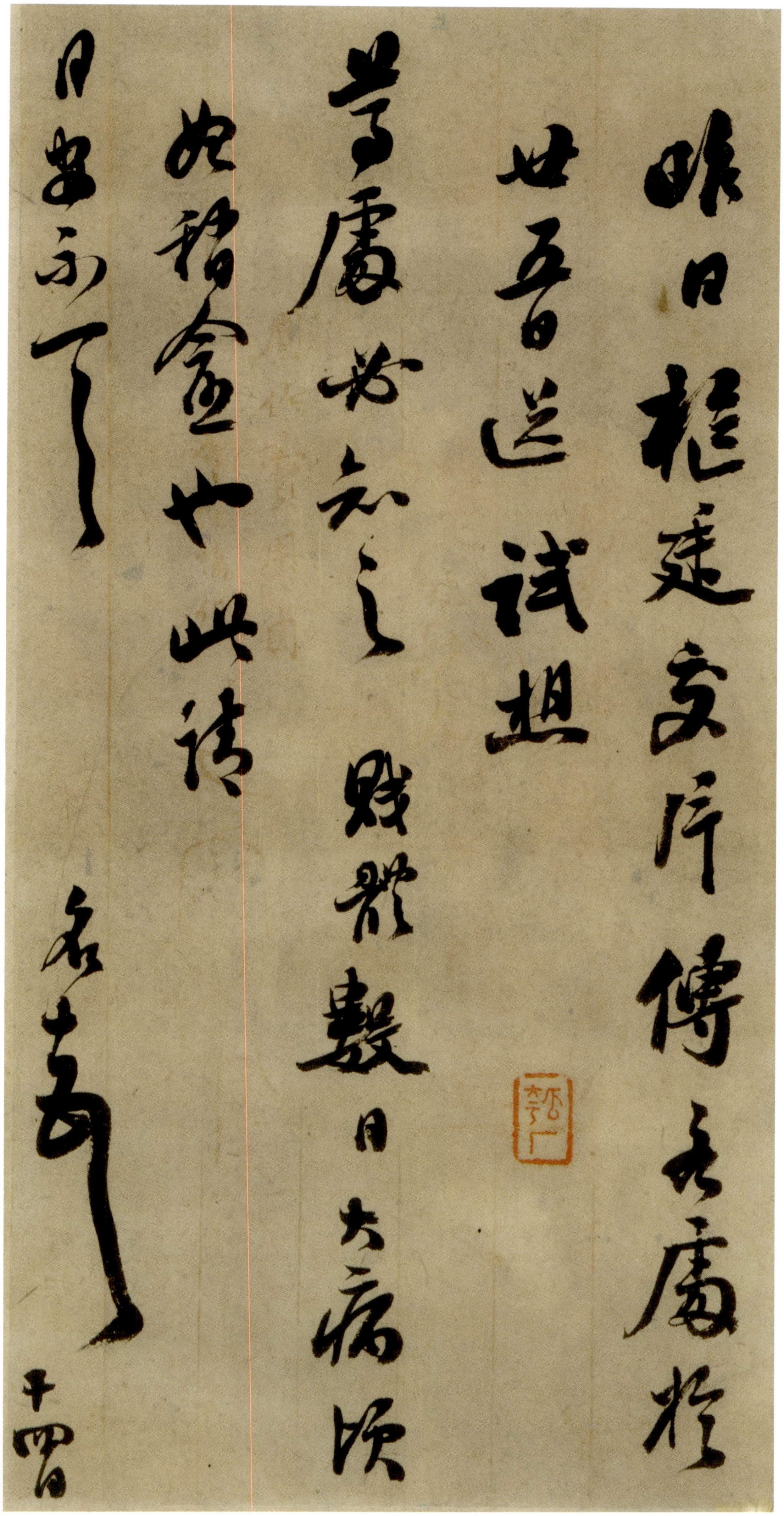

致 佚名一三

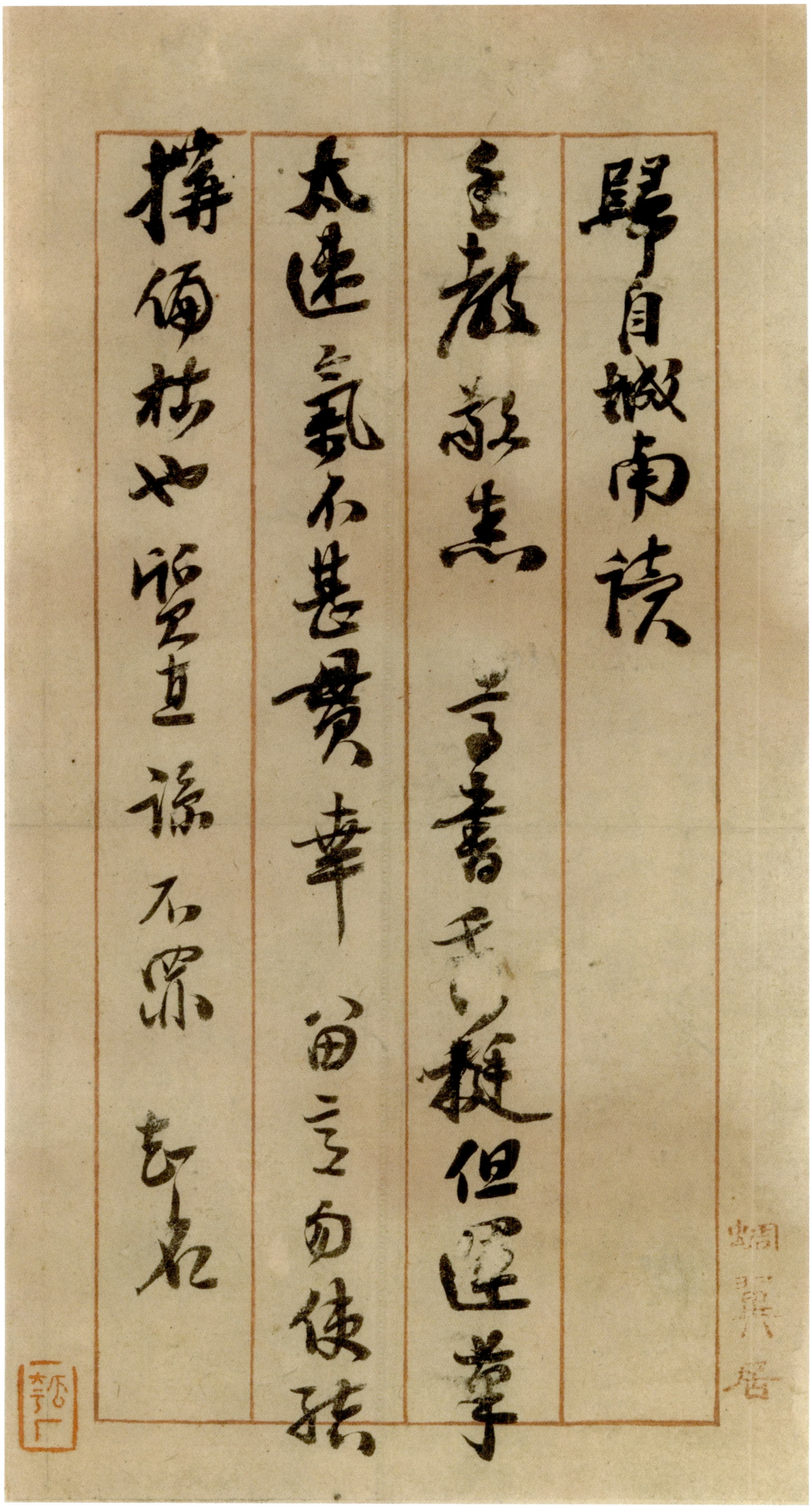

致 佚名一六

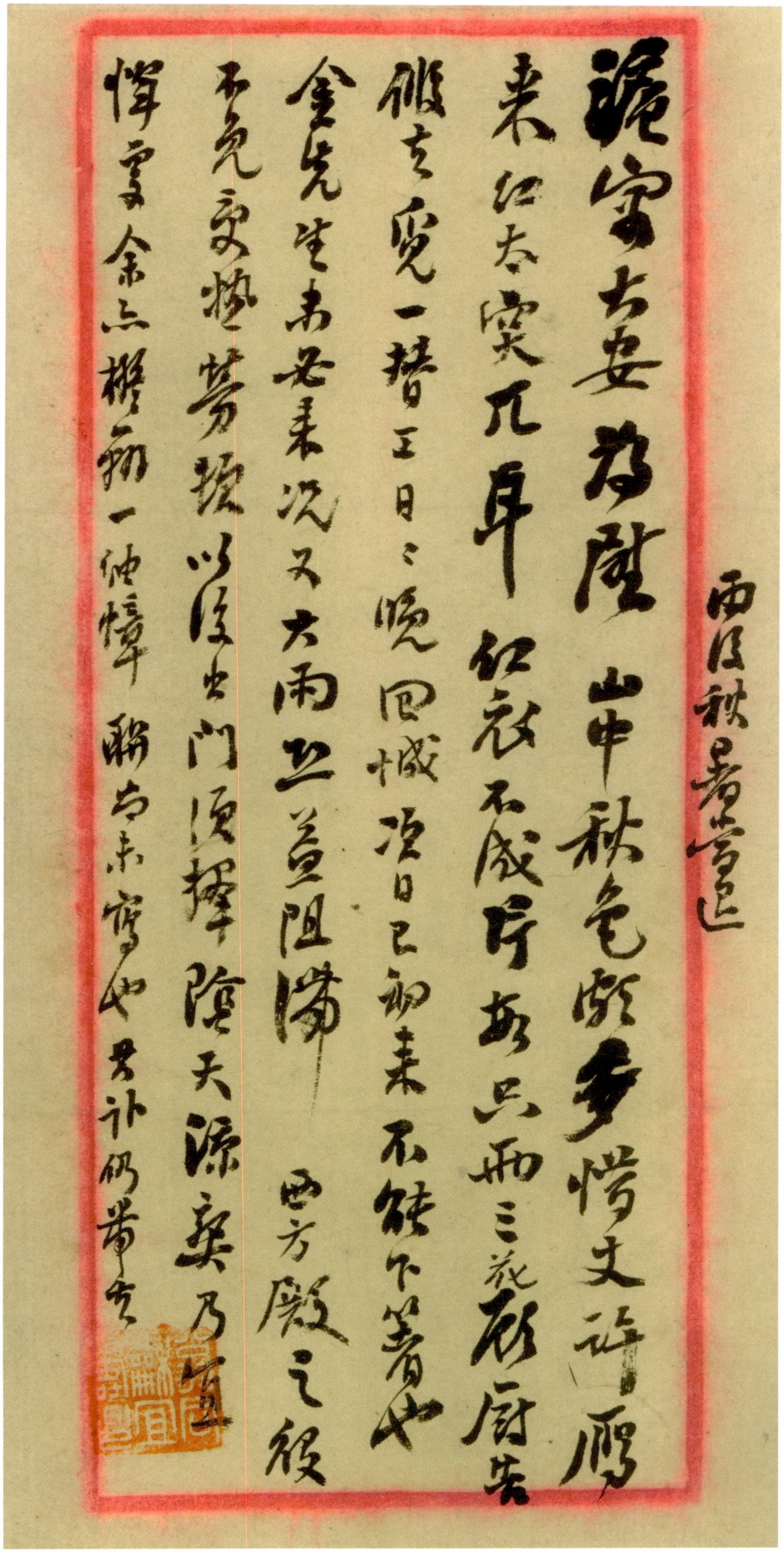

致佚名一七

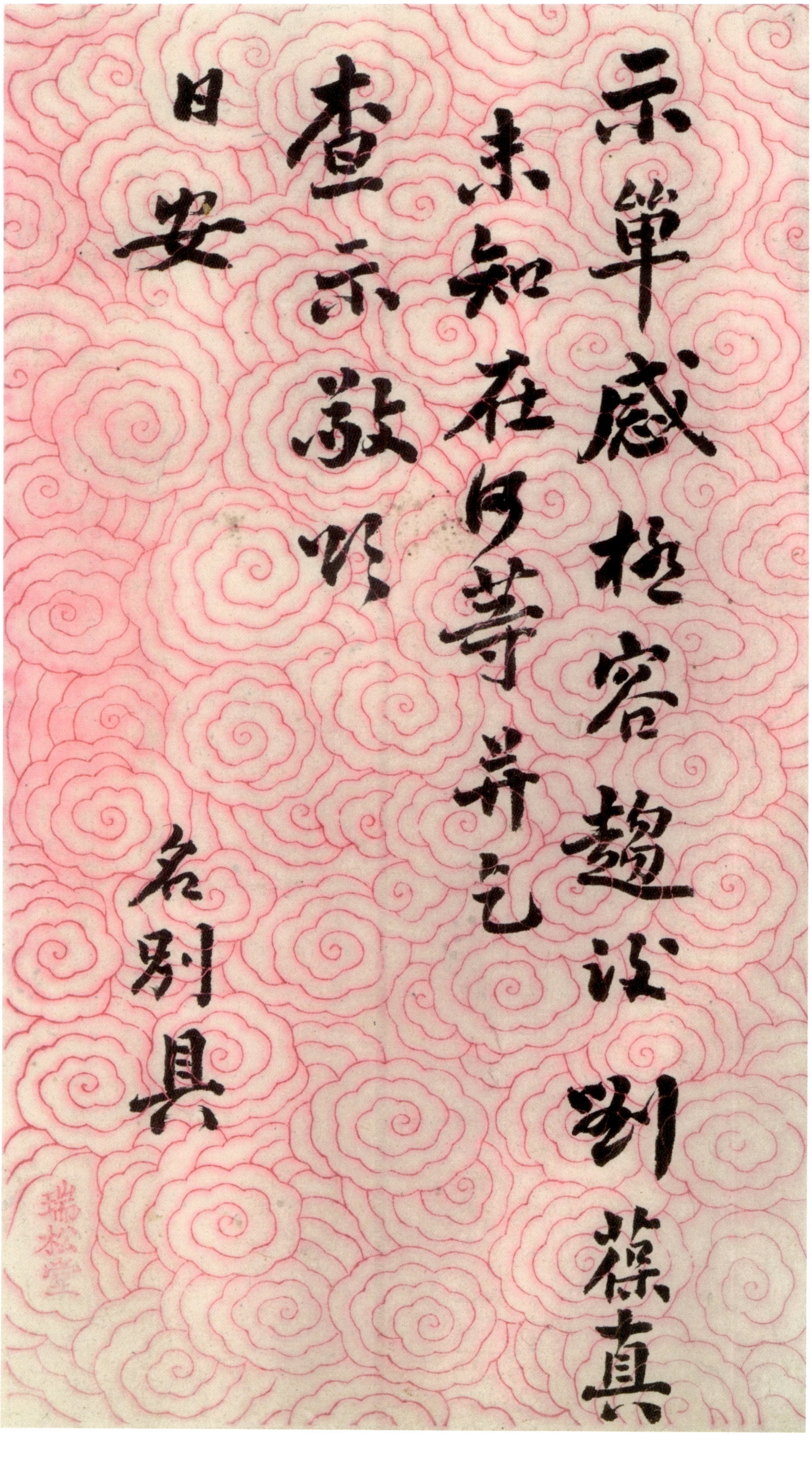
示單感極容趨談劉蓀真
未知在何等并已
查示敬叩
日安
名別具
瑞松堂

正在直廬伏承
手札敬讀悉分野尚未確考連
日雲陰極煩悶也原書收到
司天所陳大臣指兵令早

天語及之左相言旋全局在胸定

可

咨度適案牘填委不一一敬請

崇安　翁同龢謹啟　初四日酉正

晨起讀

手諭敬悉一切星象蓋高先色不定前兩

日喧傳晝見於北方同人中亦有見之者

垂象如此可不懼哉 同餘為職事所

蜩翼居

致 佚名一九

昨日欲趨
前而不得今日又係值宿已
午間詣彼接班也然十五日以前必當晉
謁有所陳說請以幅巾見可乎開元占
經刊本不難致似不必付鈔胥俟覓得

蝸翼居

致　佚名二〇

閒書次第於葉角矣上冊乃北極下
冊乃南極就南北之中劃分兩圖扱
豐銳互異耳開元占經二冊仍呈
上水星如伏不見即係所化舊

蜩翼居

說如此似閏占驗家言七月恐有
大水果尒猶無害連日憂懸忝
竊厚祿無以自解也專復敬請
夕安
翁同龢謹啟
六日戌正

星圖二冊 原測一紙并繳上

蝸翼居

同文館所測十二日子正坐六甲光過四輔尾指勾陳二三星之
間光芒比前較減　十三日仍坐六甲尾正指勾陳第三星長濶較
初旬減三分之一　又云十七日此星當隱
司天之圖畫初一日所見光芒以下逐日就芒指處升高十一日坐
於六甲　引觀象玩占曰除舊布新有德者昌無德者亡　引宋史
天文志曰女主出政令　又引觀象玩占曰天子廢圖史

蜩翼居

致 佚名二一

曾電劉策較勝亦不致決裂好
在伊毀貢華之議曲在彼也 此即先識
商界之意推各國所畫地圖向
當勘明恐將我土司歸緬界中 赫說知必
不允要在派辦得人得法耳 雲粵

界有前約豈口舌所能争周鄭
徒添波折但如約必不開衅也庸陋
無當萬一原件呈　繳敬請
鈞安
　　　　翁同龢謹啟

蝸翼居

致　佚名二二

昨在直廬伏承
珍饋海燕圓奇品即爪熟亦何減八珍
餽飫增感溽暑甚於往年雖快風急
雨稍壓炎歊而薾薾未解

蝸翼居

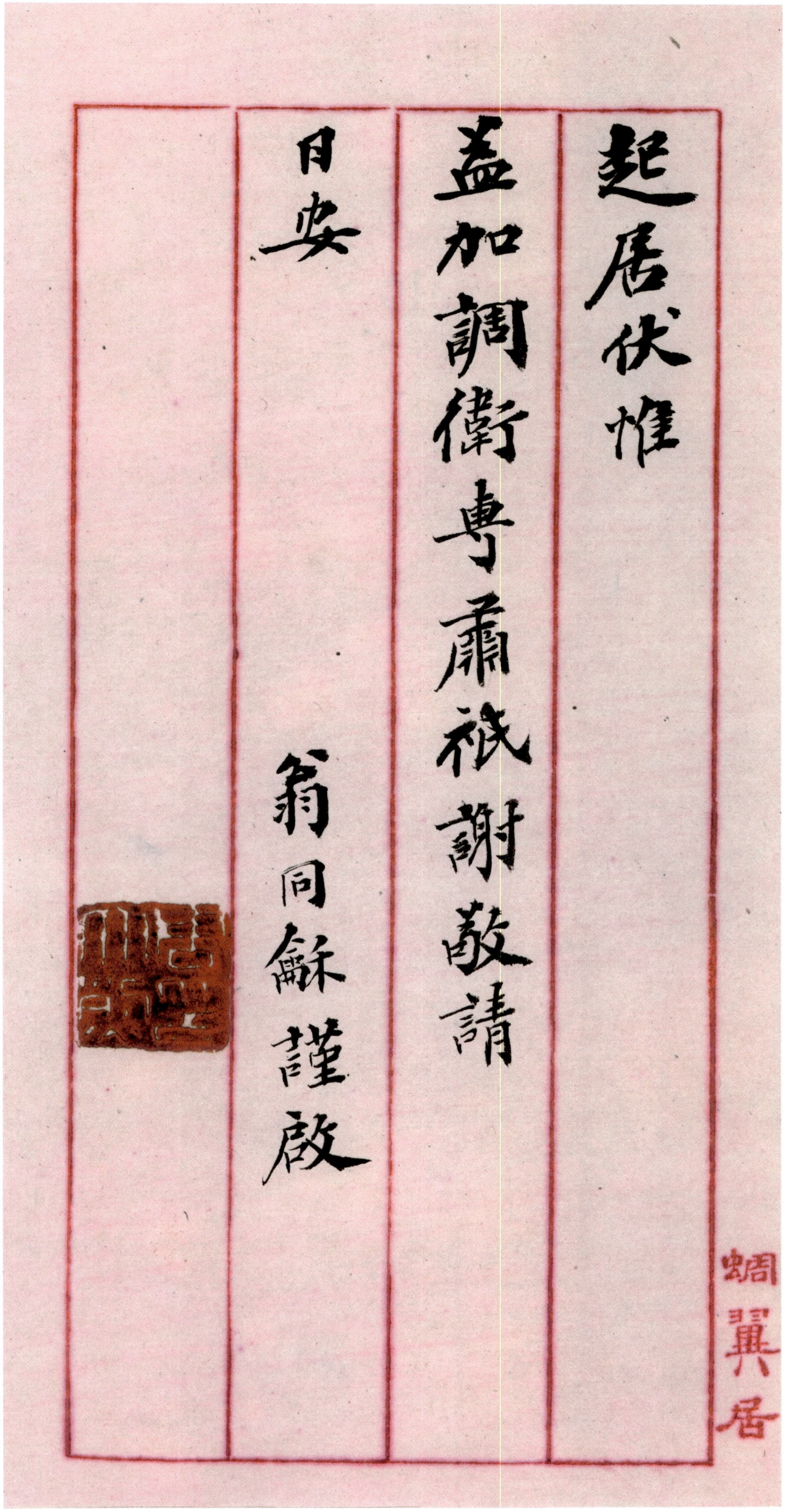
起居。伏惟
益加調衛，專肅祗謝，敬請
日安
翁同龢謹啟

手

諭敬悉倭銅價廉辦者極爲出

力俟運到看銅色何如果能合

用則多辦亦爲合算所慮倭

産不能至一二千萬且滇産每

百斤就廠核計亦不過八兩特中

能多而運腳靡遂至有廿兩之

說若以借款一分購倭銅二分擬
請省似皆有益於僕
鈞
裁竊謂就地鑄錢與機器鼓鑄
二節亦因時變通之一端必制錢
充牣然後當十可以漸廢若謀未
定而議先播市肆騷然矣籌海

之難惟
洞澈八表者思之深而慮之切所謂甚
於開戰者真名言也退食筆記
以遲遲脫稿為幸蒙
賜蔬果珍感不盡敬請
鈞安
翁同龢謹啟
廿七日

蜩翼居

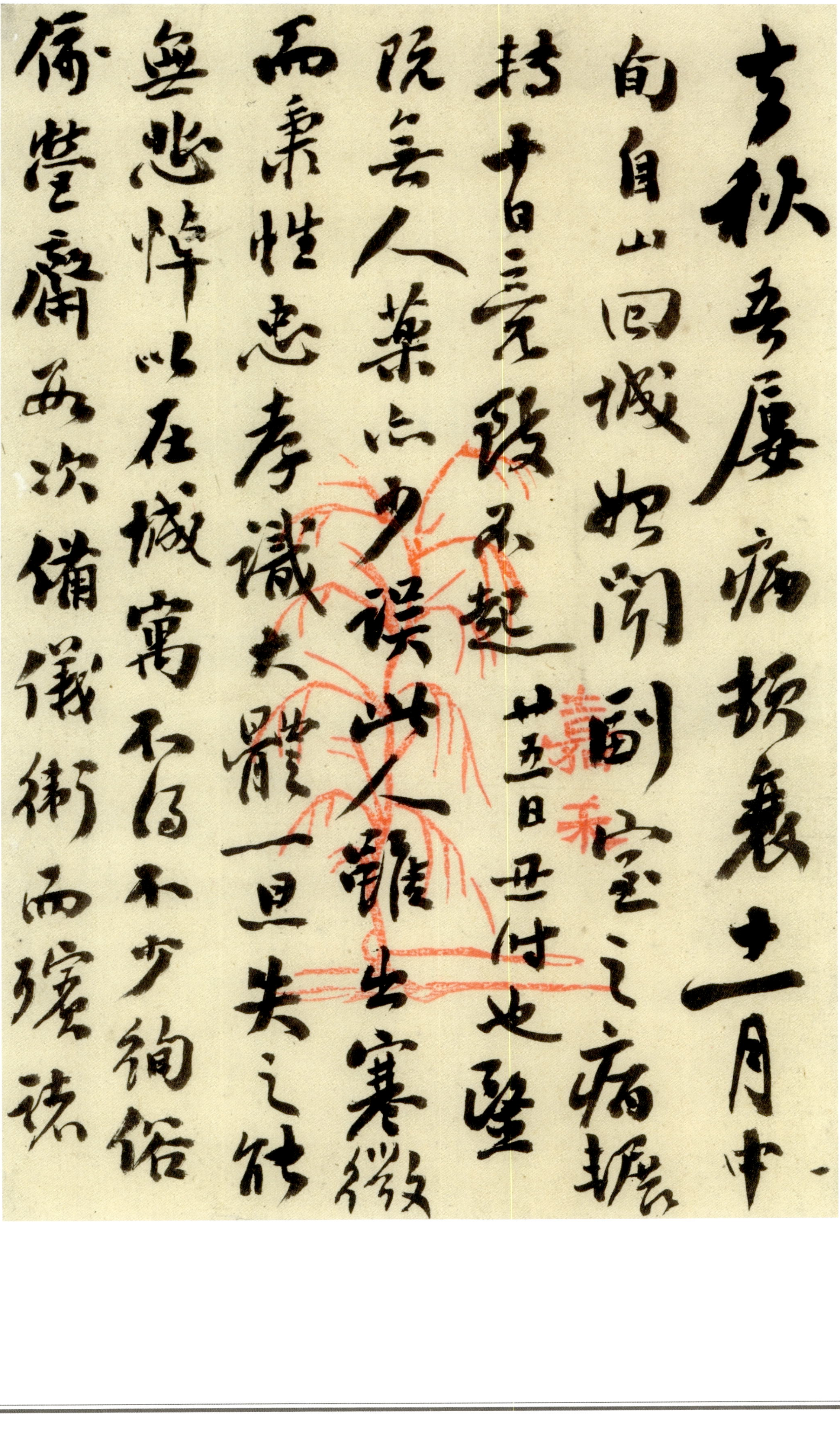
去秋吾屢病振衰十一月中
向自山回城好閒副室之病據
於十有二日殁不起 廿五日丑付也墜
既無人藥亦多誤此人雖出寒微
而秉性忠孝識大體一旦失之能
無悲悼以在城寓不得不步詢俗
備嘗齋如次備儀衛而殯葬

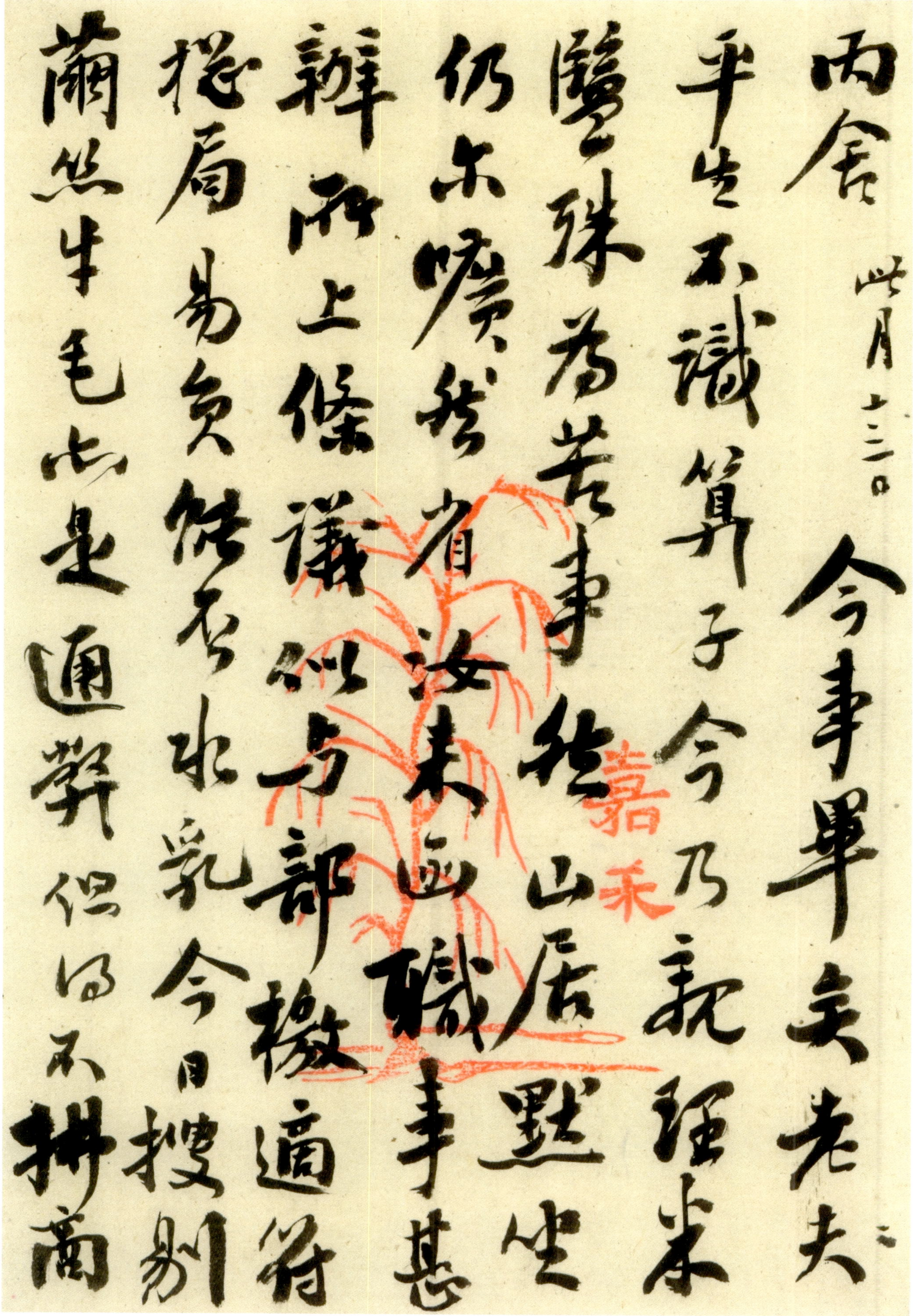
丙舍
廿月十二日
今事畢矣老夫
平生不識算子今乃親理米
鹽瑣為苦事然山居默坐
仍不嫌然省汝來函職事甚
繁所上條議似与部撥適符
總局易負能求亂今日搜剔
繭然牛毛也是通弊但何不掛齒

嘉禾

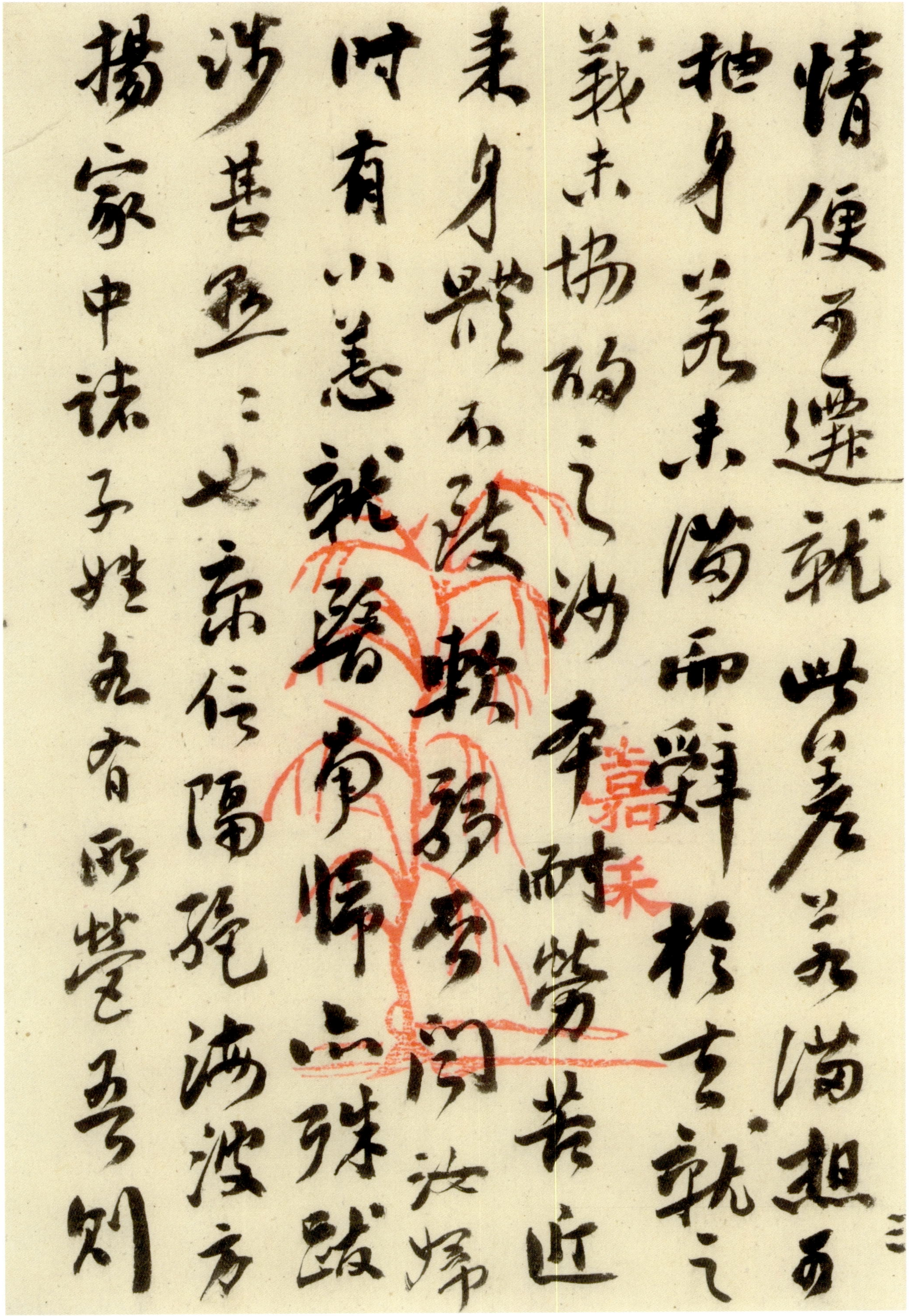

四

子皆娓然而已用度不能者
計一兩年中必至大困人壽
幾何吾豈能受節於所嘗
未提二百初不欲寫勤乃因事
殷勤餅盤危所云璪命傷
心慮語如誰書平之子恒直棄
每念陽李桐梧子宣解試第一能不一一
正月十五日山中

嘉禾

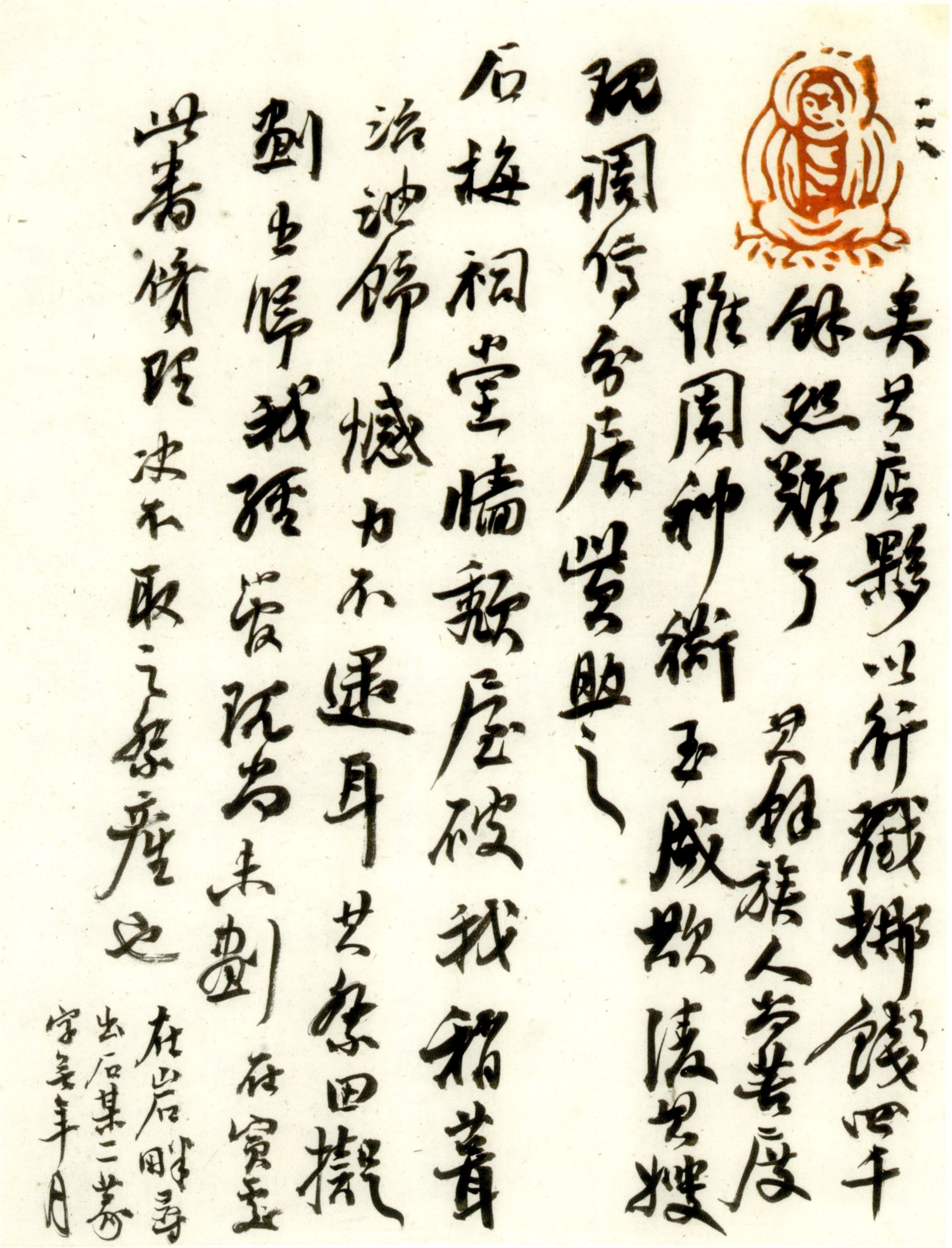

致 佚名二一六

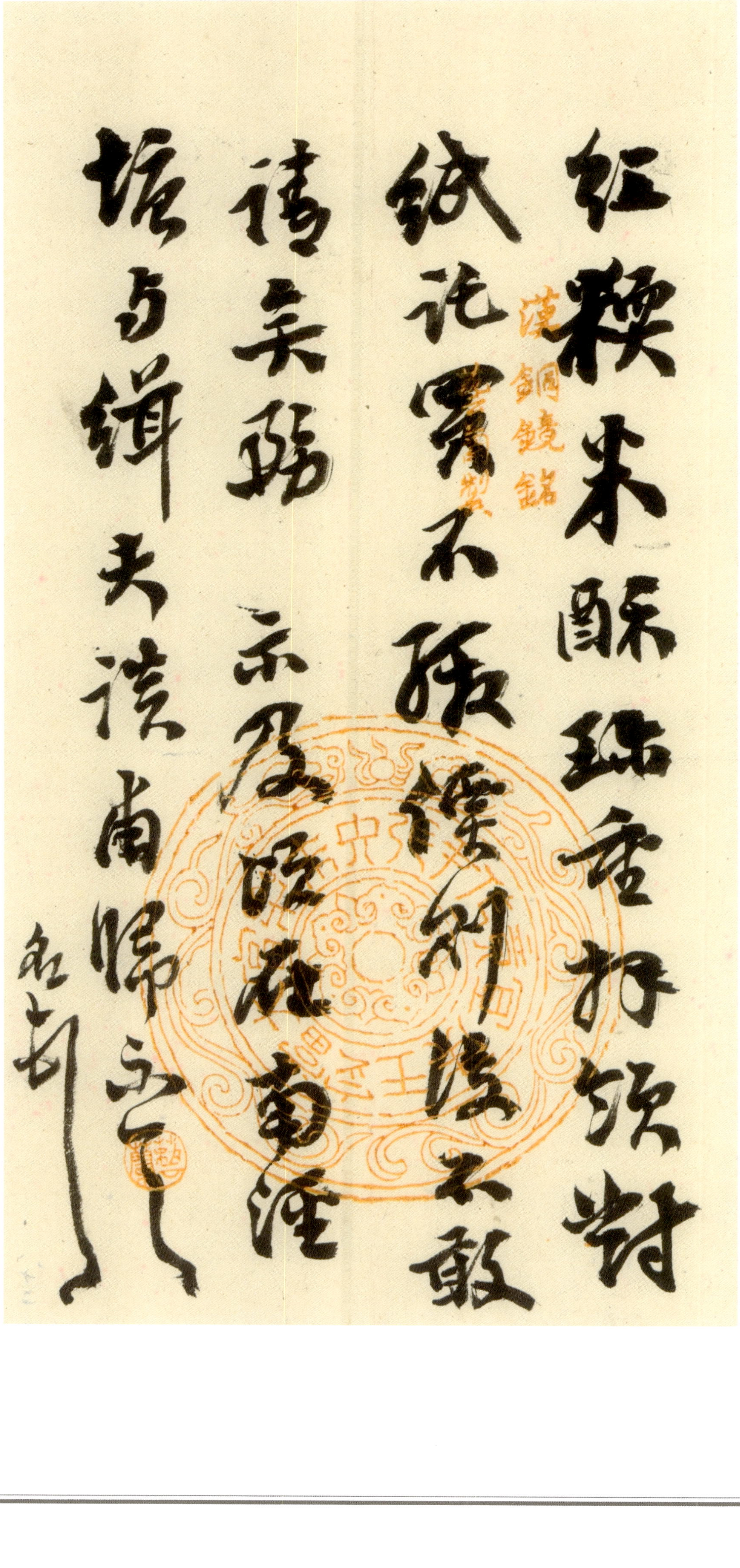
紅粳米、酥餅各拜領，對紙託買不勝感謝。倒須云敢請矣。頃示及昭旌南潼煩與緝夫談，尚歸示之。

致　佚名二七

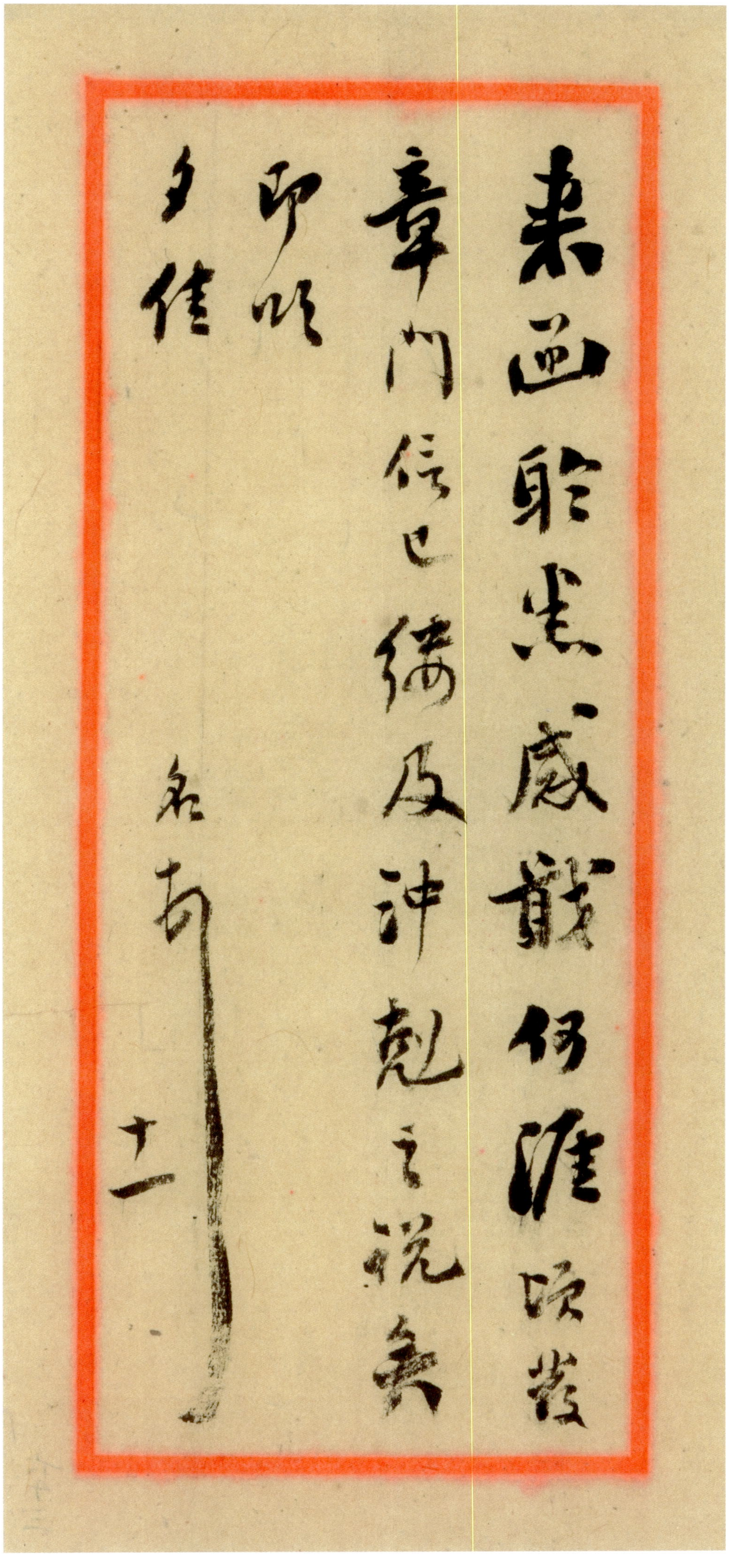

羹魚蒸鴨各子姓同食

飫

德無已言子巷庞氏有屋

一區不識曾看過否郎亭

畫宅圖三處已寄辛門，此時
精難遙度也。蘇信煩
寄，感感。即頌
日佳
松禄手　初八

致 佚名二九

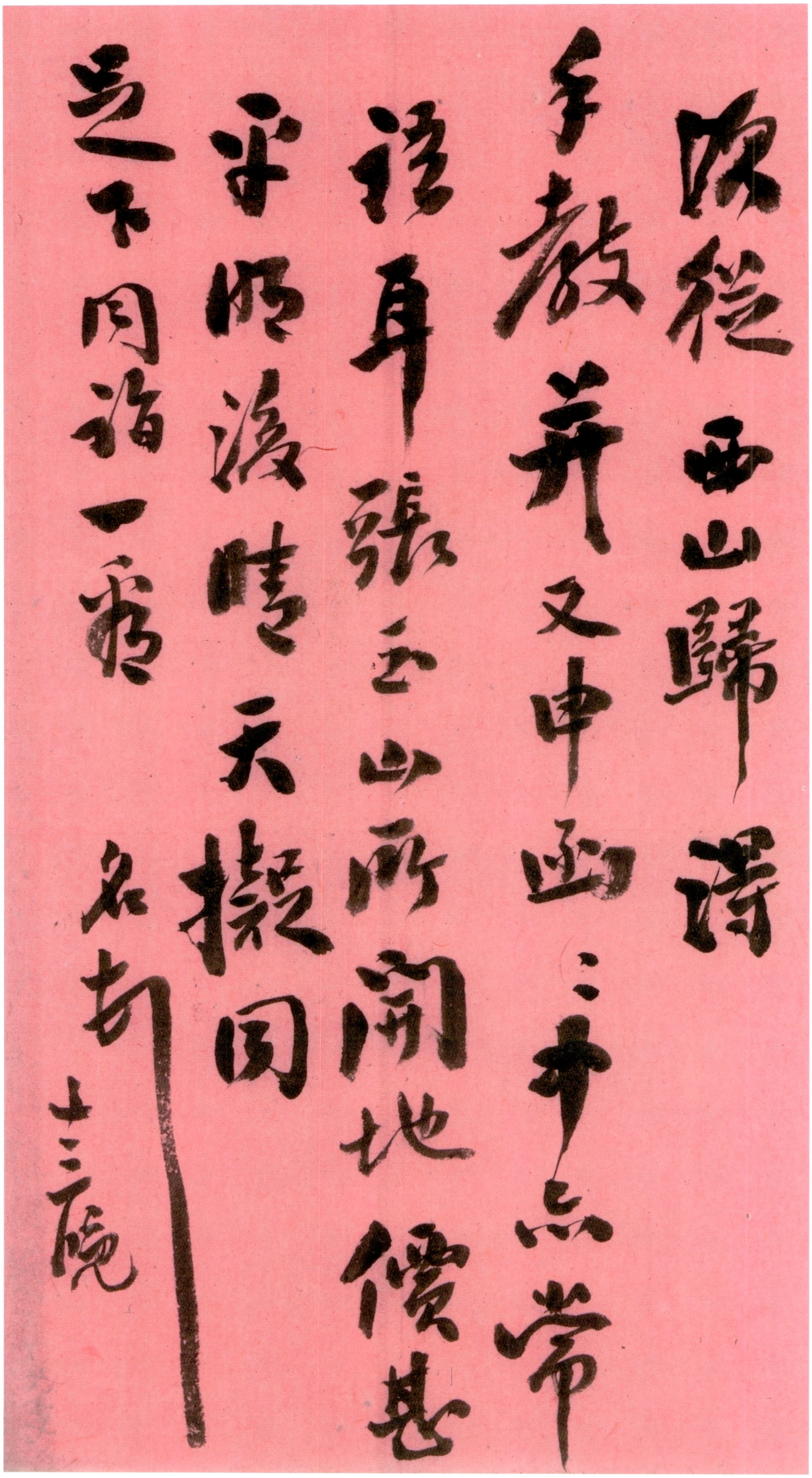

頃從西山歸，詩手教并又申函，二十点常語耳。張西山所聞地價甚平，順後晴天擬同足下同往一看。名具 十三晚

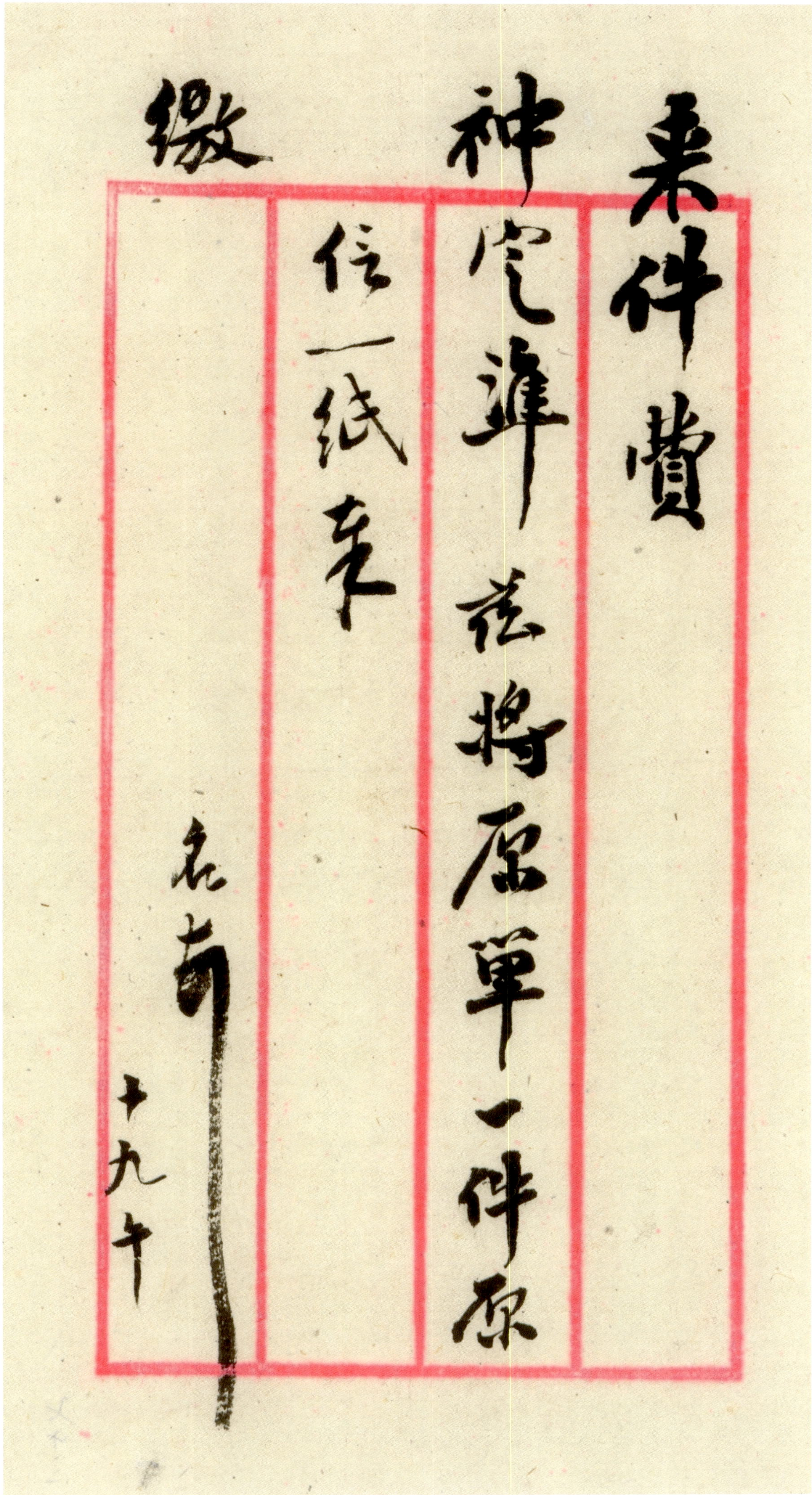

來件費神允準，茲將原單一件、原信一紙奉繳。

名肅

十九午

致 佚名三一

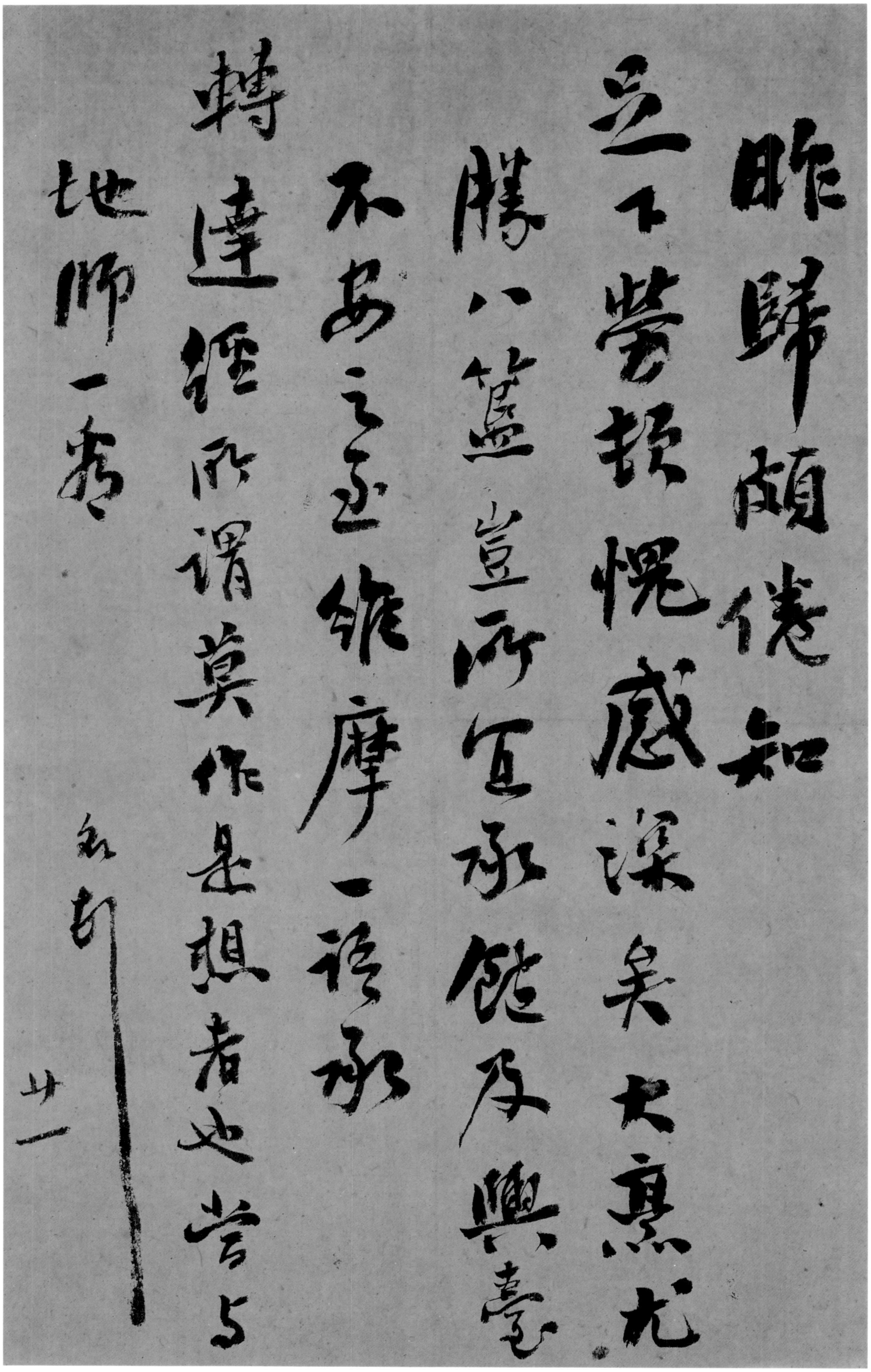
昨歸頗倦知
足下甚報愧感深矣大熏尤
勝八箋豈所宜承能及與毫
不安之至維摩一語承
轉達經所謂莫作是想者也嘗与
世師一看
知印
廿一

致　佚名三二

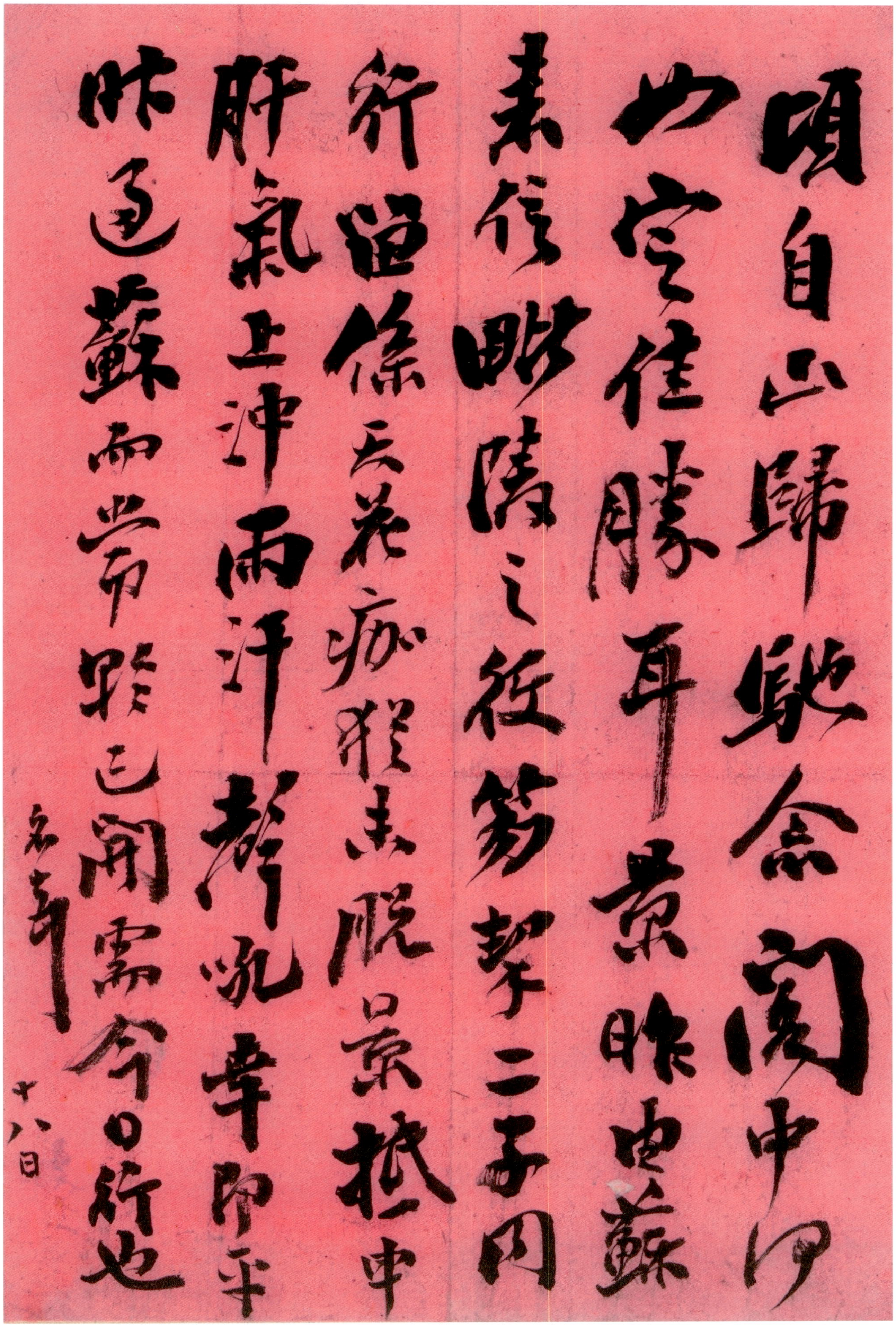
頃自山歸，馳念闕中。仍
也定佳勝耳。景昨由蘇
來，從毗陵之役，勞契二子同
行。留條，天花痧猩未脫，景揣中
肝氣上沖，雨汗，聲嘶，幸即平
昨過蘇，而常勝已開，需今日行也
[illegible]
十八日

致佚名三三

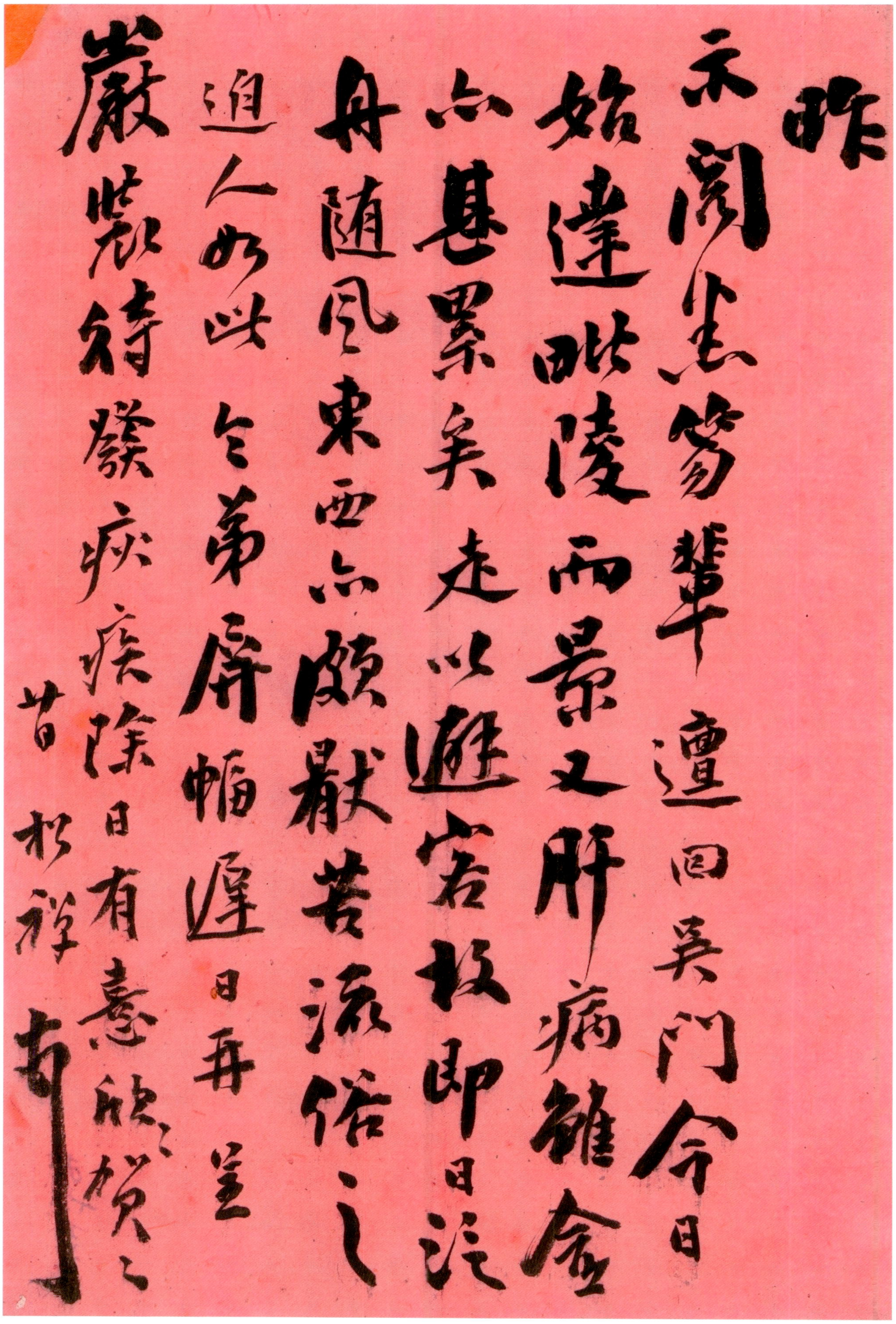
昨
示閱悉。笏華遭回吳門，今日
始達毗陵，而景文肝病雖愈
亦甚累矣。走以避客，故即日泛
舟隨風來西，亦頗獻若流俗之
迫人如此。令弟屏帡遲日再呈
嚴嶽待發，痰疾除日有意欣欣之
昔杉祥 頓

致　佚名三六

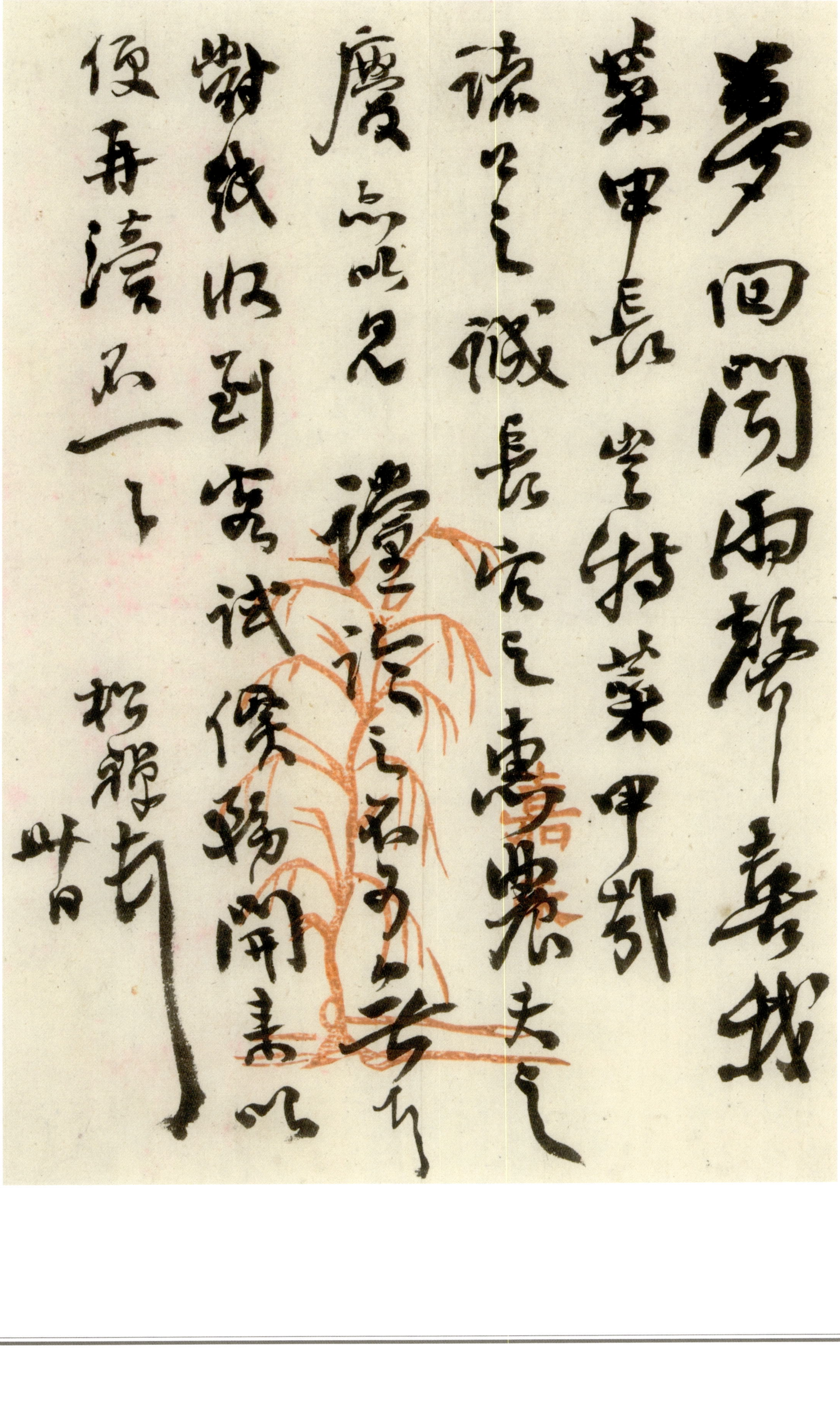

致 佚名三七

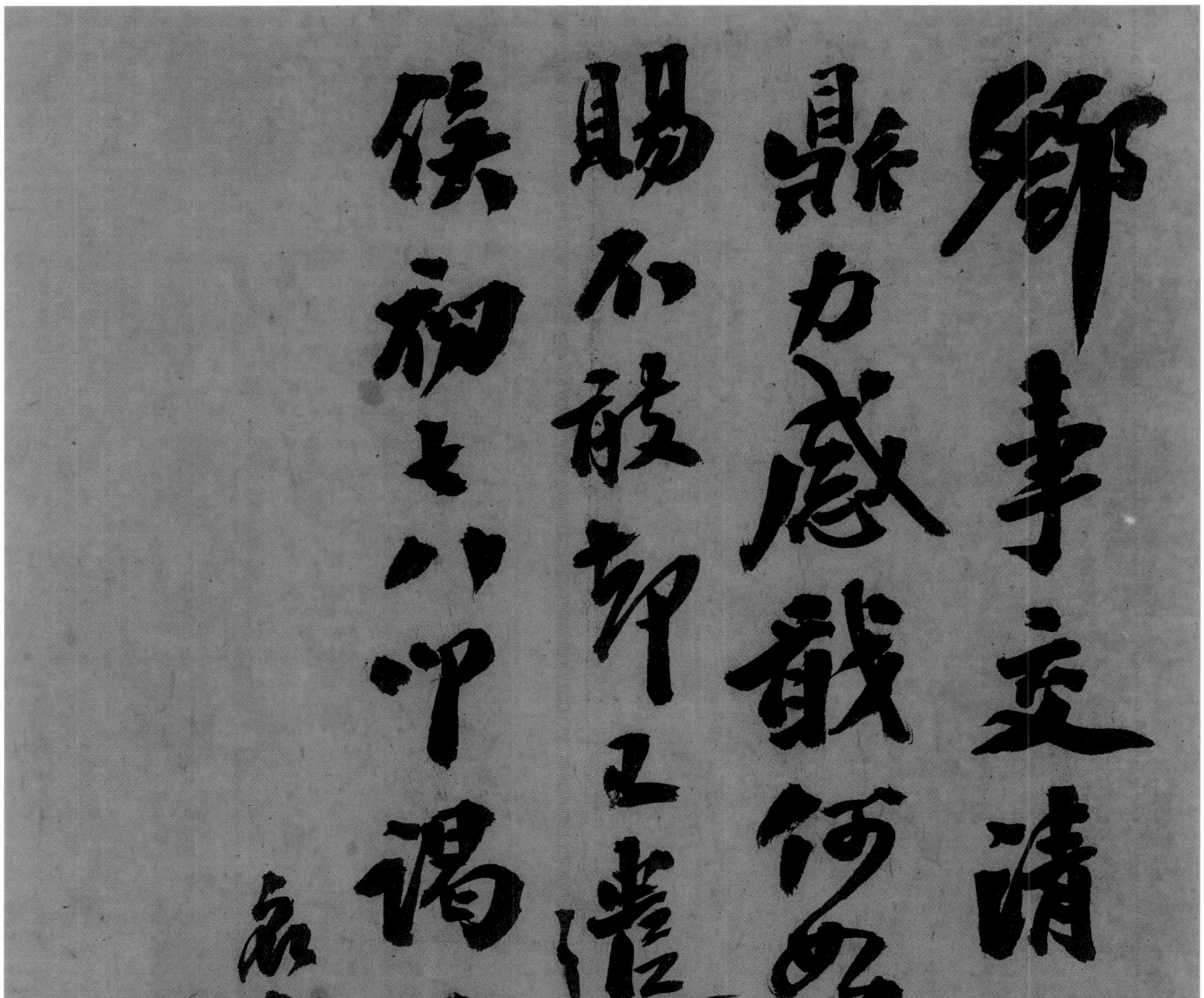
鄉事交請皆出
鼎力，感戴何如。僕輩家
賜不敢却，已遣禮領。張僕
候初七八叩謁隨行。
敬叔 初四

致　佚名三八

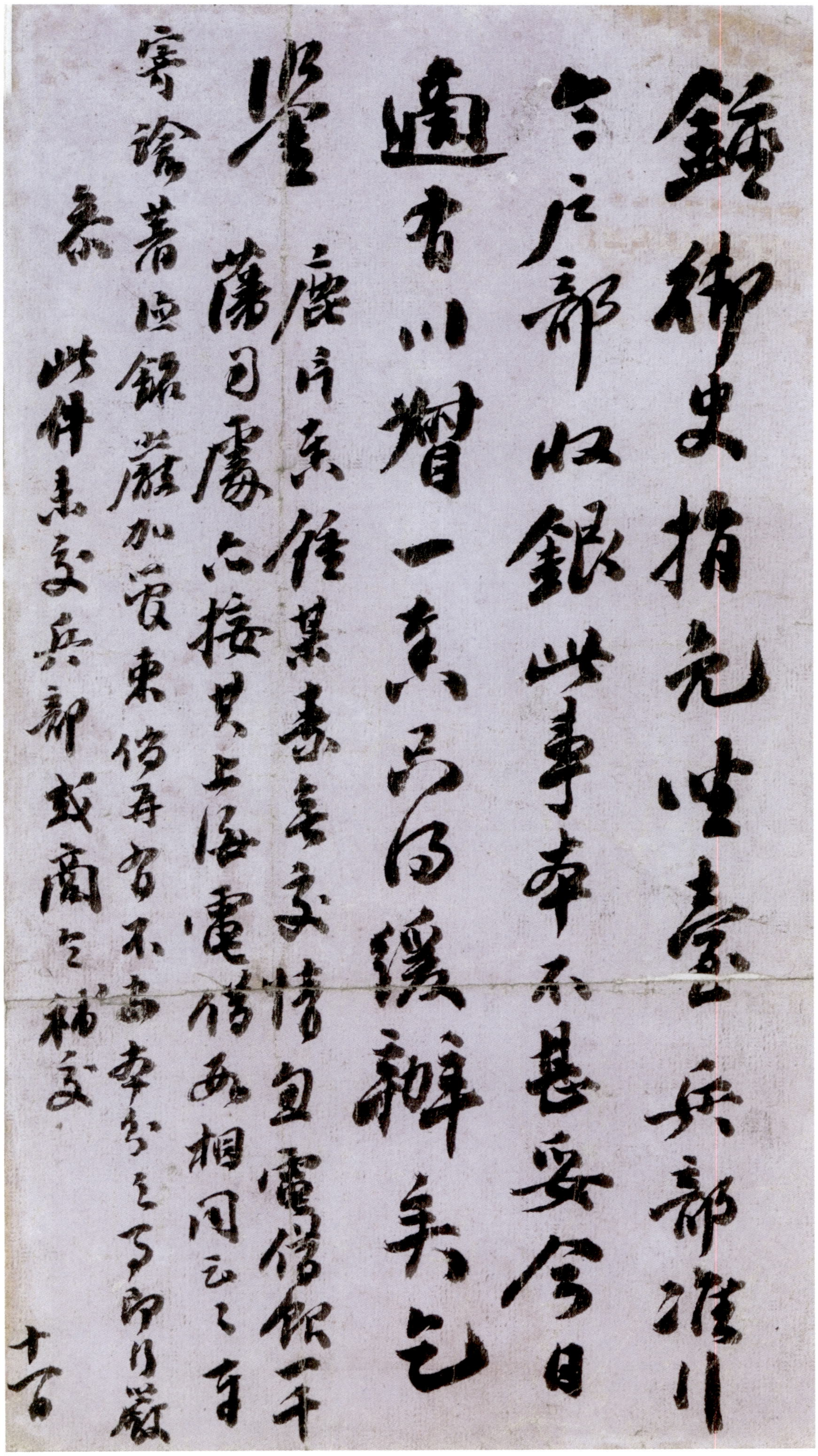

致 佚名三九

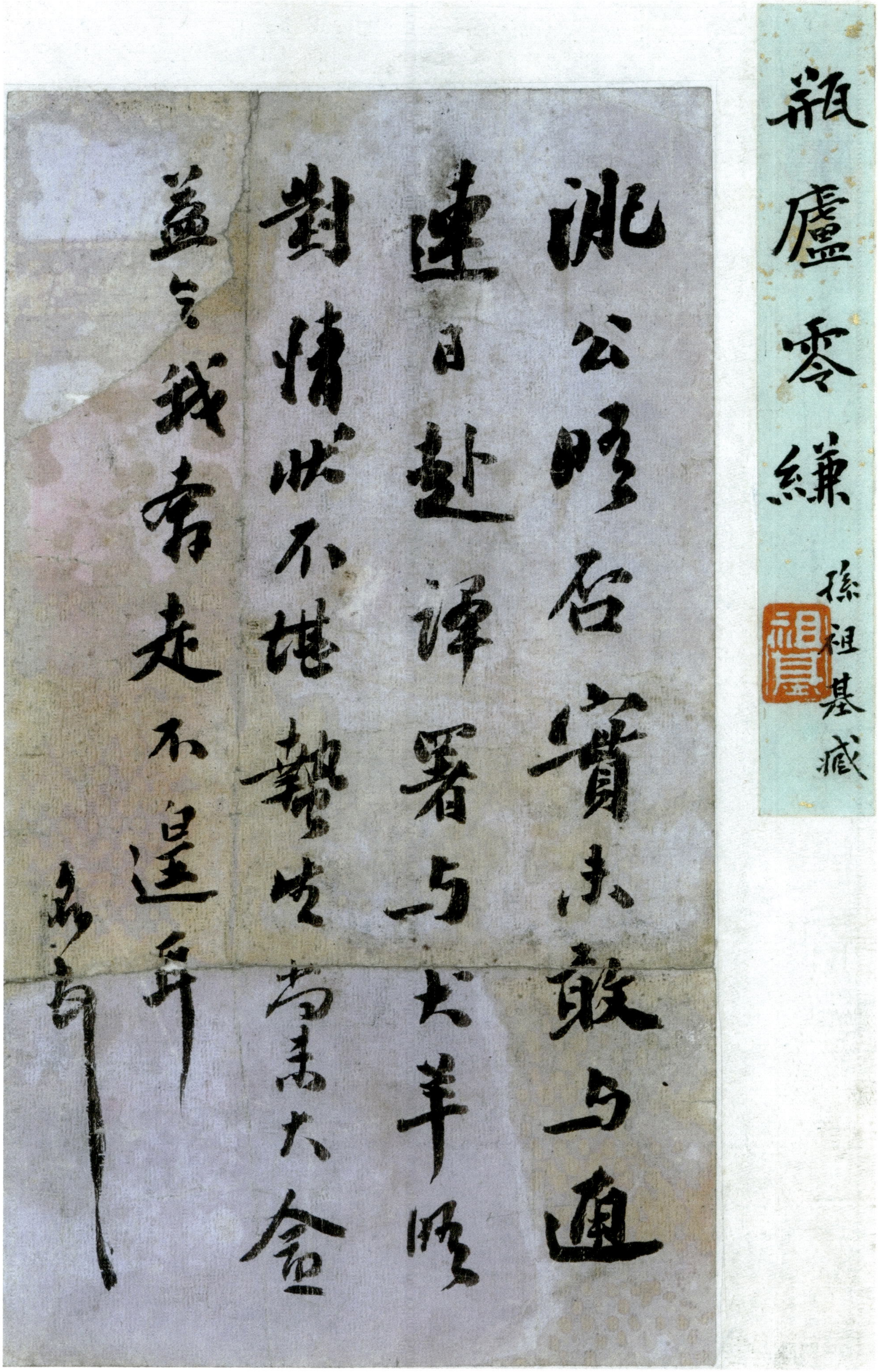

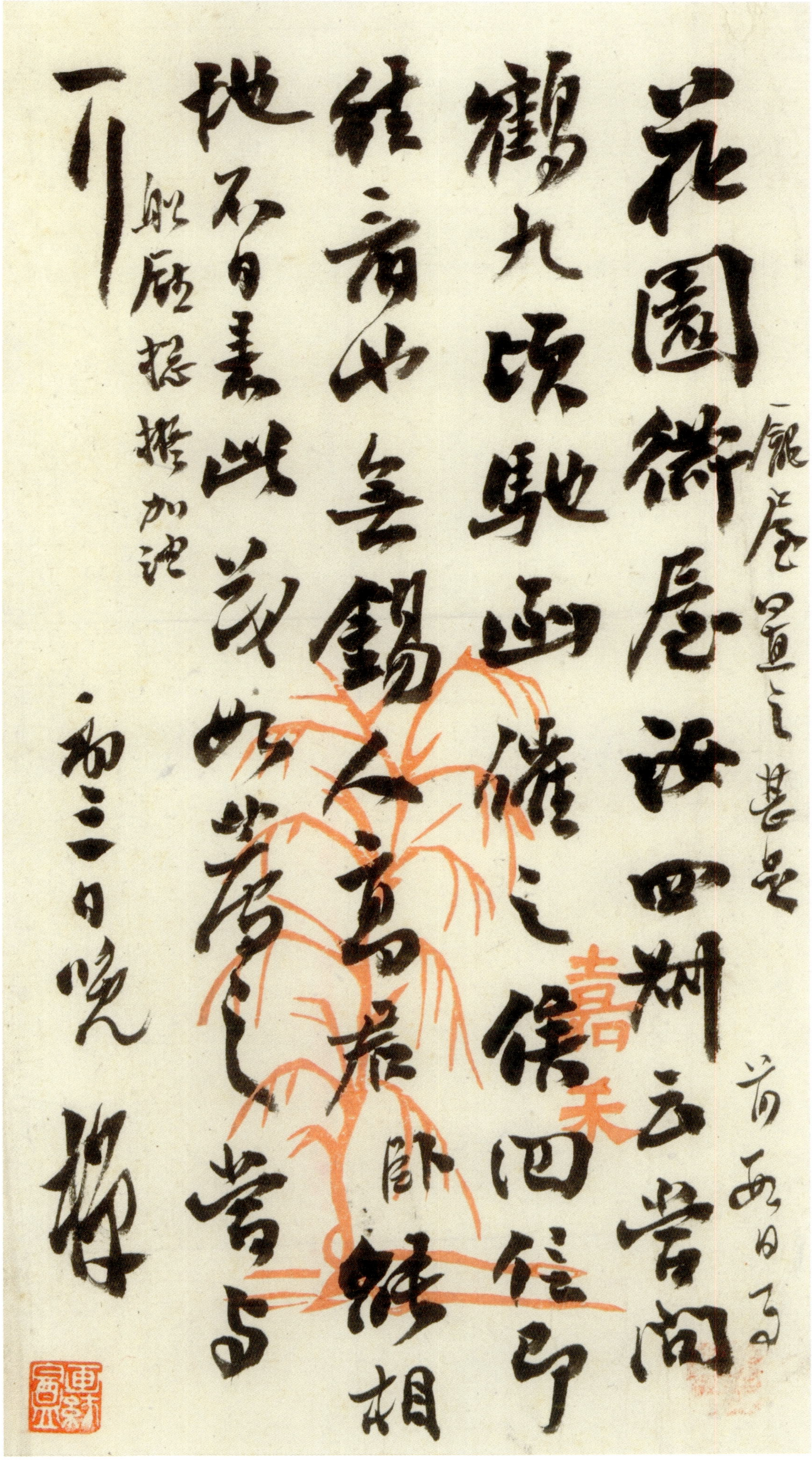

致　佚名四一

時疫流行，聞之可駭。竊意今年早熱，力作者汗出飲涼，寒入三陰，昔莫禦。醫者謂之寒病，投以開竅通利之藥，如卧龍靈寶之類，為害益甚。如附子理中、香薷或可挽回，然亦臆度之詞，特為南人忌附桂，故發此語耳。

和

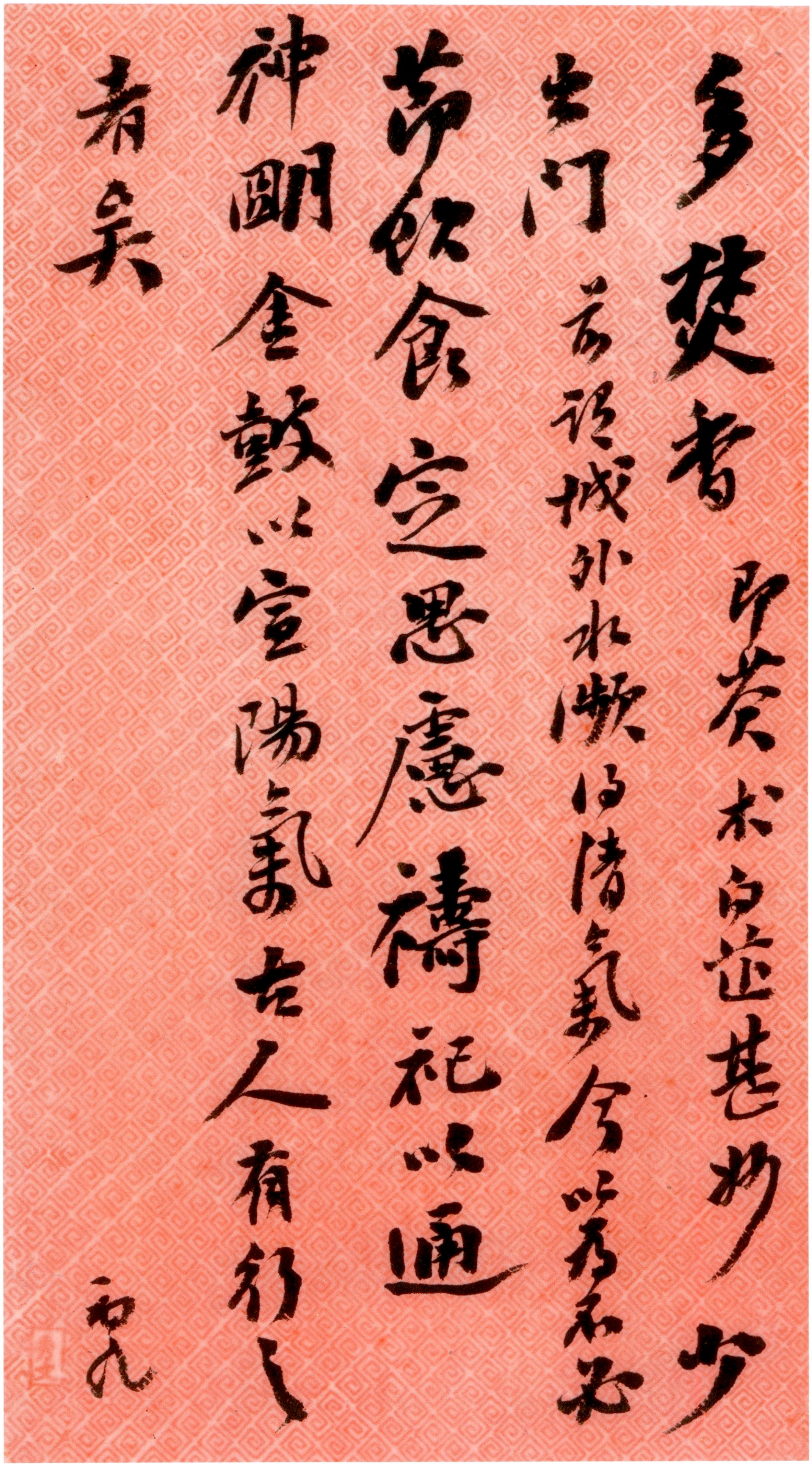

多楚者，即蒼术白芷甚妙。少出門，若語城外水澌，以清氣多，今以為不必。節飲食，定思慮，禱祀以通神明，金鼓以宣陽氣，古人有行之者矣。

知凡

致　佚名四二

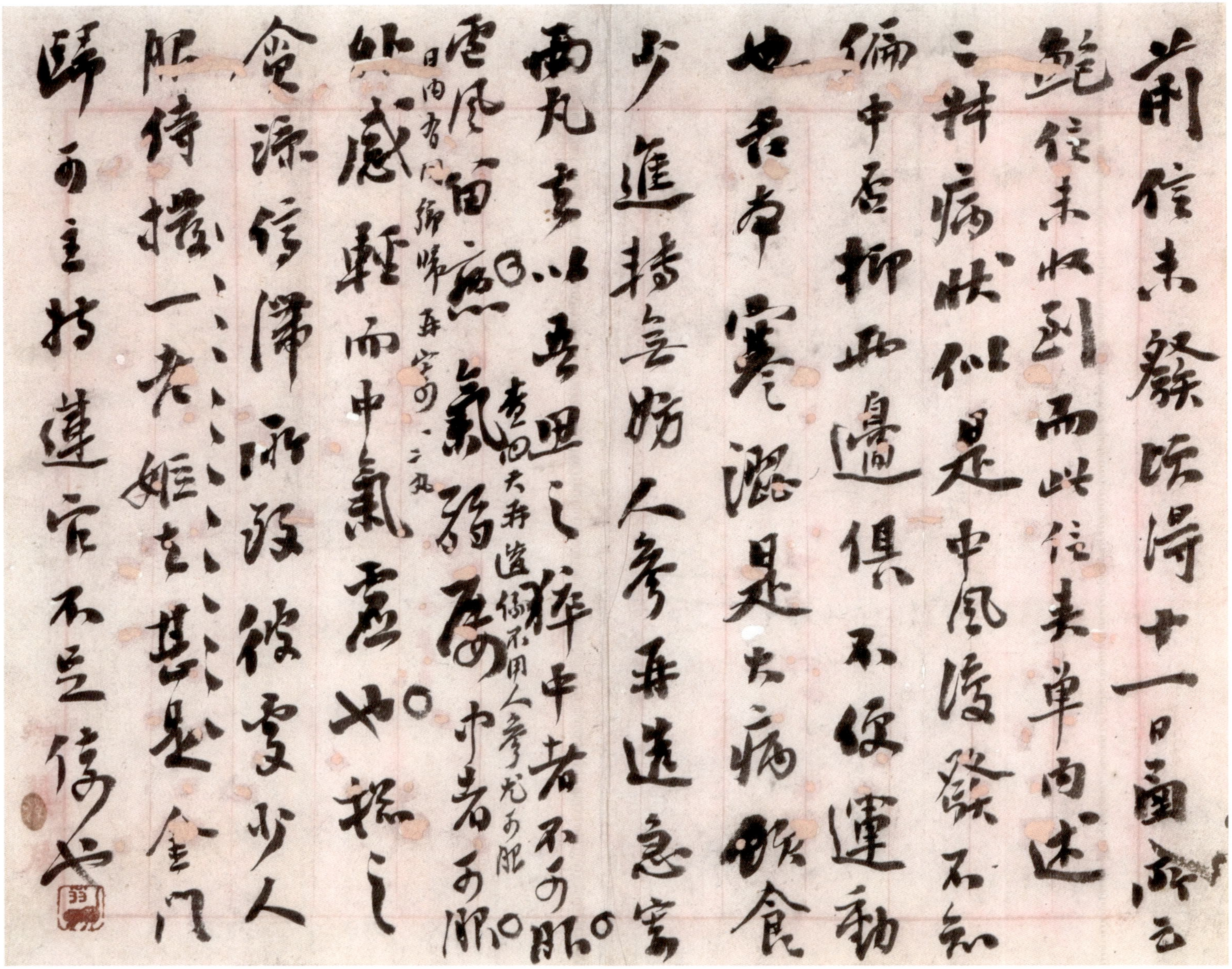
前信未發，頃得十一日函，所云
既信未收到，而此信來單內述
二樹病狀，似是中風復發，不知
偏中否？抑兩邊俱不便運動
也。舌本蹇澀是大病，飲食
少進，精氣勞人參再透急審
兩丸甚以吾思之，猝中者不可服。查四大再造偏不用人參，尤不可服
虛風留戀，氣弱及中者可服。日內當代錦帆再寄四、二丸
外感輕而中氣虛也。總之
食療僅偏所謂彼處少人
服侍，擬一老嫗去甚是，金門
歸耳，至於遣官不足信也。

致　佚名四三

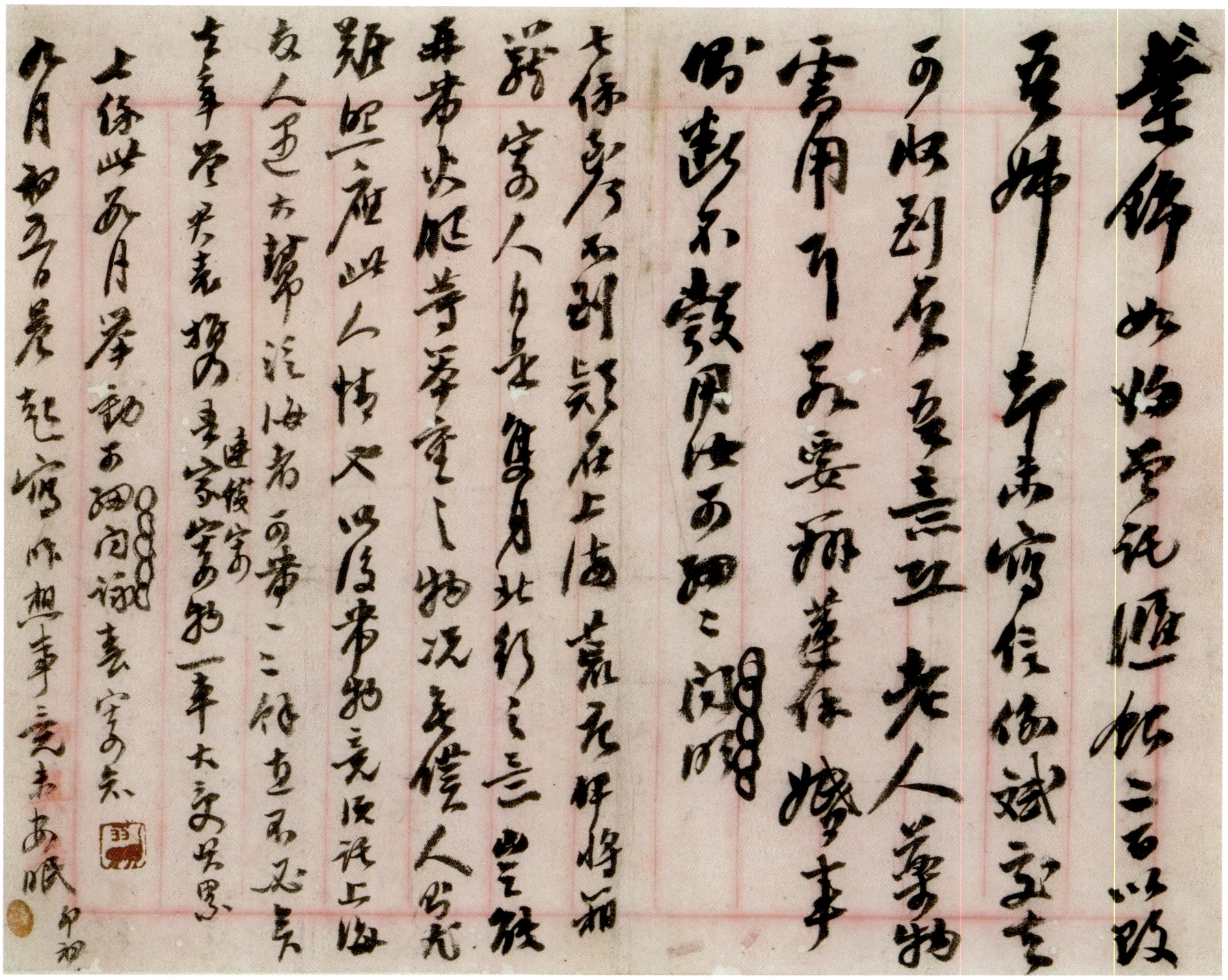

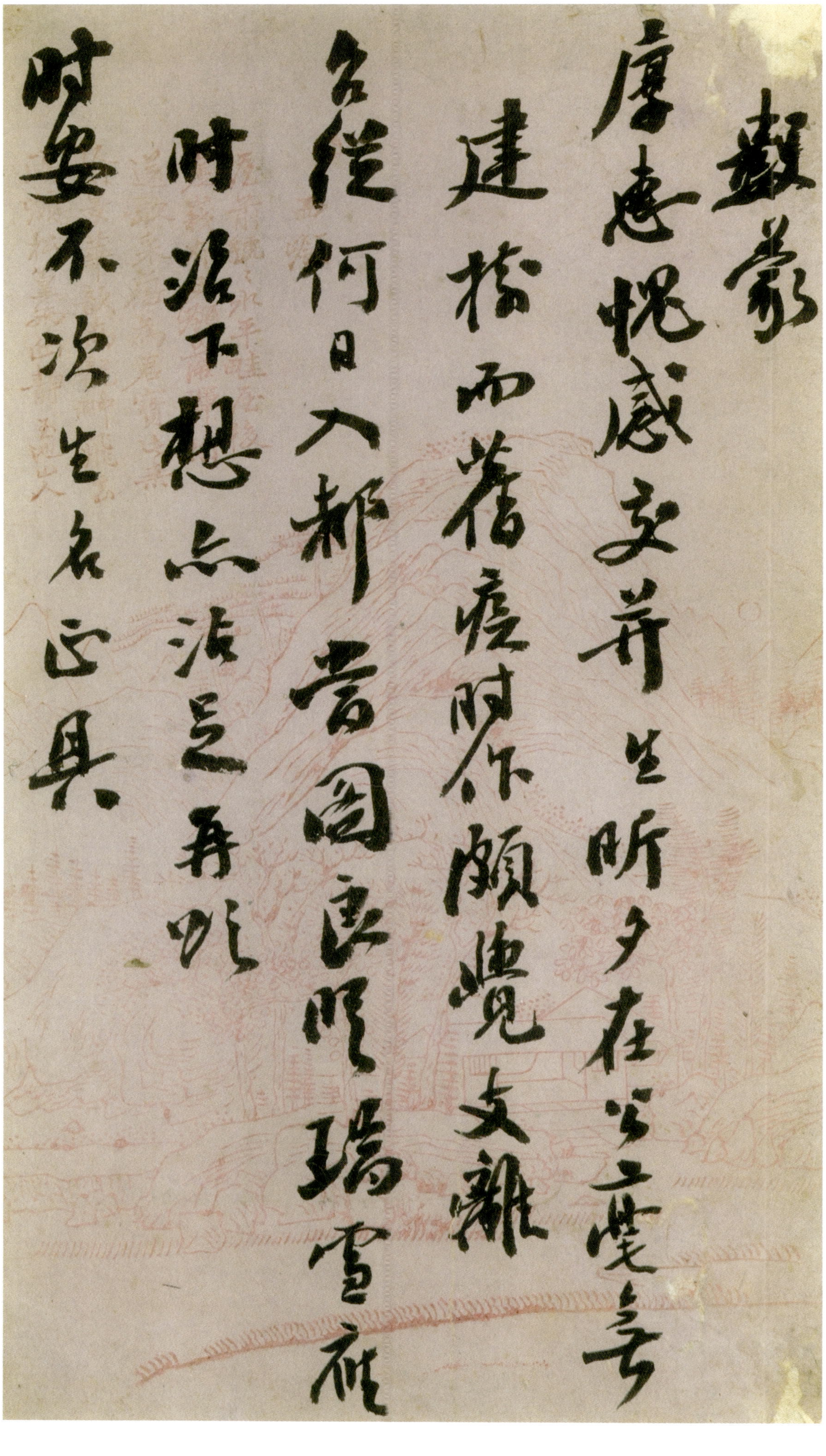

致 佚名四六

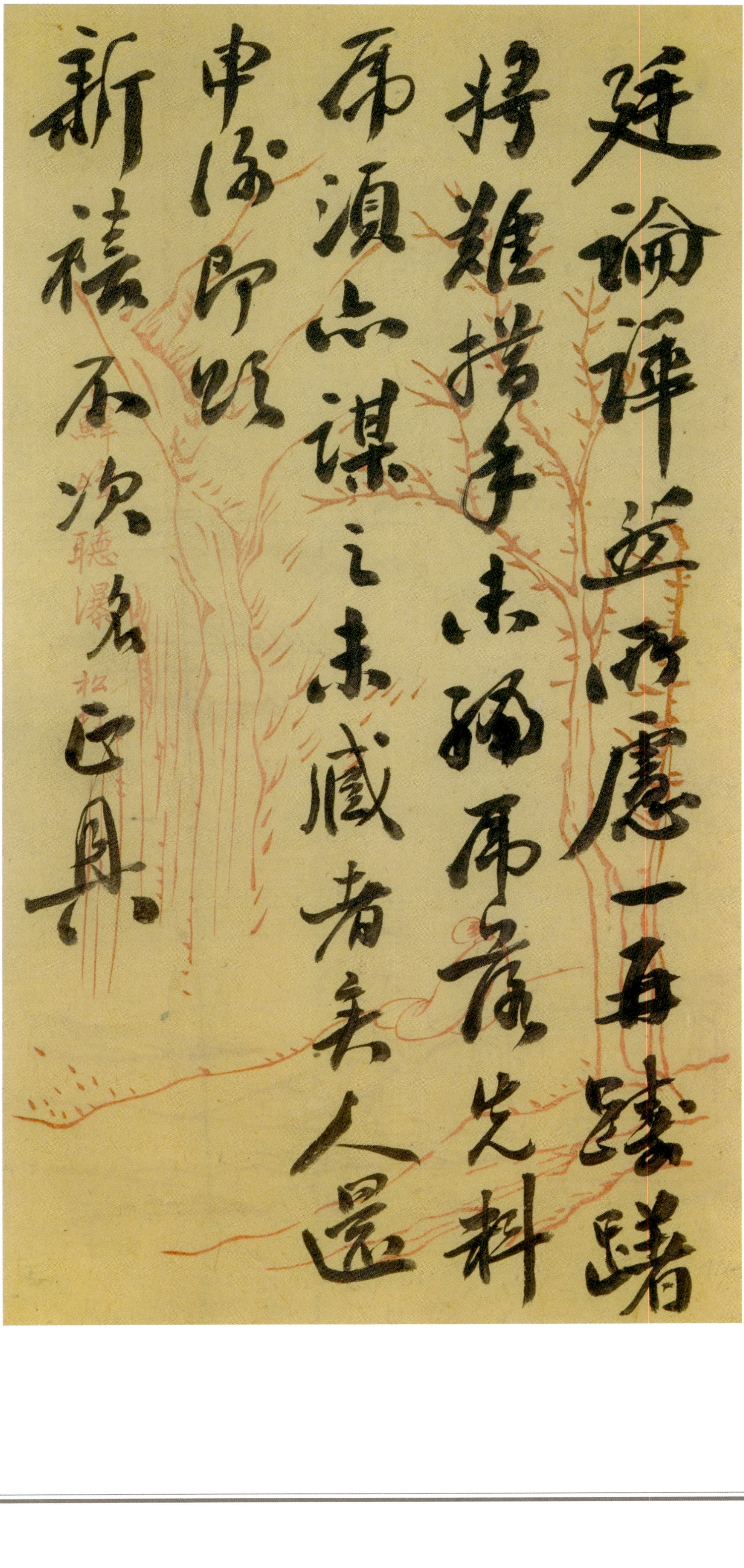
廷諭謹悉所慮一再躊躇
將難措手未稱所屬先料
所須亦謀之未臧者矣人還
申謝即頌
新禧不次名正具

致　佚名四七

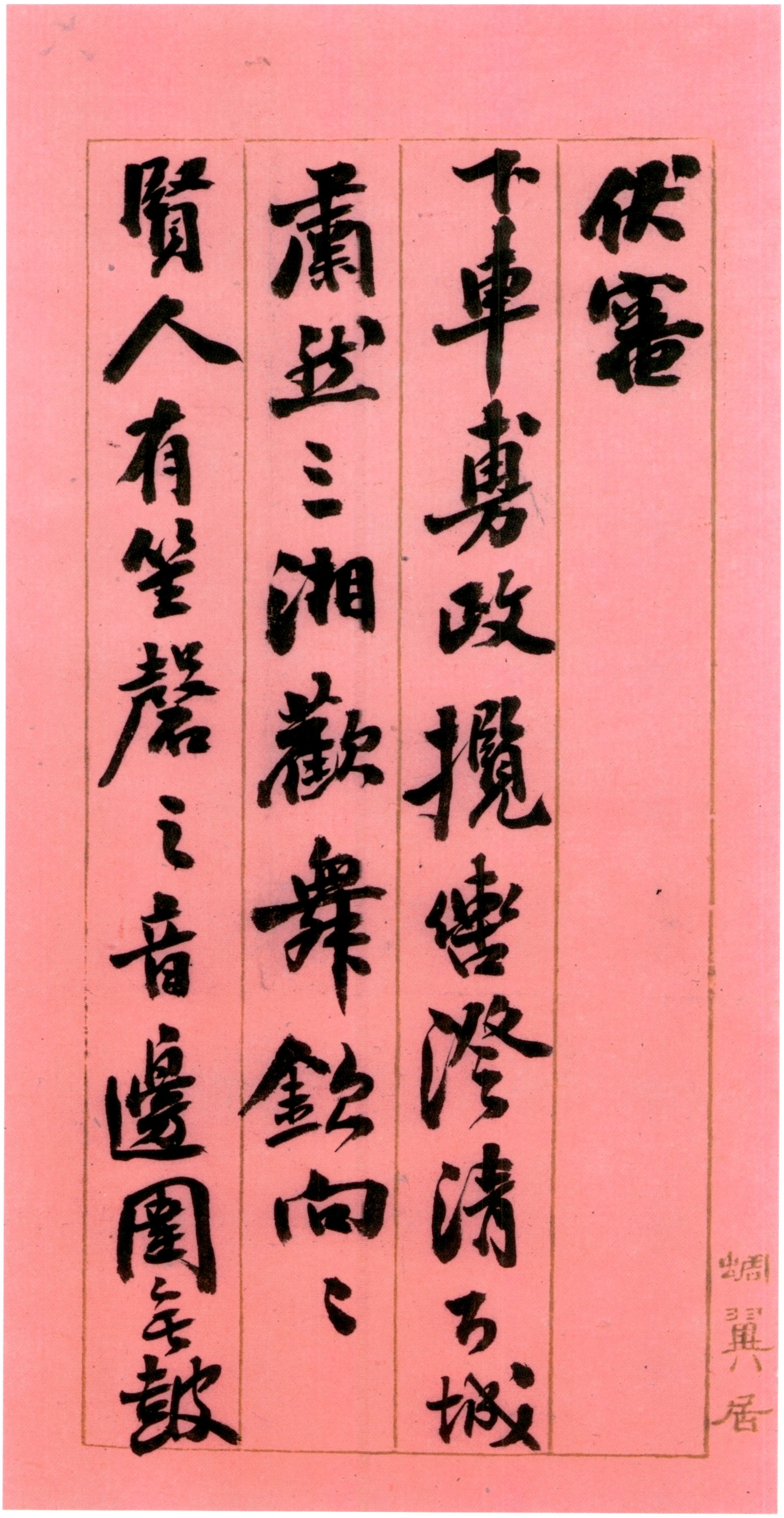
伏審
下車專政，攬轡澄清，石城
肅然，三湘歡舞，欽向〻
賢人有聲磬之音，邊圉無〻敢

致 佚名四七

韡〻蘇光猶被都人士〻福

躬介近状平〻承

錫歲隆情至今感荷專此敬請

勛安不次 弟年侍名 正肅

蝸翼居

致　佚名四八

同龢夲不能書，數年前
委書一聯，醜怪尤甚，不意竟懸
諸聽事，靦此懸札，令人慚悚，
至好當為掩覆，幸即
賜下，另書請
教何如。同龢再拜

致　佚名四九

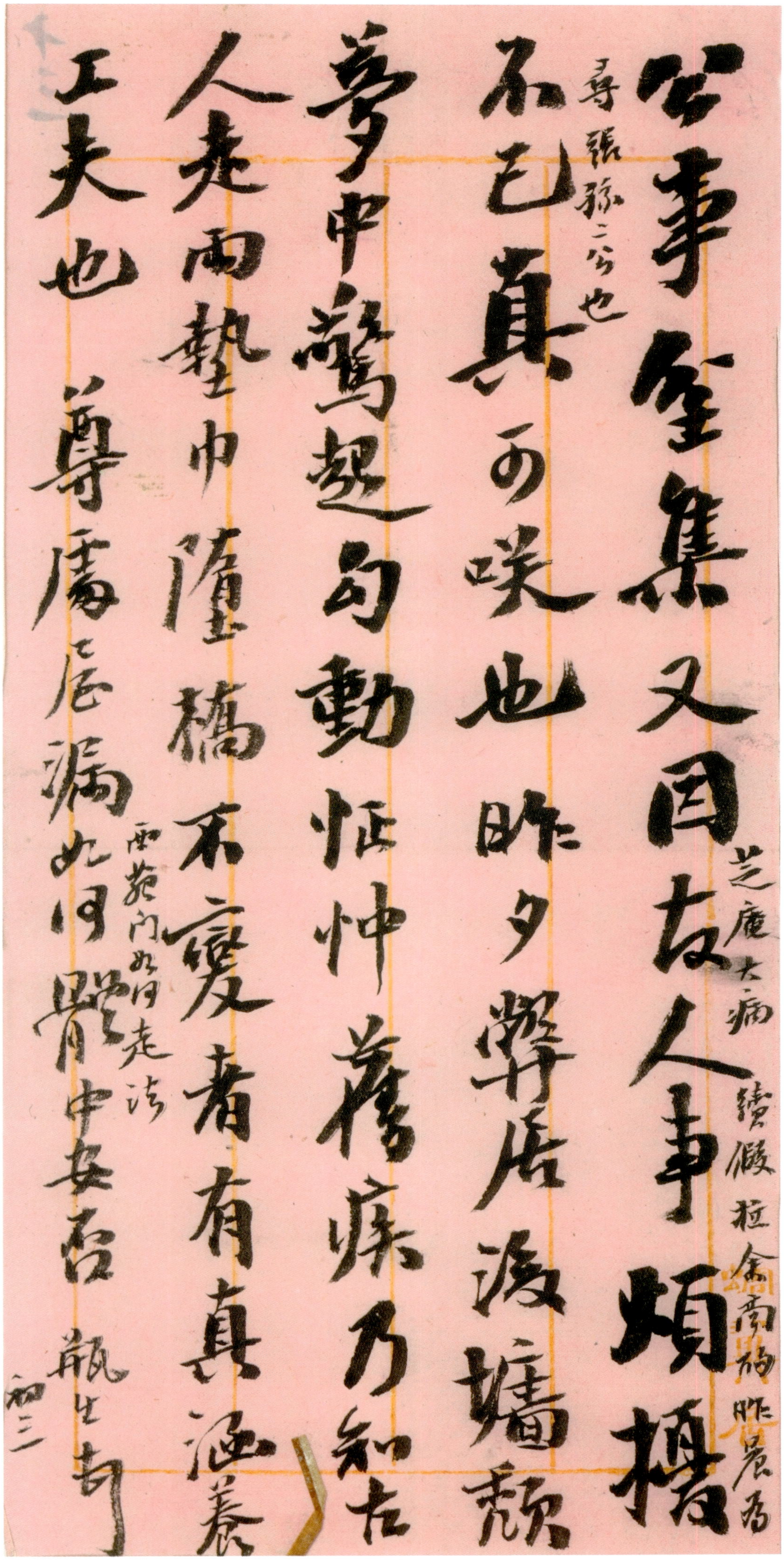
公事全集又因友人事煩擾芝庵大病續假拉余商爲昨晨爲
不已真可笑也尋張孫二公也昨夕擗居後墻頹
夢中驚起句動怔忡舊疾乃知古
人走兩塾巾隨橋不變者有真涵養西苑門外同走訪
工夫也
尊屬七屆漏如何醫中安否　龍生再
初三

致　佚名五〇

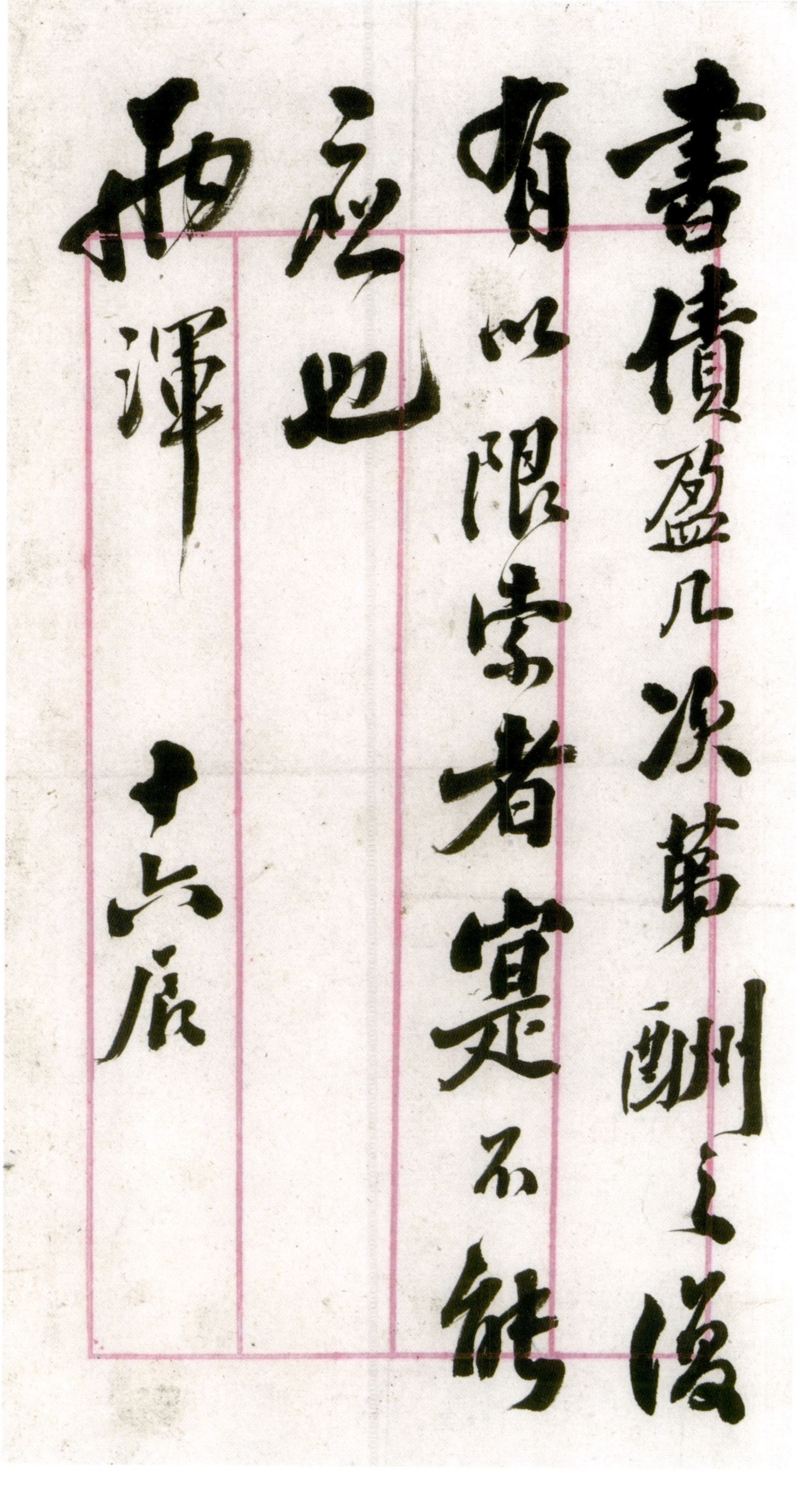

書債盈几次第酬之後
有以限索者寔不能
應也
兩渾
十六辰

致 佚名五三

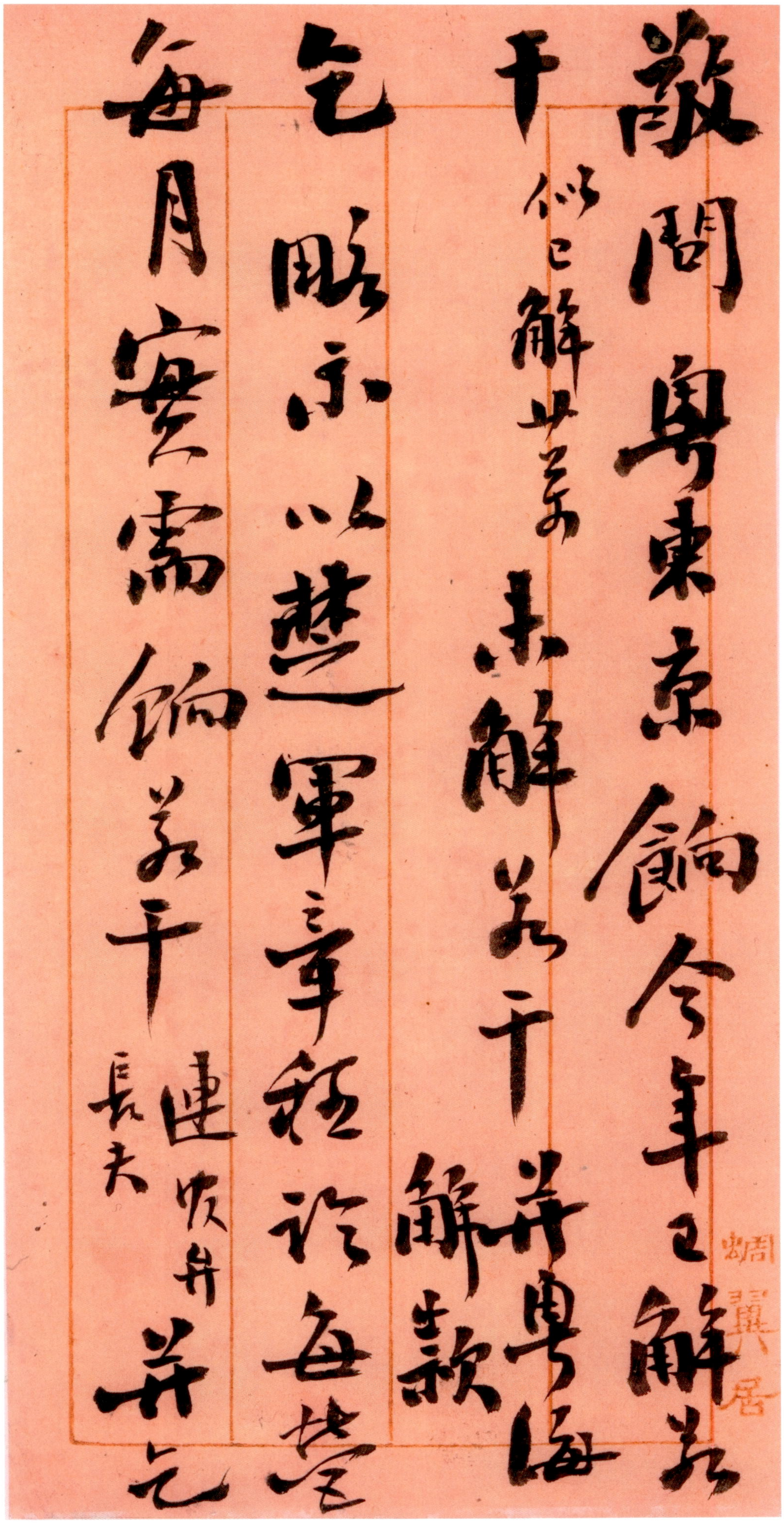

敬聞粵東京餉今年已解若干（似已解廿萬）未解若干並粵海關款，乞賜示以慰軍籌。經詳每營每月實需餉若干（連收并長夫）並乞

勞勩極懸念江南歲熟
新穀登場時糙米一兩餘白
米一兩四五錢者急辦數十萬於
封河前運津此一說也京通各

蝸翼居

致　佚名五五

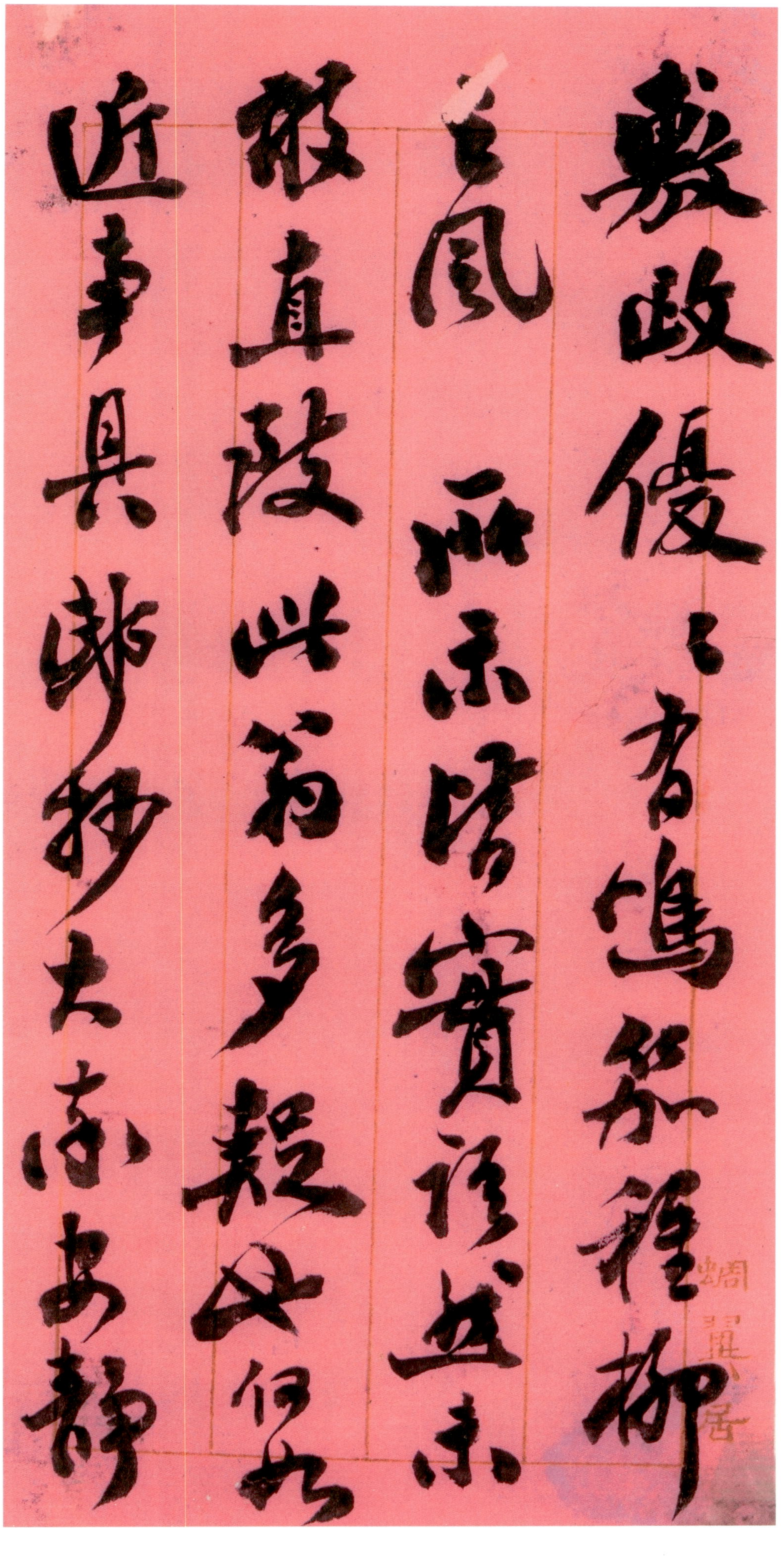

致　佚名五五

國學徵士承鄂有光寵
實副多士之望，冰署照
未經庭墨，本之贊惟有
感愧并致意筱翁也

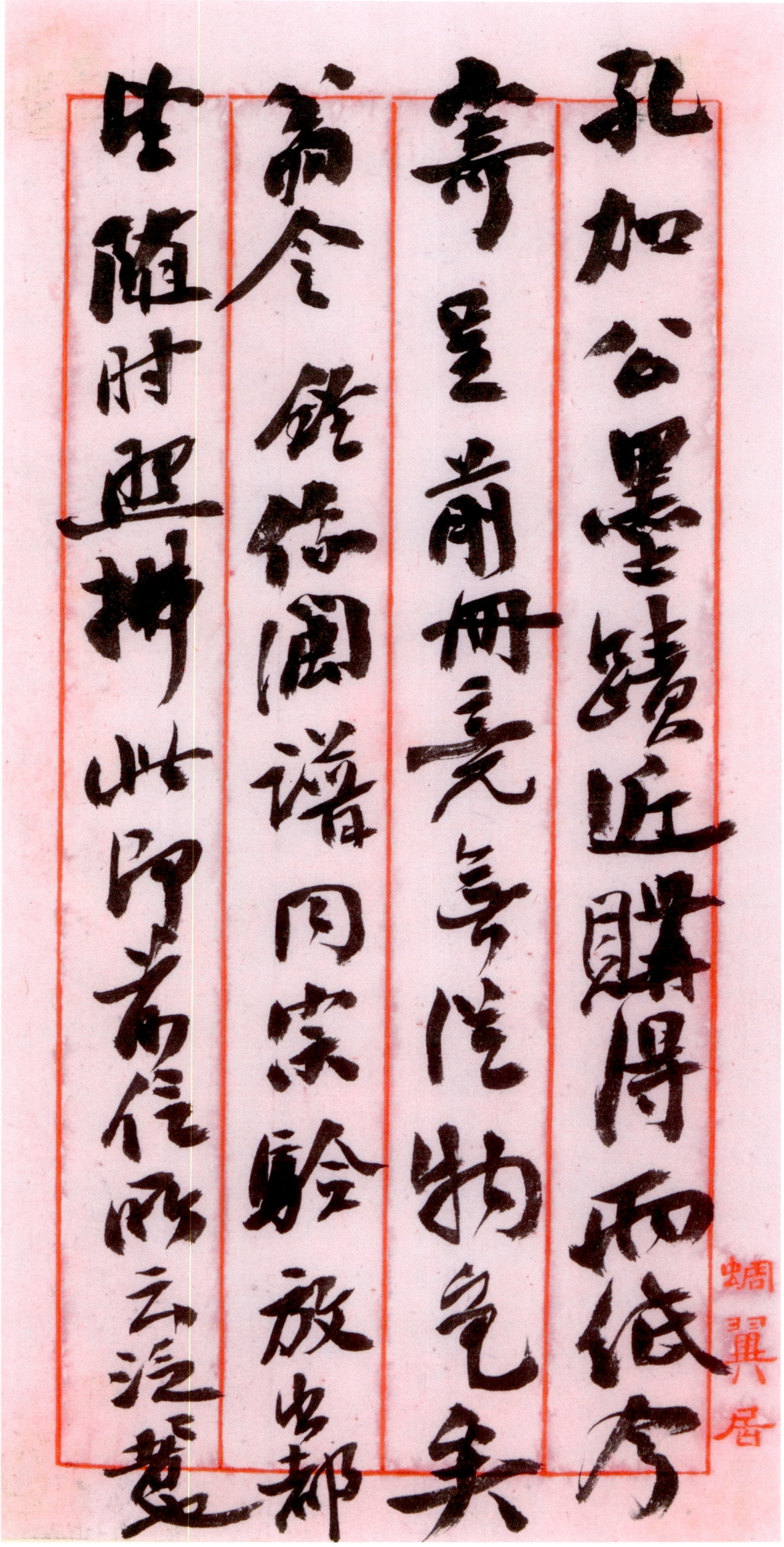
孔加公墨蹟近賺得兩紙今
寄呈前册竟無隻字物色矣
翁令館侍閣譜同宗驗放出都
生隨時理拂此即前信所云泛題

致 佚名五七

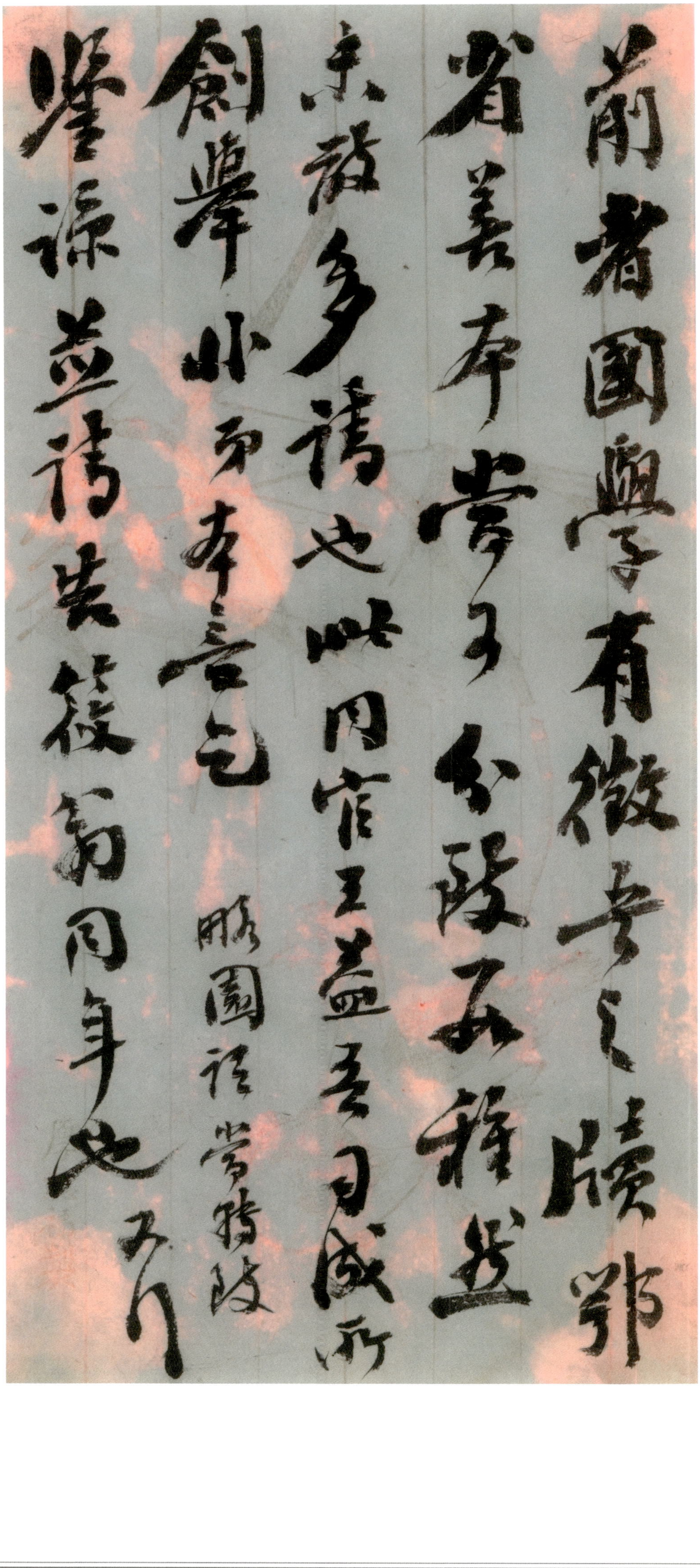

致　佚名五八

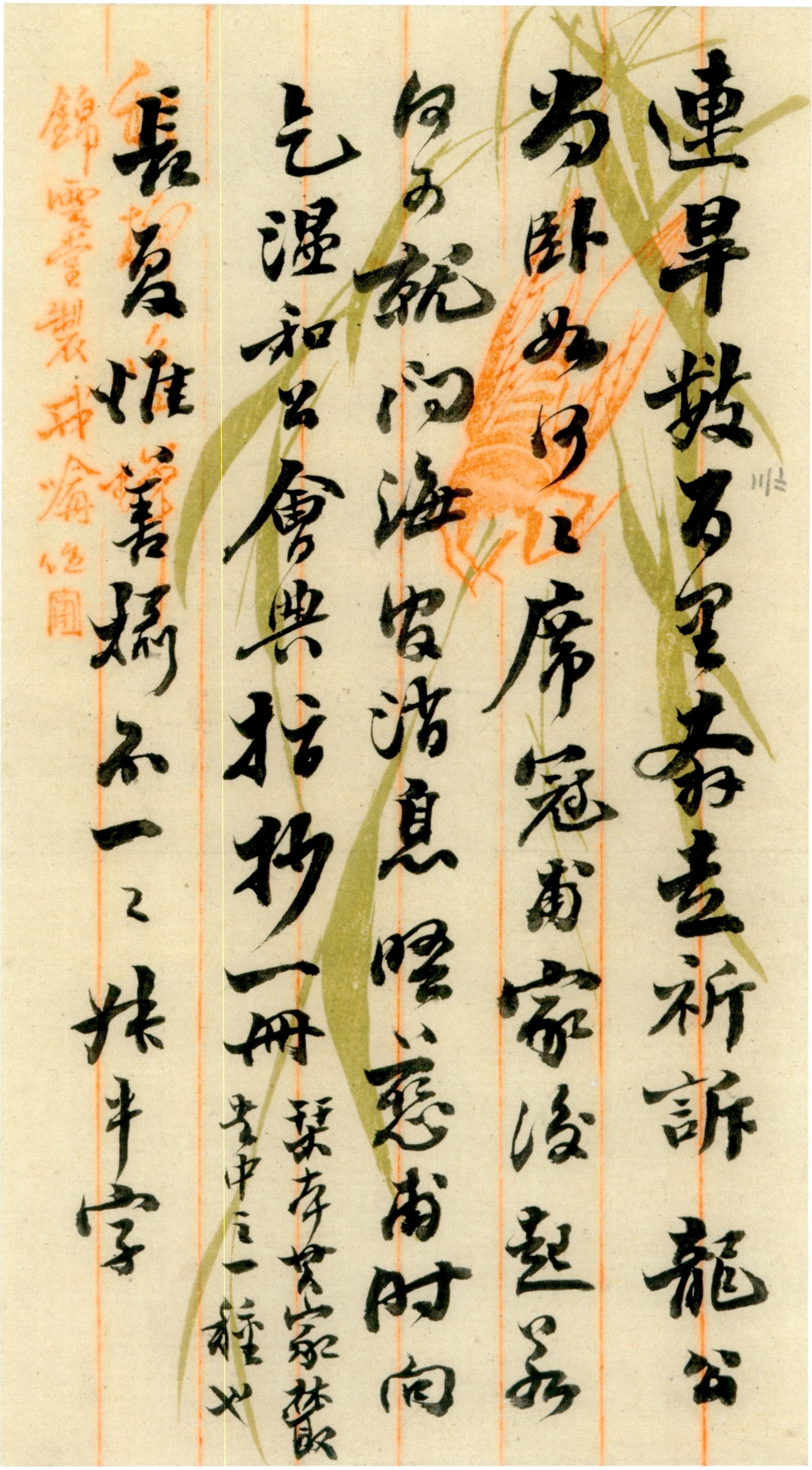
連旱數月至奔走祈訴　龍公
出而臥如何之席冠甫家後起爲
何如就聞海上消息頗驚爾時向
乞濕和呂會興拈抄一冊　琴存堂家藏書中之一種也
長夏惟善攝不一一　林半字
錦雲堂製

致 佚名五九

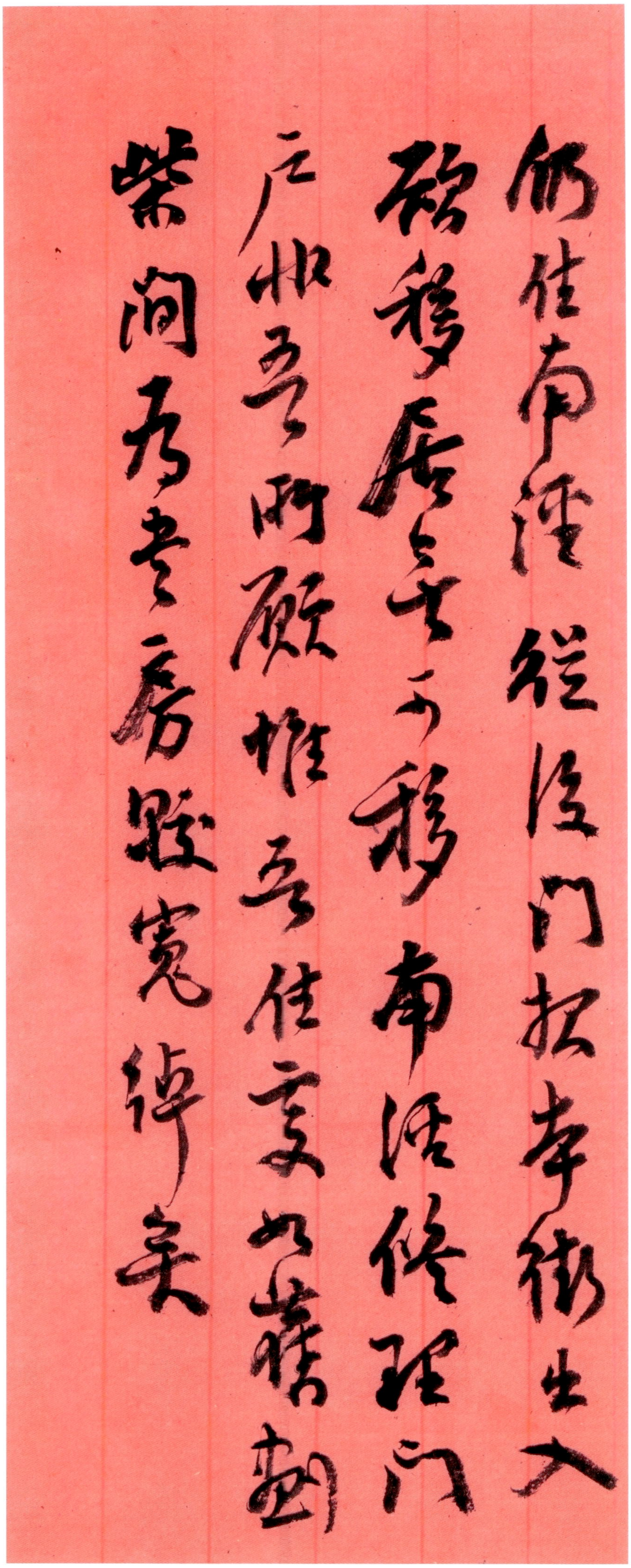

雲笈圖佳惟蘇齋字

殊艸艸不欲得告竹齋

因俗冗躭閣極歉也

十二早

致佚名六一

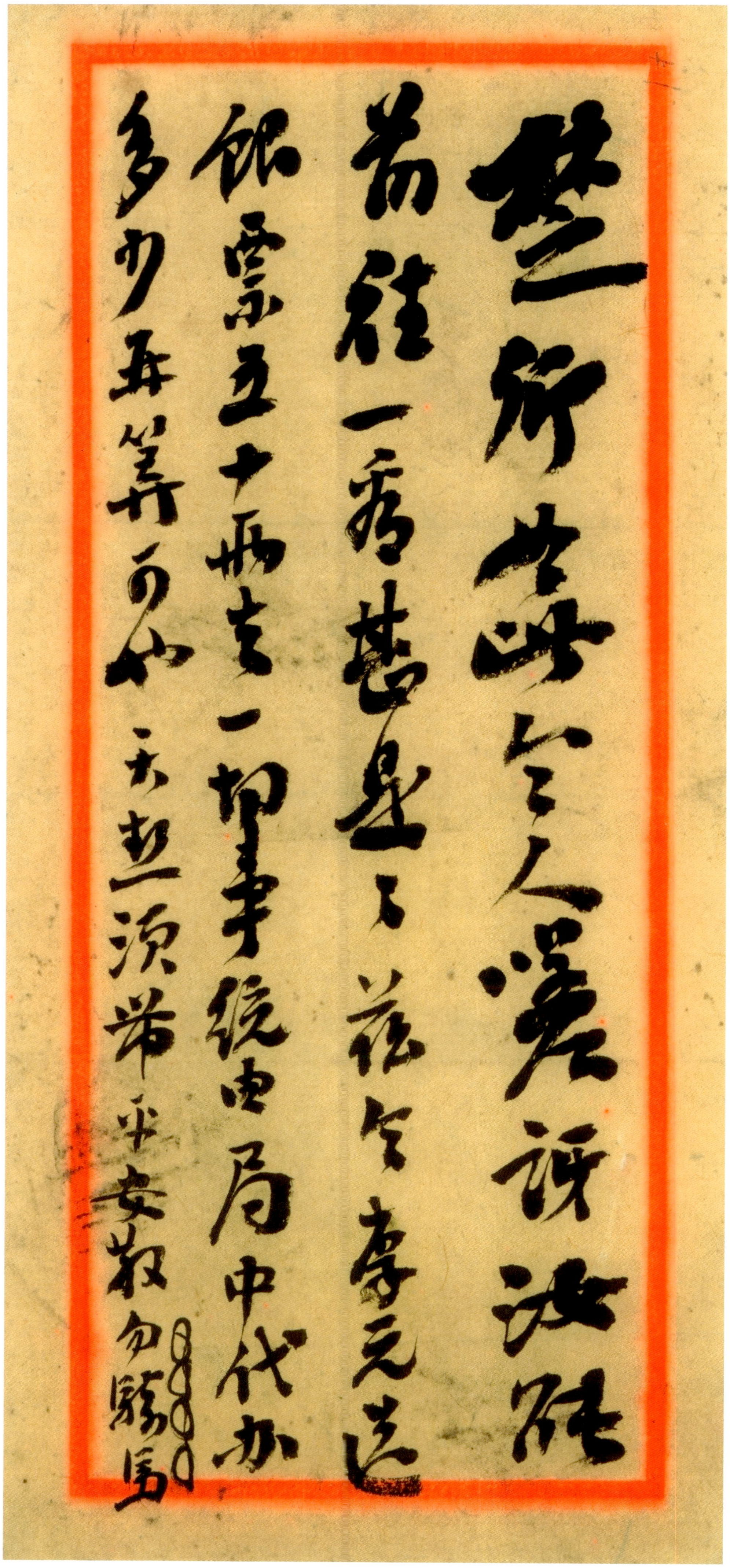

致 佚名六四

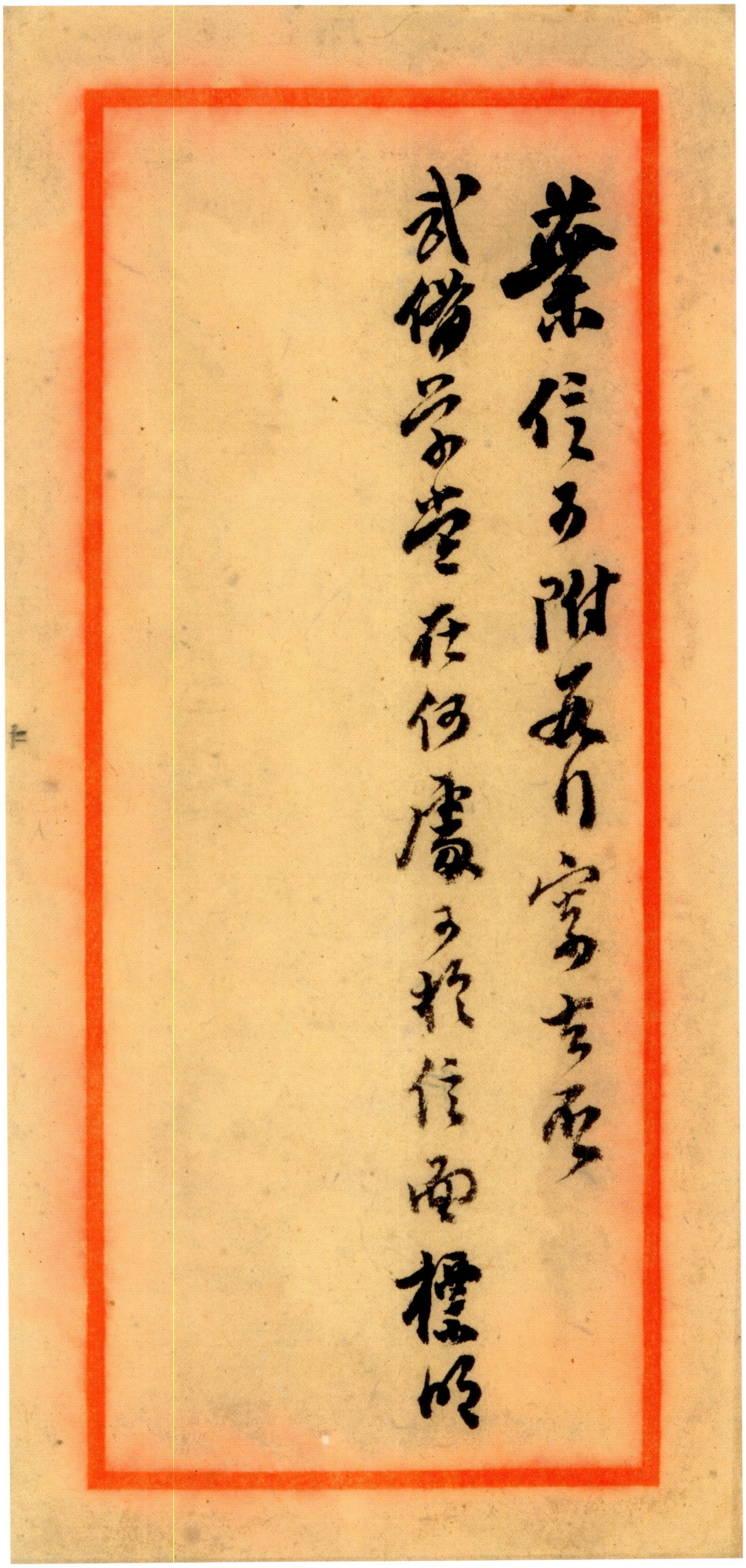
葉信乃附吳門寄去耍
武備學堂在何處乃將信面標明

致 佚名六五

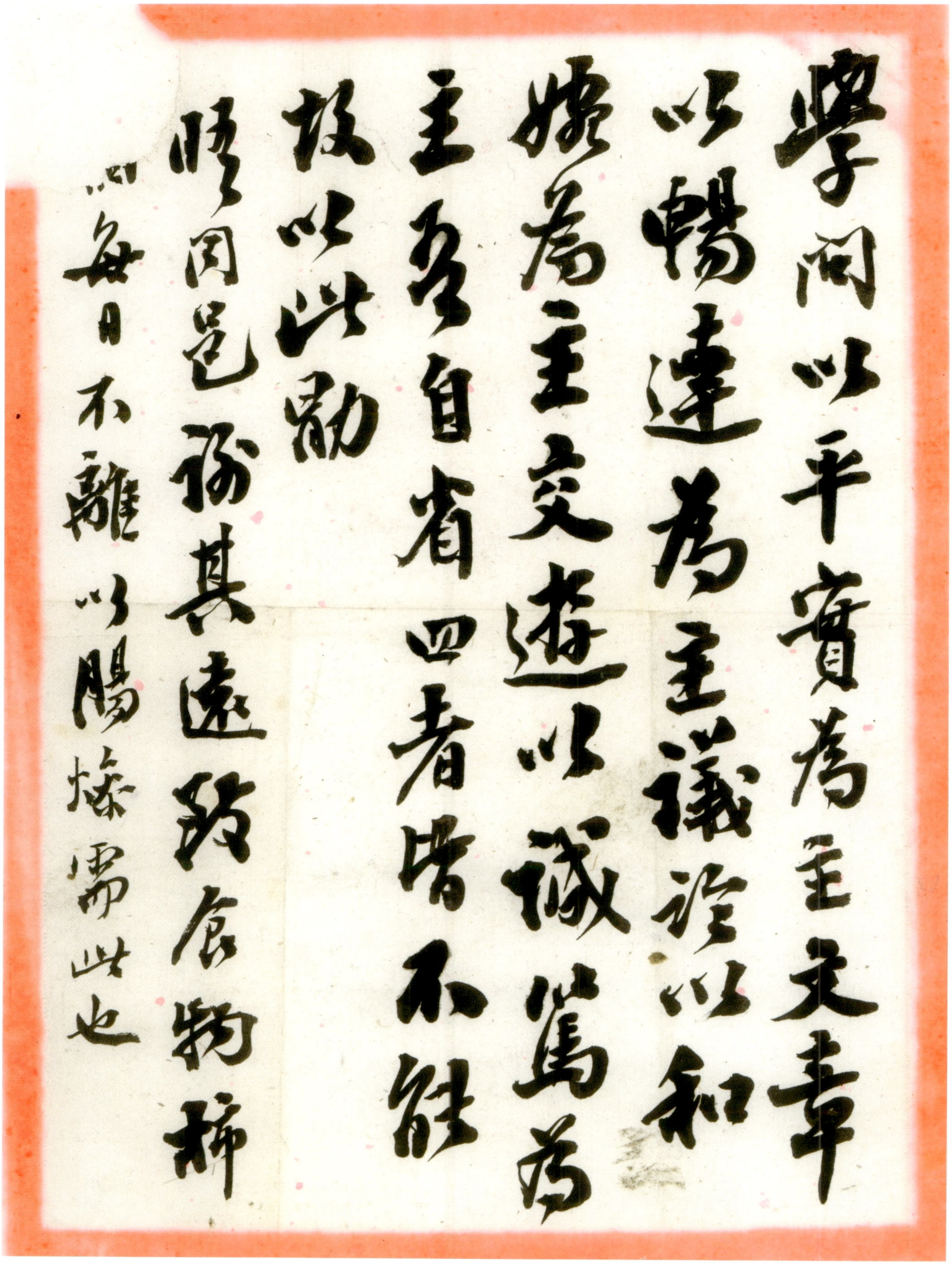

學問以平實為主文章
以暢達為主議論以和
婉為主交遊以誠篤為
主處自省四者皆不能
拔以此勸
暇閱邑務其遠致食物稱
[illegible]每日不離以腸爍需此也

致　佚名六六

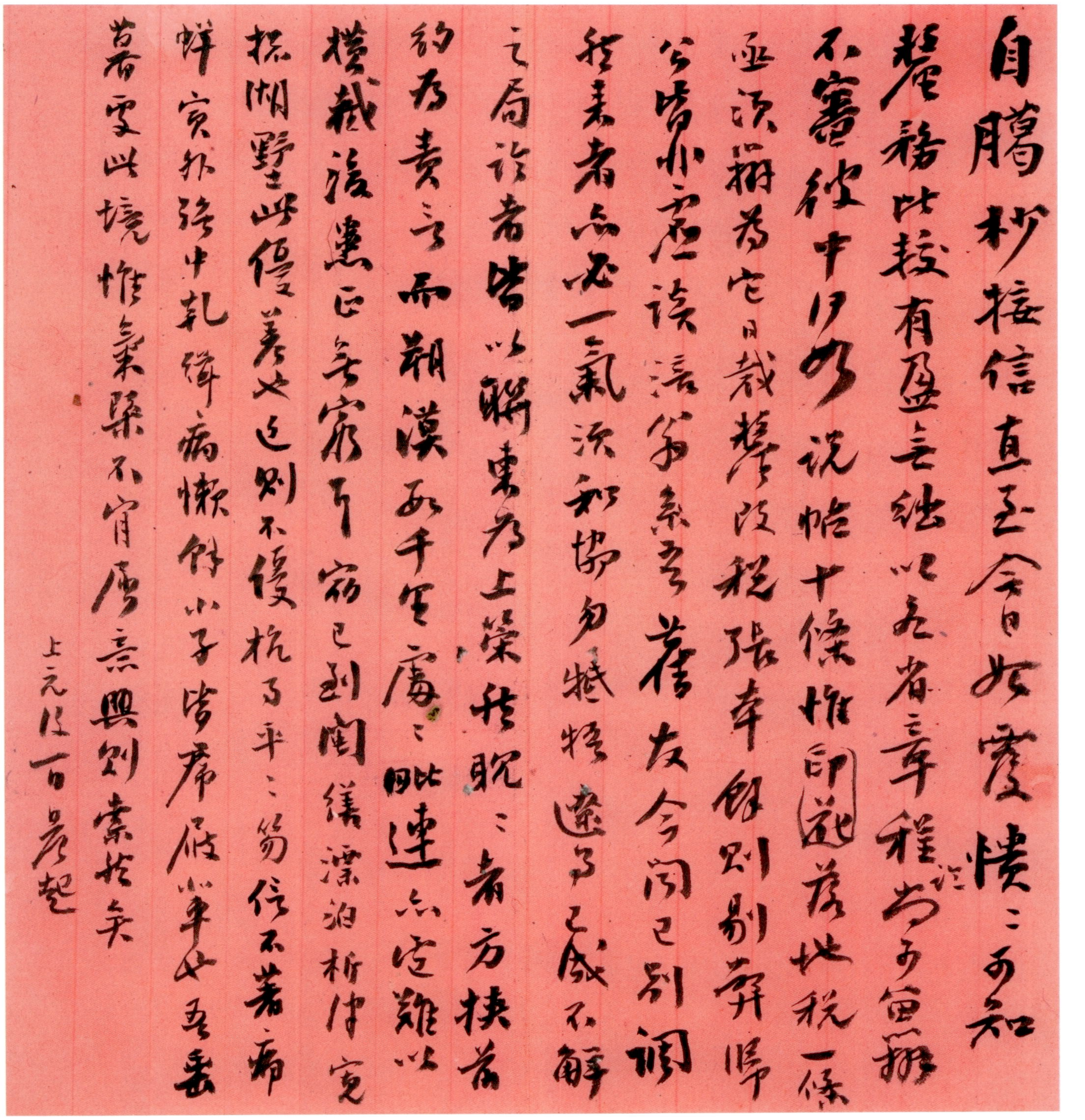

致　佚名六七

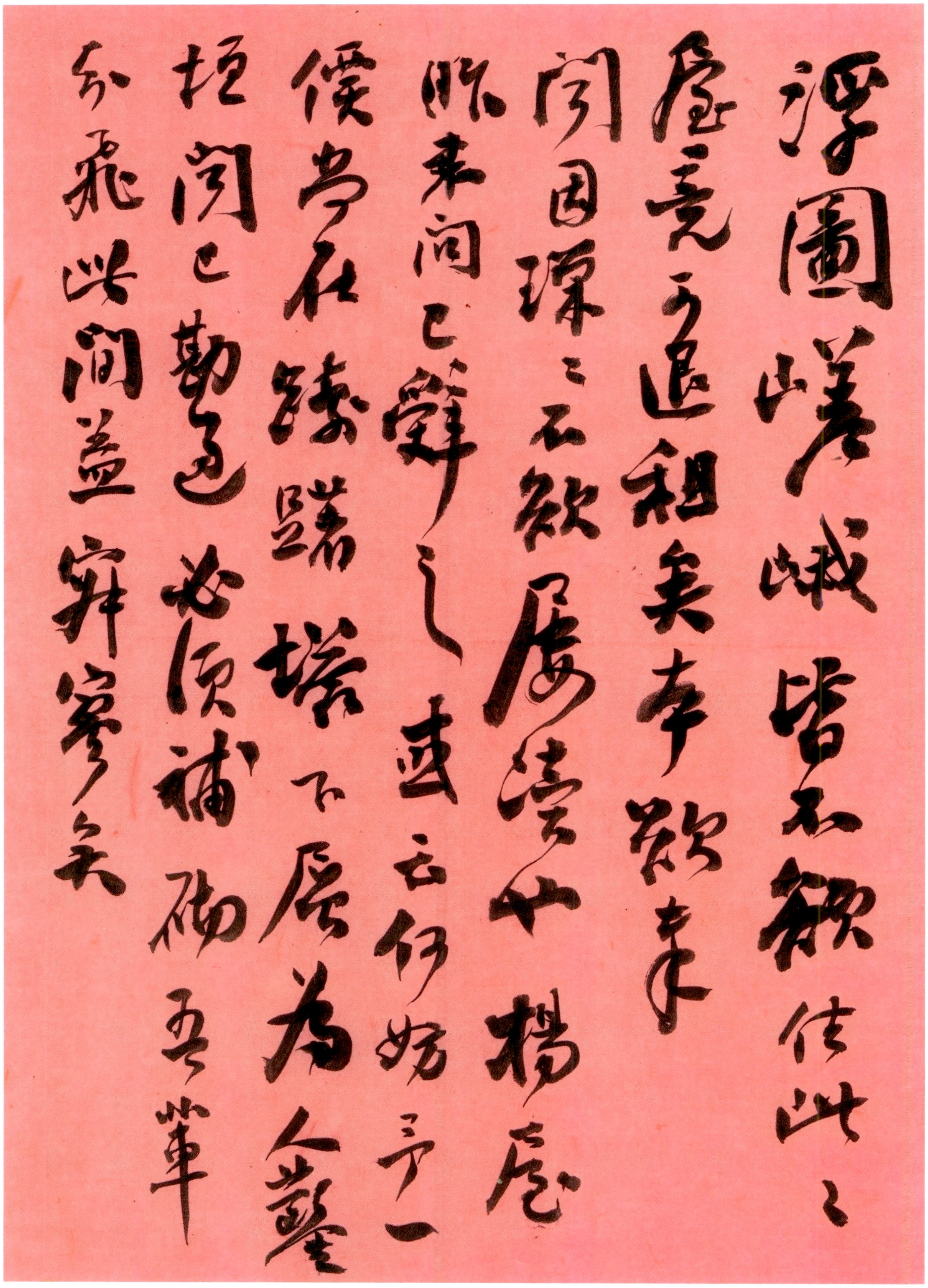
浮圖嵯峨，皆不欲傳此之
處，竟乃退租矣，本欲來
問，因瑑瑑不欲，屢瀆作揚屆
昨來問已鮮之，速云何妨之一
便當在績躇搭下，屢為人囊
垣問已動過，必須補砌丢草
分飛此間，蓋穿寒矣

致佚名六八

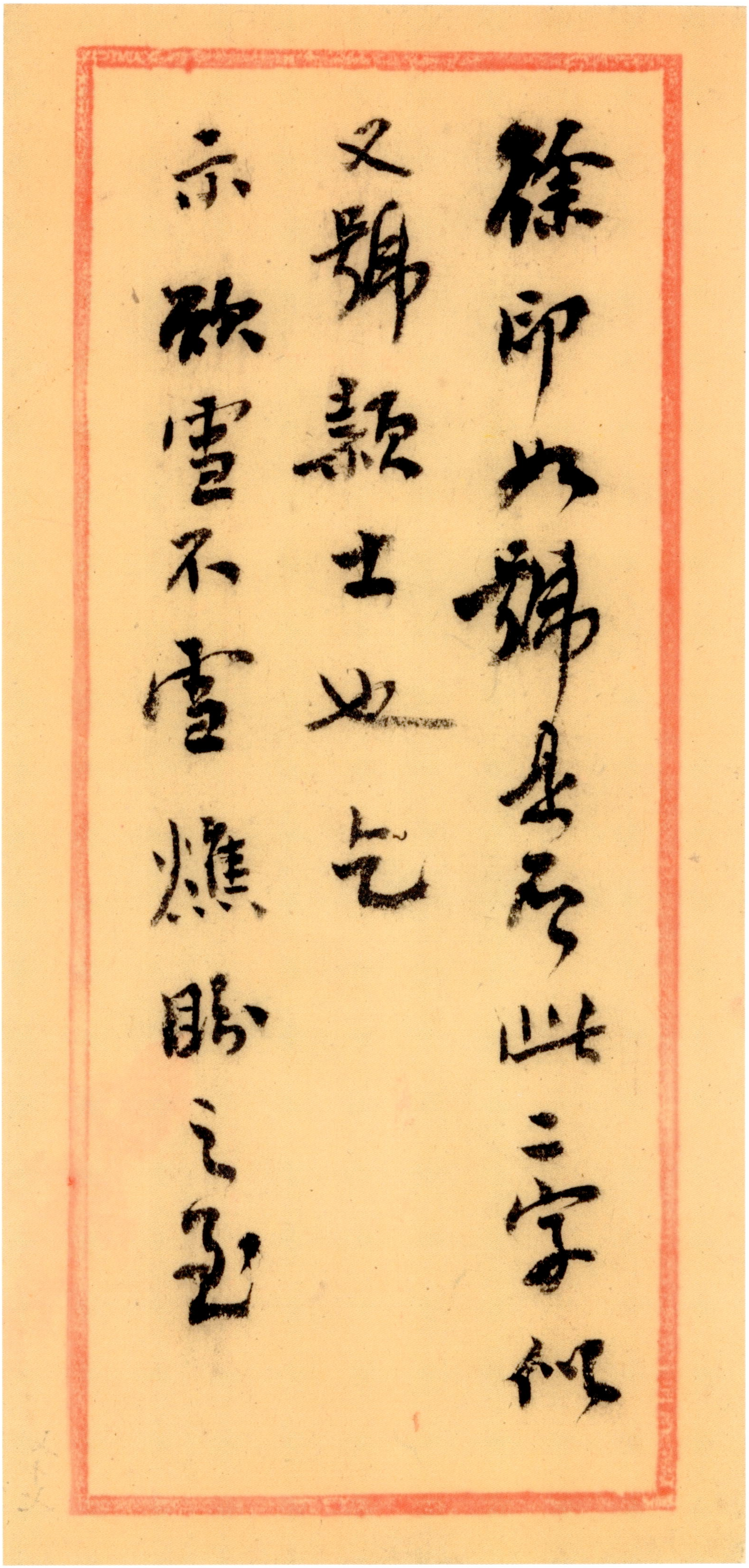
徐印如歸是否此二字似
又歸款上如乞
示欲雪不雪燋盼之至

前日承託之件具零數係
四十二三元今
尊處所劃當短付十二三元稍
賜即當奉上昨日鹿卿等
邀西飲歸時夜漏已殘不遂未
來此也并謝不一一

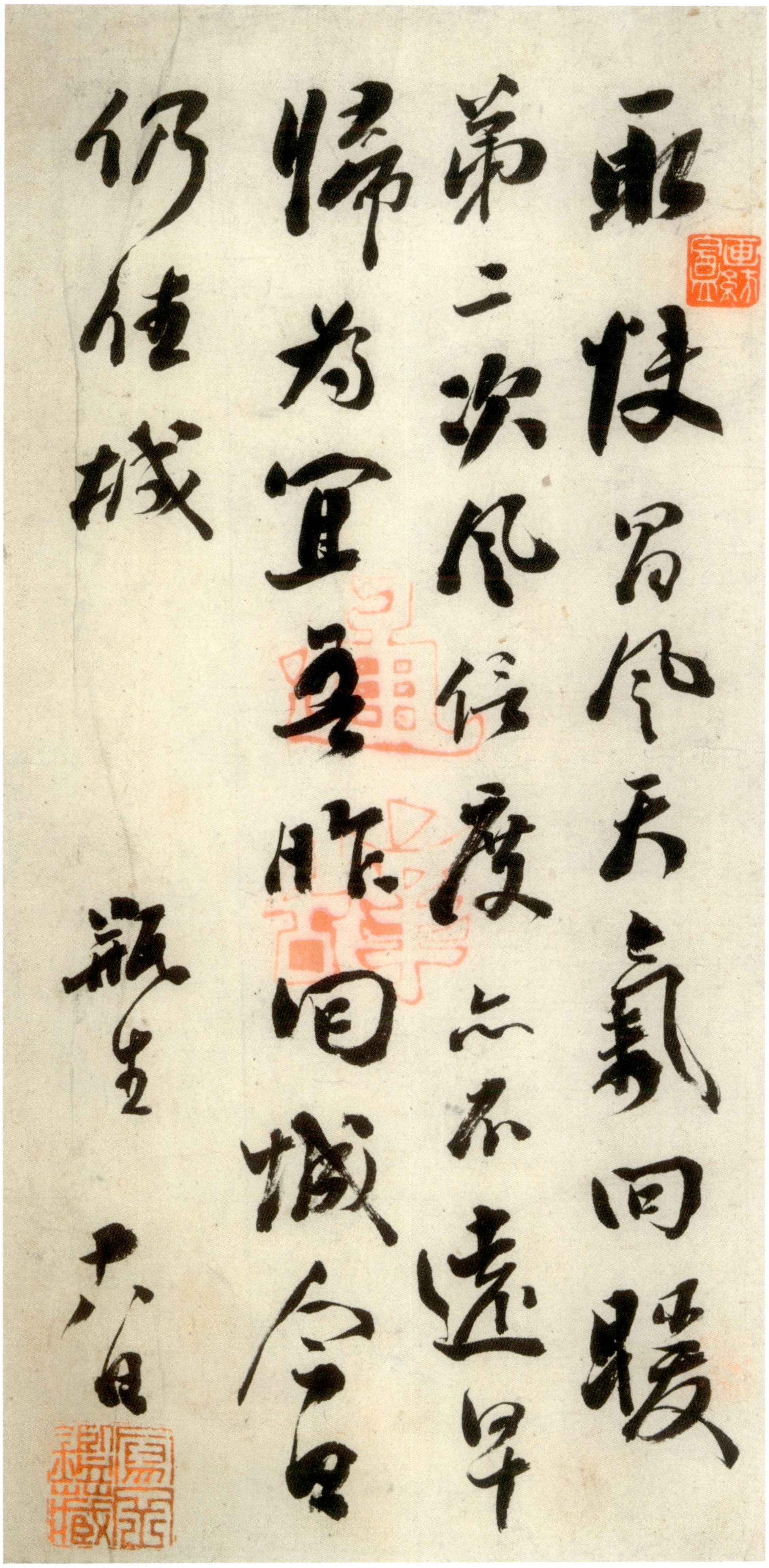

致　佚名七二

致　佚名七三

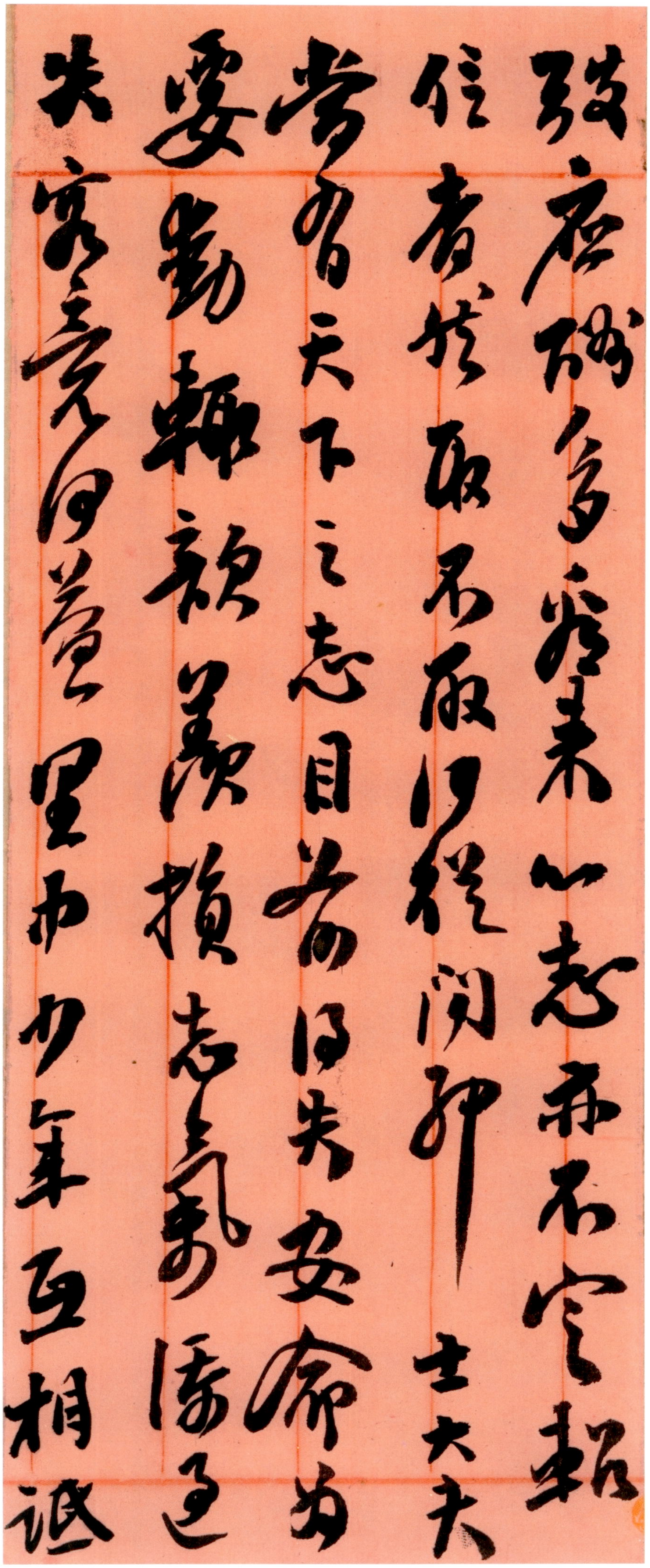

致 佚名七三

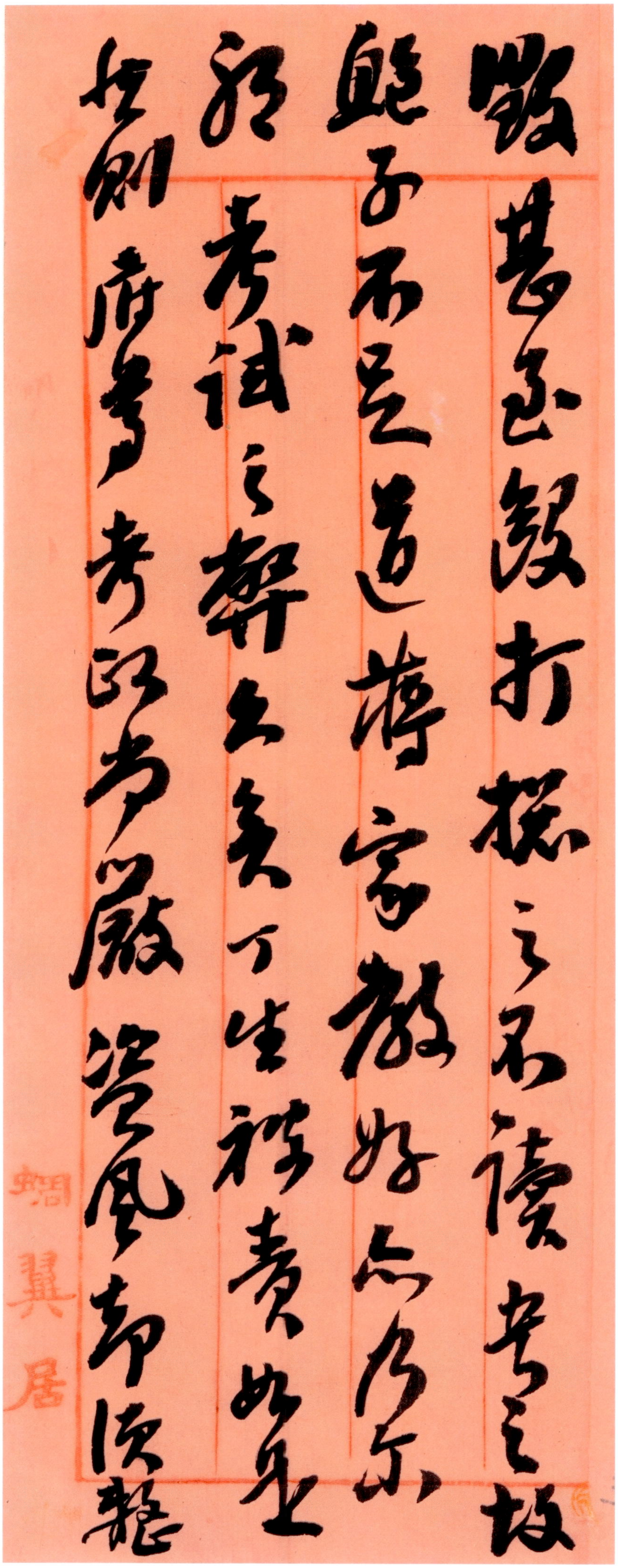

致　佚名七三

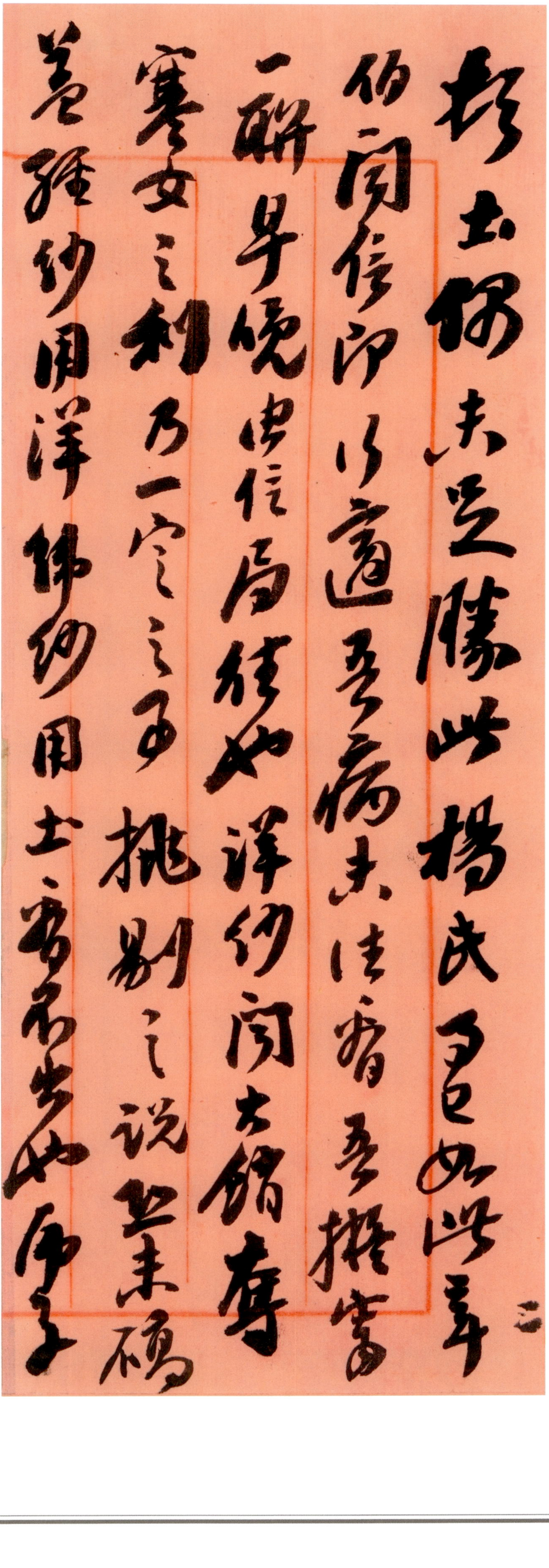

致佚名七三

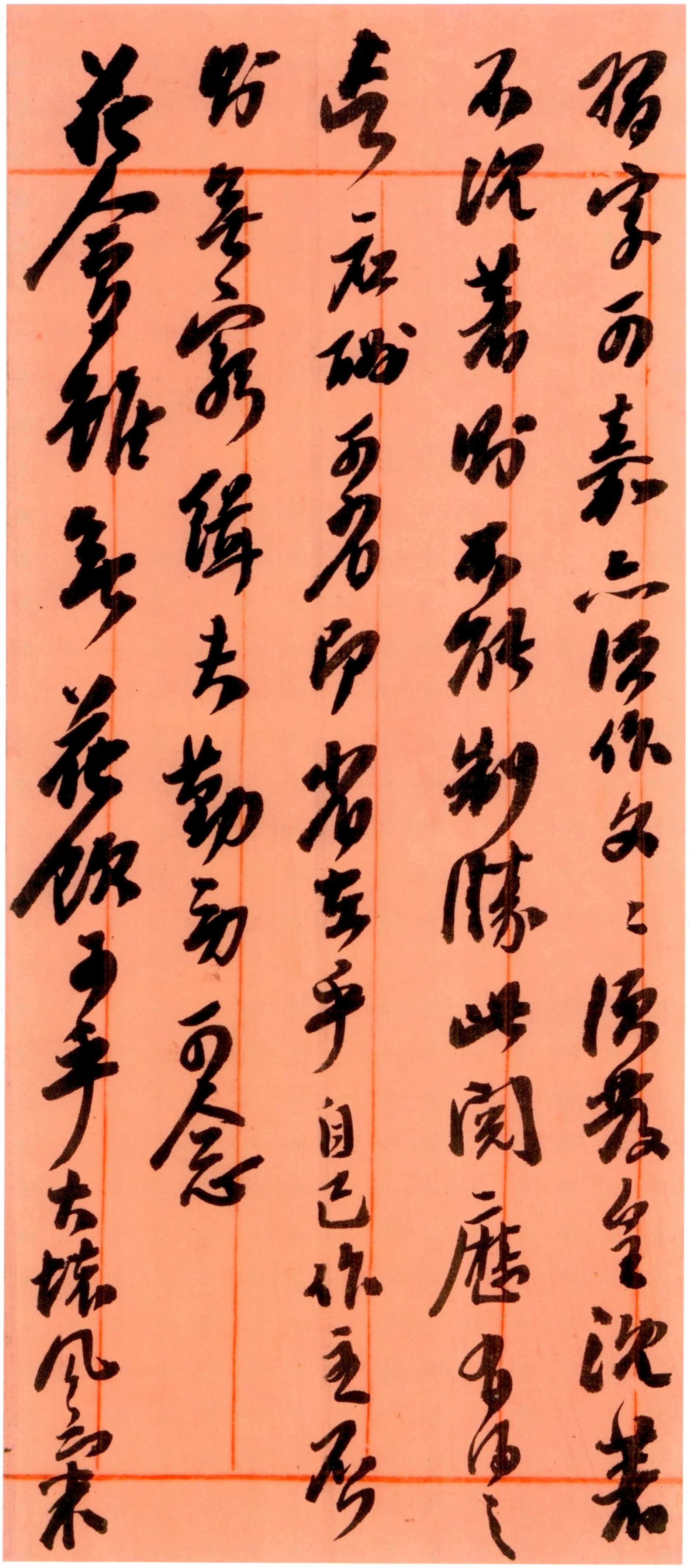

致 佚名七三

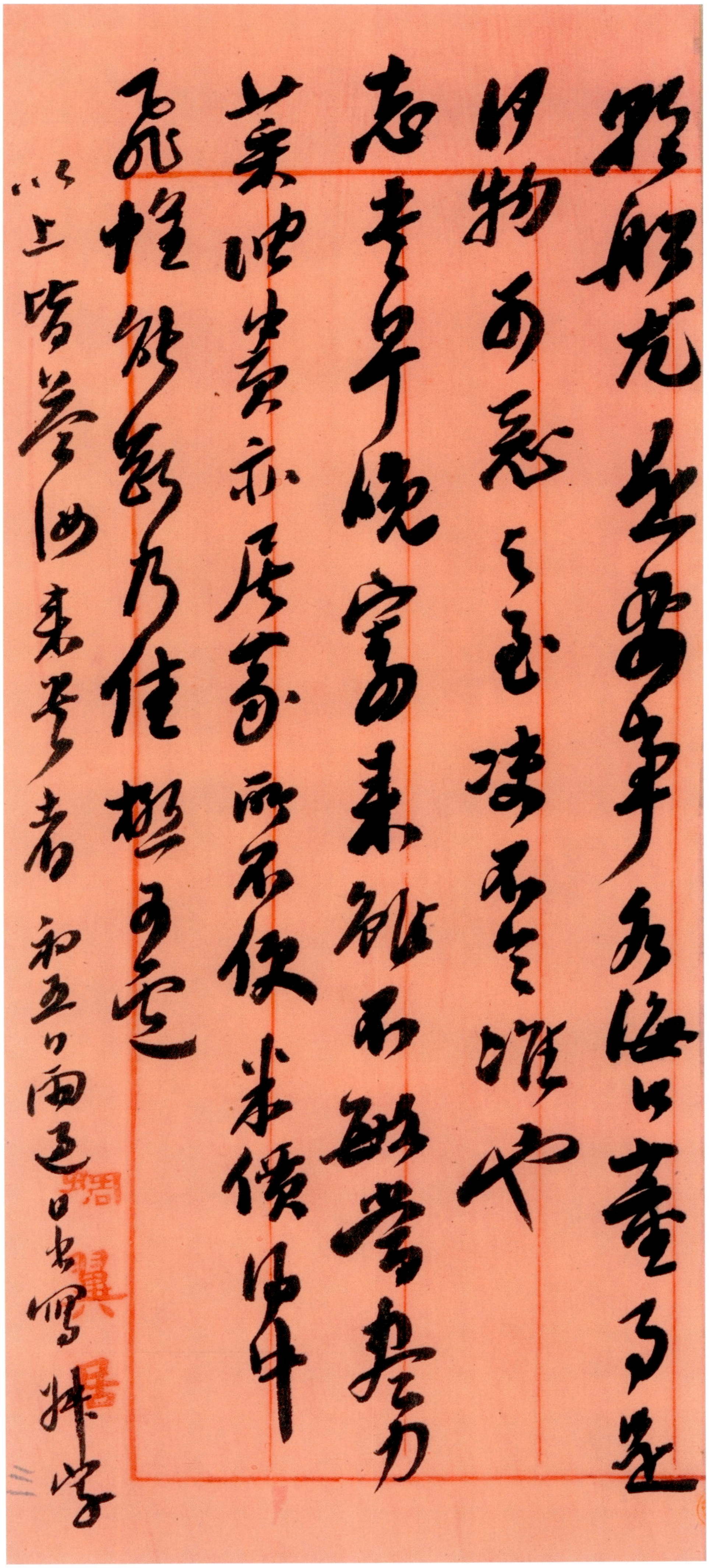

致　佚名七四

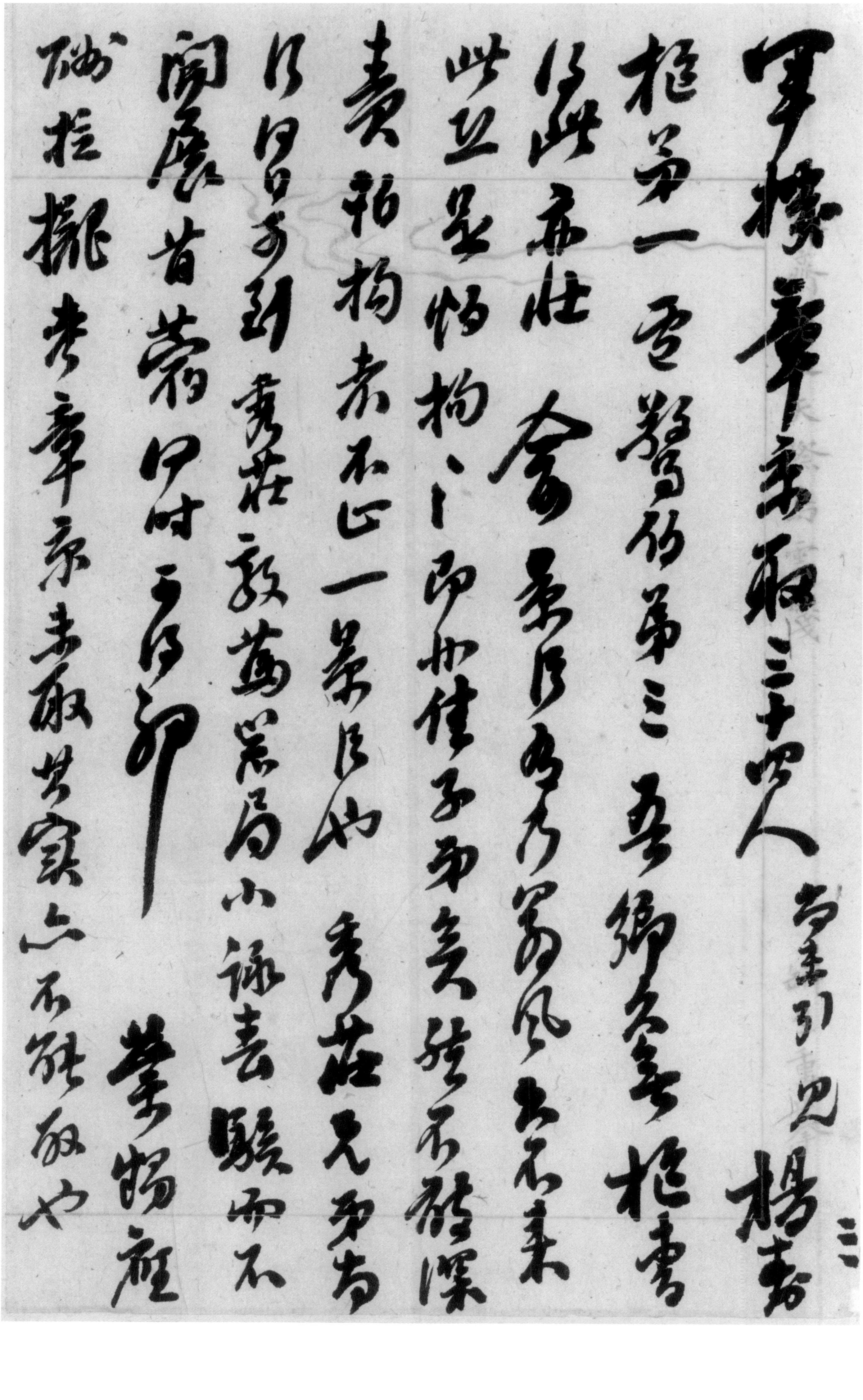

致　佚名七五

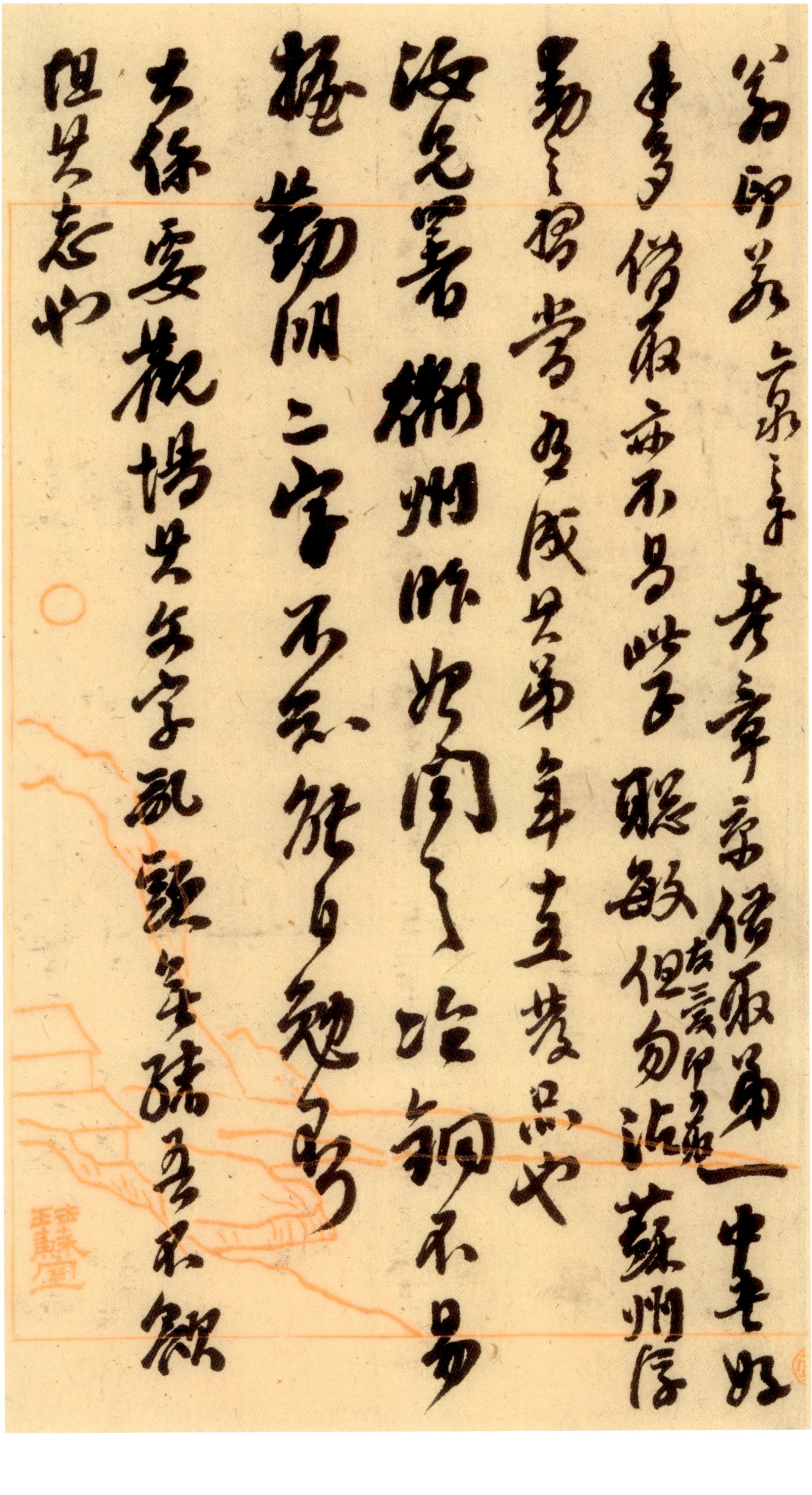

上海兩件不必去問伊雖寄京也此付
已裁人回若清〻
老係儆甚所喜者尝搜探世保〻好與我
相会從如佳三年等亦太高矣伊要書寒題
五言過問我處又其言欲送與此四老人而伊承大書壽聯〻
師信云寒士生涯云〻 妄甚可笑 伊我不會去〻此等
物事也 吳信保家事我已保其如何救得所
有天殺樣機降常門也 務來此老不氣殺 薦光景
這不得我言難助其友只此其也

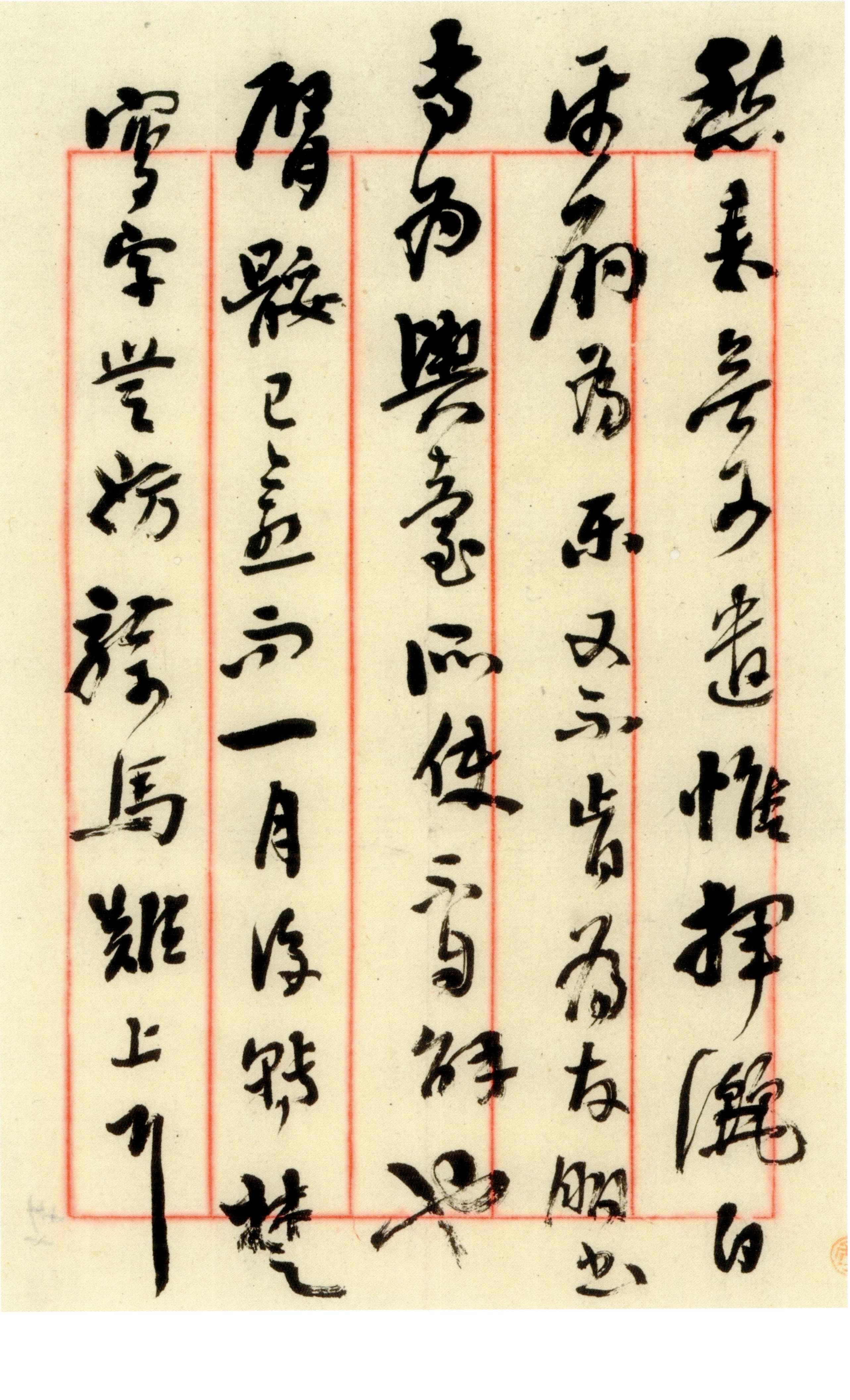

致　佚名七八

東院尚未畢工，蓉來亦只是粗
活計，而費已不貲。
張老子和來示大病，尚未出門。
兩生館在家，有出生樸矣。
歸，果特約，係果尚到，尚未晚來
家，林之鄉試人而信，為談極小屏而也

致 佚名七九

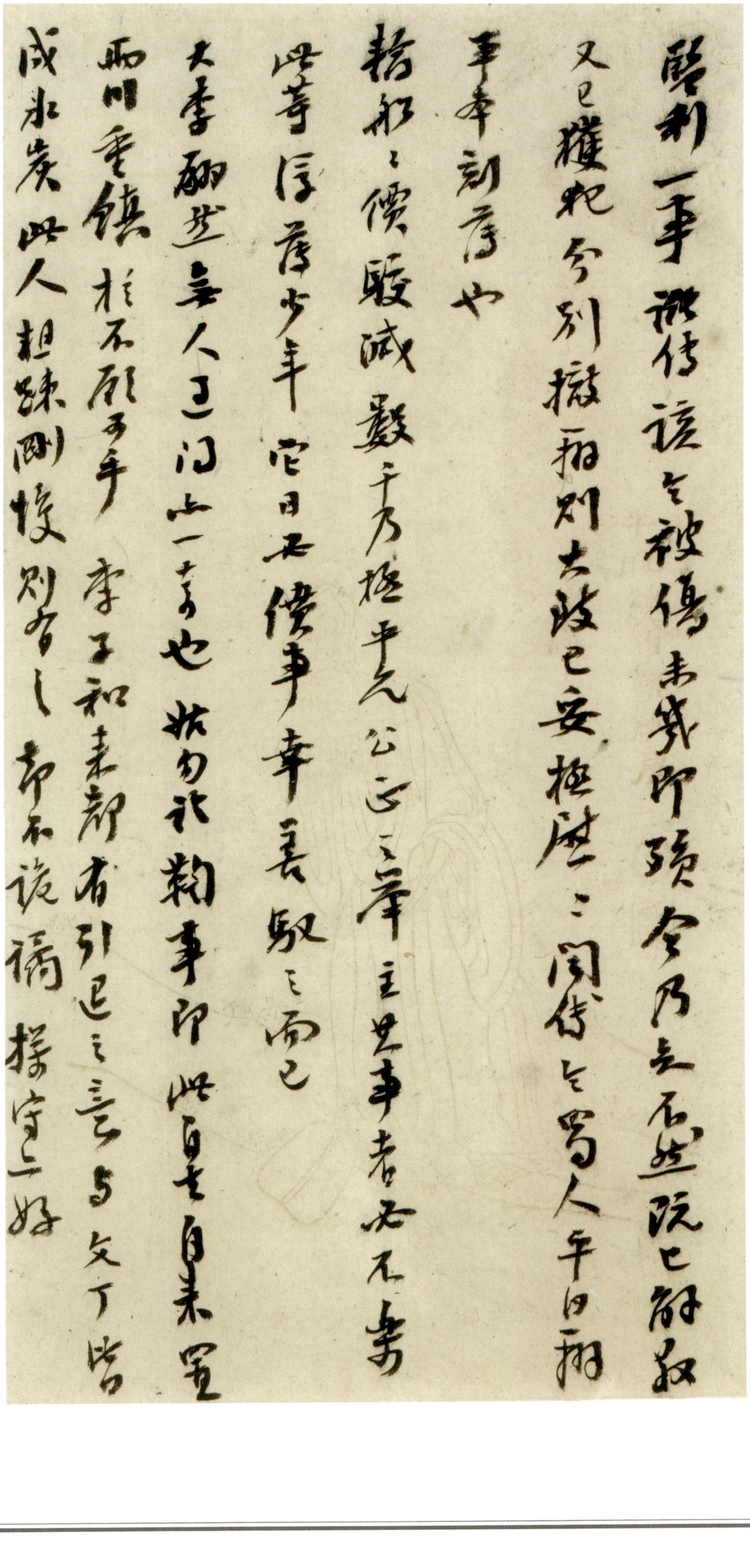

致　佚名八〇

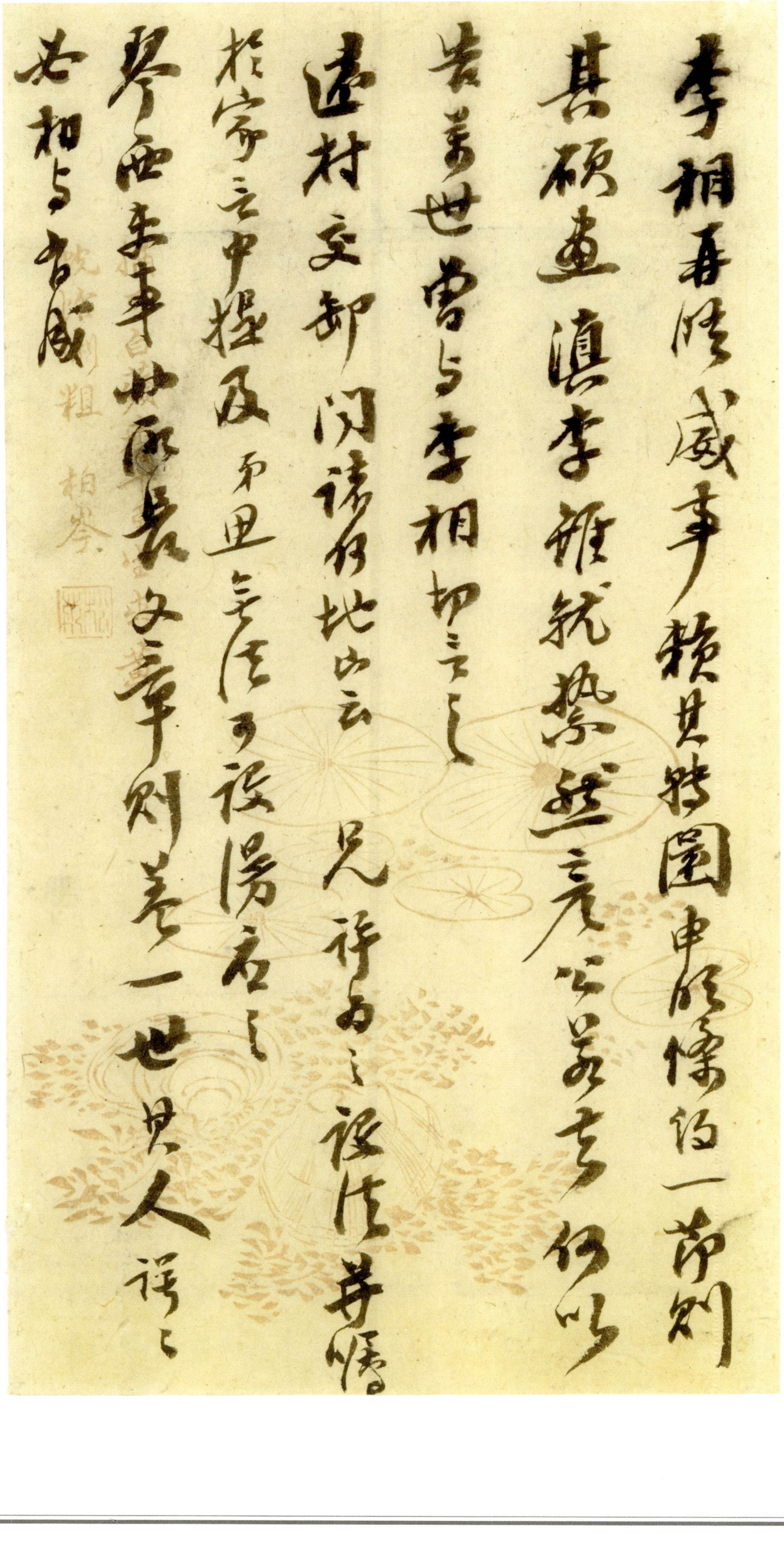

致　佚名八一

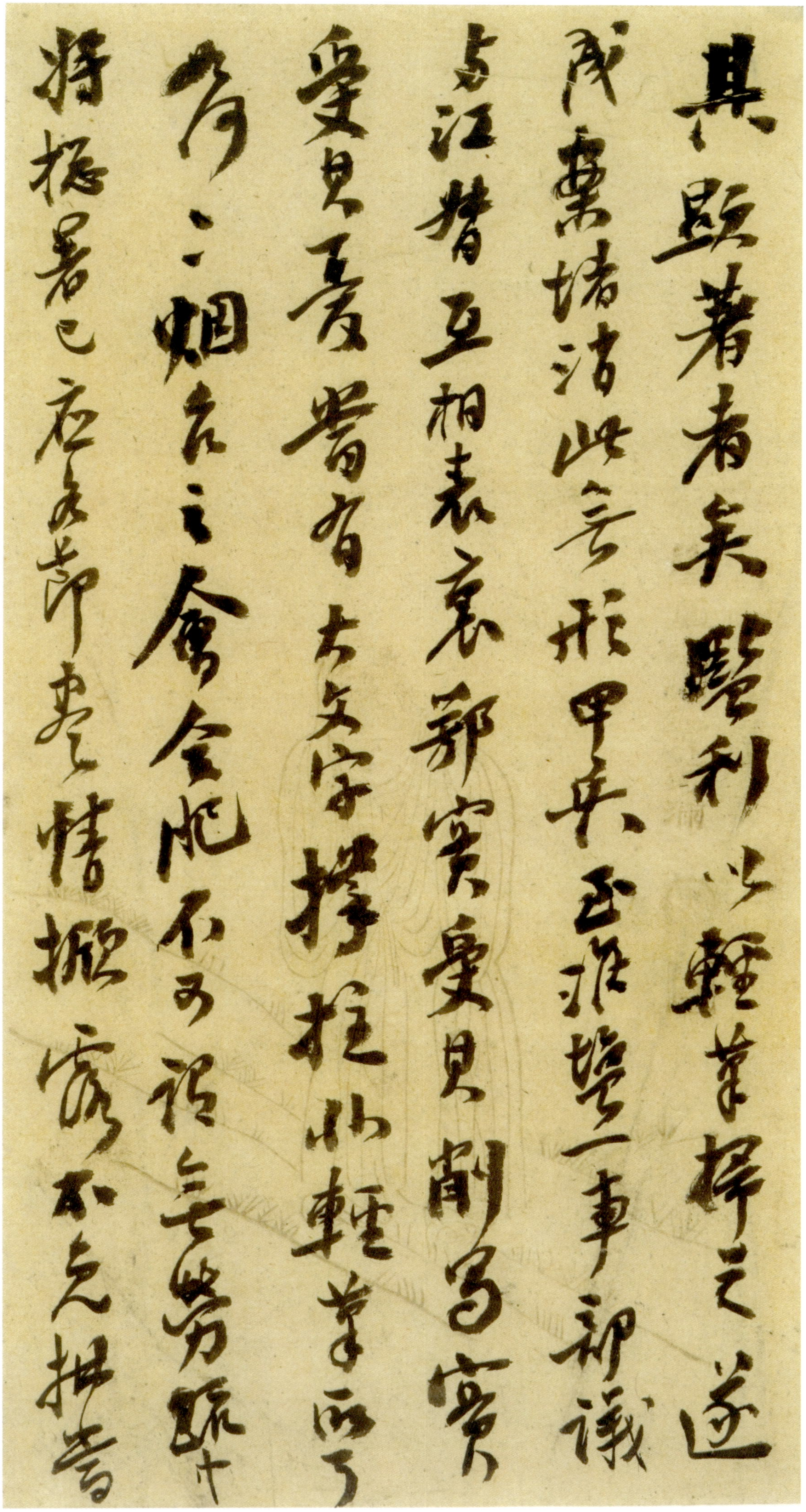

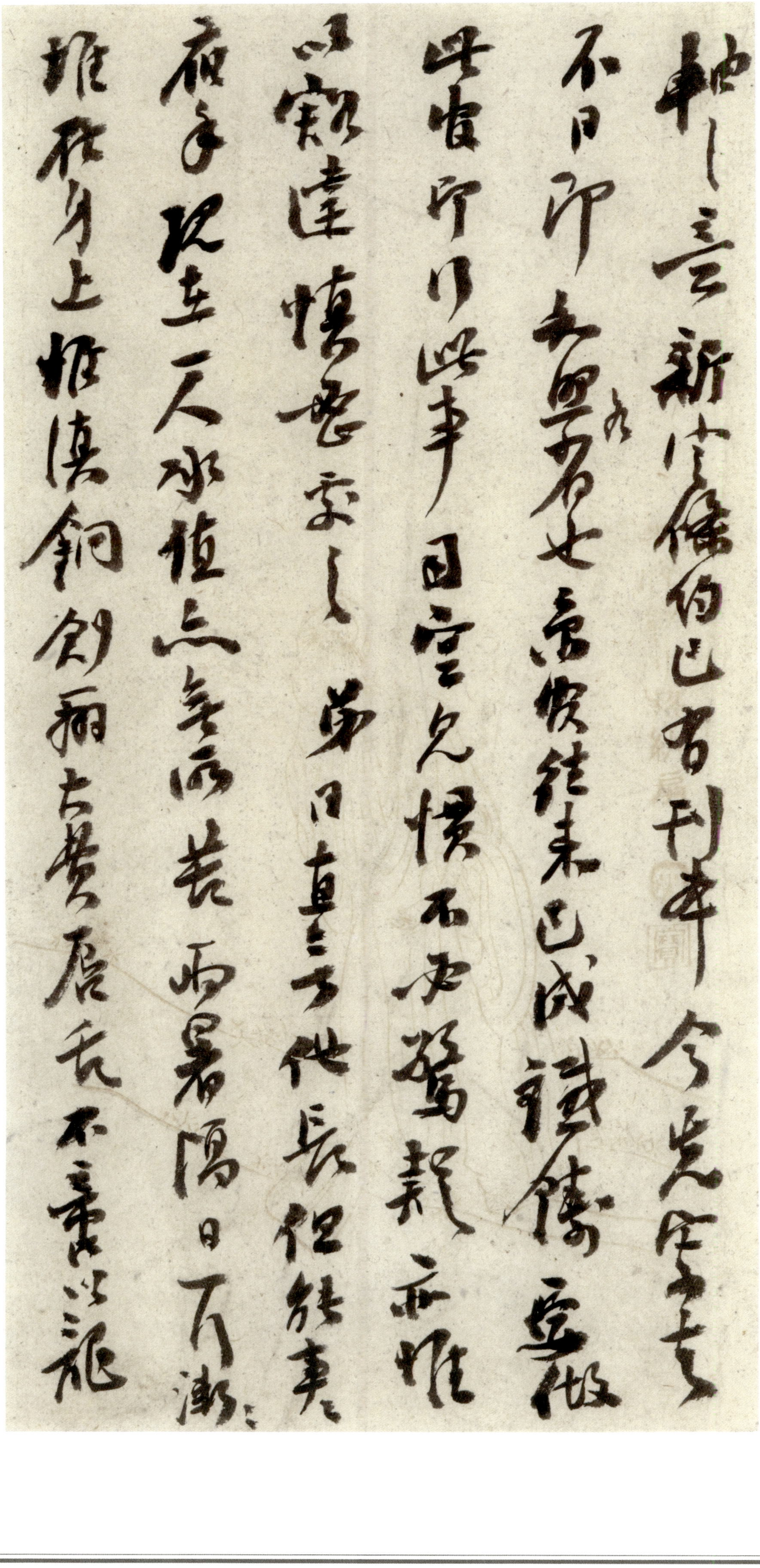

致 佚名八一

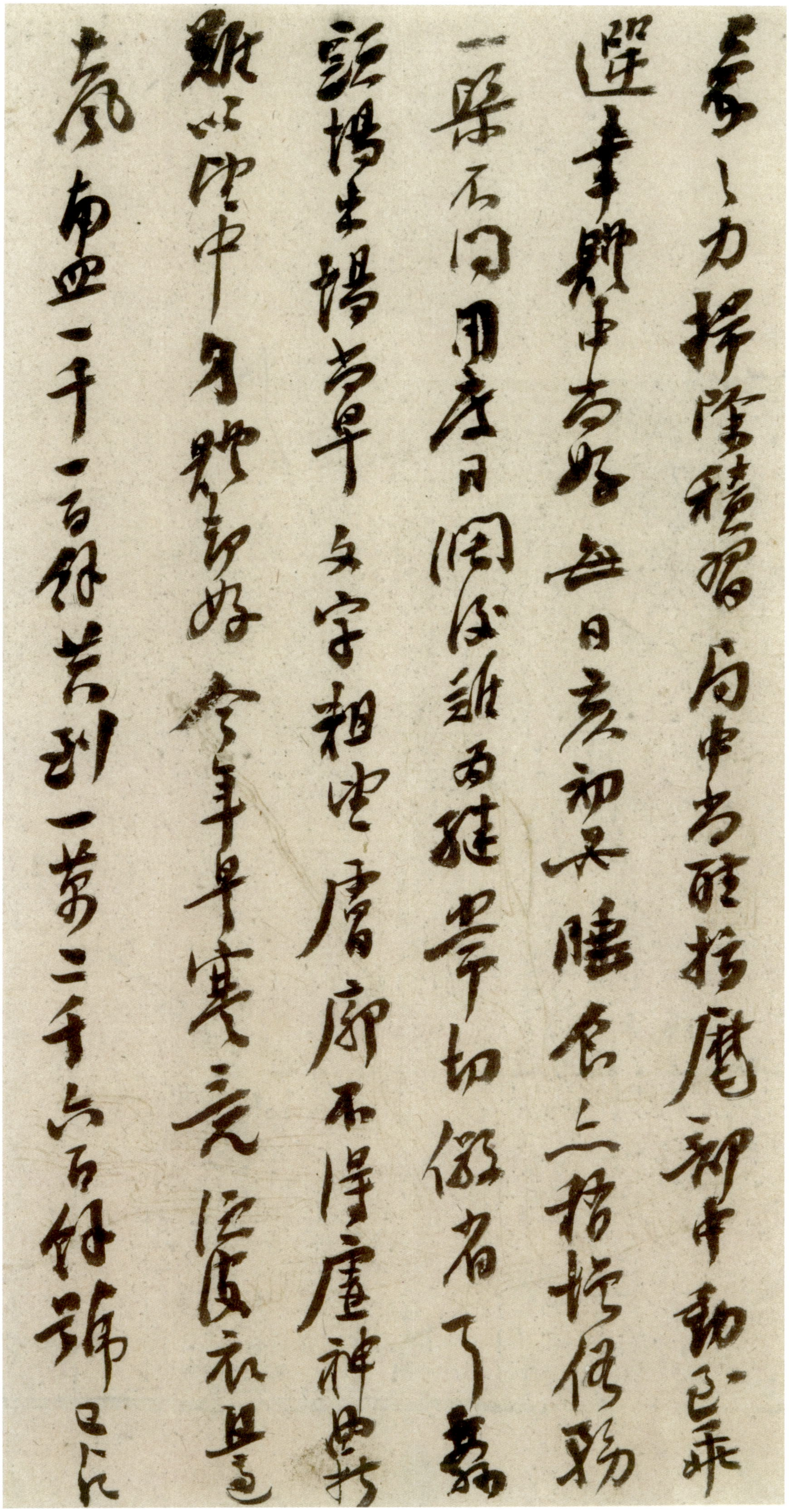

致 佚名八一

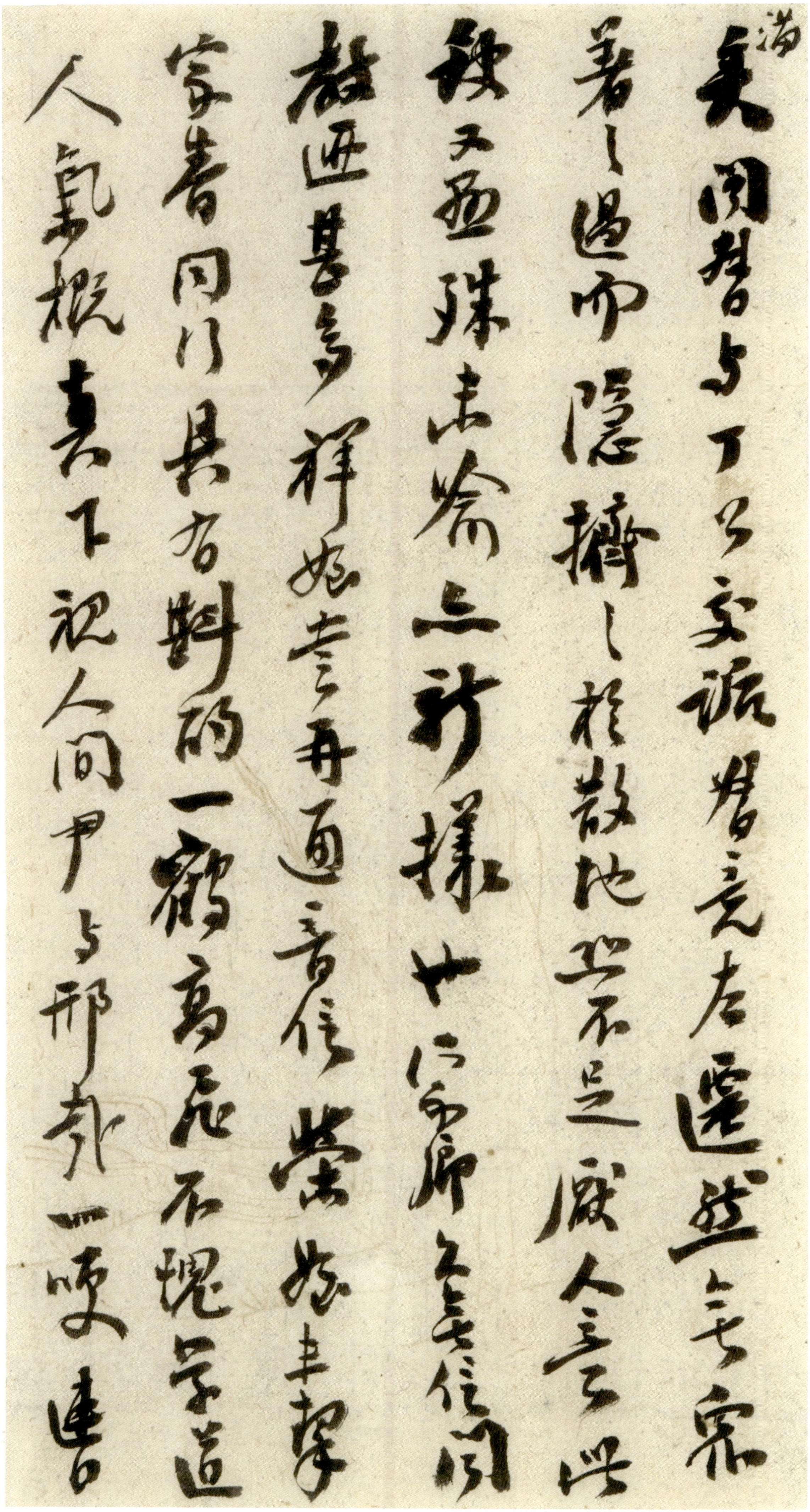

致　佚名八二

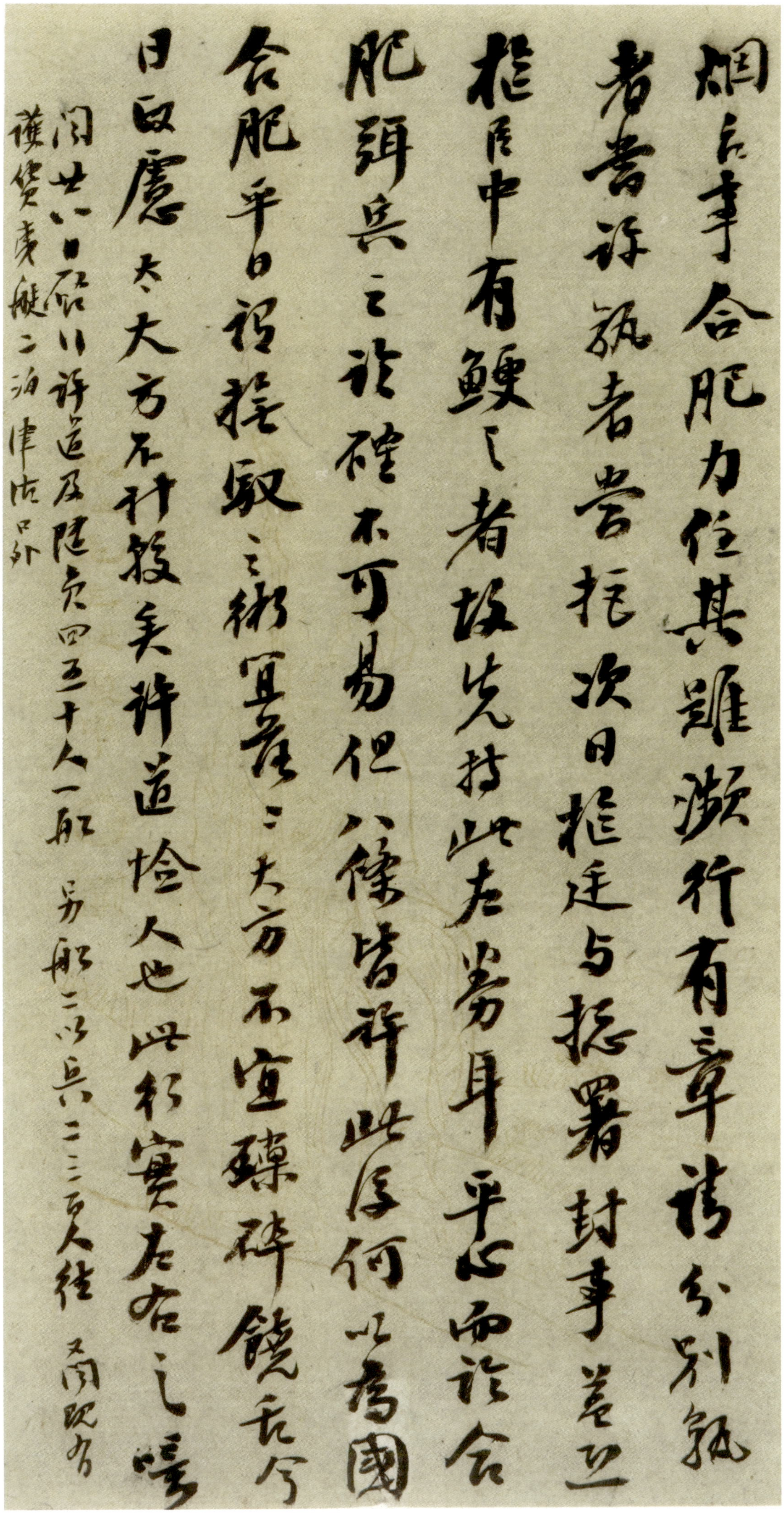
烟兵事合肥力任其難澈行有章請分別銳
者書辭銳者當招次日招廷與總署封事並已
招兵中有鰻鰻者故先封此尤為平正而詐合
肥頭兵之詐確不可易但八條皆辭此何以為國
合肥平日詡搖馭之術宜其之大方不宜臻碎鐃兵今
日敢處大大方不計較矣許道恰人也與於寶左右之嘻
閏廿八日啟以許道及陸京四五十人一船易船二以兵二三百人往又聞現有
護貨專艇二泊津沽口外

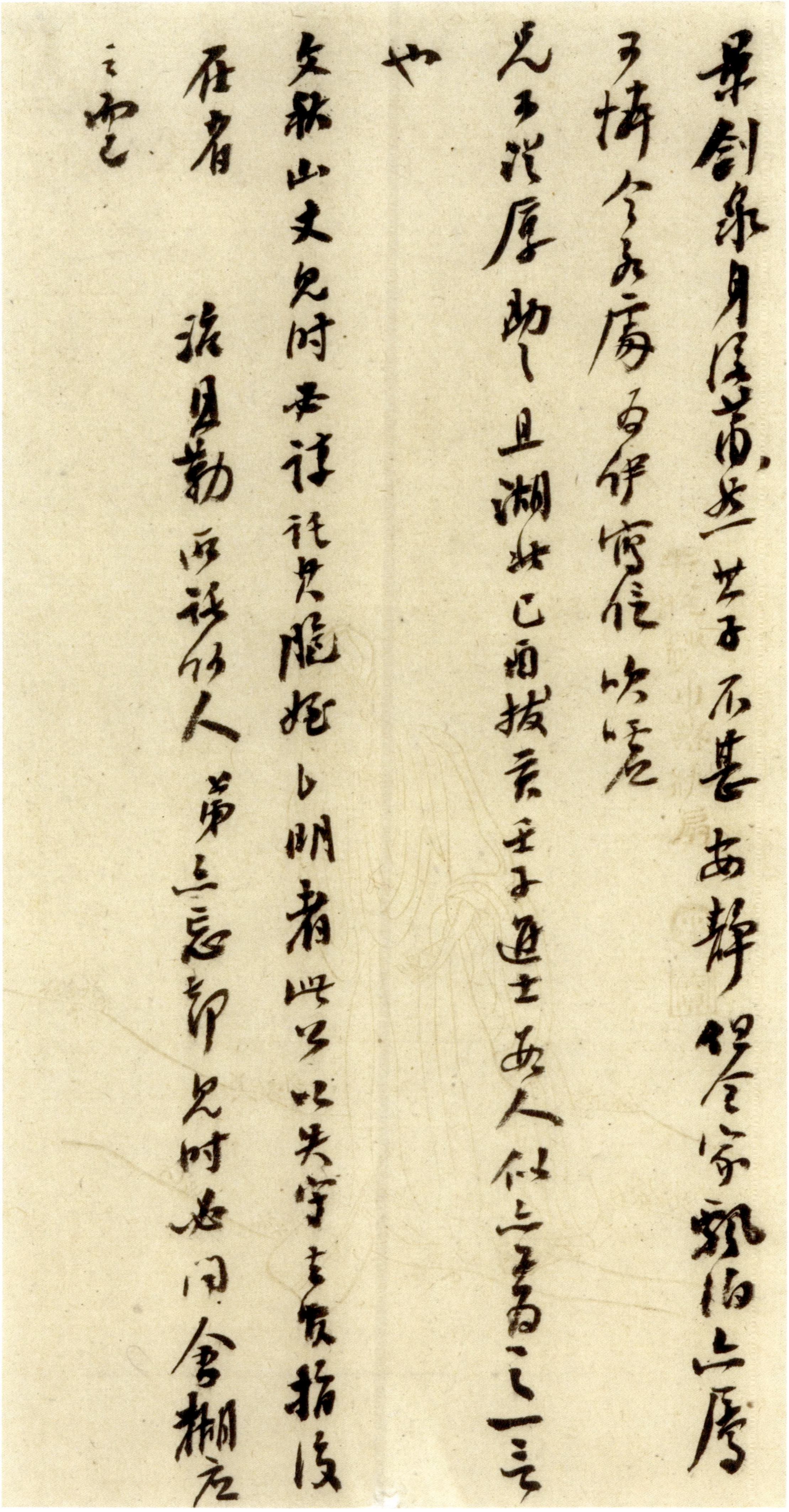

致 佚名八四

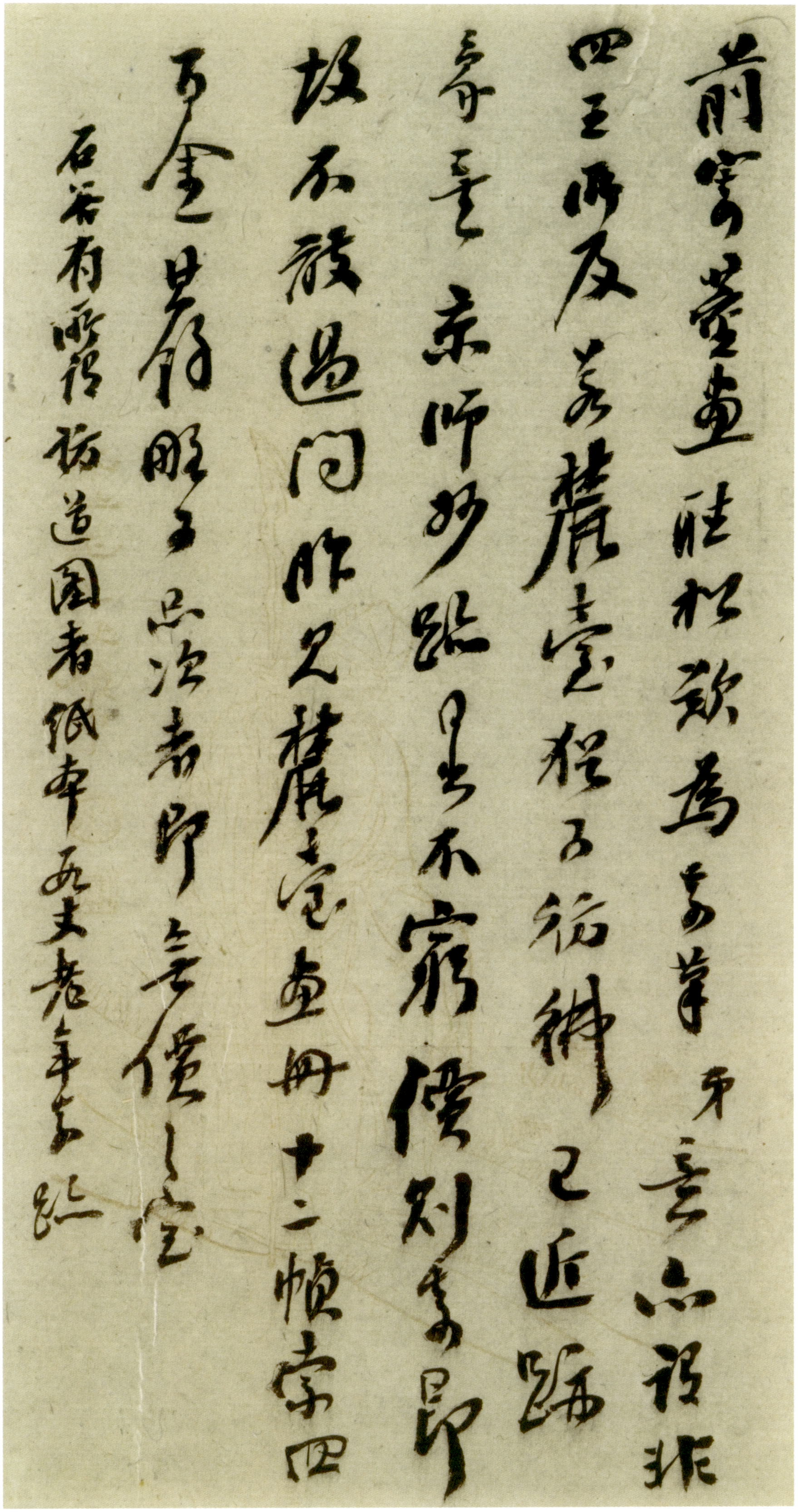

致佚名八五

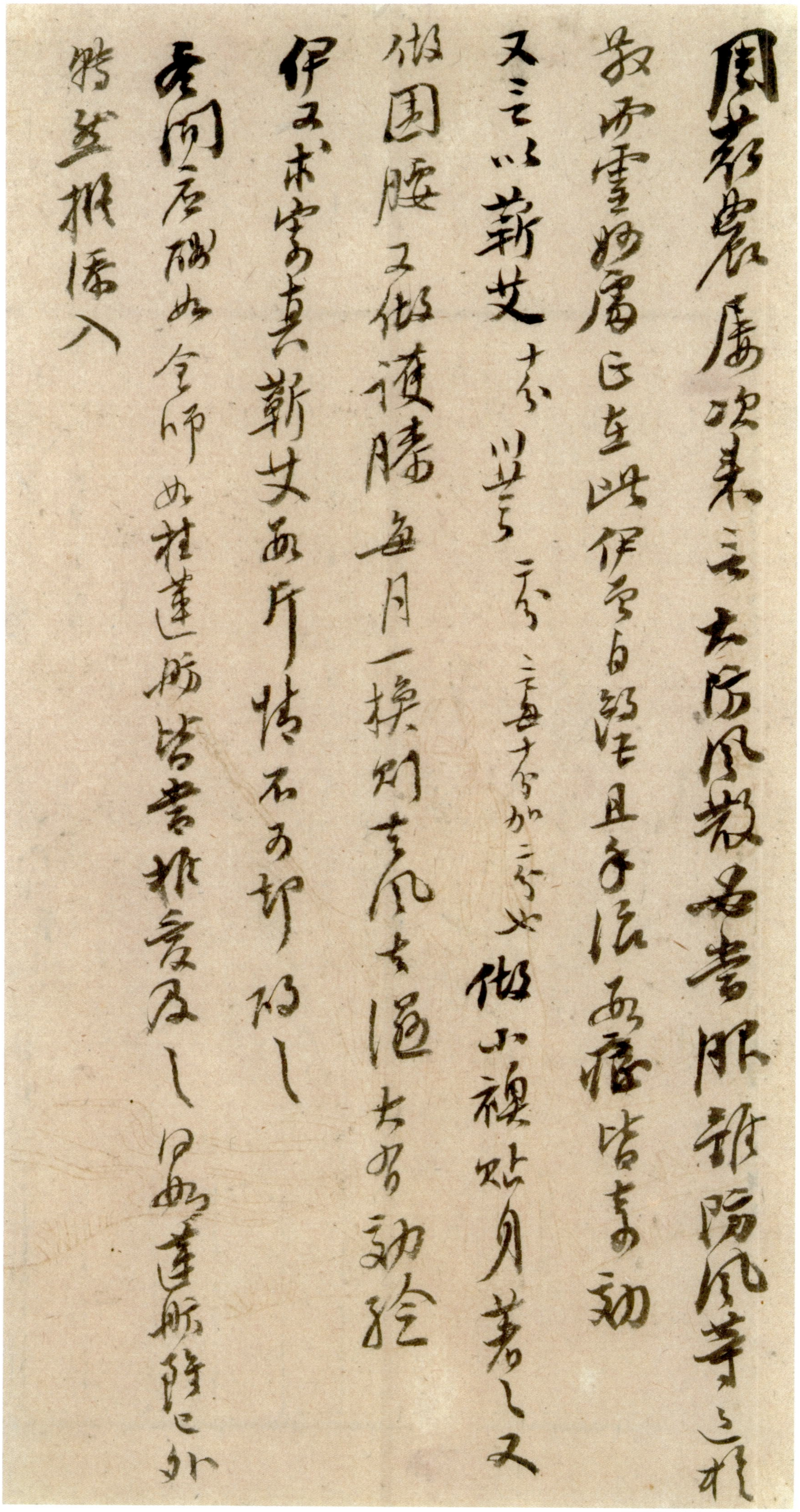

致　佚名八六

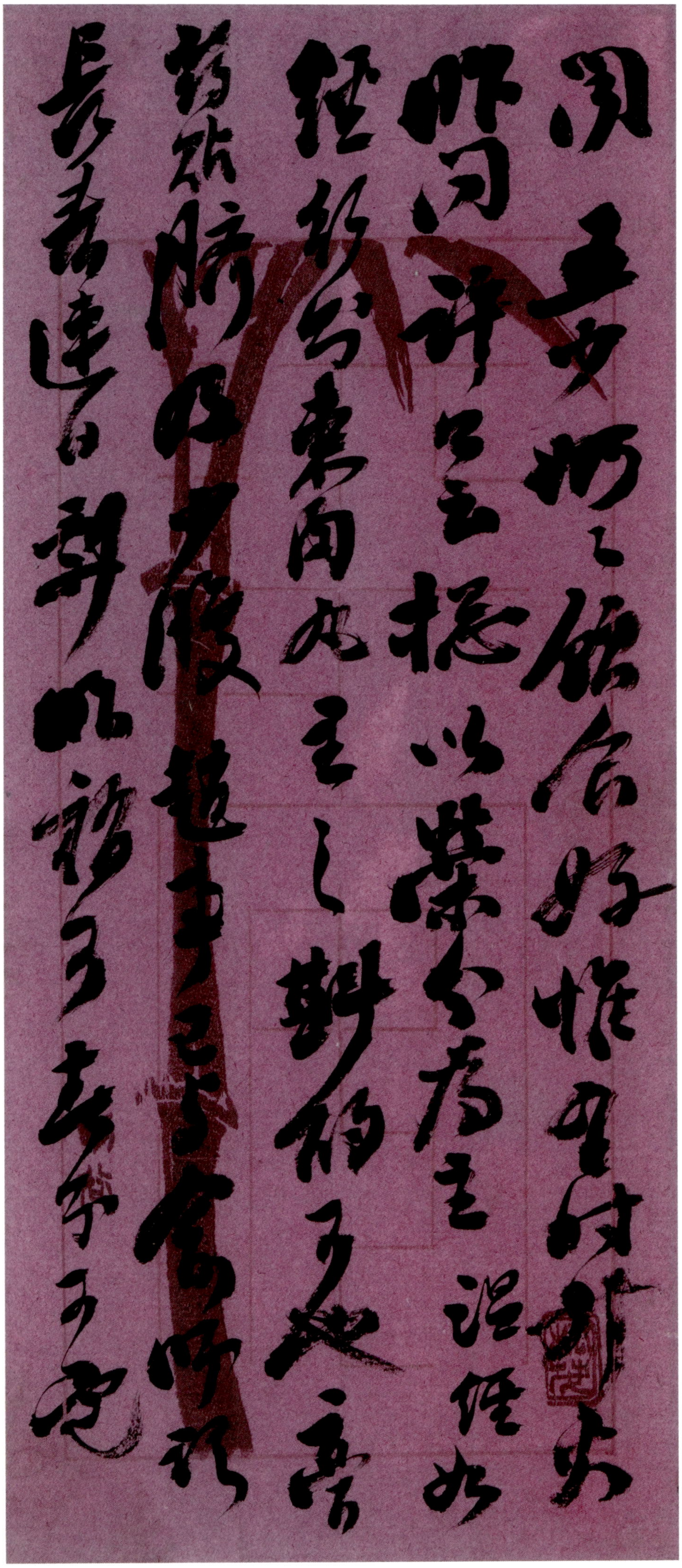

致 佚名八六

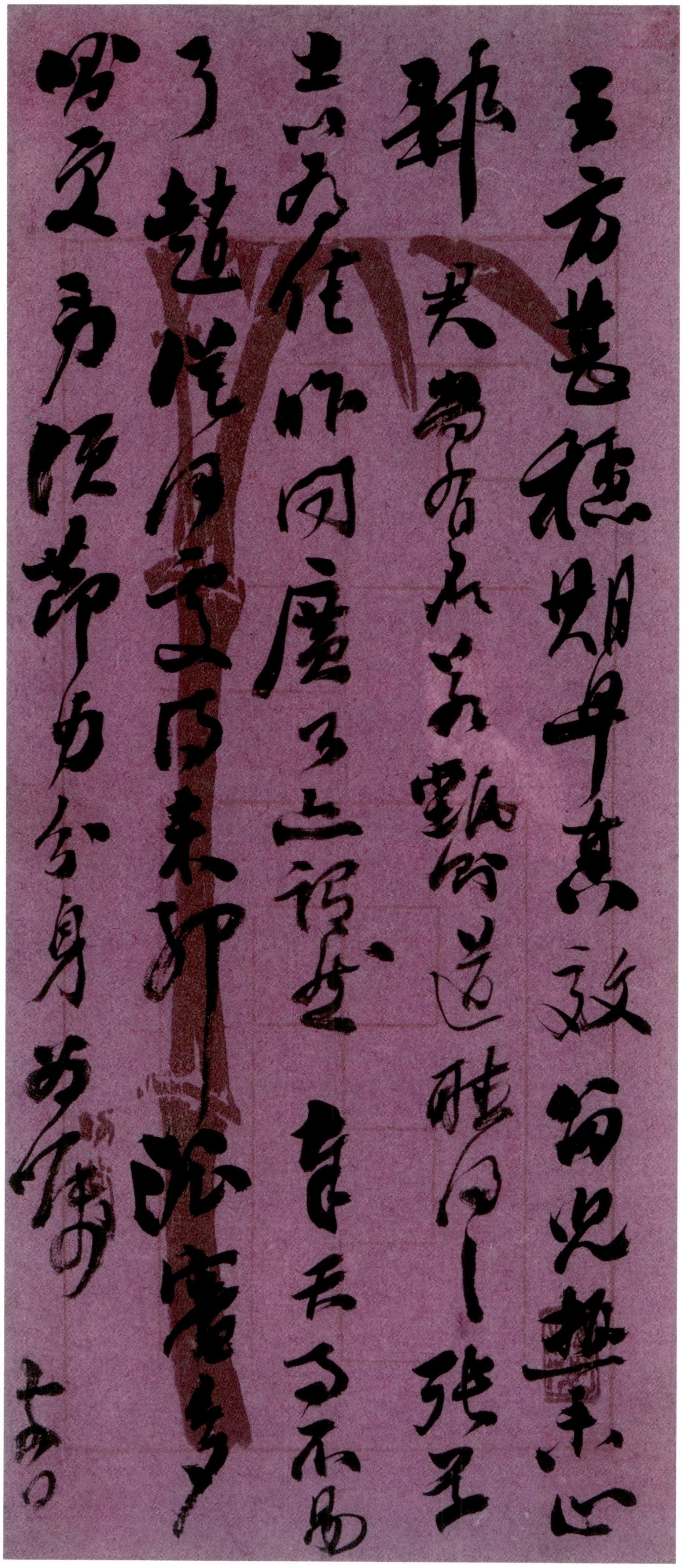

致　佚名八七

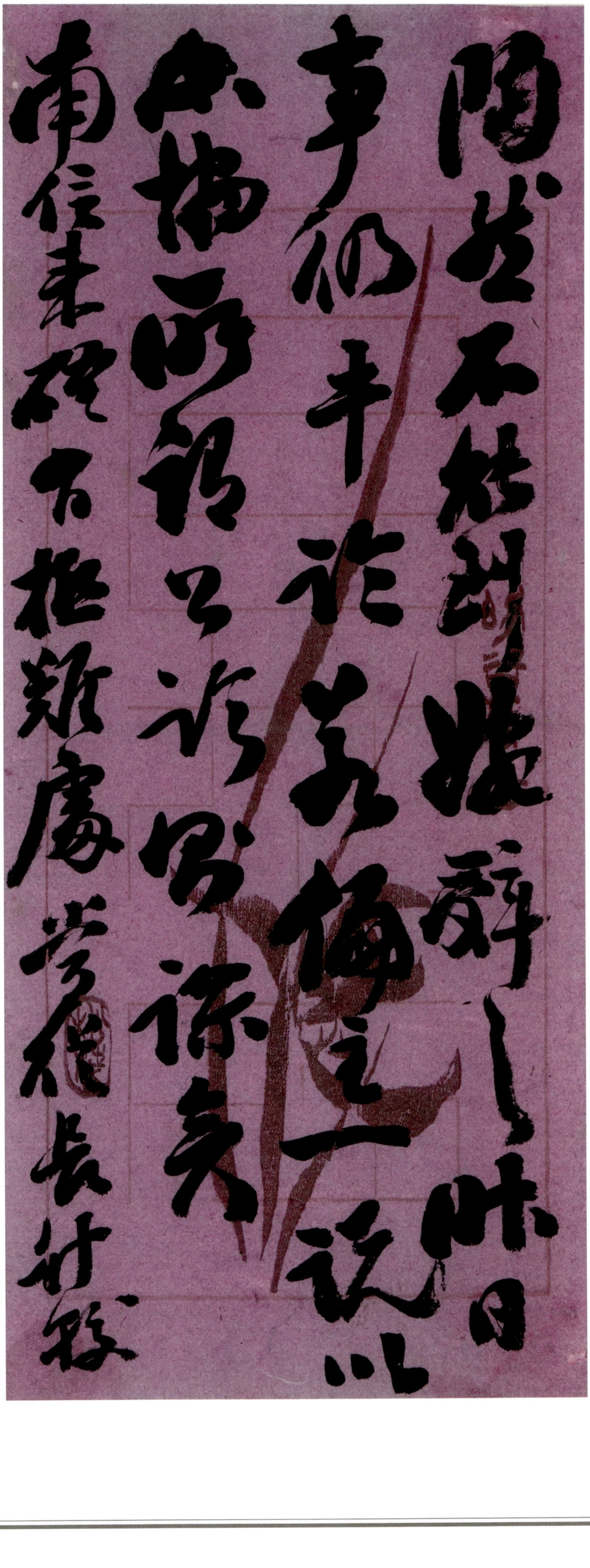

致　佚名八八

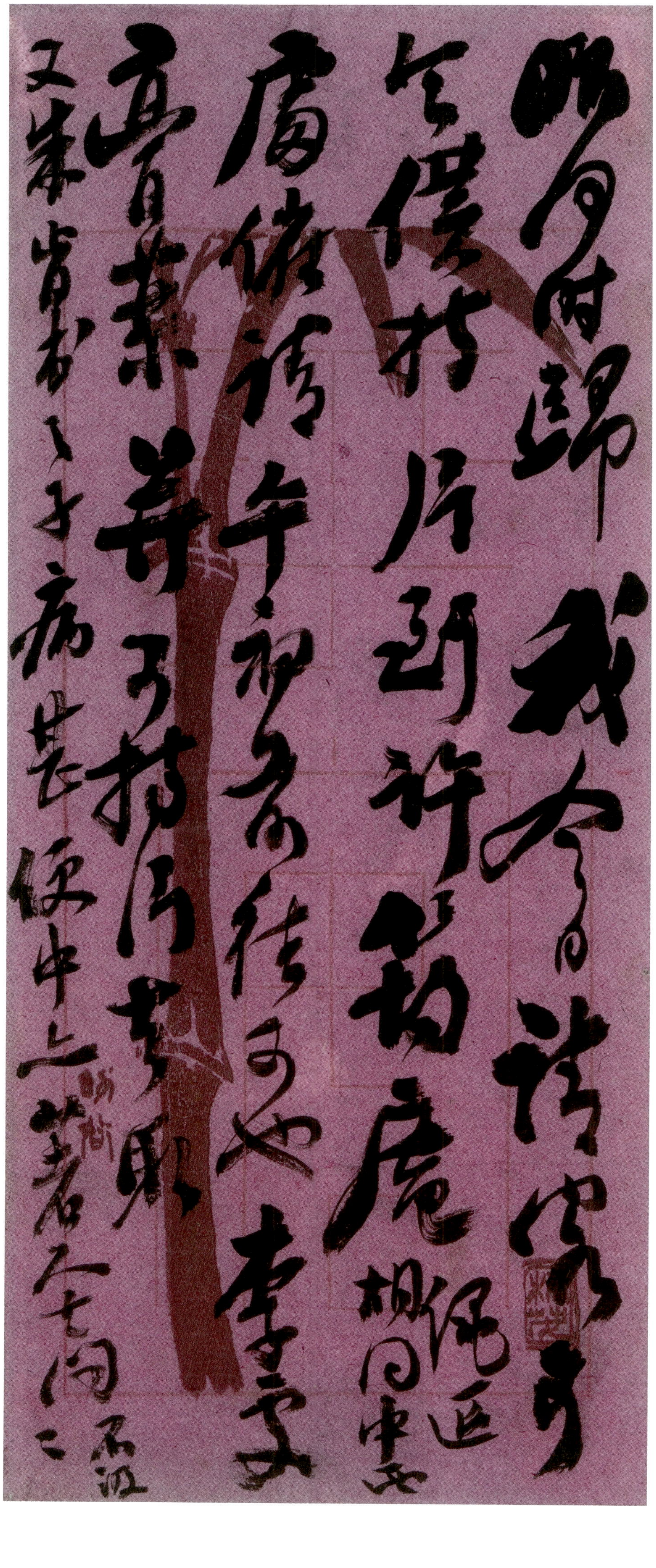

致　佚名八九

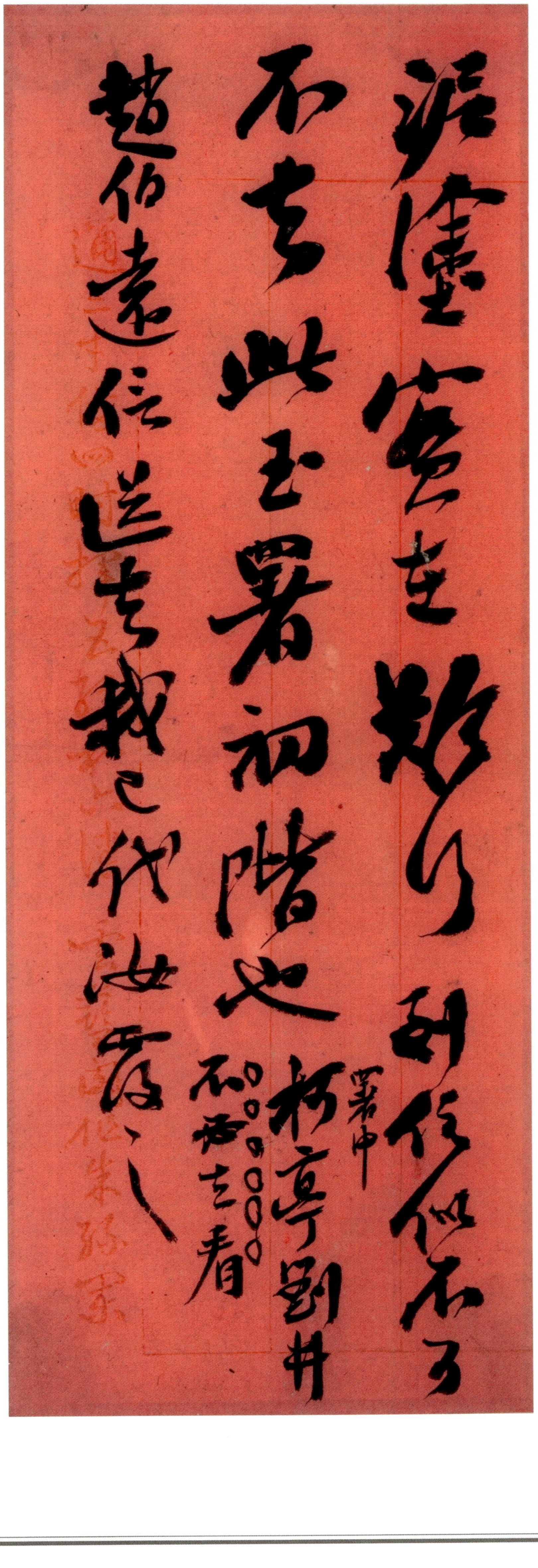

致 佚名九〇

致　佚名九〇

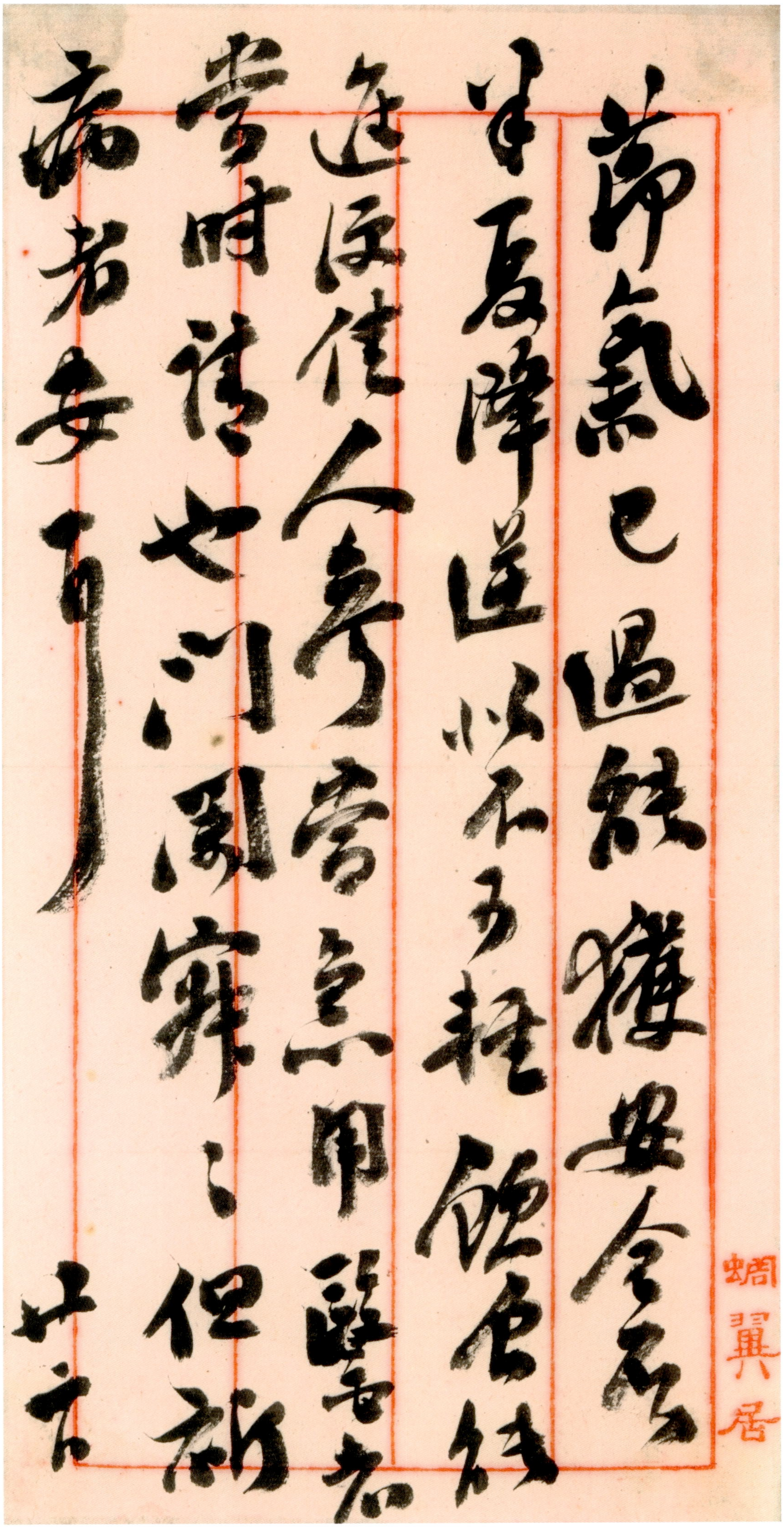

致 佚名九一

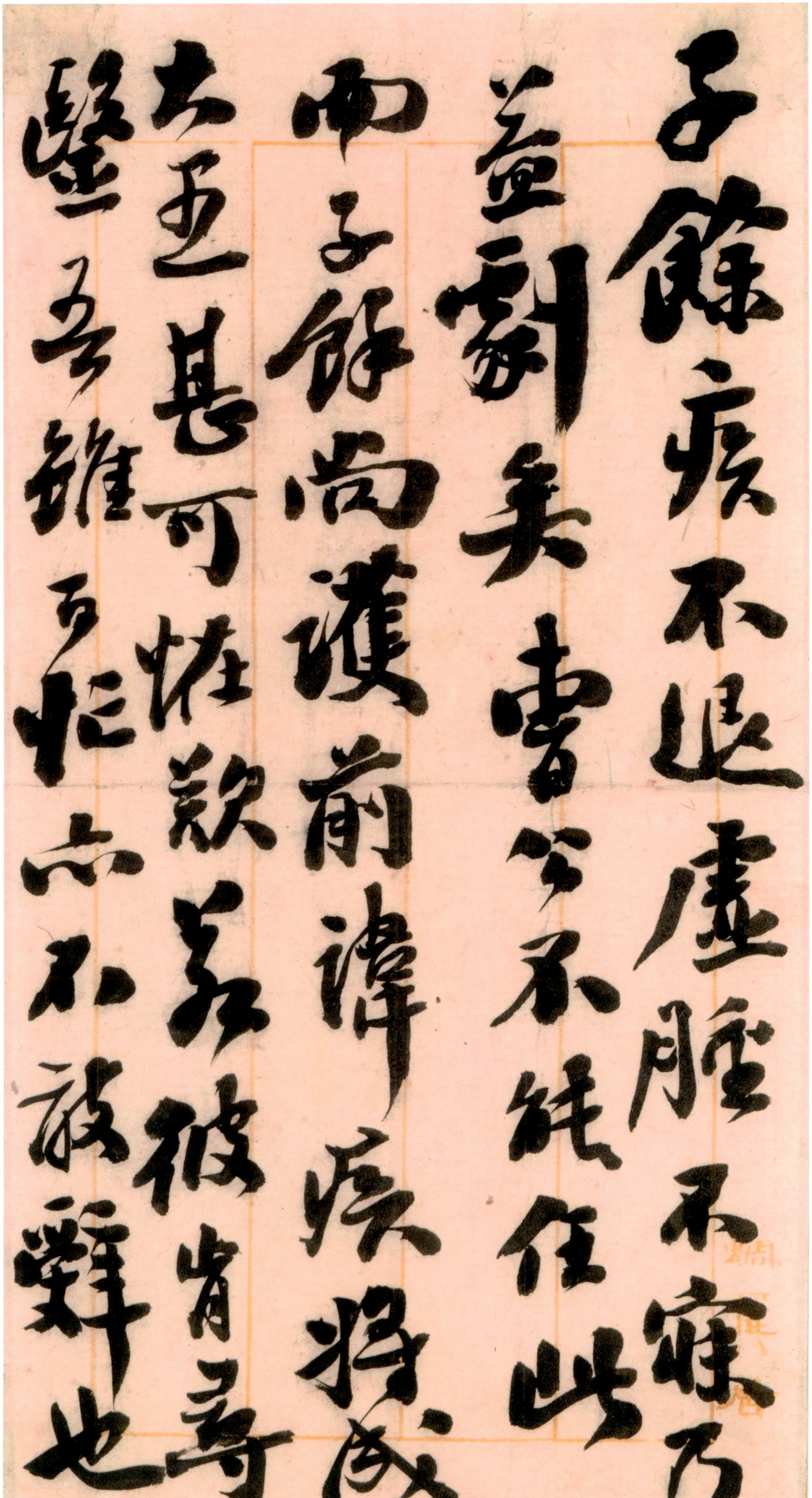
子餘疾不退虛脹不寐乃
益劇矣書字不能任此
兩子解尚護前諱疾將成
大丑甚可怪歎若彼肯尋
醫者雖可怕亦不敢辭也

致　佚名九一

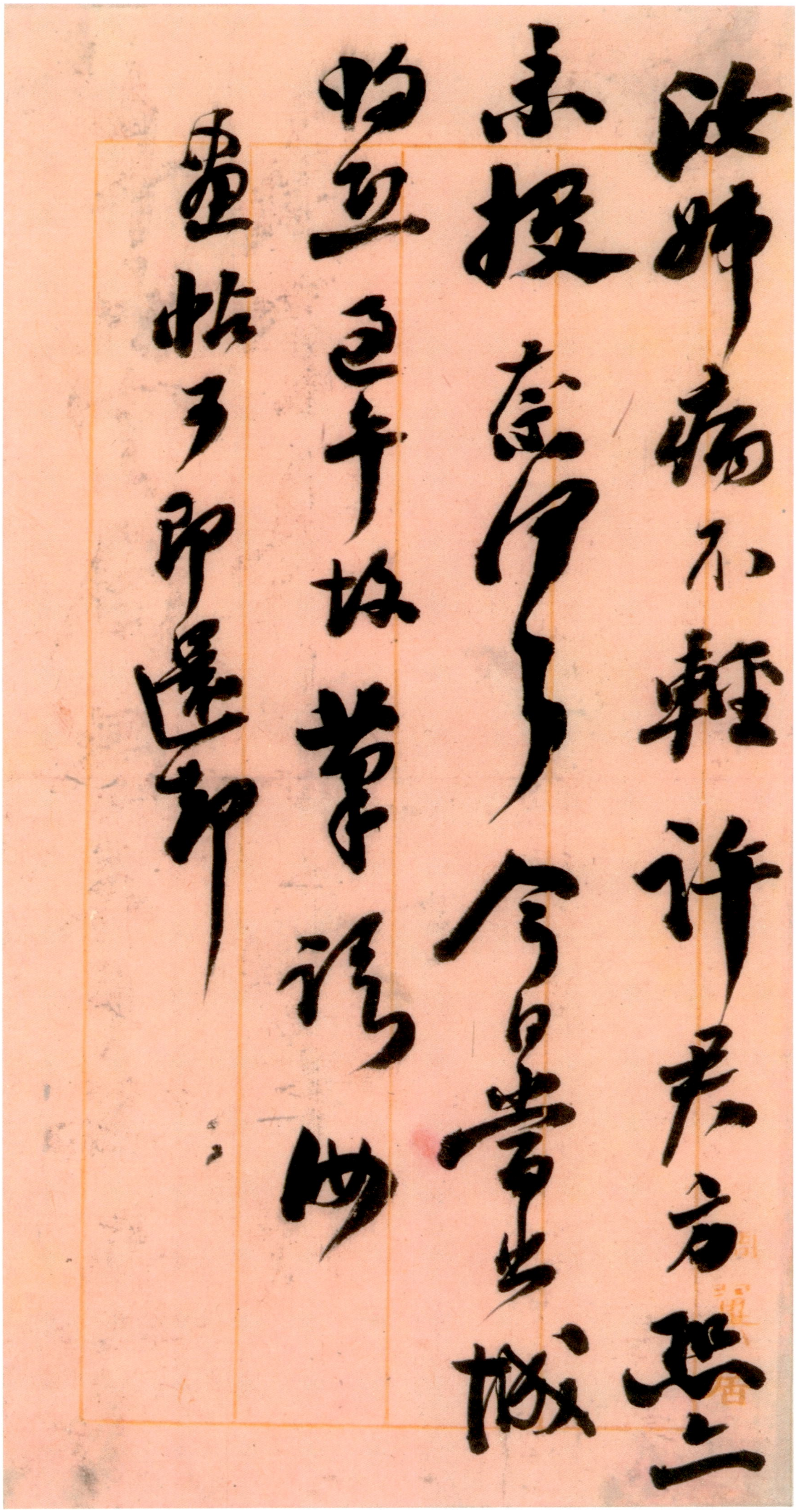

致 佚名九二

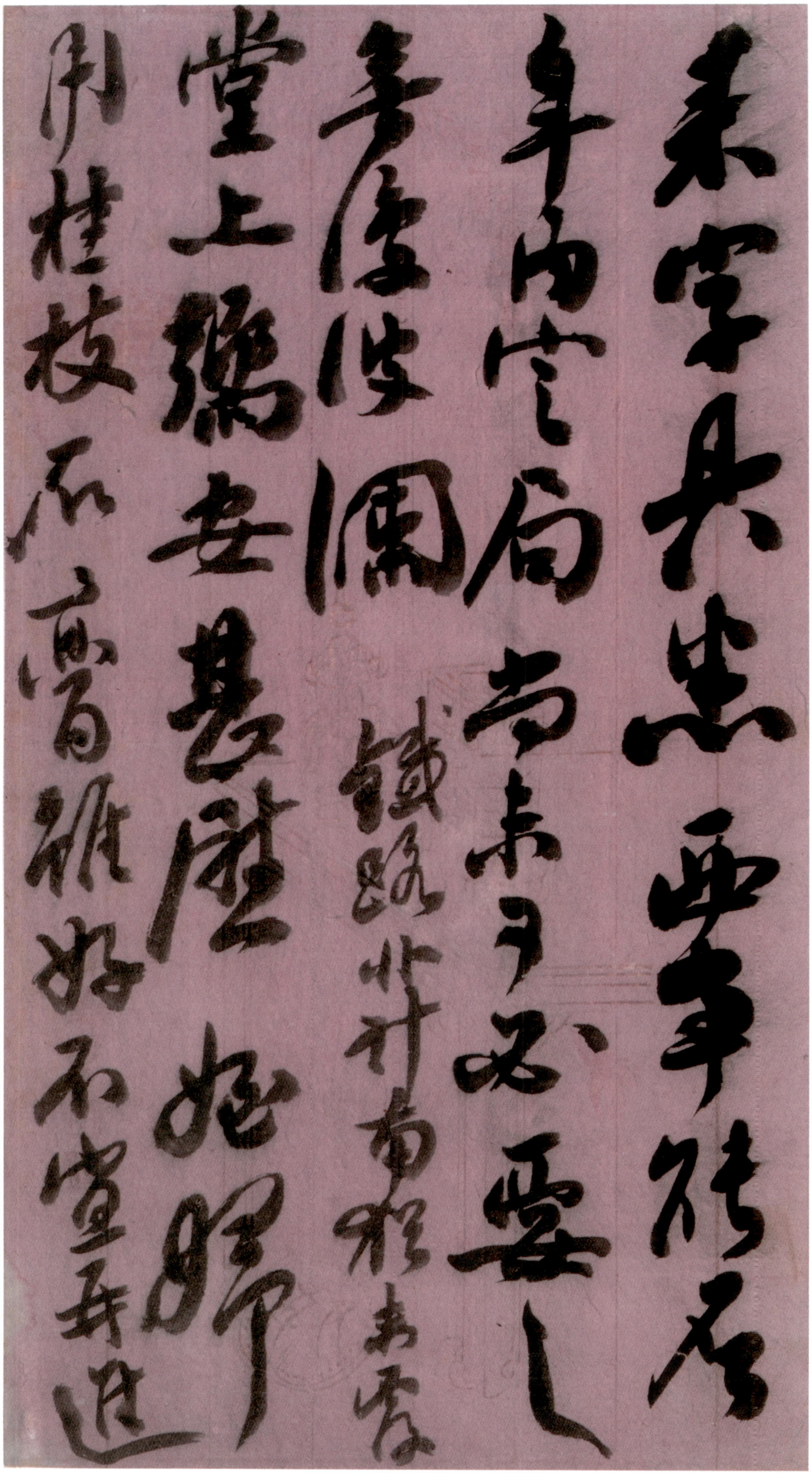

致　佚名九三

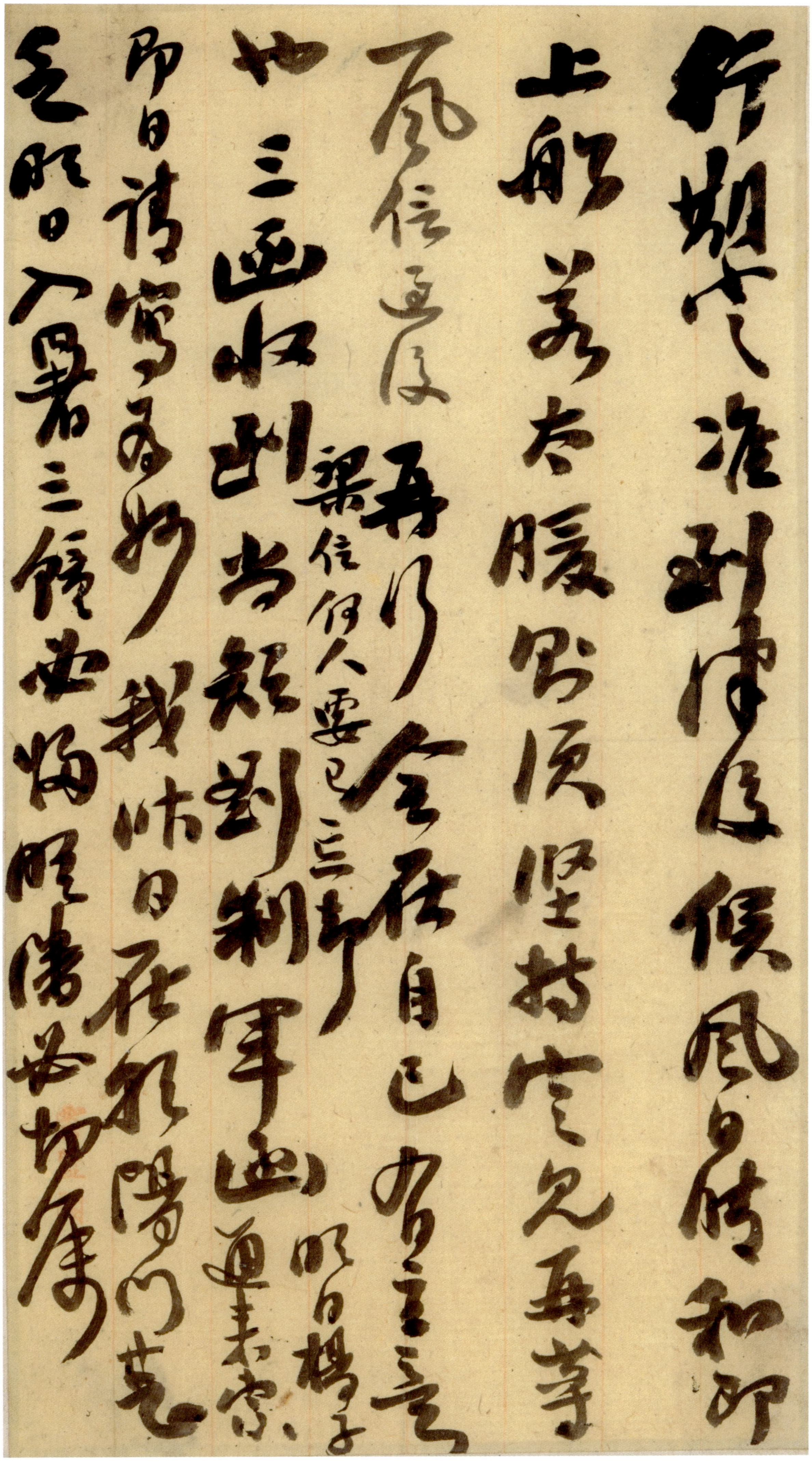

致 佚名九四

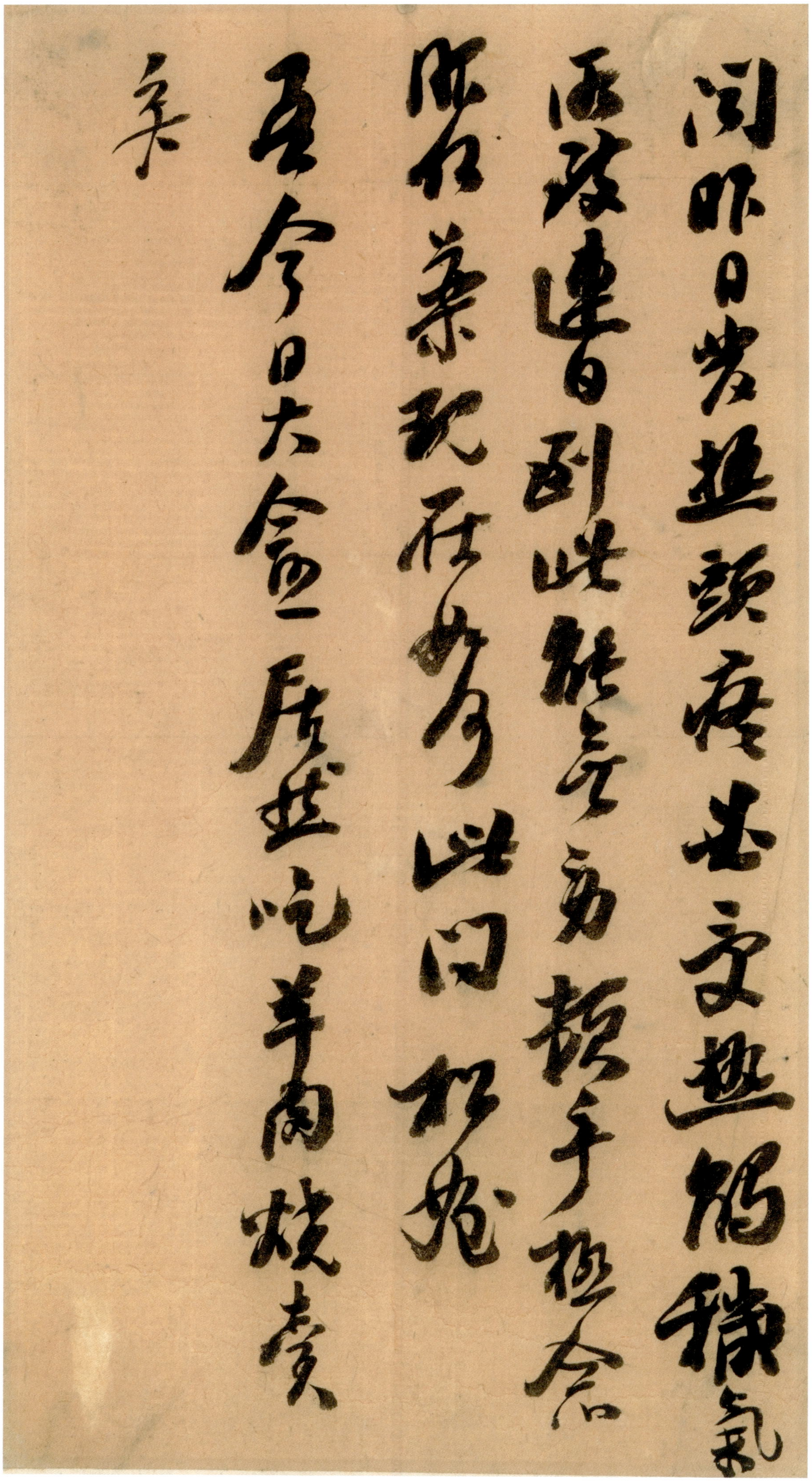

致　佚名九五

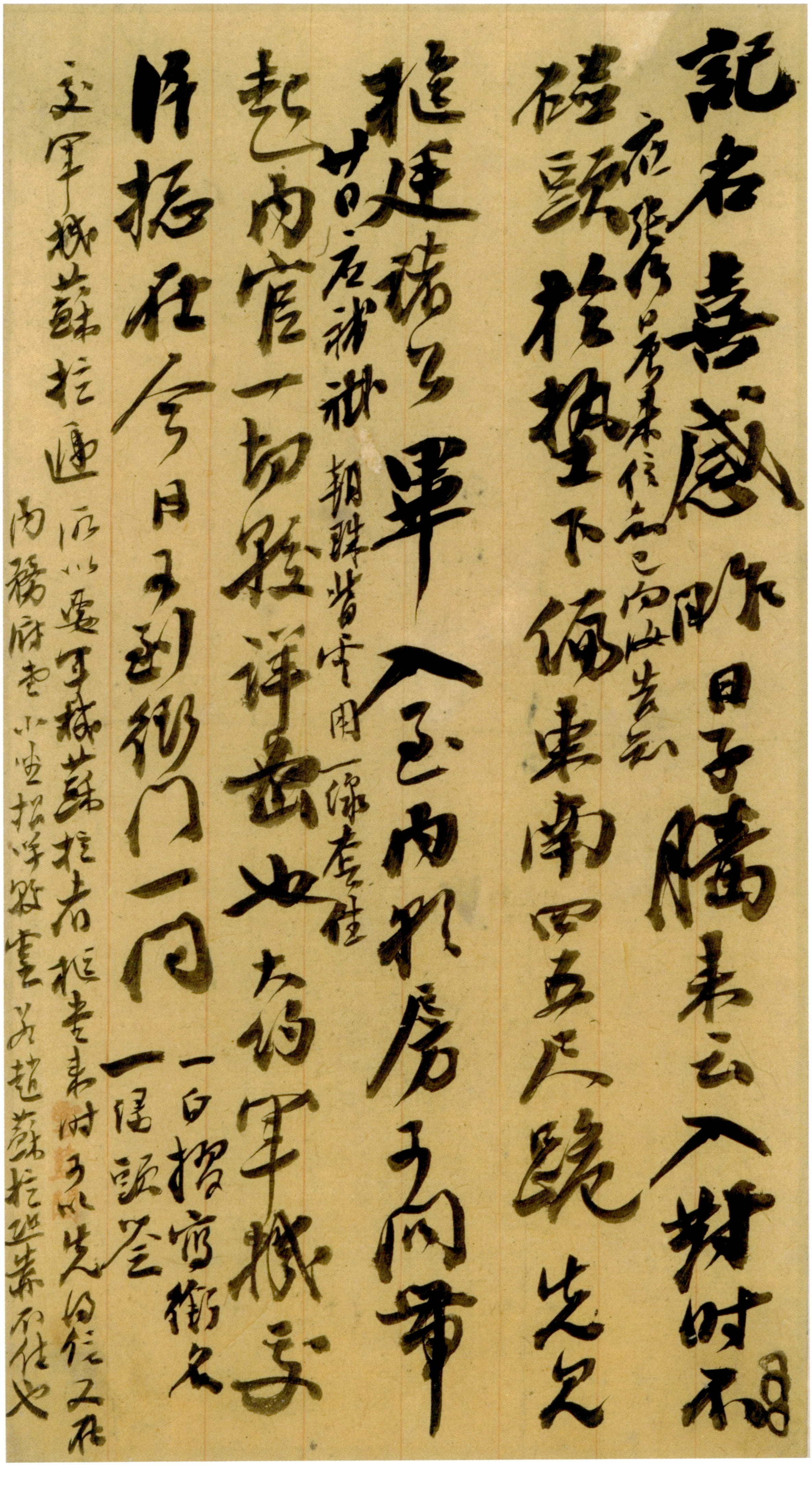

致　佚名九六

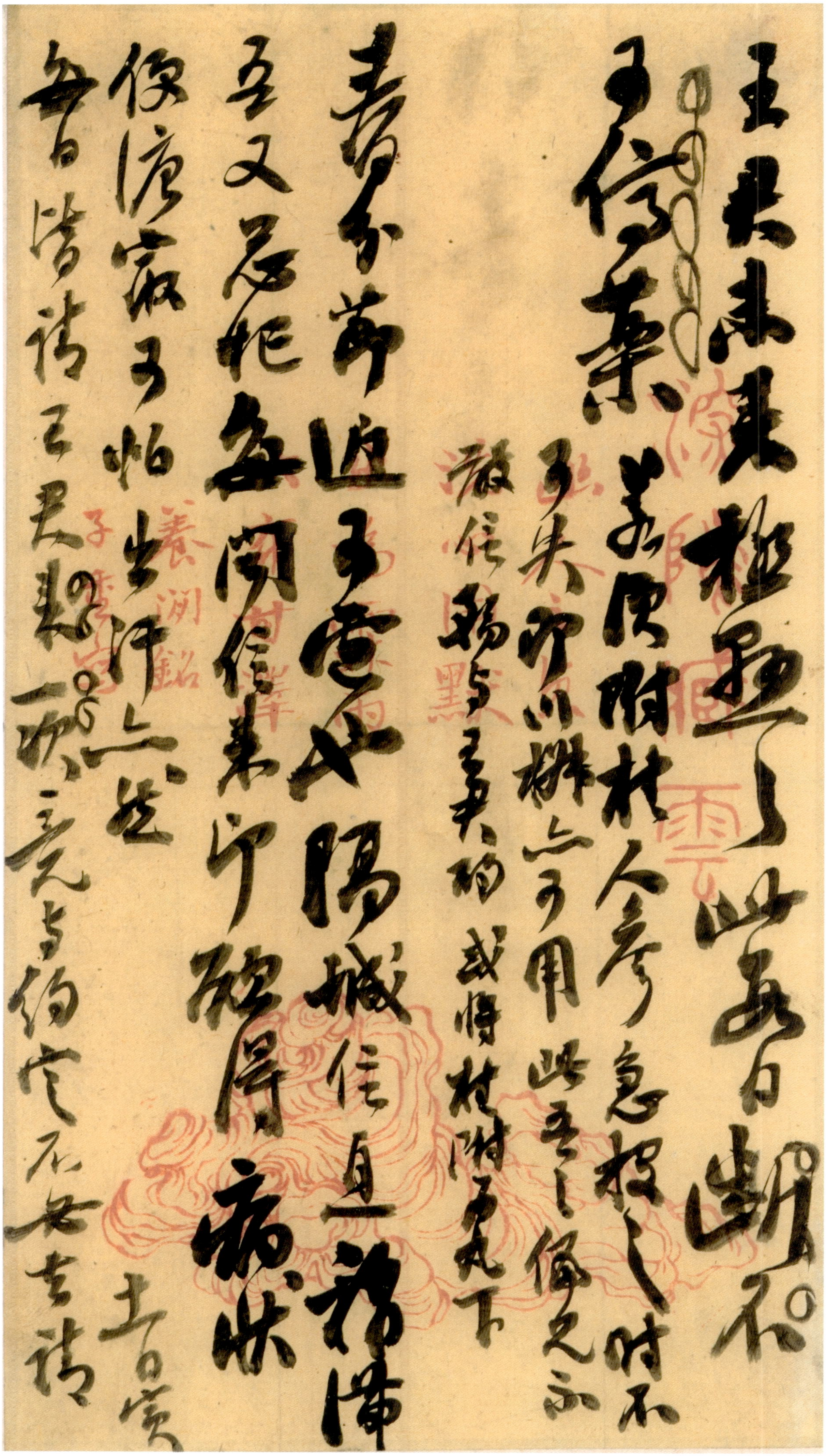

致　佚名九七

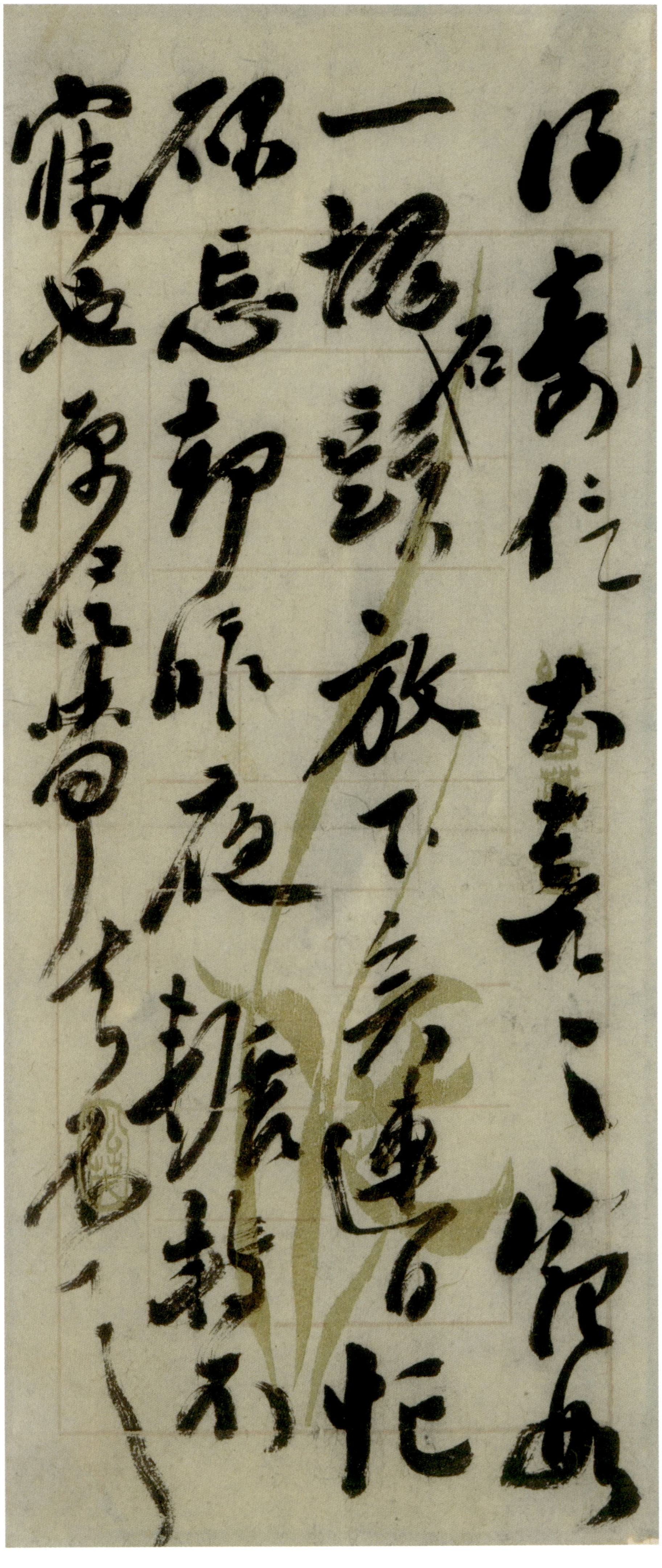

致　佚名九八

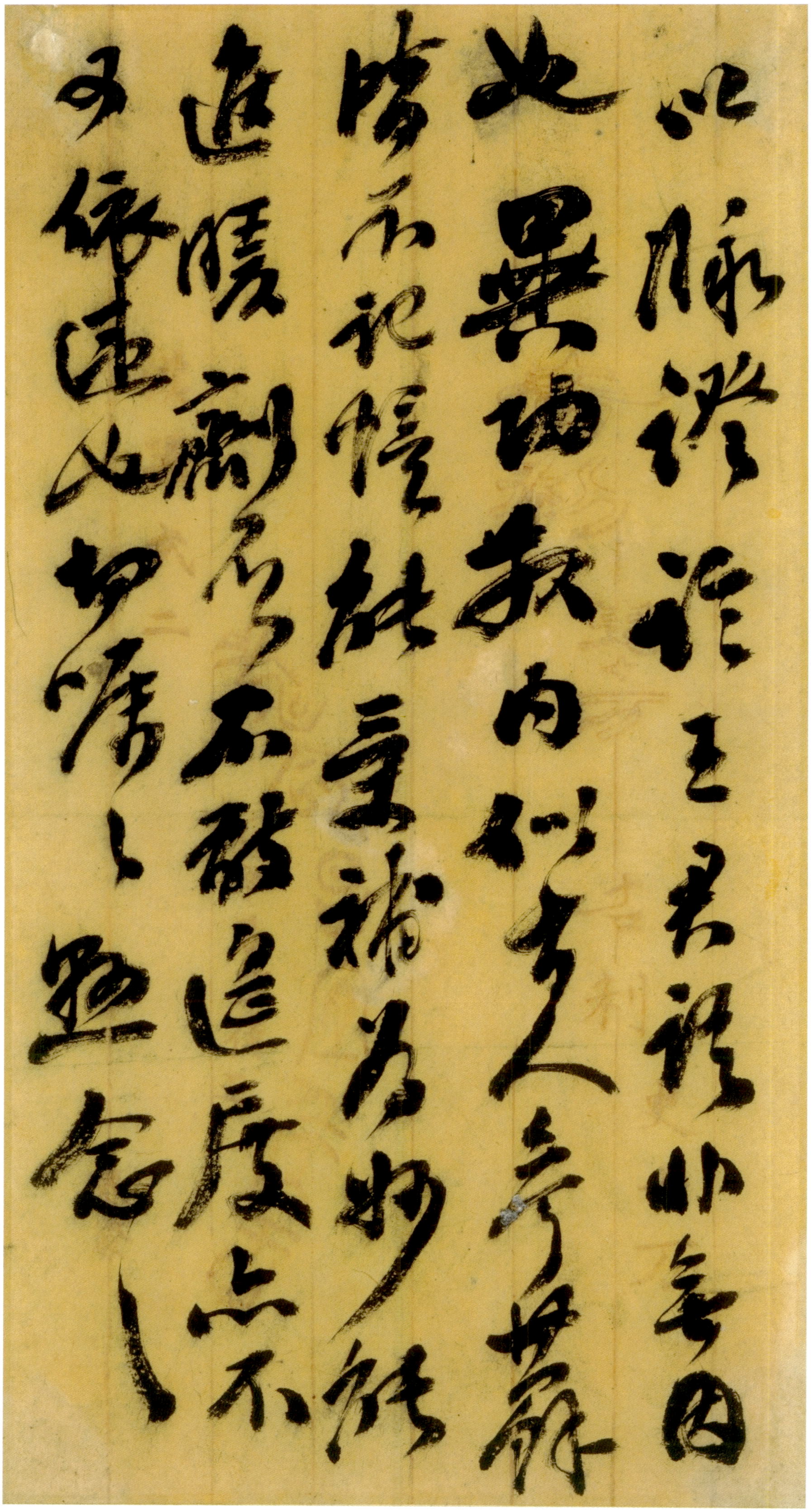

致　佚名九九

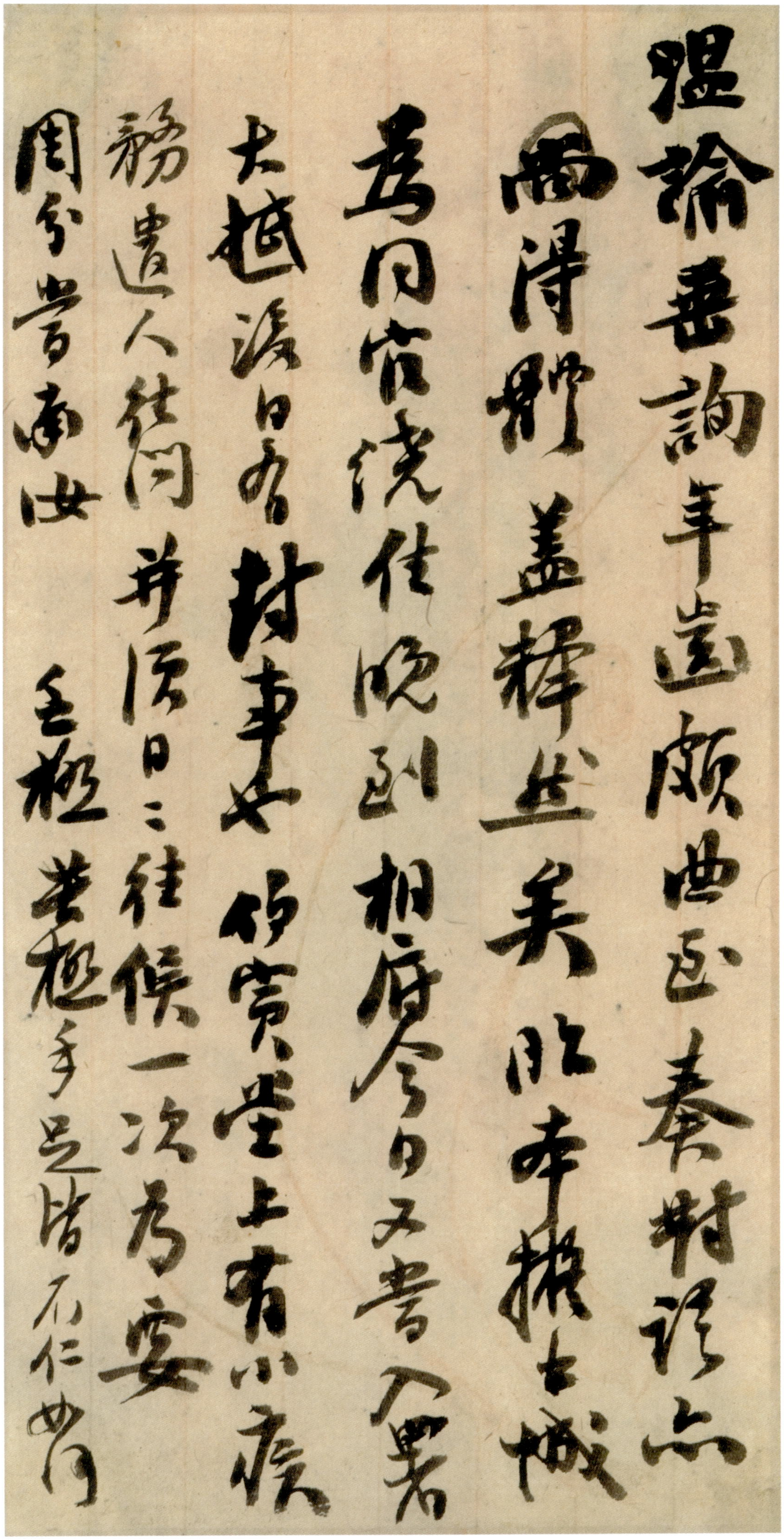

致佚名一〇〇

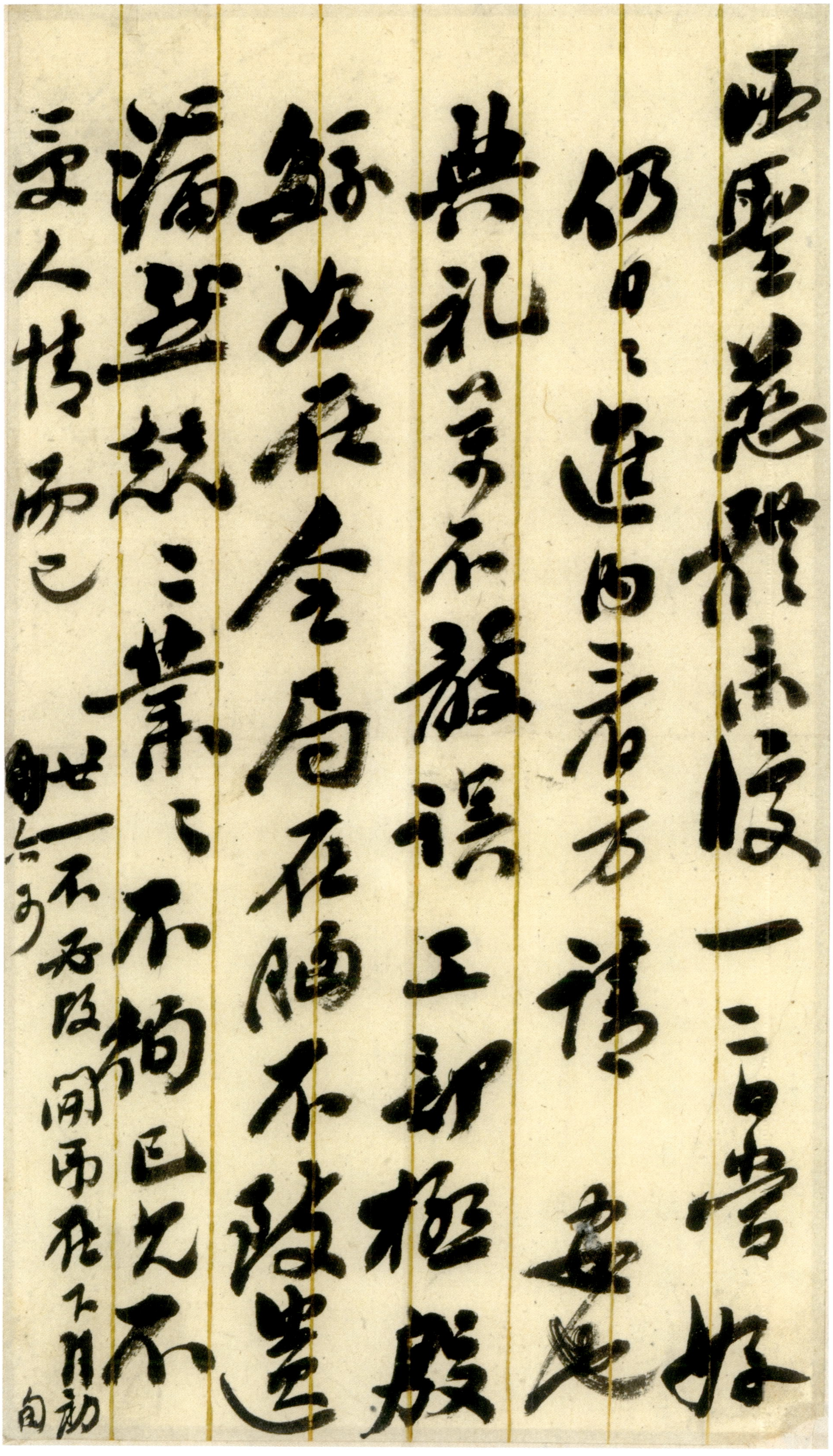

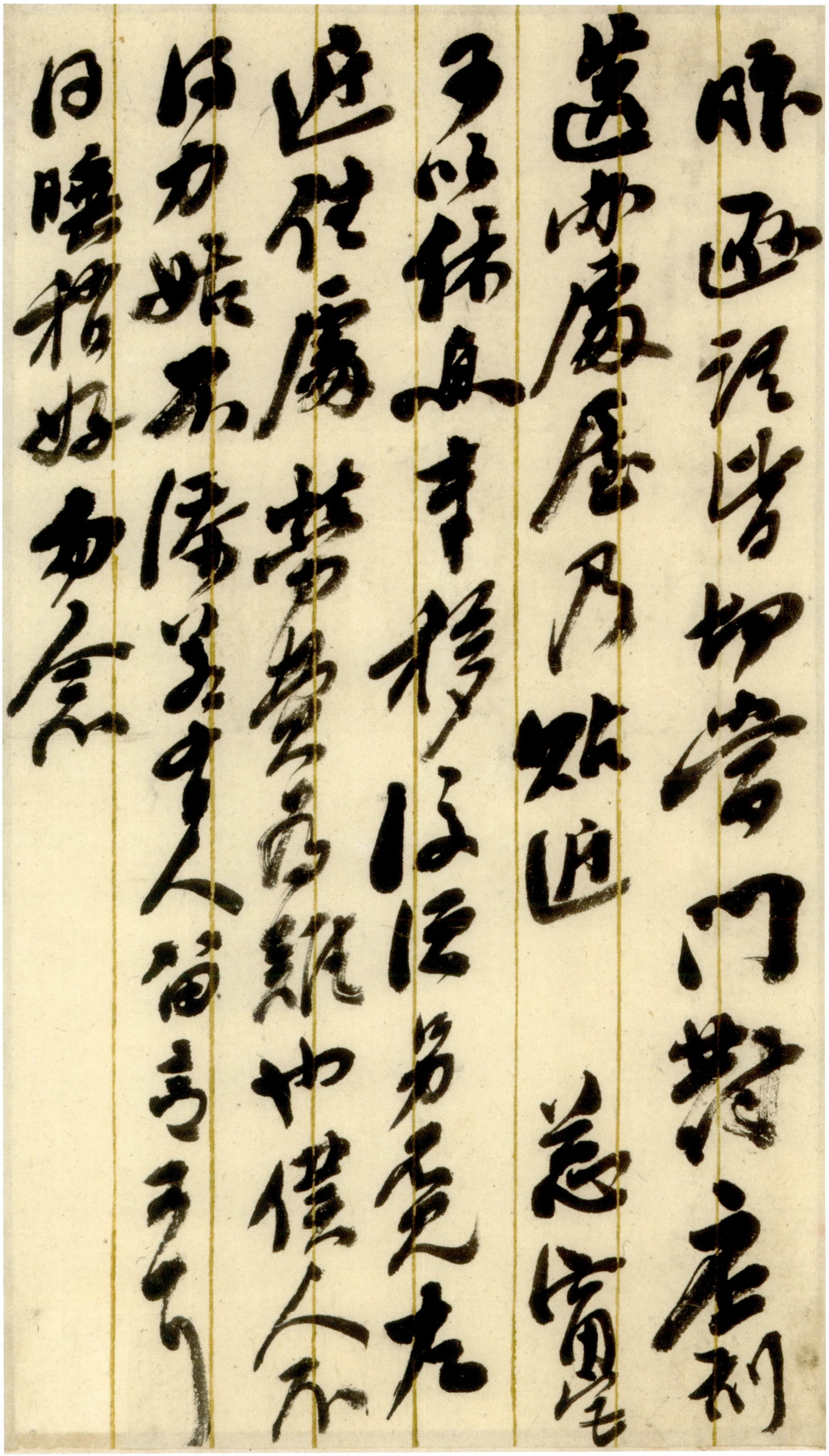

致 佚名一〇二

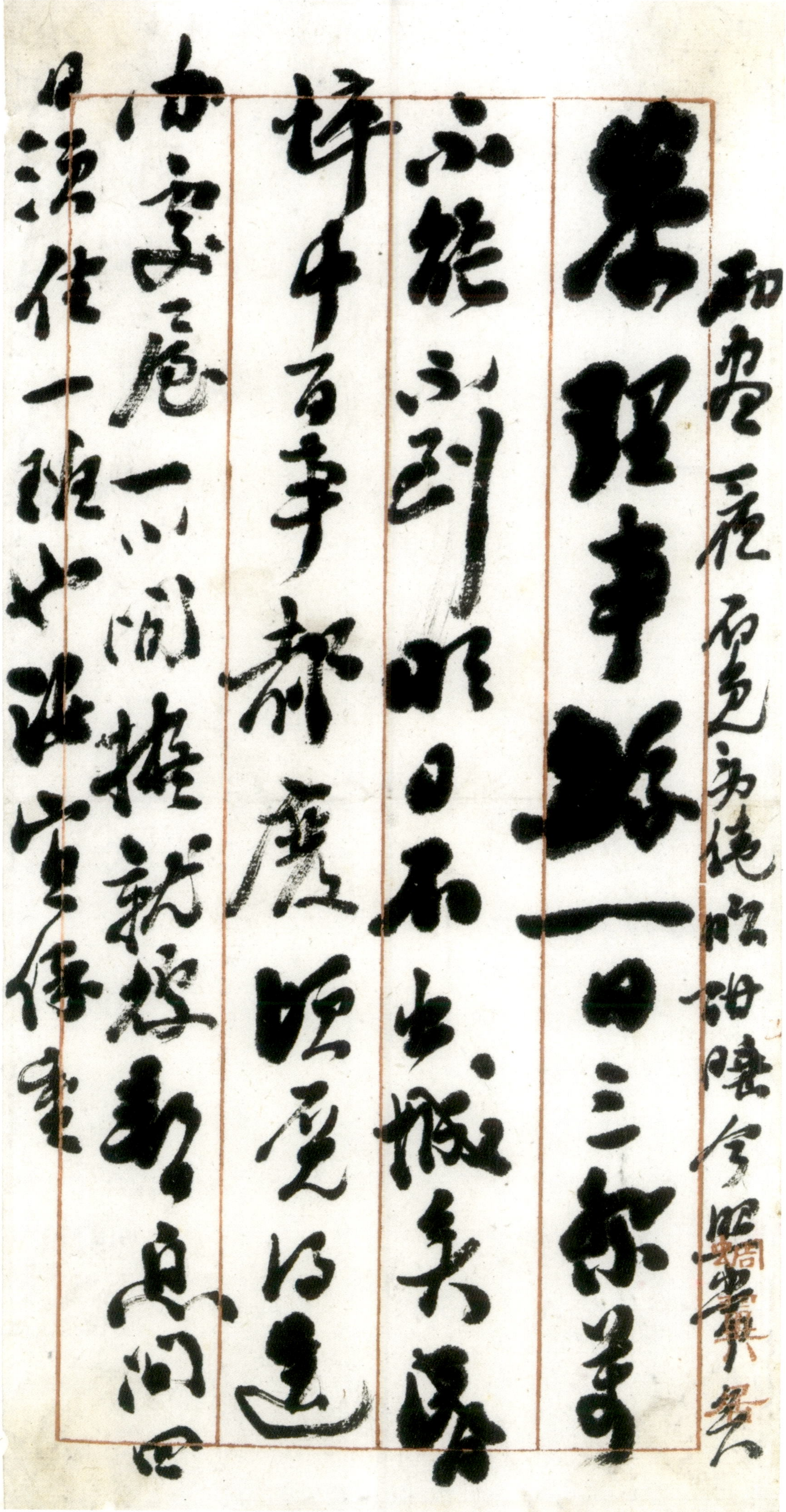

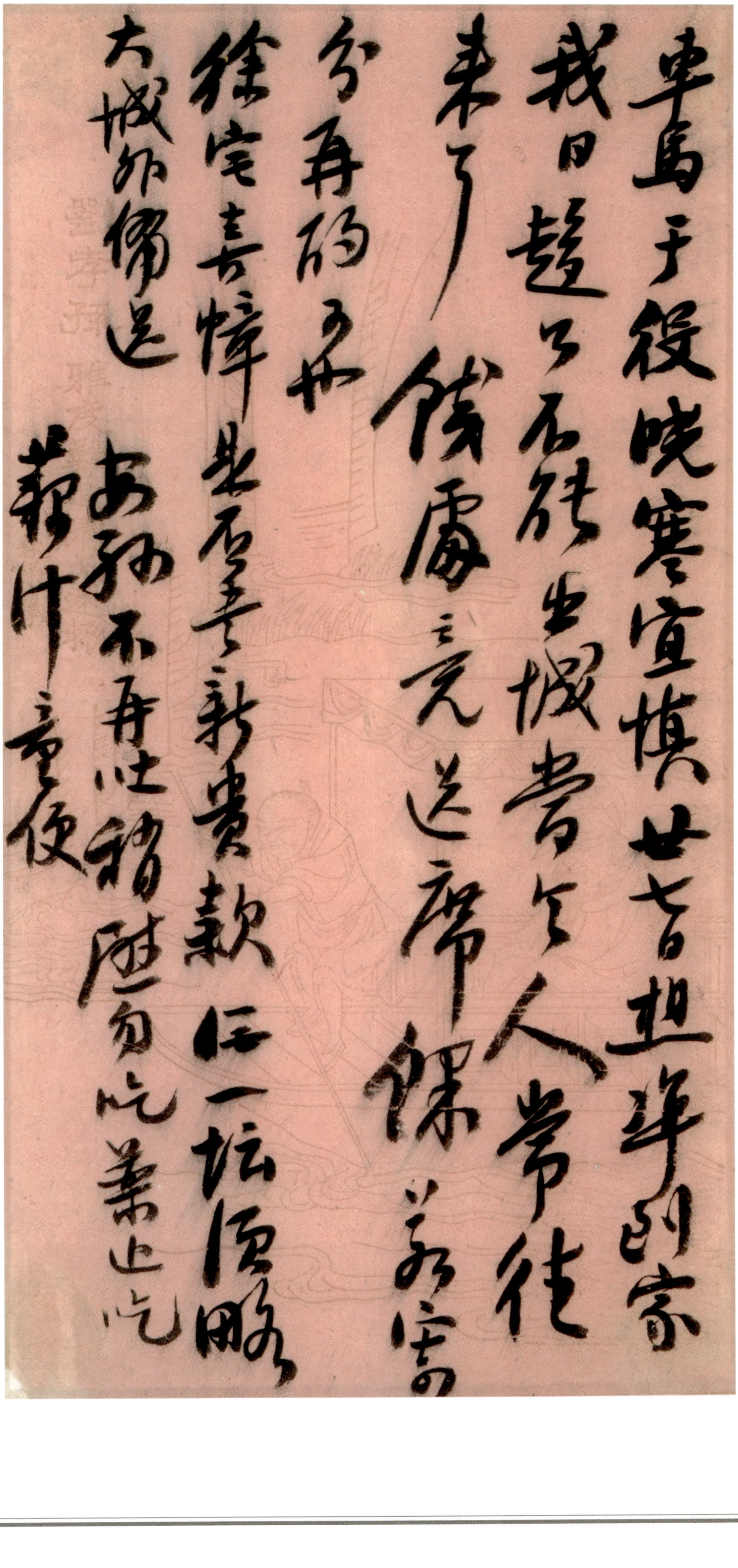

致　佚名一〇四

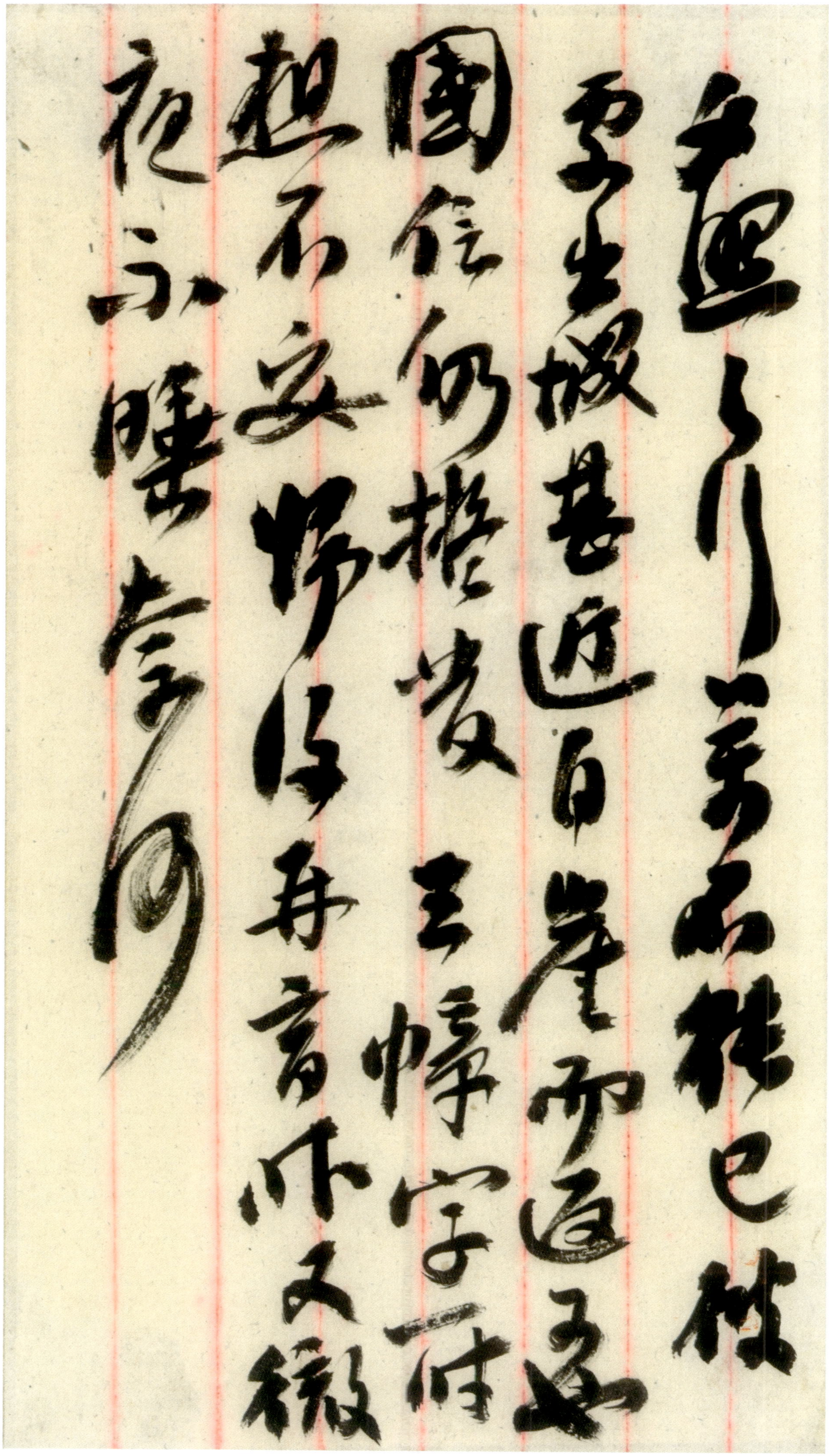

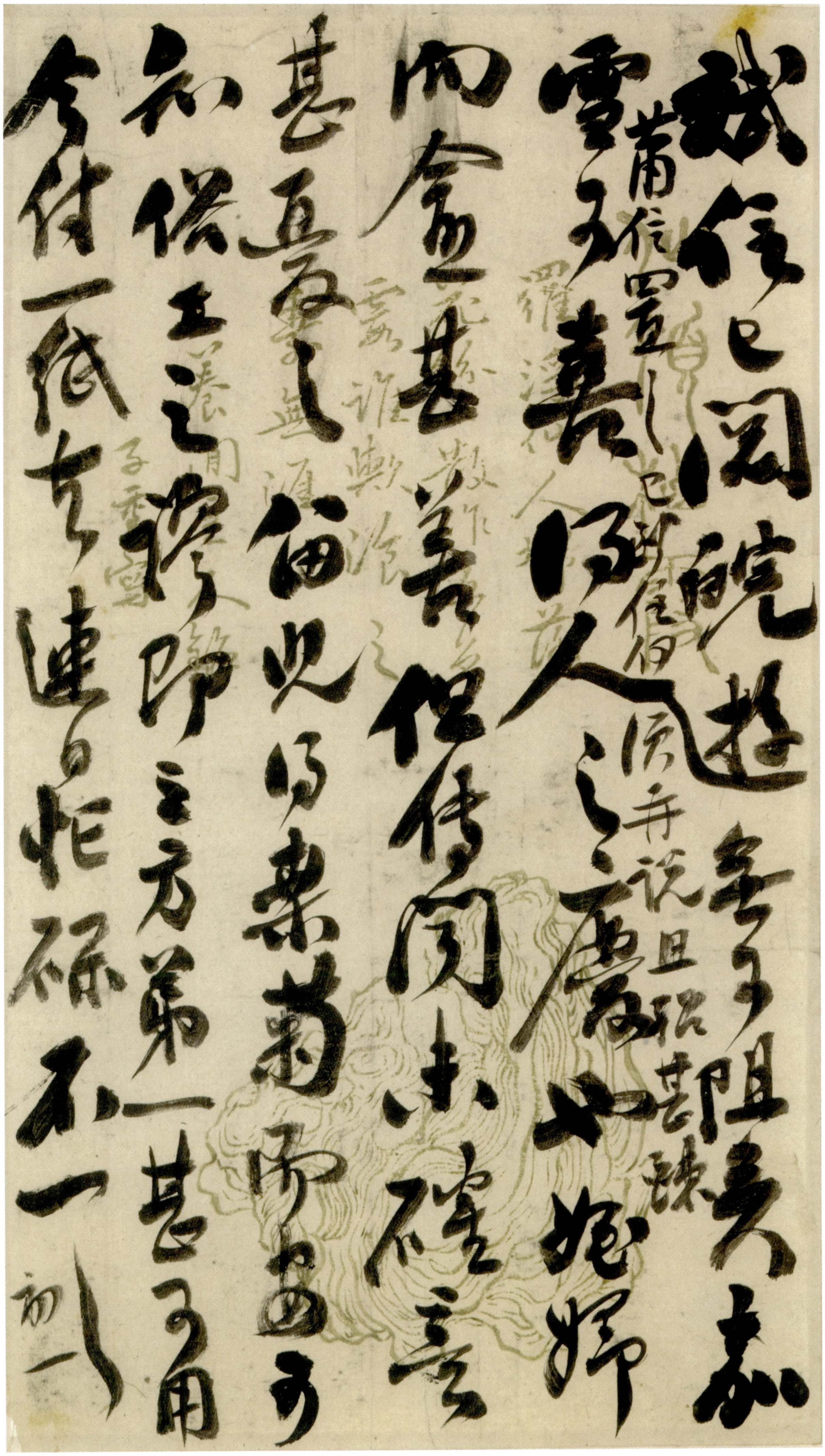

致　佚名一〇六

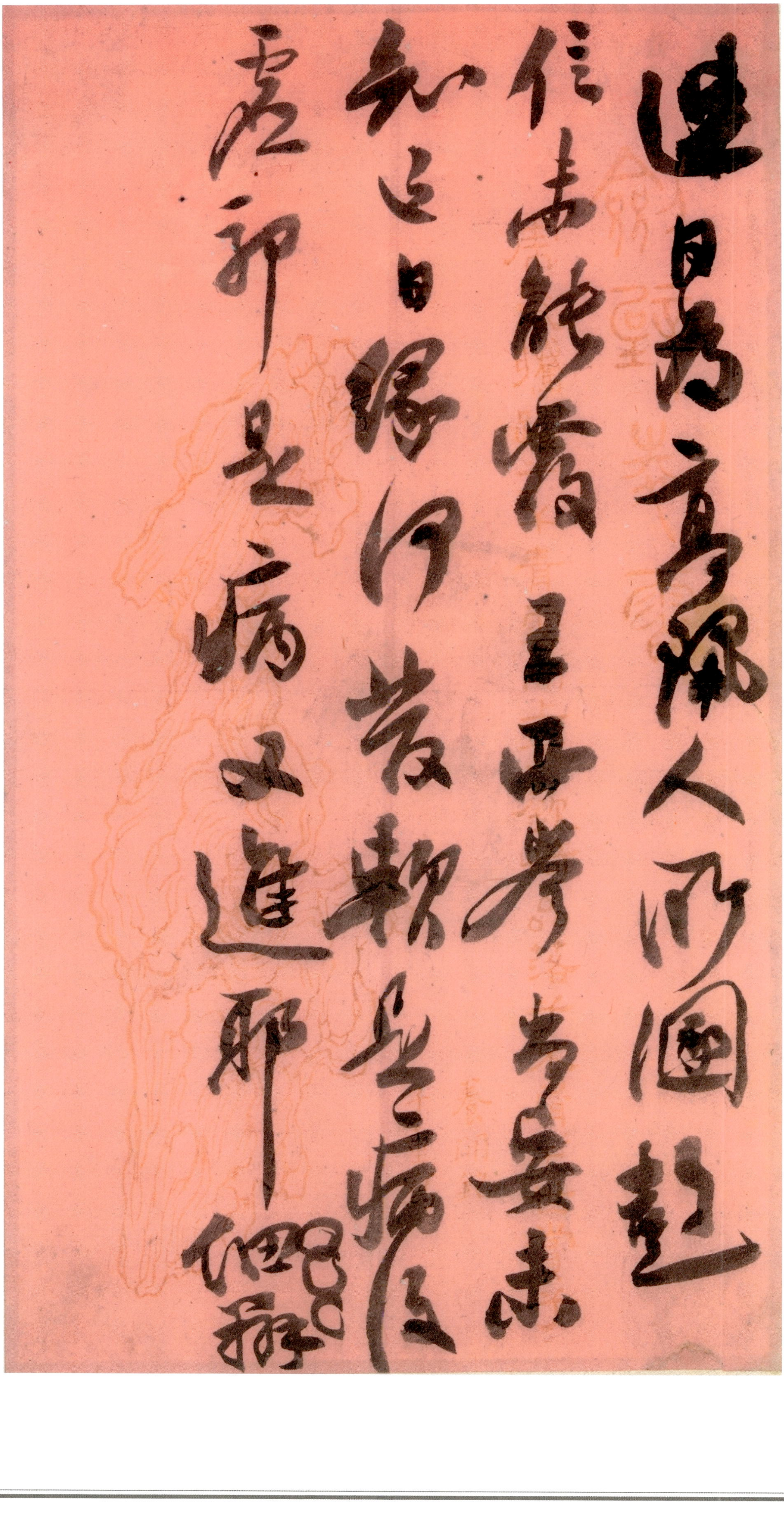

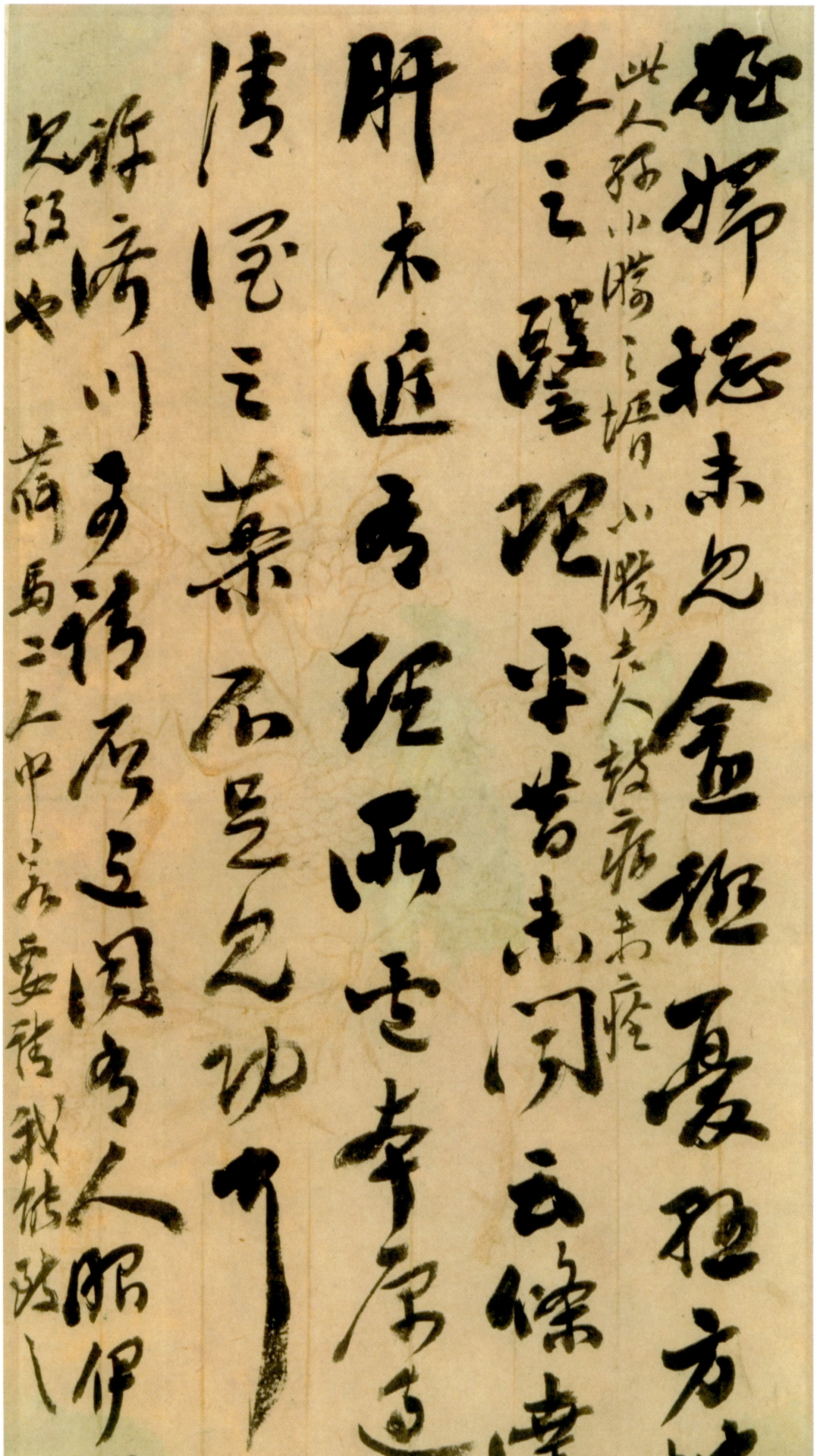

致 佚名一〇八

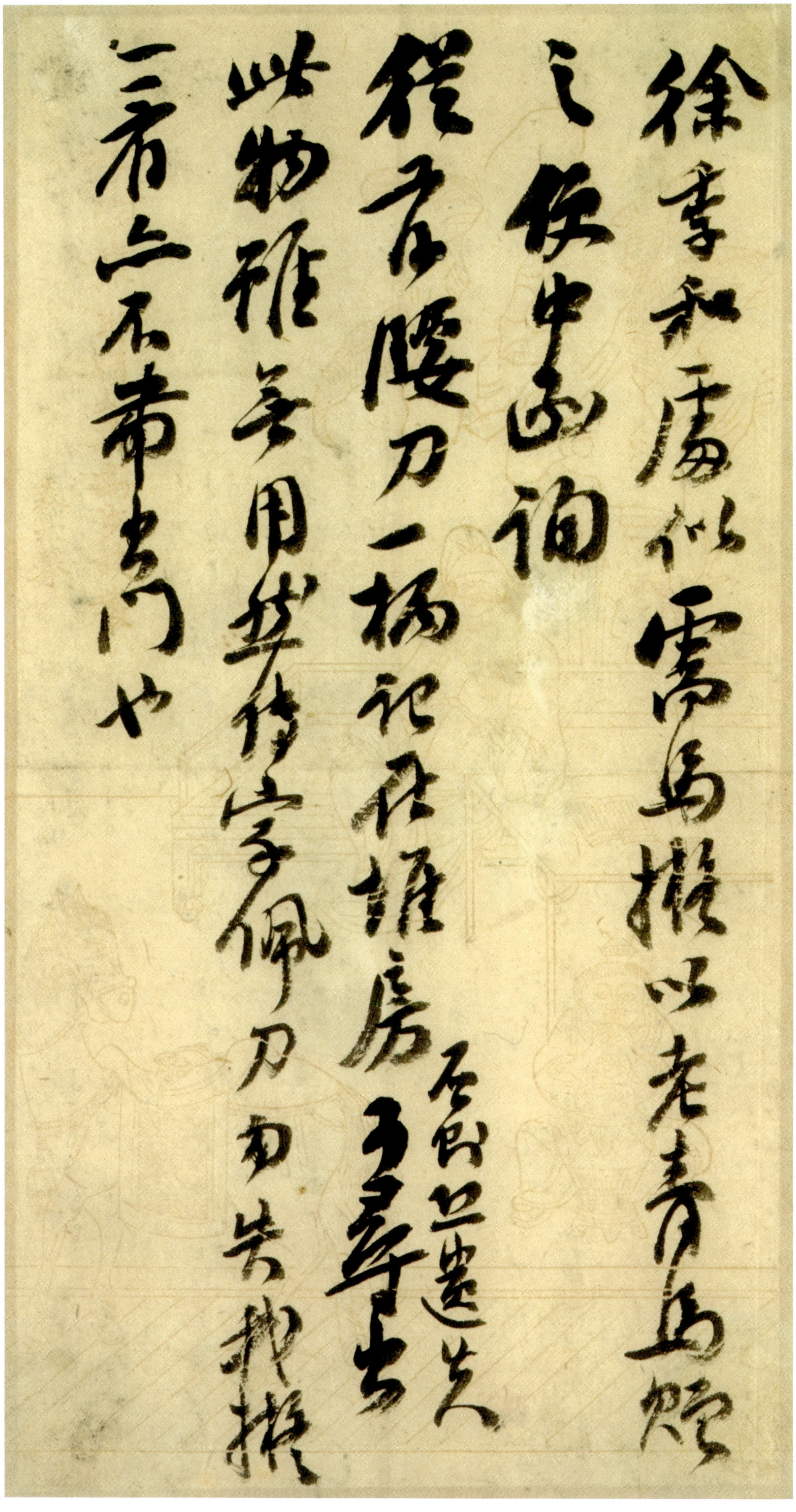

致 佚名一〇九

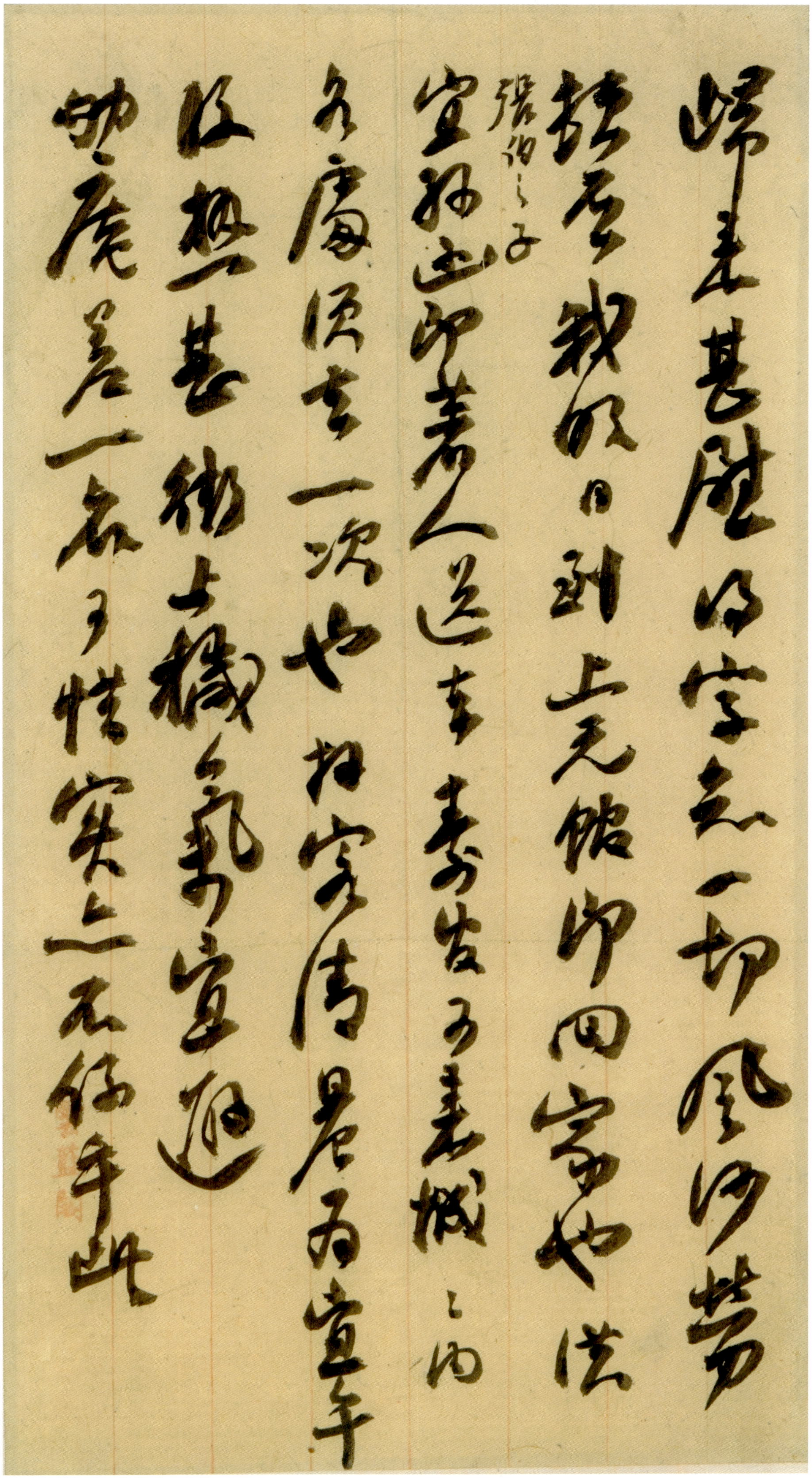

致 佚名一一〇

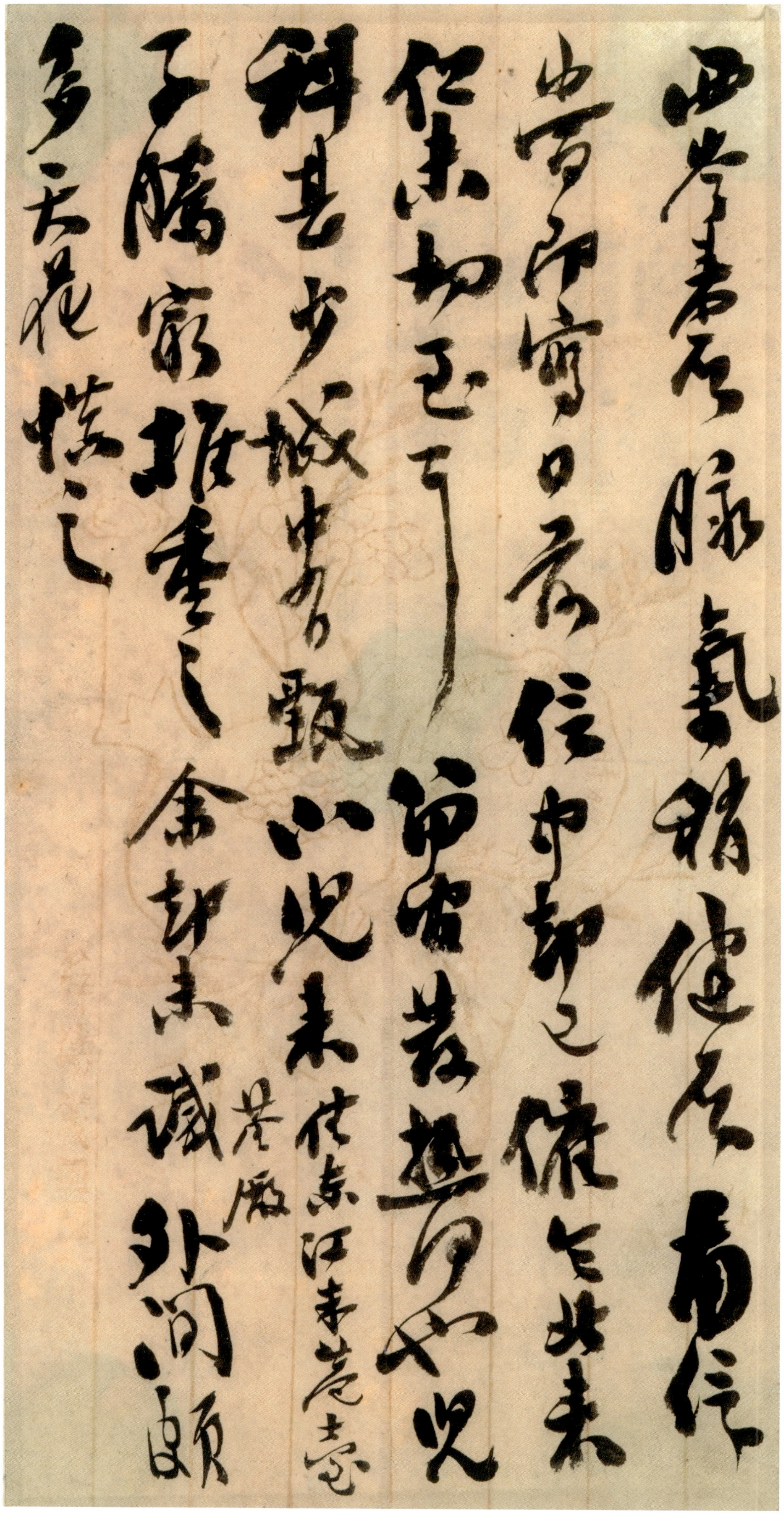

致　佚名一一三

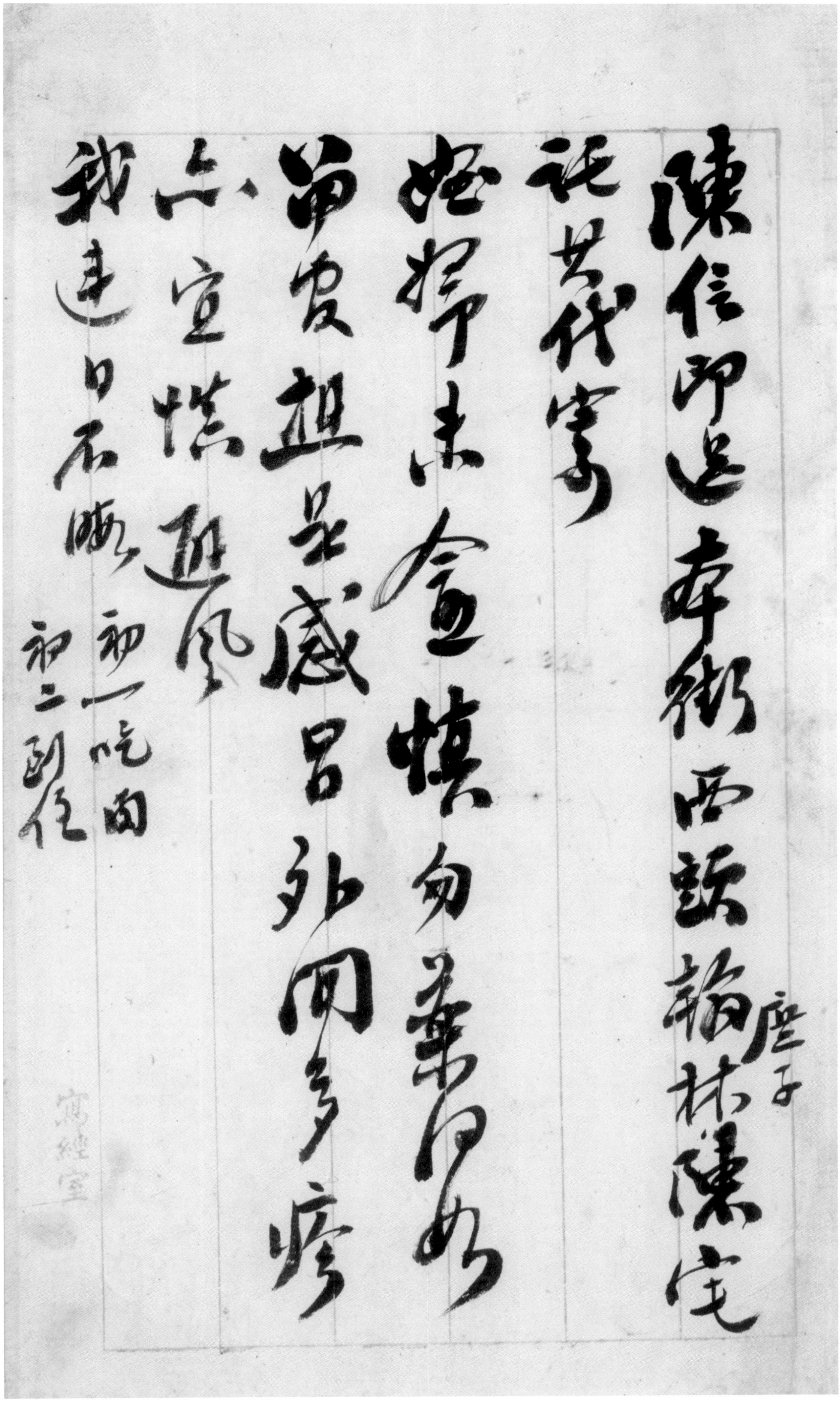

致佚名一一四

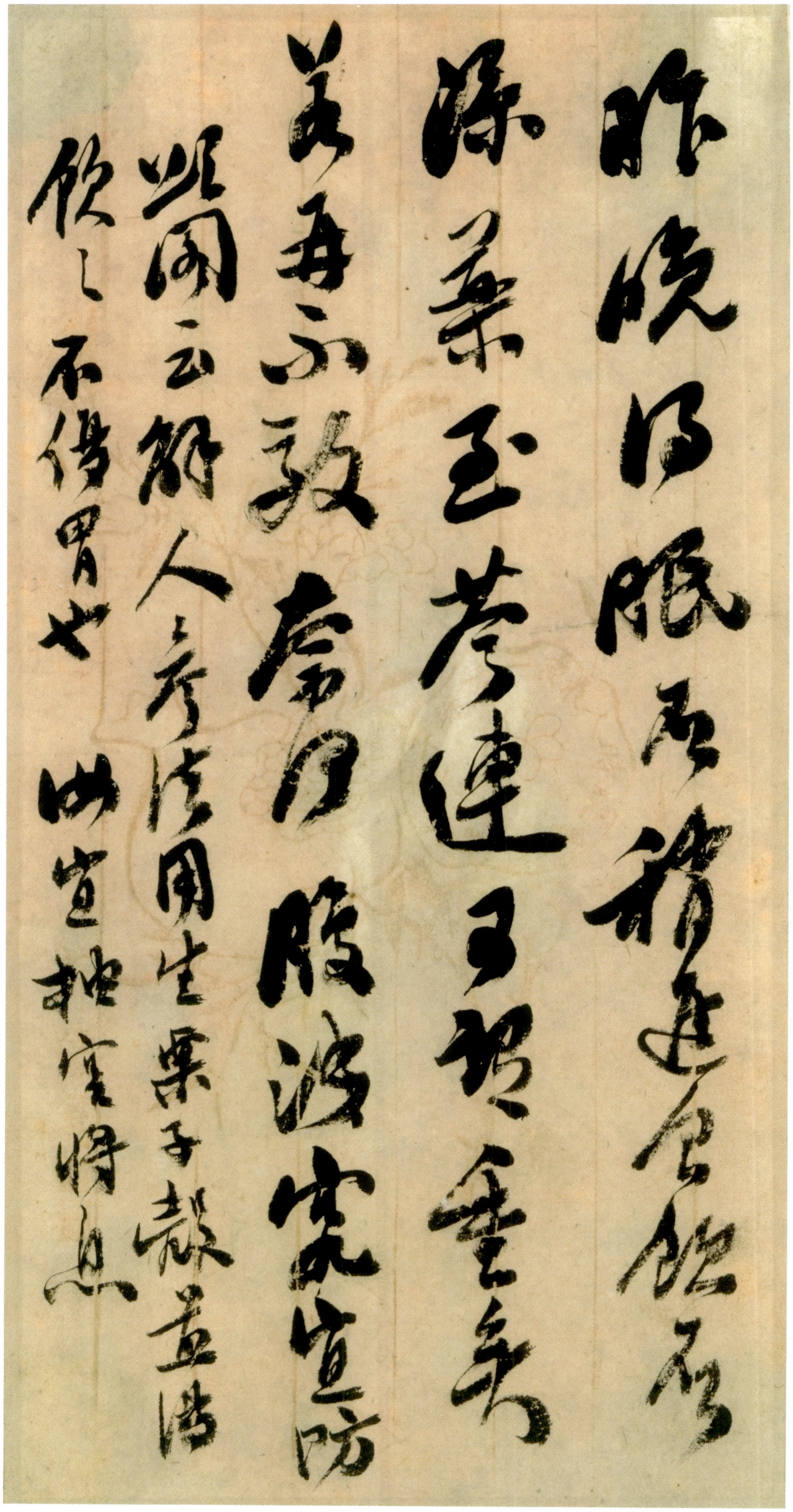

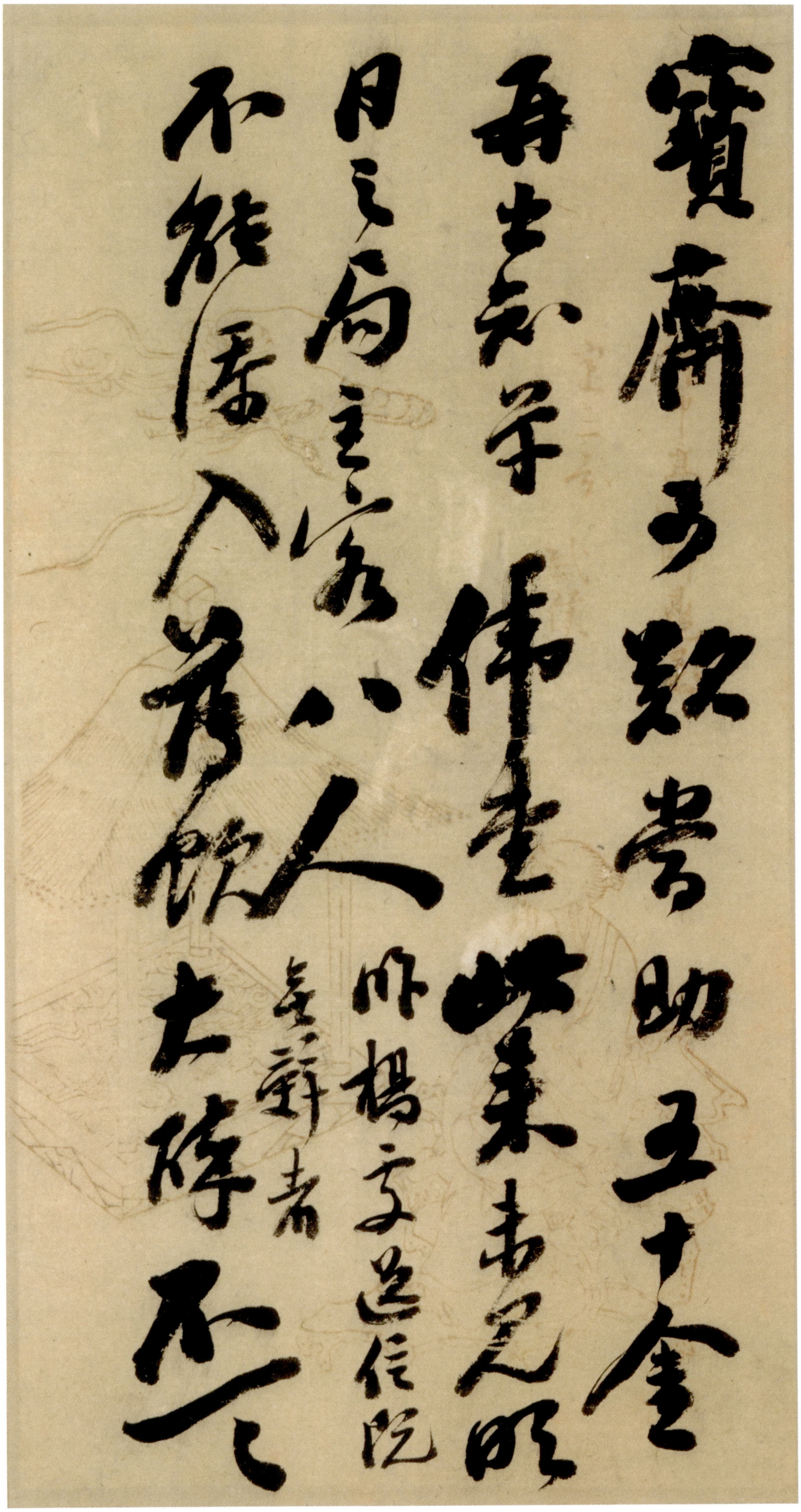

致　佚名一一六

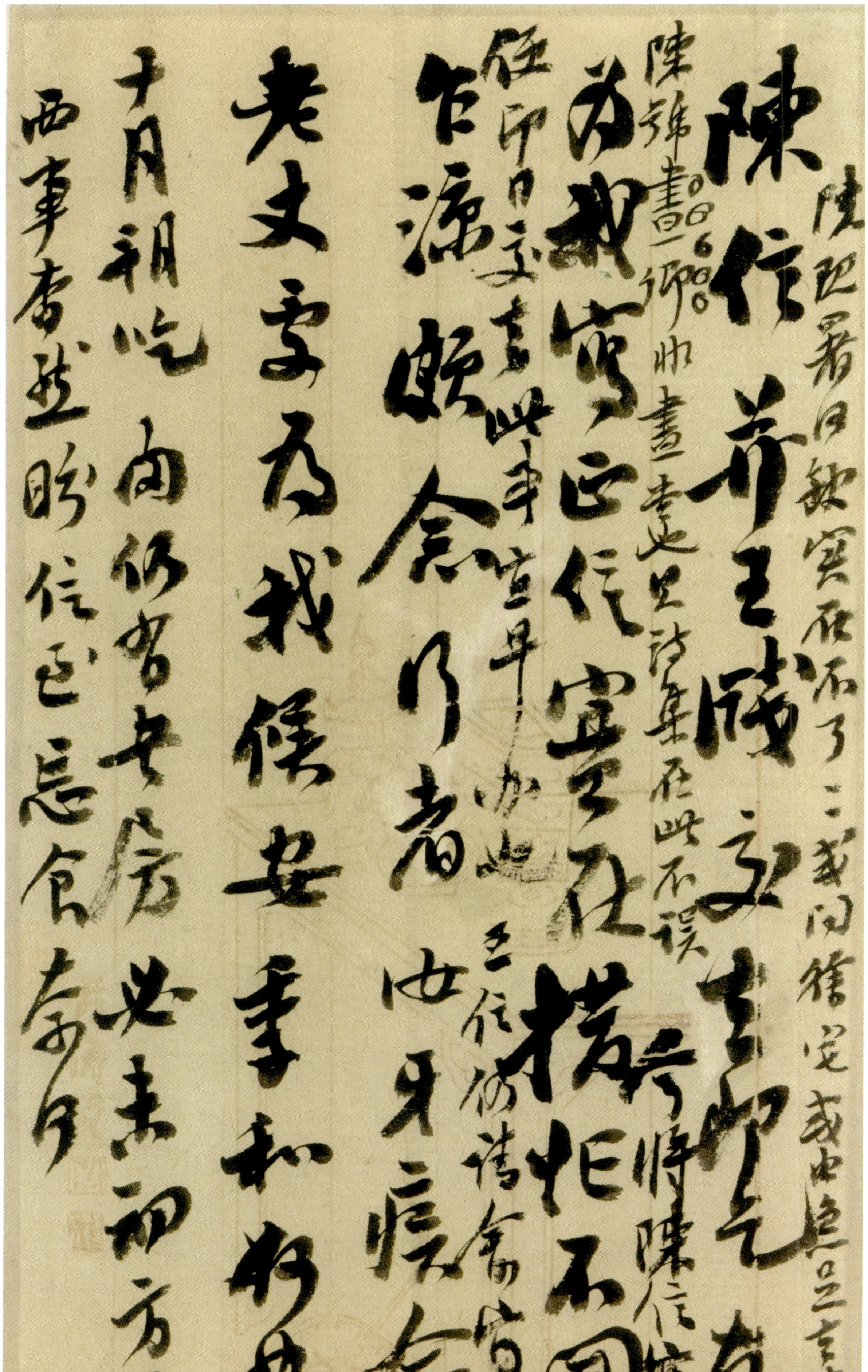

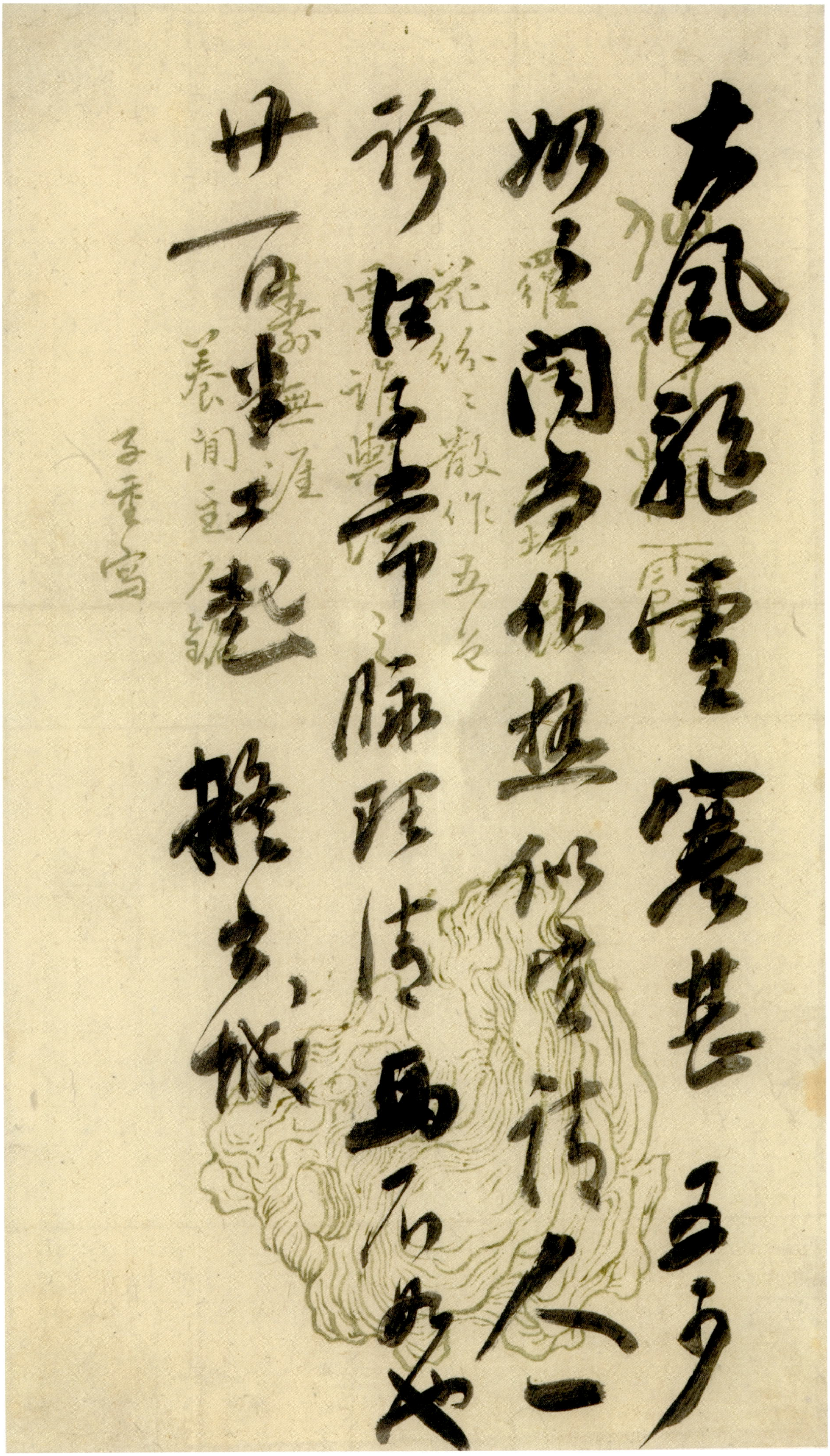

致　佚名一一八

耳。尊體得照護力勝於他藥。鄭盦昨來言的信，子京亦安否，極念念。秋間能再一來耶？草草不盡所懷，敬候

台安

弟均頓首

二月七日

詩文輯佚

上海圖書館藏翁同龢未刊手稿

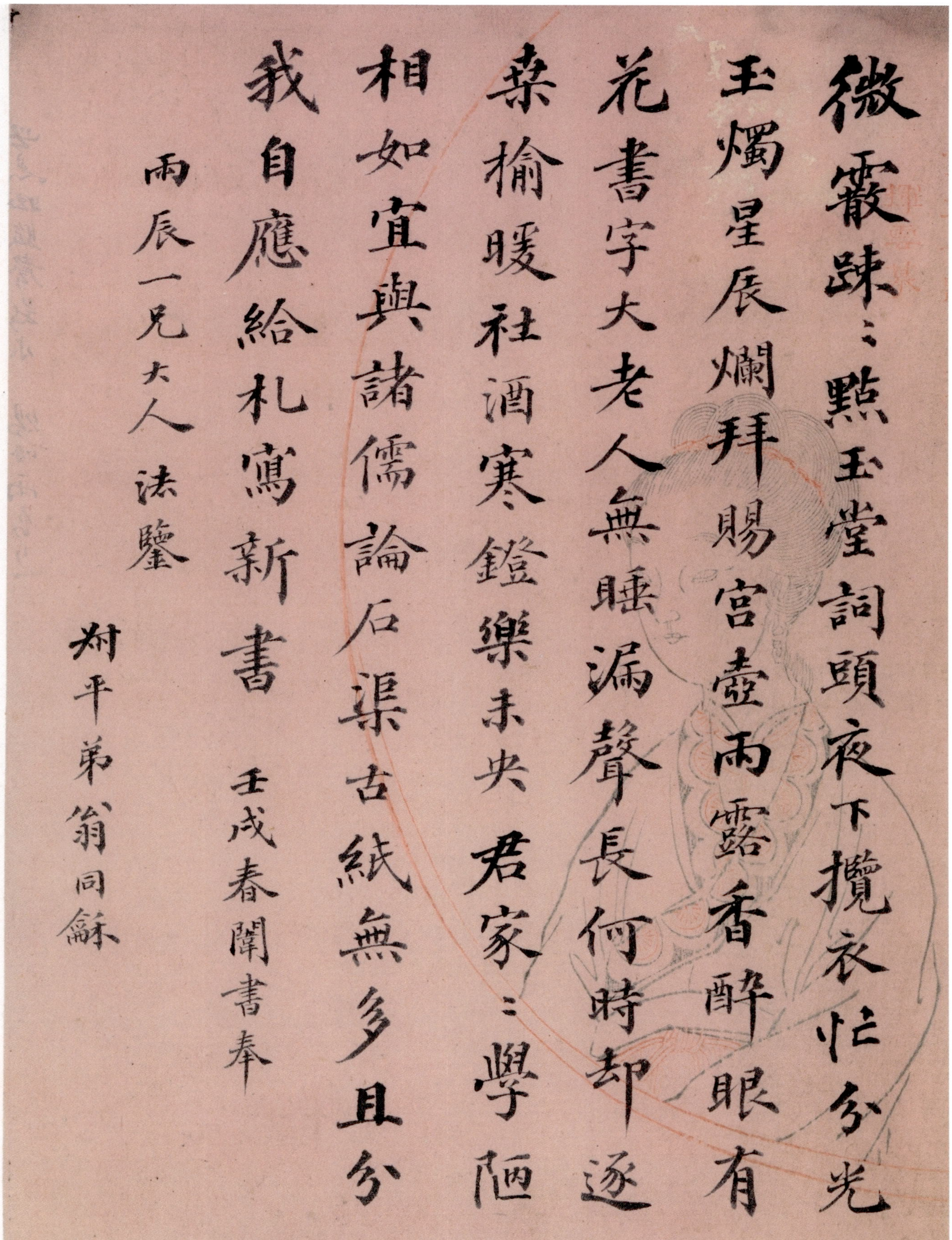
微霰跌跌點玉堂詞頭夜下攬衣忙分光
玉燭星辰爛拜賜宮壺雨露香醉眼有
花書字大老人無睡漏聲長何時却遂
桑榆暖社酒寒鐙樂未央　君家家學陋
相如宜與諸儒論石渠古紙無多且分
我自應給札寫新書

壬戌春闈書奉
雨辰一兄大人法鑒
叔平弟翁同龢

咸豐丙辰狀元官至軍機大臣户部尚書協辦大學士諡文恭

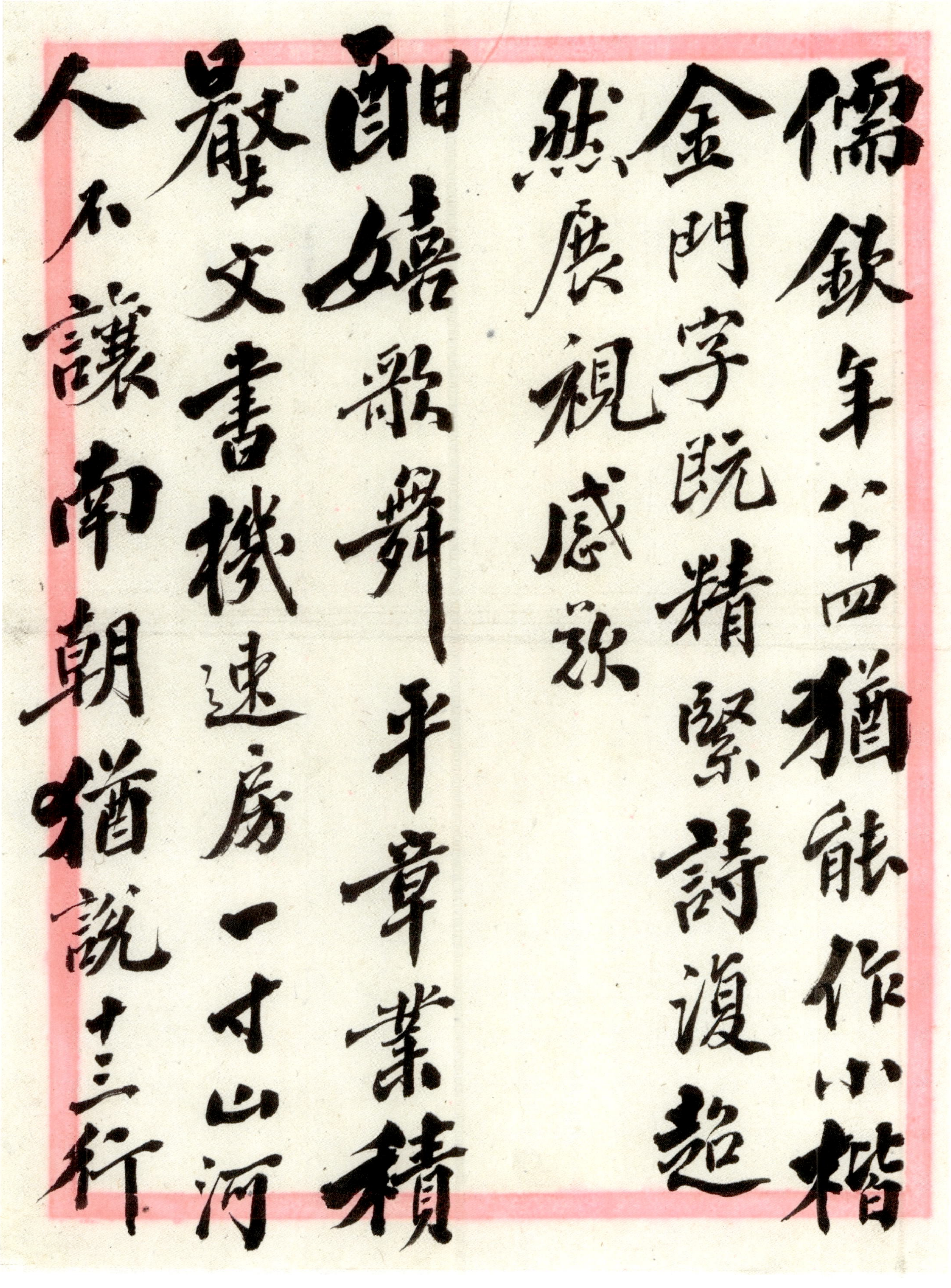
儒欽年八十四猶能作小楷
金門字既精緊詩復超
然展視感歎
酣嬉歌舞平章業積
壓文書機速房一寸山河
人不讓南朝猶説十三行

儒欽年八十四，猶能作小楷。金門字既精緊，詩復超然，展視感歎。

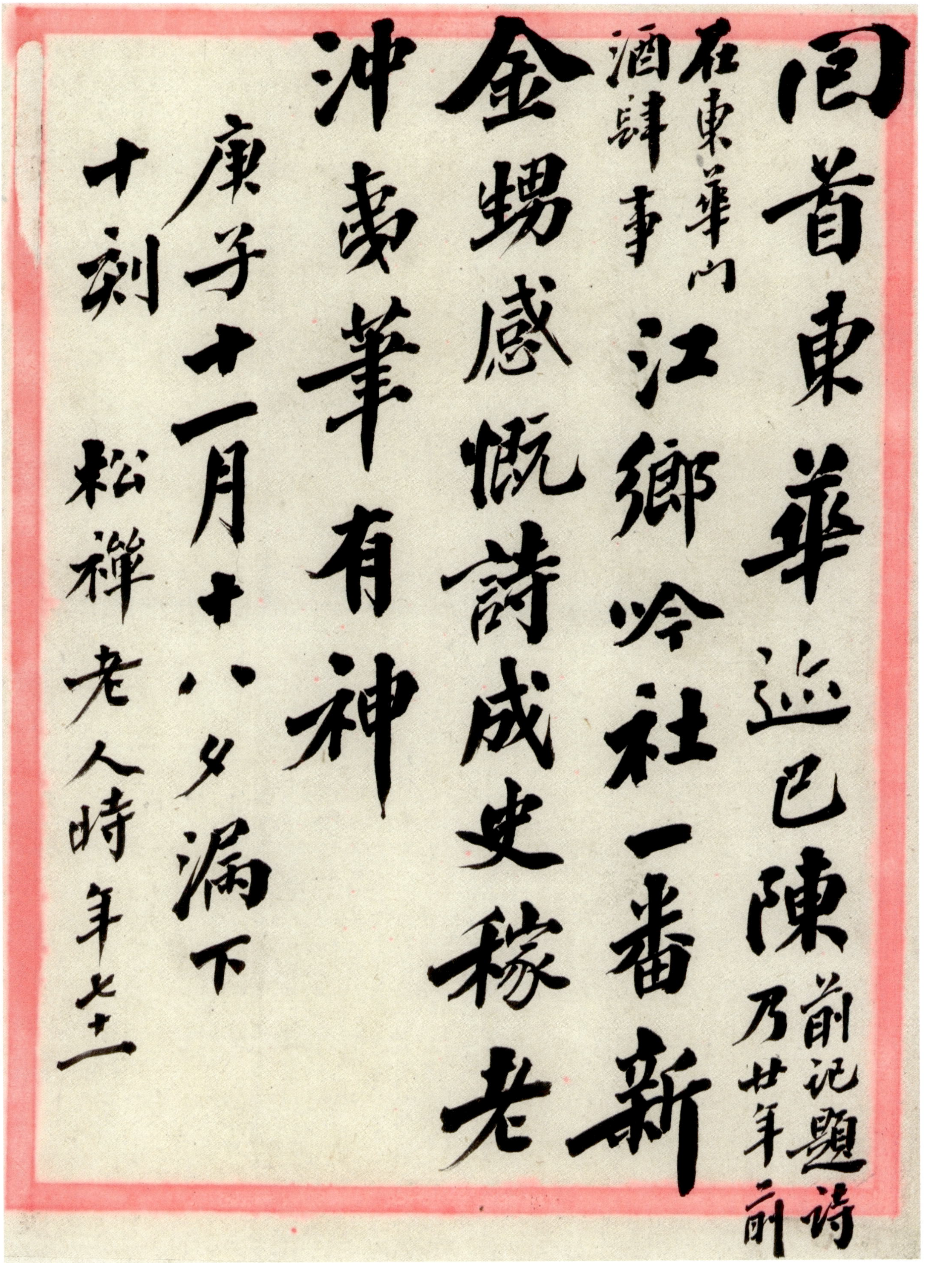

回首東華迹已陳（前記題詩乃廿年前在東華門酒肆事）江鄉吟社一番新
金錫感慨詩成史
稼老沖夷筆有神
庚子十一月十八夕漏下十刻
松禪老人時年七十一

儒欽年八十四，猶能作小楷。金門字精緊，詩復超然，展視感歎。

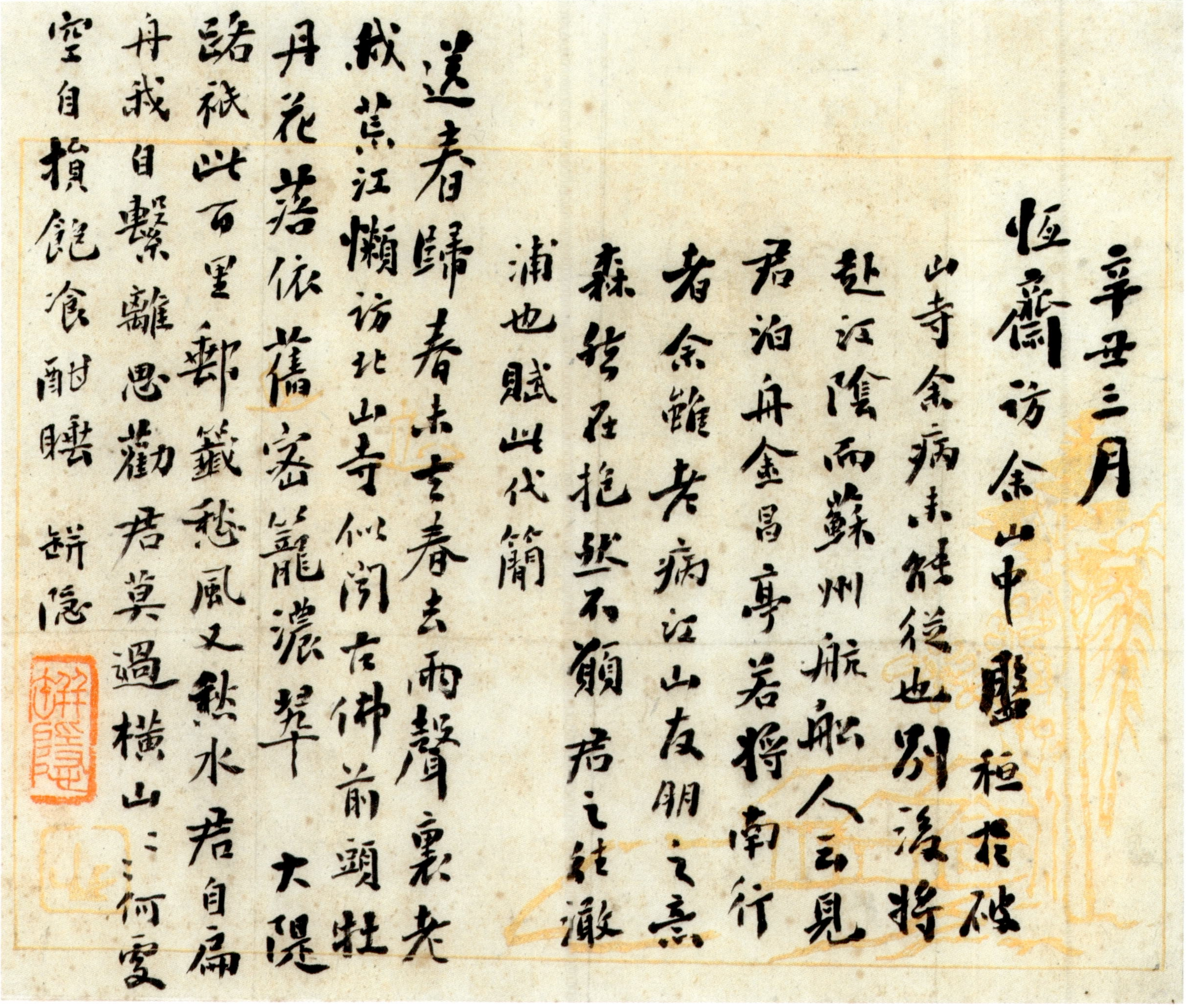
辛丑三月
恒齋訪余山中盤桓於破山寺余病未能從也別後將赴江陰而蘇州航船人云見君泊舟金昌亭若將南行者余雖老病江山友朋之意森然在抱然不顧君之往澉浦也賦此代簡
送春歸春未去春去雨聲裏老栽蕉江懶訪北山寺似聞古佛前頭牡丹花落依舊密籠濃翠 大隄路衹此百里鄞巖愁風又愁水君自扁舟我自繫離思勸君莫過橫山々々何處空自損饑飡酣醲 絣隱

辛丑三月，恒齋訪余山中，盤桓於破山寺，余病未能從也。別后將赴江陰，而蘇州航船人云，見君泊舟金昌亭，若將南行者。余雖老病，江山友朋之意森然在抱，然不顧君之往澉浦也，賦此代簡。

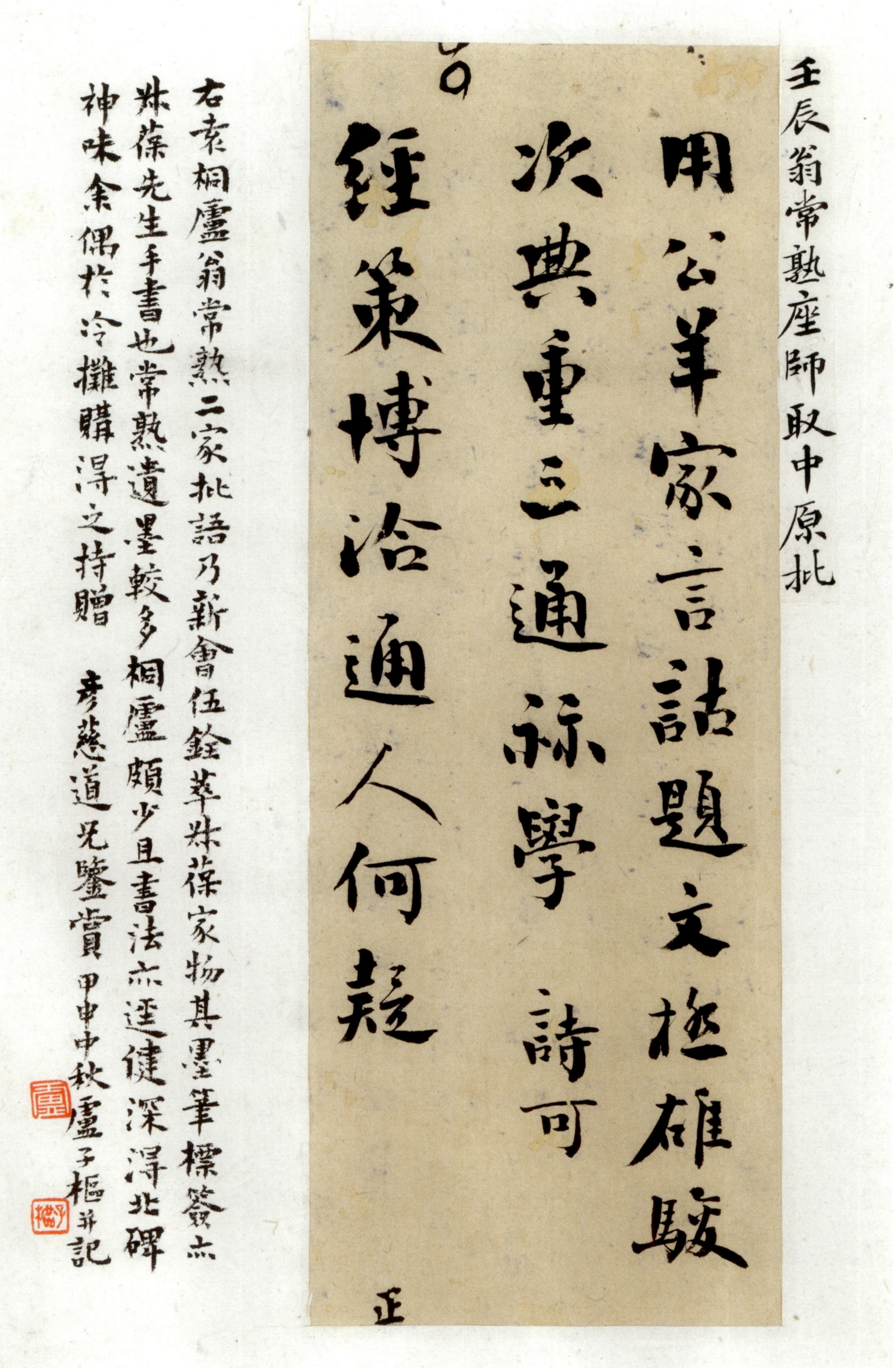
壬辰翁常熟座師取中原批

用公羊家言詁題文極雄駿

次典重三通稱學 詩可

經策博洽通人何疑

佳

正

右袁桐廬翁常熟二家批語乃新會伍銓萃叔葆家物其墨筆標簽亦叔葆先生手書也常熟遺墨較多桐廬頗少且書法亦遒健深得北碑神味余偶於冷攤購得之持贈

彥慈道兄鑒賞 甲申中秋盧子樞并記

直廬清暇鳳石洗馬出此卷見示敬觀一過益歎翰墨之傳以事重以人垂洵足為家乘之光矣甲申中秋初梁燿樞識

嘉慶己未之獄三邑橫舍為之一空當時有仿阿房宮賦以諷切有位者其冤憤可知也士不幸以氣節見然所繫於風教者匪淺嗚呼古之人歟光緒甲申十月後學翁同龢獲觀因記

歲庚寅大雨水永定河決浸近畿各州縣時吴縣潘文勤以尚書兼順天府尹事而儀徵六舟陳公為府尹請粟於
朝告糴於各行省求助於京師之士大夫不遑寢食活民無算此四巨卷皆文勤与六舟籌振書牘後兩紙則公絶筆也余与文勤久故余性迂緩而文勤敏捷相左

也然自總角至垂暮意氣之合無如吾兩
人者余嘗以振務問文勤曰六舟何如文勤
舉手曰仁人〃〃今觀其書自六月至十月已
累百幅則六舟之相與往復籌度者可知
也已方咸豐癸丑之冬粵賊竄天津順天
府設糧臺是時　先公筦府事与河南宗
公小棠同寮日至府署治事〃畢歸〃則

宗公以手札至一夕數返寒夜鐙昏 先
公披衣起穌侍側呵墨而書之使者旋輒
聞叩門則後書押至矣迨 先公去官継
之者若無事焉而賊亦旋滅然則事之
有無固視乎其人耶比年永定河頻決
六舟再任京兆值癸巳大水其勞瘁有過
於庚寅者今年六月 六舟告歸而永定

又况
朝廷發粟急振一二好義之士亦或冒巨險
持餅糒与攀木升屋忍飢待救之民相
呼吸不知當事者亦遑遑劫劫如文勤与
六舟耶抑澹然鎮靜而事無不舉耶
展此卷因記所聞見於後
光緒丙申七月十二日翁同龢

翁同龢

朝廷教忠先教孝許以庭聞易廊廟予年卅角侍重慈親見先人承色笑維時前輩廣樵公壽讌愛日春融融辭官養親乃家法（公之尊甫息園先生於乾隆辛卯由御史告歸）三十三年先後同一圖弁圖紀榮遇海内詞悉欣慕退朝花底每長歎（先公詩中語）驚歎先人舊題的先人与公氣誼敦談經諏史兼論文京華賔從浩如海一榻惟因徐孺尊（先人在京時公瀾一特室署先人別號每過從輒居之）古人

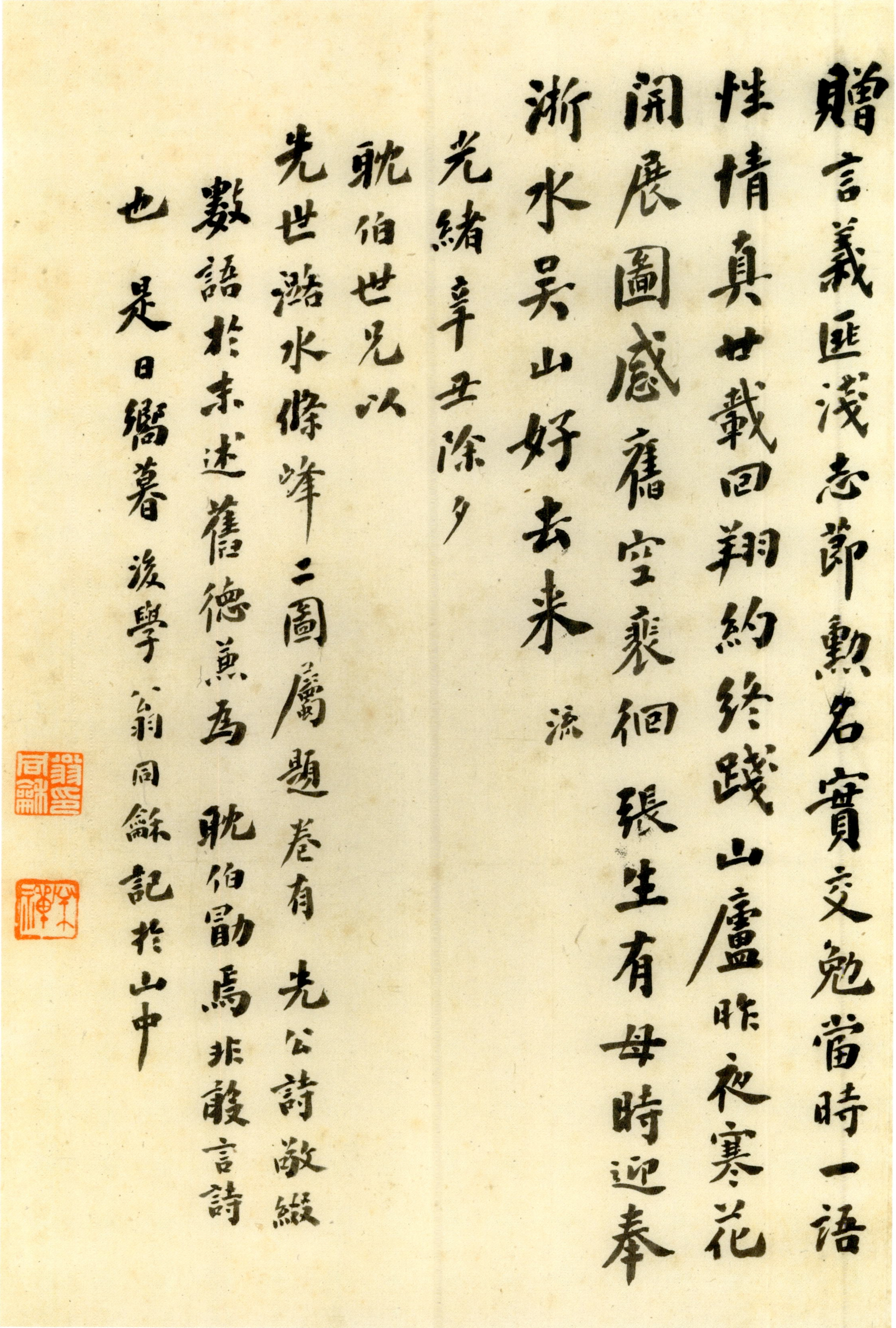
贈言義匪淺志節勲名實交勉當時一語
性情真廿載回翔約終踐山廬昨夜寒花
開展圖感舊空裵佪張生有母時迎奉
浙水吴山好去来 流
光緒辛丑除夕
耽伯世兄以
先世潞水條峯二圖屬題卷有 先公詩敬綴
數語於末述舊德兼為 耽伯勖焉非敢言詩
也 是日嚮暮 後學翁同龢記於山中

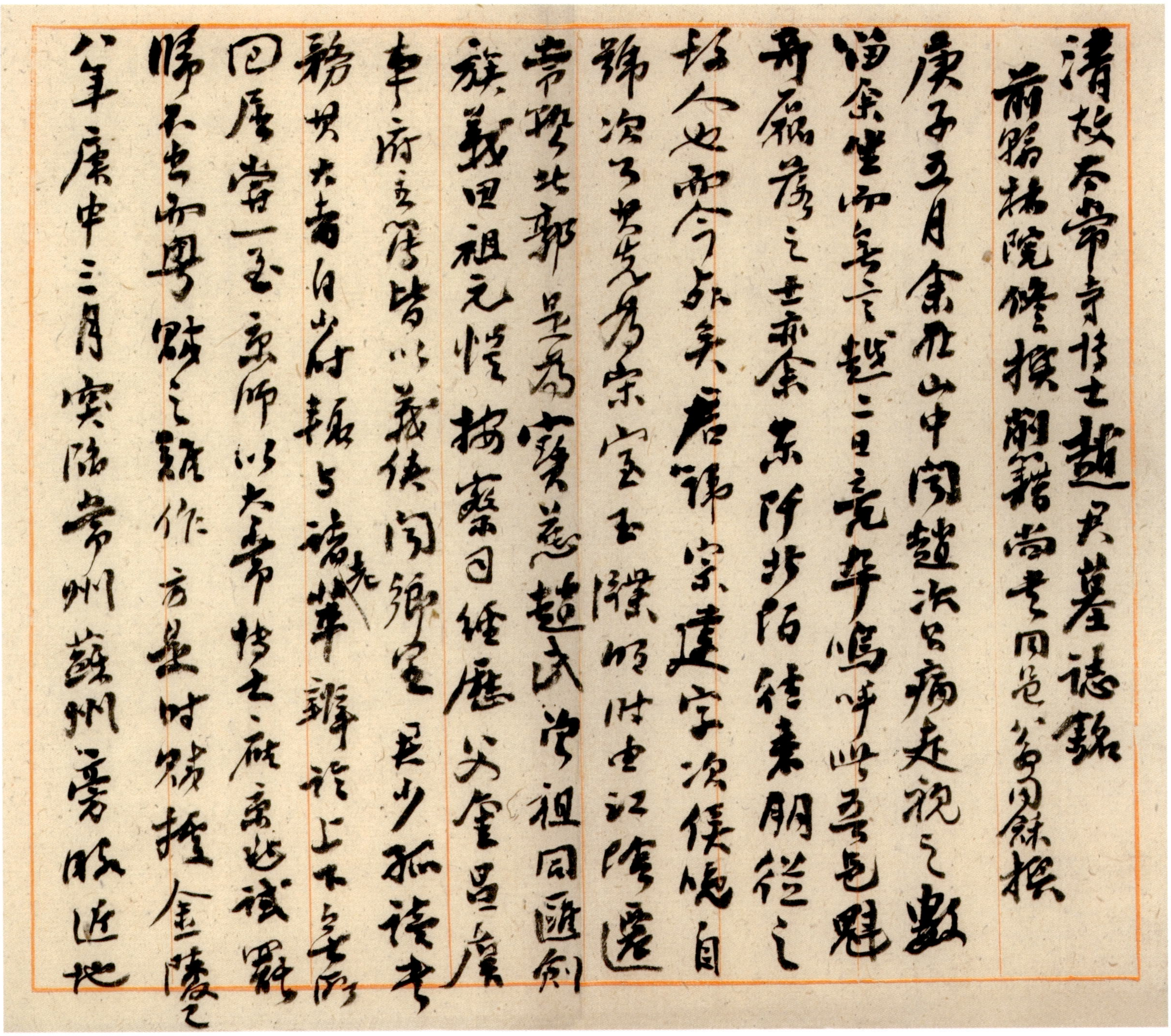

清故太常寺博士趙君墓誌銘
前翰林院修撰翰林尚書同邑公(?)撰
庚子五月余在山中聞趙次侯病，走視之，數
日余出而君卒。越二日竟卒，嗚呼！吾邑賢
者凋落之甚，而余與君所往來朋從之
好人也，而今亦矣。君諱宗達，字次侯，號自
號次山(?)，其先為宗室，玉牒所附，由江陰遷
常熟北郭，是為寶慈趙氏。曾祖同匯，貢
旗義，祖元愷，按察司經歷，父奎昌，廣
東府知府，皆以義俠聞鄉里。君少孤，讀書
務其大者，自幼精與詩，先輩辭詩，上下今古
回居常一至京師，以太常博士，既京兆試，罷
歸，不出而學，時之雜作，方是時，粵捻金陵之
八年，庚申三月，寶陵常州、蘇州，旁收近地

太倉以東悉陷，吾邑以孤城撐其間，吳將
海門人駐吾東支塘，之太倉之衛也，賊來
得過。居無何，邑城陷，君閉門折而西，且
賊城外屢戰。新年，周會龍、朱子剛職焉
只獨身北渡江至海門，自奮日赴數百，賊
乃踞餘財募沙勇，再渡江，乘夜毀沿江上下
壘，進至天市。天未明，大霧，賊便來出戰，失
利，遂退海門。而旅資則既罄矣。於雅變之
圖再舉，走上海乞師，得劉公銘傳會
常熟賊將以城降，吳公劉公大破賊於滸墅會
江以南事粗定，於是就郎宗公督上虞，吳
於教官
吾縣紀雅銅、蔡西江、穆哲、省國、崑遠之
語其大用矣，而其以邑新復善後事，亟乃

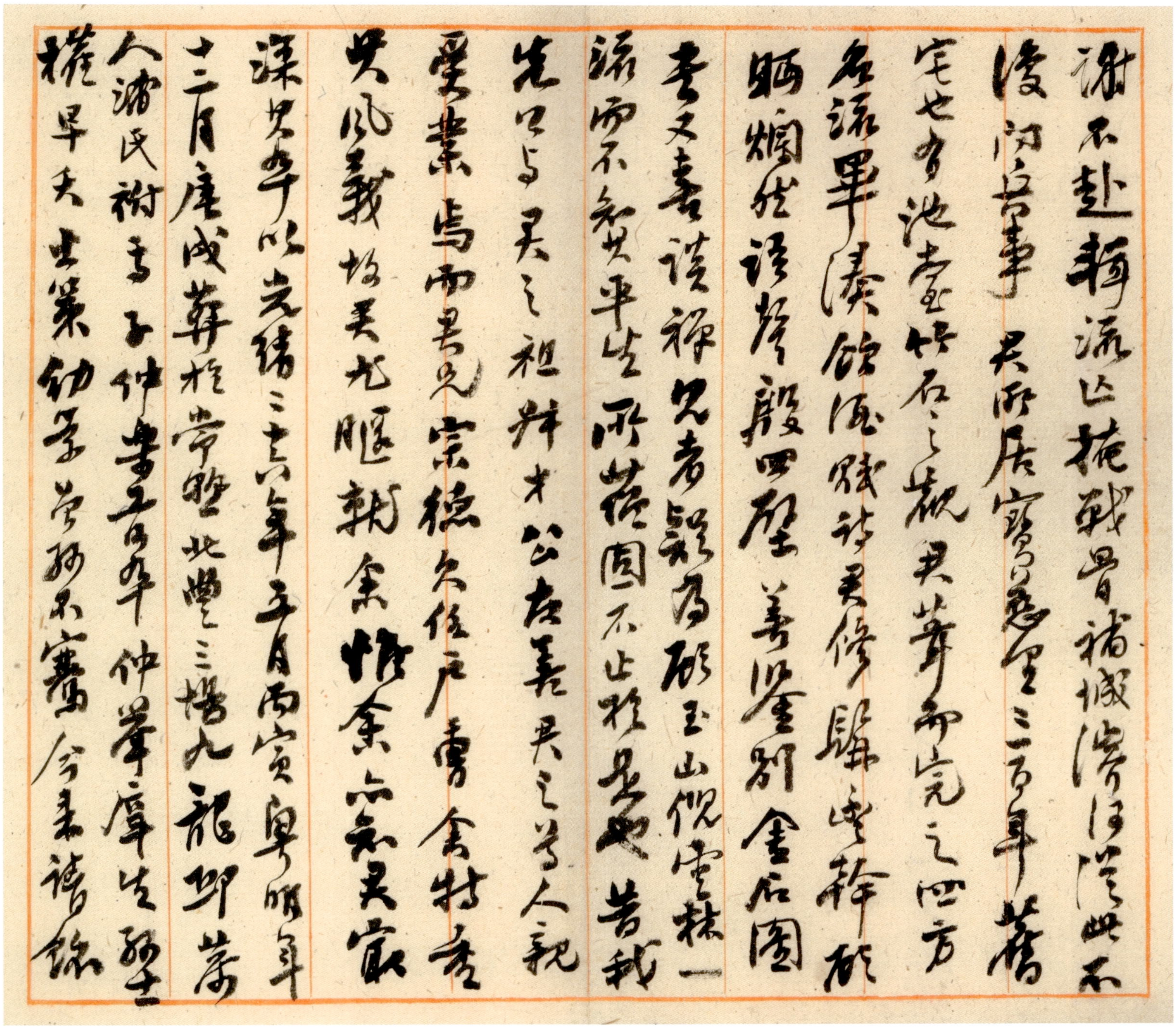

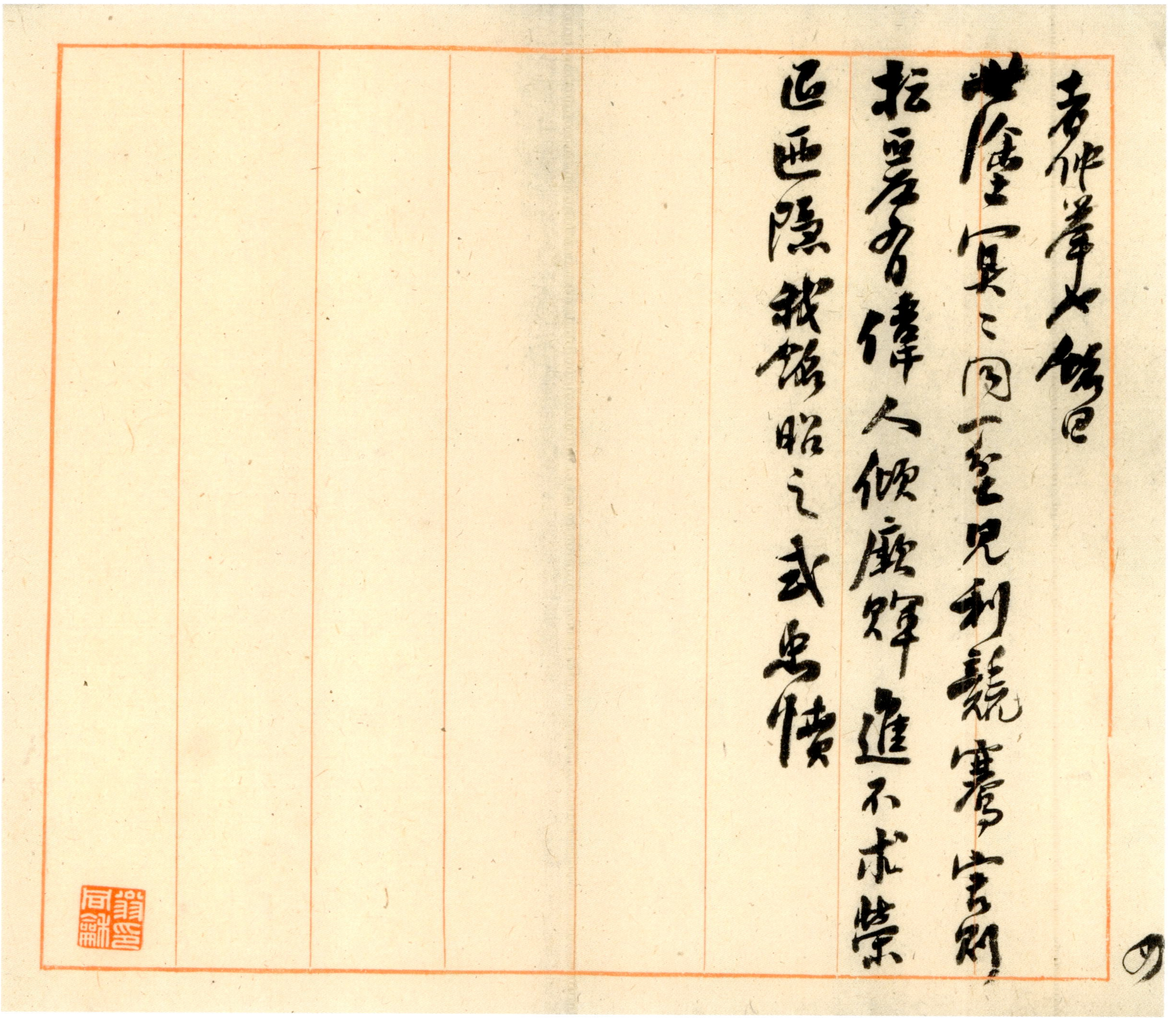

孝仲華文銘曰
世屢冥冥同一室兄利競騫宗列
於昌有偉人傾靡焯進不求榮
區區隱哉銘昭之武忠憤

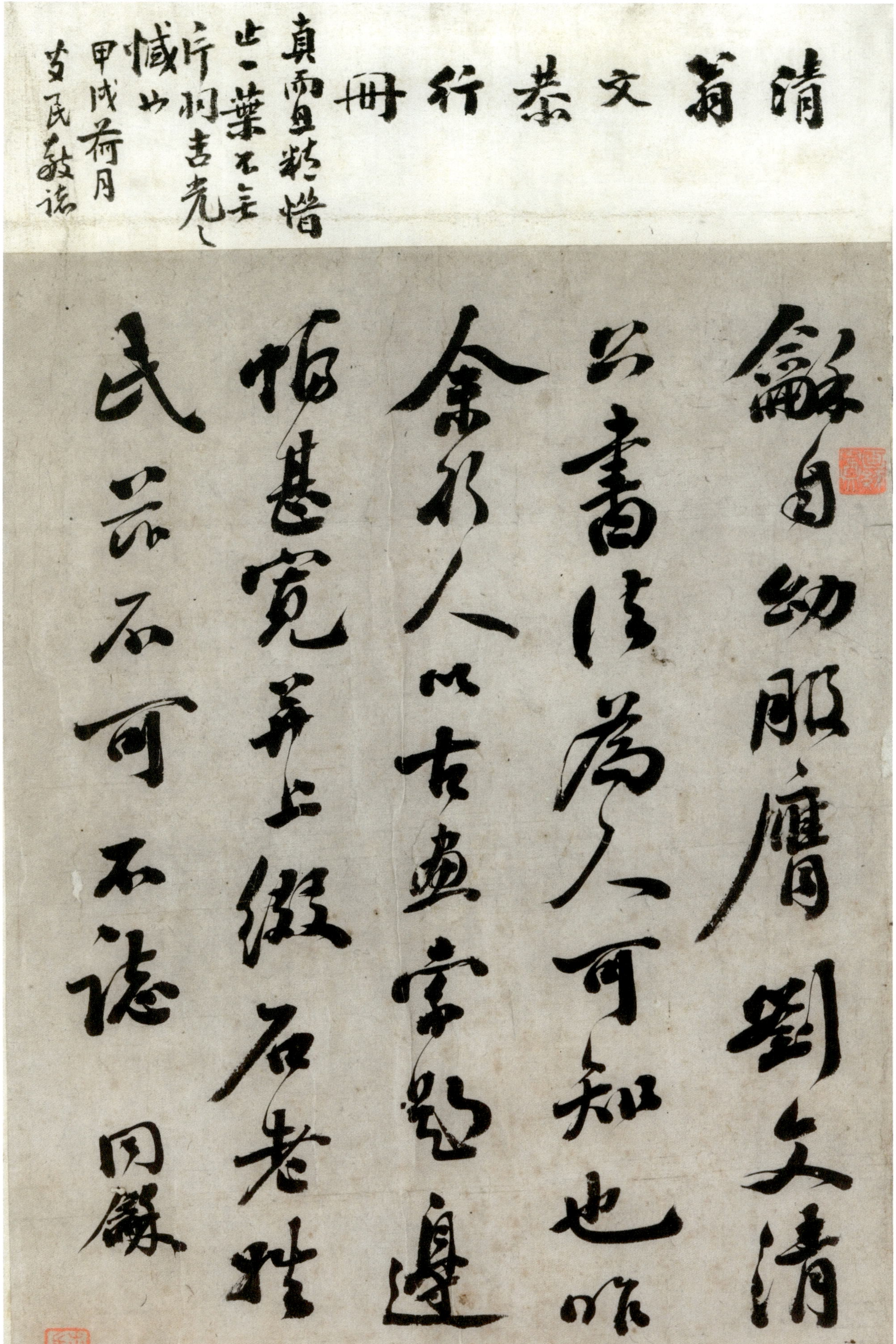
清翁文恭行冊

語録輯要

上海圖書館藏翁同龢未刊手稿

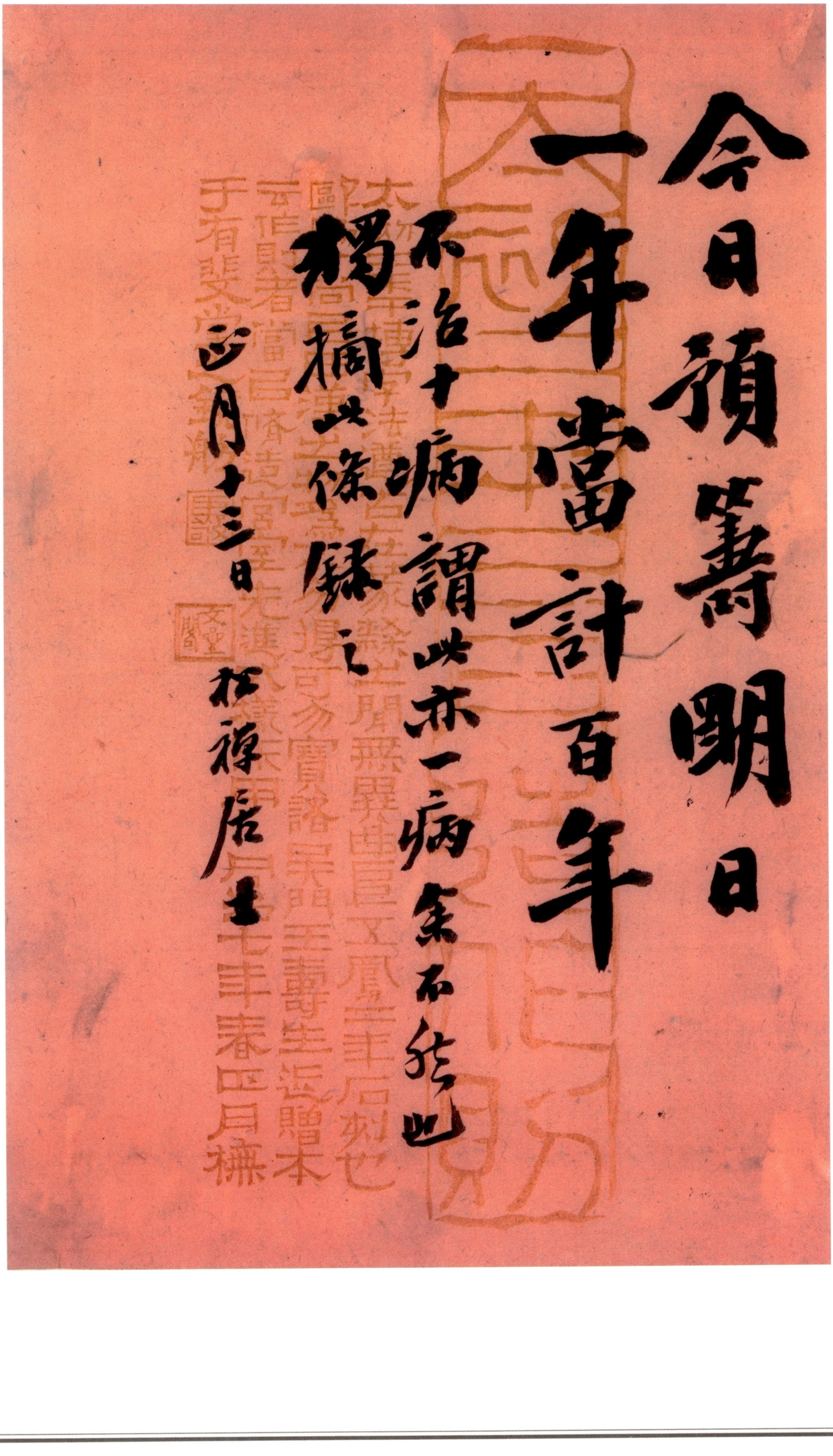

今日預壽明日
一年當計百年
不治十病謂此亦一病余不能也
猶稿此條錄之
正月十三日 松禪居士

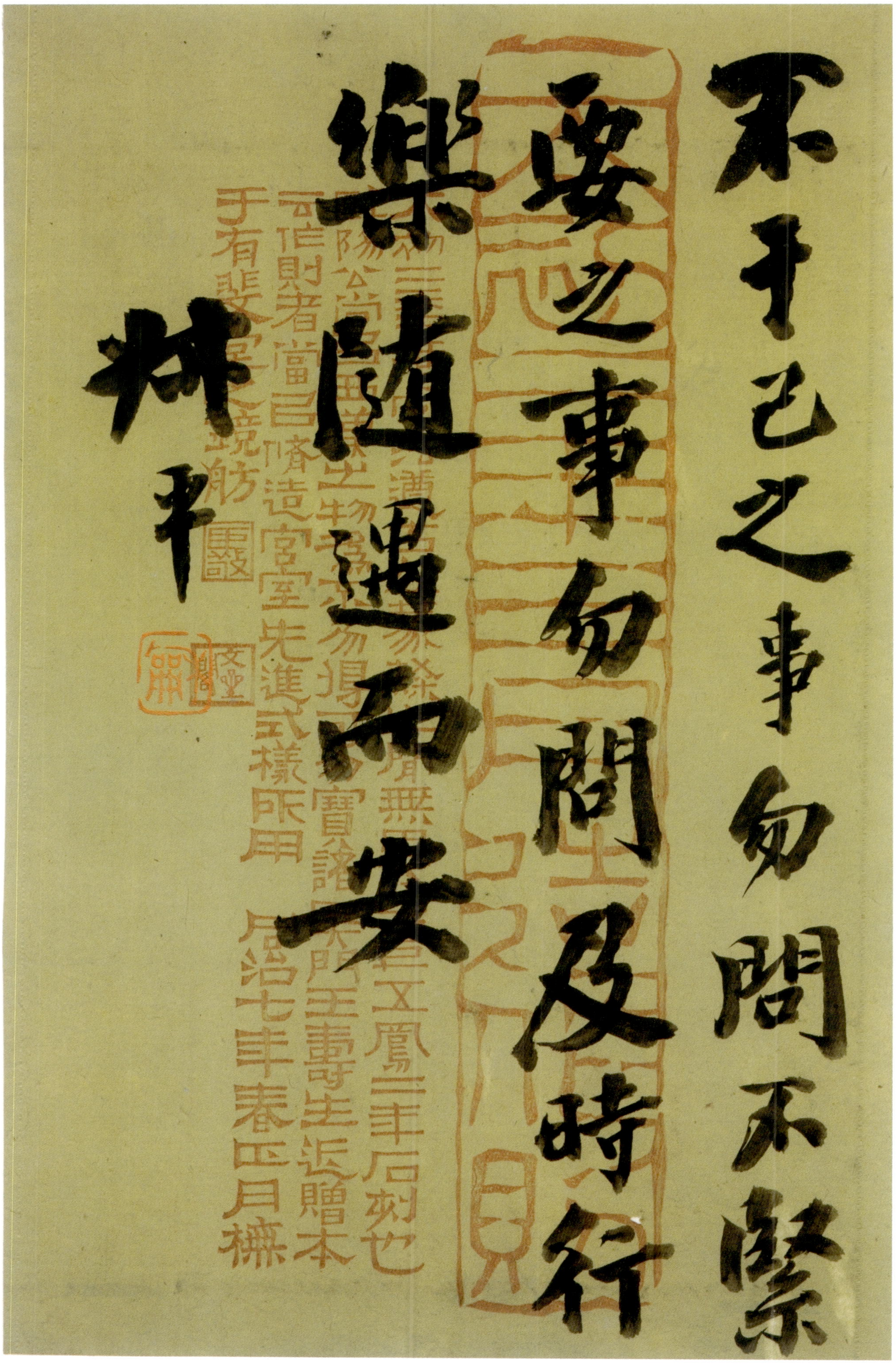
不干己之事勿問不緊要之事勿問及時行樂隨遇而安
琳平

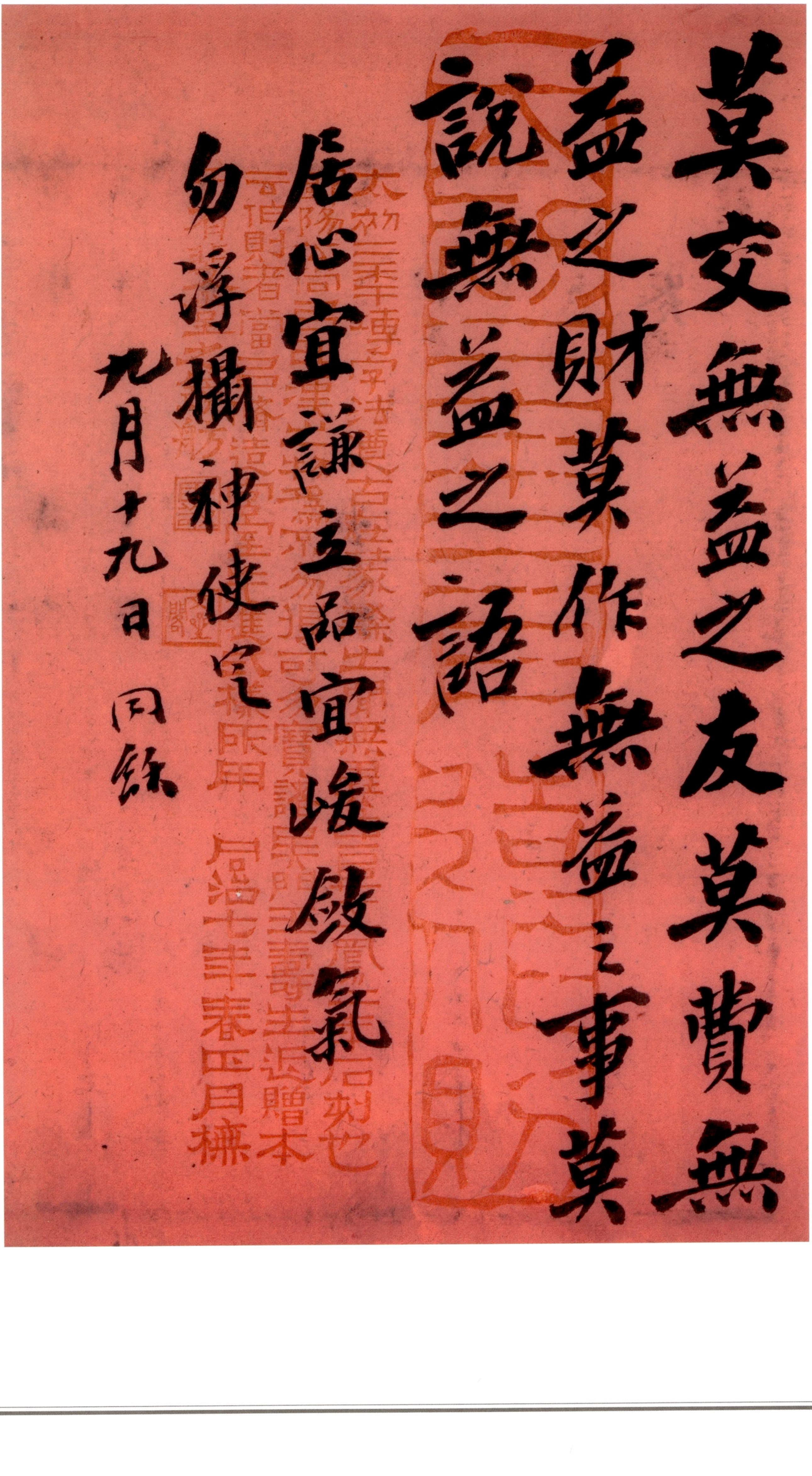

莫交無益之友莫費無益之財莫作無益之事莫說無益之語
居心宜謙立品宜峻斂氣勿浮攝神使定
九月十九日 同錄

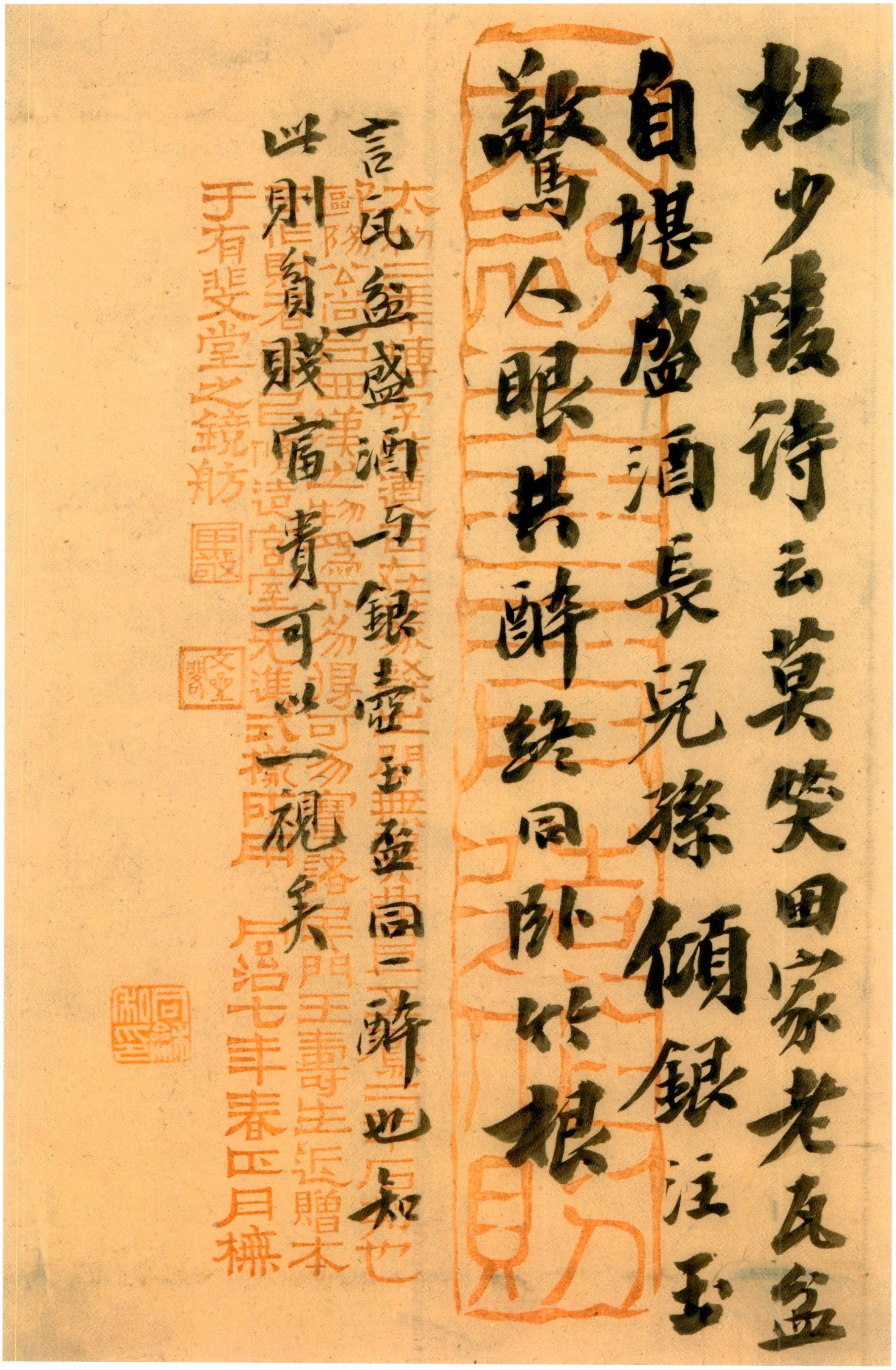
杜少陵詩云莫笑田家老瓦盆自堪盛酒長兒孫傾銀注玉驚人眼共醉終同臥竹根
言瓦盆盛酒與銀壺玉盆同一醉也知此則貧賤富貴可以一視矣

于有斐堂之鏡舫
同治七年春正月

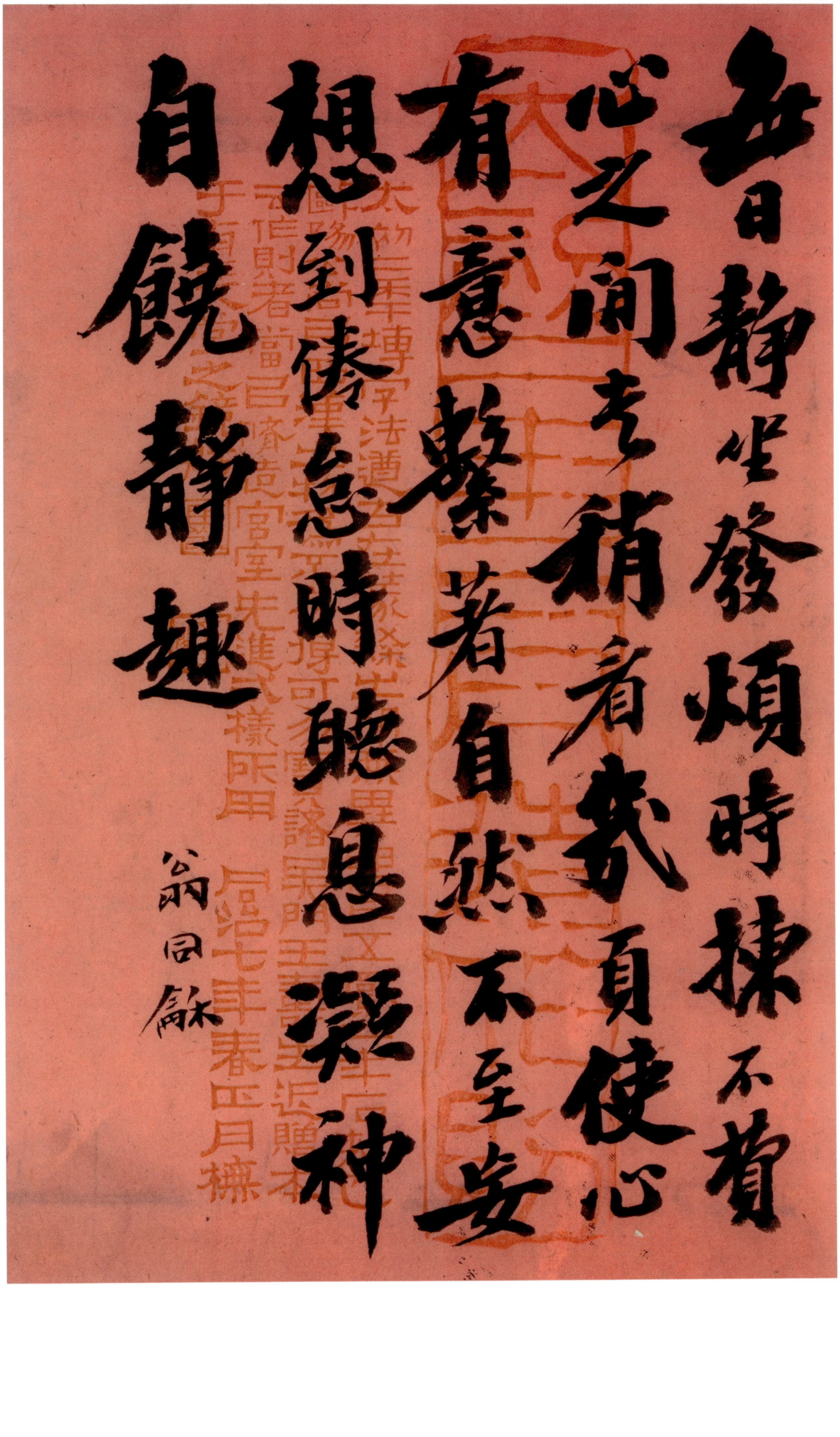

每日靜坐發煩時揀不費心之閒書精看貳頁使心有意繫著自然不至妄想到倦怠時聽息凝神自饒靜趣

翁同龢

郎仁寶云張仙名遠霄五代時遊青城山得道者蘇老泉曾夢之挾二彈以為誕子之兆老泉奉之果得軾轍有贊見集中人但知花蕊假托不知真有張仙也

庚子十月 瓶廬

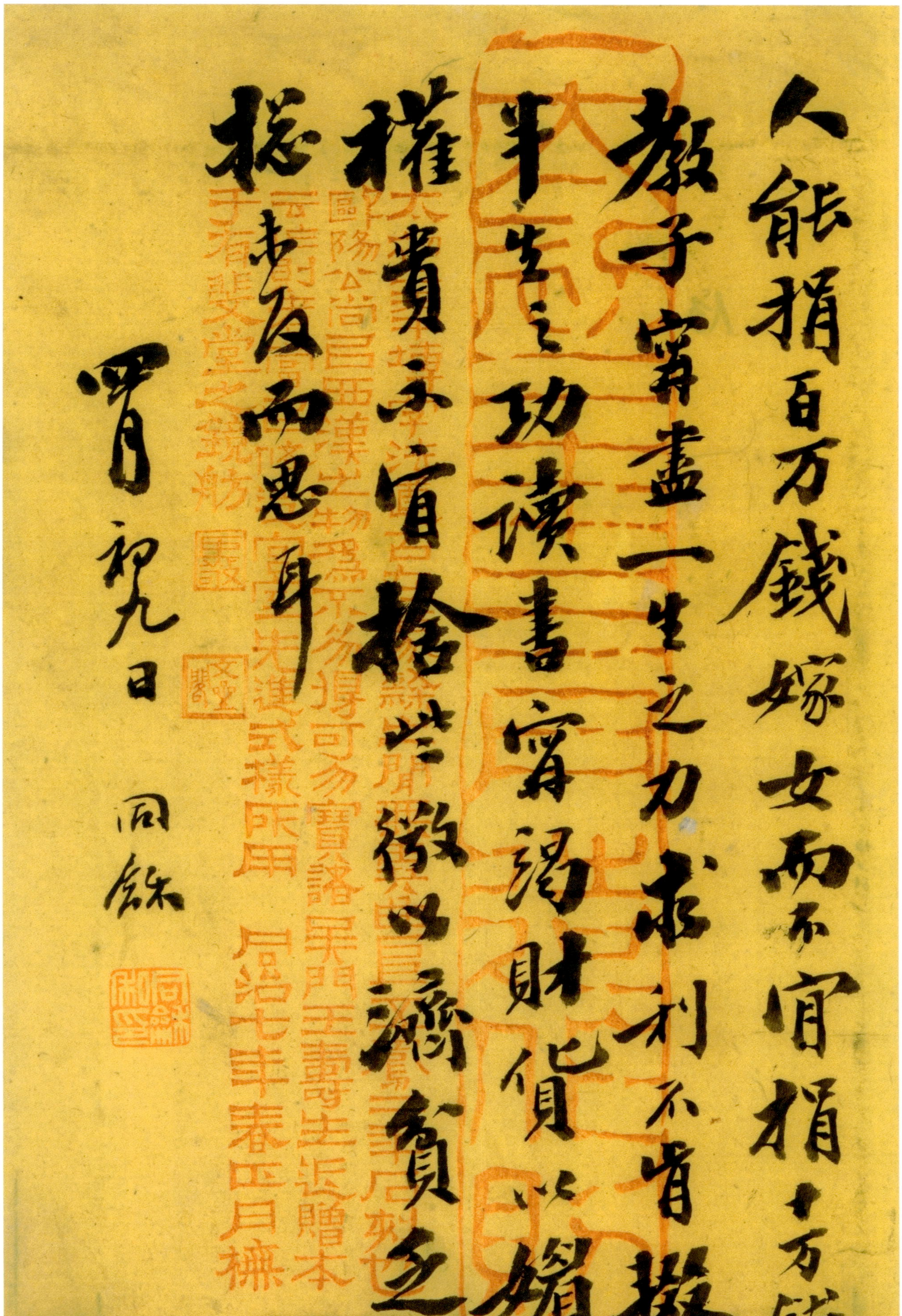

人能捐百万錢嫁女而不肯捐十万錢
教子肯盡一生之力求利不肯撥
半生之功讀書肯竭財以媚
權貴而吝捨些微以濟貧乏
揔未反而思耳
四月初九日　同龢

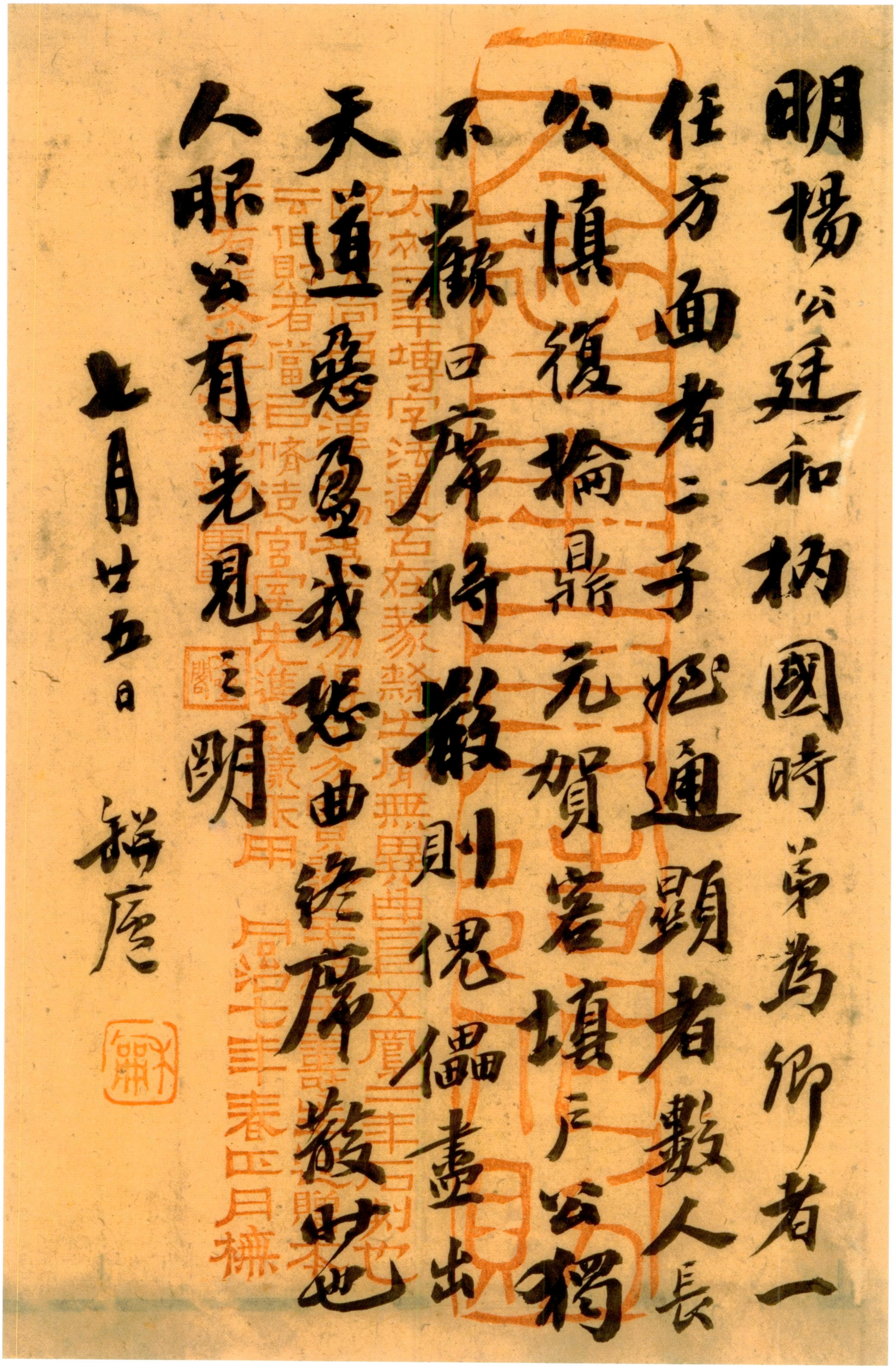
明楊公廷和柄國時第為卿者一
任方面者二子姪通顯者數人長
公慎復掄鼎元賀客填門公獨
不歡曰庰將散則傀儡盡出
天道惡盈我悲曲終庰散也
人服公有先見之明
七月廿五日
龢[illegible]

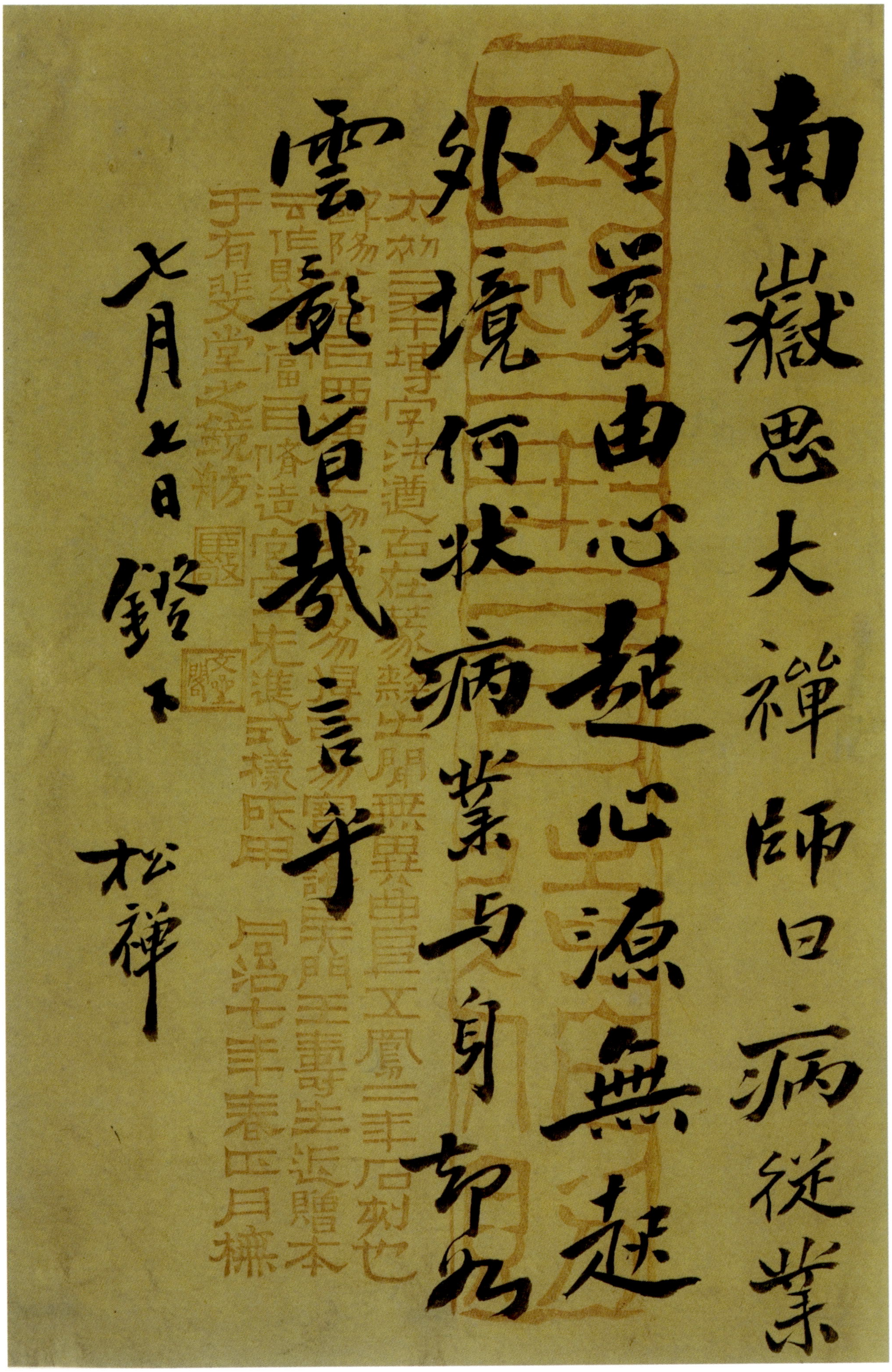
南嶽思大禪師曰：病從業生，業由心起，心源無起，外境何狀，病業與身，都如雲影，旨哉言乎。
七月七日錄之
松禪

南嶽思大禪師曰病從業生業由心起心源無起外境何狀病業与身都如雲影名哉之乎

松禪老人

龢

眼者身之鏡耳者體之牖視多
則鏡昏聽衆則牖閉面者神之庭
髮者腦之華心悲則面焦腦減則
髮素精者體之神明者身之寶
勞多則精散營極則明消可
作衛生經

松禪老人

雜件輯存

上海圖書館藏翁同龢未刊手稿

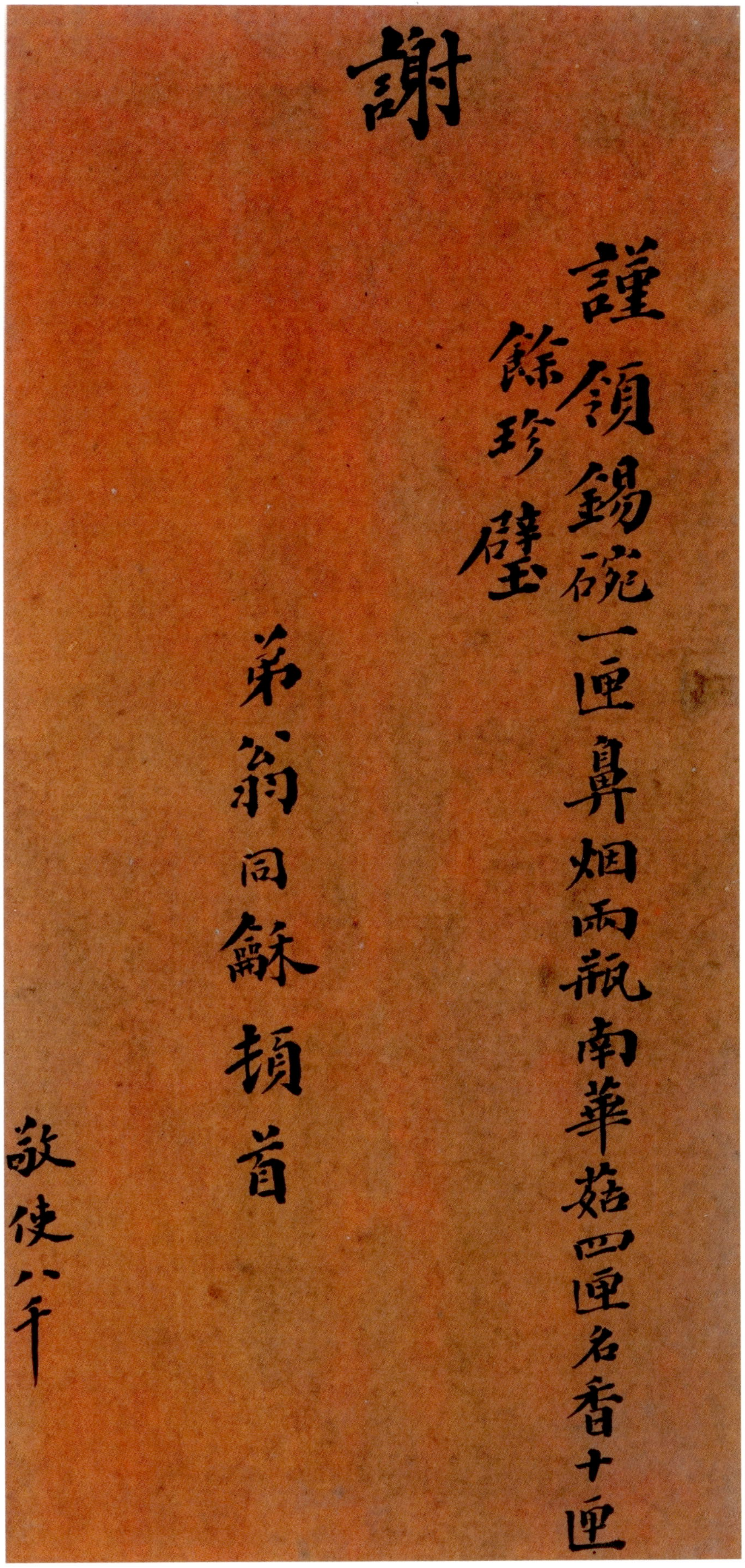

謝

謹領錫碗一匣鼻烟兩瓶南華菇四匣名香十匣

餘珍璧

弟翁同龢頓首

敬使八千

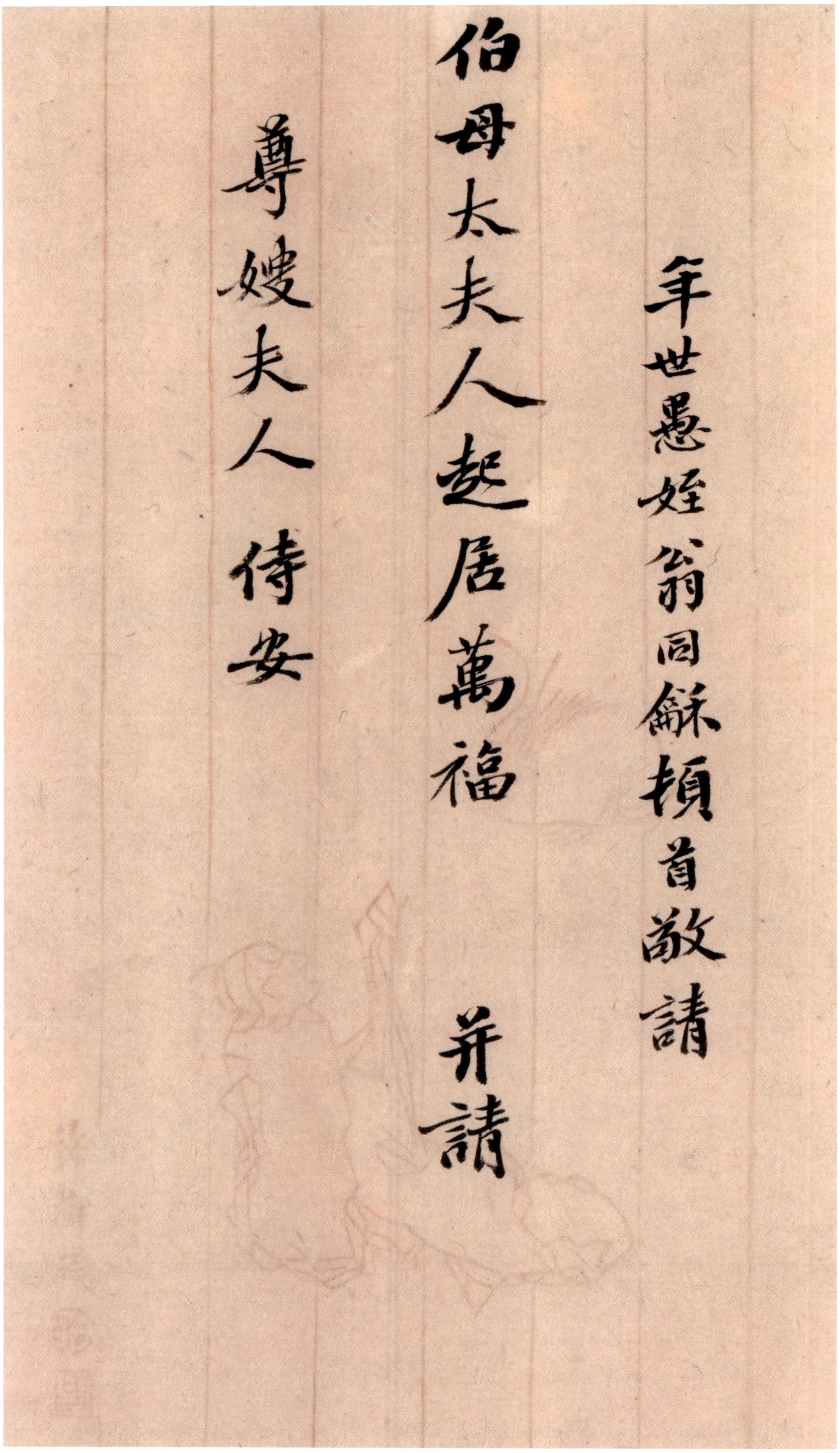
年世愚姪翁同龢頓首敬請
伯母太夫人起居萬福　并請
尊嫂夫人侍安

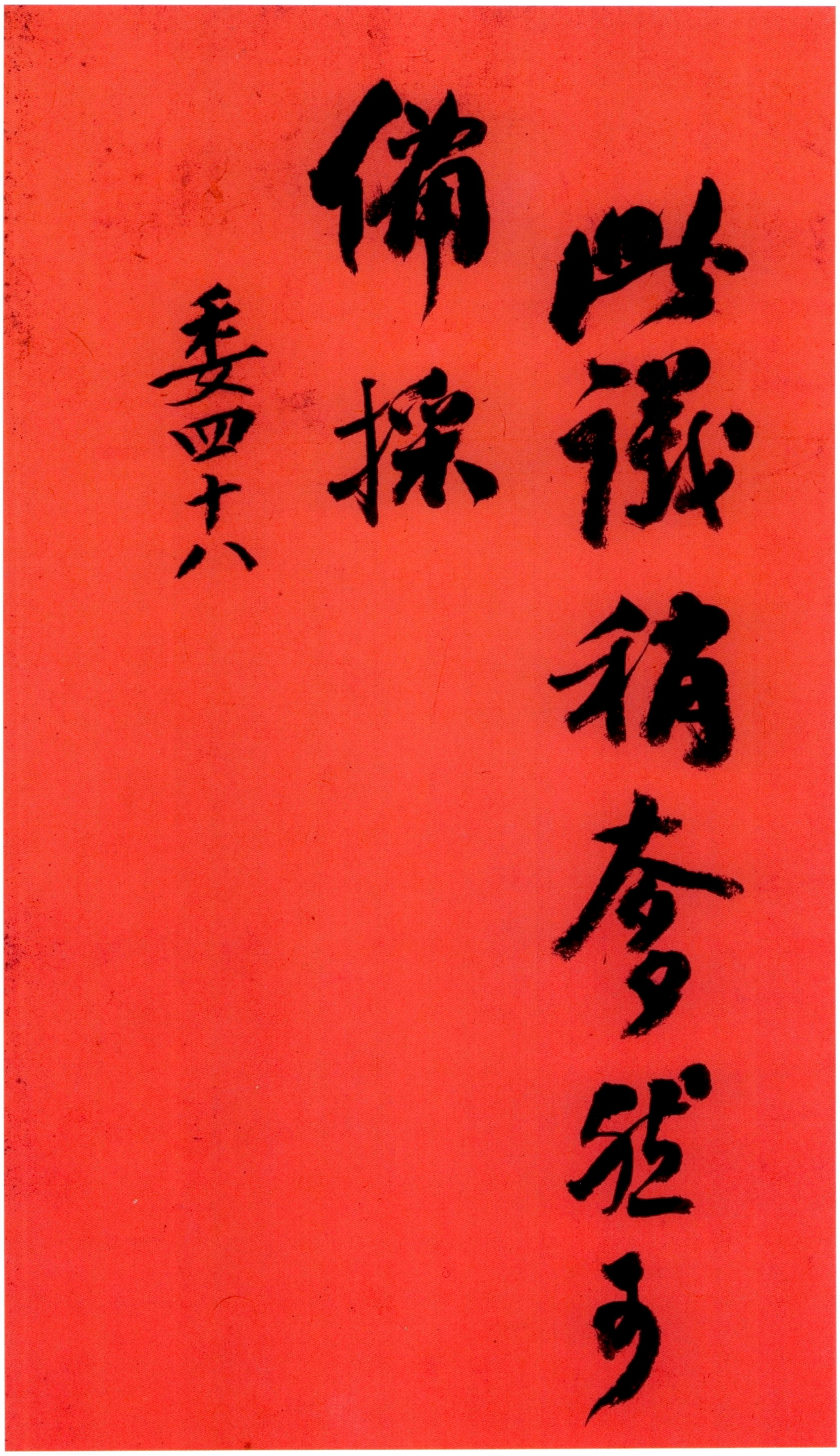
備採
委四十八

癸丑中秋僑寓滬江從

伯葵戫元借觀欣喜題記 觀瓶

宗大人台啓

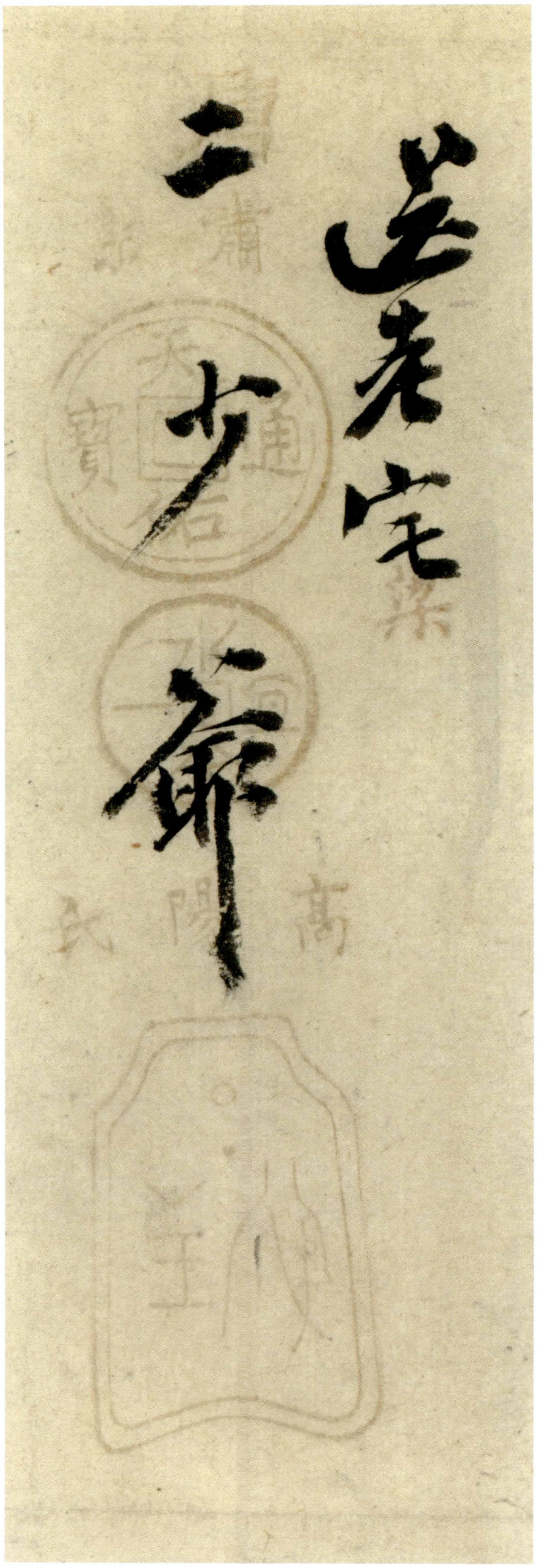

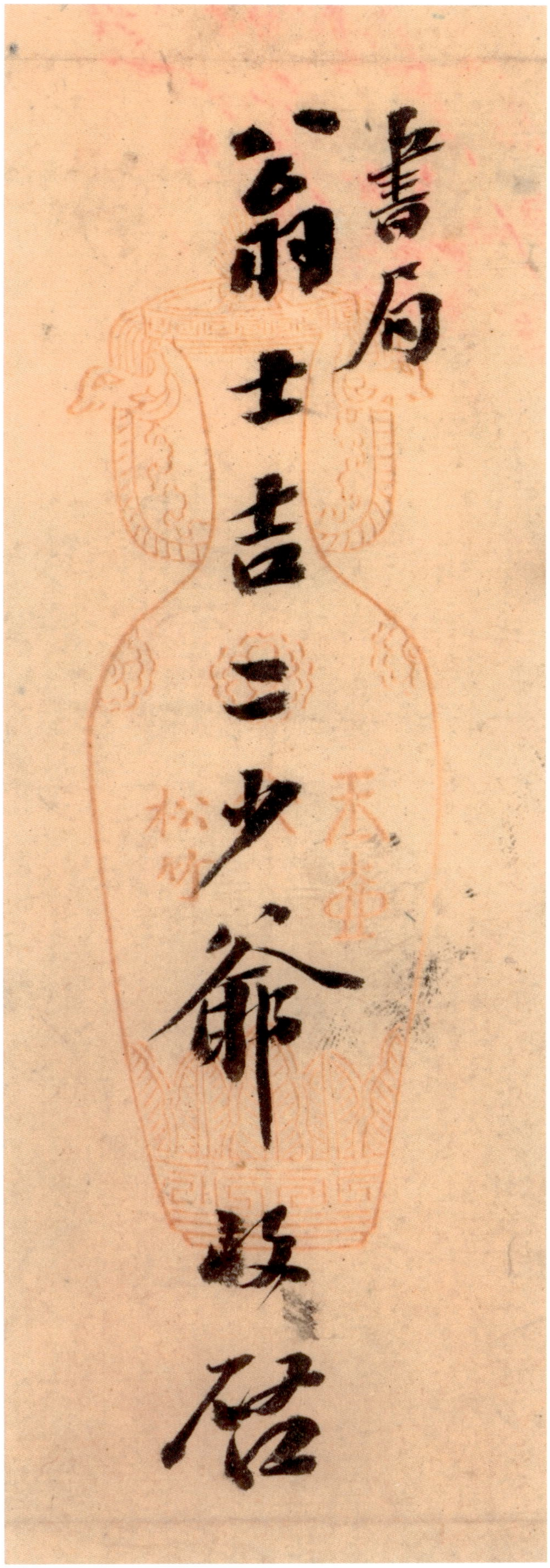
書啟
翁士吉二少爺
玫啓

題封之四

吴師老爺台啓

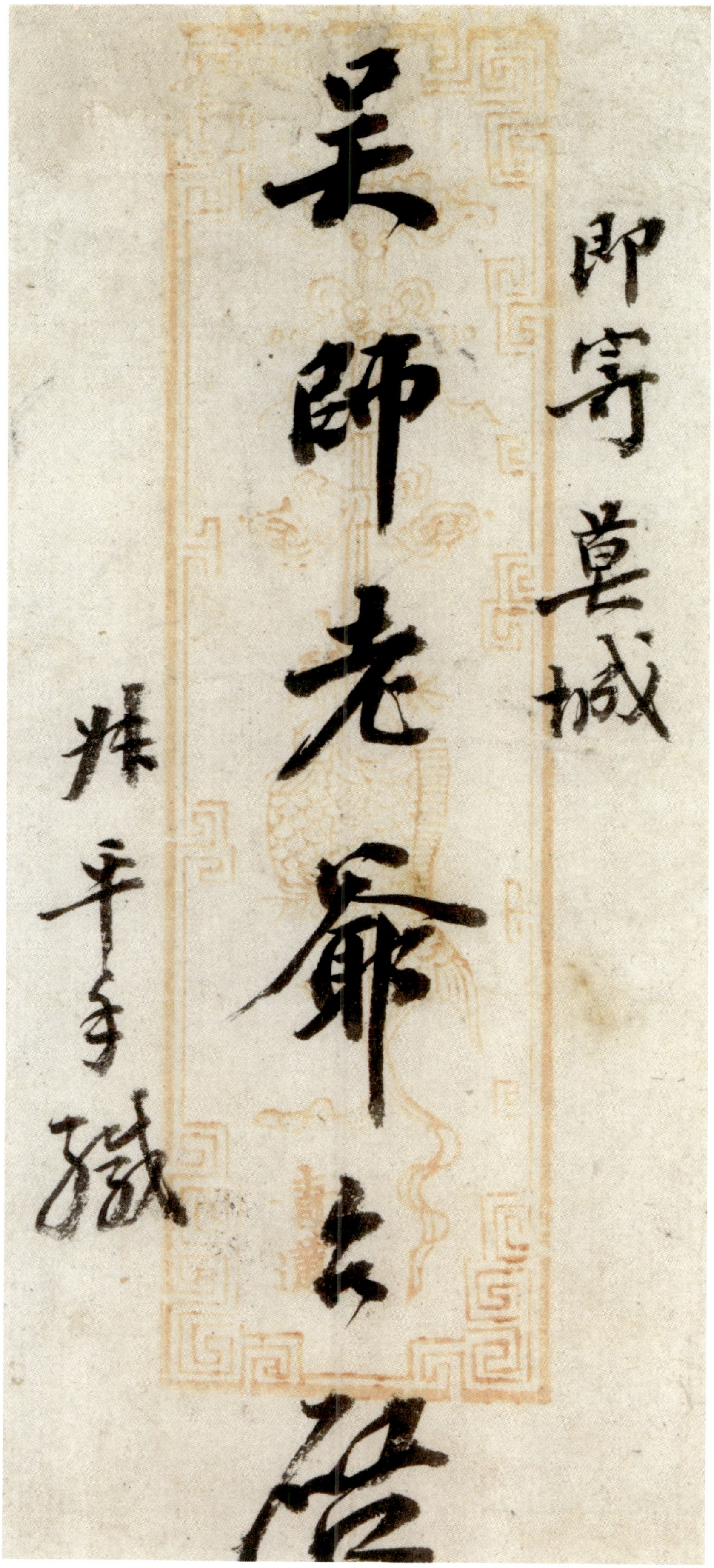
吳師老爺大人
即寄
手緘

寄杭州省城
浙江藩台翁公安信
松亭緘 十二月 十二日

寬齋惠居

肯甫仁弟同年台啓
乞由竹報寄呈
同龢拜緘

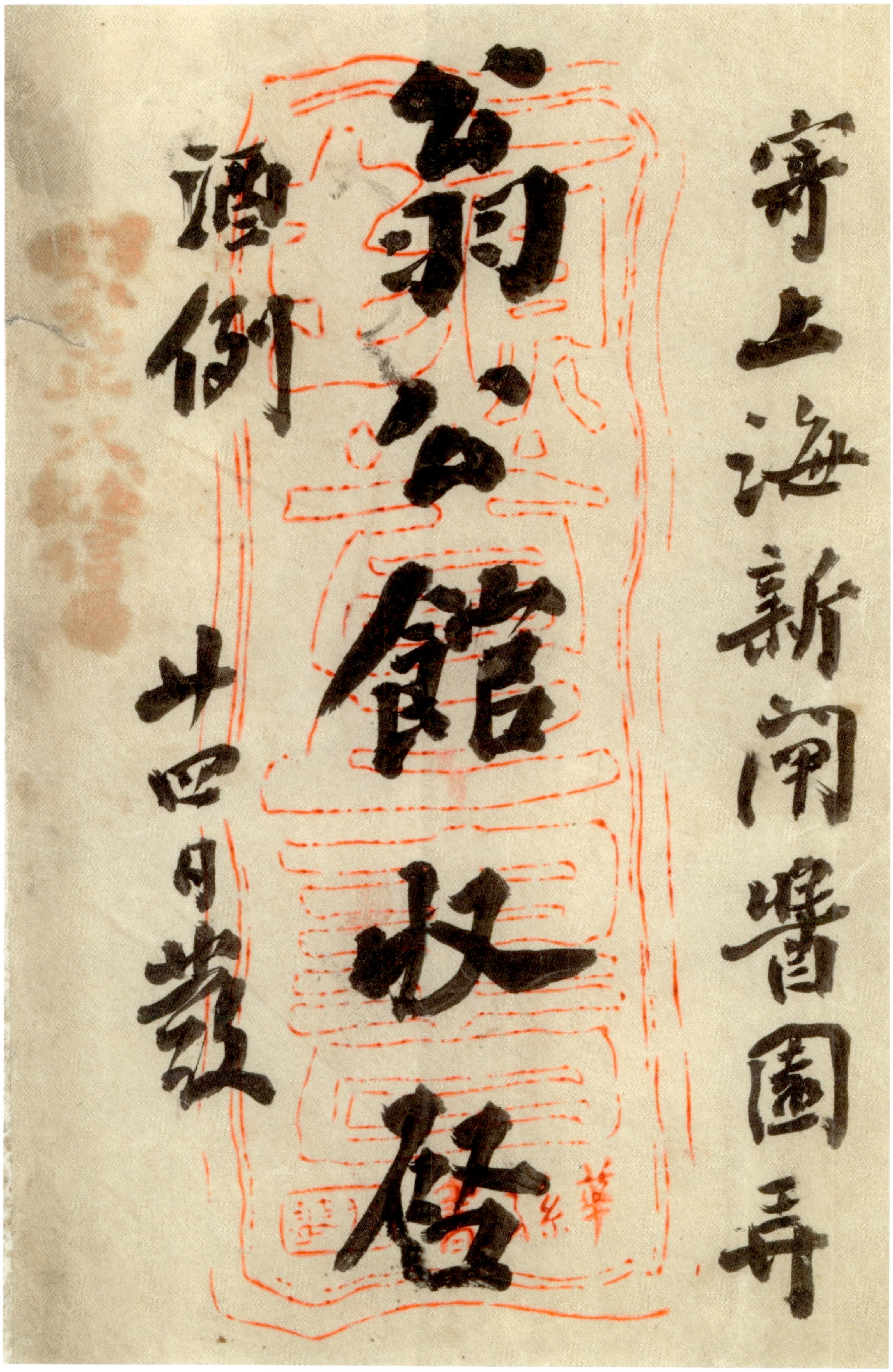
寄上海新聞書園寿
翁公館收啓
酒例
廿四日發

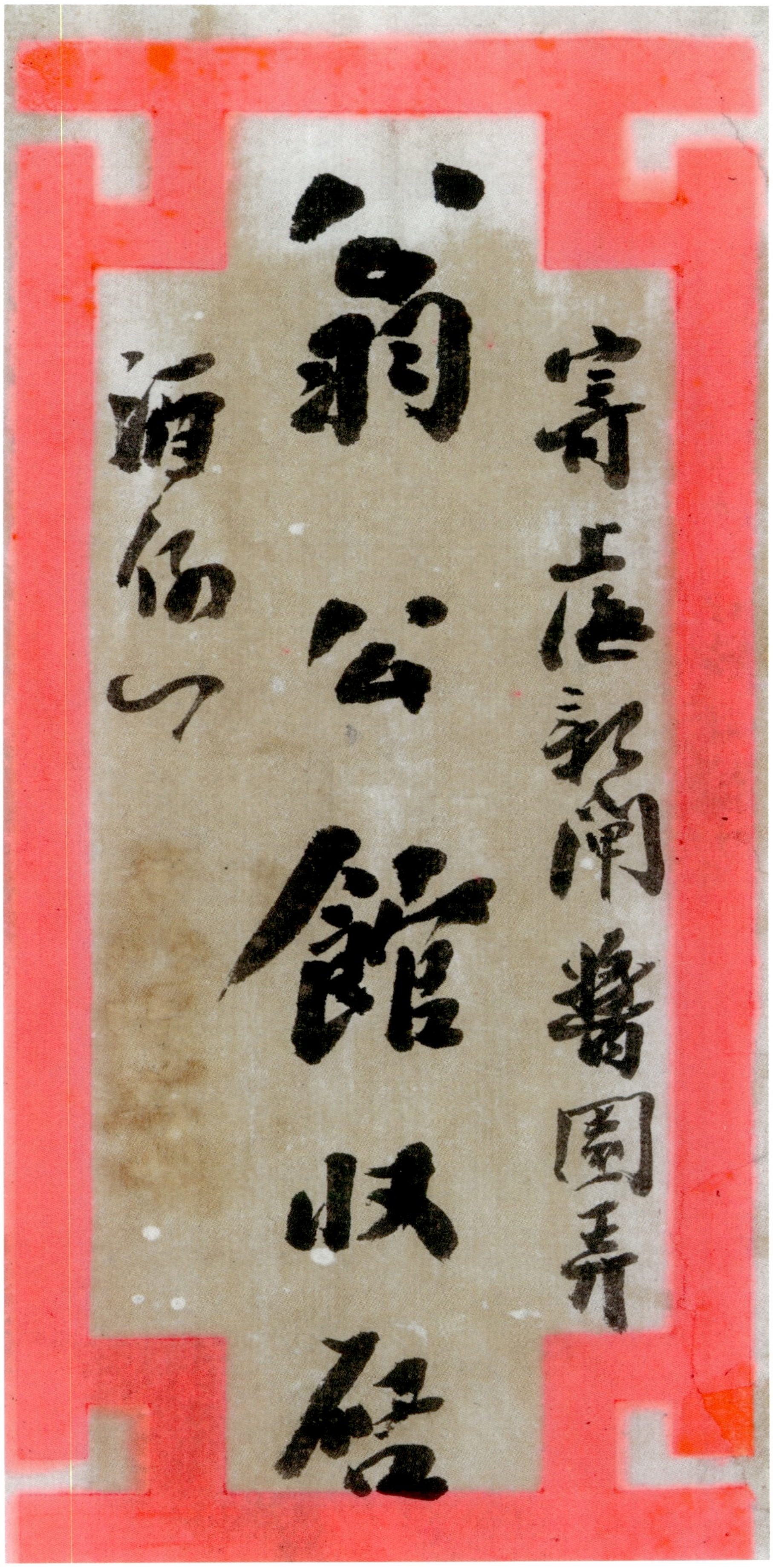
翁公館收啟

寄上海新閘醬園弄
翁公館收啓
通例丁
初八日發

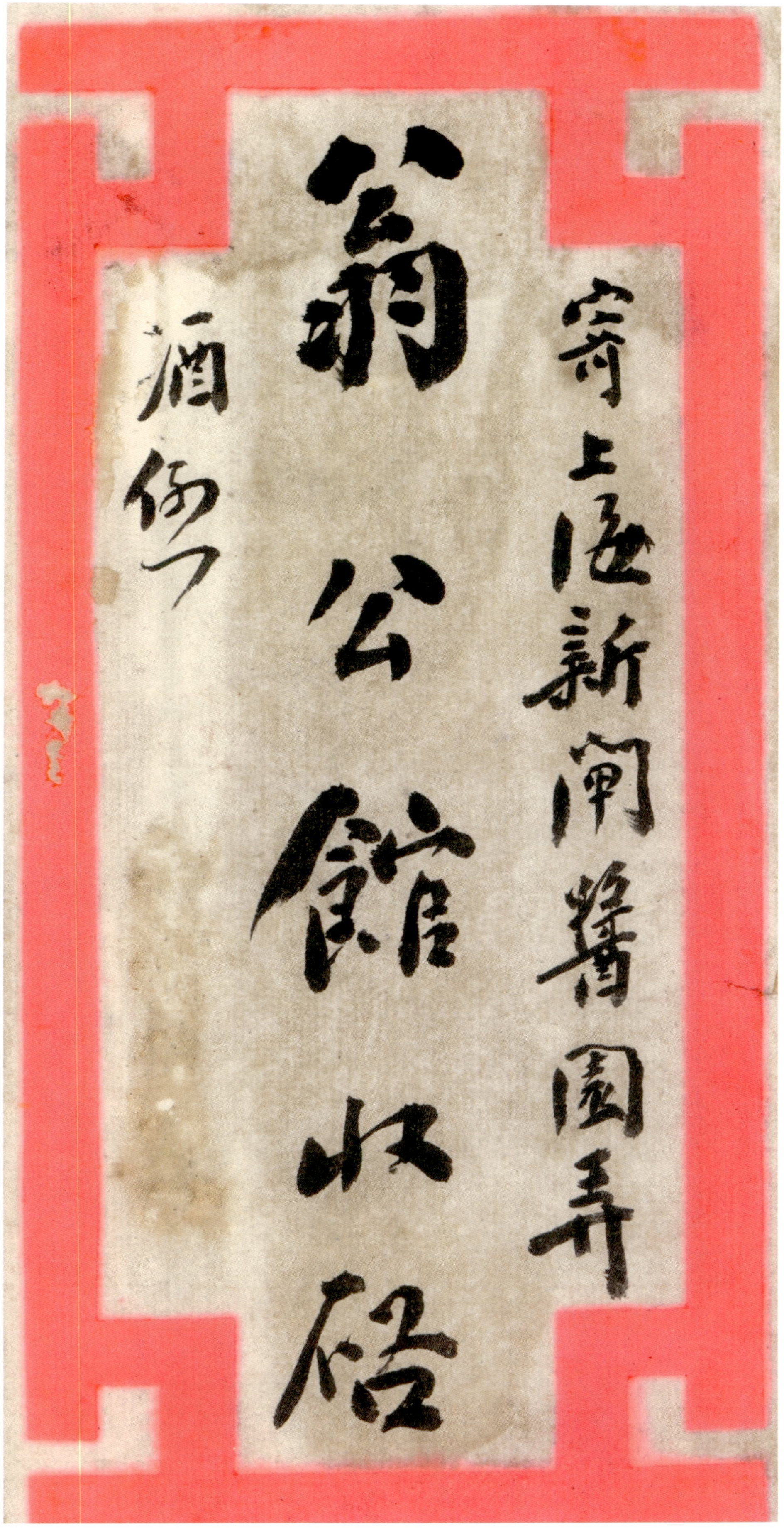
寄上海新聞醬園弄
翁公館收啓
酒仙

寄上海新聞醬園弄
翁公館收啓

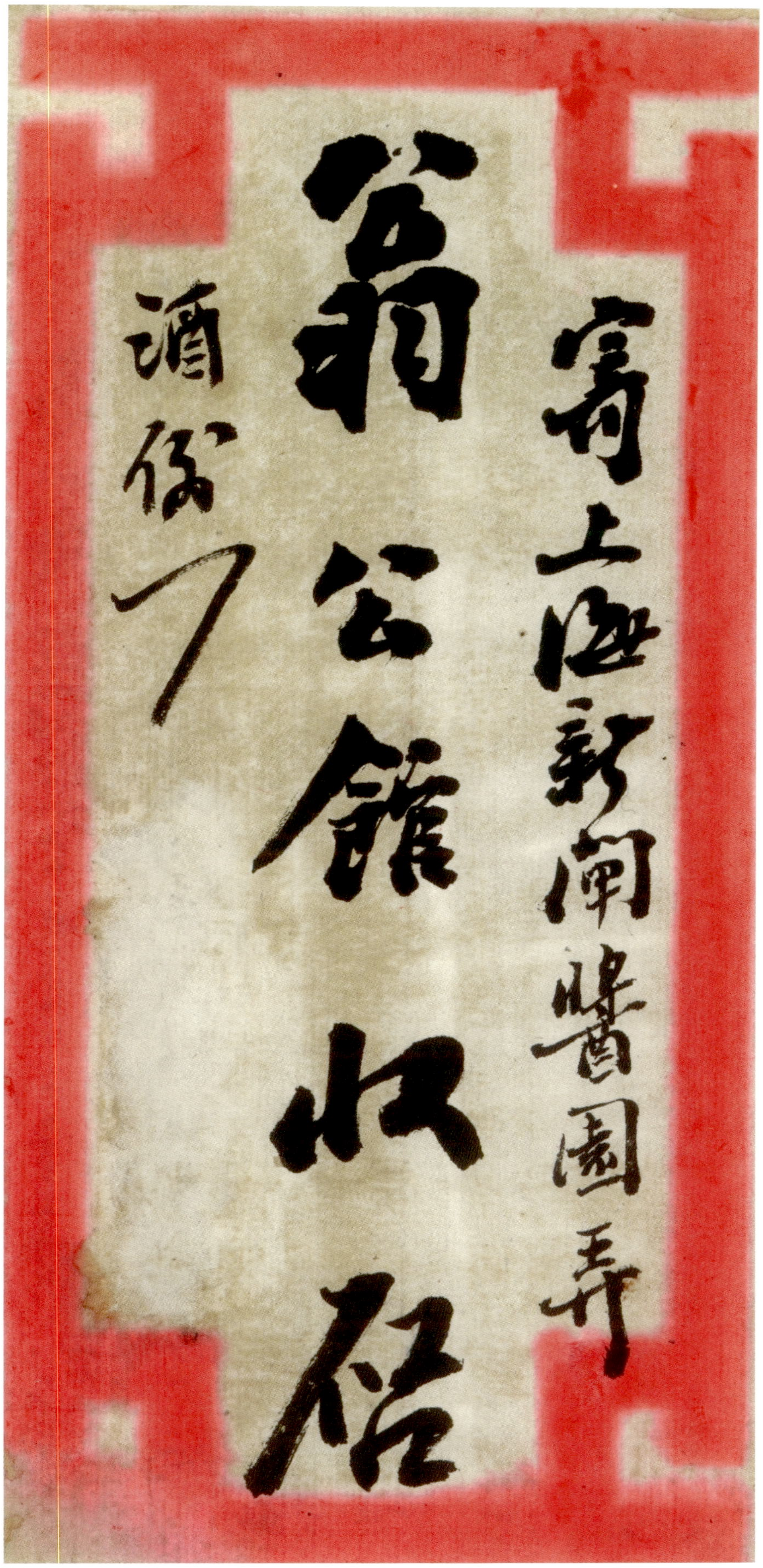
寄上海新聞醬園弄
翁公館收啓

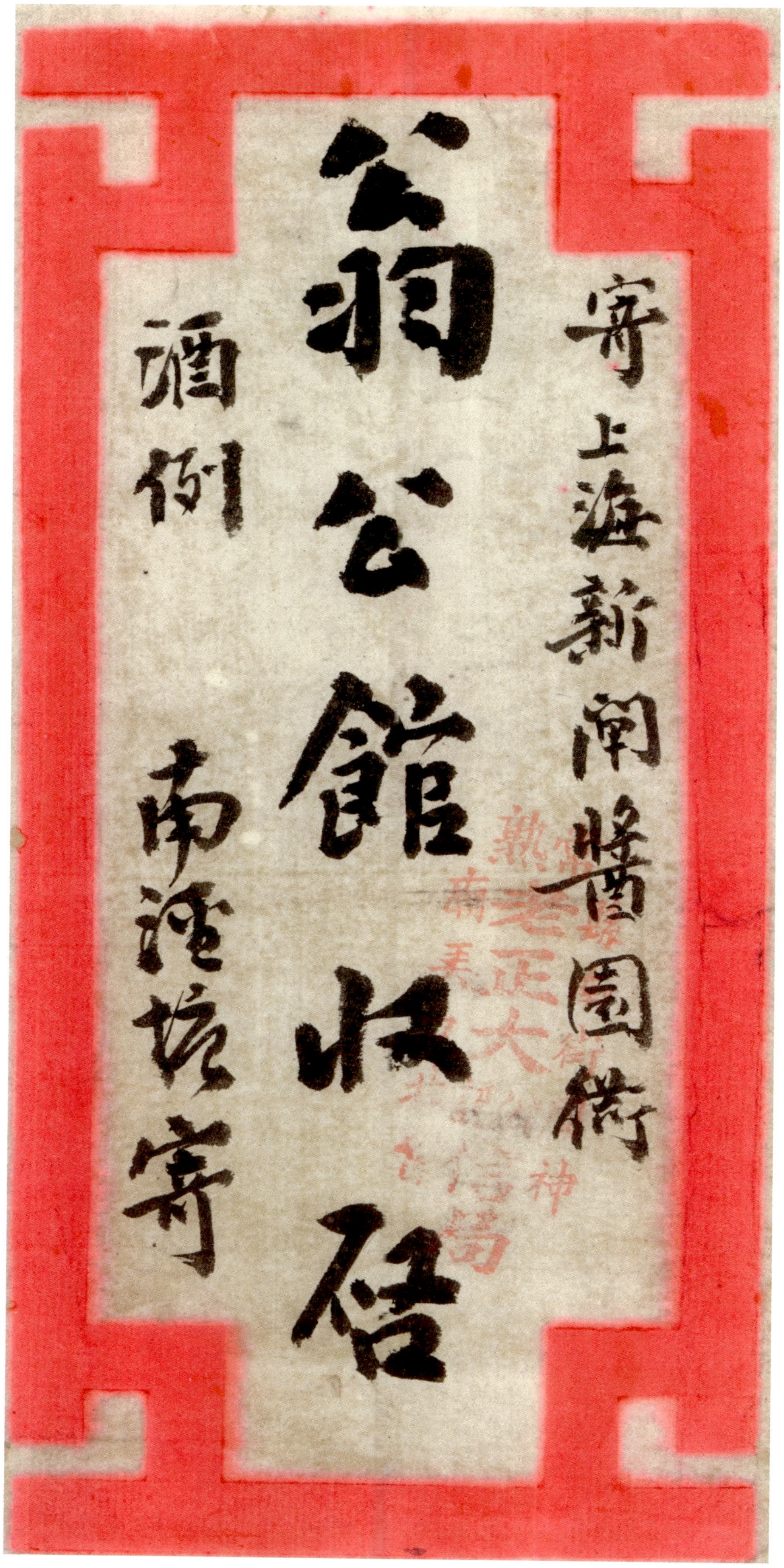
寄上海新閘醬園街
翁公館收啓
酒例
南溪壇寄

寄上海新閘醬園弄
翁公館收啓
酒例一
南潯翁緘

寄上海新閘醬園衖
翁公館收啓
初六日發

緝夫
寅丞
覽

寄上海新聞
翁公館收啓

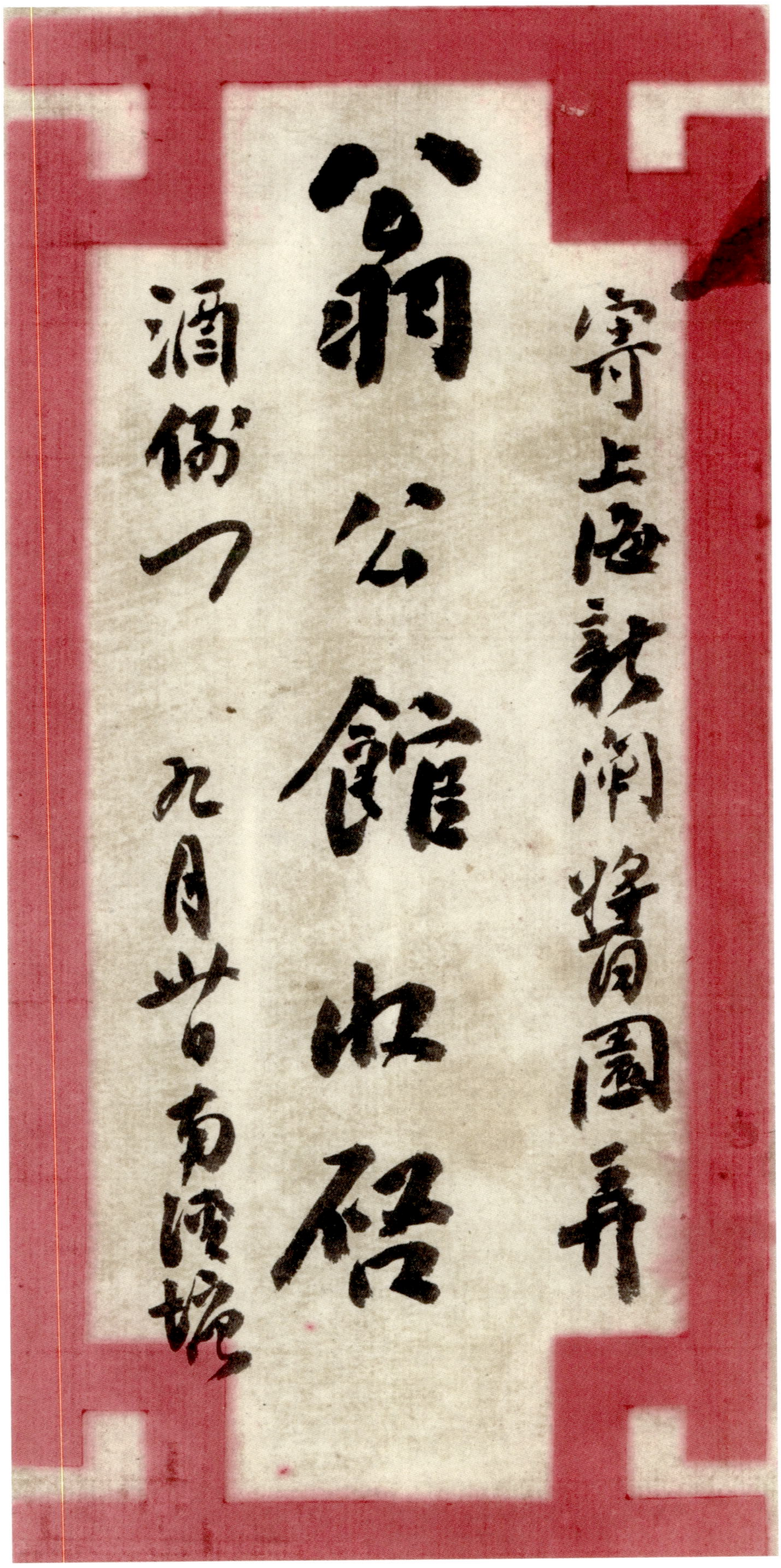
寄上海新閘醬園弄
翁公館收啓

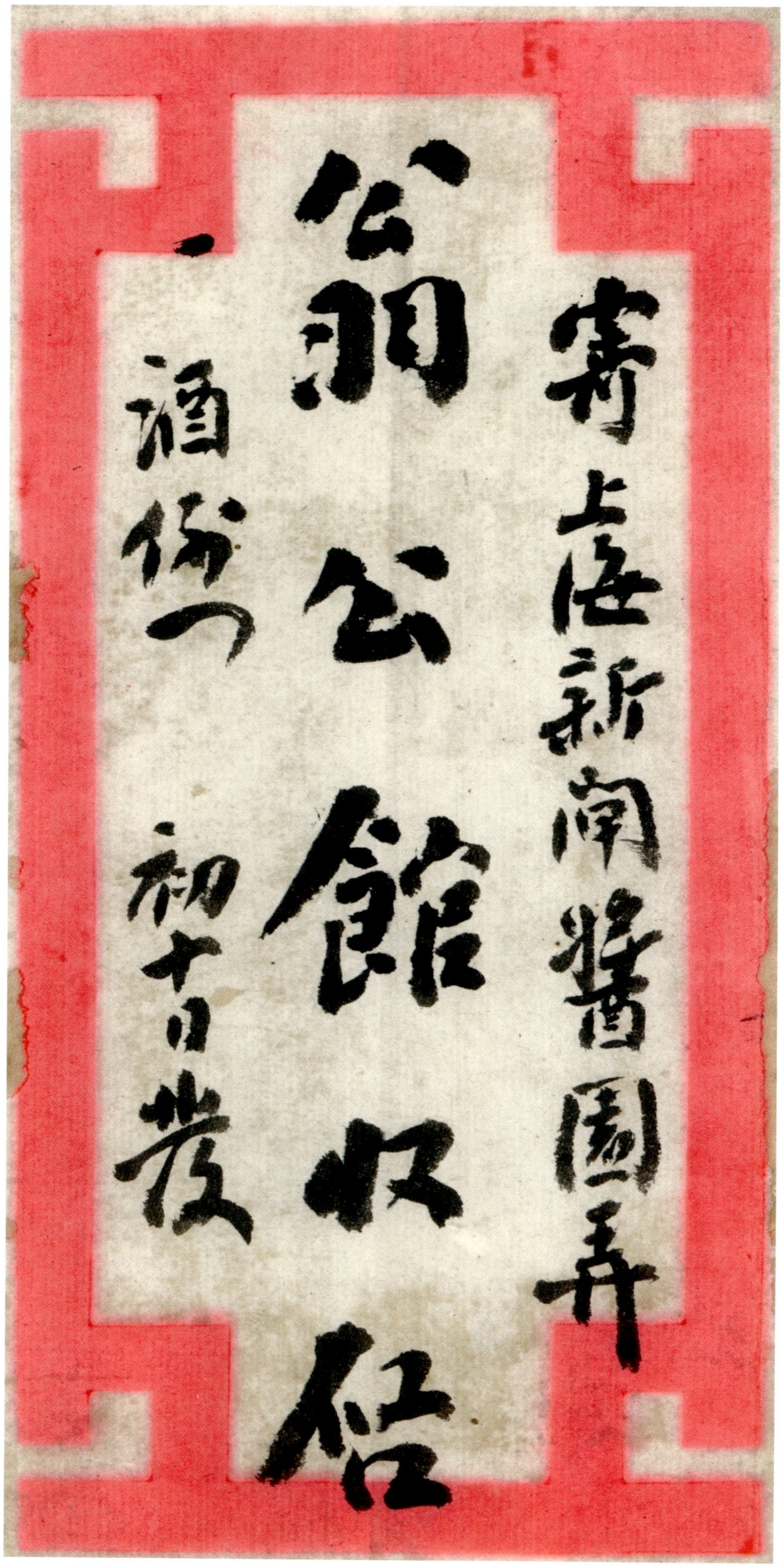
寄上海新閘醬園弄
翁公館收啓
一酒俗 初十日發

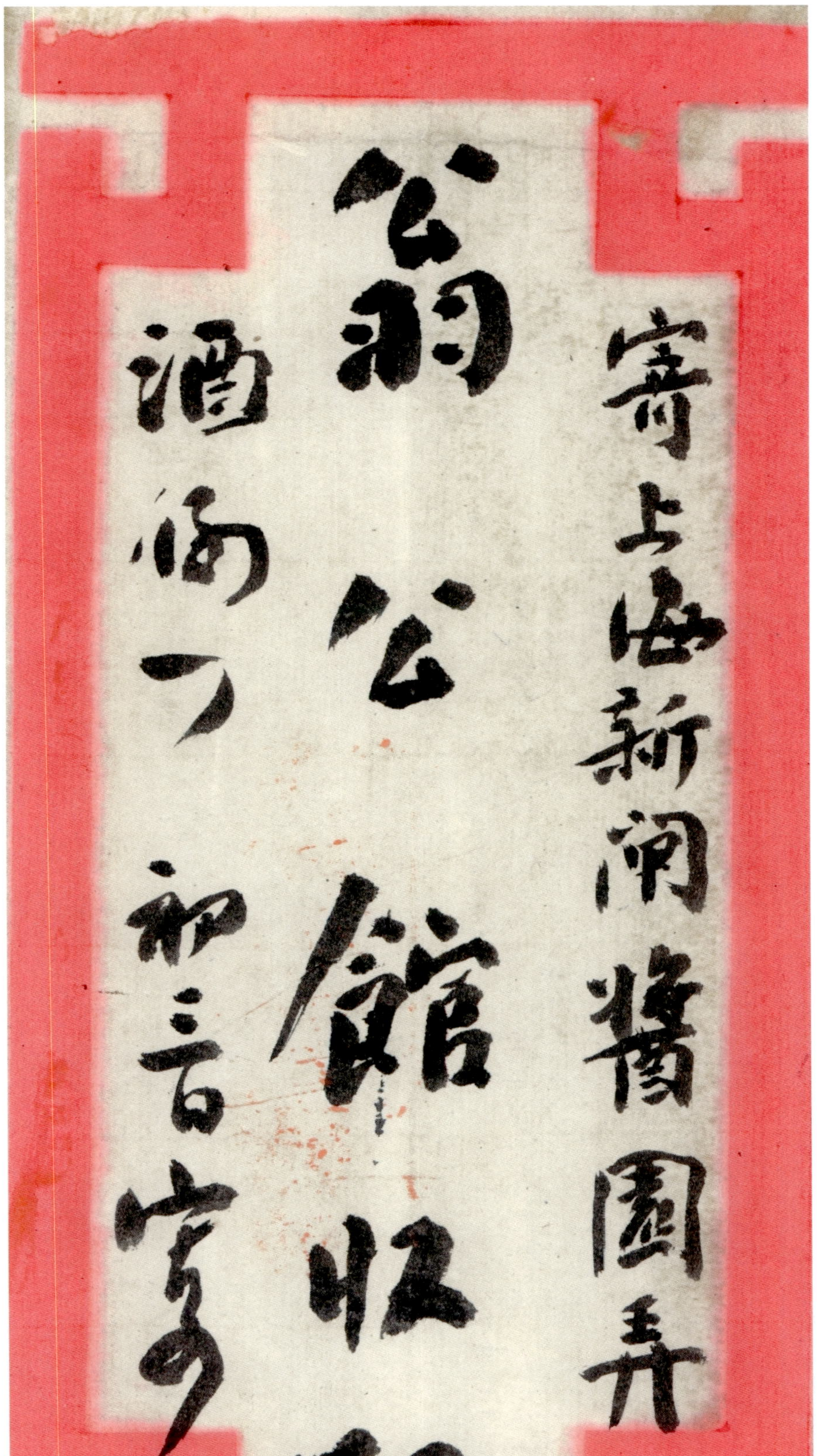
寄上海新閘醬園弄
翁公館收啓

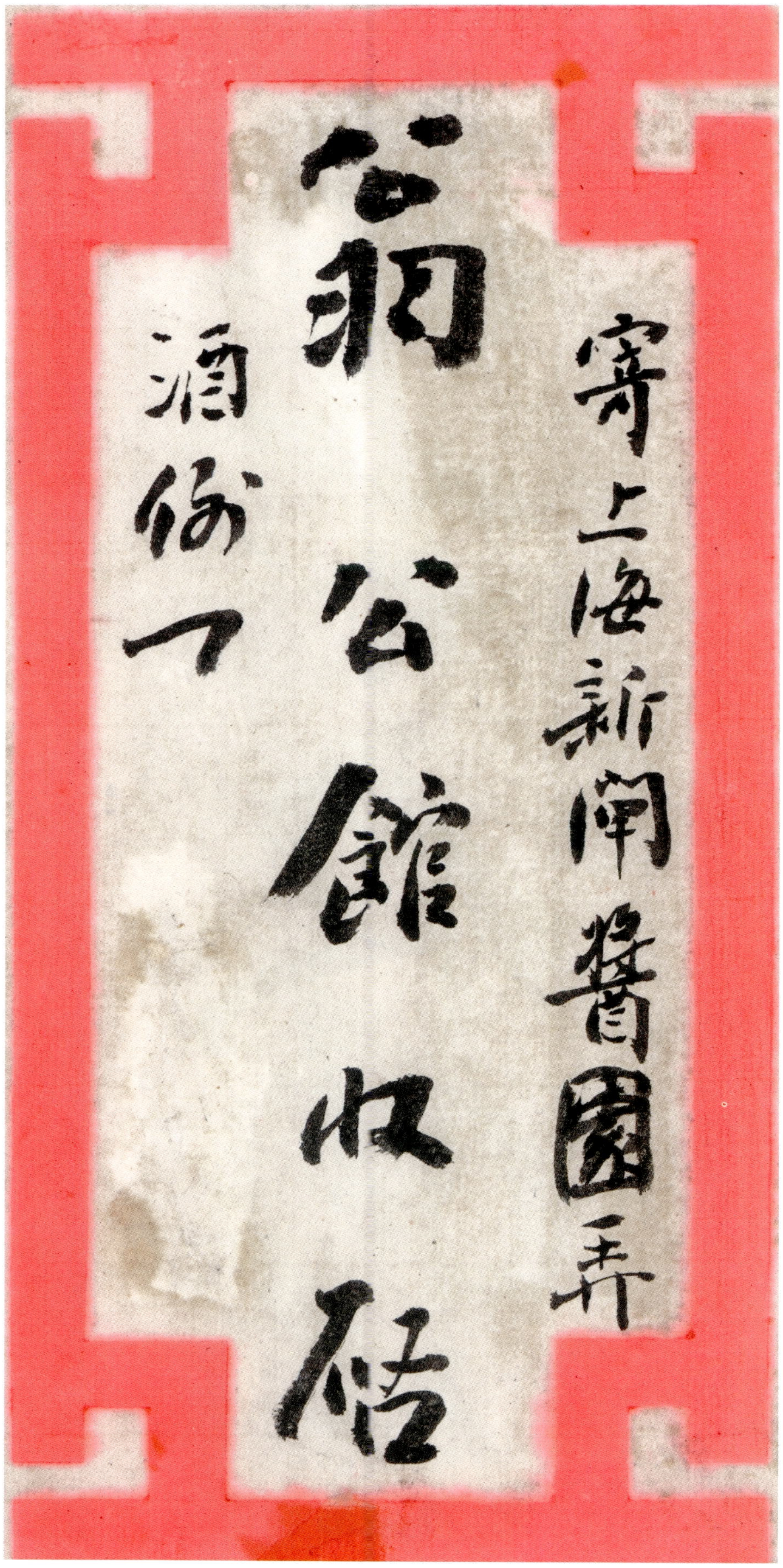
寄上海新聞醬園弄
翁公館收啓

圖書在版編目（CIP）數據

上海圖書館藏翁同龢未刊手稿/上海圖書館編. —上海：
上海科學技術文獻出版社，2010.6
ISBN 978-7-5439-4362-9

Ⅰ.①上… Ⅱ.①上… Ⅲ.①名人—手稿—中國—清
代—選集 Ⅳ.①K820.48

中國版本圖書館CIP數據核字（2010）第098751號

責任編輯　鄒西禮
裝幀設計　何　陽

上海圖書館藏歷代手稿精品選刊

書　名：上海圖書館藏翁同龢未刊手稿
編　者：上海圖書館
策　劃：黄顯功
主　編：周德明　黄顯功
整　理：王　宏
出版發行：上海科學技術文獻出版社
地　址：上海市長樂路七四六號
郵政編碼：二〇〇〇四〇
經　銷：全國新華書店
印　刷：上海界龍艺术印刷有限公司
開　本：七八七毫米乘一〇九二毫米　八開
印　張：八十八
版　次：二〇一〇年六月第一版　二〇一〇年六月第一次印刷
書　號：ISBN 978-7-5439-4362-9
定　價：一九八〇圓
網　址：http://www.sstlp.com